Richard Saage

Demokratietheorien

Grundwissen Politik
Band 37

Begründet von Ulrich von Alemann

Herausgegeben von

Arthur Benz
Susanne Lütz
Georg Simonis

Richard Saage

Demokratie-
theorien

Historischer Prozess –
Theoretische Entwicklung –
Soziotechnische Bedingungen

Eine Einführung

VS VERLAG FÜR SOZIALWISSENSCHAFTEN

Bibliografische Information Der Deutschen Bibliothek
Die Deutsche Bibliothek verzeichnet diese Publikation in der Deutschen Nationalbibliografie;
detaillierte bibliografische Daten sind im Internet über <http://dnb.ddb.de> abrufbar.

1. Auflage September 2005

Alle Rechte vorbehalten
© VS Verlag für Sozialwissenschaften/GWV Fachverlage GmbH, Wiesbaden 2005

Lektorat: Frank Schindler

Der VS Verlag für Sozialwissenschaften ist ein Unternehmen von Springer Science+Business Media.
www.vs-verlag.de

Umschlaggestaltung: KünkelLopka Medienentwicklung, Heidelberg

Gedruckt auf säurefreiem und chlorfrei gebleichtem Papier

ISBN-13:978-3-531-14722-2   e-ISBN-13:978-3-322-80774-8
DOI: 10.1007/ 978-3-322-80774-8

Vorwort der Reihenherausgeber

Demokratie gilt heute unbestritten als die beste, wenn auch nicht als perfekte Form einer der Verwirklichung des Gemeinwohls dienenden Herrschaftsordnung. Sie stellt allerdings keineswegs eine Selbstverständlichkeit dar, da die konkreten Ausprägungen von Demokratie immer kritischen Einwänden ausgesetzt sind. Das liegt an der Komplexität von Demokratie, an unterschiedlichen Verständnissen, was der Begriff konkret bedeutet, und an unterschiedlichen Auffassungen darüber, welche institutionelle Gestalt Demokratie annehmen sollte. Die Auseinandersetzungen über diese Fragen ziehen sich durch die lange Geschichte der Theorie und der Praxis demokratischer Herrschaft. Die Kenntnis dieser Geschichte ist unabdingbar, wenn man die aktuellen Kontroversen verstehen will.

Der vorliegende Band von Richard Saage stellt die Entwicklung der Demokratie und der Demokratietheorie seit der Antike dar. Er erläutert die Veränderungen des Demokratiebegriffs sowie der wissenschaftlichen Diskussion über die Herrschaftsform, die er als Folge von Kontroversen und politischen Kämpfen in spezifischen gesellschaftlichen Konstellationen erklärt. Deshalb werden auch Kritiker und Gegner der Demokratie berücksichtigt, die durch ihre Argumente die Weiterentwicklung von Demokratietheorien angestoßen haben. Richard Saage interpretiert die wissenschaftlichen Debatten als Reflexionen von realen Konflikten und Legitimationsproblemen bestehender Herrschaftsordnungen, die wiederum durch ökonomische und soziale Krisen verursacht wurden. Er stellt also Ideengeschichte nicht als reine Geschichte von Theorien dar, sondern ordnet Ideen in den Kontext von sozialstrukturellen und politischen Entwicklungen ein. Leserinnen und Leser können daher mit diesem Text nicht nur einen Einblick in die Demokratietheorie gewinnen, sie lernen auch, wie die Geschichte politischer Ideen studiert werden sollte.

Wir sind glücklich darüber, dass wir mit Richard Saage einen hervorragenden Kenner der Geschichte politischer Ideen für dieses Lehrbuch in der Reihe „Grundwissen der Politik" gewonnen haben. Das Buch beruht auf einem Kurs der FernUniversität in Hagen, den er Autor für die Publikation überarbeitet und erweitert hat. Als Herausgeber danken wir auch Walter Euchner für das Geleitwort, das nicht nur den Text kommentiert, sondern auch in ausgezeichneter Weise in die Materie einführt.

Hagen, im Sommer 2005
Arthur Benz
Susanne Lütz
Georg Simonis

Für Walter Euchner

„Das Jahr 1849 ist das Jahr der Reaktion. Ich habe das Jahr 1789 begrüßt und bin bei so vielen dramatischen, politischen Ereignissen (Monarchie, Republik mit König) dabei gewesen. Nun, im Alter von 80 Jahren, muss ich feststellen, dass mir nur die banale Hoffnung bleibt, dass sich das edle und brennende Verlangen nach freien Institutionen im Volk erhalten möge, und dass dieser Wunsch, wenn er auch von Zeit zu Zeit einzuschlafen scheint, so ewig sei, wie der elektromagnetische Sturm, der in der Sonne glitzert.“

Alexander von Humboldt

(Quelle: Als das Gestern heute war. Erzählungen, Gedichte und Dokumente unserer Geschichte. 1789-1949. Ein Ellermann-Lesebuch, München, 1972.)

Inhalt

Abkürzungen

Abb.	Abbildung
Abs.	Absatz
AEG	Allgemeine Elektrizitätsgesellschaft
ALR	Allgemeines Preußisches Landrecht
Art.	Artikel
CDU	Christlich Demokratische Union Deutschlands
CSU	Christlich Soziale Union
DDR	Deutsche Demokratische Republik
F.D.P.	Freie Demokratische Partei Deutschlands
FN	Fußnote
Jh.	Jahrhundert
KSZE	Konferenz für Sicherheit und Zusammenarbeit in Europa
LDPD	Liberaldemokratische Partei Deutschlands
MSPD	Mehrheitssozialdemokratische Partei Deutschlands
NDPD	Nationaldemokratische Partei Deutschlands
NSDAP	Nationalsozialistische Arbeiterpartei Deutschlands
PDS	Partei des Demokratischen Sozialismus
RV	Reichsverfassung (Weimar)
SDAPÖ	Sozialdemokratische Arbeiterpartei Österreichs
SED	Sozialistische Einheitspartei Deutschlands
SPD	Sozialdemokratische Partei Deutschlands
Stasi	Staatssicherheitsdienst (der DDR)
USA	Vereinigte Staaten von Amerika
USPD	Unabhängige Sozialdemokratische Partei Deutschlands
WRV	Weimarer Reichsverfassung
Zit. n.	zitiert nach

Zur Notwendigkeit einer Ideengeschichte der Demokratie

Walter Euchner

Richard Saage hat ein notwendiges Buch geschrieben. Aus ihm ist zu lernen, dass die Demokratien innerhalb sozialstruktureller und geistiger Voraussetzungen entstanden sind, die ausschließlich dem Abendland angehörten. Deshalb ist die Vorstellung verfehlt, Demokratien könnten überall auf der Welt, ohne nach den kulturellen Traditionen einer Gesellschaft zu fragen, eingeführt werden, notfalls durch Krieg und politischen Druck. Sie werden nur dann Wurzeln schlagen, wenn sie im Innern eines Gemeinwesens selbst erkämpft worden sind. Saage zeigt dies am Kampf um die athenische Demokratie, dem ersten Beispiel für die Vorherrschaft der Volksmehrheit, das die Geschichte kennt. Sie musste gegen die Kräfte des Adels und der reichen Familien durchgesetzt werden. Die politische Philosophie, die in jener Zeit entstand, entwickelte die geeigneten Begriffe zur Analyse dieser Auseinandersetzungen und Machtverschiebungen. Für Platon und Aristoteles war eine Demokratie ein Herrschaftssystem zum Nutzen des einfachen Volks. Die Antike kannte das Repräsentationsprinzip nicht, d.h. es gab keine Volksvertreter. Bis in die Neuzeit hinein wurde unter einer Demokratie immer die direkte Herrschaft des Volkes verstanden. Es ist also leicht zu verstehen, dass die vornehmen und reichen Kreise die Beschlüsse der athenischen Volksversammlungen fürchteten. Insbesondere Platon ließ an der Praxis der athenischen Demokratie kein gutes Haar. Die vornehmen und besonnenen Charaktere könnten sich in ihr nicht durchsetzen.

Immerhin räumte Aristoteles ein, dass es unter bestimmten sozialen Voraussetzungen eine bessere Demokratie geben könne als die in der großen Hafenstadt Athen. Insbesondere die griechische Philosophenschule der Stoa war nicht prinzipiell demokratiefeindlich. Sie hielt das Streben nach Freiheit für ein Wesensmerkmal der menschlichen Natur, und die Demokratie komme, trotz ihrer Nachteile, diesem Streben entgegen. Der römische Stoiker Cicero, beeinflusst von dem griechischen Geschichtsschreiber Polybios, zog aus dieser Einsicht die Konsequenz, dass es darauf ankomme, eine Herrschaftsform zu finden, die die Vorteile der monarchischen, aristokratischen und demokratischen Herrschaftsform kombiniere, so dass die Tendenz der Demokratie zur ausufernden Freiheit als auch der unbedingte Herrschaftswille eines Monarchen unter Kontrolle gebracht werden könnten. Dies ist der Ursprung der Lehre von der „gemischten Regierungsform", eine der wirkungsmächtigsten Konzeptionen der Lehre von den politischen Herrschaftsformen.

Saage schildert anschaulich die attische Demokratie als klassisches Beispiel einer Volksherrschaft, die dem Idealtyp einer direkten Demokatie näher kam als jedes andere demokratische System, von dem wir wissen. Sie besaß also keine „gemischte Regierung" im Sinne von Polybios und Cicero. Ein solches System prägte vielmehr die römische Republik und die reichen, militärisch starken und kunstsinnigen Stadtrepubliken der italienischen Renaissance. Unter ihnen ragte Florenz hervor, das in Niccolò Machiavelli einen Geschichtsschreiber besaß, der zugleich zu den bedeutendsten Köpfen der politischen Wissenschaft gehört. Für Saage ist Machiavellis Analyse der inneren Verhältnisse von Florenz ein bedeutendes Lehrstück, weil es die Auffassung widerlegt, dass nur notfalls erzwungene Ruhe und Ordnung ein Gemeinwesen prosperieren lasse. Vielmehr ist es in Florenz immer wieder zu den heftigsten sozialen Kämpfen zwischen den Ständen gekommen. Doch diese führten nicht zu einer dauerhaften Unterdrückung der niederen Stände – im Gegenteil, das gemeine Volk behielt durchaus die Chance, die Politik der Republik zu beeinflussen. Machiavelli spitzte seine Analyse zu der Aussage zu, es seien gerade die sozialen Auseinandersetzungen gewesen, die Florenz zu einer freiheitlichen und dazu noch prosperierenden Republik gemacht hätten – dies allen Demokratietheoretikern ins Stammbuch, die die vermeintliche Schädlichkeit der Konflikte zwischen den Parteien und organisierten Interessen beklagen. Rom und die italienischen Stadtrepubliken waren zwar keine Demokratien, und Demokratien galten auch in den Augen der republikanisch und freiheitlich gesonnenen Autoren als unpraktikabel, weil sie, wie gezeigt, mit der Vorstellung einer direkten Demokratie verknüpft waren. In der politischen Theorie war die Vorstellung eines freiheitlichen Regimes stärker mit dem Begriff der Republik verbunden als mit dem der Demokratie.

Saage zeigt, wie sich in der Debatte um das politische Selbstverständnis der französischen Revolution beide Traditionen des politischen Denkens, die der Teilhabe des gemeinen Volkes am politischen Prozess und die der bürgerlichen Freiheit innerhalb eines Gemeinwesens, d.h. die Traditionsstränge, die auf die attische Demokratie und auf die römische Republik zurückreichen, schließlich vereinigt haben. Das revolutionäre Frankreich sah sich, nicht zuletzt vermittelt durch Rousseaus epochemachendes Werk über den Sozialvertrag, als Wiedergeburt der freiheitlichen Republik Roms. Dass sich die französische Republik aber dann doch auch als Demokratie begriff, war das Werk der entschiedensten Verfechter der Revolution, der Jakobiner und ihres wirksamsten Wortführers, Maximilien Robespierre. Robespierre korrigierte das überkommene Demokratieverständnis, indem er betonte, Demokratie bedeute keineswegs, dass das Volk in Dauerversammlungen seine öffentlichen Angelegenheiten selbst in die Hand nehme (wie dies in einer direkten Demokratie der Fall gewesen wäre), d.h. er befürwortete das Repräsentationsprinzip, wie vor ihm der kluge Revolutionär Abbé Sieyès. Robespierre bekämpfte zugleich die Auffassung, die Demokratie diene allein den unteren Volksschichten und könne zu nichts anderem als zu fortdauernden innerpolitischen Wirren führen. Ein demokratisches Regime mache nämlich die Tugend, d.h. die Liebe zur Nation und zu den Gesetzen der Republik, zum Grundprinzip seines Handelns. Obwohl wegen der Schreckensherrschaft der Jakobiner in Verruf geraten, war es Robespierre, der die Gleichung formulierte, die das Demokratieverständnis von seinen antiken Wurzeln in den Republikanismus der modernen bürgerlichen Gesellschaft hinüberführte: Die moderne Republik besitzt die Form einer repräsentativen Demokratie, deren

14

Basis die Nation ist, d.h. das aus arbeitenden Bürgern bestehende Volk, das keine Adelsprivilegien anerkennt; ihre Gesetze drücken den Mehrheitswillen der Bürger aus, d.h. den Volkswillen (die Rousseausche volonté générale).

Diese Gleichung stellte sich freilich alsbald als Irrtum heraus. Die erwartete Mittelstandsgesellschaft aus selbstbewussten Citoyens blieb aus. Zudem setzten die Revolutionäre die überkommene Männerherrschaft in Familie und Staat, d.h. die frauenfeindliche Tradition des antifeministischen Aristotelismus, einfach fort. Als Olympe de Gouges in einer „Déclaration des Droits de la femme et de la citoyenne" (Erklärung der Frauen- und Bürgerinnenrechte) das Frauenwahlrecht einforderte, wurde sie 1793, also auf dem Höhepunkt der Jakobinerherrschaft, kurzerhand hingerichtet. Verwunderung über diese Verstocktheit ist nicht angebracht. In Deutschland mussten die Frauen bis zum Jahr 1919 auf die Zuerkennung des Wahlrechtes warten, und in der klassischen Demokratie Europas, der Schweiz, bis in die siebziger Jahre des vergangenen Jahrhunderts.

In Wirklichkeit entstand im nachrevolutionären Frankreich eine bourgeoise Republik, d.h. eine Klassengesellschaft, die in den politischen Schriften von Karl Marx brillant analysiert wurde. Sie bildete, wie Saage in seiner Präsentation der damaligen demokratietheoretischen Positionen zeigt, ein Laboratorium der gesellschaftspolitischen Konzeptionen, mit deren Hilfe die sozialen Probleme der Bourgeoisrepublik überwunden werden sollten. Sie reichten von den radikal kollektivistischen Vorstellungen der kommunistischen Linken, die eine quasi militärische Organisation der Arbeitswelt anstrebten, über die sozialdemokratischen Vorstellungen, die das genossenschaftliche Eigentum an den Produktionsmitteln im Rahmen einer demokratischen Republik bevorzugten, die Anarchisten nicht zu vergessen, die das genossenschaftliche Prinzip auch auf die politische Ebene ausdehnen und den Zentralstaat durch eine Assoziation von selbständigen Kommunen ablösen wollten, bis zu den marktwirtschaftlichen Lehren der bürgerlichen politischen Ökonomie, allen voran jener von Frédéric Bastiat, dem es um den Nachweis ging, dass die freie Wirtschaft ein harmonisches System bilde, das einen Wohlstand erzeuge, an dem jedermann teilhaben könne. Alexis de Tocqueville, Spross eines alten normannischen Adelsgeschlechts, der die politischen und gesellschaftlichen Verhältnisse der Vereinigten Staaten von Amerika in seinem großen Werk „De la Démocratie en Amérique" genau untersucht hatte, gelangte zu dem Ergebnis, dass eine Demokratie keinesfalls notwendig, wie in Frankreich, sozialrevolutionäre Tendenzen begünstigen müsse, sondern dass sich auch in einer Demokratie große bürgerliche Vermögen herausbilden könnten, ohne vom gemeinen Mann angefeindet zu werden. Die Vorzüge der allgemeinen bürgerlichen Freiheit und Rechtsgleichheit lagen nach Tocquevilles Auffassung so offen zutage, dass er nicht umhin konnte, in der Demokratie die Herrschaftsform der Zukunft zu sehen. Allerdings seien die demokratischen Zustände durch eine Tendenz zur Nivellierung von Bildungunterschieden und Geringschätzung charakterlicher Tugenden gefährdet - eine Entwicklung, der durch das politische Engagement von Angehörigen der gebildeten und vermögenden Schichten entgegengewirkt werden könne. Saage arbeitet in seinen Ausführungen über die amerikanische Verfassungsdiskussion die damals vertretenen gegensätzlichen demokratietheoretischen Positionen klar heraus: die eher populistische, die an überkommene Überzeugungen anknüpfte, dass die Demokratie ein Herrschaftssystem des einfachen Volkes sei, während die Autoren der berühmten „Federalist Papers" sich als Sprecher des Großgrundbesitzes und der Handels- und Finanzinteressen verstanden. Ihnen war an einer Verfassung gelegen, die das demokratische Prinzip zugunsten einer „gemischten Verfassung" zurückdrängt. Eine Republik konnte nach ihrer Überzeugung nur stabil sein, wenn die Interessen der Kreise, die über „abilities and properties" verfügten, gewahrt blieben. Dass die amerikanische Verfassung der konservativen Linie der „Federalists" folgte, trug sicherlich ebenso wie Tocquevilles Analyse des Funktionierens der amerikanischen Demokratie dazu bei, die Furcht des besitzenden Bürgertums vor den Auswirkungen einer demokratischen Herrschaftsordnung allmählich abzubauen.

Die Einsicht, dass die parlamentarische Demokratie eine Staatsform darstelle, innerhalb derer die Interessen der demokratischen Linken wie auch die des liberalen und konservativen Bürgertums verfolgt werden konnten, ohne gewaltsame Konflikte zu provozieren, breitete sich freilich nur langsam aus, trotz blutiger Kämpfe in Großbritannien und Frankreich leichter; doch in Deutschland setzte sie sich erst nach dem Ende des Zweiten Weltkriegs, und hier zuerst im Westen, durch. Eine Voraussetzung dafür, dass diese Überzeugung mehrheitsfähig werden konnte, lag in der institutionellen Ausbaugestaltung dieser Staatsform zu einem funktionierenden Regierungssystem. Dabei wurde die vor allem auf der Linken verbreitete Auffassung, die Regierung sei im Grunde nur der Ausschuss des Parlaments zur praktischen Umsetzung der Parlamentsbeschlüsse, zurückgedrängt. Dagegen fand das Prinzip der Gewaltenteilung, von Marx als Hindernis für die Entfaltung der Klassenkraft des Proletariats kritisiert, auch innerhalb der parlamentarischen Linken Anerkennung, d.h. die Lehre John Lockes, dass es denjenigen, die die Gesetze erließen, nämlich der parlamentarischen Mehrheit, nicht erlaubt sein könne, diese Gesetze selbst anzuwenden. Dies werde nur zu Machtmissbrauch führen. Für die konservative Seite des demokratischen Spektrums war das Präsidialsystem der amerikanischen Demokratie attraktiv, die das Gewaltenteilungsprinzip am konsequentesten realisierte. Das Verhältnis von Präsidentenamt und den beiden Häusern des Kongresses wurde als System von „checks and balances" beschrieben, das die von den „Federalists" befürchtete „Tyrannei der Mehrheit" unterbinden sollte. Auch in parlamentarischen Systemen wurde das Amt eines Staatspräsidenten häufig als Gegengewicht zu Regierungschef und Parlament ausgestaltet, so z.B. in der von de Gaulle geschaffenen Verfassung der V. Republik und in jener der Weimarer Republik. Der dahinter stehende Gedanke war, die Virulenz der Parteiengegensätze und der organisierten Interessen abzuschwächen und auf diese Weise die Republik zu stabilisieren. Im Falle der Weimarer Republik ist diese Rechnung freilich nicht aufgegangen.

Für die Entwicklung des europäischen Parlamentarismus war das Beispiel des britischen Regierungssystems von besonderer Bedeutung. Aus dem Feudalsystem Englands hervorgegangen, erwies es sich so flexibel, dass sich aus dem Teil des Parlaments, in dem die Vertreter des niederen Adels sowie der Städte und Grafschaften saßen, d.h. dem „House of Commons" oder „Unterhaus" (während die Mitglieder des „House of Lords" dem Hochadel und dem hohen Klerus angehörten) durch ständige Erweiterung des Wahlrechts eine echte Volksvertretung entwickeln konnte. Gleichzeitig reduzierte sich die politische Funktion des Königshauses auf rein repräsentative Aufgaben. In dem parlamentarischen System Großbritanniens bildete sich zudem, begünstigt durch das relative Mehrheitswahlrecht und das daraus resultierende Zweiparteiensystem, eine klare Trennung von Regierungspartei und Opposition heraus. Obwohl das Unterhaus als Redeparlament gilt, in dem in einer Art von Clubatmosphäre in freier Rede aufs lebhafteste diskutiert wird, tanzen bei Abstimmungen die Abgeordneten der Regierungsseite und die der Opposition nicht aus der Reihe, so dass sich der Premierminister in aller Regel auf seine Mehrheit verlassen kann. Auch auf dem Kontinent, auf dem Mehrparteiensysteme vorherrschen, pflegt der Gegensatz von Regierungsparteien und Opposition zu funktionieren. Diese Entwicklung hat die alte, historisch begründete Auffassung, das Parlament bilde eine eigenständige politische Kraft, die der Regierung gegenüberstehe, stark relativiert. Denn aus Selbsterhaltungsgründen bilden Regierung und die sie stützende(n) Partei(en) eine politische Einheit, der die oppositionelle(n) Partei(en) gegenüberstehen – eine Konstellation, die von der Politikwissenschaft als die neue Form der Gewaltenteilung bezeichnet wird.

Zu den Merkmalen einer modernen demokratischen Verfassung gehören gleichfalls die Menschen- und Bürgerrechte, zu deren Formulierung die liberale und die demokratische Tradition beigetragen hat – freilich nicht gleichgewichtig, da der Liberalismus das Grundrecht des Privateigentums besonders betonte und bis ins 20. Jh. hinein dazu neigte, das Wahlrecht an die Steuerkraft der Bürger zu binden. Besonders berüchtigt war das preußische Dreiklassenwahlrecht. Dieser Streit ist heute ausgestanden. Die modernen Demokratien leben, wie Saage bereits in der Einleitung zu seinem Werk feststellte, von den kodifizierten Grund- und Bürgerrechten als Garantie individueller Freiheiten.

Saages Analyse des demokratietheoretischen Denkens im 20. Jh. musste ihn mit dem beunruhigenden Phänomen konfrontieren, dass die Erwartung, die Demokratie werde als eine Freiheit und Prosperität verheißende politische Form allgemeine Anerkennung finden, bitter enttäuscht wurde. Nach den wenigen Jahren der Zwischenkriegszeit, in denen der Lebensstandard der arbeitenden Bevölkerung stieg, stürzten die Weltwirtschaftskrise und die daraus resultierende Massenarbeitslosigkeit das deutsche Reich in eine politische Krise. Die antidemokratischen Kräfte begannen sich zu sammeln, nicht allein in den offen faschistischen Bewegungen Hitlers und Mussolinis, sondern auch in den Kreisen völkisch und antiparlamentarisch eingestellter Intellektueller vom Typus der sog. „Konservativen Revolution", zu denen man Carl Schmitt, Ernst Jünger und Martin Heidegger zählen kann. Sie dachten zwar nicht unmittelbar nazistisch, spielten aber doch als Wegbereiter Hitlers eine fatale Rolle. Auch in anderen europäischen Ländern, vor allem in Frankreich, gab es ähnlich denkende Gruppierungen. Die geistigen Spuren dieser Gegner einer parlamentarischen und pluralistisch verfassten Demokratie reichen bis in unsere Gegenwart.

Das andere Extrem des politischen Spektrums bildet der antiparlamentarische Kampf der inzwischen bolschewisierten kommunistischen Parteien. Ihre rätedemokratischen Anfänge hatten sie längst hinter sich gelassen; statt dessen erhoben sie die Zustände in der Sowjetunion unter dem großen Führer des Weltproletariats Stalin zum Vorbild der deutschen Arbeiterklasse – ein Vorgang, vor dem jeder Versuch einer rationalen Erklärung verstummen muss. Saage erteilt denn auch gleich in seiner Einleitung den kuriosen Versuchen, unter Hinweis auf den „partizipatorischen Gehalt" der Stalinverfassung von 1936 die UdSSR unter die Kategorie der demokratischen Republiken zu subsumieren, eine klare Absage.

Saage zeigt in brillanten Studien die Auswirkungen der ökonomischen und politischen Krise auf das demokratische und demokratiekritische Denken in der Zwischenkriegszeit und im „Schatten des Zweiten Weltkriegs". Sie beginnen mit Carl Schmitts Kritik an den parlamentarisch orientierten politischen Parteien und an dem Einfluss der organisierten Interessen. Sie waren für ihn Ausdruck des Pluralismus, der die Fähigkeit des Staates zur politischen Entscheidung vernichten musste. Dieser Destruktionswirkung einer pluralistischen Demokratie setzte er ein Demokratiemodell entgegen, das durch ein Immediatverhältnis von Führer und Gefolgschaft gekennzeichnet war und das sich unschwer als Rechtfertigung des nationalsozialistischen Führerstaats, dem plötzlich demokratische Weihen zuteil wurden, zu erkennen ist.

Andere Krisenanalytiker setzten an der überkommenen Lehre an, dass in einer Demokratie die politischen Institutionen dem „allgemeinen Willen des Volkes (d.h. der Rousseauschen volonté générale") verpflichtet seien, der zugleich das Gemeinwohl zum Ausdruck bringe. Joseph A. Schumpeter, einer der bedeutendsten Ökonomen des 20. Jhs., bezeichnete diese Auffassung als wirklichkeitsfremdes Glaubensbekenntnis. Man kann dieser Auffassung kaum widersprechen; andererseits muss man sich fragen, was in einer Analyse der Mechanismen der modernen Demokratie der Bezug auf den Rousseauismus erklären soll, der im Kampf gegen den Feudalismus entstanden ist und dabei mit dem spirituellen Begriff des von einem tugendhaften Bürger zu erkennenden „Gemeinwillens" operierte. Jedenfalls kann soviel gesagt werden, dass Rousseaus Konstrukt eines Gemeinwillens die Überzeugungen des gemeinen Mannes eher getroffen hätte als der Ausbeutungs- und Herrschaftswille eines feudalen Dynasten, so dass es nicht ohne jede rationale Bedeutung war. Zudem rechtfertigt die Wirklichkeitsferne der Rousseauschen Lehre vom Gemeinwillen nicht, eine ebenso einseitige Demokratietheorie an deren Stelle zu setzen, nämlich die Reduktion der Demokratie auf die Funktion, eine Regierung hervorzubringen, was am besten durch die Konkurrenz der Parteien bzw. ihrer Führer um die Macht zu erreichen sei. Dieser an sich richtige Gesichtspunkt wird dann problematisch, wenn in Analogie zu den marktwirtschaftlichen Mechanismen die Parteien als Produzenten eines bestimmten politischen Markenartikels gesehen werden, und die Wähler, je nach ihren Präferenzen, als Konsumenten dieser „Waren", die sie mit ihrem „Geld", d.h. ihrer Wählerstimme, bezahlen. Anthony Downs hat diesen theoretischen Ansatz zu einer differenzierten „Ökonomischen Theorie der Politik" ausgeweitet, die freilich zu dem paradoxen Resultat führt, dass ein strikt rationaler Wähler auf eine Stimmabgabe verzichten müsste, weil die Kosten der Informationen über die Qualität einer bestimmten Ware Politik mit der Wahrscheinlichkeit verglichen werden müssen, dass gerade seine Stimme bewirken werde, die versprochene Ware zu erhalten. Diese Wahrscheinlichkeit ist aber infinitesimal klein, so dass die Informationskosten in jedem Fall zu hoch sind. In den ökonomischen Theorien der Demokratie ist jede Erinnerung daran, dass eine lebendige

18

Demokratie auf das uneigennützige Engagement ihrer Bürger angewiesen ist, getilgt.

Auch andere Demokratiekonzeptionen, z.B. Sir Karl R. Poppers Konzentration der Demokratie auf das „Wesentliche", das darin bestehe, „dass man die Regierung ohne Blutvergießen absetzen kann"; die Warnung vor einer Ausweitung der Partizipationsmöglichkeit der Bürger, weil dies die Gefahr des Irrationalismus in der Politik steigere, die These, dass die konkreten politischen Konzepte heutzutage ihre Sinnfälligkeit weitgehend verloren hätten, weil sie auf allein mit wissenschaftlichen Methoden erfassbaren Sachgesetzlichkeiten beruhten, so dass der „technische Staat, ohne antidemokratisch zu sein, der Demokratie ihre Substanz entzieht" (Helmut Schelsky), sind „reduziert" , weil sie die engagierte politische Teilhabe der Bürger für unwichtig, illusionär oder sogar für schädlich halten.

Angesichts dieser demokratieskeptischen Diagnosen hatten es die Autoren, die an der Idee der partizipativen Demokratie festhielten, nicht leicht, trotz der Erfahrung mit einem totalitären Regime, von der man eigentlich einen neuen demokratischen Elan hätte erwarten können. Ernst Fraenkels Neopluralismus, der auf die unverzichtbaren Funktionen der organisierten Interessen für die demokratische Willensbildung hinwies, wurde zwar weithin anerkannt. Doch Antipluralismus und Etatismus im Gefolge Carl Schmitts blieben bis heute virulent

Zu den Zielen der Studentenbewegung im Übergang von den 60er auf die 70er Jahre des vergangenen Jahrhunderts gehörte der Kampf gegen drohende „autoritäre Demokratie". Doch ihre ultrademokratischen Konzepte erwiesen sich als zu realitätsfern, als dass sie eine ernsthafte Alternative zur in der Bundesrepublik real existierenden Demokratie hätten bilden können. Ihr realistischer Teil folgte Willy Brandts Parole, es gelte, „mehr Demokratie zu wagen". Zuvor hatten sich jüngere Politologen mit der parlamentarischen Praxis der Adenauer-Ära auseinandergesetzt. Als Anwälte demokratischer Reformen kritisierten sie die Inszenierung der politischen Debatten, die spontane Auseinandersetzungen unterdrückten, weil stets dieselben parlamentarischen Matadore ins Gefecht geschickt würden, die Unwilligkeit, politisch brisante Fragen wie die Ost-West-Beziehungen aufzugreifen, die Dominanz der Regierung, die die Exekutivkontrolle durch das Parlament ins Leere laufen ließ, die engen Beziehungen zwischen der Ministerialbürokratie und den Experten der industriellen Interessenverbände, deren Sichtweisen sich in den Gesetzestexten niederschlügen usw. Zum Teil sind die parlamentarischen Willensbildungsprozesse heute transparenter geworden. Doch das Übergewicht der Exekutive besteht im Wesentlichen fort. Den Hierarchien in Regierung, Parlament und Parteien sowie den machtbewussten „bonapartistischen" Durchsetzungsmechanismen der Regierungs- und Parteipolitik kann offenbar nur punktuell entgegengewirkt werden.

Umso interessanter ist eine Erneuerung der partizipativen Demokratieauffassung, mit der Richard Saage seinen Überblick über die zeitgenössischen Demokratiekonzeptionen beschließt. Sie gehen auf ältere Überlegungen von Jürgen Habermas zurück. Habermas hatte bereits in den 60er Jahren des vorigen Jhs. gezeigt, dass die politischer Praxis sich häufig an einem „technokratischen Modell" orientiere, mit dem Resultat, dass die Politik letztlich „zum Vollzugsorgan einer wissenschaftlichen Intelligenz" werde. Es müsse jedoch gesehen werden, dass die sogenannten „Sachzwänge", die das technokratische Modell der Problembearbeitung unterstelle, in Wirklichkeit in einen Horizont von Bedürfnissen und Einstellungen betroffener Bürger eingebettet seien. Folge man einem „pragmatischen Modell" der Entscheidungsfindung, so müssten diese Bürger sowie übergeordnete Interessen wie Umweltschutz, Technikfolgenabschätzung usw. in die Beratungen einbezogen werden. Diese Überlegungen haben inzwischen Eingang in die politische Praxis gefunden. Es gibt Beispiele dafür, dass Vorhaben, die z.B. der Verbesserung der Infrastruktur dienen, etwa im Bereich der Wasser- und Energiewirtschaft oder des Verkehrswegebaus, nicht nur bürokratisch-administrativ konzipiert und umgesetzt, sondern in einem Prozess des Interessenausgleichs unter Einbezug der betroffenen Bürger umgesetzt werden. Dieses „prozessuralistische" Verfahren entspricht dem Konzept einer „deliberativen Politik", das Habermas in einem Beitrag aus dem Jahr 1992 vorgeschlagen hat. Ihr Forum sei die an der gesellschaftlichen Basis angesiedelte demokratische Selbstorganisation von Bürgern, die auf diese Weise einen auf die Administration einwirkenden politischen Willen aggregieren könnten. Das Problem solcher Konzeptionen ist allerdings, ob sie sich zu einer eingeübten und bewährten Partizipationsform entwickeln können, oder ob sie im Zustand eines politischen Experiments verharren, das nach einer bestimmten Zeit seinen ursprünglichen Elan wieder verliert.

Am Anfang des neuen Jahrtausends werden politische und ökonomische Probleme sichtbar, mit denen es die bisher bekannten demokratischen Gemeinwesen noch nicht oder nur andeutungsweise zu tun hatten. Richard Saage geht im letzten Abschnitt seines Werkes einigen von ihnen nach, z.B. den Folgen des Zusammenbruchs des Sowjetsystems, aus dem der amerikanische konservative Publizist und Regierungsberater Francis Fukuyama voreilig schloss, nunmehr beginne das „Ende der Geschichte", während in Wirklichkeit die Geschichte der Privatisierung der Kriegführung und des globalen Terrorismus gerade erst begann. Beschränken wir uns lieber auf die Entwicklungen im altmodischen Europa, von desssen Kultur die neue Welt heute noch zehrt und in dem, wie wir gesehen haben, die Demokratie erfunden wurde. In der Sicht der griechischen und römischen Autoren bedeuteten Demokratie wie Republik die politische Form, die sich der Demos oder der Populus gab, d.h. das Volk, das eine bestimmte Vorstellung von einem einigenden Moment besaß, z.B. von einer gemeinsamen Vorgeschichte oder Herkunft, von gemeinsamen Göttern, oder von einem Gründungsakt oder Gründungsmythos, auf dessen Bedeutung Hannah Arendt hingewiesen hat. In der Tat berichten oftmals eine Sage oder reale geschichtliche Ereignisse von der ursprünglichen Gründung eines Gemeinwesen, z.B. Roms durch Romulus, der Schweiz durch den Rütlischwur und der USA durch die Annahme der amerikanischen Unabhängigkeitserklärung der 13 englischen Kolonien. Gründungsmythos oder Gründungsakt, so kann gesagt werden, konstituieren Nation.

Im Prozess des Entstehens großräumiger politischer Zusammenschlüsse sind diese Voraussetzungen entfallen. Zwar geht die Idee eines Vereinten Europa auf das 19. Jh. zurück, doch sie meinte nur die mitteleuropäischen Kernländer, geprägt durch die gemeinsame abendländische Kultur und, da diese Idee häufig mit antidynastischen Vorstellungen verbunden war, durch die Tradition des de-

mokratisch-republikanischen Denkens, dem es nicht schwer fiel, von der „Ver-
brüderung der Völker" (Guiseppe Mazzini) zu sprechen.

In der Debatte über den Zusammenschluss Europas wird darüber spekuliert,
ob im Fortgang der europäischen Einigung nicht doch ein gemeinsames europäi-
sches Bewusstsein entstehen könne. Doch wie dieses innerhalb von so weit entfernten kulturellen Traditionen wie zwischen denen Portugals, der Ukraine,
Norwegens und der Türkei zustandekommen soll, ist zur Zeit nicht recht vorstellbar. So bleiben als gemeinsame Klammer um die gegenwärtigen EU-Staaten
nur handfeste ökonomische Interessen, die – auch unter dem Aspekt der Globalisierung der Wirtschaft – nicht ohne weiteres kompatibel sind, denn im Prozess
des ökonomischen Zusammenraufens wird es Gewinner und Verlierer geben.

Unklar bleibt einstweilen auch die staats- bzw. völkerrechtliche Form der
EU. Die Allgemeine Staatslehre kennt als einschlägige Rechtsformen den Bundesstaat und den Staatenbund, der freilich ein Bündnis souveräner Staaten darstellt. Die EU soll aber nach Überzeugung der bekennenden Europäer mehr sein
als ein Bündnis zwischen Staaten, und weniger als ein Bundesstaat wie die Bundesrepublik Deutschland, weil ein Bundesstaat die Preisgabe der vollen völker-
rechtlichen Souveränität der Gliedstaaten impliziert. Einstweilen ist der staats-
rechtliche Status der EU nicht mehr als eine von der Europäischen Verfassung
geschaffene Kompetenzordnung. Er bleibt dies erst recht, nachdem die französischen und niederländischen Wähler im Mai und Juni 2005 den Entwurf einer
neuen Europäischen Verfassung zu Fall gebracht haben. Es wird eines erneuten
Anlaufs bedürfen, die Abgrenzung der Kompetenzen von Europäischem Parlament, Europäischem Rat, Ministerrat, Europäischer Kommission und den einzelnen Mitgliedstaaten zu klären und so die bisher wenig durchsichtige Willensbildung innerhalb dieser Institutionen der EU transparenter zu gestalten. Zudem:
Die Bereitschaft der Bevölkerung, Einbußen an den Möglichkeiten zur eigenständigen Gestaltung ihres gesellschaftlichen und wirtschaftlichen Lebens hinzunehmen, stößt offenbar – dies lehren die Plebiszite in Frankreich und den
Niederlanden – rasch an eine Grenze. Eine Einsicht, die erneutes Nachdenken
nicht nur über die institutionellen Regelungen der EU, sondern auch über die
Befindlichkeiten und Sichtweisen der Menschen provozieren sollte, zu deren
Wohl die Idee des zusammenwachsenden Europa erdacht worden ist.

Dieser Befund ist gemäß dem Titel von Richard Saages großem Wurf Gegenstand des „historischen Prozesses", dessen Ausgang ungewiss ist. Diese Feststellung soll nicht entmutigen, sondern nur auf die Probleme hinweisen, die im
Lichte der Geschichte des demokratietheoretischen Denkens deutlicher sichtbar
werden. Die Geschichte kann erfinderisch sein. Vielleicht werden die überkommenen Begriffe wie Staatsvolk, Nation und Souveränität im Verlauf des enger
werdenden europäischen Zusammenschlusses umgedeutet, oder sie werden obsolet. Vielleicht bilden sich auch über Ländergrenzen hinwegreichende regionale
Kooperationsformen heraus, wie sie sich im Südwesten Deutschlands, der
Schweiz und im Elsass und auch anderswo abzeichnen, so dass sich in dem rie-
sigen Raum der EU neue Formen demokratischer Partizipation und Teilhabe an
neuen Gestaltungsmöglichkeiten eröffnen: Überlegungen, die dem „Prinzip
Hoffnung" folgen, dabei aber stets riskieren, desavouiert zu werden.

Vorwort

Der vorliegende Versuch einer Geschichte der Demokratietheorien ging aus einem Lehrbrief für die Fernuniversität Hagen hervor. Er wurde dann durch politikwissenschaftliche Vorlesungen erprobt, die ich an der Martin-Luther-Universität Halle-Wittenberg im Sommersemester 2004 und 2005 gehalten habe. Doch mein Interesse an dem Thema reicht bis in die siebziger Jahre des vergangenen Jahrhunderts zurück. Genährt und auf Dauer gestellt wurde es vor allem durch die vielen Gespräche, die ich während meiner Zeit an der Georg-August-Universität Göttingen mit meinem Kollegen Prof. Dr. Walter Euchner führte, sowie durch die Lektüre seiner Schriften, denen ich entscheidende Anregungen für den methodologischen Zugriff auf das Thema und wichtige Hinweise auf die auszuwertende Literatur verdanke. Ihm widme ich das vorliegende Buch. Prof. Dr. Andreas Mehl von der Martin-Luther-Universität Halle-Wittenberg hat das Kapitel über die attische Demokratie kritisch gelesen und kommentiert. Ihm gebührt mein Dank ebenso wie meiner Frau Dr. Ingrid Thienel-Saage, die die Entstehung der Arbeit mit nicht nachlassendem Interesse begleitet hat. Ebenso erwähne ich dankend Dr. Andreas Heyer und Diplom-Politologe Aicke Bittner, die mich bei der Korrektur sowie bei der Redaktion des Textes unterstützten. Nicht zuletzt gebührt mein Dank aber auch dem Kollegen Prof. Dr. Arthur Benz, der gezielt den Weg zum zügigen Druck des vorliegenden Buches bahnte.

Selbstverständlich spielen in der vorliegenden Darstellung die demokratietheoretischen Positionen der Klassiker des politischen Denkens eine zentrale Rolle. Deren Werke haben eine Forschungsliteratur hervorgerufen, welche ganze Bibliotheken füllt. Daher habe ich mich bei der Auswahl der Sekundärliteratur entschlossen, in der Regel nur Untersuchungen zu berücksichtigen, die insbesondere im deutschsprachigen Bereich in den letzten 40 Jahren publiziert worden sind. Um ein Höchstmaß an Transparenz im Umgang mit den klassischen Texten, die in englischer, französischer und italienischer Sprache erschienen, zu erreichen, wurden die Schlüsselzitate in den Fußnoten zur Überprüfung der deutschen Übersetzungen aufgeführt. Die Orthografie ist den konsensfähigen Änderungen der Rechtschreibreform angepasst. Dagegen bleibt die Orthografie der Zitate unverändert.

Richard Saage
Halle (Saale) im April 2005

Einleitung

Der Begriff „Demokratie" gehört zu den sozialwissenschaftlichen Kategorien, die zwei Aufgaben erfüllen sollen. Einmal ist er mit der Erwartung konfrontiert, einen sozio-politischen Sachverhalt unter empirisch-analytischen Gesichtspunkten möglichst eindeutig zu benennen. Zum anderen ist er aber auch jenen politischen Kampfbegriffen zuzuordnen, die gegen andere Interpretationen der Legitimation politischer Herrschaft gerichtet sind, um desto entschiedener die eigene Position rechtfertigen zu können. Unter dem Gesichtspunkt einer solchen Herrschaftslegitimation fällt auf, dass sich im 20. Jahrhundert so gut wie jedes Regime als „demokratisch" bezeichnet hat. Der scheinbare Siegeszug der Demokratie trug freilich erheblich dazu bei, dass ihre Konzeptualisierung zu einer kaum noch zu überbietenden Verschwommenheit führte. Daher besteht ein wesentliches Ziel der vorliegenden Abhandlung darin, zur Klärung dieser Kategorie beizutragen.

Verschwommenheit des Demokratiebegriffs

Die mit einer solchen Zielsetzung verbundenen Schwierigkeiten lassen sich an den Ansätzen der komparatistischen und der normativen Methode aufzeigen, mit deren Hilfe man zu einer Definition der Demokratie[1] gelangen kann: 1. Das

Definitionsansätze

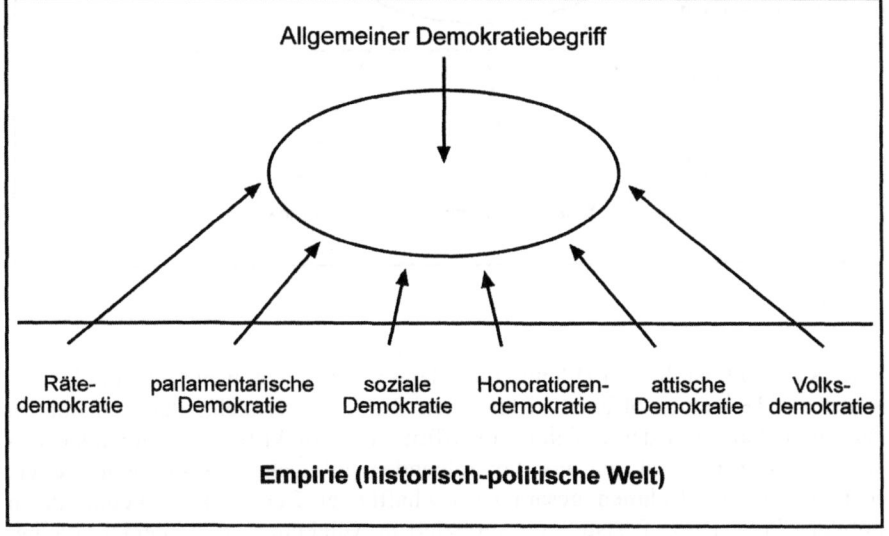

Abbildung 1

---

[1] Vgl. zum folgenden Saage 2003, S. 3-9.

mögliche Resultat eines Vergleichs der historischen Varianten der Volksherr-schaft besteht darin, dass ihr Begriff am Ende alle Staatsformen umfasst, die sich selbst in der Geschichte von der attischen Demokratie bis zu den sozialistischen Volksdemokratien zu ihr bekannten. Im Kern hätten wir es dann mit einem for-malisierten Konstrukt zu tun, das jegliches inhaltliche Profil vermissen ließe. Diese Methode erscheint daher wenig geeignet, das gesetzte Ziel einer analytisch möglichst prägnanten Bestimmung der Demokratie zu erreichen.

- komparative Methode

2. Eine andere Option wäre die normative Bestimmung der Demokratie. Aufgrund eines bestimmten Wertesystems könnte man sich darauf festlegen, wie eine Demokratie sein soll, um dann alle sich als demokratisch verstehenden Herrschaftssysteme, die von ihr abweichen, als „undemokratisch" abzulehnen. Doch wer so argumentiert, verlagert die Bestimmung der Demokratie in die Sphäre der Normen und setzt sich dadurch der Gefahr der Beliebigkeit aus, weil der jeweilige normative Standpunkt tendenziell austauschbar ist, ohne dass er Anspruch auf objektive Verbindlichkeit erheben könnte.

- normative Bestimmung

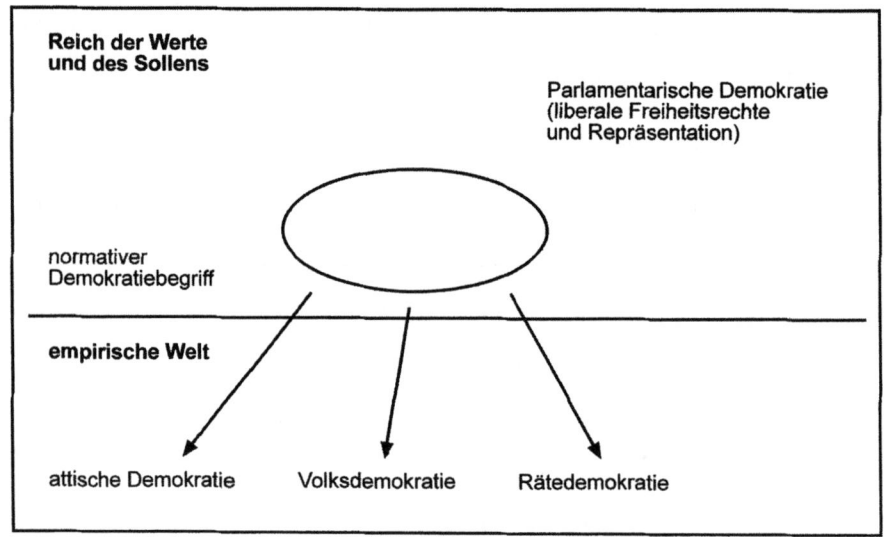

Abbildung 2

Demokratie als historische Kategorie

Wie es scheint, ist diesem Dilemma nur dann zu entgehen, wenn man die Demo-kratie als Teil eines offenen historischen Prozesses versteht, der sich nur im Zusammenhang mit den auf ihn teils affirmativ, teils kritisch reagierenden Be-wusstseinsformen und den aus ihm folgenden politischen Einstellungen sowie dem restriktiven Rahmen gesamtgesellschaftlicher Reproduktionsbedingungen abbilden lässt. Diese Feststellung impliziert in Anlehnung an die demokratiethe-oretischen Arbeiten Walter Euchners[2] ein Programm, das drei analytisch zu trennende, aber inhaltlich aufeinander bezogene Ebenen erkennen lässt: Erstens: *Die Dimension der historischen Kontroversen und der Kämpfe um die Demokra-*

- Kontroversen und Kämpfe

---

[2] Vgl. exemplarisch Euchner 1973, S. 9-43.

tie. Wer setzte sich für und wer gegen sie aus welchen sozialen Interessenlagen heraus ein? Wer insistierte insbesondere in den europäischen Revolutionen seit der Frühen Neuzeit auf den erreichten Stand politischer Partizipation, und wer optierte für ihre Ausweitung? Zweitens: *Die philosophisch-reflexive Dimension.* Auf dieser Ebene ist darzulegen, wie sich die Demokratie begrifflich-theoretisch in den Köpfen derjenigen gebrochen hat, die über sie in schulemachender Weise nachdachten. Bei der Bilanzierung dieser demokratietheoretischen Lehrstücke ist von entscheidender Bedeutung, ob die jeweiligen Reflexionen in ihrem historischen Zusammenhang nur einen bestehenden Zustand politischer Partizipation kritisieren bzw. rechtfertigen wollten, oder ob sie das Ziel verfolgten, durch vorausgreifende Antizipation Potentiale einer weitergehenden Demokratisierung zu erschließen. Drittens: *Die sozio-technische Dimension.* Auf dieser Ebene geht es um die Überprüfung von Realisierungsmöglichkeiten der Demokratie nach Maßgabe des wissenschaftlich-technischen Entwicklungsstandes der Gesellschaft. Sie trägt mithin dem Umstand Rechnung, dass es für eine Rekonstruktion der Geschichte der Demokratietheorie nicht gleichgültig sein kann, ob sie ihren Gegenstand innerhalb einer auf tierischer und menschlicher Muskelkraft sich reproduzierenden Agrargesellschaft oder in einer auf hochentwickelter Technik beruhenden Sozietät mit zunehmender Wegrationalisierung körperlicher Arbeit und einem ständig expandierenden Freizeitsektor darstellt oder untersucht.

- philosophische Reflexionen

- soziotechnische Bedingungen

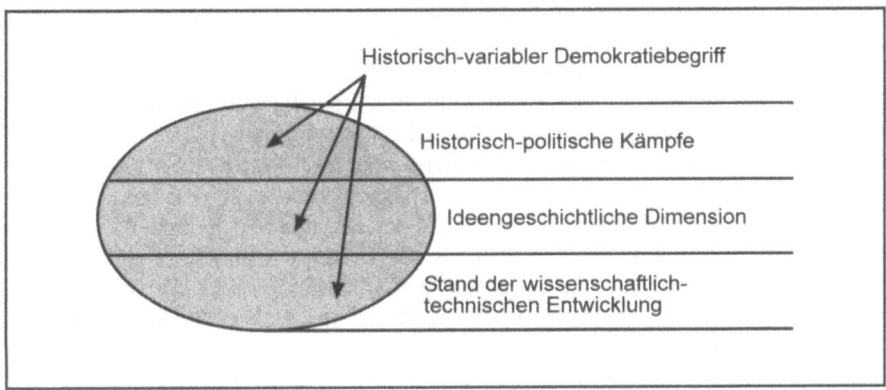

Abbildung 3

Aus wissenschaftspragmatischen Gründen des begrenzten Umfangs betonte die vorliegende Abhandlung vor allem die erste und zweite Dimension, nämlich die sozialhistorischen und die ideengeschichtlichen Aspekte. Die erste Ebene der Kämpfe um die Demokratie kommt immer dann ins Spiel, wenn zu verdeutlichen ist, auf welche gesellschaftlichen und politischen Probleme die Theoretiker der Demokratie im jeweiligen sozio-politischen Kontext seit der Antike reagierten. Erst unter dieser Voraussetzung wird das entscheidende Erkenntnisziel der vorliegenden Darstellung verständlich, nämlich die Mutation der alten direkten Volksherrschaft zur repräsentativen Demokratie als Methode der Generierung staatlicher Herrschaft einerseits und die möglichen Synthesen andererseits, die beide Varianten politischer Teilhabe unter bestimmten gesellschaftlichen und historischen Bedingungen eingegangen sind. Tatsächlich ist die Stoßrichtung

Schwerpunkte des Buches

dieser Studie *historisch* und nicht *konstruktiv* gerichtet. Wenn sie auch auf die aktuelle Fragestellung hinausläuft, in welchem Zustand sich die moderne Demokratie zu Beginn des 21. Jahrhunderts befindet, so ist sich doch ihr Verfasser der Schwierigkeiten bewusst, unausgeschöpfte Demokratiepotentiale der Zukunft zu erschließen.

Abgrenzung zu
C. B. Macpherson

Einen der weitgehendsten Versuche dieser Art hat der kanadische Politikwissenschaftler C.B. Macpherson in seiner Schrift „Demokratietheorie. Beiträge zu ihrer Erneuerung"[3] vorgelegt.[4] Doch sein Ansatz, eine Demokratie zu antizipieren, in deren Mittelpunkt das „entwicklungsbezogene" Machtpotential im Sinne der freien Entfaltung des Individuums (development power) steht, welche auf die Nutzenmaximierung durch Macht über andere Menschen (extractive power) verzichtet, beruht auf Annahmen, von denen wir heute weiter entfernt sind als zum Zeitpunkt des Erscheinens seiner Untersuchung in den 70er Jahren des vergangenen Jahrhunderts. Weder kann angesichts der Ökologiekrise heute noch jemand von einer Überflussgesellschaft als Basis des demokratischen Sozialismus ausgehen noch erscheint es sinnvoll, nach dem Zusammenbruch des Realsozialismus die Gefahr zu unterschätzen, die der *developmental power* von der Bürokratisierung sozialistischer Planwirtschaften droht. Und nicht zuletzt zwingt die Tatsache zu bescheideneren Zielvorstellungen, dass der Besitzindividualismus nicht nur in großen Teilen der westlichen Welt, sondern vor allem im ehemaligen Herrschaftsbereich der realsozialistischen Staaten gerade auch in den lohnabhängigen Schichten eine Hochkonjunktur erlebt.[5] Angesichts dieser Ausgangslage heute geht es in dem vorliegenden Buch schlicht um eine Bilanz der liberalen bzw. westlichen Demokratie und deren Rückbezug auf die ursprüngliche Variante politischer Teilhabe als Selbstbestimmung des Volkes.

Kriterien der
Quellenauswahl:
Ausweitung des
Demokratieprinzips

Damit ist über das entscheidende Kriterium der Auswahl der Quellen entschieden, die dieser Darstellung zugrunde liegen: Es musste sich um ausgewiesene Schlüsseltexte handeln, die jeweils epochenspezifisch den Prozess der Ausweitung des demokratischen Prinzips der Volkssouveränität zu rechtfertigen oder zu sistieren suchten. Wenn dergestalt der Ausgangspunkt der vorliegenden Darstellung die Autonomie des in der Ekklesia physisch präsenten Demos ist, dann knüpft sie an die ursprüngliche ethymologische Bedeutung des Begriffs „Demokratie" an: Sie ist Herrschaft (kratein) des Volkes (demos). Daraus folgt notwendig, dass sowohl die politischen Beteiligungsformen des Mittelalters als auch der Gesellschaftsordnungen des sowjetischen Typs seit 1917 nicht Gegenstand des vorliegenden Buches sein können. Die Seinspyramide der mittelalterlichen Gesellschaft und ihrer politischen Formen hat weder auf eine durchgreifende Säkularisierung noch auf den aus ihr folgenden Individualismus zurückgrei-

---

[3] Vgl. Macpherson 1977.

[4] Vgl. Euchner 1977, S. 18f.

[5] So musste die Stasi trotz aller ideologischen Indoktrination der DDR-Bürger seit 1949 in einem Bericht vom 9. September 1989 feststellen, dass die Motive der massenhaften Ausreise von Bürgern aus der DDR verknüpft seien mit „illusionären Vorstellungen über die 'westliche' Lebensweise, insbesondere der Erwartung eines Lebens mit 'besserer' materieller Sicherstellung und 'besseren' beruflichen Verdienstmöglichkeiten, von mehr 'Freizügigkeit' zur Verwirklichung eines eigenen Lebensstils auf der Grundlage eines egoistischen Konsum- und Besitzstrebens" sowie mit „Einstellungen, Auffassungen und Charaktereigenschaften wie Egoismus, Habsucht, Karrierismus, Unmoral, Selbstüberschätzung usw." (in: Gransow/Jarausch 1991, S. 59).

fen können, der für die alte Demokratie konstitutiv war.[6] Statt Freiheit und
Gleichheit als Grundlage des gesamten politischen Systems zu erheben, gab es
Gleichheit nur innerhalb des Kollektivs eines Standes und „Freiheiten" lediglich
im Rahmen der gegebenen Privilegienordnung. Die mit der Aristoteles-
Rezeption im späten Mittelalter revitalisierte Republik-Tradition, die vor allem
in den italienischen Stadtstaaten erfolgte, änderte nichts an diesem Sachverhalt. *(Mittelalter nicht demokratisch)*
Das entscheidende politische Legitimationsmuster war nicht - wie in der Demo-
kratie - die *vox populi*, sondern die *vox dei*. Symptomatisch ist daher, dass die
Kämpfe der Gilden um mehr Gleichheit und Mitbestimmung in den Städten und
der Bauern gegen die Grundherren auf dem flachen Lande nicht im Namen der
Demokratie, sondern des „guten alten Rechts" geführt wurden.[7] Soweit sich in
der Frühen Neuzeit im Zuge der einsetzenden Individualisierungstendenzen
unter dem Begriff der Republik innerhalb der Ständeordnung demokratische
Elemente geltend machten, diskutiere ich sie in Kapitel II am Beispiel der calvinistischen Monarchomachen.

Aber auch das kommunistische Einparteiensystem in der Sowjetunion und *(Kommunistische Länder)*
die nach 1945 in Osteuropa im Zuge des Sieges der Roten Armee gegründeten
„Volksdemokratien" mit ihrer formalen Zulassung eines Mehrparteiensystems
kommen für die vorliegende Darstellung nicht in Betracht, weil sie eindeutig der
Diktaturforschung zuzuordnen sind. Wenn in der Sowjetunion nur Abgeordnete
„einer einzigen von der Partei diktierten Kandidatenliste" (Sartori) zugelassen
waren, fehlte das Minimalkriterium einer Demokratie, nämlich die Möglichkeit
der Abwahl einer politischen Elite und ihre Ersetzung durch eine andere, und *(fehlendes Minimal-kriterium von Demokratie)*
zwar unter institutionell garantierten Bedingungen der freien Konkurrenz. Die
Existenz von Satellitenparteien in den Volksdemokratien ist keine Alternative zu
diesem Tatbestand.[8] Die Zulassung einer Vielparteienfassade bezeugt lediglich,
„daß noch keine klassenlose Gesellschaft erreicht ist, daß die von der Sowjetunion geführten Staaten nachhinken und nur unvollkommene Kopien des führenden
Staates sind. Was die Theorie betrifft, so 'kann das Ergebnis nur lauten, daß das
Ideal der Volksdemokratie kein Beitrag zu einer neuen Theorie der Demokratie
sein oder die alte Demokratietheorie ergänzen kann' (Barents)".[9]

---

[6] „Im Mittelalter gehörte 'Demokratie' nicht zu den Begriffen, mit denen die politischen und sozialen
Verhältnisse beschrieben wurden. In Urkunden, Akten, Weistümern und Rechtsaufzeichnungen des
Mittelalters begegnet man diesem Begriff nicht. Erst im Zuge der Aristotelesrezeption findet er als
rechtsphilosophisch-literarischer Topos Eingang in den Wortschatz der mittelalterlichen Gelehrten.
Die von Aristoteles in seiner 'Politik' gegebene Darstellung der Verfassungsformen und ihrer ver-
derblichen Abarten hat die Wortbedeutung von 'Demokratie' im Mittelalter überwiegend geprägt"
(Reimann 1972, S. 835).
[7] Vgl. Reimann 1972, S. 838f.
[8] So berichtet Iring Fetscher: „Als ich mich vor vielen Jahren mit dem 1969 verstorbenen Volks-
kammerpräsidenten Dieckmann über die Rolle dieser sogenannten 'bürgerlichen Parteien' (also
LDPD, NDPD und Ost-CDU) unterhielt, meinte er, deren Aufgabe sei es, den Übergang vom bürgerlichen zum sozialistischen Gemeinwesen zu erleichtern, diejenigen Bevölkerungsschichten, die nicht
schon heute für den Sozialismus eintreten, allmählich zu erziehen und einstweilen - im Namen der
von der Staatspartei, der SED, festgelegten Politik - die Interessen dieser kleinbürgerlichen, bäuerlichen und anderer nichtproletarischer Schichten zu vertreten. Auf meine Frage, in welchen konkreten
Punkten seine Partei von der Auffassung der SED abweiche, wußte Dieckmann freilich keine Antwort. Ein solche Abweichung ist - wenigstens in wichtigen Programmpunkten - nicht zulässig"
(Fetscher 1970, S. 69f).
[9] Vgl. Sartori 1992, S. 455.

Zugleich ist mit diesen Prämissen das inhaltliche Programm des vorliegenden Buches skizziert: Es hat unbestreitbar eine begriffsgeschichtliche Dimension, ohne freilich als Begriffsgeschichte im engeren Sinne missverstanden werden
zu wollen. Die entscheidende Differenz zu dem von Otto Brunner, Werner Conze und Reinhart Koselleck herausgegebenen monumentalen Werk „Geschichtliche Grundbegriffe"[10] besteht darin, dass die etymologischen Metamorphosen des
Begriffs Demokratie nicht für sich selbst stehen. Vielmehr werden sie als Reflex
auf die sozialen und politischen Kämpfe gedeutet, die in den jeweiligen historischen Kontexten und unter den Bedingungen des in ihrem Rahmen gegebenen
Standes der Naturbeherrschung für und gegen die Demokratie geführt worden
sind. Gleichwohl sind die von Christian Meier[11], Hans Leo Reimann[12], Hans
Maier[13], Reinhart Koselleck[14] und Werner Conze[15] vorgelegten Beiträge zum
Artikel „Demokratie" eine wichtige Ergänzung der vorliegenden Studie. Auf sie
bezieht sich der Autor immer dann, wenn die semantischen Veränderungen des
Begriffs „Demokratie" zur Erhellung des Untersuchungsgegenstandes beitragen.

Doch dem Verfasser geht es auch nicht in erster Linie um die Entwicklung
einer Typologie möglicher Demokratieformen, deren Muster Aristoteles mit
seiner komparatistischen Methode bereits in der Antike geprägt hat. So ist es
üblich geworden, die moderne Demokratietheorie, deren Gegenstand die liberale
Demokratie des allgemeinen Wahlrechts ist, in ihren normativen, formalen und
empirischen Varianten zu unterscheiden. Nach diesem Typologisierungsmuster
untergliedert sich der normative Ansatz in liberale Elitetheorien (Schumpeter,
Weber, Sartori), in pluralistische Demokratietheorien (Fraenkel), deliberative
Demokratietheorien (Habermas) und in feministische Demokratietheorien (Phil-
lips, Young). Der formale Ansatz stellt sich in Rational-Choice-Theorien
(Downs) und in Systemtheorien (Luhmann) dar. Der empirische Ansatz konzentriert sich auf die vergleichende Demokratieforschung in Gestalt der Verhandlungsdemokratie, der quantitativen Demokratieforschung in Form der Messun-
gen von Demokratie sowie in Untersuchungen der Funktionsvoraussetzungen der
Demokratie.[16] Daneben sind andere Typologisierungen im Umlauf.[17]

Demgegenüber ist es das Ziel der vorliegenden Darstellung, den historischen Prozess der Loslösung der liberalen aus der Hegemonie der alten Demokratie als der Selbstbestimmung des Volkes zu rekonstruieren. Ein solches Programm steht quer zu der Tatsache, dass die genannten typologisierenden Ansätze
eines gemeinsam haben: Sie gewinnen ihr Profil erst dadurch, dass sie jeweils
einen bestimmten Aspekt desselben Demokratiemusters für das Ganze nehmen,
nämlich der liberalen Demokratie der westlichen Welt. Ferner spielt für die
Strukturierung des Stoffes die idealtypische Unterscheidung zwischen normativen, formalen und empirischen Demokratietheorien aus einem weiteren Grund

---

[10] Vgl. Brunner/Conze/Koselleck 1972ff.
[11] Vgl. Meier 1972, S. 821-835.
[12] Vgl. Reimann 1972, S. 835-839.
[13] Vgl. Maier 1972, S. 839-848, 854-873.
[14] Vgl. Koselleck 1972, S. 848-853.
[15] Vgl. Conze 1972, S. 873-898.
[16] Vgl. hierzu Pohl/Buchstein 1999, S. 70-92.
[17] Vgl. hierzu Narr/Naschold 1973, S. 22-31; Grube/Richter 1975, S. 9-28; Lenk 1991, S. 938-940
sowie Schmidt 2000, S. 175-550.

nur eine marginale Rolle. Nicht das Interesse an der „fertigen" Demokratie, die typologisiert und mit den Mitteln der empirischen Sozialforschung quantifiziert werden kann, ist federführend, sondern der dynamische Vorgang der geschichtlichen Entstehung und des Scheiterns von Demokratien. Was erst zu konzipieren oder zu bewahren ist, bedarf eines Ansatzes, in dem normative, formale und empirische Elemente eine untrennbare Synthese eingehen.[18] Ein solches Erkenntnisinteresse legt es zugleich nahe, von Kapitel VII der vorliegenden Darstellung an die Demokratieentwicklung in Deutschland seit dem 19. Jahrhundert als Lehrstück zu betrachten, an dem sich die Bedingungen des Scheiterns, aber auch der Stabilisierung der Demokratie exemplarisch im Fokus ihrer Brechung aufzeigen lassen.

Dies vorausgesetzt, kann es auch nicht die Absicht des Autors sein, durch Theorievergleich zu ermitteln, „wie gut oder schlecht die alten wie die neuen Demokratietheorien sich zur exakten Beschreibung und Erklärung der Form, der Prozesse und der Problemlösungskraft moderner Demokratien eignen".[19] Gegenüber der aktualisierten fachspezifischen Bedeutung der Demokratietheorien hat vielmehr ihre historische Wirkungsmächtigkeit unter angebbaren gesellschaftlichen Bedingungen Priorität. Tatsächlich „ist die Unterscheidung zwischen einem *statischen*, unbeweglichen Begriff der Demokratie und der Auffassung von Demokratie als einem langwierigen, noch nicht abgeschlossenen *Prozeß* "[20] charakteristisch für das Erkenntnisinteresse der vorliegenden Arbeit. Diese Option ist nicht ohne Auswirkungen auf die Kriterien, anhand derer die Qualität von Demokratietheorien gemessen wird. Sie immunisiert diese gegen die Gefahr, Demokratietheorien, welche in vorindustriellen Gesellschaften entstanden sind, apriori einen geringeren Status zuweisen zu müssen als den Ansätzen des 19. und 20. Jahrhunderts. Und sie schützt vor einseitiger Präferierung status-quo-orientierter Theorien, welche die Paradigmen von Kritikern der alten Demokratie wie die des Aristoteles, Tocquevilles, Max Webers und Schumpeters lobt, aber die attische Demokratie und ihre „Modernisierung" durch Rousseau und seine Schüler in der Französischen Revolution von vornherein verdammt.

Erkenntnisinteresse des Buches

Demokratie als unabgeschlossener Prozess

---

[18] Sartori formuliert diesen Sachverhalt wie folgt: „Kurz gesagt, wenn Demokratie einmal gegeben ist, kann man eine 'empirische Theorie' der Demokratie haben; vorher aber, und ich würde sagen, als Vorbedingung dafür, braucht man einfach eine Theorie. Das Kunstprodukt Demokratie muß konzipiert und konstruiert werden, ehe man es beobachten kann. Demokratie gibt es, weil wir sie erfunden haben, weil sie in unserem Bewußtsein vorhanden sind und sofern wir begreifen, wie sie gesund und lebendig erhalten werden können" (Sartori 1992, S. 28). Einschränkend ist aber hinzuzufügen, dass die attische Demokratie erst zur Theorie wurde, als sie geschichtlich vollendet war.

[19] Schmidt 2000, S. 548.

[20] Fetscher 1973, S. 11. Fetscher fährt fort: „Wenn Demokratie ein 'Zustand' wäre, dann könnte man sagen, daß sie überall da besteht, wo das allgemeine, gleiche und geheime Wahlrecht für die Gesamtheit der erwachsenen Bevölkerung gewährleistet wird. In einem solchen Land könnte - wenn nur die Haltung der Bevölkerungsmehrheit entsprechend ist - Sklaverei eingeführt werden, jedenfalls könnten 'Fremde' dort Sklaven sein, verbrecherische Angriffskriege wären denkbar und extreme Ungerechtigkeit - wenn sie zum Beispiel als 'gottgewollt' hingenommen würde - könnte herrschen. So gesehen wäre auch Hitlers Deutschland 1936 ein durchaus demokratisches Land gewesen. Nimmt man Demokratie als 'Prozeß', so versteht man sie als eine Entwicklung, die im 17. Jahrhundert in England, im 18. in Frankreich und den USA begann und zu immer größerer und realerer Gleichheit der Chancen für alle führte. Dann wird das allgemeine Wahlrecht nur als eine Stufe oder eine Erscheinungsform von Demokratie aufgefaßt" (ebd.).

Das unverwechselbare Profil dieser Darstellung wird deutlich, wenn man sie mit den auf dem deutschsprachigen Büchermarkt präsenten einschlägigen Arbeiten vergleicht, die eine historische Dimension erkennen lassen. An erster Stelle ist Giovanni Sartoris Standardwerk „Demokratietheorie"[21] zu nennen. Seine Darstellung bewegt sich im Gegensatz zu dem hier vorgeschlagenen Drei-stufen-Modell einer politischen Ideengeschichte der Demokratie fast ausschließlich auf der begriffsanalytischen Ebene. Einerseits überprüft er demokratietheoretische Aussagen in der Manier philosophischer Argumentation auf die logische Stringenz und Geltung ihrer Aussagen. Andererseits beschreibt er den demokratietheoretischen Diskurs seit der Antike als einen Lernprozess, der sich allein im Bereich des Denkens abspielt. Diesen beiden methodologischen Optionen folgend, konzentriert er in seinem Buch die Auseinandersetzung mit Demokratietheorien auf zwei Schwerpunkte. Im ersten Teil geht es ihm um die Klärung des Verhältnisses zwischen normativen und empirischen Theorien der Demokratie. Während die normativen Demokratietheorien sich auf die Ideale und Werte der Demokratie beziehen und daher einen *präskriptiven Charakter* haben, wollen empirische Demokratietheorien zeigen, wie die Demokratien tatsächlich funktionieren und „was sie in der wirklichen Welt eigentlich sind"[22]: Sie erlangen durch dieses Erkenntnisinteresse eine *deskriptive Qualität*. Auch wenn Sartori die Wichtigkeit der analytischen Unterscheidung zwischen normativen und prädikativen Demokratietheorien nicht bezweifelt, fokussiert er seine Überlegungen auf die Wechselbeziehungen zwischen Sein und Sollen der Demokratie, weil es diese niemals mit „reinen" Fakten, sondern „in Wahrheit mit wertgeprägten Tatsachen zu tun"[23] habe.

Der zweite Teil ist weniger aktuell als vielmehr ideengeschichtlich orientiert. Nicht die Spannung zwischen Tatsachen und Werten ist das Generalthema, sondern die im politischen Denken nachweisbaren Verfahren von Versuch und Irrtum. Kernbegriffe der Demokratietheorie wie Macht, Zwang, Freiheit, Gleichheit, Gesetze, Gerechtigkeit etc. werden als Träger historischer Erfahrung verstanden, die durch eine Prüfung in ihrer praktischen Anwendung zugleich „historisches Lernen" ermöglichen. Angesichts der Fehleranfälligkeit aller real existierenden Demokratien seit der Antike soll politische Ideen- bzw. Theoriengeschichte der Demokratie auf diese Weise verhindern, dass „die Vernachlässigung früherer Erfahrung (...) nur frühere Irrtümer und Schrecken erneut heraufbeschwören (...). Wenn wir vorankommen wollen, dürfen wir nicht dulden, daß wir zurückfallen".[24] Der methodologische Ansatz Sartoris läuft auf das überzeugende Credo hinaus, dass die Diskussion über die Demokratie, die von der politischen Ideengeschichte seit der Antike überliefert worden ist, als eine unverzichtbare Voraussetzung für die Zukunft der Demokratie zu gelten hat.[25] Dieser Einsicht,

---

[21] Vgl. Sartori 1992.
[22] A.a.O., S. 4.
[23] Ebd.
[24] A.a.O., S. 6.
[25] A.a.O., S. XIII: „Das Geflecht der Politik und Demokratie beruht auf Ideen und Idealen, die durch eine theoretische Diskussion gestaltet und aussortiert (aufrechterhalten und fallengelassen) werden, die bei Platon und Aristoteles angefangen hat und von Generation zu Generation selektiv vermittels Wörtern (Begriffen) weitergegeben wurde, die *geronnene Erfahrung* sind. Ohne eine solche histori-

dass ohne die Aufarbeitung ihrer Ideengeschichte die Demokratie im 21. Jahrhundert kaum eine Überlebenschance haben wird, stimmt der Autor dieses Buches uneingeschränkt zu. Aber er ergänzt sie durch die Erfahrungstatsache, dass die Durchsetzung der Demokratie immer auch ein Kampf sozialer Interessen im historischen Kontext war, dessen restriktive Bedingungen entscheidend geprägt wurden durch den Stand der wissenschaftlich-technischen Entwicklung der jeweiligen Epoche. Und vor allem sieht er Sartoris Verdikt partizipatorischer Demokratieformen nicht durch die geschichtliche Entwicklung bestätigt.

Das hier vorgeschlagene dreistufige Darstellungsmodell unterscheidet sich *Manfred G. Schmidt* auch gravierend von dem Paradigma, innerhalb dessen Manfred G. Schmidt in seinem Buch „Demokratietheorien. Ein Einführung"[26] die Entwicklung der politischen Teilhabe des Demos von der Antike bis zur Gegenwart verortet. Ich möchte die folgenden Differenzen nennen: 1) Bei Schmidt spielt die historische Dimension der Kämpfe für die Ausweitung der Demokratie ebenso wenig eine Rolle wie die Berücksichtigung der Demokratiepotentiale aufgrund der wissenschaftlich-technischen Entwicklung der jeweiligen Gesellschaft. 2) Der methodologische Zugriff Schmidts auf die Ideengeschichte der Demokratie ist - im Gegensatz zu dem von mir vorgeschlagenen Ansatz - strikt teleologisch ausgerichtet. Anstatt, wie in der vorliegenden Studie geschehen, die demokratietheoretischen Reflexionen im Kontext ihrer Zeit zu verorten und zugleich deren „überschießenden Gehalt" zu verdeutlichen, der ihre Transferierbarkeit in andere Epochen erst ermöglicht, stuft Schmidt die klassischen Demokratietheorien seit der Antike zu bloßen „Vorläufern der Theorie entwickelter Demokratien"[27] herunter. 3) Schmidt untersucht die Ideengeschichte der Demokratie in der Perspektive eines anderen Erkenntnisinteresses als der hier vertretene Ansatz. Ihm geht es im Kern darum, „die Eignung der älteren und neueren Theorien für die Untersuchung moderner Demokratien zu erkunden".[28] Dagegen lässt sich diese Untersuchung von dem Erkenntnisinteresse leiten, sowohl auf der deskriptiven als auch auf der explikativen Ebene zu rekonstruieren, wie das ursprüngliche, aus der Antike herrührende Verständnis der Demokratie als der Selbstbestimmung des Volkes in einen Begriff der politischen Teilhabe umschlägt, der Demokratie zu einer bloßen Herrschaftstechnik reduziert.

Ein anderer Aspekt kommt hinzu. Schmidt setzt die liberale Demokratie in ihren verschiedenen Spielarten als die *ultima ratio* möglicher Teilhabe der Bürger am politischen Entscheidungsprozess („input") und deren Produkte und Ergebnisse („output") dem historischen Prozess voraus: Dieser ist, sofern er überhaupt thematisiert wird, nichts weiter als dekorative Illustration dessen, was ohnehin als Norm und Maßstab feststeht. Er vergisst, dass die liberale Demokratie selbst Resultat einer offenen geschichtlichen Entwicklung ist, deren revolutionäre Brüche seit der Frühen Neuzeit erst spät die Grundlagen der modernen politischen Teilhabe der Bürger in der europäisch-amerikanischen Welt legten. So wirft Schmidt Max Weber vor, er habe die Strukturen der „voll entwickelten"

---

sche Wissensakkumulation hätten wir heute nichts an der Hand und nicht einmal die Umrisse der liberalen Demokratie vor uns, die wir aufbauen konnten".
[26] Vgl. Schmidt 2000.
[27] A.a.O., S. 20.
[28] Ebd.

Demokratie verfehlt; „insofern war Webers Parteinahme für Demokratisierung, Parlamentarisierung und Führerdemokratie in Deutschland ein gewaltiger Sprung ins Dunkle“.[29] Doch was ist eine „voll entwickelte“ Demokratie? Hat die Demokratie heute tatsächlich alle ihre Potenzen aktualisiert? Ist sie ohne Defizite? Und wie kann man Weber vorwerfen, er habe in den letzten Jahren des Ersten Weltkriegs und der unmittelbaren Nachkriegszeit deren Ist-Stand von heute verfehlt? Eine solche ahistorische Kritik stößt ins Leere. Sie verkennt die schlichte Tatsache, dass die Demokratie in ihrem jeweiligen zeitlichen Kontext so zur Kenntnis zu nehmen ist, wie die objektiven und subjektiven Bedingungen des gesellschaftlichen Rahmens sie historisch geprägt haben. Und wenn die Demokratie in ihrer geschichtlichen Ausformung einen „überschießenden Gehalt“ erkennen lässt, der ihre Weiterentwicklung ermöglicht, so sind die sozio-politischen Voraussetzungen zu benennen, die die Realisierung dieses „Mehr an Demokratie“ oder aber dessen Scheitern bewirkten.

Bernhard Frevel   Gleichwohl ist Schmidts Perspektive für die neueren ideengeschichtlich orientierten Darstellungen der Geschichte der Demokratietheorien eher charakteristisch. In der neuesten Überblicksdarstellung Bernhard Frevels „Demokratie. Entwicklung - Gestaltung - Problematisierung“[30] folgt der Autor weitgehend den Spuren Schmidts, wenngleich seine Darstellung insbesondere in ihrem aktuellen Teil nicht annähernd den Materialreichtum aufweist wie dessen Studie.[31] Auch Frevel stuft die Demokratietheorien der agrarischen bzw. in den Anfängen der Industrialisierung befindlichen Gesellschaften zu bloßen „Vorläufern“ der modernen Demokratie herunter. Im zweiten Teil stellt er die verschiedenen Varianten der heutigen Demokratie vor. Das Buch schließt mit Überlegungen über deren Zukunft im 21. Jahrhundert. Frevels Darstellung reiht sich in die hegemoniale Linie der Ideengeschichte der Demokratie ein, die, weitgehend vom Demos absehend, deren Substrat auf die Klassiker des politischen Denkens reduziert. Zwar wird die Rolle des Demos in der Schilderung der Entstehung der attischen Demokratie angedeutet. Aber dessen Anteil an der „Erfindung“ des ersten demokratischen Staatswesens der Welt entschärft der Verfasser durch den Hinweis, dass „mit dem heutigen Verständnis von Demokratie (...) die athenische Form nicht viel mehr gemein (hat) als den Namen“.[32] Dass die großen Theoretiker der Demokratie von Platon und Aristoteles über Montesquieu und Rousseau bis hin zu Mill und Tocqueville ihre Denkanstöße nicht nur durch die Lektüre der Schriften ihrer jeweiligen Vorgänger oder Zeitgenossen, sondern vor allem von den sozio-politischen Verhältnissen der großen Masse der Bevölkerung erhielten, bleibt in diesem Band fast vollständig ausgeblendet.

Arno Waschkuhn   Im Gegensatz zu dem hier skizzierten Paradigma des vorliegenden Buches spielt sich auch Arno Waschkuhns Darstellung „Demokratietheorien. Politiktheoretische und ideengeschichtliche Grundzüge“[33] vorwiegend auf der begrifflichen Ebene ab, wie sie sich im Denken der Theoretiker und Philosophen darstellt. Es werden weder die Leveller in der Englischen Revolution von 1642-

---

[29] A.a.O., S. 195.
[30] Vgl. Frevel 2004.
[31] Vgl. insbesondere die Teile II, III und IV bei Schmidt 2000, S. 175-550.
[32] Frevel 2004, S. 19.
[33] Vgl. Waschkuhn 1998.

1649 noch das Bündnis zwischen Jakobinern und Sansculotten in der Französischen Revolution von 1789 auch nur erwähnt. Unberücksichtigt bleiben ferner die oppositionellen republikanischen Strömungen im Frankreich der ersten Hälfte des 19. Jahrhunderts und in der 48er Revolution ebenso wie die Chartisten in England, die Pariser Kommune von 1871 sowie die Rätebewegung in der deutschen Revolution von 1918/19. Niemand wird Waschkuhn eine zu schmale Materialbasis vorwerfen können. Aber trotz ihrer beträchtlichen Stofffülle krankt seine Arbeit an zwei Defiziten. Einerseits fehlt dem Buch eine systematische Fragestellung, um die von ihm diskutierten Theorieansätze überzeugend strukturieren zu können. Die häufigen enzyklopädischen Exkurse in Bereiche, welche die Demokratietheorie und ihre Geschichte nur indirekt betreffen, tragen kaum zu einer wirklich erhellenden Durchdringung des Stoffes bei. Andererseits schlägt sich Waschkuhns Abstinenz gegenüber den historischen Kämpfen, die für oder gegen die Demokratie geführt worden sind, selbst noch in seinem kurzen begriffsgeschichtlichen Abriss nieder, wenn er die These formuliert, „daß in den neuzeitlichen Jahrhunderten bis hin zur Französischen Revolution 'Demokratie' weithin ein literarischer Schulbegriff, ein Wort der Gelehrtensprache geblieben ist".[34]

Das Gegenteil ist zutreffend: Schon lange vor der Französischen Revolution war Demokratie ein pejorativer Begriff, mit dem die Oberschichten ihre wirklichen oder vermeintlichen Gegner zu stigmatisieren suchten. In gleicher Weise ist es nur schwer nachzuvollziehen, wenn Waschkuhn kommentarlos von den Federalists zu Tocqueville übergeht, als ob es die bis dahin dramatischsten Demokratisierungsprozesse der Neuzeit während der Französischen Revolution nicht gegeben hätte: Deren Exponenten von Sieyès über Robespierre bis hin zu Babeuf übergeht Waschkuhn mit Schweigen. Wie es scheint, haben sie zur Artikulation des neuzeitlichen Demokratiebegriffs nichts beigetragen. Ein weiteres Beispiel macht das historische Defizit dieses Buches deutlich. So konzentrieren sich bei Waschkuhn die Auseinandersetzungen um die Demokratie im deutschen Kaiserreich von 1871 bis 1917 auf eine einzige Figur, nämlich auf Max Weber, als ob es keinen Lassalle, Bebel, Kautsky u.a. als Exponenten einer großen sozialen Bewegung gegeben hätte, die in Anknüpfung an die soziale Komponente der alten Demokratie für das Allgemeine Wahlrecht auf dem Boden des Parlamentarismus kämpften.

Demgegenüber teilt die vorliegende Studie mit der Arbeit von Hans Vorländer „Demokratie. Geschichte, Formen, Theorien"[35] eine Reihe gemeinsamer Schnittmengen. Zunächst ist der dezidiert historische Ansatz Vorländers hervorzuheben: Er degradiert die attische Demokratie, welche er in ihrer Genesis und ihrer institutionellen Gestalt überzeugend charakterisiert, nicht zu einem bloßen Vorläufer ihrer modernen Variante. Vielmehr zeigt er auf, wie sich diese aus jener im späten 18. und 19. Jahrhundert erst langsam löste und allmählich ein eigenes Profil zu entwickeln begann. Dieser Vorgang steht im Zentrum des his-

Hans Vorländer

---

[34] A.a.O., S. 6. Träfe diese Aussage zu, so bliebe unklar, warum es die Leveller in der großen Englischen Revolution von 1642 bis 1649 vermieden, sich Demokraten zu nennen. Umgekehrt hat Bodin in politisch-polemischer Absicht die Wiedertäufer von Münster dem demokratischen Spektrum zugeordnet.
[35] Vgl. Vorländer 2003.

torischen Teils der Darstellung: Er konstituiert den Kern ihrer systematischen Fragestellung. Sie kristallisiert sich in der These, dass „sich die Demokratie innerhalb des Spannungsrahmens von repräsentativer und direkter, plebiszitärer Ausprägung entwickeln und behaupten"[36] musste. Diese beiden Konzepte in ihrer extremen Form, so Vorländer, markieren das Ende der demokratischen Skala, deren äußerste Pole die repräsentative Wahldemokratie auf der einen und die unmittelbare radikale Demokratie nach dem attischen Muster auf der anderen Seite sind. „Zwischen diesen Polen indes hat sich die Demokratie, wo sie etabliert war, immer wieder, mal in die eine, mal in die andere Richtung, entwickelt".[37]

Auch verdeutlicht Vorländers Studie, dass das Konzept der Demokratie von Anfang an ein Kampfbegriff war, den ihre antiken Gegner Aristoteles und Platon pejorativ besetzten. Selbst noch am Vorabend der Französischen Revolution und in dieser selbst, als man unter dem Einfluss Rousseaus die Demokratie der Sache nach aufwertete, wurde die Ausweitung der politischen Teilhabe vorwiegend unter dem Begriff „Republik" verhandelt. Vorländer registriert diese semantischen Veränderungen sensibel, ohne dass er teleologisch gleich auf ihre moderne Bedeutung zusteuert. Vielmehr besticht seine Studie gerade dadurch, dass sie die Geschichte der Demokratie als einen offenen Prozess betrachtet, der keineswegs gradlinig, sondern in sich gebrochen verlief. Es ist freilich der begriffsgeschichtlichen Ausrichtung dieses äußerst kompakt geschriebenen Bandes geschuldet, dass er weitgehend die sozialen Kräfte und Bewegungen ausblendet, welche die Veränderung der Semantik des Begriffs Demokratie von seiner pejorativen Bedeutung in der Antike und der Frühen Neuzeit zu seinem inflationär-affirmativen Gebrauch in der Gegenwart und die damit verbundene Neutralisierung seiner ursprünglich emanzipatorischen Inhalte bewirkten. Die Rekonstruktion dieses Vorganges ist aber das eigentliche Thema des von mir vorgelegten Buches. Es thematisiert im jeweiligen epochenspezifischen Kontext eben jenes Muster der von Massenbewegungen getragenen provokativen Herausforderung des Postulats „Mehr Demokratie wagen" und der Antwort derer, die auf der Sistierung oder Rückgängigmachung dieser Dynamik bestanden.

P. Massing, K. Roth, R. Speth, V. Pesch, K. Pohl, H. Buchstein

Das von Peter Massing herausgegebene Werk „Ideengeschichtliche Grundlagen der Demokratie"[38] lässt ebenfalls inhaltliche Schwerpunkte erkennen, die in dem vorliegenden Werk eine zentrale Rolle spielen. So setzt sich Klaus Roth mit der „Demokratie in der Antike"[39], Rudolf Speth mit „Vertragstheorien und Demokratie"[40], Volker Pesch mit „Demokratievorstellungen nach der Französischen Revolution: Konservatismus, Liberalismus und Sozialismus"[41] sowie Kerstin Pohl und Hubertus Buchstein mit „Moderne Demokratietheorien"[42] auseinander. Am meisten zu überzeugen vermag der Beitrag von Klaus Roth, der die Entstehung der attischen Demokratie zu Recht als das Resultat sozialer Kämpfe

---

[36] Vorländer 2003, S. 12.
[37] Ebd.
[38] Vgl. Massing 1999.
[39] Vgl. Roth 1999, S. 11-30.
[40] Vgl. Speth 1999, S. 31-45.
[41] Vgl. Pesch 1999, S. 46-69.
[42] Vgl. Pohl/Buchstein 1999, S. 70-92.

der an den Adel verschuldeten Bauern interpretiert: Ohne Theorieanleitung lösten diese gesellschaftlichen Spannungen von Solon bis Kleisthenes zur Verhinderung eines Bürgerkriegs Reformschübe aus, die dann unter Perikles ihre Vollendung in der attischen Demokratie fanden. Leider wird in den anderen Abschnitten dieser zentrale Faktor des politische Teilhabe einklagenden Demos weitgehend ausgespart, auf dessen Dynamik die großen Theoretiker wie Platon und Aristoteles überhaupt erst reagierten. So ist es charakteristisch, dass Pesch konservative, liberale und sozialistische Demokratievorstellungen auf der Klassikerebene bei Burke, John St. Mill und Marx referiert, ohne auf den Anlass selbst, nämlich die Demokratisierungsprozesse in der Französischen Revolution und im England des 19. Jahrhunderts, explizit einzugehen. Dennoch ist der informatorische Wert dieser Arbeit beträchtlich, wenn zum Beispiel Rudolf Speth auf den Kontraktualismus als der entscheidenden Differenz zwischen der modernen und der antiken Demokratie hinweist oder Kerstin Pohl und Hubertus Buchstein eine übersichtliche Typologisierung der modernen Demokratietheorien vorlegen.

Kurt Lenks Studie „Probleme der Demokratie"[43] ist systematisch angelegt. Soweit in ihr eine historische Dimension sichtbar wird, beginnt sie nicht mit der attischen Demokratie, sondern mit der Französischen Revolution: Sie setzt also, wenn man so will, erst mit der modernen Demokratie und ihren Widersachern ein. Ihr systematisches Interesse gilt Schwerpunkten, die von „Demokratie und Legitimität", „Varianten und Kriterien des Demokratiebegriffs", über „Freiheit und Gleichheit" bis hin zu „Demokratie und Diktatur" und „Technokratie als Gegenmodell zur Demokratie" reichen. Dennoch teilt die vorliegende Arbeit einige der zentralen Prämissen, die Lenks brilliantem Abriss zugrundeliegen. Zu Recht weist er darauf hin, dass die Demokratie stets das Resultat sozialer Konflikte und politischer Kämpfe gewesen ist[44] und insofern niemals als ein in sich geschlossenes System betrachtet werden könne.[45] Auch hat Lenk klar den Sachverhalt formuliert, zu dessen Klärung das vorliegende Buch geschrieben worden ist: Mit der von Schumpeter eingeleiteten „kopernikanische Wende" der Demokratie als Transformation von der Selbstbestimmung des Volkes zu einer bloßen demokratischen Methode sei mehr bewirkt worden als „eine neue Bezeichnung. Sie impliziert die Absage an jede Vorstellung, wonach Demokratie ein inhaltliches Ziel mit angebbaren normativen Inhalten sein könnte. Durch die Auflösung des Demokratiebegriffs in eine Methode einerseits und in einen Prozeß des Miteinander-Konkurrierens andererseits wird eine materiale Bestimmung dessen, was man als demokratisch bezeichnen könnte, von vornherein ausgeschlossen. Demokratie wird zu einem Verfahren der Führerauswahl".[46] Doch wie ist es zu diesem Umschlag gekommen? Der historische Prozess, der ihm vorausging, bleibt in Lenks Darstellung undiskutiert: Eben diese Leerstelle zu füllen, ist ein wesentliches Anliegen dieser Arbeit.

Gemessen an den meisten seit den 80er Jahren erschienenen Darstellungen wird man dem Buch von Karl Mittermaier und Meinhard Mair „Demokratie. Die

Kurt Lenk

Karl Mittermeier,
Meinhard Mair

---

[43] Vgl. Lenk 1991, S. 933-989.
[44] A.a.O., S. 933.
[45] A.a.O., S. 934.
[46] A.a.O., S. 949.

Geschichte einer politischen Idee von Platon bis heute"[47] nicht vorwerfen können, es instrumentalisiere das überlieferte Material über Demokratietheorien zu einer Apologie der modernen (liberalen) Demokratie. Das Gegenteil ist der Fall: Die explizite Messlatte, an der die Demokratietheorien gemessen werden, sind zentrale Standards der attischen Demokratie. Sie werden nun freilich oft so einseitig unter dem Motto „Der Ausverkauf der Demokratie" auf ihre hegemoniale Variante in der Gegenwart angewendet, dass man einen Exponenten der modernen Konkurrenzdemokratie wie Joseph A. Schumpeter gegenüber überzogener Polemik in Schutz nehmen muss, hat er doch trotz aller berechtigten Kritik immerhin den analytischen Blick auf die konkreten Abläufe und Funktionsbedingungen der modernen Demokratie in den industriellen bzw. postindustriellen Massengesellschaften geschärft. Umgekehrt schießen die beiden Autoren weit über das Ziel hinaus, wenn sie die reduzierten modernen Demokratien des Westens in ihrem partizipatorischen Gehalt mit der Stalinverfassung von 1936 gleichsetzen: Die eine sei Ausdruck der Herrschaft der Arbeiterklasse und die anderen Ausfluss der „mehrheitlichen Herrschaft der Klasse der kapitalistischen Privateigentümer. Staatsstrukturell und verfassungstechnisch unterscheiden sich beide Staatsformen nicht: Staatsphilosophisch und politikwissenschaftlich müssen beide Republiken unter die Kategorie der demokratischen Republiken subsumiert werden".[48]

Nun wird aber jeder Staatsphilosoph und Politikwissenschaftler entgegnen, dass es ein Unterschied ums Ganze ist, wenn in der einen Republik genau das fehlt, wovon die andere lebt: Austausch des Regierungspersonals durch Wahlen, Mehrparteiensystem, ungehinderte Meinungsfreiheit in einer staatlich nicht reglementierten Öffentlichkeit sowie die kodifizierten Grund- und Bürgerrechte als Garantie individueller Freiheiten. Andere Defizite kommen hinzu. Die Begründung der Autoren, der Verzicht auf die Auswertung der Sekundärliteratur schärfe den Blick für die Quellen[49], kann natürlich nicht überzeugen, weil es bisher noch keine Wissenschaftler gab, deren Erkenntnisse der Korrektur durch den Stand der Forschung entraten könnten. So verwundert es nicht, wenn den Autoren eine Reihe von Fehlbeurteilungen unterlaufen. So interpretieren sie Augustinus' „Gottesstaat" als einen Vorläufer der „christlichen Demokratie" im Mittelalter[50], obwohl klar ist, dass gerade dieser Theologe bedingungslos der *vox dei*, wie er sie interpretierte, folgte und daher die Demokratie als Ausfluss sündhafter Hybris verdammen musste. Auch ist der Reduktionismus der beiden Autoren zu kritisieren, der die relevanten Demokratietheorien der Gegenwart auf die Positionen Giovanni Sartoris, Robert A. Dahls und Norberto Bobbios beschränkt.[51] Sehen wir einmal von der Schilderung der Reformschübe seit Solon ab[52], die über verschiedene Stufen dann zur vollen Entfaltung der attischen Demokratie führten, so legen auch Mittermaier/Mair eine Geschichte der Demokratietheorie vor, in der der Demos nur eine untergeordnete Rolle spielt: Die Entwicklung der

---

[47] Vgl. Mittermaier/Mair 1995.
[48] A.a.O., S. 171.
[49] Vgl. a.a.O., S. 1.
[50] Vgl. a.a.O., S. 58-65.
[51] Vgl. a.a.O., S. 196-199.
[52] Vgl. a.a.O., S. 1-19.

Theorien über die Volksherrschaft erscheint im Kern als das Resultat des Diskurses großer Geister, ohne die sozialen Kämpfe und die vom Stand der wissenschaftlich-technischen Entwicklung einer Gesellschaft abhängigen Partizipationspotentiale hinreichend zu berücksichtigen.

Dass die folgende Bilanzierung der Geschichte der Demokratietheorien mit der attischen Volksversammlung einsetzt, ergibt sich aus ihrem Erkenntnisinteresse. Montesquieu folgend, glaubten viele deutsche Liberale, insbesondere im 19. Jahrhundert, die wichtigsten Wurzeln der Demokratie in der „alten deutschen Freiheit" Germaniens vor Einführung des Feudalsystems finden oder sich auf die protestantische Tradition berufen zu können.[53] Aber die nationalstaatliche Einengung des Ursprungs der Demokratie steht quer zu ihrem gesamteuropäischen Geltungsanspruch. Auch stellt der Protestantismus im Vergleich zu den Anfängen der Demokratie in der Antike erst eine späte Phase ihrer Entwicklung dar, während sich die katholische Kirche noch im 20. Jahrhundert schwer tat, das säkularisierte Konstrukt der Demokratie zu akzeptieren. Zwar bezeichnete der junge Hegel die katholische Kirche in den ersten Jahrhunderten ihres Bestehens als eine „reine Demokratie", welche die Form einer „repräsentativen Republik" angenommen habe, weil gewählte Stellvertreter der Laien in einem freien Konzil ihre dogmatischen Kontroversen austrugen. Dabei habe der Grundsatz vorgeherrscht, „daß es Pflicht sei, sich der Mehrheit der Stimmen zu unterwerfen, wobei jeder Teil die Hoffnung hatte, durch seine triftigen Gründe und Beredsamkeit und mehr noch durch seine Intrigen (...) [die anderen] für sich zu gewinnen".[54] Doch blieb dieser Entscheidungsmechanismus historisch wirkungslos, weil, wie Hegel betont, mit der Entmachtung der Laien in Glaubensangelegenheiten und der Degradierung des Klerus zu Beamten des Papstes „es dem Volke ziemlich gleichgültig sein (mußte), ob sein Glaubensregent und Richter *eine* Person – der Papst – oder eine Menge von ihm abhängiger Personen sind, ob seine geistliche Verfassung eine Monarchie oder eine Aristokratie sei: seine Rechte sind in beiden Fällen gleich groß, gleich Null".[55]

Demgegenüber stand die attische Demokratie als Namensgeber aller nachfolgenden, sich auf den Willen des Volkes berufender Regierungs- und Staatsformen Pate. Vielleicht ist diese Tatsache der Grund dafür, dass der Ursprung der Demokratie im antiken Griechenland in jeder Phase ihrer Geschichte von ihren Anfängen über die Französische Revolution bis zur Gegenwart präsent war und ist: sei es als Schatten eines in der Vergangenheit misslungenen Experiments, das dialektisch in der Versklavung seiner Protagonisten endete; sei es als in die Zukunft weisendes Feuer, das die Herzen unzähliger nach Selbstbestimmung und Autonomie strebender Menschen erwärmte: Gründe genug, unsere Darstellung nicht mit der Französischen Revolution, sondern mit der attischen Demokratie beginnen zu lassen.

Die attische Demokratie als Folie der Demokratietheorie

---

[53] Vgl. Maier 1971, S. 870-872.
[54] Hegel 1999, S. 162.
[55] A. a. O., S. 163.

Kapitel I
Zum Demokratieverständnis in der Antike

§ 1 Einleitung

Besonderheiten der
Demokratie in der
Antike

Wer einen ideengeschichtlichen Abriss über die Entwicklung der Demokratietheorie schreiben will, kommt um die Auseinandersetzung mit ihren Ursprüngen in der griechischen Antike nicht herum.[56] Diese These ist auf den ersten Blick keineswegs zwingend. Bereits Hegel betonte, es sei „nichts so ungeschickt, als für Verfassungseinrichtungen unserer Zeit Beispiele von Griechen und Römern oder Orientalen aufnehmen zu wollen".[57] Die alten Griechen hätten mit einer freien Verfassung das Postulat verbunden, „daß alle Bürger Anteil an den Beratungen und Beschlüssen über die allgemeinen Angelegenheiten und Gesetze nehmen sollen."[58] Dies sei auch in unseren Zeiten die allgemeine Meinung. Freilich habe man sie aufgrund der Größe der modernen Staaten insofern modifiziert, als die Bürger „nicht direkt, sondern indirekt durch Stellvertreter ihren Willen zu dem Beschluß über die öffentlichen Angelegenheiten zu geben haben, d.h. daß für die Gesetze überhaupt das Volk durch Abgeordnete repräsentiert werden solle. Die sogenannte Repräsentativverfassung ist die Bestimmung, an welche wir die Vorstellung einer freien Verfassung knüpfen, so daß dies festes Vorurteil geworden ist".[59]

Antike und
westliche Demokratie

Tatsächlich wäre das Herzstück der westlichen Demokratien, das Repräsentationsprinzip, in Verbindung mit dem freien Mandat, den attischen Demokraten verdächtig erschienen, weil es in ihren Augen die Entstehung einer aristokratischen „politischen Klasse" begünstigte. Indem sie für die uneingeschränkte politische Souveränität des in der Volksversammlung präsenten Demos plädierten, hatte für sie faktisch das imperative Mandat einen alternativlosen Status. So war der Athener Demokratie unbekannt, was im Rahmen des Verfassungstyps „westliche Demokratie" als Regierung gilt, weil ihre „Exekutive" gegenüber der Volksversammlung kein Eigengewicht besaß.[60] Die westliche repräsentative Demokratie des allgemeinen Wahlrechts ist ferner ein Parteienstaat, der die Interessen der Bevölkerung „bündelt" und dadurch politisch umsetzungsfähig macht.

---

[56] Zum Gesamtzusammenhang vgl. Sterling 1965, S. 15-63; Euchner 1973, S. 17-23; Meier 1972, S. 821-839; Tarkiainen 1972; Finley 1980; Meier 1981, S. 7-69; Bleicken 1986; Finley 1990; Kagan 1991; Eder 1992, S. 11-29; Welwei 1992; Waschkuhn 1998, S. 136-151; Mittermaier/Mair 1995, S. 5-18; Roth 1999, S. 11-30; Welwei 1999; Schmidt 2000, S. 41-55; Pabst 2003; Vorländer 2003, S. 13-25; Frevel 2004, S. 14-19.

[57] Hegel 1986, S. 67.

[58] Ebd.

[59] Ebd.

[60] Zur Aktualisierungsproblematik der attischen Demokratie vgl. u. a. Finley 1980; Bleicken 1986, S. 385-398; Kagan 1992, S. 13-26, 75f u. 82f; Pabst 2003, S. 149-185; Vorländer 2003, S. 26-38.

Im alten Athen dagegen gab es keine politischen Parteien im modernen Sinn wie die Republikaner und Demokraten in den USA, die Konservativen und die Labour Partei im Vereinigten Königreich oder die CDU/CSU, SPD, PDS, FDP und die Grünen in der Bundesrepublik Deutschland. Vielmehr traten an die Stelle festgefügter „Parteimaschinen" mit Programmen, Parteienstatuten, Mitgliederkarteien und -beiträgen etc. in der attischen Demokratie prominente Einzelpersonen, die kraft ihrer rhetorischen Fähigkeiten den politischen Willensbildungsprozess in der Volksversammlung strukturierten. Die antiken Schriftsteller nannten sie „Demagogen": ein Begriff, der dann unter dem Einfluss von Platon und Aristoteles eine pejorative Bedeutung annahm.

Schließlich achtete die attische Demokratie zwar die Rechte des Individuums: So rüttelte sie niemals an der Institution des Privateigentums. Aber deren Verankerung in einer von ursprünglich Gleichen und Freien vertraglich begründeten Verfassung, die politische Herrschaft zu einer künstlichen Größe erhob, war ihr fremd.[61] Während sich die westlichen Demokratien von Anfang an auf das individualistische Naturrecht beriefen, das zugleich einen dem Staat vorgelagerten Kanon individueller Grund- und Menschenrechte legitimierte, wurde einerseits eine Theorie der Demokratie in der Antike erst vorgelegt, nachdem sie ihren historischen Zenit bereits überschritten hatte.[62] Andererseits hatte die seit der Frühen Neuzeit in Europa bekannte Trennung von Moralität und Legalität in den westlichen Demokratien eine Tendenz zur Verrechtlichung auch der politischen Sphäre ausgelöst, die der attischen Demokratie fremd war: Das Gerichtswesen war Angelegenheit des Demos selbst, der sich nur Normen unterwarf, die er sich selbst in der Volksversammlung gegeben hatte. Deren Anwendung auf den konkreten Fall war in den Geschworenengerichten seine ureigene Angelegenheit, die er keinem Berufsstand von Juristen überließ.[63] Nehmen wir hinzu, dass es sich bei der attischen Demokratie um einen Stadtstaat handelte, bei den modernen repräsentativen Demokratien aber um große Territorien mit einer millionenfachen Bevölkerung, so scheinen diese gravierenden Differenzen nahe zu legen, den Beginn der „Demokratie" nicht in der Antike, sondern erst seit der Amerikanischen und Französischen Revolution in der zweiten Hälfte des 18. Jahrhunderts beginnen zu lassen.

Dennoch meine ich, dass folgende Argumente gegen einen solchen Schritt sprechen. Zunächst ist daran zu erinnern, dass der Begriff „Demokratie" im klassischen Griechenland „erfunden"[64] wurde, ohne dass ihre Begründer auf ein bereits existierendes Modell oder Vorbild zurückgreifen konnten. Auch wenn er stets die Herrschaft der in der Volksversammlung physisch präsenten Vollbürger meinte, ist der Bedeutungsgehalt der „repräsentativen Demokratie" aus diesem altgriechischen Begriff hervorgegangen. Er bedeutet im emphatischen Sinne „Herrschaft des Volkes": An diesem semantischen Gehalt kommt kein politisches System vorbei, das sich als „Demokratie" versteht. Gestritten werden kann

Merkmale des antiken Demokratiebegriffs

- Herrschaft des Volkes

---

[61] Vgl. Kap. II, §§ 4 u. 5.

[62] Vgl. §§ 4 u. 5.

[63] In den westlichen Demokratien ist die sogenannte Konstitutionalisierung der öffentlichen Sphäre zu einem tiefgreifenden Problem geworden, weil es den Entscheidungsspielraum des Demos in zunehmendem Maße einschränkt. Vgl. hierzu Schmidt 1998, S. 260.

[64] Vgl. Meier 1981, S. 7-69.

lediglich darüber, wie sich diese Form der Herrschaft institutionell in der histo-risch-politischen Wirklichkeit umsetzen soll. Zwar wurde darüber hinaus seit der Frühen Neuzeit der antike Sinn der Demokratie als der Selbstbestimmung des Volkes, das stets auch die Unterschichten mit umfasste, nie wieder erreicht. Doch blieb eine bestimmte Wertorientierung präsent, die sich in allen „genuin" demokratischen Systemen seit der Antike durchgehalten hat. Oder anders formu-liert: Die attische Demokratie ist ebenso wie die moderne Demokratie zu ihrem Funktionieren auf eine politische Kultur angewiesen, die regulativ auf ihre Insti-tutionen zurückwirkt.

Niemand hat dies besser begriffen als Platon, der große elitäre Kritiker der attischen Demokratie. Er sah deren entscheidenden Wert in der Gleichheit und Freiheit, die man nicht als Gegensätze, sondern als genuine Ergänzungen begrei-fen müsse. Die Herrschaft der vielen setzte außerdem einen Menschentyp vor-aus, dessen Verhalten internalisierte demokratische Normen steuerten. Platon hat den „demokratischen Mann" in seiner „Politeia" satirisch verzerrt dargestellt.[65] Doch positiv gewendet, führt ihm zufolge die Freiheit zu einer pluralistischen Meinungsvielfalt und die Gleichheit zum Misstrauen gegenüber den „Herrschen-den".[66] Dieser antiautoritäre Grundzug des attischen Bürgersinns hatte seine entscheidende Grundlage nicht nur in der Tatsache, dass jeder Athener Bürger Herrscher (als Amtsträger) und Beherrschter (als Normalbürger) in einer Person war. Darüber hinaus unterwarf sich der Athener Demokrat nur solchen Gesetzen, die Ausfluss des Willens des Souveräns, also der Volksversammlung, waren. Wer kann sich heute in einer Demokratie ein Gesetz ohne einen solchen Rückbe-zug[67] auf die Volkssouveränität vorstellen? Es kommt eine weitere Überein-stimmung hinzu. Die attische Demokratie stand und fiel von Anfang an mit dem Engagement ihrer Bürger für das Gemeinwohl. Wie am Beispiel der Totenrede des Perikles noch gezeigt wird[68], lebte sie von der Prämisse, dass der Bürger als „Citoyen" am öffentlichen Diskurs teilnahm und auch bereit war, gegebenenfalls ein öffentliches Amt zu übernehmen. Selbst ein moderner Vertreter der „Kon-kurrenzdemokratie" wie Anthony Downs muss zugeben, dass die moderne reprä-sentative Demokratie in sich zusammenbräche, wenn sie sich ausschließlich auf die private Nutzenmaximierung ihrer Bürger beriefe und deren Orientierung am öffentlichen Wohl eine Absage erteilte.[69]

Zum Schluss sei noch auf eine weitere Gemeinsamkeit hingewiesen. Die at-tische Demokratie war nicht, wie viele ihrer Kritiker behaupten, die direkte und spontane Herrschaft der Massen, chaotisch und willkürlich. Vielmehr zeichnete sie sich nicht anders als die moderne Demokratie aus durch eine sorgfältige und umsichtige Institutionalisierung des politischen Willensbildungsprozesses, die ihm Dauer und Stabilität verlieh.[70] Doch dieses Ergebnis hat eine lange Vorge-schichte erbitterter politischer und sozialer Kämpfe, ohne die eine Geschichte der Demokratietheorie unvollendet bliebe.

Margin notes:
- Selbstbestimmung
- Freiheit und Gleichheit
- Engagement der Bürger für das Gemeinwohl
- Institutionalisierung

---

[65] Vgl. § 5.
[66] Vgl. Pabst 2003, S. 150f.
[67] Vgl. a.a.O., S. 9-63.
[68] Vgl. § 4.
[69] Vgl. Downs 1968 , S. 262.
[70] Vgl. Pabst 2003, S. 81-101.

42

§ 2 Aufstieg und Niedergang der attischen Demokratie im Schatten sozialer Konflikte

Die Beschäftigung mit der historischen Genesis der attischen Demokratie führt in der Tat zu der Einsicht, dass sie von Konflikten begleitet war, aus deren Schatten sie zu keinem Zeitpunkt ihrer Existenz herauszutreten vermochte.[71] Auf eine allgemeine Formel gebracht, verlief die Konfliktlinie zwischen dem Teil der keineswegs sozial homogenen attischen Bevölkerung, der sich für die Durchsetzung und Erweiterung der Volksrechte einsetzte, und den Segmenten der traditionellen oligarchischen Oberschicht, die ihre althergebrachten Privilegien bedroht sahen. Platon und Aristoteles haben diese gesellschaftliche Frontstellung klar erkannt. Zwar ist die antike Klassenstruktur Griechenlands schon lange vor dem Wirken dieser beiden Denker thematisiert worden. So ist bereits in der „Odyssee" von der Gegenüberstellung zwischen Edelgeborenen und gemeinem Volk ebenso die Rede wie Solon in seinen Gedichten die Konfrontation von Adel und Volk (Demos) erwähnt. Platon und Aristoteles knüpften also an überlieferte Topoi an, doch brachten sie diese Konfliktmuster explizit mit der attischen Demokratie in Verbindung.

Attische Demokratie und sozialer Konflikt

Nach Platon[72] entsteht die Demokratie, „wenn die Armen den Sieg davontragen, dann von dem andern Teil einige hinrichten, andere vertreiben, den übrigen aber gleichen Anteil geben am Bürgerrecht und an der Verwaltung, so dass die Obrigkeiten im Staat großenteils durchs Los bestimmt werden" (557a). Dies sei der Preis für die Geburt der Demokratie - möge sie durch Waffen zustande gekommen sein oder dadurch, dass sich die Reichen aus Furcht zurückgezogen hätten. Platons Suggestion eines blutigen Szenarios bei der Durchsetzung der Demokratie im antiken Griechenland pflichtete der viel empirischer als sein Lehrer ausgerichtete Aristoteles[73] in seiner Komparatistik von 158 zeitgenössischen Verfassungen bei. Die Volksführer (demagògos) vernichteten in den Demokratien die Verfassung, „indem sie durch ihren Kampf gegen die Reichen den Staat beständig in zwei Teile zerspalten, während sie sich doch immer den Anschein geben sollten, sie sprächen für die Reichen; und ebenso müßten in den Oligarchien die Machthaber für das Volk sprechen, und der Bündniseid der Oligarchen müßte gerade umgekehrt lauten als er wirklich lautet. Denn jetzt schwören sie in einigen Staaten: 'Und dem Volk will ich feindlich gesinnt sein und ihm zu seinem Schaden ersinnen, so viel ich kann'" (1310a). Umgekehrt ist überliefert, daß nach dem ersten oligarchischen Umsturz 412/411 die athenischen Bürger bei einer öffentlichen Veranstaltung schworen, die für vogelfrei erklärten Feinde der Demokratie „'durch Wort, Tat, Abstimmung, ja womöglich mit eigenen Händen zu vernichten'. Jeder durfte einen Feind der Demokratie töten, ohne bestraft zu werden und ohne das Odium einer Bluttat auf sich zu laden".[74]

Der soziale Konflikt bei Platon und Aristoteles

---

[71] Vgl. Tarkiainen 1972, S. 59-131; Bleicken 1986, S. 13-45; Welwei 1992, S. 150-265; Aristoteles 1993; Eder 1995, S.11-28; Welwei 1999; Vorländer 2003, S. 11-25.

[72] Der Zitation aus der „Politeia" liegt im folgenden Platon 1984 zugrunde. Zitiert wird nach der Stephanus-Numerierung.

[73] Der Zitation aus der „Politik" liegt im folgenden Aristoteles 1968 zugrunde. Zitiert wurde nach der Textnumerierung dieser Edition.

[74] Tarkiainen 1972, S. 188.

Nun wäre es gewiss falsch, die attische Demokratie als teleologisches Resultat des Klassenkampfes zwischen dem armen Demos und den reichen Oligarchen zu interpretieren. Eine solche vereinfachende Interpretation muss allein schon daran scheitern, dass der „Klassenkampf" im antiken Griechenland viel älter ist als der Kampf um die Demokratie. Einerseits wurde der Begriff Demokratie eigentlich erst in der Epoche des Perikles im 5. Jahrhundert allgemein gebräuchlich, und es verstrich noch einige Zeit, bis Platon und Aristoteles sie in theoretische Paradigmen kleideten. Wie konnte daher in der langen Vorgeschichte von einem kontinuierlichen Kampf um Demokratie gesprochen werden, wenn der Sache, um die es ging, der Begriff fehlte? Und andererseits implizierte der Kampf um soziale Besserstellung des Demos nicht automatisch eine Veränderung des traditionellen politischen Systems zu seinen Gunsten, wie die Tyrannis des Peisistratos zeigt.[75] Auch spricht gegen die Klassenkampfthese, dass der freie Demos in jedem Fall gegenüber den Sklaven, welche etwa die Hälfte der gesamten Bevölkerung ausmachten, eine deutlich privilegierte Stellung einnahm. Dennoch wird gesagt werden können, dass die sozialen Kämpfe seit den Reformen des Solon zumindest gewisse Vorbedingungen für den viel später einsetzenden und bewusst betriebenen Prozess der Demokratisierung schufen.

Aus einer Ex-post-Betrachtung heraus entsteht leicht die Gefahr, einer verschwiegenen Teleologie zu folgen, wenn man auf die attische Demokratie das antike Muster der Entstehung, der Reife und des Niederganges überträgt. Lässt sich auch der Kampf zwischen den Oligarchen und dem Demos als eine durchgehende, wenngleich auch nicht ausschließliche Triebkraft der innergesellschaftlichen Entwicklung Athens von Solons Reformen (594/93) bis zum Sturz der Demokratie durch die Makedonier (322) nachweisen, so sind doch dessen Resultate weitgehend kontingent, d.h. abhängig von bestimmten Rahmenbedingungen, aber auch von der Initiative und dem Weitblick überragender Politiker wie Drakon, Solon, Kleisthenes, Ephialtes oder Perikles. Bestimmen wir als Ausgangspunkt dieser keineswegs geradlinig verlaufenden Entwicklung die vorsolonische Zeit, so hatten wir es ursprünglich in Griechenland mit einer oligarchischen Sozialstruktur par excellence zu tun. An der Spitze der gesellschaftlichen Pyramide standen die Eutrapiden, die, zumeist in der Stadt lebend, ihren Großgrundbesitz von Sklaven bestellen ließen. Danach folgte die Gruppe der Demiurgoi, d.h. der freien Handwerker und Kaufleute. Die Basis des gesellschaftlichen Aufbaus rekrutierte sich aus den Georgoi, den Kleinbauern und Landarbeitern, die als ärmste Schicht der Gesellschaft ein kümmerliches Dasein fristeten.[76]

Es ist symptomatisch, dass Aristoteles in seinem Fragment „Der Staat der Athener"[77] seine Geschichte der attischen Verfassung mit der sozialen Lage eben dieser deklassierten Schicht beginnen lässt. Die „auch in jeder anderen Hinsicht oligarchische Staatsordnung" der vorsolonischen Zeit, so betont er, ist dafür verantwortlich, dass „insbesondere (...) die Armen in sklavischer Abhängigkeit von den Reichen (lebten) - sie selbst, ihre Kinder und Frauen. Sie hießen Abhängige (pelàtai) und Sechstler (hektemoroi); denn für diese Pacht bestellten sie die

---

[75] Vgl. § 2.
[76] Vgl. Sterling 1965, S. 19.
[77] Vgl. Aristoteles 1993. Zur quellenkritischen Authentizität dieses Fragments vgl. Dreher 1993, S. 5-29.

44

Felder der Reichen. Das gesamte Land war in den Händen weniger; und wenn sie ihre Pacht nicht abführten, konnte auf sie selber und ihre Kinder zurückgegriffen werden. Die Darlehen wurden (...) an alle unter der Bedingung vergeben, daß sie mit ihrem Körper dafür hafteten (...). Am schwersten und bittersten war für die Menge in dieser Staatsordnung die sklavische Abhängigkeit. Freilich waren sie auch mit den übrigen Umständen unzufrieden; denn sie hatten, sozusagen, an nichts Anteil".[78] Tatsächlich hatten die sozialen Verhältnisse im Griechenland der vorsolonischen Zeit eine Entsprechung in einem oligarchischen politischen System, das die bestehende extreme soziale Ungleichheit absicherte. Es sah die Ämter des Polemarchen (Kriegsherren) und des Archonten (Regierungsbeauftragten) vor. „Neun Archonten, die alle aus den reichsten landbesitzenden Familien stammten, regierten die Polis. Unter ihrer Herrschaft entsprach die politische Einteilung der Bevölkerung drei militärischen Klassen: Die Hippes oder Ritter, die Pferde besaßen und daher in der Kavallerie dienen konnten; die Zeugitai, die sich eine schwere Rüstung beschaffen konnten; und schließlich die Thetes, Lohnarbeiter, die als leicht bewaffnetes Fußvolk kämpften. Nur die ersten beiden Klassen waren Bürger, und nur die Ritter waren berechtigt, politische Ämter zu bekleiden".[79]

Aristoteles berichtet, „daß sich die Vornehmen und die Menge über lange Zeit bekämpften".[80] Wir können daraus schließen, dass die verarmten Kleinbauern und die Lohnarbeiter gegen die herrschenden Eutrapiden gelegentlich aufbegehrten. Doch der soziale Konflikt spitzte sich erst zu, als „die Kolonisierung neue Märkte eröffnete, die Einführung eines Münzwesens den Handel unterstützte"[81] und dadurch die wirtschaftliche Bedeutung der zweiten Klasse der Demiurgoi wuchs. Unter dem Druck der erstarkenden Mittelschicht erließ um 624 der Archont Drakon Gesetze, die die feudale Rachjustiz unter Androhung harter Strafen durch ein allgemeines Recht ersetzte.[82] Ferner wurde die Befugnis, das Archontat zu bekleiden auf die Demiurgoi ausgedehnt. Die Thetes erhielten ein begrenztes Wahlrecht. Doch sowohl das Archontat als auch der Aeropag blieb in der Hand der Großgrundbesitzer. Dem entsprach, dass sich „an den Besitzverhältnissen (...) nichts (änderte). Das Gesetz kam den Wünschen der Demiurgoi entgegen, indem es das Eigentum gegen willkürliche Eingriffe schützte, befriedigt aber auch die Eutrapiden, da es die Versklavung der Schuldner legalisierte".[83]

Es sollte sich aber bald zeigen, dass diese unangetastet gebliebenen sozialen und politischen Disparitäten die dauerhafte Stabilität des politischen Systems verhinderte. Der Konflikt zwischen den Vielen und den Wenigen flammte erneut auf. „Da der Bürgerkrieg heftig war, wählten sie", so berichtet Aristoteles, „nachdem die Parteien sich lange Zeit bekämpft hatten, gemeinsam Solon zum Schiedsrichter und übertrugen ihm die Staatsgewalt".[84] Man geht sicherlich nicht

Verschärfung des sozialen Konflikts

Drakon

Solon

---

[78] Aristoteles 1993, S. 31.
[79] Sterling 1965, S. 19.
[80] Aristoteles 1993, S. 31.
[81] Sterling 1965, S. 19.
[82] Vgl. Sterling 1965, S. 19; Tarkiainen 1972, S. 65-70; Bleicken 1986, S. 17; Welwei 1992, S. 138-146.
[83] Aristoteles 1993, S. 20f.
[84] A.a.O., S. 34.

fehl, in Solon[85] einen konservativen Reformer zu sehen, der Zugeständnisse an die verschuldeten Kleinbauern und Thetes machte, um eine revolutionäre Veränderung zu verhindern und damit den prinzipiellen sozio-politischen Status quo aufrechtzuerhalten. Sein Reformwerk (594/93) hatte einen wirtschaftlichen und einen politischen Aspekt. Wirtschaftlich „befreite er das Volk für die Gegenwart und Zukunft, indem er die Darlehen, für die mit dem eigenen Köper gehaftet wurde, verbot; er gab Gesetze und verfügte einen Erlaß der Schulden, sowohl der privaten als auch der öffentlichen".[86] Aber zugleich enttäuschte er das Volk, weil er die von ihm erwartete Landreform des Großgrundbesitzes nicht durchführte. Als Vertreter der „mittleren Bürger"[87] förderte er den Handel und die Manufaktur, „indem er ein neues Münzrecht schuf und den Metöken (d.h. den ortsansässigen Fremden, R.S.) das Bürgerrecht versprach, wenn sie sich dem Gewerbe widmeten. Die politische Beteiligung von Müßiggängern wurde untersagt, was hauptsächlich die Großgrundbesitzer betraf. Ein jeder Vater wurde verpflichtet, seinen Sohn ein Handwerk zu lehren".[88]

- wirtschaftliche Reformen

- politische Reformen

Auch die politische Seite seiner Reformen weisen Solon keineswegs als „Demokraten" aus, als der er im fünften und vierten Jahrhundert in Griechenland gern bezeichnet wurde. Zwar sind einige politische Konzessionen an das Volk, auf das er als Bündnispartner gegen die Eutrapiden nicht verzichten konnte, evident. So wurde den Thetes das Wahlrecht und damit die Teilnahme an der Volksversammlung und an der Heliaia, dem Volksgericht, gewährt. Auch konnte jeder Bürger den Areopag, also die höchste richterliche Instanz, anrufen. Zugleich schuf Solon den Rat der Vierhundert, der die Volksversammlungen vorzubereiten und die Sitzungen zu strukturieren hatte. Doch die Ekklesia hatte damals nur wenige Befugnisse. Das Machtzentrum des Archontats aber blieb unter den vier, von Solon eingerichteten Vermögensklassen der Pentacosiomedimni (Großgrundbesitzer und Kaufleute), der Hippes (Ritter, Kaufleute, reiche Handwerker und Bauern), der Zeugitai (Landarbeiter) und der Thetes (Lohnarbeiter) der reichsten Klasse vorbehalten, den Mitgliedern der zweiten und dritten Klasse standen lediglich die untergeordneten Ämter offen, während sie den Thetes ganz verschlossen blieben. Dennoch hat Solon der demokratischen Entwicklung insofern den Weg gebahnt, als sein Reformwerk das Junktim zwischen adliger Geburt und politischer Macht zerschlug und durch die Verfügung über mobiles Eigentum (Geld) ersetzte. Auch stellte die Mitwirkung der Thetes an den Volksgerichten einen Zuwachs an Partizipationsrechten des Demos dar. So nennt Aristoteles unter den Reformen Solons, welche die Menge am meisten gestärkt hätten, „die Überweisung von Rechtsverfahren an das Gericht. Denn wenn das Volk (im Gericht) Herr über den Stimmschein (psephos) ist, wird es auch Herr über den Staat".[89]

Erfolg der Solonischen Reformen

Dass die Entwicklung der athenischen Verfassung zur Demokratie keineswegs so gradlinig verlief, wie dieses Diktum des Aristoteles nahe legt, sollte

---

[85] Vgl. Sterling 1965, S. 19-22; Tarkiainen 1972, S. 70-84; Welwei 1992, S. 178-206; Bleicken 1986, S. 13-28.
[86] Aristoteles 1993, S. 20.
[87] A.a.O., S. 34.
[88] Sterling 1965, S. 20.
[89] Aristoteles 1993, S. 38.

46

nach der Regierungszeit Solons die Tyrannis des Peisistratos zeigen. Solon hatte selbst in der Spätzeit seiner Regierung erkannt, dass sein Schlichtungsversuch, die Armen ebenso zu befrieden wie die Reichen, gescheitert war.[90] Wie Aristoteles Solons Schilderung referiert, nahmen wegen seines Schuldenerlasses viele der Vornehmen eine feindliche Haltung gegen ihn ein. Und umgekehrt hatte das Volk geglaubt, „er werde alles neu verteilen, die Vornehmen hingegen, er werde die frühere Ordnung wieder herstellen oder doch nur wenig ändern. Solon aber widerstand beiden Parteien und anstatt sich auf eine davon (...) zu stützen und als Tyrann zu herrschen, nahm er es lieber in Kauf, bei beiden verhaßt zu werden, indem er das Vaterland rettete und als Gesetzgeber sein Bestes tat".[91] Aristoteles hat nun freilich Solon insofern korrigiert, als ihm zufolge der soziale Konflikt als Folge der Reformen sich nicht zwischen zwei[92], sondern zwischen drei Gruppen abspielte. Neben den Großgrundbesitzern und den Landarbeitern und Kleinbauern, übte zunehmend der dritte Block der aufsteigenden Kaufleute unter Megakles politischen Einfluß aus. Da dessen endgültiger Aufstieg durch die adligen Gutsherren behindert wurde, resultierte aus dem sozio-politischen Gleichgewicht zwischen den Oligarchen und der mittleren Bürgerschaft für den populären Feldherren und verarmten Adligen Peisistratos (561-510)[93], gestützt auf die Schicht der Kleinbauern und Landarbeiter, die Chance, das entstandene Machtvakuum nach mehreren Anläufen durch die Errichtung einer Tyrannis zu füllen.

Errichtung der Tyrannis

Aristoteles attestierte Peisistratos, er habe „das Gemeinwesen maßvoll und mehr zum Nutzen der Polis als auf tyrannische Art und Weise (regiert)".[94] Obwohl seine Herrschaft, vermutlich von der Mehrheit der Polis unterstützt, niemals durch eine Vollmacht vom Volk legitimiert wurde, scheint Konsens in der althistorischen Forschung zu herrschen, dass sie beachtliche politische und soziale Erfolge erzielte. Ohne die von Solon geschaffenen politischen Institutionen anzutasten, löste Peisistratos die Agrarfrage, „wahrscheinlich so, daß die Grundbesitzlosen teils Ländereien landflüchtiger Adliger sowie Darlehen erhielten, teils als Kolonisten jenseits des Meeres angesiedelt wurden. So konnte Peisistratos, ohne eine allgemeine Landverteilung vornehmen zu müssen, zugleich viele

Tyrannis des Peisistratos

politische und soziale Erfolge

---

[90] Über diejenigen, die eine grundlegende Landreform erwarteten, bemerkte Solon in seiner Dichtung: „Das Volk dürfte seinen Führern dann am besten folgen, wenn es weder zuviel Freiheit erhält noch unterdrückt wird; denn Überfluß erzeugt Reichtum, wann immer großer Reichtum solchen Menschen zufließt, die nicht die richtige Einstellung dazu haben" (Solon, zit. n. Aristoteles 1993, S. 40). Der konservative Standpunkt Solons wird auch deutlich, wenn er fortfährt: „Die aber kamen um zu rauben, hatten große Hoffnungen; jeder von ihnen glaubte, er werde zu großem Reichtum gelangen, und ich würde trotz meiner sanften Worte einen rauhen Willen zeigen. Leichtfertig lachten sie damals, jetzt aber zürnen sie mir und schauen mich alle mißtrauisch an, als ob ich ihr Feind wäre. Das ist nicht recht; denn was ich sagte, führte ich mit Hilfe der Götter aus. Nichts tat ich vergeblich; etwas durch tyrannische Gewalt zu erreichen, sagt mir nicht zu und ebenso wenig, daß die Schlechten den gleichen Anteil an der fruchtbaren Erde des Vaterlandes haben wie die Edlen" (ebd.).
[91] A.a.O., S. 39.
[92] Solon schilderte die Konfliktfront in seiner Dichtung wie folgt: „Dem Volke gab ich so viele Rechte, wie für es genügen; von seiner Ehre nahm ich ihm nichts, noch streckte ich selbst die Hand danach aus; die die Macht hatten und wegen ihres Reichtums bewundert wurden, auch ihnen sagte ich, sie würden nichts Ungebührliches haben. Fest stand ich und hielt über beide meinen starken Schild; daß eine Partei ungerecht siegte, ließ ich nicht zu" (Solon, zit. n. Aristoteles 1993, S. 39f).
[93] Vgl. Sterling 1965, S. 22-28; Tarkiainen 1972, S. 84-91; Bleicken 1986, S. 23-33; Welwei 1992, S. 229-265.
[94] A.a.O., S. 45.

seiner Anhänger entlohnen und einen von Solon unbereinigt gelassenen Übelstand abstellen. Für Handel, Handwerk, Seefahrt und Landwirtschaft bedeutete, allem nach zu urteilen, die Tyrannenherrschaft eine ausgesprochen günstige Phase, für die Stadt Athen den Beginn einer Blüte und für die ganze Polis einen Zuwachs an internationaler Macht. Geschichtliche Darstellungen betonen oft ausdrücklich, daß sich die Hebung des Wohlstandes damals auf alle Bevölkerungsschichten und namentlich auf die ärmsten Elemente erstreckte, also nicht zu einer Anhäufung von Reichtümern in den Händen weniger führte".[95] Die Tyrannis des Peisistratos zeigt zweierlei: Einerseits verdeutlichte sie, dass die Lösung sozialer Fragen nicht monokausal auf eine Demokratisierung des politischen Systems hinauslaufen muss. Andererseits macht sie aber auch deutlich, dass für ihre Entstehung nicht die Demokratie, wie Platon und Aristoteles behaupteten, verantwortlich ist, „obgleich sich der Tyrann als 'Volksherrscher' gab. Vielmehr war das autoritäre Regime im Widerstand gegen die Oligarchie errichtet worden, als diese versuchte, die freiheitliche Entwicklung aufzuhalten".[96]

Adelskämpfe und Sturz der Tyrannis

Dass sich die Athener nicht mit der „milden" Tyrannis des Peisistratos arrangierten, lag also weniger an diesem selbst, als an seinen Söhnen Hippias und Hipparchos, die seine Nachfolger wurden. Unter ihrer Herrschaft kam voll zum Tragen, was bereits im Regime ihres Vaters angelegt war: die Tendenz, „gegenseitiges Mißtrauen der Untertanen zu nähren, ihre Aktionskraft einzuschränken und eine kleinmütige Gesinnung großzuziehen".[97] Hinzu kam der zunehmend ungehemmter werdende Rekurs auf offene Gewalt. „Ihre Gewaltherrschaft war, nach Thukydides, so fürchterlich, daß bereits die Andeutung der Möglichkeit ihres Wiedererstehens den Athenern noch ein Jahrhundert später Furcht und Schrecken einjagt".[98] Allerdings waren die Eutrapiden nach dem Sturz der Tyrannis in zwei Lager gespalten. Zu einer Zuspitzung des Konflikts innerhalb der traditionellen „politischen Klasse" kam es, als bei der Archontenwahl der Protagonist des einen Lagers, der Kaufmannssohn Kleisthenes[99], gegen den Kandidaten der anderen Adelsclique, Isagoras, verlor. Doch da der ehrgeizige Kleisthenes den Kampf nicht aufgab, suchte er nach einem Verbündeten und „brachte (...) das Volk auf seine Seite"[100], wie Aristoteles berichtet. Damit war eine Situation entstanden, die niemand vorausgesehen hatte: Der Demos, der beim Sturz der Tyrannis passiv geblieben war, schwang sich zum Schiedsrichter zwischen den rivalisierenden Dynastien der adligen Oberschicht auf, „und so entstand aus dem alten Zwist zweier Adelsgeschlechter eine demokratische Reform, die sich im Jahr 510 wohl keiner erträumt hätte".[101]

Reformen des Kleisthenes

Da im § 3 die Institutionen der attischen Demokratie unter der Herrschaft des Perikles, welche auf die grundlegenden Reformen des Kleisthenes aufbauten, ausführlich erörtert werden, möchte ich die neuen Modalitäten des Ostrakismos (Scherbengericht) und der Wahl der Beamten sowie die Einschränkung des

---

[95] Tarkiainen 1972, S. 87.
[96] Sterling 1965, S. 27f.
[97] Tarkiainen 1972, S.91.
[98] Sterling 1965, S. 25.
[99] Vgl. Sterling 1965, S. 28-30; Tarkiainen 1972, S. 91-110; Bleicken 1986, S. 33-39; Kagan 1992, S. 32f; Welwei 1999, S. 1-27.
[100] Aristoteles 1993, S. 50.
[101] Cloché, zit. n. Tarkiainen 1972, S. 92.

höchsten Gerichts, des Aeropags, die wichtige Stationen der Reformen des Kleisthenes und des Ephialtes[102] auf dem Weg zur vollständigen Souveränität der Ekklesia darstellen, hier nicht weiter diskutieren. Doch darf die Grundlage der gesamten Neuerungen, die Kleisthenes durchführte, die Phylenreform (508/507), nicht verschwiegen werden, weil sie „die politische Organisation von Grund auf (veränderte) und (...) die Voraussetzung für die spätere demokratische Verfassung (wurde)".[103] Was war geschehen? Die alten politischen Einheiten der Phylen waren reine Geschlechterverbände, welche, nach dem Prinzip der Person, nicht der Lokalität organisiert, die politische, soziale und kultische Hegemonie der vornehmen Familien des Großgrundbesitzes sicherten.

Zwar wurden diese alten Phylen nicht abgeschafft. Aber politisch bedeutungslos geworden und nur noch kultischen Zwecken dienend, blieben sie wie leere Hülsen zurück. Demgegenüber entwarf Kleisthenes für die politische Vertretung aller Athener völlig neu strukturierte Phylen, die die alten Verbände dadurch zerstörte, dass sie die Bewohner Attikas „mischte".[104] Diesen Effekt der Zerschlagung der alten Gentilstruktur erreichte er dadurch, dass er Attika in drei landschaftliche Bereiche aufteilte: die Stadt, das Binnenland und die Küste. Sie zerfielen ihrerseits in jeweils aus Demen[105] bestehende 10 Verwaltungseinheiten, den Trittyen.[106] Die als politische Größe maßgeblichen Phylen des neuen Typs setzten sich per Los entsprechend der territorialen Dreiteilung aus je einer städtischen, ländlichen oder in der Küstenregion befindlichen Trittys zusammen, so dass die soziale Zusammensetzung der daraus hervorgehenden 10 Phylen nicht nur die regionale, sondern auch die gentile Identität früherer Zeiten zugunsten des demokratischen Gleichheitsprinzips zerstörte.[107]

(Randnotiz: Phylenreform und Grundlegung der attischen Demokratie)

Die Reformen des Kleisthenes bewährten sich glänzend in dem Krieg gegen die Perser (480/479), den Attika dank seiner unter Themistokles ausgebauten Flotte (482) gewann. Da dieser Erfolg in hohem Maße auch auf den Ruderbänken errungen wurde, auf denen arme, aber freie Athener Bürger saßen, erhielt der Demokratisierungsprozess eine zusätzliche Dynamik. Mit dem Ende der Adelsgesellschaft und der Neutralisierung regionaler Sonderinteressen durch die Phylenreform, der Existenz einer Armee gleichberechtigter Soldaten, deren Heerführer von allen Vollbürgern in der Volksversammlung gewählt wurden sowie der Entmachtung des Areopags durch Ephialtes (462/61) waren die Grundlagen für

(Randnotiz: Folgen der Reformen)

---

[102] Vgl. Tarkiainen 1972, S. 10-131; Bleicken 1986, S. 43-45; Welwei 1999, S. 91-95.

[103] Bleicken 1986, S.33.

[104] A.a.O., S. 33f.

[105] Der Begriff „Demen" leitet sich von „Demos" ab. Er bezieht sich auf die Dörfer und kleinen Städte Attikas, in denen sich das Alltagsleben abspielte. Als Grundeinheit des Staats der Athener war seit den Reformen des Kleisthenes das vererbbare Bürgerrecht an die Zugehörigkeit zu einem solchen „Demos" gebunden. Der Ekklesia gleichsam vorgelagert, waren die Demen, geleitet von einem Vorsteher (Demarchos), die territorialen Einheiten demokratischer Selbstverwaltung an der Basis der Gesellschaft. Vgl. hierzu Bleicken 1986, S. 34-36 und Welwei 1999, S. 11-15).

[106] „Die Trittyen erscheinen (...) nicht mit derselben ‚Körperlichkeit' ausgerüstet wie die Demen und Phylen. Waren die letzteren als Grundeinheit der Bevölkerung oder als politische Vertretung mit besonderer Funktion versehen und jederzeit sichtbar und in ihrer Wirkung spürbar, traten die Trittyen als Organisationseinheiten weniger in den Vordergrund (sie dienten aber u.a. als Aushebungsbezirke). Ihre Funktion bestand in erster Linie darin, die Mischung zu verwirklichen, und sie waren daher vor allem Rechengrößen" (Bleicken 1986, S. 36).

[107] Bleicken 1986, S. 34f.

die Institutionen der „radikalen" attischen Demokratie unter Perikles gelegt, die in § 3 vorgestellt werden. Seit der Oligarchie der vorsolonischen Zeit hatte eine Serie ،von Reformen im Spannungsfeld zwischen Adel, der kaufmännisch-handwerklichen Mittelschicht und dem einfachen Volk beträchtliche gesellschaftliche Hindernisse beiseite geräumt: Die „Isonomie", mit der man das neue System politischer Teilhabe unter Kleisthenes bezeichnete, wandelte sich zur „Demokratie".

Bewährung der attischen Demokratie Perikles vollendete diese Entwicklung. Doch sowohl der erste oligarchische Umsturz von 412/411 als auch der zweite Staatsstreich gegen die Demokratie von 403 verdeutlichten[108], dass selbst während des Peleponnesischen Krieges (431-404), als Athen seine politische, militärische und wirtschaftliche Macht längst eingebüßt hatte, der Kampf für und gegen die Herrschaft des Demos deren Signum blieb. Zugleich zeigte sich auch, dass die attische Demokratie trotz aller ihrer Schwächen[109] nicht an ihren eigenen Widersprüchen zugrunde ging, wie Platon und Aristoteles behaupteten.[110] Das Gegenteil war der Fall. Mit bemerkenswerter Disziplin und Umsicht griffen die attischen Demokraten nach Überwindung der oligarchischen Schreckensherrschaft erneut auf ihr Modell der direkten politischen Teilhabe zurück, bis es die Makedonier nach dem Tod Alexander des Großen im Jahr 322 von außen zerschlugen. Doch wenn es zutrifft, dass die attische Demokratie über 140 Jahre lang trotz schwerer innen- und außenpolitischer Konflikte erstaunlich gut funktionierte, stellt sich die Frage, auf welche Institutionen sie zurückgreifen konnte, die ihr trotz zahlreicher Angriffe von innen und außen so lange Stabilität und Dauer verliehen haben.

§ 3 Die Institutionen der attischen Demokratie

freie Bürger Die wichtigste Grundlage der unter Perikles (500-429) vollendeten attischen Demokratie[111] war die politische Stellung eines jeden freien athenischen Bürgers. Es spricht für den hohen Grad des Individualismus der attischen Demokratie, dass in der Volksversammlung nicht kollektiv nach Ständen, sondern nach der Maxime „one man one vote" abgestimmt wurde. Wenn man bedenkt, dass die großen antiken Zivilisationen in Asien und in anderen Teilen der Welt überhaupt keine Partizipationsrechte kannten, mutet es wie eine Sensation an, wenn nach den skizzierten Reformschüben im späten 6. und 5. Jahrhundert vor der **Beteiligungsrechte** Zeitenwende die Beteiligungsrechte des Volkes in Athen so weitgehend waren, dass auch seine ärmeren Schichten uneingeschränkt an der politischen Herrschaft teilhatten. Insbesondere die Thetes, d.h. die Lohnarbeiter bzw. die Angehörigen der niedrigsten Einkommensklassen, erhielten unter Perikles das aktive und passive Stimmrecht. Vollbürger war jeder männliche Athener, der aus einer freien Familie stammte. Etwa 43 000 Männer aus einer Gesamtbevölkerung von ca. 315 000 gehörten der Aktivbürgerschaft an und konnten sich an der Volks-

---

[108] Vgl. Tarkiainen 1972, S. 176-193.
[109] Vgl. § 4.
[110] Vgl. §§ 5 u. 6.
[111] Vgl. Sterling 1965, S.30-44; Tarkiainen 1972, S. 332-367, S. 209-276; Bleicken 1986, S. 65-345; Kagan 1992; Welwei 1999, S. 107-157; Pabst 2003.

versammlung beteiligen. Wenn auch viele Vollbürger, die außerhalb der Stadt wohnten, aufgrund der großen Entfernungen zwischen ihrem Wohnort und Athen von ihren demokratischen Partizipationsrechten nicht Gebrauch machten, so ermöglichte doch die Einführung von Diäten, dass zumindest die städtischen Arbeiter im Prinzip sowohl ihr aktives als auch ihr passives Wahlrecht auszuüben vermochten.

Von der aktiven Teilhabe an der politischen Herrschaft auch zur Zeit des Perikles waren freilich alle Frauen, die etwa 115 000 Sklaven und etwa 28 500 Metöken ausgeschlossen.[112] Die Metöken waren die ortsansässigen Fremden, die sich im Handel und Gewerbe betätigen konnten und es oft zu beträchtlichem Reichtum brachten.[113] Moderne Kritiker haben der attischen Demokratie vorgeworfen, durch den Ausschluss insbesondere der Frauen und der Sklaven habe sie sich selbst entwertet. Doch muss man sich vor einer unhistorischen Kritik hüten. In den westlichen Demokratien erhielten die Frauen erst im 20. Jahrhundert das aktive und passive Wahlrecht, und in den Vereinigten Staaten hielt man bis zur Mitte des 19. Jahrhunderts die Sklaverei für vereinbar mit den Prinzipien der repräsentativen Demokratie. Die Athener taten sich nicht durch die Ausschlüsse, sondern durch das ungewöhnlich hohe Maß an demokratischer Teilhabe sowie der außerordentlich gewichtigen und weitgehenden Partizipationsform der einbezogenen Schichten hervor.[114] Tatsächlich wird man der attischen Demokratie nicht gerecht, wenn man ihren Ausnahmecharakter übersieht. „Die früheren Zivilisationen - wie sie in Ägypten, in Mesopotamien, in Syrien und Palästina, in Indien und China - und auch in Süd- und Mittelamerika vorherrschten", waren streng hierarchische, hochentwickelte Gesellschaften, die, organisiert um städtische Zentren und von Königen oder Priesterkasten beherrscht, die kulturelle, politische und soziale Uniformität der großen Masse der Bevölkerung erzwangen.[115] Und selbst im Kontext der griechischen Welt mit ihren Monarchien, Aristokratien und Tyranneien von Sparta und Korinth über Thessalien, Kreta und Milet, bis hin zu Makedonien und Syrakus auf Sizilien boten sich den attischen Demokraten keine Vorbilder an. Mit diesen dominanten Herrschaftsmustern vollzog die attische Demokratie einen entscheidenden Bruch, indem sie ihnen die direkte Demokratie der freien Bürger gegenüberstellte.[116]

Wer das übersieht, verkennt die welthistorische Leistung und die Originalität der attischen Vollbürgerschaft, die sich in der Volksversammlung[117] realisierte. Die durchschnittliche Zahl der Anwesenden wird auf etwa 6000 geschätzt. Im Gegensatz zur römischen Volksversammlung, in der die Bürger nur auf von den Konsuln und vom Senat vorformulierte Fragen mit „Ja" oder „Nein" antworten

(Randnotiz: historische Innovation)

(Randnotiz: Volksversammlung als Souverän)

---

[112] Zur attischen Staatsbürgerschaft vgl. Tarkiainen 1972, S. 39-58.

[113] Zur sozialen Schichtung Athens vgl. Bleicken 1986, S. 65-79 sowie Kagan 1992, S. 73-75.

[114] Vgl. Kagan 1992, S. 76.

[115] Vgl. a.a.O., S. 16.

[116] Dies übersieht z.B. Schmidt, wenn er die These vertritt: „Nach den Maßstäben des 20. Jahrhunderts würde sich die athenische Demokratie demnach nicht als echte Demokratie qualifizieren, sondern höchstens als defekte Demokratie - verunstaltet durch oligarchische Tendenzen, unzureichende Sicherungen gegen die Macht der Volksversammlungsmehrheit und weitreichende Exklusion sowie Rechtlosigkeit der Sklaven" (Schmidt 2000, S. 51).

[117] Zur Struktur und Funktion der athenischen Volksversammlung vgl. u. a. Tarkiainen 1972, S. 224-242; Finley 1976, S. 53f; Bleicken 1986, S. 65-79; Kagan 1992, S. 73-75.

konnten, war die Athener Volksversammlung der absolute Souverän: Das in ihr physisch präsente Volk konnte jede Frage entscheiden. Demokratie hieß in der griechischen Antike also im ursprünglichen Wortsinn immer direkte Demokratie oder - modern ausgedrückt - Basisdemokratie. Die Volksversammlung konnte Gesetze erlassen und novellieren[118], Beamte wählen, bestätigen und absetzen sowie über Krieg und Frieden beschließen. Sie hatte in jeder der zehn Perioden, in die das Amtsjahr eingeteilt war, vier feststehende Termine. Wenn nötig, konnten weitere Sitzungen einberufen werden. Zu den Verhandlungsthemen der ersten Sitzung gehörten neben ihrer legislativen Tätigkeit die Billigung oder Ablehnung von Verträgen, Kriegserklärungen, die Einsetzung von Feldherren (Strategen) für Feldzüge sowie die Festsetzung von Truppenkontingenten und Finanzmitteln. Auf ihrer Agenda standen gleichfalls die Regelung religiöser Fragen sowie Erbschaftsangelegenheiten. Schließlich konnte jeder Bürger in der zweiten Sitzung der jeweiligen Periode ein Bittgesuch in privaten und öffentlichen Angelegenheiten vorbringen. Alle anderen Fragen verhandelte man in der dritten und vierten Sitzung.[119]

Rat der Fünfhundert

Die wichtigste Institution, die der Volksversammlung zuarbeitete, war der Rat der Fünfhundert.[120] Seine Aufgabe bestand darin, Gesetzesvorlagen zu formulieren, die freilich jederzeit von der Volksversammlung modifiziert, mit Auflagen zurückgewiesen oder abgelehnt werden konnten. Möglich war auch, dass während der Sitzung aus den Reihen der Vollbürger ein neuer Entwurf vorgelegt wurde. Darüber hinaus bereitete der Rat die Tagesordnung der jeweiligen Sitzungen der Volksversammlung vor: eine Versammlung von Tausenden von Vollbürgern hätte ohne eine vorstrukturierende Instanz ihr Programm kaum abwickeln können. Zu den Aufgaben des Rats der Fünfhundert gehörte ebenfalls der Empfang von Gesandten und Botschaftern aus dem Ausland. Gewählt wurde der Rat der Fünfhundert durch das Los. Er konnte sich nicht von der Volksversammlung „verselbständigen", weil die uneingeschränkte Entscheidungsgewalt über die tatsächliche Ausübung staatlicher Macht unmittelbar in dieser großen Massenversammlung lag und weil die Mitglieder des Rats der Fünfhundert nur zwei Sitzungsperioden im Amt bleiben durften. Es gab praktisch keine verfassungsmäßigen Beschränkungen, die die in der Volksversammlung befindlichen Vollbürger daran hindern konnten, Beschlüsse nach Gutdünken zu fassen.

Archonat

Ähnlich wie der Rat der Fünfhundert war auch das Archontat[121] in seinem personalen Umfang, seinem Ermessensspielraum und seiner Machtbefugnis massiven Einschränkungen durch die Volksversammlung unterworfen. Ohne jede Eigenständigkeit fungierte es als deren Exekutivausschuss. Aus diesem Grund war die Trennung zwischen exekutiver, judikativer und legislativer Gewalt weit weniger ausgeprägt als in den parlamentarischen Systemen der modernen Gesellschaften des westlichen Typs. Im Unterschied zu ihnen gab es in der attischen Demokratie keinen Regierungschef mit einer Richtlinienkompetenz: Diese wurde ausschließlich von der Volksversammlung ausgeübt, die auch die

---

[118] Vgl. Bleicken 1986, S. 148-151.
[119] Vgl. Kagan 1992, S. 81.
[120] Vgl. zu dieser Institution u. a. Tarkiainen 1972, S. 251-258; Bleicken 1986, S. 151-162; Kagan 1992, S. 83.
[121] Vgl. Bleicken 1986, S. 183-200.

militärische Führung einsetzte. „Die wichtigsten gewählten Beamten waren die zehn Feldherren, deren Dienstzeit durchweg ein Jahr betrug.(...) Wie der Titel „Stratege" schon andeutet, handelte es sich hauptsächlich um Militärbeamte, betraut mit dem Befehl über Heer und Flotte".[122] Sie konnten zwar unbegrenzt wieder gewählt werden. Doch „die politische Macht dieser Männer stand und fiel mit ihrer persönlichen Fähigkeit, ihre Mitbürger in der Volksversammlung von ihrem Standpunkt zu überzeugen".[123] Eine darüber hinausgehende Amtsgewalt als Bürger und Politiker hatten sie nicht. Außer auf Kriegszügen zu Wasser und zu Land durften sie keine Befehle erteilen. Und sogar in militärischen Fragen war die Macht der Feldherren massiv eingeschränkt. Die Volksversammlung wählte sie nicht nur. Sie legte auch die Größe der Streitmacht und die Ziele des Feldzugs fest. Vor der Amtsübernahme mussten sich die Feldherren einer Eignungsprüfung durch den Rat der Fünfhundert unterziehen. Nach ihrem Dienstjahr überprüfte die Volksversammlung ihre Amtsführung und ihre finanzielle Situation. Diesen demokratischen Kontrollen waren auch die strategischen Konzeptionen des Perikles unterworfen. Sie lassen das Diktum des Thukydides, die attische Demokratie sei „dem Namen nach eine Volksherrschaft, in Wirklichkeit eine Herrschaft des Ersten Mannes"[124], in einem trüben Licht erscheinen. Viel realistischer hat Hegel die Persönlichkeit des Perikles gewürdigt. „Als er sich dem Staatsleben widmete, tat er auf das Privatleben Verzicht, von allen Festen und Gelagen zog er sich zurück und verfolgte unaufhörlich seinen Zweck, dem Staate nützlich zu sein, wodurch er zu großem Ansehen gelangte, daß ihn Aristophanes den Zeus von Athen nennt. Wir können nicht umhin, ihn aufs höchste zu bewundern: er stand an der Spitze eines leichtsinnigen, aber höchst feinen und durchaus gebildeten Volkes; das einzige Mittel, Macht und Autorität über dasselbige zu erlangen, war seine Persönlichkeit und die Überzeugung, die er von sich gab, daß er ein durchaus edler, allein auf das Wohl des Staates bedachter Mann sei, sowie daß er den übrigen durch Geist und Kenntnisse überlegen wäre".[125]

Abgesehen von den Strategen, dem Flottenbaumeister, den Finanzexperten und dem Leiter der städtischen Wasserversorgung wurden alle anderen Funktionsträger durch das Los gewählt. Hinter dieser Maßnahme stand die demokratische Prämisse, dass jeder Bürger gut genug sei, über ein Amt Verantwortung im Gemeinwesen zu übernehmen. Das Archontat weitete man daher auch konsequent auf die Thetes aus, obgleich sie kein Eigentum besaßen. Die Besitzqualifikation entfiel dadurch, dass man die Zugehörigkeit der Bürger zu bestimmten Steuerklassen durch Verfahrenstricks ignorierte und den Verdienstausfall durch Diäten kompensierte. Um die Handlungsfähigkeit der Demokratie zu sichern, rekrutierten sich aus dem Rat der Fünfhundert ein Ausschuss der Ratspräsidenten, ein Ausschussvorsitzender, die die Sitzungen leitenden Beamten sowie der Vorsitzende jedes Sitzungstages des Rates. Die Politikfelder der Beamten reichten von der Verwaltung des staatlichen Finanzamts über die Prüfung der Beschwerden der Bürger bis hin zur Pflege der staatlichen Heiligtümer sowie der

Ämtervergabe durch Los

---

[122] Kagan 1992, S. 83f.
[123] A.a.O., S. 84.
[124] Thukydides 1981, S. 162.
[125] Hegel 1986, S. 317.

Aufsicht über den Markt etc. Die Tatsache, dass alle diese Ämter dem Normal-bürger durch Losverfahren übertragen wurden, gehörte zum Kernbestand der attischen Demokratie: Sie ist Ausfluss des Misstrauens, die Regierungs- und Verwaltungsaufgaben könnten einer kleinen Gruppe von Leuten in die Hände fallen, welche aufgrund ihres Expertentums unkontrolliert Macht ausüben und die Souveränität der Volksversammlung untergraben.

Geschworenen-gerichte

Auch die Geschworenengerichte[126], eine weitere wichtige Institution der at-tischen Demokratie, sind ein Beweis dafür, in welchem Maße es ihr gelang, die Verwaltung des städtischen Lebens von Normalbürgern ausführen zu lassen, statt sie Berufsbeamten, Fachleuten, Bürokraten oder Berufspolitikern zu übertragen. Entsprechend wurden die Geschworenengerichte von demselben Grundgedanken getragen wie die Volksversammlung: dem „Prinzip der uneingeschränkten und direkten Volkssouveränität".[127] Aus der Liste der 6000 Geschworenen, die sich durch Losentscheid den Gerichten zur Verfügung stellten, teilte man am jeweili-gen Sitzungstag die Geschworenen den einzelnen Gerichten zu. „Um jede Mög-lichkeit der Bestechung und der Parteilichkeit auszuschließen, hatten die Athener ein erstaunlich kompliziertes Zuteilungssystem ausgetüftelt, das jede Einfluß-nahme von außen erfolgreich verhinderte".[128] Innerhalb des Ablaufs eines Pro-zesses spielten weder öffentliche Ankläger oder Staatsanwälte, Anwälte noch Richter eine Rolle. Kläger und Beklagte vertraten ihre Sache selbst. Allerdings konnte man sich einen Rechtskundigen engagieren, der bei der Vorbereitung des Falls half. Das Gericht selbst bestand ausschließlich aus Geschworenen, die einen Fall durch einfache Mehrheit entschieden. „Kein athenischer Demokrat mit Selbstachtung hätte sich von einem noch so qualifizierten Individuum sagen lassen, welche Beweismittel relevant und welche nicht oder welche Gesetze oder Präzedenzfälle einschlägig waren"[129] und so dem demokratischen Prinzip wider-sprochen, dass das Volk unmittelbar in Gestalt seiner Geschworenengerichte urteilt.

Volk als „Hüter der Verfasung"

Doch das Volk war nicht nur für das Zustandekommen und die Anwendung der Gesetze verantwortlich. Darüber hinaus spielte es auch die Rolle eines „Hü-ters der Verfassung". Als nach der Entmachtung des Areopags dessen Funktion, gegebenenfalls Gesetze zu kassieren, die gegen geltendes Recht verstießen, au-ßer Kraft gesetzt worden war, ging dieses wichtige „Normenkontrollverfahren" auf die Volksgerichte über. Jeder Bürger war berechtigt, „eine Klärung der Frage anzuregen, ob ein Vorschlag der Ekklesia oder des Rates der Fünfhundert ge-setzwidrig war, sowie in diesem Fall den Initiator zu verklagen und die eventuell schon gefällte Entscheidung zu annullieren. Das vollzog sich so, daß der die Ermittlung Fordernde erklärte, er wolle eine 'graphe-paranomon'-Klage[130] erhe-ben, weil der Vorschlag oder der Beschluß formell oder inhaltlich den gültigen Gesetzen widerspreche. Das Identifizieren des Initiators war nicht schwierig, da

---

[126] Vgl. hierzu Tarkiainen 1972, S. 243-262; Bleicken 1986, S. 162-183 sowie Kagan 1992, S. 87-89.

[127] Kagan 1992, S. 80.

[128] A.a.O., S. 87.

[129] Ebd.

[130] Wie aus dem obigen Zitat hervorgeht, diente die ‚graphe-paranomon'-Klage als Sicherheitsmaß-nahme, welche die Stabilität der Demokratie dadurch garantieren sollte, dass sie jeden Bürger zum Hüter der Gesetzlichkeit bestimmte. Das Alter dieser Institution ist ungewiss. Vgl. hierzu Tarkiainen 1982, S. 129.

es üblich war, den Vorschlag und den Beschluss mit seinem Namen zu verse-hen".[131] Ein Bürger, der dreimal aufgrund dieses Verfahrens verurteilt wurde, verlor das Initiativrecht in der Volksversammlung. Dass diese Kompetenz der Garantie der Verfassung den Machtbereich des Volkes erweiterte und seine Sou-veränität stärkte, muss nicht eigens betont werden.

Im engen Zusammenhang mit der Integrität der souveränen Volksversamm-lung muss auch die Institution des Scherbengerichts (Ostrakismos) gesehen wer-den. Bekanntlich drohte der Volksherrschaft seit Beginn der demokratischen Reformen Gefahr, weil tyrannische Aspirationen von Mitgliedern der adligen Oberschicht die Einheit der Bürgerschaft in Frage stellten. Um dieser Heraus-forderung zu begegnen, entschied einmal im Jahr - wahrscheinlich im Januar - die Volksversammlung, ob ein Scherbengericht stattfinden sollte. Forderte die Mehr-heit ein solches Verfahren, so wurde es im März bei Anwesenheit von mindes-tens 6000 Bürgern dadurch in Gang gesetzt, dass diese den Namen eines Politi-kers auf eine Tonscheibe kratzten, den sie volksfeindlicher Aktivitäten beschul-digten. Wer am häufigsten genannt wurde, musste Attika für 10 Jahre verlassen. Ohne Einzug seines Privateigentums kam er nach dieser Frist wieder in den Besitz seiner Vollbürgerrechte. Diese Form des Misstrauensvotums ist aus heuti-ger Sicht über Gebühr hart und intolerant. Doch darf zweierlei nicht übersehen werden. Einerseits trug sie über 100 Jahre erheblich zu Stabilisierung der atti-schen Demokratie bei.[132] Und andererseits „bot das Instrument des Ostrakismos hochrangigen Staatspersonen einen gewissen Schutz gegen brutale Gewaltakte politischer Gegner, denn die Machtkämpfe um die dominierende Position im Polisverband wurden durch eine Ostrakophoria sozusagen kanalisiert".[133]

Scherbengericht

§ 4   Das Selbstverständnis der attischen Demokratie

Es gibt eine berühmte Selbstdarstellung der Demokratie Athens in der Rede des Perikles, die dieser anlässlich des Begräbnisses der ersten Gefallenen im Pelo-ponnesischen Krieg im Winter 431/430 gehalten hat. Diese Totenrede, die uns Thukydides (460-um 400) in seiner „Geschichte des Peloponnesischen Krie-ges"[134] überlieferte, ist deswegen so wichtig, weil sie zu den wenigen Dokumen-ten der Antike gehört, welche die attische Demokratie verteidigen.

Totenrede des Perikles

Ich möchte diese positive Selbstdarstellung der attischen Demokratie im Licht der Zusammenfassung Eleonore Sterlings interpretieren. Danach sind de-ren Grundzüge nach Perikles die folgenden: „*Erstens*, Gleichheit bei individuel-ler Vielfalt. Alle nehmen Anteil an der Gleichheit des Gesetzes, und 'der Geltung nach hat im öffentlichen Wesen den Vorzug, wer sich irgendein Ansehen erwor-ben hat, nicht nach irgendeiner Zugehörigkeit, sondern nach seinem Verdienst; und ebenso wird keiner aus Armut, wenn er für die Stadt etwas leisten könnte, durch die Unscheinbarkeit seines Namens verhindert'. *Zweitens*, die Polis bietet Aufstiegsmöglichkeiten. 'Seine Armut einzugestehen, ist nie verächtlich'. Zu

Gleichheit

Aufstiegs-möglichkeiten

---

[131] Tarkiainen 1972, S. 129.
[132] Vgl. Kagan 1992, S. 35.
[133] Welwei 1999, S. 21.
[134] Vgl. Thukydides 1973, S. 139-147.

verachten ist nur derjenige, der nicht versucht, sie tätig zu überwinden. *Drittens,* die gegenseitige Toleranz, die Ehrfurcht vor dem geschriebenen und überlieferten Gesetz, der Schutz der Verfolgten und der Schwächeren, all dies auf der Grundlage einer allgemeinen Übereinstimmung über das, was rechtens ist. 'Frei leben wir miteinander (auch) im Geltenlassen alltäglichen Treibens, ohne dem lieben Nachbarn zu grollen, wenn er einmal seiner eigenen Laune lebt... Bei solcher Nachsicht im Umgang von Mensch zu Mensch erlauben wir uns doch im Staat, schon aus Furcht, keine Rechtsverletzung im Gehorsam gegen die jährlichen Beamten und gegen die Gesetze, vornehmlich die, welche zu Nutz und Frommen der Verfolgten bestehen, und gegen die ungeschriebenen, die nach allgemeinem Urteil Schande bringen'. *Viertens,* die Weltoffenheit der Polis und die geistige Freiheit der Bürger. Sie fürchten sich nicht vor fremden Einflüssen. Sie heißen das Neue und Andere willkommen. 'Wir lieben das Schöne und bleiben schlicht, wir lieben den Geist und werden nicht schlaff'. *Fünftens,* Politik und Privatleben sind engstens miteinander verbunden. 'Wir vereinigen in uns die Sorge um unser Haus zugleich und unsere Stadt, ... denn einzig bei uns heißt einer, der daran keinen Anteil nimmt, nicht ein stiller Bürger, sondern ein schlechter'. *Sechstens,* die Politik ist die Angelegenheit aller, gleich welcher Beschäftigung sie nachgehen. 'Den verschiedenen Tätigkeiten zugewandt, ist doch auch in staatlichen Dingen keiner ohne Urteil'. *Siebtens,* die 'glückliche Vielseitigkeit' der Bürger. Die Athener erziehen ihre Kinder für die Freiheit und nicht wie die Spartaner zum militärischen Gehorsam. 'Der einzelne Mensch ... bildet sich bei uns zur glücklichen Vielseitigkeit und zu einer selbstsicheren Bereitschaft für die verschiedensten Notwendigkeiten aus'. *Achtens,* Aussprache und gemeinsames Durchdenken der politischen Probleme. 'Wir entscheiden in den Staatsgeschäften selber oder denken sie doch richtig durch. Denn wir sehen nicht im Wort eine Gefahr fürs Tun, wohl aber darin, sich nicht durch Reden zuerst zu belehren, ehe man zur nötigen Tat schreitet'.[135]

Wollte man den Kern dieses klassischen Demokratiebegriffs auf eine Formel bringen, so ließe sich sagen, er bestehe in der „Partizipation aller Vollbürger am diskutant aufzuhellenden politischen Entscheidungsprozeß".[136] Perikles bezeichnet hier so etwas wie das Modell einer liberalen Betonung der Freiheitsrechte, d. h. er tritt ein für eine bürgerliche Demokratie, deren Gleichheit vor allem Gleichheit vor dem Gesetz bedeutet, nicht jedoch soziale Gleichheit. Oder anders formuliert: Perikles optiert für Chancengleichheit, die es jedem ermöglichen soll, unabhängig von Stand und Besitz nach Maßgabe von Fleiß, Intelligenz und Verdienst in der Gesellschaft aufzusteigen. Wer die Totenrede des Perikles unvoreingenommen liest, ist demgegenüber erstaunt über die Deutungen, die die athenische Demokratie in der neueren konservativen Historiographie erfahren hat. So unterscheidet der Historiker Gerhard Ritter zwischen „echter Volksherrschaft" und „echtem Liberalismus". Zwischen beiden habe von Anfang an eine „Todfeindschaft" bestanden. Die attische Demokratie ist für ihn „reine Volksherrschaft", frei von allen liberalen Beimengungen. Sie habe nichts für die „Sicherung persönlicher Freiheit" angesichts der Willkür der anarchischen Menge

Marginalien:
Toleranz

Geistige Freiheit

Verbindung von Politik und Privatleben

Politik als Angelegenheit aller

Glückliche Vielseitigkeit

Bedeutung der öffentlichen Aussprache

Entscheidung durch Diskussion aller Vollbürger

Gleichheit vor dem Gesetz

---

[135] Sterling 1965, S. 36f.
[136] Euchner 1973, S.18.

56

getan.[137] Es besteht kein Zweifel, dass diese pejorative Voreingenommenheit gegen die attische Demokratie im Grunde genommen ein Kritikparadigma fortschreibt, das ebenso alt ist wie der kritisierte Gegenstand selbst. Auf Platon und Aristoteles zurückgehend[138], die in antidemokratischer Absicht die antike Demokratietheorie formulierten, hat sie das Demokratieverständnis Europas bis zur Französischen Revolution nachhaltig geprägt.[139]

Dennoch ist einzuräumen, dass das Bild, das Perikles von der attischen Demokratie zeichnet, deren sozio-ökonomische Widersprüche ausklammert.[140] Sie resultieren aus der Tatsache, dass es zur Zeit des Perikles im antiken Griechenland einerseits zwar eine völlig ausgebildete Geldwirtschaft mit Bankkapital und Investitionsmöglichkeiten in Handelsunternehmungen, Bergwerken, Reedereien und manufakturähnlichen Töpfereien etc. gab. Andererseits blieben die Teile der Landwirtschaft außerhalb der Marktproduktion, welche unter der Leitung der Oikosdespoten, d.h. der adligen Großgrundbesitzer, nach den Prinzipien der Ökonomie des „ganzen Hauses", also der Subsistenzwirtschaft mit dem Ziel der Selbstversorgung, betrieben wurde. Diese Produktion im großen Oikos basierte vor allem auf Sklaven, die auch in den Bergwerken und an den Ruderbänken eingesetzt wurden. Obwohl aus diesem Grund der moderne Klassenkonflikt nicht voll ausgeprägt war, hat es, wie bereits in § 2 ausgeführt, im antiken Griechenland zahlreiche soziale Kämpfe gegeben. Nicht selten begehrte das arme Volk gegen den großgrundbesitzenden Adel und die reichen Reeder, Bankiers etc. auf. Andererseits gab es aber auch eine Interessenidentität zwischen dem einfachen Volk und den reichen Oligarchen, die gemeinsam eine imperialistische Außenpolitik betrieben. Durch Beschluss der Volksversammlung beuteten sie nicht nur die Bündnispartner des attischen Bundes, der ursprünglich als Bollwerk gegen die persische Expansion entstand, durch Kontributionen aus. Darüber hinaus trieben sie eine Kriegspolitik, die in der Expedition nach Sizilien gipfelte und schließlich entscheidend zum Niedergang Athens beitrug.[141]

Die Konflikte im Inneren und die imperialistische Expansion nach außen auf dem Höhepunkt der attischen Demokratie haben die Demokratietheorie der Antike unter dem Einfluss von Platon und Aristoteles nachhaltig geprägt: Der gesellschaftliche Kern ihrer Ablehnung der attischen Demokratie war eine Art konservativer Kapitalismuskritik. Zwar hätte die athenische Volksversammlung durch einfache Mehrheiten die einschneidensten ökonomischen Entscheidungen treffen können - bis hin zur Enteignung der wohlhabenden Schichten. Doch das Gegenteil war der Fall. Dadurch, dass die politische Gleichheit von extremer wirtschaftlicher Ungleichheit konterkariert wurde, ließ die attische Demokratie Raum für eine Dynamik des hemmungslosen Gewinnstrebens, aus der Platon und Aristoteles die innere Zerrissenheit der attischen Demokratie ableiteten: Ihr stellten sie ihre statischen und elitären Gegenmodelle als die vermeintlich bessere Alternative gegenüber.

> Ausklammerung sozialer Konflikte

> Politische Gleichheit bei wirtschaftlicher Ungleichheit

[137] Vgl. Ritter 1948, S. 105ff.
[138] Vgl. §§ 5 u. 6.
[139] Vgl. Kap. II-IV.
[140] Vgl. hierzu Euchner 1973, S. 17-20.
[141] Zur Machtpolitik der attischen Demokratie vgl. Welwei 1999, S. 77-334.

§ 5 Antike Demokratietheorie in antidemokratischer Absicht: Platon

Elitäres Gegenmodell

Dass in der Tat Platon (427-348/47) und Aristoteles (384-322) elitäre Denker waren und dass die antike Demokratietheorie von Autoren konzipiert wurde, die in der „reinen" Demokratie nach athenischem Vorbild die schlechteste aller Staatsformen erblickten, steht außer Frage.[142] Wie gezeigt, sah Perikles ein Grundelement der attischen Demokratie darin, dass die Politik die Angelegenheit aller ist, unabhängig von der Art ihrer Beschäftigung im bürgerlichen Leben. Er hätte dabei auf die Tatsache verweisen können, dass auch für einfache Bürger die Teilnahme an der Volksversammlung und die Ausübung eines Amtes einer Unterweisung in politischer Bildung auf hohem Niveau gleichkam. Im vierten Buch seiner „Politeia" widerspricht Platon jedoch diesem von der neueren althistorischen Forschung bestätigten Sachverhalt auf das schärfste. Auf das Gemeinwohl orientierte Politik können ihm zufolge weder Handwerker, Bausachverständige, Bauern noch Reeder und andere Bürger leisten, sondern nur die Elite des Wehrstandes und der Philosophen (428b-429a).[143] Perikles trat, wie gezeigt, im Sinne seines Demokratieverständnisses dafür ein, dass die Polis Aufstiegsmöglichkeiten für alle bietet, unabhängig von ihrer Herkunft. Demgegenüber optierte Platon für einen elitären Ständekommunismus (464a-464e), der soziale Mobilität nur punktuell zulässt (434c-435c). Und schließlich wertete Perikles die Demokratie als direkte Beteiligung des Volkes an allen politischen Entscheidungen als den Kern der Demokratie uneingeschränkt positiv auf. Er kam der Realität der attischen Demokratie sehr nahe, wenn er der Klugheit der in der Volksversammlung präsenten Bürger vertraute, während Platon auf einem durchgängig pejorativen Demokratiebegriff insistierte, weil die Herrschaft der vielen Ausfluss emotionaler Stimmungen ignoranter Massen sei (431b-d).

Platons Staatsformenlehre

Platon hat seine äußerst einflussreiche formale Staatsformenlehre, der auch Aristoteles, Polybios und Cicero folgten, in der Schrift „Politikos"[144] entwickelt. Die Alleinherrschaft bezeichnet er als Monarchie, die Herrschaft der Wenigen nennt er die Aristokratie und die Herrschaft der Vielen die Demokratie (302c). Neben dem Kriterium der Quantität des Herrscherpersonals bringt Platon aber auch inhaltliche Maßstäbe ins Spiel wie Freiwilligkeit und Zwang oder Gesetz und Gesetzeslosigkeit. In deren Licht kann die Alleinherrschaft die gute Form des Königtums annehmen, aber auch in ihre Abart der Tyrannis umschlagen. Analog verfährt er mit der Herrschaft der Wenigen: Der Aristokratie als der Herrschaft der Besten steht ihre Verfallsform in Gestalt der Oligarchie (Herrschaft der Reichen) gegenüber. Nur die Demokratie, die ebenfalls in zwei Varianten zerfällt, ändert ihren Namen nicht (302d-e): Platon lässt keinen Zweifel daran, dass sie nach seinem Urteil - in welcher Ausprägung auch immer - die

Abwertung der Demokratie

schlechteste aller Staatsformen ist. Er hält sie „für ganz schwach und weder im Guten noch im Bösen etwas Großes vermögend im Vergleich mit den übrigen,

---

[142] Vgl. hierzu Euchner 1973, S. 19-23; vgl. zur Staatsformenlehre bei Platon und Aristoteles auch Mittermaier/Mair 1995, S. 19-36; Waschkuhn 1998, S. 151-192; Roth 1999, S. 21-25; Schmidt 2000, S. 41-55; Frevel 2004, S. 19-24.
[143] Zitiert wird nach der Stephanus Numerierung in Platon 1984. Vgl. FN 14.
[144] Vgl. Platon 1994. Im folgenden wird nach der Textnumerierung zitiert.

weil nämlich die Gewalten in ihr unter viele ins kleine zerteilt sind. Darum, sind alle diese Staaten gesetzmäßig, so ist sie unter allen der schlechteste; sind sie insgesamt gesetzlos, dann ist diese die beste. Und sind sie zügellos, so trägt es den Preis davon, in der Demokratie zu leben; sind sie aber wohlgeordnet, dann muss man am wenigsten in dieser leben" (303 a-b).

Die folgenreiche Abwertung der Demokratie als der schlechtesten Staatsform wird auch deutlich, wenn wir uns Platons Analyse der Herrschaft der Vielen in der „Politeia" zuwenden. Er fügte sie in seine Lehre vom Verfall der Verfassungen ein, aus der dann später Polybios seine schulemachende Lehre vom Kreislauf der Verfassungen entwickelte.[145] Platon zufolge geht aus der Herrschaft der Besten, der Aristokratie, die Timokratie hervor (545c-547d). Von einer Timokratie muss dann die Rede sein, wenn im „Sozialcharakter" der „zornartige Seelenteil" dominiert, der die Kriegsführung in den Mittelpunkt dieser Staatsform stellt (547d-548d). Doch neben dem Hang zum Krieg existiert in der kollektiven Psyche der Timokratie auch die Geldgier (549a-549f). Setzt sie sich schließlich aufgrund kosmischer Konstellationen allein durch, so entsteht die Oligarchie. Sie ist die, wie Platon feststellt, „nach der Schatzung geordnete Verfassung, in welcher die Reichen herrschen, die Armen aber an der Herrschaft keinen Teil haben" (550c-d). Die Oligarchie hat ihr Defizit darin, dass sie notwendig die Klassenspaltung herbeiführen muss. Die Konsequenz ist, dass sie in zwei Staaten zerfällt, in den der Armen und in den der Reichen. Ein weiterer Mangel der Oligarchie resultiert aus der Tatsache, dass die Reichen zur Kriegsführung auf die Mitwirkung der Armen angewiesen sind. Wenn diese aber bewaffnet sind, fürchten sich die Oligarchen vor ihnen mehr als vor ihren Feinden (551e). Außerdem hat für den Oligarchen der Reichtum einen höheren Stellenwert als die öffentlichen Angelegenheiten (551e).

Nach Platon bewirken diese Faktoren eine Art Dialektik, die aus dem oligarchischen Staat die Demokratie hervortreibt. Zwar selbst nicht verschwenderisch, begünstigt die Oligarchie die Luxussucht reicher Jünglinge, die ihrerseits die Tugend der Bürger untergräbt und damit auch die Stabilität des Gemeinwesens (555d). Durch den verschwenderischen Lebenswandel verarmt oder verschuldet, entsteht eine Schicht unzufriedener Menschen, die gegen die bestehenden Verhältnisse agitieren. Aufgrund der zahlreichen Wuchergeschäfte der Oligarchen fällt die Agitation der Deklassierten auf fruchtbaren Boden. Im Krieg machen schließlich die Armen die Erfahrung, dass sie den durch den Luxus physisch geschwächten Reichen an Kraft weit überlegen sind. Das ermutigt sie, sich gegen die Oligarchen zu verschwören, diese nach dem Sieg hinzurichten oder zu vertreiben (557a). Für Platon ist wichtig, dass die Demokratie nicht nur aus egalisierenden Institutionen besteht, welche die Entstehung von Machthierarchien im Ansatz verhindern sollen.[146] Darüber hinaus bringt sie einen Menschentyp hervor, dessen exzessives Freiheitsstreben in Genusssucht und Unbeständigkeit umschlägt. Der demokratische Mann, so Platon, verlebt „seine Tage immer der eben aufgeregten Begierde gefällig, bald im Rausch und übermütig, dann wieder trinkt er Wasser und hält magere Kost, bald emsig in Leibesübun-

Lehre vom Verfall der Verfassungen

Von der Oligarchie zur Demokratie

---

[145] Vgl. § 7.
[146] Vgl. hierzu neuerdings grundlegend Mehl 2004.

gen, manchmal auch träge und sich um nichts kümmernd, bald wieder als vertiefe er sich ganz in die Wissenschaft. Oft auch treibt er die öffentlichen Angelegenheiten, und wenn er aufspringt, redet und handelt er, wie es sich gerade trifft" (561 c-d). Am Ende läuft die übersteigerte Autonomie der einzelnen auf eine Negation sowohl der geschriebenen als auch der ungeschriebenen Gesetze hinaus (563d-e). Dieser Exzess an Freiheit, so bemerkt Platon ironisch, beeinflusst selbst das Verhalten der Haustiere, die jegliche Disziplin und Gehorsam gegenüber ihren Herren vermissen lassen (563 c-d).[147]

Von der Demokratie
zur Tyrannis Welche Schichten sind nach Platon in der Demokratie politisch tonangebend? 1. Die Gruppe der verarmten Intellektuellen, der Sophisten, auch Demagogen genannt. Sie führen in der Volksversammlung das große Wort und besetzen schließlich auch die wichtigsten Ämter (564c-d). 2. Wie in der Oligarchie, so ist in der Demokratie gleichfalls alles aufs Erwerben eingestellt. Es wird auch in ihr eine vermögende Schicht geben, die aber aufgrund hoher Besteuerung durch die Volksversammlung sich bald gegen die demokratische Verfassung wendet (546e). 3. Die zahlreichste Gruppe in der Demokratie ist aber das einfache Volk, das von seinen sophistischen Führern, den Demagogen, manipuliert wird (565a-b). Durch das Anziehen der Steuerschraube in der Volksversammlung zugunsten des Volkes verschärft sich der soziale Konflikt, weil die Reichen als Reaktion auf diese Entwicklung noch oligarchischer werden. Die Auseinandersetzungen erlangen eine solche Schärfe und Härte, dass sich das Volk zur Brechung des Widerstandes der Reichen gezwungen sieht, einen Führer an seine Spitze zu stellen. Doch in dem Maße, wie dieser Führer die demokratischen Rechte durch immer neue Ermächtigungen beseitigt, schwingt er sich zum Tyrannen auf (565d-566d). Die äußerste Freiheit in der Demokratie, so muss man Platon interpretieren, schlägt in die äußerste Unfreiheit der Tyrannis um.

§ 6   Das antike Verdikt der „äußersten Demokratie": Aristoteles

Kritik am
egoistischen
Gewinnstreben Auch Aristoteles muss nicht weniger als Platon als ein elitärer, gegen die Demokratie gerichteter Denker gelten. In seiner „Politik" gibt es ein Kapitel, das keinen anderen Schluss zulässt. Für Perikles war klar, dass jedem freien Athener Bürger, unabhängig von seiner Berufsausübung, politische Mündigkeit zu attestieren sei. Demgegenüber heißt es bei Aristoteles programmatisch: „Darum aber ist es noch gar nicht notwendig, dass jene Menschenmenge, die aus dem Schiffsvolk entspringt, im Staat vorhanden ist, denn solche Leute müssen nicht einen Teil des Staates bilden" (1327b).[148] Ausdrücklich forderte Aristoteles, dass die Vollbürger „weder das Leben eines gewöhnlichen Handwerkers (...) noch das eines Kaufmanns führen dürfen, denn ein solches ist unedel und der Tugend (...) zuwider, und dass auch Ackerbauern diejenigen nicht sein dürfen, welche hier

---

[147] „Wieviel freier die dem Menschen unterworfenen Tiere hier sind als anderwärts, das glaubt niemand, der es nicht erfahren hat. Denn die Hunde sind schon offenbar nach dem Sprichwort wie jene Fräulein; und Pferde und Esel sind gewöhnt, ganz frei und vornehm immer geradeaus zu gehen, wenn sie einem auf der Straße begegnen, der ihnen nicht aus dem Weg geht, und ebenso ist alles andere voll Freiheit" (Platon 1984, 563 c-d).
[148] Zitiert wurde nach der Textnumerierung in Aristoteles 1968. Vgl. FN 73.

Staatsbürger sein wollen, denn es bedarf voller Muße (...) zur Ausbildung der Tugend und zur Besorgung der Staatsgeschäfte" (1329a). Zwar unterscheiden sich beide Philosophen in ihrer Alternative zur attischen Demokratie dadurch, dass für die politisch herrschende Schicht in Platons bestem Staat, die Philosophen und Wächter, kommunistische Eigentumsstrukturen vorgesehen sind, die bis zur Frauen- und Kindergemeinschaft reichen, während Aristoteles' Polis-Bürger als Oikosdespoten genau umgekehrt innerhalb monogamer Ehebeziehungen über Privateigentum verfügen sollen. Doch was sie eint, ist ihre Kritik an der unter Gewinngesichtspunkten erfolgenden Verwertung von Privateigentum in der attischen Demokratie: Die Schatzbildung um ihrer selbst willen, die nicht der Selbstversorgung dient, stärkt egoistische Motivationen, die die Grundlagen eines tugendhaften Lebens in der Polis zerstören.

Weitere Übereinstimmungen kommen hinzu. Aristoteles' Ablehnung des Herrschaftsformen ständischen Kommunismus, wie Platon ihn in der „Politeia" propagierte, täuscht nicht darüber hinweg, dass sich beide, wie wir sahen, in der Zurückweisung der Demokratie als der Herrschaftsform der armen Leute einig sind. Diese Erkenntnis bestätigt die Staatsformenlehre des Aristoteles, die sich in ihrem formalen Teil an Platons Grundformen politischer Herrschaft orientiert. Die Monarchie liegt vor, wenn einer, die Aristokratie, wenn mehrere und die Demokratie, wenn die Menge regiert. Das entscheidende Kriterium der guten Herrschaftsformen, so wurde gezeigt, ist die Wahrung des Prinzips der Rechtsstaatlichkeit. Wird es verletzt, so schlägt die gute Monarchie in Tyrannis, die Aristokratie in die Oligarchie und die Demokratie in die Willkürherrschaft der Menge um, die Platon schlicht mit jener gleichsetzt.[149] Diese Einteilung der Herrschaftsformen hat Aristoteles, wenn auch modifiziert, übernommen. Allerdings ist für ihn das Kriterium guter oder schlechter Herrschaftsformen, ob sie das Gemeinwohl verwirklichen oder auf den privaten Vorteil der Herrschaftsträger ausgerichtet sind. Terminologisch führt Aristoteles außerdem im Vergleich zu Platon die Neuerung ein, dass er die gute Herrschaft des Volkes Politie, ihre Entartung Demokratie nennt (1279a).

Entscheidend aber ist, dass Aristoteles ebenso wie Platon unter „Demokra- Direkte Demokratie tie" immer direkte Demokratie versteht. „Grundlage der demokratischen Verfassung ist die Freiheit: es ist doch das, was man immer im Munde zu führen pflegt, als ob man allein in dieser Verfassung (...) an der Freiheit teilhätte, denn das, sagt man, sei das Ziel jeder Demokratie. Von der Freiheit nun aber ist zunächst ein Stück, daß das Regieren und Regiertwerden reihum geht. Denn das demokratische Recht (...) ist die Gleichheit nach der Zahl und nicht nach der Würdigkeit (...). Wo aber das für das Recht gilt, da muss notwendig die große Masse (...) die entscheidende Gewalt haben" (1317a-1317b). Aber Aristoteles weist darauf hin, dass die Unterscheidung der Herrschaftsformen nach der Zahl der Herrschaftsträger formal ist und von deren sozialem Inhalt abstrahiert. In Wirklichkeit aber korrelierten beide Aspekte eng miteinander. Um diesem Zusammenhang Rechnung zu tragen, gelangt er dadurch zu einer neuen Typologie der Demokratien, dass er deren formale Kriterien mit der sozialen Basis der verschiedenen Varianten der Volksherrschaft verbindet.

---

[149] Vgl. § 5.

Auf diese Weise unterscheidet er mehrere Arten der Herrschaft der vielen. Ihre erste und älteste Form ist ihm zufolge die bäuerliche Demokratie. Da die Bauernschaft nach Aristoteles die wertvollste Bevölkerungsschicht darstellt, lässt sich mit ihr auch die beste Demokratie gründen. Die Bauernschaft ist ohne Vermögen und hat daher keine Muße für die Abhaltung vieler Volksversammlungen. Für ihren Lebensunterhalt zur harten Arbeit gezwungen, hat sie an dieser mehr Freude als an staatlichen Ämtern, die in dieser Demokratie nach dem Verdienst vergeben werden. Mit der bäuerlichen Demokratie konfrontiert Aristoteles die äußerste Demokratie mit ihrer sozialen Basis bei den Kleinbürgern, Handwerkern, Tagelöhnern, Proletariern etc. Im Unterschied zu den verstreut auf dem Lande lebenden Bauern treffen diese sich täglich auf dem Markt, stets bereit, sich für ihre Anliegen in der Volksversammlung einzusetzen. Die Gewährung von Diäten, so Aristoteles, steigere ihre Bereitschaft zur politischen Partizipation in der Volksversammlung und den Gerichten in einem Maße, dass sie dort häufiger teilnehmen als die Reichen, welche sich um ihre Geschäfte kümmern müssen. „Daher wird die Menge der Armen im Staat Herr und nicht das Gesetz" (1293a).

Aristoteles weiß sich in der Beurteilung dieser äußersten Demokratie mit Platon einig: Sie neigt dazu, das Gesetz außer Kraft zu setzen, weil sich die Menge von Demagogen verführen lässt, die sich am Ende zu Tyrannen aufschwingen (1310b). „Das gelang ihnen aber dadurch, daß sie das Vertrauen des Volkes besaßen, und dies Vertrauen gründete sich auf den Haß gegen die Reichen" (1305a). Doch es wurde bereits darauf hingewiesen, dass sich dieser von Platon und Aristoteles behauptete Umschlag von der äußersten Demokratie zur Tyrannis am Untergang der attischen Demokratie historisch nicht verifizieren lässt. Es war nicht der „zügellose" Demos, angeführt von seinen machthungrigen Demagogen, welcher die attische Demokratie zerstörte, sondern die Oligarchen: Sie errichteten in den Jahren 412-411 und 403 nach der Niederlage gegen Sparta im Peloponnesischen Krieg eine Tyrannenherrschaft.[150] Es spricht für die Besonnenheit der Athener Demokraten, dass sie ihre Staatsform ohne die Verursachung von Chaos und Anarchie nicht nur wieder herstellten, sondern sogar noch ausweiteten. Trotz dieser Fehleinschätzung lässt Aristoteles' Demokratietheorie einen bemerkenswerten Realismus erkennen. Im sechsten Buch seiner „Politik" sieht er die entscheidende Voraussetzung für die Stabilität der Volksherrschaft darin, dass die extreme Differenzierung zwischen Armen und Reichen durch eine breite Streuung von kleinem Privateigentum verhindert wird. Er warnt vor der bloßen Umverteilung von Überschüssen, wenn eine solche Wohlfahrtspolitik nicht eigentumsfördernd wirkt (1320a).

Realistisch war auch, dass Aristoteles im Gegensatz zu Platons „Politeia", aber in Übereinstimmung mit dessen in den „Nomoi" vertretenem Gesellschaftsmodell die reine Aristokratie nicht für verwirklichbar hält. Um aber eine optimale Mischung von Staatsformen, die nicht die besten sind, herauszufinden, untersucht er, inwiefern die Beteiligung der vielen an der politischen Herrschaft konstruktive Auswirkungen auf die Stabilität des Gemeinwesens haben könnte. Zwar war es seine feste Überzeugung, dass, wie gezeigt, dem Demos der hege-

---

[150] Vgl. § 2.

moniale Einfluss auf die politischen Entscheidungen durch Besetzung der höchsten Ämter verwehrt werden muss. Aber die Erfahrung lehrt, dass ein demokratisches Element in einer Verfassung durchaus das Gemeinwohl fördern kann. Mag der einzelne gewöhnliche Bürger auch töricht sein, so kann er doch in einer Versammlung zu einem vernünftigen Urteil beitragen (1281b). Vor allem aber ist es gefährlich, das Volk ganz auszuschalten. „Denn wenn eine Menge armer und aller Ehrenrechte beraubter Leute in einem Staat sich befindet, so ist dieser dann voll von Feinden. Es bleibt also nur übrig, daß sie an der beratenden (...) und richterlichen (...) Gewalt teilnehmen" (1281b), freilich mit weitaus geringeren und eingeschränkteren Kompetenzen als dies in der attischen Demokratie der Fall gewesen ist. Aristoteles hat dann auch in seiner Mischverfassung der Politie das demokratische Element mit aufgenommen, es aber zugleich dadurch entschärft, dass er es mit einer stark akzentuierten oligarchischen Komponente verband. Letzteres wirkte sich unter anderem darin aus, dass die Teilnahme an der Volksversammlung an einen bestimmten Zensus gebunden war (1293b-1294b).

§ 7 Die antike Alternative zur attischen Demokratie: die römische Republik

Tatsächlich ist die Politie Aristoteles zufolge die „gute Volksherrschaft". Als Mischverfassung avancierte sie zu einem der wichtigsten und folgenreichsten Lehrstücke seiner „Politik". Der Grieche Polybios (200-um 120)[151] hat in ihrem Licht das römische Verfassungssystem[152] interpretiert und sie dadurch zugleich kanonisiert. „Es gab also (...) drei Teile, die im Staat Gewalt hatten. So gerecht und angenehm war alles geordnet, waren die Rollen verteilt und wurden in diesem Zusammenspiel die staatlichen Aufgaben gelöst, daß auch von den Einheimischen niemand mit Bestimmtheit hätte sagen können, ob die ganze Verfassung aristokratisch, demokratisch oder monarchisch war. Und so mußte es jedem Betrachter ergehen. Denn wenn man seinen Blick auf die Machtvollkommenheit der Konsuln richtete, erschien die Staatsform vollkommen monarchisch und königlich, wenn auf die des Senats, wiederum aristokratisch, und wenn man auf die Befugnis des Volkes sah, schien sie unzweifelhaft demokratisch".[153] Allerdings übersah Polybios einen grundlegenden Unterschied in seiner Übertragung des Modells der Politie auf die römische Republik: „Während (...) Aristoteles' gemischte Verfassung auf soziologischer Grundlage beruhte, war die ‚Gewaltenaufteilung' des römischen Regierungssystems primär juristisch und institutionell. Die Kontrolle über alle drei Elemente, einschließlich des ‚demokratischen', lag in den Händen des patrizischen und plebejischen Adels".[154]

Dieser These ist zuzustimmen, wenn man die soziologische Zusammensetzung des „populus Romanus" mit dem formalen Modell der Mischverfassung in

Polybios

Soziale Basis der Republik

---

[151] Zu Polybios vgl. auch Mittermaier/Mair 1995, S. 43-51.
[152] Vgl. hierzu a.a.O, S. 36-43.
[153] Polybios 1961, S. 540.
[154] Sterling 1965, S. 74.

Verbindung bringt. In Patrizier und Plebejer gespalten, schottete sich seit Gründung der Republik die adlige Oberschicht nach unten ab, während die Plebejer die große Masse der nichtadligen Bevölkerung umfasste: Ihr soziales Spektrum hat Rostowtzeff als die heterogene, ungegliederte Masse charakterisiert, welche „das Land füllte".[155] Leonore Sterling weist zusammenfassend darauf hin, dass im Laufe der Geschichte der römischen Republik „zu den Plebejern nicht nur die bäuerlichen Gemeinfreien (gehörten), sondern auch die landlosen Proletarii, die enterbte, jüngere Nachkommenschaft angesessener Bauern, sowie Handwerker, Zugewanderte, befreite Sklaven, vor allem aber auch die besiegte Bevölkerung der Nachbarstädte, die teilweise das römische Voll- und Halbbürgerrecht erhielt (letzteres hatten Bürger ohne Stimmrecht)".[156] Und schließlich bildete sich innerhalb dieser nichtadligen amorphen Masse der Bevölkerung eine wohlhabende Oberschicht heraus, der sogenannte plebejische Adel, dessen Interesse es war, mit der patrizischen Nobilität aufzuschließen. Zwar hat es nicht an Konflikten zwischen den Patriziern und den Plebejern in der römischen Republik gefehlt. Doch gelang es letzteren aufgrund ihrer extremen sozialen Heterogenität nicht, was den attischen Demos auszeichnete: eine klare politische Identität hervorzubringen und darauf aufbauend die Volksversammlung zum Ort der politischen Souveränität zu erheben. Dies vorausgesetzt, hätte kein athenischer Demokrat die römische Republik als „Demokratie" anerkannt. Es ist sogar zu bezweifeln, ob er bereit gewesen wäre, das demokratische Element innerhalb der römischen Mischverfassung, die Volksversammlung, mit dem Adjektiv „demokratisch" zu bezeichnen.

Zwei Arten der Volksversammlung

Zwar sah das römische Regierungssystem zwei Varianten der Volksversammlung vor: die „comitia centuriata", denen die militärischen Zenturieneinheiten zugrunde lagen, und später ab etwa 471 auch die nach dem Tribus-System geordnete Plebejer-Versammlung, die sogenannte „concilia plebis tributa". Doch weder in der einen noch in der anderen Volksversammlung stimmte man - wie in der attischen Ekklesia - nach der Kopfzahl, sondern, ohne Initiativ- und Aussprecherecht, nach kollektiven Einheiten auf vorgelegte Fragen mit „Ja" oder

- „comitia centuriata"

„Nein" ab. In den „comitia centuriata" wurden „den Rittern und den obersten zwei Zenturien, den Großgrundbesitzern – obgleich sie nur wenige Mitglieder hatten – (...) unverhältnismäßig viel mehr Stimmen zugeteilt, so dass sie von vornherein über eine Mehrheit verfügten".[157] Im Unterschied zur athenischen Volksversammlung kam in der Regel die untere Klasse der Proletarier überhaupt nicht zum Tragen, weil man die Abstimmung nach Erreichen der Mehrheit abbrach. Aber auch die in der Plebejerversammlung verabschiedeten Plebiszite

- Plebejerversammlung

führten zu keiner demokratischen Entwicklung im attischen Sinn. So erlangten sie nur dann Gültigkeit, „wenn sie den sakralen Gesetzgebungsvorschriften entsprachen, also vom Senat bestätigt wurden.[158] Daran änderte auch die Tatsache nichts, dass 286 nach einer Sezessionsdrohung die Lex Hortensia die Beschlüsse der Plebejer mit den Gesetzen der Zenturenkomitien gleichsetzte. Zugleich garantierte die Tribusordnung eine Benachteiligung der ständig wachsenden Städte

---

[155] Zit. n. a.a.O., S. 67.
[156] A.a.O., S. 66.
[157] A.a.O., S. 75.
[158] A.a.O., S. 76.

64

gegenüber dem flachen Land. In den ländlichen Tribus kontrollierten die plebejischen Großgrundbesitzer ihre Klientel in der von ihnen abhängigen Landarbeiterschaft, denen sie die Versammlungsteilnahme ermöglichten, während für viele freie Bauern die Transportkosten zu hoch waren. Die Folgen lagen auf der Hand: Unter der Leitung adliger Volkstribunen stehend, stellte die Plebejerversammlung eine Plattform dar, auf welcher die plebejische Aristokratie ihre Macht befestigen konnte.

Dem entspricht, dass die Volksversammlungen im römischen Regierungssystem faktisch der Resonanzboden aristokratischer Politik waren. „In Wirklichkeit war der Träger der Souveränität nicht das Volk, sondern der Senat. Anders als in den Volksversammlungen bildete er seit der Gründung der Republik eine geschlossene Körperschaft, der die mächtigsten Großgrundbesitzer angehörten. Die Vorherrschaft des Senats beruhte auf seiner sakralen und traditionellen Autorität. Erst viel später wurde ihm diese Stellung streitig gemacht: um die Mitte des zweiten Jahrhunderts, als die Brüder Gracchus erstmals dem Senatsregiment den Begriff der ‚Volkssouveränität' entgegenhielten; und wenig später, als ihm populäre Heerführer den Kampf ansagten".[159] Aber auch diese Gegnerschaften führten nicht zur Demokratie im attischen Sinn. Die Initiativen der Gracchen „zur Stärkung des Bauerntums auf Kosten der reichen Besitzer des Gemeindelandes"[160] durchbrachen den Kontext des aristokratisch-republikanischen Politikmodells in keiner Weise. Was sich lediglich änderte, war die Führung des Demos in den „concilia plebis tributa". Sie lag jetzt nicht mehr notwendig in den Händen senatskonformer Volkstribunen. Vielmehr konnten jetzt Mitglieder der „politischen Klasse" Roms die Plebejerversammlung als Legitimationsinstanz benutzen und so am Senat vorbei auf die republikanische Politik Einfluss nehmen. Und die gegen den Senat gerichteten Vorstöße militärischer Magnaten wie Cäsar, Pompejus und Crassus bereiteten nicht der Demokratie, sondern letztlich der Monarchie des Augustus den Weg, auch wenn dies den Zeitgenossen „mit dieser Deutlichkeit nicht zum Bewusstsein gekommen"[161] sein mag.

Zentrum der römischen Politik: Senat, nicht das Volk

Dennoch war gerade das Politikverständnis der römischen Republik für jene Autoren außerordentlich attraktiv, welche in der Frühen Neuzeit die Interessen des gehobenen Besitzbürgertums gegenüber dem Adel vertraten. Nutznießer des Ständekampfes war nämlich die wohlhabende Schicht der Plebejer. Sie prägte in dem Maße die römische Republik, wie es ihr gelang, auf Grund ihres Einflusses in den Volksversammlungen in etwa 200 Jahren (494-278) in die Reihen der patrizisch-plebejischen Nobilität aufgenommen zu werden, bis sie am Ende der Republik „deren zahlenmäßig stärkste Gruppe bildete".[162] In gewisser Weise wiederholte sich diese Konstellation in der Frühen Neuzeit: Wie es scheint, war es kein Zufall, dass gerade jene Autoren auf das Vorbild der römischen Republik zurückgriffen, welche die Gleichberechtigung der wohlhabenden Bürger des Dritten Standes mit dem Adel einklagten. Da sie die Interessen der kleinen Leute eher als Bedrohung ansahen, schied für sie die direkte Demokratie Athens als die Herrschaftsform der kleinen Leute von vornherein aus. Im Sinne der Kritik des

Römische Republik als Vorbild in der Frühen Neuzeit

---

[159] A.a.O., S. 77.
[160] Heuss 1964, S. 144.
[161] A.a.O., S. 272.
[162] Sterling 1965, S. 71.

Platon und Aristoteles übernahmen sie die pejorative Semantik des Begriffs „Demokratie", während sie in dem Modell der Integration des plebejischen Adels mit der patrizischen Nobilität Roms im Rahmen der aristokratischen Republik das große Vorbild ihres eigenen Politikverständnisses sahen. Auf diese Zusammenhänge ist im folgenden Kapitel einzugehen.

Kapitel II
Partizipationsmodelle der Frühen Neuzeit

§ 1 Einleitung

Vereinfacht ausgedrückt, fand die ideengeschichtliche Diskussion über politische Partizipation in der Frühen Neuzeit im Spannungsfeld zweier epochaler Tendenzen statt. Auf der einen Seite begann sich seit dem 15. und dann verstärkt seit dem 16. Jahrhundert der mittelalterliche Ordo, der unter theologischen Vorzeichen alle Bereiche der Gesellschaft in ein universales hierarchisches Muster zu integrieren vorgab, in seine Bestandteile aufzulösen. Auf der anderen Seite gewann ein anderer Faktor an Gewicht. Es wurde nämlich klar, dass Politik, Wirtschaft, Wissenschaft, Kunst, Religion etc. eigene autonome Sphären gegenüber der Vorherrschaft des Wertesystems der katholischen Kirche auszubilden begannen, deren Zusammenführung nach einem innen und außen souveränen Gemeinwesen verlangte. Diese neuartige, der Tendenz nach säkularisierte Koordinierungs-, Schlichtungs-, Befriedungs- und Modernisierungsinstanz war der frühneuzeitliche Staat mit seinem stehenden Heer und seiner zentralisierten Bürokratie. „Ein neuer Typ des Fürsten", schreibt Norbert Elias, „trat in den Vordergrund". Zunächst in den Stadt- und kleinen Territorialstaaten in Italien mit den Sforzas, den Borgias und den Medicis die historische Bühne beherrschend, waren „Franz I. von Frankreich und Heinrich VIII. von England (...) die prominentesten Könige dieses Typs in der Frühzeit des Absolutismus".[163]

(Randbemerkung: Auflösung der mittelalterlichen Ordnung)

(Randbemerkung: Gesellschaftliche Differenzierung)

(Randbemerkung: Staatsbildung)

Die Partizipationsdiskussion setzte ein, als sich herausstellte, dass der frühneuzeitliche Staat trotz seiner wachsenden Machtfülle seine neuen Aufgaben nur in Kooperation mit den besitzbürgerlichen Oberschichten des „Dritten Standes" durchsetzen konnte. Dieser gewann gegenüber dem alten Feudaladel insofern an Gewicht, als er begann, nicht mehr für das „ganze Haus" nach dem Prinzip der Selbstversorgung, sondern für regionale und überregionale Märkte mit dem Ziel der Gewinnmaximierung zu produzieren. Niemand hat diesen Prozess der frühkapitalistischen Entwicklung prägnanter beschrieben als Thomas Morus in seiner 1516 erschienenen Schrift „Utopia". Er sah die entscheidende Ursache für die Desintegration der englischen Gesellschaft zu Beginn des 16. Jahrhunderts in der sogenannten „Einhegungsbewegung". Bekanntlich wurde sie dadurch verursacht, dass es auf den europäischen Märkten zu einer großen Nachfrage nach Wolle zum Zweck der Textilherstellung im Rahmen des Verlagssystems kam. Von immensen Gewinnerwartungen getrieben, zäunte der Landadel, die Gentry, große Teile der mittelalterlichen Allmende ein, um durch Schafzucht den Rohstoff Wolle produzieren zu können. Diesen Prozess hatte Morus vor Augen, als er den

(Randbemerkung: Aufstieg des „Dritten Standes")

---

[163] Elias 1985, S. 111.

bekannten Satz prägte: „Das sind eure Schafe (...), die so sanft und genügsam zu sein pflegten, jetzt aber, wie man hört, so gefräßig und bösartig werden, daß sie sogar Menschen fressen, Felder, Gehöfte und Dörfer verwüsten und entvölkern".[164] Und nun folgen klassische Sätze einer frühneuzeitlichen Kapitalismuskritik: „Damit also ein einziger Prasser, in seiner Unersättlichkeit eine unheilvolle Pest für sein Vaterland, einige tausend Morgen zusammenhängenden Ackerlandes mit einem einzigen Zaun einfrieden kann, werden die Pächter vertrieben; durch Lug und Trug umgarnt oder mit Gewalt unterdrückt, werden sie enteignet oder, durch Schikanen zermürbt, zum Verkauf gezwungen".[165]

Kapitalismus 　Wenn Morus so auch zu Recht die Schattenseite des Prozesses der Kapitalisierung der Landwirtschaft, nämlich die Entwurzelung der Schicht der Pachtbauern, anprangerte, so steht doch außer Frage, dass die neue, nach dem Prinzip der Buchführung und der marktorientierten Gewinnmaximierung betriebene Wirtschaftsweise der des „ganzen Hauses", wie sie seit der Antike dominierte, an Effizienz und Produktivität weit überlegen war: Ihre Träger, zumeist frühbürgerliche Schichten des „Dritten Standes", akkumulierten Reichtümer, deren partizipatorischer Ausdruck die selbstbewusste Forderung des Besitzbürgertums nach politischer Gleichheit mit dem Adel war. Zwar klagten frühbürgerliche Autoren diese Mitbestimmungsrechte im Namen des Volkes ein. Doch konsequent standen nach ihrem Verständnis die Arbeiter, die Handwerker, die Bauern, die Arbeitslosen und die Armen außerhalb dieses Begriffs. Charakteristisch ist ferner, dass die Forderung des besitzenden Bürgertums nach Gleichheit mit dem Adel sich nicht aus dem pejorativen Bann des Begriffs Demokratie löste, wie er in der unter dem Einfluss von Platon und Aristoteles stehenden antiken Staatsformenlehre verstanden wurde.[166] Vielmehr beriefen sie sich auf die römische Tradition der Republik[167] als Gegenbegriff zur Monarchie. Unter ihr verstanden sie eine Mischverfassung, wie Polybios das römische Regierungssystem im Sinne der aristotelischen Politie[168] stilisiert hatte. Während sie die Demokratie gleichsetzten mit Aufruhr und Zügellosigkeit des „Pöbels", die notwendig in die Tyrannis

---

[164] Morus 1996, S. 26.

[165] Ebd. Im englischen Original heißt es: „Your sheep (...) which are usually so tame and so cheaply fed, being now, arccording to report, to be so greedy and wild that they devour human beings themselves and devastate and depopulate fields, houses, and towns. In all of those parts of the country where the finest and therefore costliest wool is produced, there are noblemen, gentlemen, and even some abbots, though otherwise holy men, who are not satisfied with the annual revenues and profits which their predecessors used to derive from their estates. They are not content, by leading an idle and sumptuous life, to do no good to their country; they must also do it positive harm. They leave no ground to be tilled; they enclose every bit of land for pasture; they pull down houses and destroy towns, leaving only the church to pen the sheep in. And, as if enough English land were not wasted on ranges and preserves of game, those good fellows turn all human habitations and all cultivated land into wildernis. - Consequently, in order that one insatiable glutton and accursed plague of his native land may join field to field and surround many thousand acres with one fence, tenants are evicted. Some of them, either circumvented by fraud or overwhelmed by violence, are stripped even of their own property or else, wearied by unjust acts, are driven to sell. By hook or by crook the poor wretches are compelled to leave their homes - men and women, husbands and wives, orphans and widows, parents with little children and a household not rich but numerous, since farm work requires many hands" (Morus 1965, S. 65-67).

[166] Vgl. Kapitel I, §§ 5 u. 6.

[167] Vgl. hierzu grundlegend a.a.O., § 7 sowie Vorländer 2003, S. 37-48.

[168] Vgl. Kapitel I, § 7.

umschlugen, idealisierten sie die Politie zur idealen Verfassung, in deren Rahmen das Besitzbürgertum ungehindert seinen Geschäften nachgehen konnte.

Grundfragen

Doch innerhalb dieses Konsenses zeichneten sich Alternativen ab. Insbesondere zwei Fragen bestimmten die Partizipationsdebatte in der Frühen Neuzeit: 1) Nach welchen Prinzipien sollte die angestrebte Neuordnung des Gemeinwesens funktionieren? War der sich durchsetzende Individualismus der Motor der Integrationsmechanismen der neuen Gesellschaft in Gestalt eines Konfliktmodells? Oder sollte vielmehr unter utopischen Vorzeichen ein antiindividualistischer Kurs eingeschlagen werden, der letztlich auf eine Umwälzung der gesamten Eigentumsstruktur und eine Überbietung der Kontrollmechanismen des absolutistischen Staates hinauslief? 2) Wie sollten die Akzente innerhalb der angestrebten Mischverfassung zugunsten der besitzenden Schichten des Dritten Standes und zu Lasten des Adels gesetzt werden? War der „starke Staat" der absolutistischen Könige der Garant bürgerlicher Freiheit oder traute man eher seinen Antipoden, den Ständen, die Verwirklichung dieses Zieles zu? Beiden Schwerpunkten werden wir uns im folgenden zuzuwenden haben.

§ 2 Alternative Integrationsmodelle der Republik

Machiavelli

Wir haben gesehen, dass der sozio-politische Konflikt eine Grundvoraussetzung der inneren Dynamik der attischen Demokratie gewesen ist. Wenn auch in verwandelter Form, so finden wir doch seine Grundstruktur in jenem Modell der Republik wieder, welches Niccolò Machiavelli (1469-1527) seinen Zeitgenossen in der ersten Hälfte des 16. Jahrhunderts zur Nachahmung empfahl.[169] In seinen „Discorsi sopra la prima Deca di Tito Livio"[170] knüpfte er zunächst an die klassische Regierungsformenlehre der Antike an, wie sie von Platon und Aristoteles entwickelt worden war. „Einige politische Schriftsteller nehmen drei Regierungsformen an, nämlich Monarchie, Aristokratie und Demokratie, für deren eine sich der Begründer eines Staates je nach der Zweckmäßigkeit entscheiden müsse. Andre dagegen (...) sind der Ansicht, daß es sechs Regierungsformen gibt, von denen drei abscheulich, die drei andern an sich zwar gut seien, aber so leicht ausarteten, daß sie gleichfalls verderblich würden. (...) Denn die Monarchie artet leicht zur Tyrannei, die Aristokratie zur Oligarchie und die Demokratie zur Zügellosigkeit aus. Führt also der Begründer eines Staates eine der ersten drei Formen ein, so ist es nur für kurze Zeit. Es läßt sich durch nichts verhindern, daß sie in ihr Gegenteil umschlägt, denn Tugend und Laster wohnen hier dicht beieinander".[171]

---

[169] Vgl. auch zu Machiavellis Theorie-Ansatz Mittermaier/Mair 1995 S. 76-80; Waschkuhn 1998, S. 192-200; Münkler 2001, S. 119-134.

[170] Vgl. Machiavelli 1965. Die deutsche Übersetzung wurde verglichen mit Machiavelli 1931, S. 121-542.

[171] Machiavelli 1965, S. 9f. „Dico come alcuni che hanno scritto delle republiche dicono essere in quelle uno de'tre stati, chiamati da loro Principato, Ottomati, e Popolare; a come coloro che ordinano una città, debbono volgersi ad uno di questi, secondo pare loro più a proposito. Alcuni altri e, secondo la opinione di molti, più savi, hanno opinione che siano di sei ragioni governi: delle quali tre ne siano pessimi, tre altri siano buoni in loro medesimi, ma sì facili a corrompersi che vengono ancora essi a essere perniziosi. (...) Perchè il Principato facilmente diventa tirannico; gli Ottimati con facilità

Wie ist nun aber diesem Umschlag der guten Regierungsformen in ihr Gegenteil Einhalt zu gebieten? Dass die Demokratie, die Machiavelli ganz nach antikem Vorbild als direkte Volksherrschaft versteht, zur Erreichung dieses Zieles wenig geeignet erscheint, geht allein schon aus dem semantischen Gehalt hervor, den er ihr beimisst: Dessen pejorative Stoßrichtung betont er immer wieder, wenn er ihr „Zügellosigkeit"[172], den Hang zur „Anarchie"[173] und strukturelle Instabilität vorwirft: So habe die spartanische Mischverfassung unter Lykurg Bestand gehabt, während die demokratischen Reformen Solons nur von kurzer Dauer gewesen seien.[174] Andererseits misst er mit Aristoteles dem Volk durchaus gewisse Qualitäten bei. Es gebe „nichts Furchtbareres als eine entfesselte Menge ohne Haupt, aber auch nichts Schwächeres".[175] Zwar irre es häufig in den großen Linien der Politik. Doch habe es im Kleinen ein zutreffendes Urteil, wenn es darum geht, für den Staat konstitutive Ämter zu besetzen: Die römische Geschichte zeige, dass die Volksversammlung niemals unfähige und lasterhafte Bewerber mit verantwortungsvollen Funktionen betraute. Zudem diene ein gewisses Kontrollrecht des Volkes in Gestalt seiner Tribunen zur Neutralisierung latenter Konflikte. Wenn eine reine Demokratie auch abzulehnen sei, so trage die Volksherrschaft im Rahmen jener Mischverfassung, wie Polybios sie am Beispiel der römischen Republik kanonisierte, erheblich zur Stabilität des Gemeinwesens bei.[176]

Tatsächlich leitete Machiavelli seinen Begriff der Republik vom römischen Vorbild ab: Die Konsuln stellen das monarchische, der Senat das aristokratische und die Volksversammlung das demokratische Element dar. Wichtig ist nun aber, dass Machiavelli das Zusammenspiel dieser drei Komponenten, modern gesprochen, konflikttheoretisch interpretierte. Vermittelt über erbitterte politische Auseinandersetzungen entwickelte sich Rom von der Königsherrschaft zu einer Teilung der politischen Macht zwischen Konsuln und Senat, bis schließlich in Gestalt der Volkstribunen auch die Demokratie in das politische Kräftespiel einbezogen wurde. „Die Mischung aller drei Regierungsformen führte zu einem vollkommenen Staat, und diese Vollkommenheit entsprang aus der Uneinigkeit zwischen Volk und Senat, wie (...) ausführlich gezeigt werden soll".[177] Immer wieder betonte Machiavelli die positiven Wirkungen des politischen Konflikts:

---

diventano stato di pochi; il Populare sanza difficultà in licenzioso si converte. Talmente che se uno ordinatore di republica ordina in una città uno di quelli tre stati, ve lo ordina per poco tempo; perchè nessuno rimedio può farvi a fare che non sdruccioli nel suo contrario, per la similitudine che ha in questo caso la virtute ed il vizio" (Machiavelli 1931, S. 129f).

[172] Machiavelli 1965, S. 11f.

[173] A.a.O., S. 11.

[174] „Al contrario intervenne a Solone, il quale ordinò le leggi in Atene: che per ordinarvi solo lo stato popolare, lo fece di sì breve vita che avanti morisse vi vide nata la tirannide di Pisistrato; e benché, dipoi anni quaranta, ne fussero gli eredi suoi cacciati e ritornasse Atene in libertà, perché la riprese lo stato popolare secondo gli ordini di Solone, non la tenne più che cento anni, ancora che per mantenerlo facessi molte constituzioni, per le quali si reprimeva la insolenzia de'grandi e la licenza dell'universale, le quali non furono da Solone considerate: nientedimeno, perché la non le mescolò con la potenza del Principato e con quella degli Ottimati, visse Atene, a rispetto di Sparta, brevissimo tempo" (Machiavelli 1931, S. 133).

[175] Machiavelli 1965, S. 125.

[176] A.a.O., S. 15f.

[177] A.a.O., S. 13.

„Mir scheint, wer die Kämpfe zwischen Adel und Volk verdammt, der verdammt auch die erste Ursache für die Erhaltung der römischen Freiheit. Wer mehr auf den Lärm und das Geschrei solcher Kämpfe sieht als auf ihre gute Wirkung, der bedenkt nicht, daß in jedem Gemeinwesen die Gesinnung des Volkes und der Großen verschieden ist und daß aus ihrem Widerstreit alle zugunsten der Freiheit erlassenen Gesetze entstehen".[178] Die vitalisierenden Impulse sozio-politischer Auseinandersetzungen, so Machiavelli, seien auch in seiner eigenen Zeit zu beobachten. So hebt er in seinen „Istorie fiorentine" hervor, dass sich in Florenz zuerst der Adel spaltete, „dann spaltete sich die Stadt in Adel und Volk und zuletzt spaltete sich noch das Volk selber in zwei Teile. (...) Durch diese Spaltungen wurde so viel Blut vergossen, so viele Menschen in die Verbannung gejagt, gingen so viele Geschlechter zugrunde, wie in keiner anderen Republik, deren Geschichte man kennt. Und fürwahr: Nichts scheint mir die Lebenskraft von Florenz so zu beweisen als diese Spannung selbst. Sie waren so bedeutsam, daß sie Kraft genug gehabt hätten, größte und mächtigste Republiken zugrunde zu richten. Florenz haben sie immer größer werden lassen".[179]

Freilich nennt Machiavelli auch die Funktionsbedingungen, unter denen in einer „Republik", also in einer Mischverfassung nach dem Muster des Polybios, der Konflikt konstruktive Wirkungen entfaltet: 1. Die bestehende Agrarverfassung auf der Grundlage des Privateigentums muss anerkannt werden. Der Umgang der Gracchen in der römischen Republik mit dem Ackergesetz habe gezeigt, dass die gesetzlich vorgeschriebene Höchstgrenze des Eigentums an Grund und Boden notwendig soziale Auseinandersetzungen zwischen den Reichen und dem Volk zur Folge hat, die zumindest langfristig den Minimalkonsens der Republik zerstören.[180] 2. Die soziale Basis der Republik muss so strukturiert sein, dass in ihr der alte Feudaladel nur noch eine periphere Rolle spielt. Personen, die „müßig vom Ertrag ihrer Güter im Überfluß leben, ohne sich um den Landbau oder irgendeinen anderen Lebensberuf zu kümmern"[181] und außerdem in Burgen leben sowie über Vasallen verfügen, dürfen das politische Profil der Republik nicht bestimmen. 3. In der Republik muss das Leistungsprinzip herrschen. Rom sei dadurch groß geworden, dass das Konsulat selbst den Plebejern zugänglich geworden sei, „ohne Rücksicht auf Alter und Geburt".[182] Dem Erwerb eines Amtes müsse „der Lohn der Tüchtigkeit, nicht der Geburt"[183] zugrunde liegen. In seinen „Istorie fiorentine" geht er so weit, dass er einem aufständischen Handwerker Worte in den Mund legt, die den Egalitarismus des subjektiven Naturrechts vorwegnehmen: „Alle Menschen haben den gleichen Ursprung, ihre Geschlechter sind gleich alt, alle hat die Natur gleich geschaffen. Zieht sie nackt aus, und ihr werdet sehen, daß sie uns gleich sind. Kleidet uns in ihre Kleider, sie

Funktionsbedingungen

- Privateigentum

- Ausschluss des feudaladels

- Leistungsprinzip

---

[178] A.a.O., S. 15. „Io dico che coloro che dannano i tumulti intra i Nobili e la Plebe, mi pare che biasimino quelle cose che furono prima causa del tenere libera Roma, e che considerino più a'romori ed alle grida che di tali tumulti nascevano, che a'buoni effeti che quelli partorivano; e che e'non considerino come e'sono in ogni republica due umori diversi, quello del popolo, e quelle de'grandi; e come tutte le leggi che si fanno in favore della libertà" (Machiavelli 1931, S. 137).

[179] Machiavelli 1956, S. 103. Die deutsche Übersetzung wurde verglichen mit Machiavelli 1954.

[180] Machiavelli 1965, S. 86f.

[181] A.a.O., S. 121.

[182] A.a.O., S. 132.

[183] Ebd.

in die unserigen, und ohne allen Zweifel werden wir wie Adel, sie wie Pöbel aussehen. Nur Armut und Reichtum macht zwischen uns den Unterschied".[184]

- Gemäßigter Konflikt

4. Der Konflikt darf den Rahmen der Politie, d. h. der gemischten Verfassung nicht sprengen. Der Unterschied zwischen der Republik Roms und der in Florenz habe darin bestanden, dass das römische Volk niemals die alleinige Herrschaft, sondern immer den Ausgleich bzw. die Gleichheit mit dem Adel angestrebt habe. Wie die Geschichte von Florenz zeige, komme es zu negativen Auswirkungen der Konflikte immer dann, wenn mit ihnen „Sektiererei und Parteigängerei"[185] einhergingen.

Gewiss, der Florentiner Denker schließt nicht aus, dass die äußerste Zerrüttung eines Landes die Gewaltherrschaft eines „Principe" notwendig macht, der mit „machiavellistischen" Methoden die Grundlagen des politischen und wirtschaftlichen Lebens wiederherstellt.[186] Unter Normalbedingungen des politischen Systems kann kein Zweifel daran bestehen, dass er in der Republik die optimale Staatsform sieht, in der das frühe Bürgertum nicht nur seine Tugend, sondern auch Wirtschaft, Wissenschaft und Kunst entfalten kann. Doch es darf nicht verschwiegen werden, dass es auch Varianten der gemischten Verfassung zu Beginn des 16. Jahrhunderts gab, die zwar ebenfalls von der aristotelischen Politie ausgingen, diese jedoch nicht im Licht eines Konflikt-, sondern in der Perspektive eines statischen Harmoniemodells interpretierten, das sein Vorbild in der platonischen „Politeia" nicht leugnen kann: Gemeint ist die politische

Thomas Morus

Verfassung, wie sie Thomas Morus (1478-1535) in seiner 1516 erschienenen „Utopia" entwickelt hat.[187] Morus nannte sein ideales Gemeinwesen gleichfalls eine Republik. Der Titel seiner Schrift lautet nämlich: „De Optimo reipublicae statu, deque nova insula Utopia", d.h. „Über den besten Staat einer Republik und die neue Insel Utopia".[188]

Republik als gemischte Verfassung

Dass auch er die Republik als eine „gemischte Verfassung" verstand, steht außer Frage. Sein auf Wahlen beruhendes Repräsentationssystem besteht aus drei Komponenten[189]: 1) Aus einem lebenslang gewählten Staatspräsidenten (monarchisches Element), 2) einem Senat mit legislativen Funktionen (aristokratisches Element) und 3) einer Volksversammlung, der jede Frage von Wichtigkeit vorgelegt werden muss (demokratisches Element). Wie von Anfang an in der Mischverfassung intendiert, soll dieses System balancierter Gegengewalten einer tyrannischen Gewaltherrschaft vorbeugen. Doch Morus stellt diese Variante der Politie in einen gesellschaftlichen Zusammenhang, der dem Ansatz Machiavellis in allen wesentlichen Aspekten widerspricht. Muss nach Machiavelli der gesamtgesellschaftliche Konsens erst durch schwierige und harte Konflikte a

Konfliktfreie Gesellschaft

posteriori hergestellt werden, so setzt Morus' Utopia-Modell den konfliktfreien Konsens apriori voraus. Er wird garantiert durch die gesamtgesellschaftliche Einführung des Gemeineigentums und die gleichzeitige Abschaffung der auf Geburtsprivilegien beruhenden Ständegesellschaft, durch die Erhebung des Sta-

---

[184] Machiavelli 1956, S. 133.
[185] A.a.O., S. 103.
[186] Vgl. Machiavelli 1996, S. 51-123.
[187] Vgl. neuerdings Heinrich 1991; Herz 1999; Saage 2001, S. 135-148.
[188] Morus 1996, S. 10. Die deutsche Übersetzung wurde verglichen mit Morus 1965.
[189] A.a.O., S. 53.

tus des pater familias zu einem staatlichen Amt, durch ein lückenloses System etatistischer Überwachung, das gemeinsame Mahlzeiten und den Entzug der individuellen Bewegungsfreiheit mit einschließt, und durch einheitliche Erziehungsinstitutionen sowie eine staatlich garantierte Arbeitspflicht für alle.

Wenn man so will, stimmen zwar Morus und Machiavelli darin überein, dass sie in der Mischverfassung den optimalen formalen Rahmen der Lösung jener massiven Integrationsprobleme der Frühen Neuzeit sahen, die aus dem Zerfall der alten Feudalordnung resultierten. Auch optierten beide für das bürgerliche Leistungsprinzip als Kriterium der Rekrutierung einer neuen Elite. Doch Machiavelli, die Dynamik der römischen Republik vor Augen, knüpfte an die individualistischen Strömungen seiner Zeit an und betrachtete sie als Motor eines Modernisierung erzwingenden Partizipationsmodells im Rahmen der brüchig gewordenen Ständegesellschaft, das über den individuellen und kollektiven Konflikt funktioniert. Demgegenüber ging Morus, inspiriert von der „Politeia" Platons, den umgekehrten Weg: Erst die grundlegende Umwälzung der bestehenden Besitzverhältnisse in Gestalt der Einführung des Gemeineigentums[190] ermögliche die Perspektive einer Republik, die in sich harmonisch ruht, weil die materiellen Bedingungen sozialer Konflikte beseitigt sind und Partizipation nicht Interessendurchsetzung, sondern Bestätigung der Strukturen der „besten" Republik bedeutet. Sein auf Wahlen beruhendes Repräsentationssystem kann nicht über die Nähe zu Platons statischem Ordnungsmuster hinwegtäuschen, dessen dezidierten Antiindividualismus es ohne Einschränkung teilt.

So ist seine politische Klasse durchaus dessen Elite der Philosophen nachgebildet. Die politisch herrschende Kaste rekrutiert sich nämlich aus einer von körperlicher Arbeit befreiten Schicht wissenschaftlich Gebildeter. Etwa 500 Personen umfassend, nimmt ihr gegenüber die eigentliche Aktivbürgerschaft eine ambivalente Stellung ein. Zwar ist sie gesetzlich ebenfalls von der Arbeitspflicht befreit. Doch macht sie von diesem Privileg keinen Gebrauch, „um durch ihr Beispiel die übrigen um so mehr zur Arbeit anzuspornen".[191] Gleichzeitig hat sie aber die wichtige Kompetenz inne, durch geheime Abstimmung zu ernennen, wer sich ausschließlich dem Studium der Wissenschaften widmen darf. Diese Elitenbildung ist wie bei Platon strikt an das Leistungsprinzip gebunden. „Enttäuscht einer von ihnen die auf ihn gesetzten Erwartungen, so wird er wieder zu den Handwerkern versetzt. Umgekehrt kommt es nicht selten vor, daß irgendein Handwerker seine Freizeit so emsig zum Studium benützt und dank seines Fleißes solche Fortschritte macht, daß er von seinem Handwerk befreit und in die Klasse der Wissenschaftler befördert wird".[192] Aus den Reihen der wissenschaftlich Gebildeten werden die staatlichen Hoheitsträger gewählt. Besondere Kleider

Individualismus vs. Kollektivismus

---

[190] „I become more partial to Plato and less surprised at his refusal to make laws for those who rejected that legislation which gave to all an equal share in all goods. - This wise sage, or be sure, easily foresaw that the one and only road to the general welfare lies in the maintenance of equality in all respects. (...) I am fully persuaded that no just and even distribution of goods can be made and that no happiness can be found in human affairs unless private property is utterly abolished. While it lasts, there will always remain a heavy and inescapable burden of poverty and misfortunes for by far the greatest and by far the best part of mankind" (Morus 1965, S. 105).
[191] A.a.O., S. 57.
[192] Ebd.

und Insignien markieren ihren hervorgehobenen Status ebenso wie ihren Anspruch auf besondere Mahlzeiten.

Freiheit vs. starker Staat

Ist der Preis der Freiheit bei Machiavelli der Konflikt, so ist der Preis der sozialen Sicherheit bei Morus der „starke", alles kontrollierende Staat, der die „gemischte Verfassung" zur bloßen Fassade degradiert. In dem Maße, wie der einzelne Bürger Utopias auf der Grundlage des kommunistischen Gemeineigentums nicht Subjekt, sondern Objekt obrigkeitsstaatlicher Politik ist, kann er auch nicht als Vorläufer des Leitbildes eines „mündigen Bürgers" der liberalen Demokratie gelten. Der utopische Staat Morus' hatte sein heimliches Vorbild im Absolutismus, allerdings in seiner Machtausübung befreit von den Fesseln der Ständegesellschaft. Doch welche Rolle spielte die absolutistische Monarchie im Partizipationsmodell der „gemischten Verfassung"? Diesem Problem haben wir uns im Folgenden zuzuwenden.

§ 3 Bürgerliche Interessendurchsetzung im „starken" Staat oder in der Ständeversammlung?

Jean Bodin

Es gibt keinen Theoretiker der Frühen Neuzeit, der dezidierter und schulemachender die Vertretung besitzbürgerlicher Interessen im starken Staat theoretisch fundiert hat als Jean Bodin[193] (1529/1530 - 1596) in seinem epochemachenden Werk „Sechs Bücher über den Staat".[194] Konfrontiert mit den zeitgenössischen Religionskriegen in Frankreich, ist er zum entschiedenen Anwalt des hoheitlichen Staates geworden, welcher in dem Recht des Herrschers wurzelt, Gesetze zu erlassen, „ohne auf die Zustimmung eines Höheren, oder Gleichberechtigten oder gar Niedrigeren angewiesen zu sein"[195], „Kriege zu erklären oder Frieden zu schließen"[196], die wichtigsten Beamten zu ernennen[197], die höchstrichterliche Entscheidungsgewalt auszuüben[198] sowie „in Abweichung vom ergangenen Urteil oder der Strenge des Gesetzes Gnade zu gewähren".[199] Die Garantie der Verwirklichung dieser Rechte konnte ihm zufolge nur eine Form der Souveränität leisten, die permanent, absolut und unteilbar war.[200]

Demokratie als Anarchie

Es ist klar, dass im Lichte eines solchen Ansatzes jede Form demokratischer Partizipation als extreme Fehlentwicklung gelten muss. Tatsächlich übernimmt Bodin uneingeschränkt die pejorative Bedeutung des antiken Demokratiebegriffs. Sie ist ihm zufolge die schlechteste politische Form des Gemeinwesens, weil sie im Kern die Herrschaft des Pöbels zum Ausdruck bringt. „Denn es liegt im Wesen des Volkes, nach voller ungezügelter Freiheit zu streben und ohne Rücksicht auf Adel, Wissen und Tugendhaftigkeit, Gleichheit an Besitz, Ehre,

---

[193] Vgl. zu Bodins Ansatz auch Euchner 1973, S. 43-73; Mayer-Tasch 1981, S.11-51; Bermbach 1985, S. 134-143; Schwan 1991, S. 168-173; Mittermaier/Mair 1995, S.81-87; Denzer 2001, S.179-191.
[194] Vgl. Bodin 1981, Buch I-III. Die deutsche Übersetzung wurde verglichen mit Bodin 1977.
[195] A.a.O., S. 292.
[196] A.a.O., S. 295.
[197] A.a.O., S. 298.
[198] A.a.O., S. 301.
[199] A.a.O., S. 306.
[200] A.a.O., S. 230ff.

Lohn und Strafe zu verlangen".[201] Bodin geht aber über den aus der Antike herrührenden pejorativen Gehalt des Begriffs Demokratie insofern hinaus, als er die scheinbar aus ihm resultierenden Tendenzen der gleichmäßigen Aufteilung der Landgüter mit der Volksbewegung der Anabaptisten, d.h. der Wiedertäufer in der Stadt Münster, in Verbindung bringt. „Mit Ausnahme der Frauen und der Kleidung sollte alles gemeinschaftliches Eigentum sein, weil sie sich davon die leichtere Bewahrung von Freundschaft und Eintracht untereinander versprachen. Diese Rechnung ging aber keineswegs auf. Denn weit davon entfernt, damit Streit und Feindschaft den Garaus zu machen, würden die Vertreter der Auffassung, daß allen alles gehören solle, der Liebe zwischen Ehegatten, der elterlichen Zuneigung zu ihren Kindern, der Achtung der Kinder vor ihren Eltern und der Verbundenheit Verwandter untereinander ein Ende bereiten und die Blutsbande zerreißen, die sie so fest bindet wie nichts anderes".[202] Die Demokratie, so müssen wir Bodin interpretieren, führt notwendig zur Anarchie, die für den Bürger schlimmere Auswirkungen habe als die Tyrannis. Auch übernahm er den antiken Bedeutungsgehalt der Demokratie, dass ihr Kennzeichen der Gegensatz zwischen „Armen" und „Reichen" sei.[203]

Doch kennzeichnend für Bodin ist auch, dass er es nicht bei der Gegenüberstellung von absoluter Monarchie und Demokratie belässt. Im Gegensatz zu Machiavelli lehnt er zwar terminologisch die der aristotelischen Politie nachempfundene „gemischte Verfassung" ab, weil sie mit der unteilbaren Souveränität unvereinbar ist.[204] Doch der Sache nach optiert er für sie, wenn er zwischen Staats- und Regierungsform unterscheidet.[205] Die Staatsform lehnt sich an das quantifizierende Muster der Antike an: Das äußerliche Herrschaftsprinzip kommt dann zum Tragen, wenn einer, wenige oder die Mehrheit herrscht.[206] Nun kann aber in einem solchen Staatstypus sehr unterschiedlich *regiert* werden, nämlich in monarchischer, aristokratischer und demokratischer Weise. So regiert ein

Ungeteilte
Souveränität

Staatsform vs.
Regierungsform

---

[201] A.a.O., S. 399. Im Original lautet die ganze Passage wie folgt: „Car le vray naturel du peuple, c'est d'avoir pleine liberté sans frein ny mors quelconque: & que tous estoyent egaux en biens, en honneurs, en peines, en loyers: sans faire etstat ny estime de la noblesse, ny de sçeavoir, ny de vertu quelconque: ainsi, comme dit Plutarque aux Symposiaques, ils veulent que tout soit ietté au sort, au poids, à la liure, sans respect ny faueur de personne: & si les nobles ou les richesses veulent prevaloir, ils s'efforcent de les tuer, ou bannir; et departir leurs confiscation aux pauvres: comme il se fit à l'establissement des estats populaires de Suisse, apres la iournee de Sempach, où presque toute la noblesse fut exterminee, & le surplus contraint de renoncer à leur noblesse, & neantmoins debutēs alors des estats & offices, hormis à Zürich & à Berne: c'est pourquoy anciennement ēs Republiques populaires, on demandoit que les obligations fussent bruslees, ou mises au neant comme il se faisoit bien souvent: que les biens fussent departis egalement avec defenses d'acquerir" (Bodin 1977, S. 340).

[202] A.a.O., S. 112. Die entscheidende Stelle lautet: „Ce que les Anabaptistes vouloyent prattiquer, & commencerent en la ville de Munstre: à la charge que tous biens seroyent communs, horsmis les femmes, & les vestemens: pensans mieux entretenir l'amitié & concorde mutuelle entr'eux: mais ils se trouverent bien loing de leur compte: car tant s'en faut que ceux-là qui veulent que tout soit comun, ayent osté les querelles & les inimitiés que mesmes ils chassent l'amour d'entre le mari & la femme, l'affection des peres envers les enfans, la reverence des enfans envers les peres, & la bienveillance des parents entr'eux, ostant la bienveillance des parents entr'eux, ostant la proximité du sang, qui les unit du plus estroit lien qui peut estre" (Bodin 1977, S. 16).

[203] A.a.O., S. 399f.

[204] A.a.O., S. 321.

[205] A.a.O., S. 337.

[206] Ebd.

Monarch autokratisch, wenn ausschließlich er selbst seine Politik verantwortet. Er kann sich aber auch mit aristokratisch oder demokratisch gesonnenen Beratern umgeben und sich von ihnen in seinen politischen Entscheidungen beeinflussen lassen. In unserem Zusammenhang ist entscheidend, dass Bodin bei seiner Unterscheidung zwischen Staats- und Regierungsform ein Qualitätskriterium einführt, das er mit der Rechtsstellung des Privateigentums in Verbindung bringt. Je nach dem Grad der rechtlichen Absicherung der privaten Verfügung über das Eigentum kann eine Monokratie despotisch bzw. tyrannisch oder königlich verfasst sein.[207]

Monarchie und Ständeversammlung

Bodin lässt keinen Zweifel daran, dass die königliche Monokratie die beste Regierungsform darstellt. Sie „ist (...) eine Alleinherrschaft, wo die Untertanen den Gesetzen des Monarchen gehorchen, dieser das Naturrecht achtet und die natürliche Freiheit und das Eigentum der Untertanen unangetastet bleiben".[208] Sie allein garantiert dem Bürger die ungehinderte Verwertung seines Privateigentums. Wenn aber Grundbesitz und Handelskapital - die vorherrschenden Eigentumsformen der Renaissance - von der Monarchie gewährleistet sind, dann müssen den Eigentümern auch Mitspracherechte bei der Steuerbewilligung in den Ständeversammlungen gewährt werden. Ein rechtmäßiges Königtum, so Bodin, habe kein „sichereres Fundament als die Ständeversammlung des Volkes, Korporationen und Kollegien. Denn wenn Abgaben zu erheben und Truppen zusammenzuscharen sind und der Staat gegen die Feinde zu verteidigen ist, so gelingt dies nur mit der Hilfe der Ständeversammlung des (ganzen) Volkes, jeder Provinz, jeder Stadt und jeder Gemeinde".[209] In diesem Sinne ist Bodin selbst als Sprecher bürgerlicher Interessen in der Ständeversammlung von Blois am 15. 11. 1576 gegen den französischen König aufgetreten.[210] Zu Recht hat Walter Euchner darauf hingewiesen, dass Bodins politische Theorie eine ganz typische frühbürgerliche Konstellation reflektiert.[211] Sie ist dadurch charakterisiert, dass sich die bürgerlichen Besitzinteressen unter den Schutz des starken Staates stellen und zugleich auf Partizipation bei der Steuerbewilligung dringen. Wenn man so will, entspricht bei Bodin die „Monarchie royale", also die königliche Monokratie, der aristotelischen „Politie", d.h. der „gemischten Verfassung", wenngleich er selbst aufgrund seines Souveränitätsbegriffs diesen Terminus nicht verwendet.

Absolute Souveränität vs. ständisches Partizipationsmodell

Auch wenn Bodin das Modell einer absoluten Autokratie als Tyrannis ablehnt, hat er die Spannung zwischen dem absolutistischen Staat und den Ständen eindeutig zugunsten des ersteren modifiziert. Eine explizite Teilung der Souveränität zwischen der Monarchie und den Ständen war für ihn kein Thema. Er sah in den Theoretikern der ständischen Gegengewalt, also in den calvinistischen Monarchomachen[212], eine größere Gefahr für das Gemeinwesen als in den Leh-

---

[207] Ebd.
[208] Ebd.
[209] A.a.O., S. 59.
[210] Mayer-Tasch 1981, S. 18f.
[211] Euchner 1973, S. 59.
[212] Vgl. hierzu Dennert 1968, S. VIII-LXXIII; Saage 1981, S. 39-61; Bermbach 1985, S.112-123. Der Begriff Monarchomachen setzt sich aus den altgriechischen Wörtern *Monarchos = Alleinherrscher* und *machesthai = kämpfen* zusammen. Das Kompositum *Monarchomachen* heißt also soviel wie *Königsbekämpfer*.

ren Machiavellis und deren Anhänger.[213] Worin besteht nun aber die entscheidende Differenz zwischen Bodins Konzeption einer „königlichen Monokratie" und dem ständischen Partizipationsmodell, wie es von Theodor Beza (1519-1605)[214], Philipp Duplessis-Mornay (1549-1623)[215] oder Franz Hotman (1524-1590)[216] vertreten worden ist? Zu diesen Autoren muss gesagt werden, dass deren Doktrinen als Widerstandstheorien bekannt und entsprechend ausgiebig in der Forschung behandelt wurden. Dass sie aber zugleich auch ein Teilhabemodell frühbürgerlicher Interessenlagen konzipierten, welches sich als Alternative zum Bodinschen Ansatz verstand, ist weniger bekannt. Doch genau ihm müssen wir uns im Folgenden zuwenden. Zwar kann es nicht als „demokratisch" gelten. Aber in dem Maße, in dem es einen alternativen Weg der Durchsetzung bürgerlicher Interessen jenseits des absolutistischen Staates wies, ist seine Relevanz als Wegbereiter demokratischer Institutionen offenbar.

Auf den ersten Blick scheinen freilich die calvinistischen Monarchomachen mehr Gemeinsamkeiten mit dem Absolutismusmodell Bodins zu teilen als dessen Polemik gegen die protestantischen Widerstandslehren vermuten lässt. So verwendet Brutus, der anonyme Verfasser der „Vindiciae", den pejorativen Demokratiebegriff der Antike. Ausdrücklich distanziert er sich von einem Widerstandsrecht, dessen Subjekt das gewöhnliche Volk ist, das einst in der attischen Demokratie der uneingeschränkte Souverän war. „Sollte sich etwa die gesamte Volksmenge, ich meine jenes Tier mit den unzähligen Köpfen, zu diesem Zweck sich erheben und sozusagen in dichten Scharen sich zusammenrotten? Welche Ordnung könnte in solch einem Haufen herrschen? Wie kann es da einen Plan, wie eine Vorstellung von dem Unternehmen geben?"[217] Wenn er, Stephanus Junius Brutus (Pseudonym für Duplessis-Mornay), vom Volk spreche, meine er vielmehr die beauftragten Magistratspersonen. Ohne Zweifel hat Allen Recht, wenn er betont, das einfache Volk habe in den Theorien der calvinistischen Monarchomachen keineswegs den Status eines souveränen Akteurs. „Es kann nur auf Befehl und Anweisung hin handeln. Es hat keinen eigenen Willen; es erkennt nicht einmal seine eigenen Bedürfnisse; es kann seine Freunde nicht von seinen Feinden unterscheiden; es kennt sich selbst nicht; es weiß nichts. Aber in jedem populus existiert eine höhere Schicht, die selbstbewußt und intelligent ist (...)"[218], nämlich die in der Ständeversammlung vertretenen Repräsentanten von Adel, Klerus und besitzbürgerlicher Oberschicht. Aber auch in der Ablehnung der radikalen Wiedertäufer wissen sich die calvinistischen Monarchomachen mit Bodin einig.

Die entscheidenden Differenzen zwischen beiden Ansätzen kommen erst dann zum Tragen, wenn man sich der Staatsformenlehre der calvinistischen Monarchomachen zuwendet. Im Gegensatz zu Bodin stigmatisieren diese die „reine Monarchie" als „türkische Tyrannei". Für Beza stellte sie „eine Geißel Gottes dar, durch die dieser - nach seinem gerechten Urteil - der Welt das Ende

----

[213] Saage 1981, S. 137.
[214] Vgl. Dennert 1968, S. XXI-XXV.
[215] A.a.O., S. XVI-XXII.
[216] A.a.O., S. XXV-XXIX.
[217] Brutus 1968, S. 93.
[218] Allen 1960, S. 325.

der Dinge und deren Untergang als Drohung andeuten will".[219] Nur Feinde des Menschengeschlechts machten sich für sie stark. Demgegenüber sehen die Monarchomachen die Lösung der drängenden Partizipationsprobleme in den Mechanismen der „gemischten Verfassung" nach antikem Vorbild. Beza preist zum Beispiel die Vorzüge der venezianischen Republik. Nach seiner Meinung ist sie „am glücklichsten geordnet und maßvoll gelenkt, soweit es die menschliche Klugheit zuläßt. Die Venezianer wählen - ähnlich wie in Polen - zu ihrem Oberhaupt einen Dogen, nicht als ein Symbol oder einen Schemen wie einige in der Politik Erfahrene zu schreiben gewagt haben -, sondern gleichsam als einen Fürsten oder Monarchen, von dem sie alle Vorteile einer Monarchie erhalten, ohne dabei Gefahr zu laufen, einer Tyrannei zu verfallen".[220] In Anlehnung an Polybios und Cicero sieht auch Hotman in der „angemessenen Mischung aus Monarchie, Aristokratie und Demokratie"[221] die optimale Staatsform des Gemeinwesens. „Denn da Königsherrschaft und Volksherrschaft von Natur aus zueinander im Widerspruch stehen, muß etwas Drittes als Bindeglied beider hinzugefügt werden, das Anteil aus den zwei anderen hat. Dieses Glied bilden die Fürsten oder Adligen".[222]

Souveränität der Verfassung

Noch schärfer gerät freilich die Differenz beider Ansätze in den Blick, wenn man sich der Souveränitätskonzeption der calvinistischen Monarchomachen zuwendet. Bodin schlug die die Souveränität konstituierenden Rechte einer einzigen Instanz zu, dem monokratisch in Übereinstimmung mit den Gesetzen der Natur herrschenden Monarchen. Bei den calvinistischen Monarchomachen dagegen bedeutet ganz im Sinne der Tradition „Souveränität" die nichtpersonale Gesamtheit der existierenden Verfassung, die die Stände und den Fürsten mitumfasst. Diese „Verfassung" als Ganzes in ihrem hierarchischen Aufbau von den niederen Amtsträgern bis hin zu den regionalen Ständeversammlungen, den Kollegien und schließlich den Generalständen sind das „Volk", das als Amtshierarchie in seiner Gesamtheit in einem wohlgeordneten Gemeinwesen dem Herrscher stets übergeordnet ist. „Wir haben (...) bewiesen, daß alle Könige ihre Königswürde vom Volk erhalten, daß der König nur den ersten Diener und die ausführende Macht im Königtum (...) darstellt; daß das Volk aber der eigentliche Herr bleibt".[223] Da das Volk in der historisch-politischen Welt nur im Licht ständischer Repräsentation als eine politische Größe in Erscheinung zu treten vermag, ist also die höchste Ständeversammlung der eigentliche Souverän. Daneben verstanden die calvinistischen Monarchomachen unter legitimatorischen Gesichtspunkten freilich das Volk auch als eine metaphysische Ganzheit. „Wenn die Könige auch sterben, das Volk - wie jede Ganzheit - stirbt niemals. Wie nämlich die Strömung den Fluß immer fließen läßt, so macht der Wechsel von Geburt und Tod ein Volk unsterblich".[224]

Gewaltenbalance

Selbstverständlich läuft eine so verstandene „Volkssouveränität" auf ein System ausbalancierter Gegengewalten hinaus, das den Ständen als Agentur der

---

[219] Beza 1968, S. 43.
[220] A.a.O., S.28.
[221] Hotman 1968, S. 253.
[222] Ebd.
[223] Brutus 1968, S. 178.
[224] A.a.O., S. 127.

sich allmählich herausbildenden „bürgerlichen Gesellschaft" Priorität gegenüber dem Fürsten einräumt. Insbesondere Hotman suchte den historischen Nachweis zu führen, dass man in der Ständeversammlung „beriet über die Wahl oder Absetzung eines Königs, über Krieg und Frieden, über die öffentlichen Gesetze, über Ehrenposten, Amts- und Verwaltungsstellen im Gemeinwesen, über die Zuweisung eines Erbteils an die Kinder des verstorbenen Königs und über die Mitgift für die Töchter (...). Denn nach dem übereinstimmenden Urteil vieler Jahrhunderte darf über keinen Bereich des Gemeinwesens ohne die Versammlung der Stände entschieden werden".[225] Das treffe insbesondere für die Bewilligung der Steuern zu. So bringt Brutus das fiktive Argument ins Spiel, wonach der deutsche Kaiser habe schwören müssen, „er wolle nur nach Ermächtigung durch den Reichstag Steuern erheben und Abgaben verlangen".[226] Zwar ging es den calvinistischen Monarchomachen nicht weniger als Bodin um den Schutz frühbürgerlicher Eigentumsinteressen. Doch im Gegensatz zu ihm schien ihnen deren Garantie nur dann gesichert, wenn nicht der „starke Staat", sondern eine starke Ständevertretung diese Funktion übernahm.

Von diesen Prämissen ausgehend, ist es nur konsequent, dass die Partizipationsforderungen des calvinistischen Lagers die Struktur der Ständegesellschaft nicht sprengten: Selbst die Kräfte, welche die calvinistischen Monarchomachen an Radikalität weit übertrafen, engten die Ausweitung der politischen Teilhabe auf den „Dritten Stand" in den großen Städten ein. Folglich blieb die große Masse der Bevölkerung, die Bauernschaft, von ihr unberührt.[227] Demgegenüber hat Otto von Gierke die These vertreten, dass die calvinistischen Monarchomachen Urväter Rousseaus und damit Vorläufer der modernen Demokratie gewesen seien.[228] Dieser Interpretation hat Jürgen Dennert mit guten Gründen widersprochen.[229] Tatsächlich spricht deren Begriff des Volkes[230] ebenso gegen Gierkes

Ständegesellschaft

---

[225] Hotman 1968, S. 262.

[226] Brutus 1968, S. 150.

[227] Vgl. Saage 1981, S. 99f.

[228] „Und doch dürfte hierzu eine hinreichende Aufforderung in der unmittelbaren Kontinuität enthalten sein, welche zwischen der Lehre der sogenannten Monarchomachen und der welterschütternden Theorie des *Contrat Social* besteht! Rousseau fand ja überhaupt die Elemente, aus welchen er seinen gefährlichen Trank braute, fertig vor: er vollzog nur die Mischung und verstärkt durch die Zuthat seiner feurigen Sprache ihre berauschende Kraft. Unter den von ihm verwandten Elementen aber ist ein sehr erheblicher Bruchtheil von der älteren Volkssouveränitätslehre geliefert worden" (Gierke 1958, S. 9).

[229] „Das zentrale Problem des *Contrat Social* ist die Frage: wie ist im konstruierenden gedanklichen Progressus aus einer Menge vereinzelt lebender Menschen ein Gemeinwesen zustande zu bringen? Der Ausgangspunkt bei Rousseau ist stets der einzelne Mensch (...). Damit steht Rousseau in jener rational-naturrechtlichen Denktradition, die jedes Seiende oder Wesenhafte für Hirngespinste erklärt und die überzeugt ist, mit der richtigen, d.h. rationalen Methode die zusammengesetzten Wesenheiten der alten Theorie auflösen zu können, so, wie der Naturwissenschaftler seinen Gegenstand methodisch bis zum Unteilbaren aufschlüsselt" (Dennert 1968, S. XLVI). Dennert betont zwar zu Recht den individualistischen Ausgangspunkt der volonté générale Rousseaus. Aber er verkennt, dass es sich nach deren Konstituierung bei diesem Schlüsselbegriff der politischen Theorie des Genfer Philosophen um eine moralische Kategorie handelt, die, mit der „vertu" verklammert, nicht mehr einseitig dem individualistischen Rationalismus zu subsumieren ist. Vgl. Fetscher 1968, S. 121f.

[230] „Das durch konstruktiven Zusammenschluß hervorgebrachte Volk des *Contrat* ist etwas völlig anderes, als das vorweg schon immer als ein gegliedertes Ganzes erkannte und selbstverständlich hingenommene Volk der Monarchomachen. Gegliedert in Stände und Magistrate, seine Glieder ungleich von Natur, als geordnete Ganzheit mit allen seinen Abstufungen dem definierenden Denken

Deutung wie ihre Konzeption des Vertrags[231]: Beide sind Ausfluss des in der Transzendenz verankerten Ganzheitsdenkens des traditionellen Naturrechts, das der *vox dei*, nicht der *vox populi* folgte. Dennoch kann der Versuch der calvinistischen Monarchomachen, den „Staat" von der - wenn auch noch ständisch gegliederten - „Gesellschaft" her zu denken, also der Partizipation der Stände am politischen Willensbildungsprozess Priorität gegenüber der Dezision des absoluten Fürsten einzuräumen, als ein Paradigma verstanden werden, das zumindest dem demokratischen Gedanken den Weg bereitete.

individuelle Freiheit   Auch sind im Denken der calvinistischen Monarchomachen bereits Elemente erkennbar, die quer stehen zu der Vorstellung, politische Herrschaft sei als ständische Hierarchie eine natürliche Größe, auf die die Menschen im Sinne des Aristoteles von ihrer Natur her bezogen sind. So heißt es in der „Vindiciae": „Fürs erste ist klar, daß die Menschen von Natur aus frei sind, daß sie die Abhängigkeit hassen und mehr zum Befehlen als zum Gehorchen geboren sind. Nur eines großen Vorteils wegen haben sie es freiwillig geduldet, sich von anderen regieren zu lassen. (...) Demnach dürfen wir also nicht meinen, die Menschen hätten sich deshalb einen König gewählt, um ihr mit viel Schweiß erworbenes Gut diesem zu seinem Gebrauch zu übereignen".[232] Dieser Individualismus setzte sich freilich erst hegemonial im sogenannten modernen Naturrecht während der großen Englischen Revolution von 1642-1649 durch.[233] Es handelte sich um einen welthistorisch bedeutsamen Paradigmenwechsel, da er eine grundlegende Ausweitung des Begriffs der Demokratie auf bisher von ihr ausgeschlossene Schichten ermöglichte.

§ 4   Modernes Naturrecht und Demokratietheorie in der großen Englischen Revolution

Englische Revolution   Die große Englische Revolution im 17. Jahrhundert (1642-1649) hat nicht nur dem wirtschaftlichen Modernisierungsprozess mächtige Impulse verschafft.[234] Sie stellt auch eine bedeutende Zäsur in der Geschichte der Demokratietheorie dar. Für die Opposition des Parlaments gegen die Krone war es zunächst charakteristisch, dass auch sie - nicht anders als die calvinistischen Monarchomachen - gegenüber den absolutistischen Aspirationen Karls I. für die „gemischte Verfas-

---

bereits vorausliegend, gehört sein Begriff in ganz andere geistesgeschichtliche Zusammenhänge, als der Begriff des Volkes bei Rousseau" (Dennert 1968, S. XLIX).

[231] Rousseaus „Vertrag setzt voraus eine 'aliénation totale' eines jeden Vertragsschließenden, d.h. jeder gibt jede Möglichkeit der Selbstbestimmung auf zugunsten der durch den Vertrag zustande gekommenen 'volonté générale'. (...) Schon diese wenigen Feststellungen genügen, um den fundamentalen Unterschied zwischen dem Rousseauschen 'contrat social' oder der 'alliance' unserer drei Monarchomachen deutlich werden zu lassen. Konstitutiv für den 'contrat social' ist der Begriff der Gleichheit, und zwar in einem ganz bestimmten, auch den kleinsten Unterschied negierenden Sinne. Der Begriff einer solchen undifferenzierten Egalität ist den Monarchomachen nie in den Sinn gekommen, ja er ist in der Zeit, in der sie schrieben, geradezu logisch undenkbar. Der Rousseausche Begriff der Gleichheit setzt eine spezifische Art des formalistischen Denkens voraus, die im 16. Jahrhundert noch gar nicht entwickelt ist" (Dennert 1968, S. XLVI).

[232] Brutus 1968, S. 129.

[233] Vgl. Saage 1981.

[234] Vgl. Hill 1966, S. 145-161.

sung" eintrat. In Anlehnung an das antike Vorbild sah man im Königshaus das monarchische, im House of Lords das aristokratische und im House of Commons das demokratische Element. Dieses Mischungsverhältnis bewirke einen Spannungsbezug, der die Nachteile der reinen Monarchie, die leicht zur Tyrannis degenerieren könne, genauso vermeidet wie die Verfallsformen der reinen Aristokratie und der äußersten Demokratie: Sei die Aristokratie anfällig für Fraktionskämpfe innerhalb der Oligarchie, so drohe, wie schon Platon und Aristoteles lehrten, die Demokratie in Tumult und Anarchie zu enden.[235] Alle Sprecher des parlamentarischen Lagers waren sich einig in der Ablehnung der reinen Demokratie; sie wurde ganz im Sinne ihrer antiken Kritiker zur schlechtesten Staatsform überhaupt heruntergestuft.[236]

Allerdings setzte in dem Maße, wie der Konflikt zwischen Krone und Parlament eskalierte, eine bedeutsame Akzentverschiebung ein. Zwar war Konsens, dass politische Partizipation nur im Medium der Repräsentation und nicht als direkte Demokratie zu verwirklichen sei. Auch problematisierte niemand die legislative Kompetenz des „House of Commons". Doch zunehmend strittig wurde die Frage, ob die Souveränität wie bisher auf alle drei Komponenten der englischen Verfassung zu verteilen oder einer einzigen Institution, dem House of Commons, zuzuschlagen sei. Die Hinrichtung des Königs 1649 hatte diesen Konflikt entschieden. Sie besiegelte den Abschied von der „gemischten Verfassung" (mixed constitution), zumal wenig später das „House of Lords" aufgelöst und das sogenannte Rumpfparlament die Monarchie als Staatsform zugunsten der „Republik" abschaffte. Jede Form der Königsherrschaft, so wurde nun argumentiert, auch wenn sie sich mit aristokratischen Elementen mische, neige zur Tyrannis. Erst die Errichtung einer Republik ermögliche der englischen Nation die Rückkehr zu ihrem alten Recht, von ihren gewählten Repräsentanten regiert zu werden. Die Frage, die uns im folgenden beschäftigen soll, ist, ob und in welchem Ausmaß mit der Errichtung der englischen Republik unter Cromwell innovatorische demokratische Forderungen verbunden waren.[237]

Die Rede ist also vom politischen Denken der sogenannten Leveller, die in der Zeit zwischen 1646 und 1649 in und außerhalb der Revolutionsarmee Cromwells eine beachtliche politische Kraft mit Massenbasis darstellten. Ursprünglich die Interessenvertretung radikaler puritanischer Soldaten, hatten die Leveller insbesondere in den großen Städten, vor allem in London, einen Massenanhang in den unteren Schichten der kleinen Handwerker, Händler, Ladenbesitzer usw. In der Literatur gelten sie als die erste organisierte soziale Massenbewegung der modernen Geschichte. Bauernaufstände und städtische Revolten gab es schon vor ihnen. „Aber nirgendwo sonst vor den 60er Jahren des 18. Jahrhunderts oder vielleicht sogar vor 1789 finden wir das Zusammenspiel von radikalem Journalismus und Pamphletistik, ideologisch motivierter Begeisterung, politischem Aktivismus und einer Massenorganisation, die sich in England von 1646 bis 1649 Geltung verschaffte".[238] Doch an welchem Demokratiebegriff orientierten sich die Leveller? Es spricht für die ungeheure Wirkungsmacht des

Englische Republik

„Levellers"

---

[235] Vgl. Saage 1981, S. 128f.
[236] Vgl. a.a.O., S. 163.
[237] Vgl. a.a.O., S. 134-136.
[238] Aylmer 1975, S. 9.

antiken Denkens in der Frühen Neuzeit, dass auch die Leveller den von Platon und Aristoteles geprägten pejorativen Demokratiebegriff übernahmen: Sie haben sich daher zu keinem Zeitpunkt als Demokraten bezeichnet, auch wenn sie mit diesem Terminus von ihren Gegnern diffamiert wurden.[239] Für sie war nicht nur - im Gegensatz zur attischen Demokratie - das Stellvertreterprinzip konstitutiv. Ein anderer, in der Literatur zu wenig beachteter Unterschied kommt hinzu. Zwar stand die antike Demokratievorstellung gleichfalls für die Herrschaft der kleinen Leute. Aber zugleich war es für die attischen Demokraten eine Selbstverständlichkeit, dass auch Demokratie als Herrschaftsform, nämlich als Herrschaft (kratei) des Volkes (demos), eine natürliche Größe sei. Das Herrschaftsphänomen als solches wurde - trotz der Ablehnung aller Hierarchien - nicht problematisiert, sondern als ein natürliches Phänomen ebenso akzeptiert wie der Wechsel der Jahreszeiten und der Lebenszyklus eines jeden Menschen.

Herrschaftsvertrag   Das Neue im Demokratieverständnis der Leveller bestand darin, dass sie in einer historischen Situation, in der zum ersten Mal dem bisher dominierenden traditionellen Naturrecht seine moderne Spielart gegenübertrat[240], den Staat als Kunstprodukt ursprünglich Gleicher und Freier verstanden. Mit der Vorstellung brechend, dass der Mensch, wie Aristoteles lehrte, ein „zoon politikon" sei, dachten sie ihr Partizipationsmodell radikal von den einzelnen her, die als Eigentümer in einem vorstaatlichen Naturzustand überhaupt keiner Herrschaft unterworfen waren.[241] Die Leveller waren davon überzeugt, dass politische Herrschaft auf den vernünftigen Willen ursprünglich Gleicher und Freier bei Wahrung ihrer Geburtsrechte (Birth-Rights) zurückzuführen sei, und zwar durch einen Vertrag aller mit allen, den sie auch „Agreement" nannten.[242] Ein solcher Verfassungsentwurf setzte nicht politische Herrschaft voraus, sondern konstituierte diese erst. Ist staatlich verfasste Herrschaft aber der Ausfluss des Willens freier und gleicher Individuen, so können die von ihm begründeten politischen Über- und Unterordnungsverhältnisse im Gemeinwesen nicht mehr als „natürlich" im Sinne des Aristoteles gelten: Sie sind säkularisierte Veranstaltungen der Menschen selbst, die im Interesse des Überlebens die Regeln autonom entwerfen, unter denen sie im Gemeinwesen koexistieren wollen: So stellt das Dritte Agreement von 1649 das „freie Volk von England" als Subjekt der Befreiung von der mo-

---

[239] Vgl. Saage 1981, S. 212f.
[240] Vgl. hierzu Euchner 1979, S. 14-42.
[241] Vgl. Saage 1981, S. 161f sowie 202-204.
[242] Vgl. First Agreement 1975, in: Aylmer 1975, S. 88-96 sowie Third Agreement, in: ebd., S. 159-168. So heißt es im Ersten Agreement vom Oktober 1647: „We do now hold our selves bound in mutual duty to each other, to take the best care we can for the future, to avoid both the danger of returning into a slavish condition, and the chargable remedy of another war: for as it cannot be imagined that so many of our Country-men would have opposed us in this quarrel, if they had understood their owne good; so may we safely promise to our selves, that when our Common Rights and liberties shall be cleared, their endeavours will be disappointed, that seek themselves our Masters: since therefore our former oppressions, and scarce yet ended troubles have beene occasioned, either by want of frequent Nationall meetings in Councell, or by rendring those meetings ineffectuall; We are fully agreed and resolved, to provide that hereafter our Representatives be neither left to an uncertainty for the time, nor made uselesse to the ends for which they are intended" (First Agreement, in: Aylmer 1975, S. 89f).

narchischen Tyrannis heraus, das sich freilich in seinem Emanzipationskampf auf den Willen Gottes berufen kann.[243]

Man kann die Bedeutung dieser Argumentationsfigur für die Entwicklung der Demokratietheorie nicht hoch genug einschätzen: Die Konvergenz von Vertragsdenken und politischer Teilhabe machte den Weg frei für die Entfaltung der Demokratie jenseits der Ständegesellschaft. Zwar kannten auch die calvinistischen Monarchomachen den „Vertrag", den sie „Bund" nannten. Sie sahen sogar einen Doppelbund vor, weil er einerseits zwischen Gott und dem Volk und andererseits zwischen dem Volk und seinem Herrscher abgeschlossen wurde.[244] Aber die Struktur dieser Verträge setzte Herrschaft ganz im Sinne der Tradition als natürliche Gegebenheiten voraus: Den Feudalverträgen des Mittelalters nachempfunden, wurden lange bestehende Herrschaftsverträge lediglich bestätigt oder bestenfalls in bestimmten Details modifiziert.[245] Für die Leveller aber wie für alle Vertreter des modernen Naturrechts war der „Vertrag" herrschaftskonstitutiv: Ausgehend von einem anarchischen Naturzustand wurde er weder zwischen Kollektiven geschlossen noch hatte er nur bestätigenden Charakter. Vielmehr schuf er die politische Herrschaft als eine *konsensuelle Größe* neu, und zwar von Grund auf.[246]

Herrschaft als durch Konsens zwischen Individuen gestiftet

Die Partner dieses neuartigen Vertragswerkes, das sein Vorbild im bürgerlichen Rechtsverkehr hatte, waren ursprünglich gleiche und freie Individuen, die sich über ihn überhaupt erst zum politisch handlungsfähigen Volk konstituierten. Im Gegensatz zu den calvinistischen Monarchomachen waren in ihm intermediäre Gewalten wie Stände und Korporationen gegenstandslos geworden. Sie wurden ersetzt durch die unmittelbare Konfrontation des Vollbürgers mit dem von ihm selbst begründeten Staat. Eine notwendige Konsequenz dieser Argumentationsfigur war zugleich eine kodifizierte Sphäre individueller Grund- und Menschenrechte, die in der Sicht der Leveller selbst dem demokratischen Willensbildungsprozess vorgegeben sind. Die ursprünglich Gleichen und Freien geben nämlich nicht alle natürlichen Rechte auf, wenn sie über den Vertrag den Staat hervorbringen. Dessen wichtigste Funktion besteht darin, diese „birth rights"[247], zu denen auch das Recht auf Privateigentum gehört[248], als Garanten der individuellen Privatheit zu schützen. Einen solchen kodifizierten Schutz der natürli-

Volk

Grund- und Menschenrechte

---

[243] „We the free People of England, to whom God has given hearts, means and opportunity to effect the same, do with submission to his wisdom, in his name, and desiring the equity thereof may be to praise and glory: Agree to ascertain our Government, to abolish all arbitrary Power, and to set bounds and limits both to our Supreme, and all Subordinate Authority, and remove all known Grievances" (Third Agreement of the People, in: Aylmer 1975, S. 162).

[244] Brutus 1968, S. 159.

[245] Beza 1968, S. 43f.

[246] Vgl. Saage 1981, S. 208.

[247] Vgl. Lilburne 1975, S. 56-62. Der Titel des berühmten Pamphlets Lilburnes lautet: „Englands birthrights etc.".

[248] Vgl. Overton 1975, S. 69: „For by naturall birth, all men are equally and alike borne to like property, liberty and freedome, and as we are delivered to God by the hand of nature into this world, every one with naturall, innate freedome and propriety (as it were writ in the table of every mans heart, never to be obliterated) even so we are to live, every one equally and alike to enjoy his Birthright and priviledge; even all whereof God by nature hath made him free" (Overton 1975, S. 69).

chen Rechte der das Volk konstituierenden einzelnen[249] kannte die attische Demokratie nicht, auch wenn ihr ein hoher Grad an Liberalität, Toleranz und Akzeptanz des Privateigentums attestiert werden muss.

Überspitzt formuliert, könnte man sagen, dass die Leveller den Individualisierungsprozess der attischen Demokratie dort vorantrieben, wo ihre Vorgänger eine eherne Grenze sahen: Sie lösten Herrschaft als natürliche Größe auf und konzipierten gleichzeitig eine individuell verfügbare Sphäre der Privatheit, die prinzipiell dem Zugriff des Staates entzogen war. Die Leveller haben ohne Zweifel mit einer beachtlichen Radikalität den Vertragsgedanken in eine demokratische Richtung entwickelt. Ihre bekanntesten Repräsentanten wie John Lilburne (1614-1657), Richard Overton (Geburts- und Todesjahr unbekannt) und William Walwyn (geb. um 1600, Todesjahr unbekannt) haben zweifellos das radikalste Modell bürgerlicher Selbstbestimmung vor Rousseau entwickelt. Die Wahlrechtsforderungen, die Repräsentanten der Leveller am 28.10.1647 in der Auseinandersetzung mit Cromwell und seinen Gefolgsleuten während der berühmten „Putney-Debates"[250] in der Nähe Londons erhoben, bedeuteten einen erheblichen Schritt in Richtung auf die moderne Volkssouveränität. In der Literatur ist umstritten, ob sie für ein Nichtbediensteten-Wahlrecht oder für das allgemeine Männerwahlrecht eintraten.[251] Doch selbst wenn wir davon ausgehen, dass die Leveller lediglich für alle diejenigen das Wahlrecht forderten, die zur Schaffung ihres Lebensunterhaltes ihre Arbeit nicht verkaufen mussten, so liegen die transformatorischen Konsequenzen ihrer demokratietheoretischen Position auf der Hand: Sie wären zusammen mit ihren anderen Forderungen auf die politische Entmachtung zumindest des kleinen Landadels, der Gentry, aber auch der Handelsbourgeoisie in London und in den anderen großen Städten hinausgelaufen. Denn immerhin wären bei einer Gesamteinwohnerzahl Englands von knapp sechs Millionen 417 000 Männer in den Genuss des aktiven und passiven Wahlrechts gelangt[252], während die Independenten unter Cromwell nur 212 000 Grundbesitzern das Wahlrecht zugestehen wollten.[253] Darüber hinaus konfrontierten die Leveller im Namen natürlicher und unveräußerlicher Rechte der einzelnen die bestehenden Ämter und ihre Inhaber mit der Forderung nach jährlichen Wahlen von Legislative und Exekutive, nach Gewaltenteilung, nach ungehinderter Petitions-, Religions- und Pressefreiheit sowie der Wahl von Geschworenengerichten.

Das innovative Potential des Demokratieverständnisses der Leveller wird aber auch deutlich, wenn wir uns ihrem Repräsentationsbegriff zuwenden. Die calvinistischen Monarchomachen verstanden die Repräsentation noch ganz im Sinne des traditionellen Naturrechts.[254] Es ging ihnen darum, ein öffentliches Amt gemäß den im Kosmos verankerten Gesetzen Gottes und der Natur auszuüben. War diese Bedingung erfüllt, dann „repräsentierte" der Amtsträger auf der

Wahlrecht (margin)

Traditioneller und neuer Repräsentationsbegriff (margin)

---

[249] „It cannot be imagined that ever the People would be so sottish, as to give such a Power to those whom they choose for their Servants; for this were to give them a Power to provide for their woe, but not for their weal, which is contrary to their own foregoing Maxime" (Lilburne 1975, S. 57).

[250] Vgl. Macpherson 1967, S. 140-150; Woodhouse 1992 und Saage 1981, S. 190-208.

[251] Vgl. Saage 1981, S. 198-200.

[252] Vgl. Macpherson 1967, S. 134.

[253] A.a.O., S. 133.

[254] Vgl. Brutus 1968, S. 119 u. 190.

jeweiligen Stufe der gesellschaftlichen Hierarchie die ihr zugeordneten Seins-qualitäten. Es waren nicht gewählte Abgeordnete, die das Volk repräsentierten, sondern die Mandatare repräsentierten die ihnen zugeordnete Seinsqualität *vor* dem Volk: Durch Symbole wie die Amtstracht, Insignien, Rituale etc. wurde diese in einer „repräsentativen" Öffentlichkeit zelebriert. Ihr kontraktualistisches Demokratieverständnis veranlasste die Leveller, mit dieser vormodernen Form der Repräsentation zu brechen. Ausgangspunkt ihres Stellvertreterprinzips war vielmehr die Fiktion ursprünglich Gleicher und Freier, die sich über einen Vertrag zum „Volk" konstituiert hatten, das nun durch Wahlen seine Mandatsträger ins Parlament schickte, und zwar durch das Vertrauen (trust) demokratisch an ihre Wählerschaft gebunden.[255]

Ausgehend von einem kollektiv-plebejischen Naturrecht wurde der demo- **„Diggers"** kratische Gedanke allerdings vom linken Flügel der Leveller, den sogenannten Digger, am weitesten vorangetrieben. Sie vertraten die Interessen der Lohnarbei-ter und der kleinen Pächter, also der gesellschaftlichen Gruppen, die die Leveller nur am Rande wahrnahmen. Der Wortführer der Digger war Gerrard Winstanley (geb. 1609, Todesjahr unbekannt). Er fasste 1652 seine utopische Konzeption in der Schrift „Das Gesetz der Freiheit" zusammen. Winstanley zufolge ist das einzige Amt im politischen System, das nicht über Wahlen besetzt wird, das des Familienvaters.[256] Alle anderen Ämter auf den verschiedenen Ebenen des Ge-meinwesens, also im Bereich der Kommunen (Town, City, Parish), der Provin-zen (County oder Shire) und der Nation (Parlament, Heer) sind an jährliche Wahlen gebunden.[257] In diesem demokratischen „trust" sah Winstanley neben der Abschaffung aller kapitalistischen Verkehrsformen, allem voran des Privat-eigentums, die entscheidende Innovation gegenüber der Monarchie, in der sich seit der normannischen Eroberung Englands die Machthaber durch Gewalt ihre Ämter usurpiert hätten. Die Amtsträger selbst rekrutieren sich in seiner Fiktion auf der Grundlage des Allgemeinen Männerwahlrechts: Das aktive Wahlrecht besitzen alle freien männlichen Bürger ab 20 Jahren[258], das passive Wahlrecht üben sie mit dem Erreichen des 40. Lebensjahres[259] aus.

§ 5 Die demokratische, autoritäre und liberale Spielart kontraktualistischer Teilhabe (Spinoza, Hobbes, Locke)

Für die Entfaltung der Demokratie ist freilich das kontraktualistische Naturrecht **kontraktualistisches** viel einflussreicher geworden als seine kollektiv-plebejische Variante. Knapp **Naturrecht** zwanzig Jahre nach der Publikation der Leveller-Pamphlete hat Baruch de Spi-noza (1632-1677) der Kombination von Vertragsdenken und Demokratie ein **Baruch de Spinoza** klassisches Denkmal gesetzt. Sowohl in seiner „Ethik" (1677)[260] als auch in

---

255 Vgl. Saage 1981, S. 117 u. 221.
256 Winstanley 1988, S. 199f.
257 A.a.O., S. 392f.
258 A.a.O., S. 272.
259 A.a.O., S. 206f.
260 Vgl. Spinoza 1955.

seinen Schriften „Theologisch-Politischer Traktat" (1670)[261] und „Politischer Traktat" (1677)[262] lässt er keinen Zweifel daran, dass die Regierungsform der Demokratie am besten geeignet ist, im kontraktualistisch verfassten Staat der affektiven Triebstruktur des Menschen optimal Rechnung zu tragen.[263] Im Unterschied zu den Levellern, die es nicht wagten, sich offen zur Demokratie zu bekennen, hat Spinoza diesen Begriff noch vor Montesquieu und Rousseau positiv aufgewertet, obwohl auch er ihn ganz im Sinne der Antike als direkte Ausübung der Souveränität des Volkes verstand. Im Gegensatz zur Monarchie und Aristokratie, so Spinoza, besitzen in der Demokratie „alle, die Bürger zu Eltern haben oder die auf dem Boden des Vaterlandes geboren sind oder die sich um den Staat verdient gemacht haben oder denen aus anderen Gründen per Gesetz das Bürgerrecht verliehen ist, (...) einen rechtlichen Anspruch auf das Stimmrecht in der Obersten Versammlung und auf Zugang zu Staatsämtern; und dieser Anspruch darf ihnen nicht verweigert werden, außer wenn sie strafbar geworden oder für ehrlos erklärt worden sind".[264] Ähnlich wie in der attischen Demokratie sind Ausländer, Frauen, Kinder und Unmündige von der Vollbürgerschaft ausgeschlossen. Freilich fällt Spinoza hinter das antike Vorbild zurück, wenn er auch „Knechte", also lohnabhängig Beschäftigte, unberücksichtigt lässt.[265] Entsprechend ist bei ihm nicht von Diäten die Rede, welche Perikles einführte, um die armen, aber freien Bürger Athens die Teilnahme an der Volksversammlung und die Übernahme eines Amtes zu ermöglichen.[266]

Dem modernen Naturrecht folgend, geht Spinoza von einem Naturzustand aus, weil die ursprünglich Gleichen und Freien eben nicht - wie Aristoteles annahm - auf Herrschaft angelegt sind. Vielmehr steht diese quer zu ihrer naturalistisch-aggressiven Triebstruktur, die er wertfrei als Tatsachenwissen verstehen will.[267] Zwar ist in ihrem Verhalten auch die Vernunft präsent, doch lassen sie sich weitaus mehr von Begierden und Affekten leiten.[268] Wie Hobbes bereits vor

Aufwertung der Demokratie (margin)

Naturzustand (margin)

---

[261] Vgl. Spinoza 1984.

[262] Vgl. Spinoza 1994. Die deutsche Übersetzung wurde verglichen mit der lateinischen Version in Spinoza 1994.

[263] Vgl. Balibar 1985; Saner 1985, S. 369-380; Schwan 1991, S. 187-190; Euchner 1993, S. 117-138 sowie Mittermaier/Mair 1995, S. 90-95.

[264] A.a.O., S. 221.

[265] A.a.O., S. 225-227.

[266] Vgl. Kap. I, § 3.

[267] „Als ich mich daher mit der Politik beschäftigt habe, war es meine Absicht, nicht irgend etwas Neues und bis jetzt noch Unbekanntes (zu entwerfen), sondern lediglich das, was mit der Praxis am vorzüglichsten übereinstimmt, auf sichere und zweifelsfreie Weise zu beweisen, nämlich so, daß ich es aus der Verfaßtheit der menschlichen Natur, wie sie tatsächlich ist, herleite. Um das, was Gegenstand dieser Wissenschaft ist, mit derselben Unbefangenheit, mit der wir es bei der Mathematik zu tun pflegen, zu erforschen, habe ich mich sorgsam bemüht, menschliche Tätigkeiten nicht zu verlachen, nicht zu beklagen und auch nicht zu verdammen, sondern zu begreifen. Deshalb habe ich die menschlichen Affekte, beispielsweise Liebe, Haß, Zorn, Neid, Ruhmsucht, Mitleid und die übrigen Gemütsbewegungen, nicht als Fehler der menschlichen Natur betrachtet, sondern als deren Eigenschaften, die zu ihr so gehören wie zu der Natur der Luft die Hitze, die Kälte, der Sturm, der Donner (...)" (Spinoza 1994, S. 9-11).

[268] „Wir haben überdies gezeigt, daß die Vernunft bei der Zügelung und Mäßigung der Affekte zwar viel vermag, zugleich aber gesehen, daß der Weg, den gerade die Vernunft weist, sehr schwierig ist. Wer sich deshalb einredet, eine Menschenmenge oder diejenigen, die in öffentlichen Angelegenheiten zerstritten sind, könnten dazu gebracht werden, nach einer bloßen Vorschrift der Vernunft zu leben, der träumt vom goldenen Zeitalter oder von einem Märchen" (Spinoza 1994, S. 11-13).

ihm unterstellte, sind Spinoza zufolge die Menschen von Natur aus ebenso determiniert wie z.B. die Fische. Die großen Fische seien „von Natur bestimmt zu schwimmen, die großen die kleineren zu fressen, und darum bemächtigen sich die Fische mit dem höchsten natürlichen Recht des Wassers und fressen die großen die kleinen. Denn es ist gewiß, daß die Natur an sich betrachtet das höchste Recht zu allem hat, was sie vermag, d.h. daß sich das Recht der Natur so weit erstreckt, wie sich ihre Macht erstreckt".[269] 18 Jahre nach Erscheinen des Hobbesschen „Leviathan" erneuert Spinoza also nicht nur dessen Machtbegriff[270], sondern auch dessen Analyse der Triebstruktur des „natürlichen" Menschen, deren Konsequenz im „status naturalis" nur ein „Krieg aller gegen alle" (Hobbes)[271] sein kann: Da es im Naturzustand eine erkennbare Unterscheidung zwischen gut und böse nicht gibt, ist niemand mehr gehalten, nach den Gesetzen der Vernunft zu leben, „als die Katze verpflichtet ist, nach den Gesetzen der Löwennatur zu leben. Was also jeder, soweit er als bloß unter der Herrschaft der Natur stehend betrachtet wird, als nützlich für sich erachtet, sei es unter der Leitung der gesunden Vernunft, sei es auf den Antrieb der Affekte, das darf er mit dem höchsten Recht der Natur erstreben und auf jede Weise, durch Gewalt, durch List, durch Bitten oder wie er es am leichtesten vermag, in seinen Besitz bringen und demgemäß jeden für seinen Feind halten, der ihn an der Ausführung seiner Absicht hindern will".[272]

Nun ist für Spinoza nicht weniger evident als für Hobbes, dass die Menschen im Naturzustand nur ein kümmerliches Dasein zu fristen vermögen. Da nicht jeder „in gleicher Weise zu allem befähigt (ist) und der einzelne nicht imstande (wäre), sich das zu beschaffen, was er am notwendigsten braucht"[273], eine Arbeitsteilung aber durch die Furcht vor einem frühen Tod in einem Zustand permanenter Unsicherheit nicht zustande kommt, muss die sozio-kulturelle Infrastruktur der Zivilisation zusammenbrechen.[274] Angesichts einer solchen Situation rät die zwar von den Affekten überlagerte, aber nie ganz zum Verstummen gebrachte Vernunft, durch einen Vertrag aller mit allen den Naturzustand zu

Beendung des Naturzustandes durch Vertrag aller mit allen

---

[269] Spinoza 1984, S. 232.

[270] „Weil aber die gesamte Macht der ganzen Natur nichts ist als die Macht aller Individuen zusammen, so folgt, daß jedes Individuum das höchste Recht zu allem hat, was es vermag, oder daß sich das Recht eines jeden so weit erstreckt, wie seine Macht sich erstreckt" (Spinoza 1984, S. 232).

[271] „Menschen sind notwendigerweise Affekten unterworfen und so verfaßt, daß sie die Unglücklichen beklagen und die Glücklichen beneiden, daß sie mehr zur Rache als zum Mitgefühl neigen, daß außerdem jeder danach trachtet, daß die anderen nach seiner Sinnesart leben, nämlich billigen, was er billigt, und verwerfen, was er selber verwirft. So kommt es, daß, weil alle gleichermaßen danach streben, an vorderster Stelle zu stehen, die Menschen in Konflikt miteinander geraten und dabei, so weit sie können, sich gegenseitig zu unterdrücken trachten; und wer als Sieger daraus hervorgeht, prahlt mehr damit, andere geschädigt als sich selbst gefördert zu haben" (Spinoza 1994, S. 11).

[272] Spinoza 1984, S. 233f.

[273] A.a.O., S. 84.

[274] Zu einem analogen Schluss kam Hobbes: „In such condition, there is no place for Industry; because the fruit thereof is uncertain: and consequently no Culture of the Earth, no Navigation, nor use of the commodities that may be imported by Sea; no commodious Building; no Instruments of moving, and removing such things as require much force; no Knowledge of the face of the Earth, no account of Time; no Arts, not Letters; no Society; and which is worst of all, continuall feare, and danger of violent death; and the life of man, solitary, poore, nasty, brutish, and short" (Hobbes 1965, S. 64f).

verlassen[275], damit die einzelnen Egoisten nun „das Recht, das von Natur jeder zu allem hatte, (...) gemeinsam besitzen und daß es nicht mehr von dem Vermögen und der Begierde des einzelnen, sondern von der Macht und dem Willen der Gesamtheit bestimmt wird".[276] Diese vertragliche Konstituierung von Spielregeln, unter denen die Individuen im verfassten Staat koexistieren wollen, glaubte Hobbes nur dadurch garantieren zu können, dass der ursprüngliche Vertrag zugunsten eines Dritten, des Leviathan, geschlossen wird: Die ursprünglich Gleichen und Freien übertragen alle ihre natürlichen Rechte auf den autorisierten Inhaber der staatlichen potestas, bis auf das Selbsterhaltungsrecht.[277]

Auch Spinoza zieht aus seinem kontraktualistischen Paradigma den Schluss, „daß die Inhaber der höchsten Regierungsgewalt ein Recht zu allem haben, was sie vermögen und daß sie allein die Beschützer des Rechts und der Freiheit sind, daß die übrigen sich in allem nach ihrem Beschluß richten müssen".[278] Auch sei klar, dass angesichts der anthropologischen Verfassung der einzelnen keine Gesellschaft ohne Regierung und Gewalt „und folglich auch nicht ohne Gesetze" bestehen kann, „welche die Begierden der Menschen und ihren zügellosen Ungestüm mäßigen und zurückhalten".[279] Doch Spinoza deutet das affektive Triebpotential des Menschen anders als Hobbes. Nicht dessen weitgehende politische Reprimierung, sondern vielmehr dessen kontrollierte Entfaltung unter freiheitlichen Bedingungen garantiert die angestrebte staatliche Stabilität, weil sich, wie Spinoza betont, „die menschliche Natur nicht ohne weiteres zwingen" lasse. Die einzelnen könnten „nichts so wenig ertragen, wie ihresgleichen zu dienen und sich von ihnen regieren zu lassen. Schließlich ist nichts so schwer, wie den Menschen die ihnen einmal zugestandene Freiheit wieder zu nehmen".[280] Daher seien nicht die Gewaltherrschaft, sondern nur gemäßigte Regierungsformen von Dauer, wie schon Seneca gesagt habe. Es besteht kein Zweifel: Zwar können sowohl die Monarchie als auch die Aristokratie und die Volksherrschaft als mögliche Staatsformen in Betracht kommen.[281] Doch die beste Lösung des Herrschaftsproblems sah Spinoza in der Einrichtung einer Demokratie, in der die Regierung

Margin notes:
Charakter des Vertragszustandes

Demokratie als beste Lösung

---

[275] „Damit also die Menschen einträchtig leben und einander Hilfe leisten können, ist es nötig, daß sie auf ihr natürliches Recht verzichten und einander die Sicherheit gewähren, nichts tun zu wollen, was einem anderen zum Schaden gereichen könnte. (...) Infolge dieses Gesetzes nun kann eine Gemeinschaft begründet werden, indem sie das Recht, das ein jeder hat, sich zu rächen und über gut und böse zu befinden, für sich selbst in Anspruch nimmt und dieserart die Gewalt hat, eine gemeinsame Lebensweise vorzuschreiben, Gesetze zu geben und dieselben nicht etwa durch die Vernunft - die ja die Affekte nicht zu hemmen vermag (...) -, sondern durch (wirksame) Drohungen zur Geltung zu bringen. - Eine solche durch Gesetze und die Kraft der Selbsterhaltung gefestigte Gemeinschaft wird *Staat* genannt, und diejenigen, die durch deren Rechte geschützt werden, heißen *Bürger*" (Spinoza 1955, S. 227f).

[276] Spinoza 1984, S. 253.

[277] Die Vertragsformel bei Hobbes lautet: „*I Authorise and give up my Right of Governing my selfe, to this Man, or to this Assembly of men, on this condition, that you give up thy Right to him, and Authorise all his Actions in like manner.* This done, the Multitude so united in one Person, is called a COMMON-WEALTH, in latine CIVITAS. This is the Generation of that great LEVIATHAN, or rather (to speake more reverently) of that *Mortall God,* to which wee owe under the *Immortall God,* our peace and defence" (Hobbes 1965, S. 89).

[278] Spinoza 1984, S. 11.

[279] A.a.O., S.84.

[280] A.a.O., S. 85.

[281] Vgl. hierzu Saner 1985, S. 376-379.

in den Händen aller liegt und die Gesetze auf die Zustimmung aller zurückgehen. In diesem Falle könne von dem nur schwer durchsetzbaren Gehorsam keine Rede sein, weil „das Volk gleich bleibt, ob nun in einer solchen Gesellschaft die Gesetze vermehrt oder vermindert werden, weil es nicht auf fremde Autorität hin, sondern aufgrund seiner eigenen Zustimmung handelt".[282] Dadurch reduzieren sich die Kosten staatlicher Reprimierung der Untertanen, und gleichzeitig wird die Freisetzung des schöpferischen Potentials aller maximiert.[283]

Diese Option hat Spinoza den Ruf eingebracht, als „geistiger Vater des Demokraten Rousseau"[284] in die Geschichte eingegangen zu sein. Doch solche Gleichsetzungen sollten die Differenzen zu seinem Nachfolger nicht verdecken. Rousseau hatte seiner demokratischen Konzeption dadurch Rechnung getragen, dass sich die Natur der durch den *Contrat Social* hindurchgegangenen einzelnen „veredelt". Oder anders formuliert: Der direkten Partizipation der Bürger am politischen Willensbildungsprozess setzte er die anthropologische Prämisse eines „neuen Menschen" voraus, welche die patriotische Ineinssetzung der Bürger mit dem Allgemeinwohl plausibel erscheinen ließ.[285] Spinoza hingegen lässt erkennen, dass er ebenso wenig wie Hobbes mit dem Vertragsschluss die Vorstellung verbindet, durch diesen würden die einzelnen gleichsam als sittlich vollkommenere Wesen in das konstituierte Gemeinwesen eintreten. Das Gegenteil ist der Fall. Auch im kontraktualistisch legitimierten Staat äußern sich Spinoza zufolge menschliche Begierden in Gestalt der Habsucht, der Ehrsucht, des Neids und des Zorns. So wird das Substrat der Demokratie, die Menge, in der staatlich verfassten Gesellschaft keineswegs von der Vernunft, sondern - wie im Naturzustand - von den Affekten beherrscht: „Zu allem ist sie gleich bereit, und sehr leicht wird sie durch Habsucht oder Üppigkeit verdorben. Jeder einzelne glaubt alles zu wissen und will alles nach seinem Sinne geleitet haben und hält nur insoweit etwas für gerecht oder ungerecht, gut oder schlecht, als es bei ihm selbst nach seiner Meinung Nutzen oder Schaden bringt; aus Eitelkeit verachtet er seinesgleichen und läßt sich von ihnen nicht leiten, aus Neid auf den größeren Ruf oder auf das Vermögen des anderen, das doch niemals gleich ist, wünscht er ihm Böses und freut sich daran".[286] Wie sich dieser aus egoistischen Motivationen gespeiste Hang des Demos, sich mehr nach seinen Begierden als nach der Vernunft zu richten sowie dem Privatinteresse Priorität gegenüber dem Allgemeinwohl einzuräumen, mit direktdemokratischer Homogenität unter Ausschluss politischer Eliten und institutioneller Hierarchien vereinbaren lässt, ist ein Problem, welches Spinoza nicht beantwortet.[287]

Spinoza und Rousseau

---

[282] Spinoza 1984, S. 85.

[283] Vgl. Euchner 1993, S. 127 sowie Balibar 1985, S. 35ff.

[284] Mittermaier/Mair 1995, S. 94.

[285] Vgl. Kapitel III, § 3.

[286] Spinoza 1984, S. 251.

[287] Euchner weist zu Recht darauf hin, dass in Spinozas Demokratie zwar „der politische Wille die vernünftige Form der aggregierten *potentiae* der Bürger (ist)"(Euchner 1993, S. 128). Doch „diese Eigenschaft begründet eine Superlegitimation der Machthaber, ihrer Gesetze und ihrer Urteilssprüche und Entscheidungen, gegen die Widerstand undenkbar ist. Idealiter besitzen zwar alle Bürger zusammen die politische Macht. Doch die notwendig hierarchische Struktur der institutionalisierten Machtausübung verhindert eine völlig gleiche Machtverteilung" (ebd.).

Dennoch ist seine Wiederentdeckung der alten Demokratie, jetzt allerdings auf kontraktualistischer Grundlage, ein oft verkannter Meilenstein in der Geschichte der Demokratietheorie. Zweifellos sah sich Spinoza zu deren Aufwertung im Licht eines ihrer Grundwerte, der Freiheit, ermutigt, weil er in seiner Heimatstadt Amsterdam eine blühende bürgerliche Gesellschaft vor Augen hatte, in der sich die individuelle Maximierung des Nutzens zum Wohle aller zu aggregieren schien:[288] „In ihrem prächtigen Gedeihen und in der Bewunderung aller Völker erfährt sie die Früchte dieser Freiheit. In diesem blühenden Staat, in dieser herrlichen Stadt leben alle Menschen, welchem Volk und welcher Sekte sie auch angehören, in vollkommener Eintracht. Will man jemandem sein Vermögen anvertrauen, so braucht man nur zu wissen, ob er reich oder arm ist, ob seine Handlungsweise ehrlich oder unehrlich befunden worden; um die Religion oder Sekte bekümmert man sich nicht, weil sie beim Richter für die Entscheidung über Recht und Unrecht nicht in Betracht kommt".[289] Mit einer ganz anderen

Thomas Hobbes Situation war etwa 30 Jahre früher Thomas Hobbes (1588-1679) konfrontiert. Auch er hatte es mit der frühen bürgerlichen Gesellschaft zu tun, aber nicht auf der Höhe ihrer Prosperität, sondern im Ausnahmezustand des Bürgerkriegs. Seine naturalistischen Prämissen, die Spinoza übernahm, führten bei ihm unter dem Eindruck der bewaffneten Konfrontation des englischen Parlaments mit dem König zu der entgegengesetzten Konsequenz: Anstelle der Freiheit avancierte die Sicherheit zum höchsten Wert.

„Leviathan" Hobbes unterscheidet im „Leviathan"[290] die Staatsformen nach dem Träger der Souveränität. Da diese unteilbar ist, lehnte er wie Bodin Mischformen ab. Er wiederholte das Argument Bodins, dass die Politie durch die von ihr bewirkte Teilung der Souveränität notwendig auf die Destabilisierung des Gemeinwesens hinausläuft. Als Staatsformen kommen für ihn daher nur Monarchie, Aristokratie und Demokratie in Frage.[291] Der reinen Demokratie steht Hobbes allerdings

Skepsis gegenüber Demokratie skeptisch gegenüber[292], weil sie sich nur über äußere Feinde oder, auf Perikles anspielend, durch „den Ruf eines unter ihnen lebenden, hervorragenden Mannes"[293] aufrechterhalten kann, auch wenn er sie nicht - wie seit der Antike üblich - als die Herrschaftsform der kleinen Leute deklariert: Aufgrund ihrer divergierenden sozialen Interessen stehe sie stets im Schatten des Bürgerkriegs.[294] Außerdem agieren in der Demokratie Demagogen, die partikulare Interessen für allgemeine ausgeben.[295] Sie verdunkelten daher systematisch das wahre Interesse

---

[288] „Sobald ein jeglicher Mensch am eifrigsten seinen eigenen Nutzen sucht, sind die Menschen einander vom größten Nutzen. Denn je mehr ein jeder seinen Nutzen sucht und sich selbst zu erhalten strebt, desto mehr ist er mit Tugend ausgestattet (...) oder was dasselbe ist (...), desto größer ist sein Vermögen, den Gesetzen der Natur gemäß zu handeln, d. h. nach den Gesetzen der Natur zu leben. (...) Der Mensch ist des Menschen Gott" (Spinoza 1955, S. 222).

[289] Spinoza 1984, S. 307.

[290] Vgl. Hobbes 1984. Die deutsche Übersetzung wurde verglichen mit Hobbes 1965.

[291] Vgl. a.a.O., S. 149f.

[292] Zum Hobbesschen Ansatz vgl. Macpherson 1973, S. 21-125; Fetscher 1970, S. 11-13; Euchner 1985, S. 353-368; Schwan 1991, S. 178-187; Münkler 1993; Mittermaier/ Mair 1995, S. 84-87; Speth 1999, S. 32-35; Schmidt 2000, S. 60-66; Waschkuhn 2000, S. 200-209; Chavaszcza 2001, S. 209-225.

[293] Hobbes 1984, S. 202.

[294] Vgl. a.a.O., S. 246.

[295] Vgl. a.a.O., S. 249f.

90

des Volkes[296], d.h. also des Bürgertums, an Frieden und Sicherheit als unverzichtbarer Rahmenbedingung für die Verwertung ihres Privateigentums. Am besten sieht Hobbes - ganz ähnlich wie Bodin - die bürgerlichen Eigentumsinteressen in einer starken Monarchie[297] gewahrt. Zwar ist sie dezidiert antifeudalistisch konzipiert, doch sie sieht nicht einmal - wie dies selbst bei Bodin der Fall ist - eingeschränkte Partizipationsrechte des Besitzbürgertums vor.

Hatte Hobbes den englischen Bürgerkrieg von 1642 bis 1649 vor Augen, so schrieb John Locke (1632-1704) seine „Zwei Abhandlungen über die Regierung"[298] in einer historischen Situation, in der sich das stark fraktionierte englische Bürgertum zur Klasse zu konstituieren begann. Locke gelangte zu der Auffassung, das englische Bürgertum sei stark genug, seine Interessen in einer historisch gewachsenen Institution, dem Parlament, selbst zu vertreten, nachdem die Krone zu oft und zu nachhaltig durch willkürliche Besteuerung die Eigentumsinteressen der Bürger verletzt habe. Ihm zufolge bestimmen sich die Staatsformen danach, wo die Legislative, also die vom Volk abgeleitete höchste Gewalt, institutionalisiert ist. Im § 132 seiner berühmten „Zweiten Abhandlung über die Regierung" heißt es: „Denn die Form der Regierung hängt davon ab, wie man die höchste Gewalt, nämlich die Legislative, anlegt. Da man es unmöglich begreifen kann, daß eine untergeordnete Gewalt einer höheren Vorschriften machen kann oder irgendeine andere als die höchste Gewalt dazu in der Lage ist, Gesetze zu verabschieden, so bestimmt die Anlage der gesetzgebenden Gewalt auch die Form des Staatswesens (commonwealth)".[299] Entsprechend unterscheidet er zwischen Monarchie, Demokratie und Oligarchie.[300] Zwar rezipiert Locke offenbar nicht den semantischen Gehalt der Demokratie im antiken Sinn als die Herrschaftsform des armen Pöbels. Doch steht er durchaus in der antiken Tradition der „gemischten Verfassung", wenn er die Theorie einer „moderated monarchy" formuliert[301]: In ihr ist der bestimmende Einfluss des Bürgertums gesichert, deren Interessen aufgrund „des Beistandes", den sie der Öffentlichkeit leisten, ein „Recht haben, besonders vertreten zu werden"[302], abgesichert durch das Gewaltenteilungsprinzip, das Locke als erster in die Geschichte der politischen Ideen eingeführt hat.[303]

Doch wie ist die Machtbalance zwischen der Monarchie und der Legislative als dem Sitz der Volkssouveränität im Lockeschen Paradigma geregelt? Die

John Locke

Gewaltenteilung

---

[296] Vgl. a.a.O., S. 253.

[297] Vgl. a.a.O., S. 147.

[298] Vgl. Locke 1977. Die deutsche Übersetzung wurde verglichen mit Locke 1966. Zu seinem Ansatz vgl. Macpherson 1967, S. 219-294; Seliger 1985, S. 381-400; Schwan 1991, S. 190-206; Mittermaier/Mair 1995, S. 87-89; Waschkuhn 1998, S. 210-213; Speth 1999, S. 35-38; Schmidt 2000, S. 66-74; Euchner 2001, S. 41-55.

[299] A.a.O., S. 343.

[300] Ebd.

[301] Vgl. a.a.O., S. 334.

[302] A.a.O., S. 300.

[303] Vgl. a.a.O., S. 291f. „And because it may be too great temptation to human frailty, apt to grasp at power, for the same persons who have the power of making laws to have also in their hands the power to execute them, whereby they may exempt themselves from obedience to the laws they make, and suit the law, both in its making and execution, to their own private advantage, and thereby come to have a distinct interest from the rest of the community, contrary to the end of society and government" (Locke 1966, S. 190).

Legislative ruht ursprünglich im Volk, worunter Locke das Steuern zahlende Besitzbürgertum versteht. Durch einen „trust" mit ihnen verbunden, entsendet es gewählte Treuhänder ins Parlament. Zwar besitzt der König als „King in Parliament" einen Teil der Gesetzgebungsvollmacht, weil er Gesetzen seine Zustimmung verweigern kann. Doch seine eigentliche Funktion ist die Exekutive, die ihm die Legislative übertragen hat mit der Maßgabe, sie in ihrem Interesse auszuüben. Überschreitet die Exekutive oder die Legislative die im Sozialvertrag festgelegten Kompetenzen, z.B. den Schutz des Privateigentums, so tritt ein Widerstandsrecht des Volkes in Kraft.[304] Dessen Möglichkeit, sowohl die Exekutive als auch die Legislative zu stürzen, scheint einer Ausweitung der Demokratie zu entsprechen. Doch Walter Euchner hat zu Recht darauf verwiesen, dass es

bürgerlicher Liberalismus

sich hier lediglich um das besitzbürgerliche Interesse handelt, sich gegenüber exzessiven Besteuerungen und Konfiskationen zu schützen. Das einfache Volk, also die nichtbesitzenden Schichten, stünden außerhalb dieses politischen Systems. Die Armen genossen nicht einmal uneingeschränkt den Schutz des bürgerlichen Rechts, weil sie mehr oder weniger willkürlich in Armenhäuser eingeliefert werden konnten, wo sie harte Zwangsarbeiten zu verrichten hatten. Richtig aber sei, so Euchner, dass Locke als der erste Theoretiker des bürgerlichen Liberalismus zu gelten habe, weil im Zentrum seiner Theorie die angemessene Beteiligung des Bürgertums am politischen Entscheidungsprozeß im Parlament sowie die rechtsstaatliche Garantie seines Eigentums und seiner Freiheit stehe.[305]

Wenn diese Postulate die Fundamente eines liberalen Staates begründen, so gingen von ihnen dennoch Tendenzen zur Entwicklung einer bürgerlichen Demokratie aus, wie der große Einfluss Lockes auf die Demokratiediskussion des 18. Jahrhunderts zeigt, der wir uns im folgenden zuzuwenden haben: Er ist wohl nicht zuletzt auch darauf zurückzuführen, dass der Kontraktualismus nicht auf seine autoritäre und liberale Spielart (Hobbes und Locke) festlegbar ist, sondern auch, wie schon Spinoza zeigte, demokratisch gewendet werden kann. Diesem für die Geschichte der Demokratietheorie äußerst wichtigen Vorgang, der im 18. Jahrhundert seine welthistorische Bedeutung erlangte, haben wir uns im Folgenden zuzuwenden.

---

[304] Vgl. a.a.O., S. 340-343. „I answer, such revolutions happen not upon every little mismanagement in public affairs. Great mistakes in the ruling part, many wrong and inconvenient laws, and all the slips of human frailty will be borne by the people without mutiny and murmur. But if a long train of abuses, prevarications, and artifices, all tending the same way, make the design visible to the people, and they cannot but feel what they lie under, and see whither they are going, it is not to be wondered that they should then rouse themselves, and endeavour to put the rule into such hands which may secure to them the ends for which government was at first erected, and without which, ancient names und specious forms are so far from being better, that they are much worse than the state of Nature or pure anarchy; the inconveniencies being all as great and as near, but the remedy farther off and more difficult" (Locke 1966, S. 231).

[305] Vgl. Fetscher 1970, S. 13-18; Macpherson 1973, S. 219-294; Euchner 1977, S. 41-43.

Kapitel III
Demokratie am Vorabend der Französischen Revolution

§ 1 Einleitung

Zwei sozio-politische Krisenherde haben die große Debatte über die demokratische Teilhabe an der Willensbildung des Gemeinwesens am Vorabend der Französischen Revolution bestimmt: die wachsenden sozialen Spannungen im französischen Ancien Régime und die Unabhängigkeitsbestrebungen der nordamerikanischen Kolonien vom englischen Mutterland. Die Auslöser beider Krisen konnten kaum unterschiedlicher sein. Den nordamerikanischen Kolonien ging es im Kern um die Bewahrung ihrer Eigentumsrechte, die sie von der britischen Krone durch willkürliche Besteuerungen bedroht sahen: „Politisch begann die kritische Phase im Jahr 1765 mit der Verabschiedung des Steuermarken-Gesetzes *(Stamp Act)*. Allgemein wurde jedoch die Krise durch das Ende des Siebenjährigen Krieges zwischen England und Frankreich heraufbeschworen. Die englische Krone sah sich gezwungen, die enormen Staatsschulden zu reduzieren und die Struktur des Empires zu straffen, womit eine lange Phase 'gesunder Nachlässigkeit' beendet wurde. Die Spannungen eskalierten zunehmend mit dem Townshend-Gesetz *(Townshend-Act)* und dem Teesteuergesetz *(Tea Act)*. Die Teesteuer wurde mit der *Boston Tea Party* beantwortet, einem Ereignis, das möglicherweise die letzten Hoffnungen auf eine friedliche Lösung zunichte machte und zu den Zwangsgesetzen *(Coercive Acts)* von 1774"[306] führte.

Kann dieser Vorgang nach dem Aufstand der Niederlande gegen die spanische Zentralherrschaft[307] als zweiter antikolonialer Befreiungskampf der Frühen Neuzeit interpretiert werden, so war die Krise des französischen Ancien Régime innerstaatlicher Natur. In Frankreich zeichnete sich spätestens seit Beginn des 18. Jahrhunderts die entscheidende gesellschaftliche und politische Konfliktlinie ab, die schließlich zur großen Revolution von 1789 führen sollte. Während es in England zu einer Nobilitierung des Bürgertums und einer Verbürgerlichung des Adels kam, beschleunigt durch die Revolutionen von 1642-49 und 1688, verschärfte sich in Frankreich die Konfrontation zwischen der auf ihre Privilegien insistierenden Adelsgesellschaft und der am englischen Vorbild orientierten „civil society". Deren Forderungen nach marktkonformer Verwertung des Privateigentums, nach rechtsstaatlichen Strukturen und Abschaffung der Zensur wurde zunehmend radikal von einer aufklärerischen Intelligenz, die Teile des

---

[306] Young 1985, S. 619.
[307] Vgl. Saage 1981.

93

Adels mitumfasste, in einer literarisch vermittelten Öffentlichkeit propagiert. Doch herrschte in der ersten Hälfte des 18. Jahrhunderts noch die Hoffnung vor, der sogenannte aufgeklärte Absolutismus könne durch grundlegende Reformen zu Lasten der Privilegien des Adels und der katholischen Kirche von „oben" den Ausgleich zwischen diesen beiden Lagern herbeiführen, so brach sich nach 1750 immer mehr die Meinung Bahn, innerhalb der Strukturen der gegebenen Ständegesellschaft seien alle noch so gut gemeinten Reformen zum Scheitern verurteilt.

Diese beiden Tendenzen sind von zwei französischen Denkern nachhaltig und historisch einflussreich formuliert worden: Von Charles de Secondat, Baron de Brède et de Montesquieu in seinem „Vom Geist der Gesetze" und von Jean-Jacques Rousseau in seinem „Gesellschaftsvertrag". Wie sie sich eine Neuordnung des politischen Entscheidungsprozesses und die Teilhabe des Volkes in einer reformierten Gesellschaft vorstellten, soll im folgenden untersucht werden, bevor wir uns der Partizipationsdebatte in Nordamerika nach der Unabhängigkeitserklärung der dreizehn Kolonien von 1776 zuwenden.

§ 2 Montesquieus Aufwertung der Demokratie im Schatten seines aufgeklärten Reform-Modells im Ancien Régime

Staatsformen In seinem Hauptwerk „Vom Geist der Gesetze"[308], 1748 erschienen, betont Montesquieu (1689-1755)[309] stärker als Hobbes und Locke den antiken Gehalt der Staatsformenlehre. Er unterscheidet drei Formen der Regierung: „die *republikanische*, die *monarchische* und die *despotische*".[310] Wie für Machiavelli in „Il Principe" ist für ihn die Republik der Oberbegriff einer nichtmonarchischen Regierungsform: „Sobald in der Republik das Volk als Körperschaft die souveräne Macht besitzt, haben wir eine *Demokratie* vor uns. Sobald die souveräne Macht in den Händen eines Teils des Volkes liegt, heißt sie *Aristokratie*".[311]

Mit einer Monarchie haben wir es zu tun, wenn „ein einzelner Mann regiert, jedoch nach festliegenden und verkündeten Gesetzen, wohingegen bei der despotischen Regierung ein einzelner Mann ohne Regel und Gesetz alles nach seinem Willen und Eigensinn abrichtet".[312] Doch nicht nur die Monarchie kann zur Tyrannis depravieren. Ganz im Sinne von Platon und Aristoteles[313] ist dies auch bei der Demokratie der Fall, „wenn sich der Geist übertriebener Gleichheit breit macht. Jeder will dann denen gleich sein, die er zum Befehlen gewählt hat. Von da an vermag das Volk die Macht, die es verliehen hat, selbst nicht mehr zu ertragen; es will alles selber machen: anstelle des Senats beratschlagen, anstelle der Beamten handeln und alle Richter entthronen".[314] Auch in den Konsequen-

---

[308] Vgl. Montesquieu 2001. Die deutsche Übersetzung wurde verglichen mit Montesquieu 1969.
[309] Vgl. zu Montesquieus Ansatz auch Fetscher 1985, S. 441-457; Schwan 1991, S. 206-219; Mittermaier/Mair 1995, S. 95-98; Waschkuhn 1998, S. 213-218; Schmidt 2000, S. 77-81; Falk 2001, S. 41-55; Frevel 2004, S. 30-33.
[310] Montesqieu 2001, S. 106.
[311] Ebd.
[312] Ebd.
[313] Vgl. Kapitel I, §§ 5 u. 6.
[314] Montesquieu 2001, S. 184. Und Montesquieu fügt hinzu : „Autant que le ciel est éloigné de la terre, autant le véritable esprit d'égalité l'est-il de l'esprit d'égalité extrême. Le premier ne consiste

zen dieses radikalen Egalitarismus weiß sich Montesquieu mit Platon und Aristoteles einig: Er führt entweder zur Anarchie oder aber zum Despotismus eines einzelnen, der „schließlich durch die Eroberung endet".[315] Entscheidend in unserem Zusammenhang ist aber, dass Montesquieu zwar nicht die realen Demokratien der Antike, wohl aber das demokratische Prinzip der wohlverstandenen Gleichheit in Richtung auf eine Tugendrepublik stilisiert, indem er durch ihre Idealisierung deren Geist bzw. deren Wesen zu erfassen sucht. „Tugend ist in einer Republik eine sehr einfache Sache: sie ist eben Liebe zur Republik. Das ist ein Gefühl und keine Folgerung aus Erkenntnissen. Der geringste Mann im Staate kann genauso von diesem Gefühl erfüllt sein wie der höchste".[316] Entsprechend bedeutet die Liebe zur Republik in einer Demokratie die Liebe zur Gleichheit und zur Genügsamkeit.

Demokratie und Gleichheit

Zwar ist also das Prinzip, nach dem eine Demokratie funktioniert, die staatsbürgerliche Tugend. „In einer Demokratie schränkt die Liebe zur Gleichheit den Ehrgeiz ein auf den einzigen Wunsch und das einzige Glück, dem Vaterland größere Dienste als die anderen Bürger zu leisten. Nicht alle können ihm gleich große Dienste erweisen, aber alle sind ihm gleichermaßen welche schuldig. Mit seiner Geburt übernimmt jedermann eine riesige Schuld, die er niemals abzuzahlen vermag".[317] Doch damit dieser tugendhafte Patriotismus den Bürgern auch als Orientierung dienen kann, bedarf es bestimmter wirtschaftlicher Voraussetzungen. „Jeder arme Bürger soll ein so hinreichendes Auskommen finden, daß er arbeiten kann wie die andern. Jeder reiche Bürger soll so mittelmäßig gestellt bleiben, daß er seine Arbeit zur Bewahrung seiner Habe und zum Neuerwerb nötig hat".[318] Die Demokratie funktioniert Montesquieu zufolge aber nur, wenn reale Gleichheit nicht nur hinsichtlich der Vermögensverhältnisse, sondern auch im Blick auf die soziale Rangordnung herrscht. „Die Liebe zur Genügsamkeit beschränkt die Erwerbsgier innerhalb der Familie auf die Sorge für das Lebensnotwendige, ja sie beschränkt sogar dem Vaterland den Überfluß. Reichtum gibt eine Macht, die ein Bürger nicht für sich ausnutzen kann, da er sonst nicht mehr Gleicher unter Gleichen wäre. Er verschafft ihm Wonnen, die er erst recht nicht genießen darf, da sie gleichfalls gegen die Gleichheit verstoßen würden".[319]

Tugend

Soziale Gleichheit als Voraussetzung

---

point à faire en sorte que tout le monde commande, ou que personne ne soit commandé; mais à obéir et à commander à ses égaux. Il ne cherche pas à n'avoir point de maître, mais n'avoir que ses égaux pour maîtres. (...) Telle est la différence entre la démocratie réglée et celle qui ne l'est pas, que, dans la première, on n'est égale que comme citoyen, et que, dans l'autre, on est encore égale comme magistrat, comme sénateur, comme juge, comme père, comme mari, comme maître. La place naturelle de la vertu est auprès de la liberté; mais elle ne trouve pas plus auprès de la liberté extrême qu'auprès de la servitude" (Montesquieu 1969, S. 95f).
[315] A.a.O., S. 166.
[316] A.a.O., S. 140.
[317] A.a.O., S. 142. "L'amour de l'égalité, dans une démocratie, borne l'ambition au seul désir, au seul bonheur de rendre à sa patrie de plus grands services que les autres citoyens. Ils ne peuvent pas lui rendre tous des services égaux; mais ils doivent tous également lui en rendre. En naissant, on contracte envers elle une dette immense dont on ne peut jamais s'acquitter. Ainsi les distinctions y naissent du principe de l'égalité, lors même qu'elle paraît ôtée par des services heureux, ou par des talents supérieurs" (Montesquieu 1969, S. 70).
[318] A.a.O., S. 143.
[319] A.a.O., S. 142f. „L'amour de la frugalité borne le désir d'avoir à l'attention que demande le nécessaire pour sa famille et même le superflu pour sa patrie. Les richesses donnent une puissance dont un

Jeder muss also ein Gewerbe ausüben, aber so, dass niemand wesentlich erfolgreicher ist als andere. Wie wir gesehen haben, waren antike Denker wie Platon und Aristoteles gerade der umgekehrten Ansicht, dass nur Muße staatsbürgerliche Tugenden hervorbringen könne, Arbeit gerade nicht.[320]

Freiheit Soweit ich sehen kann, ist Montesquieu der erste Klassiker des politischen Denkens nach Spinoza[321], der ein positives Demokratiebild in der Frühen Neuzeit gezeichnet hat.[322] Allerdings wäre es verfehlt, ihn selbst als einen Demokraten zu bezeichnen: Sein Ideal war die Freiheit, nicht die Gleichheit. „Politische Freiheit für jeden Bürger ist jene geistige Beruhigung, die aus der Überzeugung hervorgeht, die jedermann von seiner Sicherheit hat. Damit man diese Freiheit genieße, muß die Regierung so beschaffen sein, daß kein Bürger einen anderen zu fürchten braucht".[323] Von den amerikanischen Federalists wurde er deswegen so oft als Autorität zitiert, weil er der Demokratie ein System der „gemischten Verfassung" mit Gewaltenteilung vorzog. Montesquieu avancierte aus diesem
Gewaltenteilung Grund zum Vordenker des Credos der konservativen Demokraten in den Vereinigten Staaten. Die Freiheit wäre ihm zufolge verloren, „wenn ein und derselbe Mann beziehungsweise die gleiche Körperschaft entweder der Mächtigsten oder der Adligen oder des Volkes folgende drei Machtvollkommenheiten ausübte: Gesetze erlassen, öffentliche Beschlüsse in die Tat umsetzen, Verbrechen und private Streitfälle aburteilen".[324] Die Freiheit der Bürger ist nach Montesquieu nur dann gesichert, wenn sich diese drei Gewalten gegenseitig in einem System der „checks and balances" kontrollieren.

Soziale Gewaltenteilung Innovatorisch war Montesquieu, weil er im Gegensatz zu Locke[325] das System der Gewichte und Gegengewichte zu einer sozialen Gewaltenverteilung[326] umfunktionierte, ohne das System der Ständegesellschaft prinzipiell anzutasten. Die legislative Kammer rekrutiert sich aus Repräsentanten des Bürgertums, die von ihren Wählern nur „eine allgemeine Anweisung erhalten"[327], also kein imperatives, sondern ein freies Mandat innehaben. Das aktive Wahlrecht sollte allen Bürgern zukommen, „diejenigen ausgenommen, die in solch einem Elend leben, daß man ihnen keinen eigenen Willen zutraut".[328] Andererseits müssen auch diejenigen an der Gesetzgebung beteiligt werden, „die durch Geburt, Reichtum oder Auszeichnungen hervorragen".[329] Ihr Ausschluss würde bedeuten, dass sie „keinerlei Interesse an der Verteidigung der Freiheit" hätten, „denn die meisten Beschlüsse würden zu ihren Ungunsten gefaßt. (...) Auf diese Weise wird die legislative Befugnis sowohl der Adelskörperschaft als auch der gewählten Körperschaft der Volksvertreter anvertraut. Jede hat ihre Versammlungen und Ab-

---

citoyen ne peut pas user pour lui; car il ne serait pas égal. Elle procurent des délices dont il ne doit pas jouir non plus parce qu'elles choqueraient l'égalité tout de même" (Montesquieu 1969, S. 70f).
[320] Vgl. Kapitel I, §§ 5 u.6.
[321] Vgl. Kapitel II, § 5.
[322] Vgl. Mittermaier/Mair 1995, S.95-98; Waschkuhn 1998, S. 218-222; Schmidt 2000, S. 81-84; Vorländer 2003, S. 54-59.
[323] Montesquieu 2001, S. 216.
[324] A.a.O., S. 217.
[325] Vgl. Kapitel II, § 5.
[326] Vgl. hierzu Schmidt 2000, S. 84-89.
[327] Montesquieu 2001, S. 220.
[328] Ebd.
[329] A.a.O., S. 221.

stimmungen für sich, sowie getrennte Gesichtspunkte und Interessen".[330] Die Exekutive dagegen befindet sich in der Hand des Monarchen, „weil in diesem Zweig der Regierung fast durchweg unverzügliches Handeln vonnöten ist, das besser von einem als von mehreren besorgt wird".[331] Im Gegensatz zu Locke führte Montesquieu eine dritte, von Exekutive und Legislative unabhängige Gewalt ein: die Judikative. „Die Richter der Nation sind (...) lediglich der Mund, der den Wortlaut des Gesetzes spricht, Wesen ohne Seele gleichsam, die weder die Stärke noch die Strenge des Gesetzes mäßigen können".[332] Damit hat er der heutigen Form des Theorems der Gewaltenteilung die endgültige Gestalt gegeben.

Auf eine kurze Formel gebracht, entwarf Montesquieu eine Konstruktion der „checks and balances", die man als soziale Gewaltenverteilung bezeichnen könnte: Monarchie, Adel und Bürgertum sollten ein das Gemeinwesen stabilisierendes Gleichgewicht herstellen, um den Status quo der Ständegesellschaft zu festigen. Dennoch kann trotz dieser konservativen Perspektive Montesquieus Bedeutung für die Entwicklung der Demokratietheorie nicht hoch genug eingeschätzt werden. Seine Stilisierung der Demokratie als Herrschaft tugendhafter Bürger ist von Rousseau aufgegriffen worden, der sie zu einer demokratischen Tugendrepublik egalitärer Kleinbürger weiterentwickelt hat.

    Bewertung

§ 3 Demokratie als Selbstbestimmung des Volkes: Rousseau

Jean-Jacques Rousseau (1712-1778) gehörte zu jenen Aufklärern, die nicht mehr wie die ältere Generation, zu der noch Montesquieu zählte, an eine Reform der sozio-politischen Verhältnisse im Rahmen der Monarchie glaubten. Darüber hinaus stellt seine Theorie „die eigentliche Gegenposition zur politischen Philosophie des englischen Großbürgertums" dar, „die im Frankreich des 18. Jahrhunderts sehr einflußreich gewesen war".[333] Rousseaus Verdienst ist es, in seinem politischen Hauptwerk „Du Contrat Social"[334] das Herrschaftsproblem so gestellt zu haben, dass seine Artikulation definitiv den Rahmen des Ancien Régime durchbricht: „Der Mensch ist frei geboren und überall liegt er in Ketten. Mancher hält sich für den Herrn der anderen, der dennoch mehr Sklave ist als sie. Wie ist es zu dieser Veränderung gekommen? Ich weiß es nicht. Was kann sie rechtmäßig machen? Ich glaube, dieses Problem lösen zu können".[335] Rousseau sah die Lösung der Krise des Ancien Régime in der Befreiung von der ab-

    Radikale Kritik des Ancien Régime

---

[330] Ebd.

[331] A.a.O., S. 222.

[332] A.a.O., S. 225.

[333] Euchner 1973, S. 31. Zu Rousseaus Ansatz vgl. auch Fetscher 1970, S. 20-29; Fetscher 1973, S. 19-28; Fetscher 1968; Fetscher 1985, S. 477-494; Lenk 1991, S. 945f; Schwan 1991, S. 219-229; Mittermaier/Mair 1995, S. 98-102; Waschkuhn 1998, S. 218-222; Speth 1999, S. 38-41; Schmidt 2000, S. 93-110; Maier 2001, S. 57-72; Vorländer 2003, S. 63-65; Frevel 2004, S. 33-38.

[334] Vgl. Rousseau o. J. Die deutsche Übersetzung wurde verglichen mit Rousseau 1964.

[335] Rousseau o.J., S. 10. „L'HOMME est né libre, et par-tout il est dans les fers. Tel se croit le maître des autres, que ne laisse pas d'être plus esclave qu'eux. Comment ce changement s'est-il fait? Je l'ignore. Qu'est-ce qui peut le rendre légitime? Je crois pouvoir résoudre cette question" (Rousseau 1964, S. 173).

solutistischen und feudalen Fremdbestimmung der Bürger. Um diese Emanzipation zu erreichen, sei es notwendig, dass die natürliche Freiheit des Menschen in die bürgerliche Freiheit umgewandelt werde. „Es ist eine Form der Vergesellschaftung zu finden, die mit der gemeinsamen Kraft die Person und die Habe jedes Teilhabers verteidigt und beschützt. In ihr soll sich jeder mit allen vereinigen und dennoch nur sich selbst gehorchen und ebenso frei bleiben wie zuvor".[336]

Gesellschaftsvertrag

Das Medium, das den Widerspruch zwischen einem Rest unverzichtbarer Herrschaft und der Autonomie des Individuums auflösen soll, sah Rousseau im „Gesellschaftsvertrag". Schon an dieser Stelle wird deutlich, dass man Rousseau in die Tradition der Leveller in der Englischen Revolution einordnen kann, die zum ersten Mal das Partizipationsproblem mit dem modernen Naturrecht verbanden: Ursprünglich Gleiche und Freie bringen über einen kontraktualistischen Konsens eben die Spielregeln hervor, denen sie sich im Staat autonom unterwerfen wollen. Wenn man alle kontingenten Elemente weglasse, so Rousseau, lasse sich der „Contrat social" auf folgende Formel bringen: „Jeder von uns unterstellt der Gemeinschaft seine Person und alles, was sein ist, unter der höchsten Leitung des Gemeinwillens; und wir als Körperschaft empfangen jedes Mitglied als vom Ganzen unabtrennbaren Teil".[337] Rousseau zufolge bringt dieser „Akt der Vergesellschaftung" „einen moralischen und kollektiven Körper" hervor, der den einzelnen Paktierenden ihre Einheit, ihr gemeinsames Ich, ihr gemeinschaftliches Leben und ihren einheitlichen Willen als Volk stiftet, das nunmehr den absoluten Monarchen als tatsächlichen Souverän ablöst.

Volkssouveränität

Ein Souverän kann aber jenseits aller antagonistischen Interessenlagen nur eine homogene Größe mit einem unteilbaren Willen sein. „Da indessen der Souverän nur aus den einzelnen, aus denen er sich zusammensetzt, gebildet ist, hat er kein dem ihrigen Interesse entgegengesetztes Interesse, und kann es gar nicht haben. Infolgedessen hat die souveräne Macht keinen Schutz vor den Untertanen nötig, denn es ist unmöglich, daß der Körper all seinen Gliedern schaden wolle. Wir werden weiter unten sehen, daß er auch keinem als einzelnem schaden kann. Der Souverän ist schon allein dadurch, daß er ist, immer alles das, was er sein muß".[338] Freilich gilt diese Homogenität der Interessen nur für das Volk als Ganzes, das als moralischer Körper die *volonté générale* darstellt. Der einzelne kann sich sehr wohl irren, wenn er seinen egoistischen Motivationen individuell oder als organisiertes Kollektiv nachgibt, deren Gesamtheit Rousseau die *volonté de tous* nennt. Demgegenüber ist ein Irrtum des Volkes als Souverän ausgeschlossen. Als in sich geschlossene Einheit kann seine Souveränität auch nicht geteilt

---

[336] A.a.O., S. 18. „Trouver une forme d'association qui défende et protège de toute la force commune la personne et les biens de chaque associé,et par laquelle chacun s'unissant à tous n'obéisse pourtant qu'à lui-même et reste aussi libre qu'auparavant?" (Rousseau 1964, S. 182)

[337] Rousseau o.J., S. 18. „Chacun de nous met en commun sa personne et toute sa puissance sous la suprême direction de la volonté générale; et nous recevons en corps chaque membre comme partie indivisible du tout" (Rousseau 1964, S. 183).

[338] A.a.O., S. 20. „Or le Souverain n'étant formé que des particuliers qui le composent n'a ni ne peut avoir d'intérêt contraire à leur; par conséquent la puissance Souveraine n'a nul besoin de garant envers les sujets, parce qu'il est impossible que le corps veuille nuire à tous ses membres, et nous verrons ci-après qu'il ne peut nuire à aucun en particulier. Le Souverain, par cela seul qu'il est, est toujours tout ce qu'il doit être" (Rousseau 1964, S. 185).

werden. Das System der Gewaltenteilung, wie Locke es konzipierte und Montesquieu es weiterentwickelte, ist mit Rousseaus Begriff der Volkssouveränität unvereinbar.

Zugleich ist Rousseau zufolge die Volkssouveränität unveräußerbar und steht daher quer zum Prinzip der Repräsentation. In der Ablehnung des Repräsentationsprinzips kommt Rousseau zweifellos, ohne sich direkt auf sie zu beziehen, den Standards der attischen Demokratie viel näher als die Leveller, welche auf die Repräsentation, wenn auch demokratisch korrigiert, setzten.[339] Wie Perikles[340] ist auch Rousseau der Meinung, dass die Stellvertretung des Bürgers im politischen Diskurs gleichzusetzen sei mit der Bevorzugung seiner privaten Interessen. „Je besser der Staat gebaut ist, desto eher haben im Geist der Staatsbürger die öffentlichen Angelegenheiten den Vorrang vor den privaten. Es gibt sogar viel weniger Privatangelegenheiten, weil die Summe des gemeinschaftlichen Glücks zum Glück jedes Individuums einen beträchtlicheren Teil beisteuert; daher braucht es das nicht so sehr in seinen privaten Tätigkeiten zu suchen. In einem gut geleiteten Staat eilt jeder zu den Versammlungen; unter einer schlechten Regierung tut niemand gern einen Schritt, um sich dahin zu begeben, weil sich niemand dafür interessiert, was dort vorgeht, und man schon vorher weiß, daß der Gemeinwille dort nicht herrschen wird. Schließlich ziehen die häuslichen Sorgen alles Interesse auf sich".[341] Erst nachdem die Abkühlung der Vaterlandsliebe, der Vorrang des Privatinteresses, die Größe der Territorialstaaten, die Eroberungen sowie der Regierungsmissbrauch zu einem politischen Problem wurden, habe man den Ausweg ersonnen, Repräsentanten des Volks in die Nationalversammlung zu schicken. Doch die Souveränität des Volkes könne nicht stellvertretend ausgeübt werden: Die Abgeordneten sind nur Beauftragte (Delegierte). „Das englische Volk", so Rousseau, „glaubt frei zu sein; es täuscht sich gar sehr. Es ist nur während der Wahlen der Parlamentsmitglieder frei; sobald sie gewählt sind, ist es Sklave, ist es nichts. Der Gebrauch, den es in den kurzen Momenten seiner Freiheit von dieser macht, verdient wohl, daß es sie verliert".[342]

Rousseau unterscheidet ferner wie Bodin[343] zwischen Regierungsform und Staatsform. Er bezeichnet die Staatsform, in der die *volonté générale* herrscht, als Republik. „Ich nenne also jeden durch Gesetze gelenkten Staat, unter welcher Form der Verwaltung das auch geschehen möge, Republik. Denn allein dann

Ablehnung der Repräsentation

Republik

---

[339] Vgl. Kapitel II, § 4.

[340] Vgl. Kapitel I, § 4.

[341] Rousseau o.J., S. 80. „Mieux l'Etat est constitué, plus les affaires publiques l'emportent sur les privées dans l'esprit des Citoyens. Il y a même beaucoup moins d'affaires privées, parce que la somme du bonheur commun fournissant une portion plus considérable à celui de chaque individu, il lui en reste moins à chercher dans les soins particuliers. Dans une cité bien conduite chacun vole aux assemblées; sous un mauvais Gouvernement nul n'aime à faire un pas pour s'y rendre; parce que nul ne prend intérêt à ce qui s'y fait, qu'on prévoit que la volonté générale n'y dominera pas, et qu'enfin les soins domestiques absorbent tout. Les bonnes loix en font faire des meilleures, les mauvaises en amenent de pires. Sitôt que quelqu'un dit des affaires de l'Etat, *que m'importe?* on doit compter que l'Etat est perdu" (Rousseau 1964, S.251).

[342] Rousseau o.J., S. 81. „Le peuple Anglois pense être libre; il se trompe fort, il ne l'est que durant l'élection des membres du Parlement; sitôt qu'ils sont élus, il est esclave, il n'est rien. Dans les courts momens de sa liberté, l'usage qu'il en fait mérite bien qu'il la perde" (Rousseau 1964, S. 252).

[343] Vgl. Kapitel II, § 3.

regiert das öffentliche Interesse und gilt die öffentliche Sache etwas. Jede gesetzliche Regierung ist republikanisch".[344] Die *volonté générale* kommt in einer Republik dadurch notwendig zur Herrschaft, dass sie sich nur in Form von Gesetzen ausdrücken kann, die einen allgemeinen Tatbestand normieren. Wodurch ist nun aber nach Rousseau die Regierungsform bestimmt? Rousseau folgt der Terminologie der antiken Staatsformenlehre, wenn er zwischen demokratischer, aristokratischer und monarchischer Regierungsform unterscheidet. „Zum ersten kann der Souverän den Regierungsauftrag in die Hände des ganzen Volkes oder des größten Teiles des Volkes legen, so daß es mehr mit einem Amt versehene Staatsbürger als schlichte private Staatsbürger gibt. Man gibt dieser Form der Regierung den Namen *Demokratie*. Ebensogut kann es die Regierung in den Händen einer kleinen Zahl zusammenfassen, so daß es mehr schlichte Staatsbürger als Beamte gibt. Diese Form trägt den Namen *Aristokratie*. Schließlich kann es die ganze Regierung in den Händen eines einzigen Beamten konzentrieren, von dem alle anderen ihre Vollmacht erhalten. Diese dritte Form ist die verbreitetste und heißt *Monarchie* oder königliche Regierung".[345] Wenn in Demokratie, Aristokratie und Monarchie nach rechtsstaatlichen Prinzipien regiert wird, sind sie Republiken, weil sie der Herrschaft der *volonté générale* Ausdruck verleihen; sie depravieren zu Despotien oder Tyranneien, wenn partikulare Interessen zur Triebfeder des Regierungshandelns werden.

Aus Rousseaus Souveränitätsbegriff folgt, dass Demokratie immer nur direkte Demokratie heißen kann. Zwar wertet er sie in einem Maße auf, wie es seit der Totenrede des Perikles[346] anlässlich der ersten gefallenen Athener im Peloponnesischen Krieg nicht mehr geschehen ist. Aber zugleich ist er sich darüber im klaren, dass man sie, wenn überhaupt, nur schwer verwirklichen kann. „Wenn es ein Volk von Göttern gäbe, würde es sich demokratisch regieren. Den Menschen entspricht eine so vollkommene Regierung nicht".[347] Tatsächlich betont Rousseau immer wieder, dass eine „reine Demokratie" niemals existiert habe. „Man kann sich nicht vorstellen, daß das Volk ununterbrochen versammelt bleibt, um den Staatsangelegenheiten nachzugehen".[348] Man komme daher nicht um zu diesem Zweck eingerichtete Kommissionen und Ausschüsse herum. Im Übrigen funktioniere eine Demokratie nur unter bestimmten sozio-politischen Bedingungen, die nur schwer zu realisieren seien: „Erstens einen sehr kleinen Staat, in dem das Volk leicht zusammenzubringen ist, und jeder Staatsbürger mühelos alle anderen kennenlernen kann. Zweitens eine große Schlichtheit der Sitten, die vor der Häufung der Geschäfte und den dornenvollen Diskussionen bewahrt. Ferner eine große Gleichheit an Rang und Vermögen, ohne die sich die Gleichheit an Rechten und Ansehen nicht lange halten kann. Schließlich wenig oder keinen Luxus, denn Luxus ist entweder die Folge der Reichtümer, oder er macht sie nötig; er verdirbt die Reichen und Armen zugleich, die einen durch den Besitz, den anderen durch die Habsucht; er verkauft das Vaterland an die

Staatsformen

Direkte Demokratie

Bedingungen von Demokratie

---

[344] Rousseau o.J., S. 36.
[345] A.a.O., S. 58.
[346] Vgl. Kapitel I, § 4.
[347] Rousseau o.J., S. 61. „S'il y avoit un peuple de Dieux, il se gouverneroit Démocratiquement. Un Gouvernement si parfait ne convient pas à des hommes" (Rousseau 1964, S. 228).
[348] Rousseau o.J., S. 60.

Weichlichkeit, an die Eitelkeit; er raubt dem Staat all seine Staatsbürger, weil er die einen den andern und alle zusammen der öffentlichen Meinung unterjocht".[349]

Man geht sicherlich nicht fehl in der Annahme, dass Rousseau das demokratische Prinzip der Identität von Herrschern und Beherrschten und dessen Ausdruck, die volonté générale, als regulatives Prinzip verstand, das als kritischer Maßstab des Ist-Zustandes eines Gemeinwesens fungiert. Da der Allgemeine Wille sich nur in allgemeinen Gesetzen zu artikulieren vermag, ist für Rousseau das entscheidende Kriterium einer Republik der Rechtsstaat, der in der Monarchie ebenso verwirklicht werden kann wie in der Aristokratie und Demokratie. So bahnbrechend Rousseaus Aufwertung demokratischer Prinzipien für die weitere Entwicklung der Demokratietheorie auch sein mochte, so unzweifelhaft ist aber auch, dass schon wenig später eine Alternative zu seinem Republik-Konzept entwickelt wurde, welche die Grundlage der ältesten geschriebenen Verfassung der Neuzeit darstellt: die amerikanische. Ihrer Entstehungsgeschichte werden wir uns im Folgenden in der gebotenen Kürze zuzuwenden haben.

§ 4 Der Geist von 1776: Die amerikanische Unabhängigkeitserklärung

Wie schon hervorgehoben, ist der Beitrag amerikanischer Autoren zur Entwicklung der Demokratietheorie im 18. Jahrhundert[350] ohne Berücksichtigung des Konflikts zwischen den dreizehn amerikanischen Kolonien und dem englischen Mutterland nicht zu verstehen.

Konflikt der amerikanischen Kolonien mit England

Diese Revolte stand keineswegs von Anfang an im Zeichen eines abrupten Bruches der Kolonien mit der englischen Krone. Selbst nachdem die Repräsentanten der Kolonien auf dem Zweiten Kontinentalkongress in Philadelphia den Verteidigungszustand ausgerufen und George Washington zum Oberbefehlshaber ihrer Kontinentalarmee ernannt hatten, fehlte es nicht an Versuchen, den Konflikt mit England zu bereinigen. Doch London hielt unbeirrt an dem Konfrontationskurs fest. Erst allmählich setzte ein Stimmungsumschwung ein, der durch Thomas Paines (1737-1809) Flugschrift „Common Sense", erschienen 1776 und bis zur Jahrhundertwende in einer Auflage von 500 000 Exemplaren verkauft, eingeleitet wurde. „Ich fordere die hitzigsten Vertreter der Aussöhnung auf", schrieb der in die Kolonien eingewanderte Brite, „nur einen einzigen Vorteil zu zeigen, der diesem Kontinent aus der Verbindung mit England erwächst. Ich wiederhole diese Herausforderung: nicht ein einziger Vorteil kann daraus

---

[349] Ebd. „Premierement un Etat très petit où le peuple soit facile à rassembler et où chaque citoyen puisse aisément connoitre tous les autres: secondement une grande simplicité de mœurs qui préviennent la multitude d'affaires et les discussions épineuses: Ensuite beaucoup d'égalité dans les rangs et dans les fortunes, sans quoi l'égalité ne sauroit subsister longtems dans les droits et l'autorité: Enfin peu ou point de luxe; car, ou le luxe est l'effet des richesses, ou il les rend nécessaires; il corrompt à la fois le riche et le pauvre, l'un par la possession l'autre par la convoitise; il vend la patrie à la molesse à la vanité; il ôte à l'Etat tous ses Citoyens pour les asservir les uns aux autres, et tous à l'opinion" (Rousseau 1964, S. 227).

[350] Vgl. hierzu auch neuerdings Vorländer 2003, S. 59-71.

abgeleitet werden".[351] Die Nachteile und der Schaden aber, die die Amerikaner durch eine Verbindung erleiden, seien unzählbar; und ihre Pflicht sowohl gegenüber der Menschheit insgesamt wie gegen sich selbst lehre sie, diese Verbindung aufzugeben. „Es hat etwas Absurdes an sich, anzunehmen, ein Kontinent solle ständig durch eine Insel regiert werden. In keinem Fall hat die Natur Satelliten größer als Hauptplaneten gemacht. Da England und Amerika in dieser Beziehung die gewöhnliche Ordnung der Natur umkehren, ist es offensichtlich, daß sie zu verschiedenen Systemen gehören: England zu Europa, Amerika zu sich selbst".[352]

Virginia Bill of Rights und Unabhängikeitserklärung

Der endgültige Bruch erfolgte, als am 12. Juni 1776 die „Virginia Bill of Rights" verabschiedet wurde und am 4. Juli desselben Jahres die „Unabhängigkeitserklärung"[353] des Kontinentalkongresses in Philadelphia die Trennung der nordamerikanischen Kolonien vom Mutterland besiegelte. Beide Quellen offenbaren das demokratische Potential der amerikanischen Emanzipationsbewegung, das später im Ringen um eine Verfassung der dreizehn Kolonien aktualisiert wurde. Ich möchte die Kernpunkte dieser beiden für die Entwicklung der modernen Demokratietheorie zentralen Dokumente in folgenden Punkten zusammenfassen, die in allen Strömungen der amerikanischen Revolution Konsens waren.

Egalitäre Naturrechte

So heißt es in Artikel 1 der „Virginia Bill of Rights": „Alle Menschen sind von Natur aus in gleicher Weise frei und unabhängig und besitzen bestimmte angeborene Rechte, welche sie ihrer Nachkommenschaft durch keinen Vertrag rauben oder entziehen können, wenn sie eine staatliche Verbindung eingehen, und zwar den Genuß des Lebens und der Freiheit, die Mittel zum Erwerb und Besitz von Eigentum und das Erstreben und Erlangen von Glück und Sicherheit".[354] In diesem Sinne wird auch in der von Thomas Jefferson (1743-1826) entworfenen „Unabhängigkeitserklärung" als selbstevidente Wahrheit herausgestellt, „daß die Menschen gleich geschaffen sind, daß sie von ihrem Schöpfer mit gewissen unveräußerlichen Rechten ausgestattet sind; daß dazu Leben, Freiheit und das Streben nach Glück gehören".[355] Für Jefferson machte das egalitäre Naturrecht auch für Sklaven keine Ausnahme. „Der ganze gesellschaftliche Verkehr zwischen Herrn und Sklaven ist die permanente Ausübung der gewaltsamsten Willkür, des uneingeschränktesten Despotismus auf der einen und der degradierendsten Unterwerfung auf der anderen Seite".[356] Er setzte die Amerikanische Revolution mit dem Anfang der Sklavenbefreiung gleich.[357]

---

[351] Paine 1960, S. 31: „I challenge the warmest advocate for reconciliation, to shew, a single advantage that this continent can reap, by being connected with Great-Britain. I repeat the challenge, not a single advantage is derived. (...) But the injuries and disadvantages we sustain by that connection are without number; and our duty to mankind at large, as well as to ourselves, instruct us to renounce the alliance".
[352] A.a.O., S. 34f: „Small islands not capable of protecting themselves, are the proper objects for kingdoms to take their care; but there is something very absurd, in supposing a continent to be perpetually governed by an island. In no instance hath nature made the satellite larger than its primary planet, and as England and America, with respect to each other, reserves the common order of nature, it is evident they belong to different systems; England to Europe, America to itself".
[353] Vgl. Becker o.J.
[354] Virginia Bill of Rights, in: Franz 1975, S. 7.
[355] Declaration of Independence, in: Becker o.J., S. 186.
[356] „There must doubtless be an unhappy influence on the manners of our people produced by the existence of slavery among us. The whole commerce between master and slave is a perpetual exer-

Der Logik einer liberalen Auslegung des modernen egalitären Naturrechts folgend, ruht ferner der „Virginia Bill of Rights" zufolge „alle Macht (...) im Volke und leitet sich folglich von ihm her; die Beamten sind nur seine Bevollmächtigten und Diener und ihm jederzeit verantwortlich".[358] Ebenfalls ist der Grundsatz der konktraktualistisch begründeten Volkssouveränität im Sinne Lockes in der „Unabhängigkeitserklärung" verankert. Denn diese betont, „daß zur Sicherung dieser (d.h. der unveräußerbaren Rechte der einzelnen, R.S.) Regierungen unter den Menschen eingesetzt sind, die ihre rechtmäßige Autorität aus der Zustimmung der Regierten herleiten".[359] Gleichzeitig resultiert aus einer solchen Konstruktion zwingend ein Widerstandsrecht des Volkes. Wenn nach der „Virginia Bill of Rights" eine Regierung den Zweck der Garantie von Glück und Sicherheit der einzelnen nicht erfüllt, dann hat „die Mehrheit eines Gemeinwesens (...) ein unbezweifelhaftes, unveräußerliches und unverletzliches Recht, eine Regierung zu verändern oder abzuschaffen, wenn sie diesen Zwecken unangemessen oder entgegengesetzt befunden wird, und zwar so, wie es dem Allgemeinwohl am dienlichsten erscheint".[360] Ein Widerstandsrecht des Volkes tritt nach der „Unabhängigkeitserklärung" in dem Augenblick in Kraft, in dem eine Exekutive ihre aus den unveräußerlichen natürlichen Rechten auf Leben, Freiheit und Glück[361] folgenden Aufgaben nicht genügt. Dann ist das Volk berechtigt, „sie zu ändern oder abzuschaffen und eine neue Regierung einzusetzen und diese auf solchen Prinzipien zu errichten und ihre Gewalten solchermaßen zu organisieren, wie es ihm zur Gewährleistung seiner Sicherheit und seines Glücks am ratsamsten erscheint".[362]

(Marginalie: Volkssouveränität)

(Marginalie: Widerstandsrecht)

Weitere Postulate kommen hinzu: die Forderung nach Gewaltenteilung, nach Freiheit der Presse, nach Besteuerung durch die Repräsentanten des Volkes, nach einer Volksmiliz, nach dem Recht über Krieg und Frieden zu entscheiden sowie Verträge mit anderen Staaten einzugehen etc. Doch die amerikanischen Revolutionäre waren sich zugleich auch darüber im Klaren, dass diese Prinzipien vor allem der Begründung der Lossagung von der englischen Krone dienten: Sie waren noch nicht identisch mit der politischen Neuordnung *nach* der gewonnenen Unabhängigkeit. Die Debatte über dieses Thema setzte erst ein, nachdem der 1787 in Philadelphia verabschiedete Entwurf einer Verfassung der Vereinigten

(Marginalie: Verfassungsdiskussion)

---

cise of the most boisterous passions, the most unremitting despotism on the one part, and degrading submissions of the other" (Jefferson 1964, S. 155).

[357] Vgl. a.a.O., S. 28: „I think a change already perceptible, since the origin of the present revolution. The spirit of the master is abating, that of the slave rising from the dust, his condition mollifying, the way I hope preparing, under the auspices of heaven, for a total emancipation, and that this is disposed, in the order of events, to be with the consent of the masters, rather than by their extirpation" (Jefferson 1964, S. 156).

[358] Virginia Bill of Rights, in: Franz 1975, S. 7.

[359] Declaration of Independence, in: Becker o.J., S. 186.

[360] Virginia Bill of Rights, in: Franz 1975, S. 7.

[361] „We hold these truths to be self-evident, that all men are created equal, that they are endowed by the Creator with certain unalienable Rights, that among these are Life, Liberty and the pursuit of Happiness" (Declaration of Independence, in: Becker o.J., S. 186).

[362] Declaration of Independence, in: Becker o.J., S. 187: „(...) when a long train of abuses and usurpations, pursuing invariably the same Object evinces a design to reduce them under absolute Despotism, it is their right, it is their duty, to throw off such Government, and to provide new Guards for their future security".

Staaten von Amerika von den dreizehn Kolonien zu ratifizieren war. Insbesondere in New York begann eine Kontroverse, die in der Presse als Streit zwischen den *Antifederalists* und den *Federalists* ausgetragen wurde. Da er für die Entwicklung der modernen Demokratietheorie von höchster Bedeutung ist, müssen wir im Folgenden auf ihn eingehen.

§ 5 Der Streit zwischen den Federalists und den Antifederalists

Sozio-ökonomische
Hintergründe

Während sich die Federalists für eine Ratifizierung des Verfassungsentwurfes einsetzten, wie er in Philadelphia ausgehandelt worden war, wiesen die Antifederalists auf eine Reihe in ihrer Sicht schwerwiegender Defizite hin.[363] Wichtig an dieser Kontroverse ist, dass Antifederalists und Federalists sozial-ökonomisch zwei Lager vertraten, deren Interessenlagen sich eher konfligierend gegenüberstanden. „Die *Antifederalists* hatten ihr Zentrum im ländlichen Hinterland, in den *Counties* Orange, Dutchess, Ulster, Washington, Montgomery und Albany. Trotz einiger Mitglieder aus vornehmen Familien gehörten zu ihnen meist die mittlere und untere Farmerschicht, Schuldner und Pächter, teilweise unterstützt durch städtische Handwerker. Ihr Führer war schon während der ganzen Föderationszeit der äußerst populäre Gouverneur George Clinton. Die *Federalists* saßen vor allem in New York City auf Long Island, in Richmond und Westchester; unter ihnen sind diejenigen zu suchen, die ein gewisses Interesse an Handel und Verkehr hatten: Hier verbanden sich die Interessen der Großgrundbesitzer, der Livingstones, Schuylers, van Rensselaers z.B., wirtschaftlich und sozial gesehen mit denen der Kaufleute, Rechtsanwälte und Bankiers".[364]

Auch wenn die propagandistische Dimension ebenso relativierend berücksichtigt werden muss wie eine durchaus unvollständige Fakten- und Materiallage, so lässt sich doch die sinnvolle Hypothese formulieren, dass diese differierenden sozial-ökonomischen Interessenlagen Entsprechungen in Schlagworten hatten, wie sie in beiden Lagern benutzt wurden. „So betrachteten sich die *Antifederalists* als das gemeine Volk, 'the democracy', im Gegensatz zu den 'aristokratischen' *Federalists*; sie nannten sich 'poor paltrons', 'the Yeomanry'; mit Vorliebe wählten sie Pseudonyme wie 'one of ourselves' oder 'one of the common people'. Die *Federalists* bezeichneten ihre Gegner als 'the less knowing part of the country', als 'men much in debt' und als Unterstützer des 'Shayism' (d.h. Anhänger Shays, der als Initiator eines Aufstandes in Massachusetts galt, R.S.). Die *Federalists* selbst nannten sich entsprechend Menschen mit 'abilities and properties', 'the commercial interest', 'the public creditors'; von ihren Gegnern wurden sie als 'wealthy and ambitious' oder 'the well-born' bezeichnet".[365] Diesem sozio-politischen Hintergrund verdankt sicherlich Charles A. Beards „An Economic Interpretation of the Constitution of the United States"[366] einen be-

---

[363] Vgl. zu den aus diesem Konflikt resultierenden Federalist-Artikeln neuerdings neben Oppen-Rundstedt 1970 auch Schmidt 2000, S. 119-127; Waschkuhn 1998, S. 222-229; Speth 1999, S.41-43; Vorländer 2003, S. 62-67; Frevel 2004, S. 48-50.
[364] Oppen-Rundstedt 1970, S. 30.
[365] A.a.O., S. 31.
[366] Vgl. Beard 1965.

trächtlichen Teil ihrer Plausibilität, wenn er die These entwickelte, im Kern sei die von den Federalists unterstützte amerikanische Verfassung den wirtschaftlichen Interessen der kolonialen Oberschicht entgegengekommen.

Worin besteht nun aber die konkrete Kritik der Antifederalists an den Bestimmungen des Entwurfs der Verfassung der Vereinigten Staaten von Amerika? Thomas Jefferson hat in einem in Paris geschriebenen Brief vom 20. Dezember 1787 an den führenden Federalist James Madison zwei Einwände gegen den Verfassungsentwurf formuliert, die zu den Standardargumenten der *Antifederalists* gehörten: „Zuerst nenne ich das Fehlen einer 'Bill of Rights', die klar und ohne Spitzfindigkeiten die Religionsfreiheit, die Pressefreiheit, das Verbot stehender Armeen, Maßnahmen gegen wirtschaftliche Monopole, die ewige und unveränderliche Kraft der Habeas-Corpus-Gesetze etc. proklamiert (...). Das zweite Merkmal, dem ich mit größtem Mißtrauen begegne, ist das Ignorieren der Notwendigkeit einer Ämterrotation, besonders für den Präsidenten. Die Erfahrung begründet zu Recht den Schluß, daß der erste Amtsträger erneut gewählt wird, wenn die Verfassung es erlaubt. Er ist dann ein Beamter auf Lebenszeit".[367] Das Fehlen einer „Bill of Rights" sowie die Ablehnung der starken Stellung des Präsidenten auf Kosten der Autonomie der Einzelstaaten und der Gewaltenteilung wurde ergänzt durch die Option gegen einen territorialen Großflächenstaat, der, wie schon Montesquieu gelehrt hat, unvereinbar mit der Tatsache sei, dass nur „kleine Republiken" dauerhaft überleben könnten.

Außerdem traten sie für ein Repräsentationsprinzip ein, das von dem der Federalists bedeutend abwich. Wie wenig später die französischen Revolutionäre, so betrachteten die *Antifederalists* „das Repräsentationsprinzip in erster Linie als Ersatz für eine direkte Demokratie und wollten die Funktion von gewählten Repräsentanten auf die unmittelbare 'Vertretung' der Interessen der jeweiligen Wähler beschränken. Die Legislative sollte ein genaues Spiegelbild des Volkes sein und dessen Meinungen und Wünsche und Interessen möglichst exakt wiedergeben".[368] Aber diese Differenzen dürfen nicht überschätzt werden. Ihnen steht der „Geist von 1776" gegenüber, wie er sich in der „Virginia Bill of Rights" und in der „Unabhängigkeitserklärung" niederschlug: Die auf dem Kontrakt ursprünglich Gleicher und Freier beruhende Volkssouveränität, das daraus resultierende Widerstandsrecht und vor allem die Bindung des Staatszweckes an die unveräußerlichen Rechte der einzelnen auf Leben, Freiheit, Glück und Eigentum. Beide Seiten traten für die Republik, für die Repräsentation und die Gewaltenteilung ein, wenn auch mit deutlich unterschiedlicher Akzentsetzung. Zudem konnten die vorhandenen Differenzen durch „Amendments" abgemildert wer-

Positionen der
Antifederalists

Gemeinsamkeiten

---

[367] Jefferson an James Madison am 20. Dezember 1787, zit. n. Koch 1971, S.38: „I will now add what I do not like. First the omission of a bill of rights providing clearly and without the aid of sophisms for freedom of religion, freedom of the press, protection against standing armies, restrictions against monopolies, the eternal and unremitting force of the habeas corpus laws, and trials by jury in all matters of fact triable by the laws of the land and not by the law of Nations. (...) The second feature I dislike, and greatly dislike, is the abandonment in every instance of the necessity of rotation in office, and most particularly in the case of the President. Experience concurs with reason in concluding that the first magistrate will always be reelected if the constitution permits it. He is then an officer for life (...)".
[368] Oppen-Rundstedt 1970, S. 90.

den. Diesen Basiskonsens in Betracht ziehend, verwundert es nicht, dass sich die Federalists schließlich mit ihrer Argumentation durchsetzten.

Differenz zu Rousseau Dennoch ist nicht zu bestreiten, dass die Antifederalists Rousseaus „Contrat Social" näher standen als die Federalists. Tatsächlich haben die Autoren der Federalist-Artikel, James Madison, Alexander Hamilton und John Jay, Rousseau in ihren Briefen nicht ein einziges Mal erwähnt. Insofern ist die These sicherlich zutreffend, dass „Rousseaus Glaube an das Gute im natürlichen, nur von den zivilisatorischen Zwängen freizusetzenden Menschen (...) keine Rolle in der Debatte um Amerikas neue politische Ordnung (spielte)".[369] Ich gehe von der Hypothese aus, dass dieser Tatbestand kein Zufall ist, weil im Kampf um die Verfassung der Vereinigten Staaten eine Theorie der demokratischen Partizipation entwickelt wurde, die, abgesehen von ihrer Verankerung im modernen Naturrecht, dem Rousseauschen Ansatz in fast allen Punkten widersprach. Diese für die Entwicklung der Demokratietheorie folgenreiche Differenz aufzuzeigen, ist die Aufgabe des folgenden Paragraphen.

§ 6 Demokratie und Republik im Spiegel der Federalist-Artikel

Ziele der Artikel Bekanntlich bestehen „The Federalist Papers"[370] aus insgesamt 85 Artikeln. Auch wenn bis auf den heutigen Tag deren Autorenschaft nicht vollständig geklärt ist, so geht doch die Forschung davon aus, dass Hamilton (1755-1804) 51 (1, 6-9, 11-13, 15-17, 21-36, 59-61), Madison (1751-1836) 26 (10, 14, 37-58 und wahrscheinlich 62-63) sowie Jay (1745-1829) 5 Briefe (2-5, 64) verfasst haben. Die Artikel 18-25 entstanden vermutlich auf der Grundlage von Notizen aus der Feder Hamiltons. Der antikisierenden zeitgenössischen Mode folgend, wurde als anonymer Autor „Publius" angegeben: Gemeint ist Publius Valerius, der der Erzählung Plutarchs zufolge nach dem Sturz des letzten Königs der Tarquinier die römische Republik errichtet hat. Die Absicht und die Zielsetzung der Artikelserien hat Hamilton in Federalist Nr. 1 wie folgt beschrieben: „Ich schlage vor, in einer Artikelserie die folgenden, interessanten Einzelfragen zu behandeln: - *Den Nutzen der* UNION *für unsere politische Prosperität - Die Unzulänglichkeit der bestehenden Konföderation, diese Union zu erhalten - Die Notwendigkeit eines Regierungssystems, das mindestens ebenso stark wie das vorgeschlagene ist, um dieses Ziel zu erreichen - Die Übereinstimmung der vorgeschlagenen Verfassung mit den wahren Grundsätzen eines republikanischen Regierungssystems - Ihre Analogie zu Eurer Staatsverfassung (gemeint ist die Verfassung des Staates New York von 1777, R.S.) - und schließlich Die zusätzliche Sicherheit, die deren Verabschiedung für die Erhaltung dieser Art von Regierungssystem, für die Freiheit und für das Eigentum haben wird.* Im Verlauf der Diskussion werde ich versuchen, befriedigende Antworten auf alle Probleme zu geben, die bis dahin erhoben worden sind und Beachtung verdienen".[371]

---

[369] Adams 1994, S. lXXIX
[370] Vgl. Federalist 1994. Die deutsche Übersetzung wurde verglichen mit The Federalists o.J.
[371] A.a.O., S. 4.

Die Federalists verstanden „Demokratie" ebenso wie Rousseau immer als Volkssouveränität unmittelbare Demokratie: Das in der Volksversammlung physisch präsente Volk hat die uneingeschränkte Souveränität ganz im Sinne des antiken Vorbildes inne. Doch während Rousseau sie in Anlehnung an Montesquieu zum idealen Gemeinwesen tugendhafter Bürger stilisierte, die die Möglichkeiten der Menschen überstieg, folgten die Federalists uneingeschränkt der pejorativen semantischen Bedeutung, mit der Platon und Aristoteles die Demokratie stigmatisiert hatten. So sei die reine Demokratie, schreibt Madison im Federalist Nr. 10, dem Zugriff Gefahr von Spaltungen übermächtiger „factions" hilflos ausgeliefert: „Aus dieser Sicht des Problems kommt man zu dem Schluß, daß eine reine Demokratie - womit ich ein Gemeinwesen meine, das aus wenigen Bürgern besteht, die sich *in personam* versammeln und die Regierungsgewalt selbst ausüben - kein Heilmittel gegen die schädlichen Folgen von Faktionen kennt. In fast allen Fällen wird die Mehrheit von einer gemeinsamen Leidenschaft oder einem gemeinsamen Interesse erfaßt werden; aus der Regierungsform selbst resultiert die Möglichkeit von Kommunikation und Konsens; und es gibt nichts, was den Impuls hemmen könnte, die schwächere Partei oder eine mißliebige Person den eigenen Interessen zu opfern. Von daher sind solche Demokratien von jeher Schauplatz von Unruhen und Konflikten gewesen; man hat sie schon immer für unvereinbar mit persönlicher Sicherheit oder Eigentumsrechten gehalten; und sie waren generell so kurzlebig wie sie stets ein gewaltsames Ende fanden".[372]

Man sieht: Madison reproduziert nicht die Realität der attischen Demokra- Republik vs. Demokratie tie, sondern ihre pejorative Interpretation durch Platon und Aristoteles.[373] In unserem Zusammenhang ist jedoch eine andere Frage wichtig: Wie ist die Republik beschaffen, die die Federalists der „reinen Demokratie" als die bessere Alternative gegenüberstellten? Wie wir sahen, verstand man im 15. und 16. Jahrhundert unter Republik die „gemischte Verfassung" im Sinne des Polybios, in deren Rahmen das frühe Bürgertum Gleichheit mit dem Adel im Rahmen der Ständegesellschaft einklagte.[374] Ferner konnte gezeigt werden, dass Rousseau zufolge die Republik eine Staatsform ist, in der eine demokratische, aristokratische oder monarchische Regierungsform nach Prinzipien des Rechts und der Gesetze agiert, die Ausfluss der *volonté générale* des Volkes sind.[375] Madison dagegen gewinnt seinen Begriff der Republik durch eine präzise Abgrenzung von der Demokratie. „Die beiden entscheidenden Unterschiede zwischen einer Demokratie und einer Republik sind: erstens, die Delegierung der Herrschaftsgewalt an eine kleine Zahl von den Übrigen gewählter Bürger in letzterer; zwei-

---

[372] A.a.O., S. 54f. „From this view of the subject it may be concluded that a pure democracy, by which I mean a society consisting of a small number of citizens, who assemble and administer the government in person, can admit of no cure for the mischiefs of factions. A common passion or interest will, in almost every case, be felt by a majority of the whole; a communication and concert result from the form of government itself; and there is nothing to check the inducements to sacrifice the weaker party or an obnoxious individual. Hence it is that such democracies have ever been spectacles of turbulence and contention; have ever been found incompatible with personal security or the rights of property; and have in general been as short in their lives as they have been violent in their deaths" (Madison, in: The Federalist o.J., S. 58).

[373] Vgl. Kapitel I, §§ 5 u. 6.

[374] Vgl. Kapitel II, § 2.

[375] Vgl. § 3.

tens, eine größere Zahl von Bürgern und ein größeres Territorium, auf das die Republik ausgedehnt werden kann".[376] Aus diesen beiden Prämissen folgt ein politisches System, das im diametralen Gegensatz zur Rousseauschen Republik steht, auch wenn das aktive Männerwahlrecht für die Verhältnisse des 18. Jahrhunderts sehr weit gefasst wurde: „Ein Abgeordneter der Vereinigten Staaten muß fünfundzwanzig Jahre alt und bereits seit sieben Jahren Bürger der Vereinigten Staaten sein".[377] Außerdem ist es ihm untersagt, während seines Mandats ein Regierungsamt auszuüben.

Problem egoistischer
Partikularinteressen

Doch worin bestehen die entscheidenden Unterschiede zum Rousseauschen Partizipationsmodell? Eine zentrale Säule der Rousseauschen Republik war die *volonté générale*, die in einem unüberbrückbaren Gegensatz zu den individuellen oder organisierten Partikularwillen stand. Sollte jene sich durchsetzen, so mussten diese in den Hintergrund gedrängt werden. Die Republik der Federalists funktioniert gerade umgekehrt.[378] Sie geht von der Einsicht aus, dass aufgrund der Schwäche der menschlichen Natur sich immer wieder egoistische Motivationen von „factions" geltend machen. Es gebe zwei Methoden, sie zu unterbinden: „erstens, die Freiheit zu zerstören, die für ihre Existenz lebensnotwendig ist; zweitens, alle Bürger mit den gleichen Meinungen, den gleichen Leidenschaften und den selben Interessen zu versehen".[379] Doch beide Wege führten in die Irre. Die Konsequenzen des ersten Ansatzes seien schlimmer als die Übel, die er bekämpfen will. Und die zweite Therapie müsse scheitern, weil sie der Natur des Menschen widerspreche. „Solange zwischen seiner Vernunft und seinem Egoismus ein Zusammenhang besteht, werden sich seine Ansichten und seine Leidenschaften wechselseitig beeinflussen und aus seinen Meinungen Ziele erwachsen, an die sich dann die Leidenschaften heften. Die Vielfalt der menschlichen Fähigkeiten, in denen die Eigentumsrechte ihren Ursprung haben, bildet ein ebenso unüberwindliches Hindernis für die Gleichheit der Interessen".[380] Zwar resultierten auch aus politischen, religiösen und emotionalen Quellen unterschiedliche Interessen. Doch „die vorherrschende und permanente Ursache für die Existenz unterschiedlicher Faktionen liegt in der vielfältigen und ungleichen Eigentumsverteilung. Die Besitzenden und die Besitzlosen haben schon immer getrennte gesellschaftliche Interessen gebildet". Sie bewirkten in den „zivilisierten Nationen" zwangsläufig die Spaltung der Gesellschaft „in verschiedene Klassen, die durch unterschiedliche Gefühle und Meinungen motiviert sind".[381] Es könne

---

[376] Federalist 1994, S. 55.

[377] A.a.O., S. 329.

[378] Vgl. § 3.

[379] Federalist 1994, S. 51.

[380] A.a.O., S. 52. „As long as the reason of man continues fallible, and he is at liberty to exercise it, different opinions will be formed. As long as the connection subsists between his reason and his self-love, his opinions and his passions will have a reciprocal influence on each other; and the former will be objects to which the latter will attach themselves. The diversity in the faculties of men, from which the rights of property originate, is no less an insuperable obstacle to a uniformity of interests. The protection of these faculties is the first object of government. From the protection of different and unequal faculties of acquiring property, the possession of different degrees and kinds of property immediately results; and from the influence of these on the sentiments and views of the respective proprietors, ensues the division of the society into different interests and parties" (Madison, in: The Federalist o.J., S. 55).

[381] A.a.O., S. 52f.

höchstens gelingen, sie durch institutionelle Arrangements zu kanalisieren und kompatibel mit dem Gemeinwohl zu machen.

Rousseau lehnte die Repräsentation ab, weil sich ihm zufolge das souveräne Repräsentation Volk nicht vertreten lassen kann. Möglich ist bestenfalls eine Delegation seiner Macht auf Grundlage eines imperativen Mandats.[382] Die Federalists sehen dagegen in der Repräsentation die Möglichkeit der Ausdehnung der Republik auf ein größeres Territorium, welches die Chance bietet, dass die Konflikte sich leichter kanalisieren lassen als auf dem engen Raum einer Rousseauschen Republik. Madison bringt insbesondere zwei Argumente in diesem Zusammenhang ins Spiel. Während Rousseau die literarisch vermittelte räsonierende Öffentlichkeit ablehnte, sieht Madison in ihrer Vertiefung ein wichtiges Mittel gesellschaftlicher Integration auf der Grundlage der bestehenden Eigentümergesellschaft.[383] Die Repräsentation bewirke zum einen eine „Erweiterung des Horizonts und Differenzierung der öffentlichen Meinung, da sie das Medium eines gewählten Gremiums von Bürgern durchläuft, die aufgrund ihrer Erkenntnisse und Erfahrung das wahre Interesse des Landes am besten erkennen können (...). Eine derartige Regelung kann sehr wohl dazu führen, daß die öffentliche Meinung aus dem Munde der Volksvertreter eher dem öffentlichen Wohl entspricht als aus dem Munde des Volkes, sollte es zu diesem Zweck zusammentreten".[384] Die Ausweitung des Territoriums der Republik durch die Repräsentation der Volksvertreter biete zum andern den Vorteil, dass faktiöse Verbindungen leichter aufzulösen seien als in den kleinen Gebieten demokratischer Stadtstaaten. „Vergrößert man das Gebiet, so umfaßt es eine größere Vielfalt von Parteien und Interessen, damit aber wird es weniger wahrscheinlich, daß die Mehrheit des Ganzen ein gemeinsames Motiv hat und die Rechte anderer Bürger verletzt".[385]

Rousseau musste der Gewaltenteilung eine Absage erteilen, weil die Souve- Gewaltenteilung ränität des Volkes weitgehende Homogenität voraussetzte, ohne welche ein einheitlicher Wille nicht möglich schien.[386] Die Federalists dagegen fordern nicht nur die Gewaltenteilung, weil nur so eine Machtkonzentration verhindert werden kann, die aufgrund der Korruptionsanfälligkeit der menschlichen Natur immer auch die Gefahr des Machtmissbrauchs heraufbeschwört. Ausdrücklich bezog sich Madison[387] auf Thomas Jeffersons „Notes on the State of Virginia": „Alle Gewalten des Regierungssystems, gesetzgebende, vollziehende und rechtsprechende treffen sich in der gesetzgebenden Körperschaft. Ihre Konzentration in denselben Händen entspricht genau der Definition eines despotischen Regierungssystems. Es schafft keine Linderung, daß diese Gewalten (powers) durch eine Vielzahl von Händen ausgeübt werden und nicht durch eine einzige. Einhundertsiebzig Despoten sind mit Sicherheit so unterdrückerisch wie ein einzi-

---

[382] Vgl. § 3.
[383] Vgl. zu dieser Korrelation Habermas 1968.
[384] Federalist 1994, S. 55.
[385] A.a.O., S. 57. „Extend the sphere, and you take in a greater variety of parties and interests; and you make it less probable that a majority of the whole will have a common motive to invade the rights of other citizens; or if such a common motive exists, it will be more difficult for all who feel it to discover their own strength, and to act in unison with each other" (Madison, in: The Federalist o.J., S. 61).
[386] Vgl. § 3.
[387] Federalist 1994, S. 302.

ger. (...) Eine *Wahldespotie* (elective despotism) ist schließlich nicht das Regierungssystem, für das wir gekämpft haben".[388] Madison zufolge kann die Lösung des Problems nur darin liegen, daß „die verschiedenen politischen Gewalten so unter mehrere Körperschaften aufgeteilt und zwischen ihnen ausbalanciert sind, daß keine von ihnen legale Grenzen überschreiten kann, ohne wirksam durch die anderen in Schach gehalten und gebremst zu werden".[389] Die Garantie dieses Funktionsmechanismus ist immer dieselbe: Der Machthunger der egoistischen menschlichen Natur wird von anderen Egoismen kontrolliert und begrenzt. Das gleiche Prinzip ist konstitutiv in dem Zwei-Kammer-System des Kongresses in Form des Senats und Repräsentantenhauses sowie der Einschränkung der Macht des Präsidenten, der die Kompetenzen des Kongresses gegenüberstehen.

Staatsbürgerliche Tugend — Und schließlich setzte Rousseau in seiner Republik auf das Gewicht der staatsbürgerlichen Tugend in einer sozial kaum differenzierten Gesellschaft mit intakten Sitten und Gebräuchen.[390] Dagegen findet sich bei den Federalists der Rekurs auf die Tugend der Bürger höchst selten. „Der wichtige Faktor des *interest* ist in gewisser Weise ein Ersatz für den Begriff der 'politischen Tugend', wie sie Montesquieu" und - wie hinzuzufügen wäre - Rousseau „z.B. in den antiken Republiken verwirklicht sah, und die eine Konzeption, die so stark auf dem *interest* basiert, natürlich ablehnen muß. Zwar sind sich sowohl Hamilton als auch Madison der negativen Bedeutung ihres Prinzips bewußt, aber sie erkennen, daß es sinnlos wäre, diese als eine Gegebenheit der menschlichen Natur außer Acht zu lassen".[391] An diesem Befund ändert auch ein Unterschied zwischen Madison und Hamilton nichts. „Während jener sich damit abfand und das *interest*-Prinzip als Motor der modernen pluralistischen Gesellschaft auffaßte, befürchtete Hamilton, daß durch die Auffächerung der sozialen Schichten eine immer stärkere Abweichung von dem eintreten würde, was er 'republican standard' nannte. Tugend werde, so sagt Hamilton, die Wohlanständigkeit derer sein, die sich eine gute Erziehung und Bildung würden leisten können".[392] Andererseits deuten viele Äußerungen darauf hin, dass beide mit einer sozial ausdifferenzierten Gesellschaft rechneten, deren kapitalistischer Dynamik sie nichts weiter entgegensetzen zu müssen glaubten als die Macht einer unabhängigen Justiz im Rahmen eines ausbalancierten rechtsstaatlichen Verfassungssystems.

Nach einer fast 220jährigen Geschichte kann zusammenfassend gesagt werden, dass die amerikanische Verfassung als eine modernisierte Variante der aristotelischen Politie ihre enorme Integrationskraft unter Beweis gestellt hat. In dem Maße, wie die starke Stellung des Präsidenten das monarchische, das Repräsentantenhaus das demokratische und der Senat das aristokratische Element *Hamilton* — darstellt, konnten so unterschiedliche Politiker wie Hamilton und Jefferson trotz mancher Vorbehalte sich mit ihr ineinssetzen. Für Hamilton war eine starke

---

[388] Jefferson 1964, S. 113: „All the powers of government, legislative, executive, and judiciary, result to the legislative body. The concentrating these in the same hands is precisely the definition of despotic government. It will be an alleviation that these powers will be exercised by a plurality of hands, and not by a single one. One hundred and seventy-three despots would surely be as oppressive as one. (...) An *elective despotism* was not the government we fought for (...)".
[389] Federalist 1994, S. 302.
[390] Vgl. Kapitel III, § 3.
[391] Oppen-Rundstedt 1970, S. 62.
[392] A.a.O., S. 63.

Exekutive in Gestalt des Präsidenten von entscheidender Bedeutung für den Bestand der Union, „die nicht zuletzt eine Sicherheit gegenüber den radikalen Strömungen, wie er sie von der Legislative befürchtete, schaffen soll".[393] Sein Ideal des *free government*, nämlich die Sicherung der „Segnungen der Freiheit und der Gerechtigkeit", ist nur zu verwirklichen durch die Stärke des *national government* „in der vertikalen und durch Stärkung der Exekutive in der horizontalen Gliederung der Union".[394] Er begründet diese Option im 1. Brief des Federalist mit der Beobachtung, dass „ein gefährliches Machtstreben sich eher hinter der falschen Maske besonderen Eifers für die Rechte des Volkes verbirgt, als hinter dem eher erschreckenden Erscheinungsbild des Eifers für Festigkeit und Effizienz des politischen Systems".[395]

Das andere Extrem in der Skala der Interpretation der amerikanischen Verfassung nahm Thomas Jefferson ein. In seinem Pariser Brief an Madison bekannte er: „Ich gebe zu, daß ich kein Freund eines machtvollen Regierungssystems bin. Es ist immer repressiv".[396] Die innere Struktur der dreizehn Einzelstaaten entziehe einer starken Exekutive den Boden, weil sich in deren Innenpolitik Revolten äußerst selten ereigneten. Die letzte in Massachusetts (gemeint ist wohl 'Shays rebellion', R.S.) habe man in ihrer Bedeutung künstlich hochgespielt. Statt einer starken Regierung komme es vielmehr auf die Tugendhaftigkeit ihres Personals an. „Ich glaube, unser Regierungssystem wird tugendhaft für viele Jahrhunderte bleiben, solange diese vorwiegend landwirtschaftlich geprägt sind. Und dies wird andauern, solange in jedem Teil Amerikas genügend Land zur Verfügung steht. Wenn sich aber die Bevölkerung in großen Städten ballt wie in Europa, werden hier ähnlich korrupte politische Systeme entstehen wie dort. Vor allem hoffe ich, daß sich die Erziehung der einfachen Leute annimmt. Ich bin überzeugt, daß deren guter Wille die größte Sicherheit für die Erhaltung eines angemessenen Freiheitsgrades darstellt".[397] Für Jeffersons Gegenposition zu Hamilton, die für einen Minimalstaat steht, gestützt auf den „good sense" der gewöhnlichen Leute in einer agrarischen Gesellschaft, war die amerikanische Verfassung insofern anschlussfähig, als das Repräsentantenhaus, also die Legislative, ebenso direkt vom Volk gewählt wurde wie der Präsident.

Dennoch bleibt festzuhalten, dass sich weder Hamilton noch Jefferson als Demokraten im antiken Sinn verstanden. Sie nannten sich Republikaner, weil

Jefferson

---

[393] Federalist 1994, S. 98.
[394] Ebd.
[395] A.a.O., S. 3. „On the other hand, it will be equally forgotten that (...) a dangerous ambition more often lurks behind the specious mask of zeal for the rights of the people than under the forbidding appearence of zeal for the firmness and efficiency of government. History will teach us that the former has been found a much more certain road to the introduction of despotism than the latter, and that of those men who have overturned the liberties of republics the greatest number have begun their career by paying an obsequious court to the people; commencing demagogues, and ending tyrants" (Hamilton, in: The Federalist o.J., S. 5f).
[396] Jefferson an Madison am 20.12.1787, zit. n. Koch 1971, S. 39.
[397] Ebd.: „I think our governments will remain virtuous for many centuries; as long as they are chiefly agricultural; and this will be as long as there shall be vacant lands in any part of America. When they get piled upon one another in large cities, as in Europe, they will become corrupt as in Europe. Above all things I hope the education of the common people will be attended to; convinced that on their good sense we may rely with the most security for the preservation of a due degree of liberty".

111

nach wie vor die pejorative Semantik des Begriffs Demokratie trotz ihrer Aufwertung durch Rousseau und Montesquieu hegemonial blieb. Ob die große Französische Revolution von 1789 an diesem Sachverhalt etwas änderte, wird im folgenden Kapitel zu untersuchen sein.

Kapitel IV
Zum Stand der Demokratietheorie in der Französischen Revolution

§ 1   Einleitung

Noch im März 1791, etwa anderthalb Jahre nach dem Sturm auf die Bastille, glaubte Thomas Paine in seiner Schrift „Die Rechte des Menschen" feststellen zu können, dass es eine epochale Kontinuität zwischen der Amerikanischen und der Französischen Revolution gebe. „Was man vormals Revolutionen nannte, war nicht viel mehr als eine Veränderung der Personen oder der Lokalumstände. Sie stiegen und fielen gleichsam nach dem Laufe der Natur, und in ihrer Existenz und ihrem Schicksale war nichts enthalten, was über den Ort hinaus, der sie hervorbrachte, Einfluss haben konnte. Die Revolutionen in Amerika und Frankreich aber sind eine Erneuerung der natürlichen Ordnung der Dinge, ein System von Grundsätzen, die ebenso allgemein sind als die Wahrheit und die Existenz des Menschen, und die Moral mit politischer Glückseligkeit und National-wohlstand verbinden".[398]

Aber je mehr die Radikalisierung der Französischen Revolution in den Jahren 1792 bis 1794 voranschritt, desto stärker traten die Unterschiede hervor, die die Ereignisse seit 1776 in der Neuen Welt von den in Frankreich seit 1789 stattfindenden Umwälzungen trennten. Diese Differenzen sind oft benannt worden. In Amerika, so lautet das erste Argument, habe es nicht - wie in Frankreich - eine absolutistische Monarchie gegeben, die durch die Beendigung einer Feudalanarchie einerseits und religiöser Bürgerkriege andererseits ihre historisch-politische Legitimität als Obrigkeitsstaat zu stabilisieren vermochte. In dem Maße aber, in dem die wachsende Unzufriedenheit der einfachen Bürger kein Ventil in Form von Wahlen etc. fand, wie sie in den amerikanischen Kolonien selbstverständlich waren, sei es im französischen Ancien Régime zu einer gefährlichen Spannung zwischen „Volk" und „Regierung" gekommen. Durch die Vertreter der Aufklärung noch zusätzlich politisiert, steigerte sie sich zu einer innergesellschaftlichen revolutionären Krise, die der stabile innenpolitische Kon-

Unterschied der amerikanischen und französischen Revolution

---

[398] Paine 1973, S. 173. „What were formerly called Revolutions, were little more than a change of persons, or an alteration of local circumstances. They rose and fell like things of course, and had nothing in their existence or their fate that could influence beyond the spot that produced them. But what we now see in the world, from the Revolutions of America and France, are a renovation of the natural order of things, a system of principles as universal as truth and the existence of man, and combining moral with political happiness and national prosperity" (Paine 1995, S. 194).

sens während des Unabhängigkeitskampfes der 13 Kolonien gegen das englische Mutterland gerade verhinderte, in jedem Falle aber erheblich abmilderte.[399]

Sodann fehlte, so das zweite Argument, im Unterschied zum französischen Ancien Régime in der Neuen Welt die Polarisierung der Bevölkerung in Privilegierte und Nichtprivilegierte. „Als die Amerikaner, unabhängig geworden, in ihrer Verfassung den Adel verbieten, legen sie lediglich ausdrücklich und gesetzlich fest, was bei ihnen immer schon der selbstverständliche bestehende Zustand gewesen ist. (...) Als die Franzosen, fast zur selben Zeit, das nämliche tun (...), bedeutet das einen gewaltigen Umsturz, einen unerhörten Bruch mit der eigenen Vergangenheit".[400] Die Dramatik dieses Schrittes wurde noch dadurch erhöht, dass die Revolutionäre ihn im Namen des rationalen, d.h. egalitären Naturrechts vollzogen. „Solange die Sonne am Firmanente steht und die Planeten um sie herumkreisen", schrieb Hegel, „war das nicht gesehen worden, daß der Mensch sich auf den Kopf, d.i. auf den Gedanken stellt und die Wirklichkeit nach diesem erbaut".[401] War für die meisten Repräsentanten der alten Adelsgesellschaft dieser Umsturz eine Revolte gegen die natürliche Ordnung der Welt, so erschien demgegenüber nicht wenigen Mitgliedern vor allem des Dritten Standes dieser Vorgang wie „ein herrlicher Sonnenaufgang. Alle denkenden Wesen haben diese Epoche mitgefeiert. Eine erhabene Rührung hat in jener Zeit geherrscht, ein Enthusiasmus des Geistes hat die Welt durchschauert, als sei es zur wirklichen Versöhnung des Göttlichen mit der Welt nun erst gekommen".[402]

Und schließlich sei drittens in der Amerikanischen Revolution die Hauptstoßrichtung der Aufstandsbewegung außenpolitischer Art gewesen: Die revolutionären Energien konzentrierten sich vor allem auf die Loslösung vom Mutterland, nicht aber auf eine grundlegende Neuordnung der politischen und sozialen Verhältnisse, wie dies in Frankreich der Fall gewesen ist. Selbst Barrington Moore, der die Herunterstufung der Auseinandersetzung der Kolonien mit dem britischen Mutterland auf eine „anti-kolonialistische Revolution" in Frage stellt, muss zugeben: „Soweit in der amerikanischen Revolution radikalistische Strömungen mitspielten, gelang es ihnen größtenteils nicht, an die Oberfläche durchzustoßen. Der Haupteffekt der Revolution war, daß sie die Vereinigung der Kolonien zu einer einzigen politischen Einheit und deren Trennung von England bewirkte".[403]

Doch welche Auswirkung hatten diese Unterschiede in den Rahmenbedingungen der Amerikanischen und der Französischen Revolution auf den Demokratisierungsprozess in Frankreich und dessen ideengeschichtliche Brechung[404]

---

[399] Vgl. Vossler 1964, S. 70ff.

[400] Ebd. „Die amerikanischen Kolonisten wollen mit dem Rekurs auf Menschenrechte ihre Unabhängigkeit vom britischen Empire legitimieren; die Franzosen einen Umsturz des Ancien Regime. (...) Die amerikanischen Bill of Rights inventarisieren im wesentlichen den bestehenden Rechtsbesitz britischer Bürger. (...) die französische Deklaration soll hingegen prinzipiell neues Recht positiv erst zur Geltung bringen. Der revolutionäre Sinn der Deklaration ist in Frankreich die Begründung einer neuen Verfassung, in Amerika aber die Unabhängigkeit, in deren Folge allerdings eine neue Verfassung nötig wird" (Habermas 1967, S. 57).

[401] Hegel 1986, S. 529.

[402] Ebd.

[403] Moore 1969, S. 142.

[404] Vgl. hierzu auch den kurzen Abriss bei Mittermaier/ Mair 1995, S. 102-107; Vorländer 2003, S. 71-75; Frevel 2004, S. 52-54.

in den Köpfen zeitgenössischer Theoretiker und aktiv handelnder Revolutionäre? Als sich Ludwig XVI. angesichts des drohenden Staatsbankrotts gezwungen sah, durch Erlass vom 8. August 1788 die Generalstände zum 1. Mai 1789 einzuberufen, hatte er nicht dem Drängen der unteren Volksschichten, sondern einer „Bewegung der oberen Stände" nachgegeben, die Griewank als „die Vorrevolution der Privilegierten"[405] bezeichnete. Dieser feudalen Reaktion waren die von der Krone eingeleiteten und nur halb durchgeführten Reformen zu weit gegangen: Sie forderte die Wiederherstellung der alten Ständeverfassung, der seigneuralen Rechte auf dem Land sowie der Kontrollrechte der Parlamente bei der Registrierung königlicher Gesetze. Allerdings zeigte die Notabelnversammlung, am 22.2.1787 zur Behebung der Finanzkrise Frankreichs einberufen, dass der Adel es ablehnte, auf einen Teil seiner Privilegien, insbesondere auf seine Steuerfreiheit, zu verzichten. Nach Konflikten zwischen der Regierung und dem Parlament von Paris als Sprachrohr der kirchlich-adligen Stände und einer Verschärfung der innenpolitischen Krise erklärte sich die Regierung schließlich zur Einberufung der Generalstände bereit.

Aber bereits die Reaktion der Öffentlichkeit, die mit zahlreichen Pamphleten und Flugblättern auf das vom König erlassene Einberufungsdekret der Generalstände reagierte, machte deutlich, dass dessen unbeabsichtigte Folgen unübersehbar waren. Spätestens als im Januar 1789 der Abbé Sieyès seine Streitschrift „Was ist der dritte Stand?"[406] veröffentlichte, konnte nicht mehr ausgeschlossen werden, dass die Einberufung der Generalstände eine Dialektik auszulösen im Begriff war, deren entscheidendes Resultat nicht die Sanierung der Staatsfinanzen, sondern die Umwälzung des gesamten Ancien Régime war.

§ 2 Sieyès' „Was ist der dritte Stand?" und die Verfassung von 1791

Über Emmanuel Joseph Graf Sieyès (1748-1836), genannt Abbé Sieyès, ist gesagt worden, er sei der erfolgreichste Pamphletist aller Zeiten. Besonders seine Flugschrift „Was ist der dritte Stand?" habe selbst das „Kommunistische Manifest" von Marx und Engels an Popularität und Verbreitung übertroffen.[407] „Der Plan dieser Schrift ist ganz einfach. Wir haben uns drei Fragen vorzulegen", eröffnete Sieyès seinen Angriff auf die Privilegiengesellschaft. „1. Was ist der Dritte Stand? ALLES. 2. Was ist er bis jetzt in der politischen Ordnung gewesen? NICHTS. 3. Was verlangt er? ETWAS ZU SEIN".[408] Die Kriterien, mit denen Sieyès die französische Adelsgesellschaft delegitimierte, entwickelte er im fünften Kapitel; in ihm legt er zugleich das konzeptionelle Fundament einer bürgerlichen Gesellschaft und ihres Staates, die auch demokratietheoretisch von höchster Bedeutung ist, weil sie eine systematische Begründung des Repräsenta-

---

[405] Griewank 1972, S. 27.
[406] Vgl. Sieyès 1981. Die deutsche Übersetzung wurde verglichen mit Sieyès 1970.
[407] Vgl. Talmon 1961, S. 63.
[408] Sieyès 1981, S. 120. „Le plan de cet écrit est assez simple. Nous avons trois questions à nous faire. 1. Qu'est-ce que le Tiers état? - TOUT. 2. Qu'a-t-il été jusqu'à présent dans l'ordre politique? - RIEN. 3. Que demande-t-il? - A ETRE QUELQUE CHOSE" (Sieyès 1970, S. 119).

tionsprinzips enthält. In Anlehnung an das egalitäre Naturrecht, wie Rousseau es in seinem „Contrat Social" variiert hatte[409], unterschied Sieyès drei Stufen in der Entstehung eines legitimen Staates. Die früheste Phase ist der Naturzustand, charakterisiert durch das Spiel der Einzelwillen. Diese ursprünglich Gleichen und Freien bilden eine virtuelle Nation, da sie aufgrund ihrer natürlichen Rechte in der Lage sind, eine solche zu konstituieren. Um sie aber auch tatsächlich handlungsfähig zu machen, bringen sie über einen Vertrag den Allgemeinen Willen der Nation hervor: Auf diese Weise sind die ursprünglichen Einzelwillen „der Ursprung aller öffentlichen Gewalt".[410]

Die zweite Phase steht im Zeichen der *volonté générale*, die aus dem ursprünglichen Vertrag fließt. In dieser Epoche des gemeinschaftlichen Willens wollen die Gesellschafter ihre Vereinigung auf Dauer stellen. Zwar sind die einzelnen nach wie vor der Ursprung des Ganzen; doch als Individuen gehen sie in diesem Allgemeinen Willen auf. Zugleich kann ohne dessen Einheit die auf diese Weise konstituierte Nation nur agieren, wenn es sich um kleine überschaubare Einheiten handelt. Nur unter dieser Bedingung können die politischen Gewalten unmittelbar von der Bürgerschaft ausgeübt werden. Doch Sieyès ist analog zu Rousseau davon überzeugt, dass die demokratische Lösung der Verwirklichung des Allgemeinen Willens in einer modernen Zivilisation nicht möglich ist. In einer Fußnote betont er, es sei unsinnig, „an die wahre Demokratie zu glauben oder sie zu fürchten, weil sie bei einem großen Volk nicht möglich ist".[411] Die dritte Epoche trägt dann auch dem Umstand Rechnung, dass „die Gesellschafter (...) zu zahlreich (sind) und über ein zu weites Gebiet zerstreut, als daß sie ihren gemeinschaftlichen Willen einfach selbst ausüben könnten. Was tun sie nun? Sie fassen gesondert alle Befugnisse zusammen, die erforderlich sind, um für die Bedürfnisse der Gesellschaft zu sorgen; und die Ausübung dieses Teils des Nationalwillens und der Nationalgewalt vertrauen sie einigen aus ihrer Mitte an".[412] Dies sei der Ursprung der Regierung, die durch Vollmacht (Repräsentation) ausgeübt werde.

Das Repräsentationsprinzip der amerikanischen Verfassung, wie es insbesondere von Madison begründet wurde[413], sah seine primäre Funktion darin, Faktionen und Partikularwillen als solche bestehen zu lassen. Dadurch aber, dass es das Repräsentationsprinzip ermöglichte, den politischen Willensbildungsprozess auf einen Großflächenstaat mit einer millionenfachen Bevölkerung auszudehnen, sollte der Zwang zum Kompromiss die partikularen Interessen kanalisieren und mit dem Gemeinwohl kompatibel machen.[414] Demgegenüber hielt Sieyès an der Rousseauschen *volonté générale* in der Weise fest, dass sie als Korrek-

Entstehung eines
legitimen Staates:

- Naturzustand

- Gesellschaftsvertrag

- Konstitution
repräsentativer
Herrschaft

Volkssouveränität

---

[409] Vgl. Kapitel III, § 3.
[410] Sieyès 1981, S. 165.
[411] A.a.O., S. 179.
[412] A.a.O., S. 165. „Mais franchissons les intervalles de temps. Les associés sont trop nombreux et répandus sur une surface trop étendue, pour exercer facilement eux-mêmes leur volonté commune. Que font-ils? Ils en détachent tout ce qui est nécessaire, pour veiller et pourvoir aux soins publics; et cette portion de volonté nationale et par conséquent de pouvoir, ils en confient l'exercice à quelques-uns d'entre eux. Nous voici à la troisième époque, c'est-à-dire, à celle d'un *gouvernement exercé par procuration* " (Sieyès 1970, S. 178f).
[413] Vgl. Kapitel III, § 6.
[414] Ebd.

tiv des Stellvertreterprinzips bzw. als deren fundamentaldemokratisches regulatives Prinzip in Erscheinung tritt. So lehnte Sieyès - im Unterschied zu Madison - organisierte Gruppeninteressen wie Verbände und „Faktionen" in Parlamenten ab, weil sie sich im Vergleich zu den Einzelinteressen nicht neutralisieren ließen. Angesichts der 25 Millionen Mitglieder des Dritten Standes erschien es evident, dass Sieyès Adel und Klerus, die 200 000 Personen umfassten, als partikulare Gewalten mit egoistischen Eigeninteressen einstufte und somit als Gruppe aus der Nation ausschloss.[415] Selbstverständlich bleibt das Volk als die mit dem Willen der Nation identische *volonté générale* der eigentliche, normativ ungebundene Souverän: Es allein ist berechtigt, die *außerordentlichen* Stellvertreter mit der Erarbeitung einer Verfassung zu beauftragen[416], in deren institutionellen Rahmen dann die *gewöhnlichen* Repräsentanten zu agieren haben, und zwar mit einer Gewalt ausgestattet, die sich „auf die Regierungsgeschäfte (beschränkt)"[417] Selbstverständlich kann eine Regierung durch Vollmacht nur das exekutieren, wozu die Gemeinschaft als Ganzes, d.h. die Nation, sie ermächtigt hat. Das trifft auch für die Ausübungsbefugnis der Abgeordneten zu, die nicht befugt sind, „die Grenzen der ihr anvertrauten Gewalt zu verrücken".[418]

Dennoch ist klar, dass Sieyès' Alternative zur Adelsgesellschaft großbürgerlichen Interessen weitaus mehr entgegenkam als dies in Rousseaus politischer Theorie der Fall war. Lehnte Rousseau[419] das Stellvertreterprinzip rigoros ab, so konfrontierte Sieyès dem wirklichen gemeinschaftlichen Willen den stellvertretenden gemeinschaftlichen Willen der zweiten Konstitutionsstufe des Staates. Erteilte Rousseau aufgrund der Homogenität der *volonté générale* der Gewaltenteilung eine Absage, so sah Sieyès die Trennung zwischen gesetzgebender und ausführender Körperschaft vor.[420] Ist die Sozialpflichtigkeit des Privateigentums bei Rousseau eine notwendige Konsequenz der *volonté générale*, die nach dem Abschluss des „contrat social" jedem das Seine zuordnet, so lässt sich bei Sieyès die Gleichheit vor dem Gesetz durchaus mit der Ungleichheit des Eigentums vereinbaren.[421] Primäre Aufgabe des Gesetzes ist es, jedem sein Eigentum ge-

Demokratie der großbürgerlichen Interessen

---

[415] Sieyès 1981, S. 181f. „Vous vous écriez que si le Tiers état s'assemble séparément pour former, non les trois états dits *Généraux,* mais l'Assemblée nationale, il ne sera plus compétent à voter pour le clergé et la noblesse, que ces deux ordres ne le sont à délibérer pour le peuple. D'abord je vous prie de remarquer, ainsi que nous venons de le dire, que les représentans du Tiers auront incontestablement la procuration du vingt-cinq ou vingt-six millions d'individus qui composent la nation, à l'exception d'environ deux cents milles nobles ou prêtres. C'est bien assez pour qu'ils se décernent le titre d'Assemblée nationale. Ils délibéront donc sans aucune difficulté pour la nation entière, à l'exception seulement de deux cents mille têtes" (Sieyès 1970, S. 199).
[416] A.a.O., S. 170f.
[417] A.a.O., S. 170.
[418] A.a.O., S. 165.
[419] Vgl. Kapitel III, § 3.
[420] Sieyès 1981, S. 167.
[421] „Les avantages par lequels les citoyens diffèrent, sont *au-delà* du caractère de citoyen. Les inégalités de propriété et d'industrie sont comme les inégalités d' âge, de sexe, de taille, de couleur, etc. Elles ne dénaturent nullement l'égalité du civisme; les droits du civisme ne peuvent point s'attacher à des différences. Sans doute, ces avantages *particuliers* sont sous la sauvegarde de la loi; mais ce n'est pas au législateur à en créer de cette nature, à donner des privilèges aux uns, à les refuser aux autres. La loi n'accorde rien, elle protège ce qui jusqu'au moment où ce qui est commence à nuire à l'intérêt commun. Là seulement sont placées les limites de la liberté individuelle" (Sieyès 1970, S. 208f).

genüber willkürlicher Besteuerung zu schützen.[422] Entsprechend übernahm er die altliberalen Kriterien zur Bestimmung der Aktivbürgerschaft, die sich nicht mit Rousseaus Partizipationsmodell vereinbaren lassen, weil sie das allgemeine Wahlrecht ausschließen. Sieyès zufolge kann das aktive und passive Wahlrecht nicht erhalten, wer eine Frau, ein Landstreicher oder ein Bettler ist. Vor allem aber ist Dienstboten und allen, „die sich in der Abhängigkeit eines Handwerksmeisters befinden"[423] sowie Fremden die Vollbürgerschaft zu verwehren. Es ist also nur konsequent, wenn Sieyès die bereits referierte These vertritt, dass Repräsentanten keineswegs Demokraten sind und dass es unsinnig erscheint, an die wahre Demokratie zu glauben oder sie zu fürchten, weil sie bei einem großen Volk nicht möglich ist.[424]

Nationalversammlung

Es spricht für den Weitblick Sieyes', dass seine Schrift den weiteren Gang der Revolution bis zum Abschluss der Verfassunggebenden Nationalversammlung antizipierte. Nachdem die Generalstände am 5.5.1789 eröffnet worden waren, erklärte sich der Dritte Stand zur Nation: Ganz wie er es in seiner Schrift gefordert hatte, verwandelte sich die Ständekammer in eine Nationalversammlung, deren erste Aufgabe die Ausarbeitung einer neuen Verfassung für das Königreich war. Weitere Meilensteine auf dem Weg zu einer neuen Verfassung waren der Beschluss der Nationalversammlung über die Abschaffung der Feudalität vom 11. August 1789 und die Erklärung der Menschen- und Bürgerrechte vom 26. August 1789, deren maßgeblicher Autor Sieyès war. Der Ballhausschwur vom 23. Juni 1789 legte die Abgeordneten darauf fest, „sich niemals von der Nationalversammlung zu trennen und sich überall zu versammeln, wo die Umstände es notwendig machen werden, solange bis die Verfassung des Königreichs geschaffen und auf feste Grundlagen gestellt ist".[425] Gleichzeitig sicherte die Nationalversammlung ihren Mitgliedern Immunität zu.

Volksaufstand

Zwar herrschten in Frankreich während der verfassunggebenden Tätigkeit der Nationalversammlung anarchische Zustände, weil die alte Ordnung außer Kraft gesetzt war, die neuen Strukturen sich aber erst mühsam herausbilden und festigen mussten. Doch spielte mit dem Sturm auf die Bastille vom 14.7.1789 ein neuer Faktor im politischen Leben eine entscheidende Rolle, mit dem als vorwärtstreibendes Element bis zum Ende der Revolution stets zu rechnen war: das in den Vorstädten von Paris wohnende Volk der Handwerker, kleinen Ladenbesitzer, Proletarier, Arbeitslosen etc. Diese von den sogenannten Sansculotten ausgelöste Dynamik trieb die Verfassunggebende Versammlung zwar zur Eile an. Aber charakteristisch ist auch, dass sie den Druck von unten vorwiegend auf den gemeinsamen Gegner in Form der absoluten Monarchie und des Feudalsystems zu lenken suchte. In den positiven Verfassungsbestimmungen der Neuordnung von Staat und Gesellschaft dagegen folgte sie weitgehend den großbürgerlichen Interessen, wie Sieyès sie bereits 1788 artikuliert hatte. Eingeleitet durch

---

[422] A.a.O., S. 209.
[423] A.a.O., S. 136.
[424] A.a.O., S. 179, FN 33. „Ces messiurs ignorent que des représentans ne sont point des démocrates; que la véritable démocratie étant impossible chez un peuple nombreux, il est insensé d'y croire ou d'avoir l'air de la redouter; mais que la fausse démocratie n'est, hélas! que trop possible" (Sieyès 1970, S. 196, FN).
[425] Ballhausschwur, in: Grab 1973, S. 32.

die Erklärung der Menschen- und Bürgerrechte vom 26. August 1789 werden in der Verfassung von 1791 deren zentrale Prinzipien, wie die Gleichheit aller vor dem Gesetz als Ausfluss des Allgemeinen Willens (Art. 6), das Rechtsstaatsprinzip als Schutz vor willkürlichen Verhaftungen etc. (Art. 5, 8, 9), die Gedanken- und Meinungsfreiheit (Art. 11), das Gewaltenteilungsprinzip (Art. 16) und vor allem die Erklärung des Eigentums zu einem „unverletzlichen und heiligen Recht" (Art. 17)[426] konkretisiert.

Menschen und Bürgerrechte

Ganz im Sinne Sieyès' sieht die Verfassung das „Repräsentationsprinzip" vor. „Die französische Verfassung ist eine Repräsentativverfassung. Ihre Repräsentanten sind die gesetzgebende Verfassung und der König" (Titel III, Artikel 2).[427] Doch die Annäherung an Rousseausche Prinzipien wird deutlich, wenn die Verfassung den Abgeordneten untersagt, was die amerikanische Verfassung in der Interpretation Madisons ausdrücklich zulässt, nämlich partikulare Interessen zu repräsentieren. Ganz im Sinne Rousseaus sind sie „nicht Abgeordnete eines besonderen Departements, sondern der ganzen Nation"; insofern „kann ihnen kein Auftrag gegeben werden" (Titel III, Abschnitt III, Art. 7)[428], der nicht mit dem der Nation übereinstimmt. Um Oligarchisierungstendenzen und damit einer Verfälschung des Allgemeinen Willens vorzubeugen, befinden sich die Abgeordneten nur zwei Jahre im Amt (Titel III, Kapitel I, Art. 2).[429] In diesem Sinne sind auch in den Repräsentationskörperschaften alle intermediären Zwischengewalten ausgeschaltet. Ausdrücklich heißt es: „Es gibt keine Zünfte mehr, keine Körperschaften von Berufen, Künsten und Handwerken. Das Gesetz anerkennt keine geistlichen Gelübde noch irgendwelche andere Verbindlichkeiten, die den natürlichen Rechten oder der Verfassung entgegenstehen".[430]

Repräsentativverfassung

Aber diese Rousseausche Ausrichtung modifiziert die Verfassung im Sinne großbürgerlicher Interessenlagen, wenn sie zwischen Aktiv- und Passivbürgern unterscheidet. Alle Mitglieder des französischen Volkes genießen als passive Bürger alle bürgerlichen Rechte (Schutz der Ehre, des Eigentums, Genuß der Freiheit)". Aber aktive Bürger, welche das Wahlrecht erhalten, müssen bestimmte Kriterien erfüllen. Artikel 2 (Titel III, Kapitel I, Abschnitt II) legt fest: „Um aktiver Bürger zu sein, ist es notwendig: als Franzose geboren oder Franzose geworden zu sein, das 25. Lebensjahr vollendet zu haben, seinen Wohnsitz in der Stadt oder dem Kanton seit der durch das Gesetz festgelegten Zeit zu haben, in irgendeinem Orte des Königreichs eine direkte Steuer zu zahlen, die wenigstens dem Wert von drei Arbeitstagen gleichkommt und darüber eine Quittung vorzulegen, nicht dem Bedientenstand anzugehören, d.h. Lohndiener zu sein, im Rathaus seines Wohnsitzes in die Liste der Nationalgarde eingeschrieben zu sein, einen Bürgereid geleistet zu haben".[431] Gegen dieses Zensuswahlrecht liefen die Jakobiner, allen voran Robespierre, in der Verfassunggebenden Nationalversammlung vergeblich Sturm. Aber das hinderte die vom Wahlrecht Ausgeschlossenen in der Kleinbürger- und Arbeiterschaft nicht, der neuen Verfassung ihre

Passive und aktive Bürger

---

[426] Erklärung der Menschen- und Bürgerrechte, in: Grab 1973, S. 37-39.
[427] Verfassung von 1791, in: Grab 1973, S. 64.
[428] A.a.O., S. 67.
[429] A.a.O., S. 64.
[430] A.a.O., S. 61.
[431] A.a.O., S. 65.

Unterstützung zu entziehen. So hieß es in einer Pariser Wochenzeitung: „Wir sind schnell von der Sklaverei in die Freiheit hinübergegangen. Wir marschieren noch schneller von der Freiheit zur Sklaverei".[432] Die Adelsaristokratie werde nun durch eine Geldaristokratie ersetzt. „Man fürchtet mit Recht, daß die Verfassung für die aristokratische Partei und nicht für das Volk gemacht wird".[433]

Ausgestaltung der Gewaltenteilung

Trotzdem blieb diese Opposition von unten nicht ohne Wirkung. So wird man sagen können, dass die Verfassung von 1791 in der Etablierung des Gewaltenteilungsprinzips sich viel weiter von Vorstellungen Montesquieus entfernte als dies die amerikanische Verfassung tat. Montesquieu hatte, wie wir sahen, ein Zweikammersystem vorgesehen: Die legislative Versammlung sollte in der Hand des Dritten Standes sein, während dem Adel eine Art Oberhaus innerhalb der Gesetzgebung zugeordnet wurde.[434] Dem entspricht die Gegenüberstellung von Repräsentantenhaus und Senat in der amerikanischen Verfassung. Demgegenüber sieht die französische Verfassung von 1791 lediglich *eine* Kammer vor: Unter dem Druck der jakobinischen Opposition und der Abschaffung des Adels als Stand am 19.6.1790 wagte man es nicht, dem amerikanischen Vorbild zu folgen. Auch ist die Exekutive im Vergleich zur Stellung des amerikanischen Präsidenten nur mit schwachen Kompetenzen ausgestattet. Zwar kann sich der Monarch, aller sakralen Würden entkleidet und zum ersten Diener der Nation heruntergestuft, ein Kabinett seines Vertrauens zusammenstellen. Doch die einzelnen Minister unterliegen der Kontrolle der gesetzgebenden Versammlung und können zu jedem Zeitpunkt angeklagt werden. Die einzige Machtkompetenz, die dem Monarchen bleibt, ist ein suspensives Vetorecht gegenüber Gesetzesvorlagen des Parlaments. Aber auch diese Kompetenz ist reduziert, weil die Exekutive die Kontrolle über die Staatsfinanzen verloren hat.

Es kann kein Zweifel bestehen: In der Sicht der Verfassunggebenden Nationalversammlung lässt sich der unteilbare Wille der Nation, der seinen Ausdruck in der Legislative findet, nur mit einer funktionalen Gewaltenteilung vereinbaren, die nicht, wie in der amerikanischen Verfassung, durch ein System von Gewichten und Gegengewichten machtpolitisch unterstützt wird.

§ 3   Von der konstitutionellen Monarchie zur Diktatur des Wohlfahrtsausschusses

Konflikte

Schien es anfangs noch so, als könne die Verfassung von 1791 auf Dauer gestellt werden, so zeigte sich bald, dass sie den inneren Konflikten des revolutionären Frankreichs nicht gewachsen war. Ludwig XVI. akzeptierte die neuen Zustände nur in dem Maße, wie die sozio-politischen Verhältnisse ihn dazu zwangen. Im Grunde seines Herzens lehnte er die konstitutionelle Monarchie ab. Zwar gewährte ihm die neue Verfassung von 1791 nur wenig Spielraum. Auch war der Adel in die Illegalität gedrängt und die Armee ihm längst entglitten. Dennoch trug die ablehnende Haltung des Königs erheblich zur Destabilisierung der Ver-

---

[432] Zit. n. Sterling 1965, S. 165f.
[433] A.a.O., S. 166.
[434] Vgl. Kapitel III, § 2.

fassung bei, weil er, wegen seiner Reformversuche einst von ihnen bekämpft, nun zum Hoffnungsträger aller konterrevolutionären Kräfte des Adels, des Klerus und der konservativen Bourgeoisie aufstieg. Aber die allmähliche Auflösung der Revolution in einen bürgerlichen Klassenstaat heizte auch den sozialen Konflikt von unten an. „Die Urwählerversammlungen von Paris, wo Bürger aller Stände als ‚Patrioten' an den Ereignissen des Jahres 1789 mitgewirkt hatten, gaben zunehmend der Agitation gegen die großbürgerlichen Wahlbeschränkungen und für eine erweiterte Demokratie Raum".[435] Hinzu kam, dass der Konflikt der Revolution mit der katholischen Kirche die Krise verschärfte und gleichzeitig ausgewanderte adlige Emigranten von außen gegen die Revolution agitierten.

Der Verdacht einer Kollaboration des Königs mit den gegenrevolutionären Adligen schien sich zu erhärten, als die königliche Familie am 20.6.1791 bei Varennes, nahe der französischen Grenze, nach ihrer missglückten Flucht identifiziert und am nächsten Tag durch Abgeordnete der Nationalversammlung nach Paris zurückgebracht wurde. Zwar leistete Ludwig XVI. am 14.9.1791 den Eid auf die Verfassung. Aber „der königliche Fluchtversuch brachte die Gefahr der ausländischen Intervention beängstigend und erregend zum allgemeinen Bewußtsein. Alle waren darin einig, das Entweichen des Monarchen für verräterisch, für einen Schlag gegen das Volk und die Volksvertretung anzusehen. Die Nationalversammlung erklärte den zurückgekehrten König für vorläufig suspendiert. Zum ersten Male fand der Gedanke der radikalen Demokratie, die neben dem von allen Staatsbürgern gebildeten allgemeinen Willen keinen Raum hat für ein aus eigener Wurzel gewachsenes Königtum, ein weites Echo. Das von Robespierre und anderen bürgerlichen Intellektuellen vertretene demokratisch-republikanische Ideal hatte sich bereits langsam ausgebreitet in den mittel- und kleinbürgerlichen Kreisen von Paris und anderen Städten".[436] Dieser Stimmung verlieh Robespierre Ausdruck, als er in seiner Rede vom 3. Dezember 1792 verkündete: „Aber Ludwig muß sterben, weil das Vaterland leben soll".[437] Die Hinrichtung des Königs wurde am 21.1.1793 vollzogen. Sie wirkte auf viele Bürger wie ein Fanal, sich der Revolution anzuschließen.

Sturz der Monarchie

Das demokratisch-republikanische Ideal sollte in dem Maße auf der Handlungsebene der Revolution hegemonial werden, wie sich die Gefahr einer Konterrevolution von außen, aber auch von innen zuspitzte. Als sich die inneren Spannungen schließlich in den Septembermassakern von 1792 entluden, in deren Verlauf Mitglieder der Pariser Sektionen in einer spontanen Aktion etwa 1100 Pariser Gefängnisinsassen, vorwiegend Priester und Adlige, umbrachten, stieg der Terror neben der demokratisch-republikanischen Doktrin zu einem wichtigen Mittel revolutionärer Politik auf. War dessen Anwendung zunächst noch von chaotischen Begleitumständen geprägt, so mutierte er nach der Entmachtung der Gironde und der Errichtung der revolutionären Diktatur im Sommer 1793 zur regulären Revolutionsjustiz, die ein wichtiges Machtinstrument der Regierung darstellte. Sie „wurde zu einem einfachen Mittel der Vollzugsgewalt, zur raschen Beseitigung oder Einschüchterung politischer, sozialer, oft auch persönlicher Gegner mit Hilfe von Geschworenenrichtern, die ihre ergebenen Anhänger wa-

Terror

---

[435] Griewank 1972, S. 49f.
[436] A.a.O., S. 54.
[437] Robespierre 1974, S. 258.

ren. Doch ist die Zahl der Todesopfer oft gewaltig übertrieben worden. Sie betrug in Paris in dem Jahr des schärfsten Terrors etwa 2600 Menschen, in ganz Frankreich einschließlich von Massenerschießungen in den Aufstandsgebieten vielleicht 20 000 - weniger als später in mancher napoleonischen Schlacht gefallen waren".[438]

National-versammlungen

Dieser innenpolitische Radikalisierungsprozess spiegelt sich in der Zusammensetzung der drei Nationalversammlungen wider, die das Geschick der Revolution bestimmten. Die Verfassunggebende Nationalversammlung von 1789 bis 1791 umfasste mit vier Blöcken noch das gesamte Spektrum der „politischen Klasse" Frankreichs: 1. Die Demokraten, bei denen es sich um die Interessenvertreter des Kleinbürgertums handelte, welche das Allgemeine Wahlrecht forderten. Ihr ideologisches Idol war Rousseau. 2. Die Konstitutionellen, die sich als die Interessenvertreter der Bourgeoisie im Sinne Montesquieus für eine konstitutionelle Monarchie mit Zensuswahlrecht einsetzten. 3. Die Monarchisten, deren Ziel in der Wiederherstellung der königlichen Privilegien bestand. 4. Die Aristokraten, welche die alten Privilegien verteidigten. Bereits in der nach dem Zensuswahlrecht gewählten Gesetzgebenden Nationalversammlung (1791-1792) ist das von ihr repräsentierte soziale Spektrum entscheidend eingeengt: Aristokraten und Monarchisten fielen aus ihm heraus. Die neue Zusammensetzung umfasste: 1. Die Jakobiner, die sich zumeist als Republikaner verstanden. Aber sie zerfielen in eine radikale (Jakobiner) und eine gemäßigte (Girondisten) Fraktion. Die radikalen Jakobiner waren Vertreter des Kleinbürgertums, die eine Koalition mit den kleinbürgerlich-plebejischen Sansculotten eingingen. Dagegen vertraten die Girondisten die Interessen des mittleren und gehobenen Bürgertums. 2. Die Unabhängigen, auch Konstitutionalisten genannt. Ohne eine klare politische Konzeption setzten sie sich in der Regel für die Beibehaltung der konstitutionellen Monarchie ein. 3. Die „Feuillants", die ihre Basis bei liberalen Adligen und Bürgern hatten. Sie kämpften für die Vorherrschaft der Bourgeoisie unter den Bedingungen der konstitutionellen Monarchie.

Nationalkonvent

Waren in diesem Parlament die Jakobiner mit 136 Sitzen gegenüber den Konstitutionalisten mit ca. 345 und den Feuillants mit ca. 264 Sitzen noch klar in der Minderheit, so änderten sich die Machtverhältnisse im Nationalkonvent von 1792 bis 1795, der aus dem allgemeinen Wahlrecht hervorging. Er stand bis zur Hinrichtung Robespierres unter dem hegemonialen Einfluss der Bergpartei, d.h. der egalitären Jakobiner und der Repräsentanten der unteren Schichten mit ihrem Anhang bei den Sansculotten. Zwar war diese Volksbewegung, wie schon hervorgehoben, seit dem Bastille-Sturm bereits ein wichtiger politischer Faktor. Aber „durch die Hinrichtung des Königs im Januar 1793, zusätzlich durch die Wirtschaftskrise vom Frühjahr 1793 und die Spaltungen der Patriotischen Partei erweiterte sich plötzlich ihr Handlungsspielraum. Die Vertreibung der Girondisten im Mai/Juni 1793, die die Montagne zwar gewollt, das Volk aber in die Tat umgesetzt hat, ist für die Sansculotten ein wahrer Triumph".[439] Gewiss, die Jakobiner als Vertreter des radikal-republikanischen Bürgertums waren durch eine scharfe soziale Differenz von den Sansculotten getrennt. Die einfachen

---

[438] Griewank 1972, S. 82.
[439] Furet/Ozouf 1996, S. 655.

Aktivisten und die Mitglieder der Revolutionskomitees rekrutierten sich aus „12 % Lohnabhängige, 8 % Domestiken, 42 % Handwerker. Alle erhalten im September 1793 auf Vorschlag von Danton und Barrès das Recht auf Entschädigung, um den Generalversammlungen der 48 Sektionen beiwohnen zu können. Der typische Sansculotte ist weder der Arbeiter bei den Gobelins noch der Arme, der in einem möblierten Zimmer haust, sondern ein Handwerker, Geselle oder Meister eines kleinen Handwerkerbetriebs".[440] Auch lehnten sie das Koalitionsverbot des Gesetzes Le Chepalier vom 14. Juli 1791 ab, weil ihre Vision einer alternativen Gesellschaft nicht vom Individualismus, sondern von der Brüderlichkeit geprägt war. Und sicherlich trieben sie den Gedanken der materiellen Gleichheit weiter voran als die Jakobiner dies taten, auch wenn sie wie diese die Institution des Privateigentums nicht antasteten.

Doch andererseits trafen sie sich mit Robespierre und seinen Anhängern in der Bewunderung Rousseaus und der Betonung staatsbürgerlicher Tugend, die die Autonomie des Individuellen zumindest einschränkte. Vor allem aber war es die Erkenntnis, dass ohne die Hilfe der unteren Volksschichten das Ancien Régime nicht restlos zu beseitigen war, die die Sansculotten zu unverzichtbaren Bündnispartnern der Jakobiner machten. „Der moralisierende und einmütigkeitsbesessene Zug der sansculottischen Mentalität hatte erhebliche Auswirkungen. (...) Der Sansculotte hat kein Verständnis für die Delegation von Macht. Sein Instinkt treibt ihn zur direkten und gewaltsamen Aktion. Die Pike ist das Symbol des Aktivisten im Einsatz. Die Kanonen der Sektionen sind das fetischistische Zeichen ihrer Souveränität. Von dieser Geistesverfassung zum legalen Terrorismus ist es häufig nur ein kleiner Schritt".[441] Mit einem solchen Verbündeten im Rücken, drängten die Jakobiner die bürgerlichen Vertreter der „Ebene" und des „Sumpfes" ebenso in die Defensive wie die „Girondisten", die am Ende im Namen der demokratisch-republikanischen Doktrin aus dem Nationalkonvent entfernt wurden.

Sansculotten

§ 4 Der Verfassungsentwurf von 1793 und Robespierres Demokratieverständnis

Es gibt zwei Dokumente, die dem demokratisch-republikanischen Ideal der Jakobinerherrschaft authentisch Ausdruck verleihen: Der Entwurf einer neuen Verfassung aus dem Jahr 1793, mit der der Nationalkonvent nach der Bewältigung der revolutionären Krise die Diktatur des Wohlfahrtsausschusses beenden wollte und Robespierres berühmte Rede „Über die Prinzipien der politischen Moral", die er 1794 kurz vor seiner Hinrichtung gehalten hat.

Der Rekurs der französischen Revolutionäre auf die römische Republik, der ihre Rhetorik und Ikonographie zutiefst beeinflusst hat, wie die Amtsbezeichnung „Consul" oder ein Name wie „Gracchus" Babeuf zeigen, kann nicht darüber hinwegtäuschen, dass der Verfassungsentwurf vom 24. Juni 1793 ein Partizipationsmodell enthält, welches in seiner Nähe zur attischen Demokratie in der

Verfassungsentwurf des Nationalkonvents

---

[440] A.a.O., S. 651.
[441] A.a.O., S. 655.

Frühen Neuzeit einzigartig ist. Zweifellos haben ihre Verfasser ganz im antiken Sinne „Demokratie" als die Herrschaftsform der kleinen Leute verstanden. Schon in der Präambel, der Erklärung der Menschen- und Bürgerrechte, fällt im Vergleich zu der Version vom 26.8.1789 auf, dass anstelle der Freiheit die soziale Gleichheit betont wird. Unter den natürlichen Rechten wird die Gleichheit an erster Stelle genannt, erst dann folgen Freiheit, Sicherheit und Eigentum. Zwar erklärt auch der Verfassungsentwurf von 1793 die Verfügung über Privateigentum zu einem Grundrecht. Art. 16 konstatiert: „Das Recht auf Eigentum ist das, das jedem Bürger erlaubt, seine Güter, seine Einkünfte, den Ertrag seiner Arbeit und seines Fleißes zu genießen und über sie nach seinem Gutdünken zu verfügen".[442] Doch zugleich schreibt der Verfassungsentwurf auch das Recht auf Arbeit und ersatzweise das der materiellen Unterstützung aus öffentlichen Mitteln fest. In Artikel 21 der „Erklärung der Menschen- und Bürgerrechte" heißt es: „Die öffentliche Unterstützung ist heilige Schuld. Die Gesellschaft schuldet ihren unglücklichen Mitgliedern den Unterhalt, indem sie ihnen entweder Arbeit verschafft oder denen, die außerstande sind, zu arbeiten, die Mittel für ihr Dasein sichert".[443] Außerdem wird das Recht auf Bildung zum Grundrecht erhoben, und „wenn die Regierung die Rechte des Volkes verletzt, ist für das Volk und jeden Teil des Volkes der Aufstand das heiligste seiner Rechte und die unverletzlichste seiner Pflichten" (Art. 35).[444]

Auch der Verfassungsentwurf von 1793 sieht eine Nationalrepräsentation vor, und zwar so, dass die Bevölkerungszahl ihre einzige Grundlage ist (Art. 21).[445] Aber noch stärker als in der Verfassung von 1791 bauen ihre Autoren direktdemokratische Elemente in ihr Gefüge ein, um eine Verselbständigung der aus der Verfassung fließenden Institutionen gegenüber dem „Allgemeinwillen" des Volkes zu verhindern. An erster Stelle ist festzustellen, dass das Zensuswahlrecht von 1791 durch das allgemeine Männerwahlrecht ersetzt wird: In seinem Besitz ist „jeder in Frankreich geborene und ansässige Mann, der das Alter von 21 Jahren erlangt hat" (Art. 4).[446] Wurden in der attischen Demokratie die ausländischen Bürger, die Metöken, von der Vollbürgerschaft ausgenommen[447], so entscheidet sich der Verfassungsentwurf von 1793 insofern gegen eine solche Restriktion, als „jeder Ausländer, der das Alter von 21 Jahren erlangt hat, in Frankreich seit einem Jahr ansässig ist und dort von seiner Arbeit lebt oder ein Besitztum erwirbt oder eine Französin geheiratet hat oder einen Greis ernährt" das Wahlrecht ebenso zugesprochen wird wie jedem Ausländer, „von dem die gesetzgebende Körperschaft erklärt, daß er sich um die Menschheit besonders verdient gemacht hat" (Art. 4).[448] Außerdem sieht sich das Repräsentationsprinzip auch dadurch demokratisch korrigiert, dass sich „das französische Volk (...) jährlich am 1. Mai zur Wahl" (Art. 32)[449] versammelt.

Soziale Gleichheit als Ziel

Allgemeines Männerwahlrecht

---

[442] Die Verfassung der französischen Republik von 1793, in: Grab 1973, S. 152.
[443] Ebd.
[444] A.a.O., S. 153.
[445] A.a.O., S. 155.
[446] A.a.O., S. 153.
[447] Vgl. Kapitel I, § 3.
[448] Die Verfassung der französischen Republik von 1793, in: Grab 1973, S. 153f.
[449] A.a.O., S. 155.

124

Legislative und Exekutive sind gleichfalls durch scharf akzentuierte plebiszitäre Komponenten geprägt. Zwar ist die gesetzgebende Versammlung der institutionell geronnene Ausdruck der Souveränität des Volkes. Doch die von ihr erlassenen grundlegenden Gesetze bedürfen einer plebiszitären Legitimation, bevor sie rechtskräftig werden können. Zunächst müssen alle Gesetzesvorschläge mit einem Bericht versehen werden. Die Diskussion in der gesetzgebenden Versammlung kann erst vierzehn Tage nach dem Bericht eröffnet und „das Gesetz provisorisch beschlossen werden" (Art. 57).[450] Danach ist das gedruckte provisorische Gesetz allen Gemeinden der Republik zuzustellen. „Wenn vierzig Tage nach der Übersendung des vorgeschlagenen Gesetzes" ein Zehntel der regelmäßigen Urversammlungen das Gesetz nicht reklamieren, „ist der Vorschlag angenommen und wird 'Gesetz'" (Art. 59). Zugleich ist aber das Eigengewicht der Exekutive zugunsten der Legislative noch weiter reduziert als dies in der Verfassung von 1791 der Fall gewesen ist: Sie sieht sich - der Bedeutung der „Regierung" in der attischen Demokratie durchaus vergleichbar - zu einem „Vollzugsrat" der gesetzgebenden Versammlung heruntergestuft. Aus 24 Mitgliedern bestehend, wählt die Wahlversammlung eines jeden Departements einen Kandidaten. Aus der so zustandegekommenen Liste wählt die gesetzgebende Körperschaft die Mitglieder des Rates (Art. 63).[451] Um jede Verselbständigung des Vollzugsrates von der Legislative zu vermeiden, kann er nur Gesetze und Dekrete des stellvertretenden Souveräns ausführen (Art. 65).[452] Gleichzeitig stehen die Mitglieder des Rates dadurch unter dessen Kontrolle, dass die Legislative sie im Falle der Pflichtverletzung jederzeit anklagen kann. Auch kann sie ihn ganz oder zum Teil jederzeit zur Rechenschaft ziehen, „wenn sie es für zweckmäßig hält" (Art. 77).[453]

Niemand hat diesen Verfassungsentwurf nachhaltiger geprägt als Maximilien Robespierre (1758-1794). Bereits in den Beratungen setzte er sich für das Repräsentationsprinzip ein, das er aber durch plebiszitäre Elemente aufgelockert sehen wollte. So schlug er einen neuen Plenarsaal für die Nationalversammlung vor, in der auf den Tribünen Platz für 12 000 Bürger geschaffen werden sollte. In ihrer Präsenz sah er die beste Garantie dafür, dass die gesetzgebende Versammlung keine volksfeindlichen Beschlüsse fasst.[454] Er trat nicht nur für das imperative Mandat der Abgeordneten ein.[455] Das Rückrufrecht der Wähler unterstrich er noch dadurch zusätzlich, dass der Regierung jede Eigenständigkeit genommen wurde: Der großen Machtfülle des Präsidenten der Vereinigten Staaten von Amerika konfrontierte er eine Regierung, die nichts weiter als ein Ensemble von

---

[450] A.a.O., S. 157.
[451] A.a.O., S. 158.
[452] Ebd.
[453] A.a.O., S. 159.
[454] Vgl. Robespierre 1973, Bd.II, S. 150: „La nation entière a le droit de connaître la conduite de ses mandataires. Il faudrait, s'il était possible, que l'assemblée des délégués du peuple délibérât en présence du peuple entier. Un édifice, vaste et majestueux, ouvert à 12 000 spectateurs, devrait être le lieu des séances du corps législatif. Sous les yeux d'un si grand nombre de témoins, ni la corruption, ni l'intrigue, ni la perfidie n'oseraient se montrer; la volonté générale serait seule consultée, la voix de la raison et de l'intérêt public serait seule entendue".
[455] Vgl. a.a.O., S. 153: „Je veux que tous les fonctionnaires publics nommés par le peuple puissent être révoqués par lui, selon les formes qui seront établies, sans autre motif que le droit imprescriptible qui lui appartient de révoquer ses mandataires".

Parlamentsausschüssen war. Ferner stand Robespierre zwar - wie Rousseau - auf dem Boden des Privateigentums. Gleichzeitig setzte er sich aber für die kleinen Leute ein, deren soziale Rechte er gegen die Reichen und Monopolisten verteidigte.[456] Es besteht kein Zweifel, dass sich in der Person Robespierres und in dem von ihm beeinflussten Verfassungsentwurf von 1793 trotz aller von der römischen Republik geprägten Rhetorik im Kern die attische Demokratie im frühneuzeitlichen Gewand zum ersten Mal seit der Antike erneut profilierte: Zwar auf dem Boden der Repräsentation, aber durch starke direktdemokratische Elemente korrigiert, reklamierte die Demokratie erneut für sich, die Herrschaftsform des einfachen Volkes zu sein, die soziale Gerechtigkeit, d.h. eine massive Umverteilung von oben nach unten, zu ihrem unverzichtbaren Kernbestand erhoben hatte.

Republik als Demokratie — Dass Robespierre die besitzbürgerliche Wende in der Rousseau-Interpretation Sieyès' unterließ und in seinem Verständnis des „contrat social" die Interessen kleinbürgerlicher Schichten betonte, steht außer Frage. In gewisser Weise radikalisierte er die politische Theorie Rousseaus in einer wichtigen Hinsicht. Wie wir sahen, schloss Rousseau nicht aus, dass auch Monarchien Republiken sein konnten. Das war der Fall, wenn sie sich zu Rechtsstaaten wandelten: ein untrügliches Indiz dafür, dass die *volonté générale* herrsche.[457] Für Robespierre hingegen war klar, dass die neue Französische Verfassung nur eine Republik schaffen konnte und dass eine Republik nur als Demokratie möglich sei. In seiner berühmten Rede „Über die Prinzipien der politischen Moral" vom 5. Februar 1794 führte er u.a. aus: „Welche Regierungsart kann alle diese Wunder zur Wirklichkeit bringen? Allein die demokratische oder republikanische Verfassung; diese beiden Wörter sind gleichbedeutend, trotz des Mißbrauchs der gemeinen Sprache; denn die Aristokratie ist ebensowenig Republik als die Monarchie. Die Demokratie ist nicht ein Staat, wo das beständig versammelte Volk selbst alle öffentlichen Angelegenheiten leitet (...). Die Demokratie ist ein Staat, wo das souveräne Volk, von den Gesetzen geleitet, die sein Werk sind, selbst alles dasjenige tut, was es gehörig tun kann, und durch Abgeordnete alles dasjenige tun läßt, was es nicht selbst zu verrichten imstande ist".[458]

Affirmativer Demokratiebegriff — Wenn wir davon ausgehen müssen, dass der semantische Gehalt des Begriffs Demokratie im allgemeinen Sprachgebrauch pejorativ war, dann kann kein

---

[456] So schlug Robespierre folgende Verfassungsartikel zum Schutz des kleinen Eigentums vor: „Art. 1. La propriété est le droit, qu'a chaque citoyen de jouir et de disposer de la portion de biens qui lui est garantie par la loi. Art. 2. Le droit de propriété est borné, comme tous les autres, par l'obligation de respecter les droits d'autrui. Art. 3. Il ne peut préjudicier ni à la sûreté, ni à la liberté, ni à l'existence, ni à la propriété de nos semblables. Art. 4. Toute possession, tout trafic qui viole ce principe est illicite et immoral" (Robespierre 1973, Bd.II, S. 135).

[457] Vgl. Kapitel III, § 3.

[458] Robespierre 1974, Bd.III, S. 344. „Quelle nature de gouvernement peut réaliser ces prodiges? Le seul gouvernement démocratique ou républicain: ces deux mots sont synonymes, malgré les abus du langage vulgaire; car l'aristocratie n'est pas plus la république que la monarchie. La démocratie n'est pas un état où le peuple, continuellement assemblé, règle par lui-même toutes les affaires publiques, encore moins celui où cent mille fractions du peuple, par des mesures isolées, précipitées et contradictoires, décideraient du sort de la société entière: un tel gouvernement n'a jamais existé, et il ne pourrait exister que pour ramener le peuple au despotisme. La démocratie est un état où le peuple souverain, guidé par des lois qui sont son ouvrage, fait par lui-même tout ce qu'il peut bien faire, et par des délégués tout ce qu'il ne peut faire lui-même" (Robespiere 1974, III, S. 113).

Zweifel an der demokratietheoretischen Bedeutung dieses Zitats bestehen: Es deutet den Übergang zu einem affirmativen Begriff der Demokratie an, zumal Robespierre sie noch dezidierter als Montesquieu und Rousseau mit der staatsbürgerlichen Tugend in Verbindung brachte. Dieses Demokratieverständnis wandte Robespierre aber nicht nur gegen die großbürgerlichen, auf Zensus beruhenden Partizipationsmodelle, sondern auch gegen links. Er lehnte sowohl die ultralinken Tendenzen der Hébertisten als auch den Agrarkommunismus Babeufs ab. Offenbar dessen Agrargesetz vor Augen, führte er in seiner Rede im Nationalkonvent vom 24. April 1793 aus, es sei „nur ein Hirngespinst, das einige Schurken erfunden haben, um dumme und leichtgläubige Menschen zu erschrecken (...)". Es gehe eher darum, „die Armut zu einem ehrbaren Stand zu machen, als den Reichtum zu ächten".[459] Es war sicherlich kein Zufall, dass Babeuf als Sprecher des „Vierten Standes" die politische Bühne der Revolution erst zu einem Zeitpunkt betrat, als mit der Hinrichtung Robespierres dessen Versuch, die tugendhafte Demokratie der kleinen Eigentümer zu errichten, gescheitert war.

§ 5 Babeufs Antwort auf die großbürgerliche Direktorialverfassung

Gestützt auf sein Ansehen in der Pariser Kommune, bei den Handwerkern der Sektionen in der französischen Hauptstadt und in den Jakobinerklubs ganz Frankreichs übte Robespierre mit Hilfe des Wohlfahrtsausschusses eine Diktatur aus, die im Frühjahr 1794 ihren Zenit erreichte. Aber er machte zu diesem Zeitpunkt entscheidende taktische Fehler. Der revolutionäre Terror begann sich zunehmend von präzisen justitiellen Verfahren zu verselbständigen und dadurch willkürliche Züge anzunehmen. Robespierre selbst wurde immer unduldsamer, indem er Mitgliedern des Konvents mit Verfolgung drohte und Mitstreiter in den Ausschüssen zu konsequenterer Umsetzung der Dekrete antrieb. „Zum Verderben wurden ihm seine Drohungen gegen eine Reihe von Konventsmitgliedern, die als Terroristen sehr selbständig gehandelt und sich auch bereichert hatten. (...) Sie verbanden sich zu einem Komplott mit der Menge der nicht zur Bergpartei gehörigen Abgeordneten der 'Ebene' oder des 'Sumpfes', die bisher schweigend mitgemacht hatten, aber des Terrors längst überdrüssig und ruhebedürftig waren (...). Dazu gesellte sich die stille Opposition der gesinnungsreinen und arbeitsamen Mitglieder des Wohlfahrtsausschusses, die sich (...) in ihrer Arbeit behindert sahen. Das war die Grundlage des Staatsstreiches vom 9. Thermidor (27. Juli) 1794, durch den Robespierre und seine persönlichen Anhänger gestürzt wurden".[460] Ohne Prozess einen Tag später hingerichtet, folgten ihm Ende Juli 81 seiner Anhänger in den Tod.

---

[459] Robespierre 1974, Bd. II, S. 133: „Vous devez savoir que cette loi agraire, dont vous avez tant parlé, n'est qu'un fantôme créé par les fripons pour épouvanter les imbéciles; il ne fallait pas une révolution sans doute pour apprendre à l'univers que l'extrême disproportion des fortunes est la source de bien des maux et de bien des crimes, mais nous n'en sommes pas moins convaincus que l'égalité des biens est une chimère".

[460] Griewank 1972, S. 93.

Damit war der Weg frei für die sogenannte Thermidorianerherrschaft, die seit September durch Ausschreitungen gegen Sansculotten und Jakobiner den „Weißen Terror" einleitete, der nun in Paris und in den Provinzen gegen die Träger und Sympathisanten der revolutionären Diktatur des Wohlfahrtsausschusses gerichtet war. „Der verfassunggebende Nationalkonvent führte als souveränes Parlament (...) die Thermidorreaktion wie vordem die Diktatur der Schreckenszeit durch und schaltete dabei die Männer der Bergpartei, die 1793/94 ihn allein beherrscht hatten, mehr und mehr aus. Es war eine zweite, reaktionäre Etappe der Revolutionsregierung ohne geschriebene Verfassung und verfassungsmäßige Institutionen. Diese Diktatur einer vor Jahren gewählten und mehrfach umgestalteten Versammlung von Abgeordneten ließ sich aber auf die Dauer nicht aufrechterhalten. Die in die Opposition Gedrängten forderten die Inkraftsetzung der von ihnen geschaffenen Verfassung von 1793, und auch die Interessen der besitzenden Bürgerschichten, denen die Maßnahmen der Thermidorregierung weitgehend entsprachen, verlangten nach einem verfassungsmäßig vorgeschriebenen Regierungssystem".[461] Das Resultat war die Direktorialverfassung vom 22. August 1795. Sie entsprach uneingeschränkt der Meinung des besitzenden Bürgertums, wie Boissy d'Anglas, einer der Schöpfer dieser Verfassung es formulierte, dass „ein von den Besitzenden regiertes Land (...) sich in einem geordneten sozialen Zustand (befindet); wo die Nichtbesitzenden herrschen, ist es im Naturzustand".[462]

Tatsächlich konnte die Direktorialverfassung als dialektischer Gegenschlag zum radikalisierten Demokratiepotential des Verfassungsentwurfs von 1793 interpretiert werden. Stärker als in allen anderen Verfassungen der Französischen Revolution betonen die Schöpfer dieser neuen Konstitution die Heiligkeit des Privateigentums. Art. 1, Abs. 8 des Pflichtenkatalogs stellt apodiktisch fest: „Auf der *Erhaltung des Eigentums* beruhen der Ackerbau, alle Erzeugnisse, alle Quellen der Arbeit, und die ganze gesellschaftliche Ordnung".[463] Das allgemeine Wahlrecht für Männer, das der Verfassungsentwurf von 1793 vorsah, wurde durch ein rigides Zensuswahlrecht ersetzt (Art. 35).[464] Die Besitzqualifikation in Gemeinden unter und über 6000 Einwohner sowie auf dem Lande veranschlagt diese Verfassung so hoch, dass „nur etwa 30 000 unter etwa 7,3 Millionen Männern im wahlfähigen Alter (...) diese Voraussetzungen erfüllen (konnten)".[465] Ferner ersetzte sie das Einkammersystem durch ein Zweikammersystem. Art. 44 legte fest, dass „der gesetzgebende Körper (...) aus einem *Rat der Alten* und einem *Rat der Fünfhundert* zusammengesetzt (ist)".[466] Zwar liegt die Gesetzesinitiative in der Hand des *Rats der Fünfhundert*. Doch die endgültige Entscheidung traf der Rat der Alten. Zwar war das Gewaltenteilungsprinzip viel stärker ausgeprägt als in den anderen Revolutionsverfassungen. Doch da die Kooperation zwischen beiden Kammern nicht durch ein System der Gewichte und Gegengewichte wie in der amerikanischen Verfassung unterstützt wurde, kam es zu

---

[461] A.a.O., S. 97.
[462] Zit. n. Sterling 1965, S. 174.
[463] Grab 1973c, S. 329.
[464] A.a.O., S. 174.
[465] Zit. n. Sterling 1965, S. 174.
[466] Die Direktorialverfassung, in: Grab 1973, S. 245.

einer Lähmung des Gesetzgebungsverfahrens, die auf eine Stärkung der Exekutive, nämlich des aus fünf Männern bestehenden Direktoriums[467] hinauslief. Dessen Machtbasis war nicht mehr eine einflussreiche Volksbewegung, sondern eine zentralistisch ausgerichtete Verwaltung und in letzter Instanz die republikanische Armee.

Es verwundert nicht, dass dieser autoritäre Staat des Großbürgertums wenig Resonanz bei der Masse der arbeitenden Bevölkerung fand. Der bekannteste oppositionelle Gegenentwurf stammt von dem Revolutionär Gracchus Babeuf (1760-1797).[468] Sein alternatives Partizipationsmodell steht ganz in der Tradition des Verfassungsentwurfes von 1793. Er habe, so argumentierte Babeuf, die Zustimmung von 4 800 000 Franzosen gehabt, während der Direktorialverfassung von 1796 nur 900 000 Bürger zustimmten. Das Schweigen der nicht berücksichtigten 3 900 000 Stimmen dürfe man nicht als Einwilligung interpretieren. Als das Resultat des „weißen Terrors" und der von ihm zu verantwortenden Ermordung und Einkerkerung vieler Patrioten verletze die Direktorialverfassung die unverzichtbaren natürlichen Rechte der Menschen. „Es folgt aus diesem Vernunftschluß", so Babeuf in einer Flugschrift, „1. Daß die Verfassung von 1793 das einzige und wahre Gesetz des französischen Volkes ist. 2. Daß die Akte von 1795 das Resultat der Gewalt und der Tyrannei ist, das man nicht ohne Verbrechen verteidigen kann. 3. Daß keiner ohne Verrat gegen das Volk die Machtvollkommenheiten ausüben kann, die aus diesem konterrevolutionären Akt hervorgehen".[469] Zugleich lässt Babeuf keinen Zweifel daran, dass seine gegen die Direktorialverfassung gerichteten Umsturzpläne ganz in der Kontinuität der Volksaufstände während der revolutionären Diktatur des Wohlfahrtsausschusses stehen, wie das von ihm verfasste Dokument „Das Aufstandskomitee der öffentlichen Wohlfahrt an das Volk" zeigt. Art. 12 dieses Flugblatts stellt apodiktisch fest: „Jeder Widerstand wird sofort mit Gewalt unterdrückt; die sich Widersetzenden werden getötet".[470]

Wenn Babeuf den Begriff „Demokratie" auch im Sinne des Verfassungsentwurfs von 1793 verwendet, so verändert er doch den semantischen Gehalt in einer bedeutsamen Hinsicht.[471] Während des Durchbruchs zu einem politischen System bürgerlicher Herrschaft war er der erste, der einen proletarisch eingefärbten Demokratiebegriff propagierte. Alle Lager der französischen Revolution, die

Gegenentwurf von Babeuf

Agrarkommunismus

---

[467] Vgl. a.a.O., S. 253ff.

[468] Die Konzeption Babeufs hat Buonarroti 1975 überliefert. Die deutsche Übersetzung wurde verglichen mit Buonarroti 1957.

[469] Babeuf 1975, S. 319. „Le silence n'est pas un consentement tacite. 1. Parce qu'il a été commandé par une longue terreur, par l'assassinat et l'embastillement des patriotes. 2. Parce que l'acte constitutionnel de 1795 viole les droits naturels de l'homme, auxquels personne ne peut renoncer. Ce silence est donc un désaveu formel. Il suit de ce raisonnement, auquel nous défions tous les fauteurs de l'inégalité de répondre: 1. Que la constitution de 1793 est la seule et véritable loi du peuple français. 2. Que l'acte de 1795 est le résultat de la violence et de la tyrannie qu'on ne saurait défendre sans crime. 3. Que nul ne peut exercer, sans trahison, envers le peuple, les pouvoirs qui émanent de cet acte contre-révolutionaire" (Babeuf, zit. nach Buonarroti 1957, S. 129).

[470] A.a.O., S. 323.

[471] „Les chartes aristocratiques de 1791 et de 1795 rivaient tes fers au lieu de les briser. Celle de 1793, était un grand pas de fait vers l'égalité réelle, on n'en avait pas encore approché de si près; mais elle ne touchait pas encore le but et n'abordait point le bonheur commun, dont pourtant elle consacrait solennellement le grand principe" (Babeuf, zit. n. Buonarroti 1957, S. 97f).

ihn bisher mit geprägt hatten, standen auf dem Boden des Privateigentums, wenn auch durch bedeutende Differenzierungen akzentuiert. Babeuf durchbrach diese eherne Grenze, indem er unter dem Deckmantel des Verfassungsentwurfs von 1793 einen Agrar- und Handwerkerkommunismus forderte, der eine wichtige Quelle in Morellys „Gesetzbuch der Natur"[472] hatte. Seine Prämisse lautet nämlich: „Das Unglück und die Sklaverei kamen von der Ungleichheit und diese von dem Eigentum. Das Eigentum ist also die größte Geißel der Menschheit. Es ist ein wahres öffentliches Verbrechen".[473] Babeuf propagierte dann auch eine kommunistische Gesellschaft, in der „es weder Reiche noch Arme geben (darf)".[474] Von ihren Mitgliedern gewählte Beamte verwalten die große nationale Gütergemeinschaft, in der strikte Arbeitspflicht[475] und Luxusverbot herrschen.[476] Ferner sind gemeinsame Mahlzeiten in den Gemeinden zu bestimmten Zeiten vorgesehen.[477] Die Republik schafft das Geld ab, das nur noch im Außenhandelsverkehr eine Rolle spielt. Nach Aufhebung des Sondereigentums teilt die gemeinschaftliche Verwaltung „jedem Menschen nach seiner Anlage und seiner beruflichen Fähigkeit die für ihn geeignete Tätigkeit (zu)".[478] Sie verpflichtet ihn, „die Frucht derselben in natura in das gemeinschaftliche Magazin abzuliefern, eine einfache Distributionsverwaltung einzurichten, eine Lebensmittelverwaltung, die über alle Individuen und Sachen Buch führt, und die letzteren in peinlichster Gleichheit verteilt und jedem Bürger in seine Behausung zuführt".[479] Die ganze nationale Gütergemeinschaft steht also zentralistisch „unter der gesetzmäßigen Leitung der obersten Staatsverwaltung"[480], deren Funktionäre mit drakonischen Strafen die Einhaltung der fundamentalen Gesetze sichern.

Dass die Ineinssetzung von Demokratie und Republik, die Robespierre einst vollzog, jetzt ihren auf das Privateigentum bezogenen kleinbürgerlichen Sinn verliert, ist evident: Zwar war auch für Robespierre Demokratie ohne einen sozialen Gehalt im Interesse der kleinen Leute nicht denkbar. Doch jetzt - im Augenblick des Durchbruchs bürgerlicher Herrschaft - meldet der Vierte Stand, das Proletariat, zunächst noch im agrarischen und handwerklichen Gewand, seine Ansprüche an, indem es die Bühne des Kampfes um die Demokratie betritt.

---

[472] Vgl. Saage 2002, S. 131-152.
[473] Babeuf 1975, S. 312. „Les malheurs et l'esclavage découlent de l'inégalité, et celle-ci de la propriété. La propriété est donc le plus grand fléau de la société: c'est un véritable délit public" (Babeuf, zit. n. Buonarroti 1957, S. 104).
[474] A.a.O., S. 313. „Dans une véritable société, il ne doit y avoir ni riches (ni) pauvres. (...) Les riches qui ne veulent pas renoncer au superflu en faveur de l'indigent sont les ennemis du peuple" (Babeuf, zit. n. Buonarroti 1957, S. 105).
[475] Vgl. a.a.O., S. 329.
[476] Vgl. a.a.O., S. 330.
[477] Vgl. ebd.
[478] Babeuf 1973, S. 283.
[479] A.a.O., S. 282f.
[480] Babeuf 1975, S. 331.

§ 6 Burkes Kritik der revolutionären Demokratisierungsprozesse in Frankreich und Paines Antwort

Es gehört zu den Ambivalenzen des Selbstverständnisses der französischen Revolutionäre, dass sie einerseits den Traditionsbruch mit dem Ancien Régime im ikonografischen Medium der römischen Republik vollzogen. Andererseits ist jedoch in ihren radikalen Fraktionen eine Aufwertung der Demokratie als Herrschaftsform der kleinen Leute zu beobachten, wie man sie seit der Selbsteinschätzung eines attischen Demokraten vom Rang des Perikles[481] nicht mehr erlebt hat. Der dialektische Gegenzug angesichts des dynamischen Geschehens in Frankreich ließ nicht lange auf sich warten. Bereits 1790 veröffentlichte der Engländer Edmund Burke (1729-1797) seine Schrift „Betrachtungen über die Französische Revolution"[482], die im zeitgenössischen Kontext wie eine Bombe einschlug. Burke publizierte seine Polemik, weil unter den englischen Publizisten und Intellektuellen eine große Sympathie für die Vorgänge in Frankreich herrschte - eine Tendenz, deren Gefahr Burke durch seine Kritik der revolutionären Umwälzungen in Frankreich entgegenzuwirken suchte.[483]

Edmund Burke

Demokratietheoretisch ist Burkes Schrift deswegen so wichtig geworden, weil sie angesichts der Aufwertung der Demokratisierungsprozesse in der europäischen Öffentlichkeit zu einer groß angelegten Rehabilitierung des pejorativen Demokratiebegriffs ansetzte, wie er seit der Antike auch in der Frühen Neuzeit hegemonial war. Zwar könne es unter empirischen Gesichtspunkten Umstände geben, so Burke, „unter welchen eine rein demokratische Form notwendig ist. Es kann deren geben (wie wohl äußerst selten), unter welchen sie wünschenswürdig wird. Dies ist aber gewißlich weder der Fall von Frankreich noch von irgendeinem anderen großen Staat. Bis jetzt haben wir noch keine Demokratie von beträchtlichem Umfange gesehen. Die Alten waren besser mit ihnen bekannt".[484] Burke lässt keinen Zweifel daran, dass die „reine Demokratie" für Frankreich und alle großen Staaten die schlechteste Regierungsform überhaupt ist, zumal „schon Aristoteles (...) die Bemerkung gemacht (hat), daß zwischen einer reinen Demokratie und der Tyrannei in vielen Punkten eine auffallende Ähnlichkeit"[485] herrscht. Gerade der Fall der Französischen Revolution ist für Burke ein Beispiel dafür, dass eine Demokratie immer dann, wenn sie gewaltsame Spaltungen hervorruft, „die Majorität der Bürger die Minorität aufs grausamste unterdrückt".[486]

Kritik an der Demokratie

---

[481] Vgl. Kapitel I, § 4.

[482] Vgl. Burke 1987. Die deutsche Übersetzung wurde verglichen mit Burke 1969.

[483] Vgl. hierzu Pesch 1999, S. 52.

[484] Burke 1987, S. 243.

[485] Ebd. „There may be situations in which the purely democratic form will become necessary. (...) This I do not take to be the case in France, or of any other great country. Until now, we have seen no examples of considerable demcracies. The antients were better acquainted with them. Not being wholly unread in the authors, who had seen the most of those constitutions, and who best understood them, I cannot help concurring with their opinion, that an absolute democracy, no more than absolute monarchy, is to be reckoned among the legitimate forms of government. They think it rather the corruption and degeneracy, than the sound constitution of a republic. If I recollect rightly, Aristotle observes, than a democracy has many striking points of resemblance with a tyranny" (Burke 1969, S. 228).

[486] Ebd.

Dies geschehe mit einer Intensität, die sogar die Repression einer absoluten Monarchie übersteige, auch wenn man sie gleichfalls nicht als rechtmäßige Regierungsform ansehen könne.

Demokratie als
Herrschaft des Pöbels

Im Einzelnen führte Burke die in seinen Augen destruktive Dynamik der Französischen Revolution nicht nur auf den Konstruktivismus und Rationalismus des modernen Naturrechts, auf das Fehlen eines Systems von „checks and balances" in der Nationalversammlung zurück, sondern vor allem auch auf Tendenzen, welche die Grundlagen des Privateigentums zerstörten, wie insbesondere die Konfiskationen der Kirchengüter zeigten. Burke geht sogar so weit, dass er die Umwälzung der Ständegesellschaft in Frankreich mit den Bestrebungen der Wiedertäufer von Münster gleichsetzt. „Als die Anabaptisten von Münster Deutschland im sechzehnten Jahrhundert durch ihr wildes Gleichheitssystem und ihre gefährlichen Grundsätze über das Eigentumsrecht in Verwirrung setzten, welches Land in Europa zitterte nicht bei den Fortschritten ihrer Wut? (...) Wir sehen jetzt täglich, daß eine Menge von Schriften, die man mit unglaublichem Eifer und ungeheuren Kosten verbreitet, und eine Menge von Predigten, die auf öffentlichen Straßen und auf öffentlichen Versammlungsörtern in Paris gehalten werden, den Geist einer atheistischen Schwärmerei in alle Gemüter blasen".[487] Möglich sei diese Bedrohung dadurch geworden, dass die Revolution die Demokratie als Herrschaft des ungebildeten Pöbels etabliert habe. Dessen Repräsentanten in der Nationalversammlung seien in der „Hauptmasse (...) unbekannte Provinzialadvokaten, Verweser unbedeutender Privatjurisdiktionen, Landprokuratoren, Notarien und das ganze Heer der Prozeßstifter und die Rädelsführer in den winzigen Plackereien der Dorfkriege"[488], kurz: ehrgeizige und entwurzelte Intellektuelle, die zum eigenen Vorteil den Radikalisierungsprozess im „Pöbel" vorantrieben.

Mischverfassung

Diese Neuauflage des bei Aristoteles und Platon zu findenden Arguments, die reine Demokratie, wie sie in Frankreich praktiziert werde, ende entweder in einer Tyrannei oder einer Oligarchie, konfrontiert Burke mit der englischen Verfassung, die dem Ideal der Mischverfassung, der aristotelischen Politie, am nächsten komme. Eingebettet in einer politischen Kultur, die sich zur göttlichen Ordnung, zur Vorherrschaft des großen Grundeigentums als Voraussetzung politischer Stabilität, zur Kontinuität einer Erbmonarchie sowie zu den historisch gewachsenen Institutionen bekennt, betont er die Entschlossenheit der Briten, „die Verfassung unserer *Kirche*, die Verfassung unserer *Monarchie*, die Verfassung unserer *Aristokratie*, die Verfassung unserer *Demokratie*, gerade in dem Verhältnis, in welchem sie in diesem Augenblick existieren, und in keinem anderen, beizubehalten".[489] Der englische Staat ist ihm zufolge einerseits so stabil, weil das Unterhaus, das Haus der Lords und der König in ihren gegenseitigen

---

[487] A.a.O., S. 289. „When the Anabaptists of Munster, in the sixteenth century, had filled Germany with confusion by their system of levelling and their wild opinions concerning property, to what country in Europe did not the progress of their fury furnish just cause of alarm? Of all things, wisdom is the most terrified with epidemical fanatism, because of all enemies it is that against which she is the least able to furnish any kind of resource. We cannot be ignorant of the spirit of atheistical fanaticism, that is inspired by a multitude of writings, dispersed with incredible assiduity and expence, and by sermons delivered in all the streets and places of public resort in Paris" (Burke 1969, S. 262).
[488] Burke 1987, S. 100.
[489] A.a.O., S. 186.

Abhängigkeiten „Bürgen für die Gleichförmigkeit der Gesetze durch alle Provinzen und Distrikte des Reichs"[490] sind und die Regierung das Ganze, nicht die Teile des englischen Volkes repräsentiert.[491] Anderseits finde aber - im Gegensatz zur Französischen Revolution - eine sorgfältige Elitenrekrutierung statt, weil das Unterhaus im Englischen Parlament seine Türen vor keinem Verdienst schließe und dadurch „in seinen Mauern vermöge der untrüglichen Wirkungen eines wohlgeordneten Staatsmechanismus alles enthält, was es nur durch Rang, Abkunft, ererbten und erworbenen Reichtum, gebildete Talente, bürgerliche und militärische Ehrenstellen Ausgezeichnetes im Reiche gibt".[492]

Burkes Kritik an den Demokratisierungsprozessen der Französischen Revolution ist nicht unwidersprochen geblieben. Sein Landsmann Thomas Paine (1737-1809) antwortete mit seinem Pamphlet „Die Rechte des Menschen"[493], das am 16. März 1791 erschien und zu einem Verkaufsschlager wurde: „Bis zur Jahrhundertwende waren 500 000 Exemplare verkauft - bei einer Bevölkerung Englands von zehn Millionen".[494] Dem Credo Burkes, dass die Nation eine in den göttlichen Kosmos eingebettete Gemeinschaft der Toten, Lebendigen und der künftigen Geschlechter sei, an der sich die Französische Revolution durch ihren abstrakten Rationalismus versündigt habe, konfrontierte Paine die natürlichen Rechte der Menschen, wie sie aus dem egalitären Naturrecht resultieren: Sie positiviert zu haben und damit dem amerikanischen Beispiel gefolgt zu sein, sei das Verdienst der gesetzgebenden Nationalversammlung in Frankreich. Wichtig in unserem Zusammenhang ist, dass Paine die von Burke gelobte „gemischte Verfassung" vehement ablehnt: Das Zusammenspiel des monarchischen, aristokratischen und demokratischen Elements laufe darauf hinaus, dass die eine Gewalt die Verantwortung auf die andere schiebe und mangels Transparenz der Korruption Tür und Tor geöffnet werde.[495] Wenn die Nation als Vergesellschaftungsform der aus dem Naturzustand herausgetretenen Gleichen und Freien die Souveränität innehabe, komme nur ein Regierungssystem in Frage, das der Res publica, den öffentlichen Angelegenheiten, Ausdruck verleihe: die Demokratie.

Zumeist mit dem Makel der Erblichkeit belastet, scheiden Paine zufolge demgegenüber Monarchie und Aristokratie von vornherein als inkompatibel mit der kontraktualistisch begründeten Nation aus. Anders verhält es sich aber mit der Demokratie. Zwar legten, so Paine, die antiken Regierungen ein trauriges Zeugnis über den Zustand der Menschen ab. Doch rage in der alten Geschichte eine Verfassung heraus. „Ich meine die Demokratie der Athener. Wir finden bei diesem großen, außerordentlichen Volke mehr zu bewundern und weniger zu verwerfen als bei allem übrigen, was die Geschichte uns darbietet".[496] Aber Pai-

Thomas Paine

Kritik der Mischverfassung

---

[490] A.a.O.,S. 343.
[491] „The government is the point of reference of the several members and districts of our representation. This is the center of our unity. This government of reference is a trustee for the *whole*, and not for the parts. So is the other branch of our public council, I mean the house of lords. With us the king and the lords are several and joint securities for the equality of each district, each province, city" (Burke 1969, S. 303).
[492] A.a.O., S. 104.
[493] Vgl. Paine 1973. Die deutsche Übersetzung wurde verglichen mit Paine 1995.
[494] Stemmler 1973, S. 14.
[495] Vgl. Paine 1973, S. 169f.
[496] A.a.O., S. 211.

ne wusste auch, dass die direkte Demokratie der Athener nur für einen überschaubaren Stadtstaat geeignet war. In dem Maße, wie sich Athen ausdehnte, musste auch ihre unmittelbar ausgeübte Demokratie scheitern und Monarchien bzw. Tyranneien Platz machen. Die Tragik der Athener, so Paine, bestand darin, dass sie noch nicht das Repräsentationsprinzip erfunden hatten.[497] Das sei aber spätestens seit der Amerikanischen Revolution der Fall gewesen: Das von ihr akzeptierte Repräsentationssystem ist Paine zufolge nichts weiter als die Übertragung der Prinzipien der athenischen Demokratie auf die Bedingungen der zweiten Hälfte des 18. Jahrhunderts. „Auf dieses System ist die amerikanische Regierung gegründet. Sie besteht aus Repräsentation, gepfropft auf Demokratie. Ihre Form ist nach einem Maßstab bestimmt, der sich in allen Fällen nach dem Grundsatze ihrer Einrichtung ausdehnen läßt. Was Athen im Kleinen war, wird Amerika im Großen sein. Das eine war das Wunder der Alten Welt, das andere wird die Bewunderung und das Vorbild der gegenwärtigen. Es ist unter allen Regierungsformen am leichtesten zu fassen und am besten auszuführen; es schließt zugleich die Unwissenheit und Unsicherheit der erblichen Methode und die Unbequemlichkeit der einfachen Demokratie aus".[498]

Repräsentation (margin note)

Dieses nicht als Bruch mit, sondern als Fortführung der direkten Demokratie Athens unter neuen Bedingungen verstandene Repräsentationssystem enthält in der Lesart Paines dann auch konsequent zwei wichtige Elemente seines antiken Vorbildes: eine nur schwach ausgeprägte Exekutive und einen sozialen Inhalt, der den Interessen der kleinen Leute entgegenkommt. Paine wird nicht müde, darauf hinzuweisen, dass sich die Gesellschaft durch die Aktivität der über den Markt kommunizierenden Bürger weitgehend selbst reguliert.[499] Frei

Minimalstaat und Selbstregulierung der Gesellschaft (margin note)

---

[497] „Though the ancient governments present to us a miserable picture of the condition of man, there is one which above all others exempts itself from the general description. I man the democracy of the Atheneans. We see more to admire, and less to condemn, in that great, extraordinary people, than in any thing which history affords. - Mr Burke is so little acquainted with constitutional principles of government, that he confounds democracy and representation together. Representation was a thing unknown in the ancient democracies. In those the mass of the people met and enacted laws (grammatically speaking) in the first person. Simple democracy was not other than the commonhall of the ancients. It signifies the *form*, as well as the public principle of the government. As these democracies increased in population, and the territory extended, the simple democratical form became unwieldy and impractible; and as the system of representation was not known, the consequence was, they either degenerated convulsively into monarchies, or became absorbed into such as then existed" (Paine 1995, S. 229).
[498] A.a.O., S. 215. „It is on this system that the American government is founded. It is representation ingrafted upon democracy. It has fixed the form by a scale parallel in all cases to the extent of the principle. What Athens was in miniature, America will be in magnitude. The one was the wonder of the ancient world; the other is becoming the admiration and model of the present. It is the easiest of all forms of government to be understood, and the most eligible in practice; and excludes at once the ignorance and insecurity of the hereditary mode, and the inconvenience of the simple democracy" (Paine 1995, S. 232f).
[499] A.a.O., S. 197. „Man, with respect to all those matters, is more a creature of consistency than he is aware, or that governments would wish him to believe. All the great laws of society are laws of nature. Those of trade and commerce, whether with respect to the intercouse of individuals, or of nations, are laws of mutual and reciprocal interest. They are followed and obeyed, because it is the interest of the parties so to do, and not on account of any formal laws they government may impose oder interpose. - But how often is the natural propensity to society disturbed or destroyed by the operations of government! When the latter, instead of being ingrafted on the principles of the former, assumes to exist for itself, and acts by partialities of favour and oppression, it becomes the cause of mischiefs it ought to prevent" (Paine 1995, S. 216).

134

von willkürlichen Zwängen einer despotischen Zwangsgewalt konvergieren harmonisch die Gesetze der Gesellschaft mit denen der Natur.[500] Dieser Minimalstaat übt seine Funktion als der geschäftsführende Ausschuss der Gesellschaft dadurch aus, dass er für bestimmte, den Handel und die Produktion fördernde Infrastrukturen sorgt, die den einzelnen Produzenten überfordern würden. Ansonsten aber gilt der Grundsatz, „daß die Regierung nichts weiter ist, als eine Nationalverbindung, die nach den Grundsätzen der Gesellschaft verfährt".[501] Diese Wiederkehr des athenischen Minimalstaates im neuzeitlichen Gewand einer funktionierenden Marktökonomie des kleinen Eigentums entspricht auch Paines Option für die sozialstaatlichen Aufgaben einer solchen radikaldemokratischen parlamentarischen Demokratie. Einerseits sind die Verbrauchssteuern zu senken und die direkten Steuern zu erhöhen. Die Armensteuer, die den Mittelstand, aber nicht die Reichen belastet, muß ganz fallen. Andererseits haben die Reichen durch ein progressives Steuersystem im erhöhten Maße zur Finanzierung der sozialstaatlichen Einrichtungen beizutragen. Zusammen mit den Einkünften anderer Steuerarten sieht das Sozialprogramm Paines folgende Leistungen vor: „Kindergeld für jedes Kind bedürftiger Familien, eine gestaffelte Altersrente, Ausbildungsbeihilfe, staatliche Arbeitsbeschaffung für Arbeitslose, Abschaffung des Lohnstops in Inflationszeiten".[502]

Zusammenfassend kann gesagt werden, dass die Französische Revolution wie kein anderes Ereignis der Frühen Neuzeit auf die Entwicklung der Demokratietheorie eingewirkt hat: Das Spektrum möglicher Varianten reicht von einem radikaldemokratisch interpretierten Repräsentationssystem (Robespierre, Paine) über ein konservatives Beteiligungsmodell in der Tradition der „gemischten Verfassung" (Burke) bis hin zu einem kommunistischen Partizipationskonzept mit stark etatistisch-autoritären Überformungen (Babeuf). Wie sich die Entwicklung der Demokratietheorie im Spannungsfeld dieser drei Pole im 19. Jahrhundert entwickelte, wird in den nächsten Kapiteln zu untersuchen sein.

Varianten der Demokratie

---

[500] Zur Konvergenz der natürlichen Rechte der Menschen mit denen der Gesellschaft in Paines Ansatz vgl. grundlegend Habermas 1967, S. 62-78.
[501] A.a.O., S. 199.
[502] Stemmler 1973, S. 18.

Kapitel V
Demokratietheorien des 19. Jahrhunderts in Frankreich und England

§ 1 Einleitung

Die demokratietheoretischen Reflexionen des 19. Jahrhunderts stehen eindeutig im Zeichen zweier epochaler Ereignisse: dem Prozess der Industrialisierung und der Großen Französischen Revolution von 1789.

Industrielle Revolution

Bekanntlich wurden die Grundlagen der Industrialisierung in Form des mechanischen Walzverfahrens in der Eisenindustrie (1780), der Dampfmaschine (1782) und des mechanischen Webstuhls (1785) bereits am Vorabend der Französischen Revolution gelegt. Aber es war doch dem 19. Jahrhundert vorbehalten, dass die Erfindung der Dampfmaschine das gesamte Verkehrswesen durch den Einsatz von Dampfschiffen und Dampflokomotiven revolutionierte. Diese neuartigen Transportmittel machten „die gewaltige Produktionssteigerung in den Fabriken"[503] erst möglich. Hand in Hand mit dem durch Maschinen bewirkten Produktivitätszuwachs der Arbeit ging der Aufstieg der wissenschaftlich betriebenen Technik, der sich besonders im Bauwesen, aber auch in der feinmechanischen und optischen Industrie niederschlug. „Die Technisierung des 19. Jahrhunderts wirkte auch auf die wissenschaftliche Forschung zurück. Die Technik lieferte der Forschung Werkzeuge, die ganz neue Wege zu gehen erlaubten".[504] Begleitet wurde dieser sich selbst tragende technologische Innovationsprozess von einem Bevölkerungszuwachs, der zwischen 1800 und 1940 die Population in manchen Ländern verdoppelte, nicht selten sogar verdreifachte.

Soziale Veränderungen

Die demokratietheoretischen Dimensionen dieses gesellschaftlichen Umbruchs ohne historisches Vorbild sind gar nicht hoch genug einzuschätzen. Die Agrargesellschaften, gegen die er strukturell gerichtet war, reproduzierten sich zum größten Teil auf der Grundlage menschlicher und tierischer Muskelkraft: Ihre Mobilisierung reichte gerade aus, um bestenfalls einen bescheidenen Wohlstand, in der Regel jedoch eine Mangelgesellschaft zu ermöglichen, die kaum mehr als das Überleben ihrer Mitglieder sicherte. Auf jeden Fall aber war die Arbeitskraft so in den materiellen Reproduktionsprozess integriert, dass die für politische Partizipation notwendige Muße nur einer kleinen Elite der Landbesitzer oder der patrizischen Oberschicht der Städte zur Verfügung stand. Seit der Antike hatte daher die These des Aristoteles ihre Geltung auch in der Frühen Neuzeit nicht verloren, dass der Adel die „natürliche" politische Klasse ist, in

---

[503] Klemm 1989, S. 142.
[504] Ebd.

136

welcher sozialen Verkleidung er auch immer auftreten mochte. Selbst die scheinbare Ausnahme von dieser Regel, die attische Demokratie, blieb dieser Struktur insofern verhaftet, als sie ohne Sklaven nicht hätte überleben können.[505] Diesem seit der Antike geltenden Befund wurde nun tendenziell der Boden entzogen. In dem Maße, wie Maschinen Mensch und Tier als Energieträger langfristig überflüssig machten, entstanden Mußepotentiale, welche den Partizipationschancen der Unterschichten ganz neue Möglichkeiten eröffneten.

Gewiss, es handelte sich in der Früh- und Mittelphase der Industrialisierung um *Möglichkeiten,* nicht um *Realitäten.* Noch 1812 glaubte Robert Owen feststellen zu müssen, dass trotz des durch die Industrialisierung hervorgebrachten gesellschaftlichen Reichtums die Lage der arbeitenden Massen noch elender war als unter den Bedingungen der feudalen Agrargesellschaft.[506] Aber selbst diese Diagnose hatte demokratietheoretisch beträchtliche Auswirkungen: Wenn sich eine sozial verträgliche Verteilung des neuen industriell erwirtschafteten materiellen Überflusses nicht im Selbstlauf einstellte, war der Schluss unausweichlich, dass die verelendeten Industrieproletarier eine Verbesserung ihrer sozialen Lage in letzter Instanz selbst in die Hand zu nehmen hatten. Wie aber konnten sie dieses mittel- und langfristige Ziel erreichen, wenn nicht durch eine Politisierung ihrer Interessen im Rahmen neuartiger Demokratisierungsprozesse? Das sich konstituierende Industrieproletariat war gewiss historisch eine neue Klasse. Aber es agierte nicht ahistorisch auf einer Art „tabula rasa", sondern hatte Vorläufer in den Trägern der alten Demokratie, wie sie in der Französischen Revolution vor allem in den Jahren 1793 und 1794 die politische Szene beherrschten.[507]

Im Folgenden wird uns ganz zentral zu interessieren haben, in welchem Verhältnis das entstehende Industrieproletariat zu der alten Demokratie stand, deren Träger seit der Antike die plebejischen Schichten der kleinen Handwerker, Gesellen, Ladenbesitzer, Arbeiter etc. waren. Damit ist zu dem zweiten Großereignis übergeleitet, welchem die Demokratisierungsprozesse des frühen 19. Jahrhunderts wie ein Schatten folgten: Die Große Französische Revolution. Sie ist, wie wir sahen, demokratietheoretisch deswegen von höchster Bedeutung für das 19. Jahrhundert, weil sie zeigte, dass Politik am Vorabend der Industriellen Revolution nicht nur von den tradierten politischen Klassen des Adels und des städtischen Patriziats gestaltbar war, sondern auch von den plebejischen Volksmassen selbst: Es wurde darauf hingewiesen, dass es sich in den Demokratisierungsprozessen der Jahre 1793 und 1794 um eine Art Wiedergeburt der attischen Demokratie im neuzeitlichen Gewand handelte: Was beide verband, war die Tatsache, dass sie sich im Kontext erbitterter, die Gesellschaft polarisierender Klassenkämpfe Bahn brechen mussten. Für die nach oben drängenden Unterschichten war die revolutionäre Diktatur des Wohlfahrtsausschusses ein Vorbild, wie es ihr Cabet noch um die Jahrhundertmitte attestierte[508]; für die traditionelle politische Klasse hingegen übertraf sie selbst die Schrecken, die Platon und Aristoteles mit der alten, d.h. direkten Demokratie verbanden.[509] Demokratietheore-

Arbeiterschaft

Der „Schatten" der Französischen Revolution

---

[505] Vgl. Kapitel I, § 3.
[506] Owen 1968, S. 361.
[507] Vgl. Kapitel IV, §§ 3 u. 4.
[508] Vgl. Cabet 1979, S. 407-409.
[509] Vgl. Kapitel I, §§ 5 u. 6.

tisch waren freilich beide Reaktionsweisen für das 19. Jahrhundert relevant und, wie wir noch sehen werden, theoriebildend.

Nationale Kontexte

Es ist klar, dass der Prozess der Demokratisierung, der durch die Französische Revolution und die Industrialisierung im 19. Jahrhundert entscheidend beeinflusst wurde, in den verschiedenen nationalen Kontexten unterschiedlich ausgeprägt war. Als Fallbeispiele soll daher der Stand der demokratietheoretischen Reflexion in Frankreich[510] und England[511] vorgestellt und diskutiert werden. Wie entwickelte sich die Demokratie in einem Land, das unter dem Eindruck der größten bisher in der Geschichte erlebten Revolution stand? Und wie artikulierte sich die Demokratietheorie in einer Nation, welche an der Spitze der welthistorisch neuartigen Industrialisierung marschierte?

§ 2   Demokratie in Frankreich zwischen Napoleons Empire und dem Vorabend der 48er Revolution

Ende der Direktorialverfassung

Die Direktorialverfassung, welche das radikaldemokratische Regime des Konvents unter Robespierre ablöste, sah sich von Anfang an den Angriffen der Jakobiner auf der einen und der Royalisten auf der anderen Seite ausgesetzt. Hinzu kamen wirtschaftliche Probleme, die sie nicht zu bewältigen vermochte und die sie bei den Massen in Misskredit brachte. Zusammen mit politischer Instabilität und der durch die Inflation der Assignaten bewirkten schlechten Finanzlage brachte schließlich die Korruption das Direktorialregime um den letzten legitimatorischen Rückhalt. Die außenpolitische Initiative hatte längst der erfolgreiche junge General Napoleon Bonaparte (1761-1821) übernommen, dessen Popularität aufgrund seines zunächst erfolgreichen Italienfeldzuges in der Bevölkerung wuchs. Als sich im November 1798 eine zweite Koalition aus England, Russland und Schweden gegen Frankreich bildete und die französischen Armeen an allen Fronten zurückwichen, schlug die Stunde der Generalität, insbesondere Napoleons. Im Oktober 1799 begeistert in Paris empfangen, erwartete die Nation von ihm die Beendigung der innenpolitischen Unsicherheit. Am 9. November 1799 (18. Brumaire) schritt Napoleon zur Tat: Durch einen Staatsstreich setzte er die Direktorialverfassung außer Kraft, indem er die beiden Kammern auseinander jagte.

Vernichtung demokratischer Strukturen

Rosenberg kommentiert dieses Ereignis mit dem Satz: „Nach der Vernichtung der echten französischen Demokratie, nach dem 9. Thermidor und nach der Katastrophe Babeufs, wurde das Kaiserreich für die französischen Volksmassen eine Art Demokratieersatz".[512] Er weist darauf hin, dass zu Napoleons eigenem Erstaunen die Pariser Arbeiter nach seinem Sturz 1815 bereit waren, für ihn zu kämpfen. Diese Tatsache ist um so erklärungsbedürftiger, als Napoleon alles andere als ein Freund der Demokratie war. Denn die von ihm dekretierte Verfassung wurde zwar durch ein Plebiszit legitimiert - 1,5 Millionen Wähler stimmten dafür, 15 000 dagegen. Doch ihr Kern orientierte sich konsequent an dem Dik-

---

[510] Vgl. §§ 2-4.
[511] Vgl. §§ 5-7.
[512] Rosenberg 1962, S. 25.

tum Sieyès', der im Empire in die Politik zurückkehrte: „Die Autorität kommt von oben, das Vertrauen von unten". Ihm entsprach, dass sich die entscheidenden Befugnisse in der Hand des ersten Konsuls, Napoleons, konzentrierten, dass die Gesetzgebung in einem komplizierten Verfahren auf vier Kammern verteilt war, der Wahlmodus den Einfluss der Wähler marginalisierte und sich die Kompetenz der Aktivbürger darauf reduzierte, Listen von Notabeln vorzulegen, aus denen die Regierung die Mitglieder der Kammern und die Verwaltungsbeamten der Provinzen auswählte. Nehmen wir hinzu, dass die Gemeindeverwaltung, nach militärischem Vorbild organisiert, von der Zentralregierung abhängig war und auch die Kommune Paris unmittelbar der Regierung unterstellt wurde, wird man von einer fast vollständigen Vernichtung der in der Revolution geschaffenen demokratischen Strukturen reden müssen.

Dennoch ist es kein Zufall, dass gerade die Bevölkerungsschichten, die in der Revolution Träger der alten Demokratie waren, sich weitgehend mit diesem Regime identifizierten. Dass es Napoleon trotz Zensur, Verbot von Streiks und Zusammenschlüssen, Einführung von Arbeitsbüchern, straffer Zentralisierung des Finanzwesens, der Polizei und der Justiz offenbar gelang, das demokratische Potential zu absorbieren, lässt sich auf eine Reihe von Maßnahmen zurückführen: Zunächst schaffte er den inneren Ausgleich dadurch, dass er einerseits die Revolutionäre des „Terreur" amnestierte und andererseits gleichzeitig 140 000 Emigranten die Rückkehr nach Frankreich erlaubte. Neben der Befriedung der rebellierenden Bauern der Vendée schloss er ein Konkordat mit der katholischen Kirche. Damit war sowohl den Jakobinern als auch den Royalisten der Boden ihrer Opposition entzogen. Die Einführung des Code Napoleon, Reformen des Wirtschafts- und Handelsrechts sowie die Schaffung einer stabilen Währung begünstigten schließlich einen wirtschaftlichen Aufschwung, von dem auch die Arbeiter profitierten, weil er ihnen eine Periode der Vollbeschäftigung bescherte. Und für viele Bauernsöhne bot die Armee Aufstiegsmöglichkeiten, von denen frühere Generationen nur träumen konnten.

Reformen

Doch dieses in den Augen breiter Bevölkerungsschichten „goldene Zeitalter" begann sich seinem Ende zuzuneigen, als 1813/14 die sogenannten Befreiungskriege Frankreich auf die Grenzen von 1792 zurückwarfen. Am 6. April 1815 dankte Napoleon ab und zog sich nach Elba zurück. Nach seiner Herrschaft der hundert Tage wurde das französische Heer am 18. Juni 1815 bei Waterloo besiegt. Das Ende der napoleonischen Epoche leitete die Restauration der Bourbonen ein. Doch wenn ihre Protagonisten glaubten, dort fortfahren zu können, wo sie 1789 aufgehört hatten, so sahen sie sich bald auf den Boden der Tatsachen zurückgeführt. Die von der Revolution geprägte Sozialstruktur, wenngleich modifiziert durch sozio-politische Veränderungen, sowie der durch die inzwischen aufgrund der fortschreitenden Industrialisierung bewirkte Anstieg der Bevölkerung von 25 Millionen während der Revolution auf 35 Millionen im Jahr 1846 erwiesen sich als eherne restriktive Bedingungen für das neue Regime. Die eigentliche politische Klasse, die die Repräsentation sowohl im Parlament während der Restauration der Bourbonen als auch unter der Herrschaft Louis Philippes unter sich aufteilte, waren die Großgrundbesitzer und die Großindustriellen. Die Zwischenschicht setzte sich aus dem mittleren Bürgertum, den Beamten und dem Kleinbürgertum (Handwerker, kleine Gewerbetreibende) zusammen. In den

Restauration der Bourbonen

industriellen Ballungsgebieten in Paris und Lyon spielte zunehmend das Industrieproletariat eine Rolle, während das flache Land vor allem von den Parzellenbauern geprägt war, die die Massenbasis der späteren Herrschaft Napoleons III. darstellte. Selbst die Bourbonen konnten es nicht wagen, „den französischen Bauern wieder in die Abhängigkeit zurückzudrücken, die er bis 1789 ertragen hatte. Ohne seine alte wirtschaftliche Macht blieb jedoch der Adel völlig einflußlos. Die feudale Partei konnte eigentlich im Volke nur auf die geringe Minderheit rechnen, die aus Anhänglichkeit für die Katholische Kirche dem katholischen König die Treue hielt".[513]

Scheitern der Monarchie

Darüber hinaus gelang es weder Ludwig XVIII. noch Karl X., die Armee unter ihre Kontrolle zu bringen. Sie war fest in der napoleonischen Tradition verankert. Auch nutzten die Bourbonen nicht die Chance, ein festes Bündnis mit dem französischen Bürgertum zu etablieren, das auf der Basis des übernommenen englischen Parlamentsmodells durchaus hätte verwirklicht werden können. Es handelte sich um ein Zweikammersystem, bestehend aus einer Pairskammer und einem Abgeordnetenhaus, das aufgrund eines rigiden Zensuswahlrechts nur wenigen Bürgern das aktive und passive Wahlrecht verlieh. Doch sowohl Ludwig XVIII. als auch Karl X. gaben sich mit der Rolle eines konstitutionellen Monarchen nicht zufrieden: „Ich würde lieber Holz hacken", verkündete der letztere, „als unter den Verhältnissen des Königs von England König sein".[514] In dem Maße, in dem insbesondere Karl X. seinen offen absolutistischen Aspirationen nachgab, begann sich die innenpolitische Opposition zu verstärken: Die sozial weitgehend isolierte Monarchie konnte diesem Druck auf Dauer nicht standhalten. „Im Juli 1830 erhoben sich die Massen in Paris gegen die verhaßten Bourbonen. Die Armee zeigte nicht viel Eifer für das Königtum. Karl X. mußte fliehen, und damit war die Gefahr des feudalen Absolutismus beseitigt. Die Straßenkämpfe in Paris waren im Juli 1830 von den Arbeitern und Studenten ausgefochten worden, aber Nutznießer des Sieges wurde das besitzende Bürgertum. Die Kapitalisten setzten den liberalen Herzog Louis Philippe von Orléans, aus einer Seitenlinie des bourbonischen Hauses, zum König ein".[515]

§ 3 Die Debatte über die Demokratie vom Ende des napoleonischen Kaiserreichs bis zum Vorabend der 48er Revolution

Sozial-strukturelle Veränderungen seit 1791

Es ist demokratietheoretisch von höchster Bedeutung, wie die im Parlament repräsentierte politische Klasse einerseits und die seit der Französischen Revolution sich als Träger der alten Demokratie verstehenden Zwischenschichten im Kleinbürgertum und im entstehenden Industrieproletariat andererseits auf das Ereignis der Julirevolution von 1830 reagierten. Rosenberg weist zu Recht darauf hin, dass die Julirevolution der französischen Demokratiebewegung zu einem mächtigen Aufschwung verhalf. „Die Tradition Robespierres und Babeufs war ja

---

[513] Ebd.
[514] Zit. n. Seignobos 1910, S. 109.
[515] Rosenberg 1962, S. 26.

in den Pariser Arbeitervierteln niemals ganz untergegangen. Das war schon rein physisch nicht möglich. Denn ein Pariser Arbeiter, der im Jahre der Julirevolution 56 Jahre alt war, hatte den 9. Thermidor als 20jähriger miterlebt. Der Zeitabschnitt vom Tode Robespierres bis zur Thronbesteigung Louis Philippes erscheint nur deswegen so lang, weil sich inzwischen in Frankreich so unendlich viele und widerspruchsvolle Ereignisse abgespielt hatten. Die lebendige Brücke zwischen der ersten und zweiten Periode der europäischen Demokratie war Buonarroti, der Freund und Mitarbeiter Babeufs, den die Henker des Direktoriums verschont hatten und der in den zwanziger Jahren in Genf seine berühmte Geschichte Babeufs niederschrieb. Das Buch Buonarrotis war nach 1830 unter den Pariser Arbeitern gut bekannt. Es gehörte zu der volkstümlichen Revolutionsliteratur, zusammen mit den Reden Robespierres und den Artikeln Marats".[516]

Während der Herrschaft Louis Philippes kam es zu einer Klärung der grundlegenden Richtungen des republikanischen Lagers. Zwar war ihr gemeinschaftlicher Zweck die Wiedereinführung der Republik und des allgemeinen Wahlrechts auf der Grundlage der Verfassung von 1793. Doch in der Frage, wie man die Prinzipien der alten Demokratie von 1793/94 zu interpretieren habe, schieden sich die Geister. Der Streit entzündete sich an der Frage, ob man sich mit der Erringung des allgemeinen Wahlrechts auf die Veränderung der Regierungsform beschränken oder sie als Voraussetzung für durchgreifende Reformen zugunsten der Armen nutzen sollte. Die republikanische Partei spaltete sich dann auch über die kontroverse Interpretation eines von Robespierre redigierten Entwurfs. Er enthielt die Formel: „Das Eigentum ist das Recht, welches jeder Bürger hat auf den Genuß desjenigen Anteils der Güter, *der ihm durch Gesetz gesichert ist*".[517] Die sozialen Republikaner sahen in dieser Formel die Bestätigung dafür, dass das Privateigentum kein Naturrecht, sondern ein vom Staat verabschiedetes und von daher auch von ihm jederzeit zugunsten der kleinen Leute veränderbares Gesetz sei. Demgegenüber behielt die „rein politische Partei der bürgerlichen Republikaner (...) das alte Programm, die Republik ohne Änderung der sozialen Ordnung, bei, sie blieb friedlich und entfaltete ihre Wirksamkeit vornehmlich durch ihr Organ, den 'National', und durch Reden in der Kammer. Die soziale Partei, besonders aus Arbeitern unter Führung einiger junger Männer aus der Bourgeoisie bestehend, betrachtete die Republik lediglich als ein Mittel, um zur Sozialreform zu gelangen".[518]

Aber auch die sozialen Republikaner, die im Gegensatz zur Trikolore der bürgerlichen Republik die rote Fahne als politisches Symbol wählten, spalteten sich in einen kommunistischen und einen sozialistischen bzw. sozialreformerischen Flügel. Ihre Wortführer waren Blanqui (1805-1881) auf der einen und Louis Blanc (1811-1882) sowie Ledru-Rollin (1807-1874) auf der anderen Seite. Gemeinsam betrachteten sie sich zwar als Erben der alten Demokratie. Aber sie interpretierten diesen Traditionsbezug in unterschiedlicher Weise. Blanqui war als Initiator mehrerer Aufstände in den 30er Jahren hervorgetreten. Wie bei den Anhängern der alten Demokratie üblich, waren für ihn „Proletarier neun Zehntel des französischen Volkes und nicht nur die Minderheit der Facharbeiter. Der

Marginalien rechts:
Differenzierung des republikanischen Lagers

- soziale Republikaner

- bürgerliche Republikaner

Kommunisten und Sozialisten

- Blanqui

---

[516] A.a.O., S. 39f.
[517] Zit. n. Seignobos 1910, S. 123.
[518] Ebd.

Begriff des Proletariats erscheint hier noch vollkommen im antiken Sinn. In der römischen Verfassung war der Proletarier der besitzlose Bürger, dessen Stimmrecht schlechter war als das Recht der besitzenden 'Klassen'. Blanqui erstrebte die Einheit, die Bewaffnung und den siegreichen Aufstand der gesamten ungeheuren Masse der werktätigen Menschen. Er rechnete zu den Proletariern die Bauern, die Handwerker, die industriellen Arbeitnehmer und auch die verarmten Akademiker, wie er selbst einer war".[519] Die Anhänger dieser kommunistischen Schule beriefen sich vor allem auf Buonarrotis Schrift „Babeuf und die Verschwörung für die Gleichheit". In ihrer im Untergrund zirkulierenden Parteizeitung „L'homme libre" sind babouvistische Formen zu finden und „1839 nahm die Partei selbst den Namen einer kommunistischen an. Der 'Bund der Jahreszeiten' stellte die Frage: 'Sollen wir eine politische Reform vornehmen oder eine soziale?' und antwortete: 'Eine soziale Reform'. Das Mittel zur Durchführung sei die Bildung 'einer diktatorischen Gewalt mit der Aufgabe, die revolutionäre Bewegung zu leiten'".[520]

- Louis Blanc

Die andere Variante der alten Demokratie vertrat Louis Blanc. Er „forderte das allgemeine Stimmrecht und Diäten für die Parlamentsmitglieder, unentgeltlichen Unterricht für alle, die allgemeine militärische Dienstpflicht (ohne Stellvertretung) und die 'Organisation der Arbeit'".[521] Wie die Anhänger Blanquis forderte auch Blanc den Aufbau von Nationalwerkstätten, aber nicht auf revolutionärem Weg. Zwar auf Staatskosten eingerichtet, sollten sie von den Arbeitern selbst geleitet werden. Da Blanc auch einen privaten Sektor vorsah, also eine volle Verstaatlichung vermeiden wollte, galt sein Programm als sozialistisch, während Blanquis Projekt dem Kommunismus zugeordnet wurde. Blanc stimmte - gegen Blanqui gerichtet - in seiner Transformationsstrategie durchaus mit Ledru-Rollin überein, dem wichtigsten Sprecher des kleinbürgerlichen Flügels der Republikaner: Wie die Chartisten und später die deutsche Sozialdemokratie verband dieser *unmittelbar* die grundlegende Sozialreform zugunsten der kleinen Leute mit dem Sieg des allgemeinen Wahlrechts innerhalb der parlamentarischen Demokratie: „Durch die politische Frage hindurchzugehen, um zur sozialen Besserung zu gelangen, das ist der Weg, der die demokratische Partei charakterisiert".[522] Wir sehen also deutlich den antiken Topos aufscheinen, dass Demokratie die Voraussetzung für grundlegende Reformen zugunsten der kleinen Leute sei.

- Ledru-Rollin

Bedeutungswandel des Demokratiebegriffs im Bürgertum

Für unsere Untersuchung ist der Umstand von höchster Bedeutung, ob sich - nach den Erfahrungen der Französischen Revolution und der Juli-Ereignisse von 1830 - im Denken der sozial herrschenden Oberschichten Frankreichs die pejorative Bedeutung des Begriffs Demokratie veränderte. Dieses Problem gewinnt auch dadurch an Relevanz, dass Rosenberg zufolge „nach Blut und Barrikaden (...) damals nur die Demokratie (roch), aber weder der Sozialismus noch der Kommunismus als solcher. Die regierenden Herren bekannten sich zu dem Grundsatz: 'Gegen Demokraten helfen nur Soldaten', während sie den Sozialisten

---

[519] Rosenberg 1962, S. 32.
[520] Seignobos 1910, S. 124.
[521] A.a.O., S. 132.
[522] Zit. n. ebd.

eine entsprechende Ehre nicht erwiesen".[523] Zwar steht außer Frage, dass die politische Klasse Frankreichs zwischen 1815 und 1848 außerordentlich heterogen war: Sie reichte von radikalen Monarchisten, deren Symbol die weiße Flagge war, über Anhänger eines konstitutionellen Königtums bis hin zu Protagonisten einer parlamentarischen Regierung mit Ministerverantwortlichkeit. Dennoch ist unübersehbar, dass sich seit Anfang der 30er Jahre ein Bedeutungswandel im bürgerlichen Gebrauch des Begriffs Demokratie anbahnte, der in seiner Bedeutung nicht hoch genug eingeschätzt werden kann.

Im Jahr 1847 kam es zu einer Kontroverse zwischen dem Organ der bürgerlichen Republikaner „National" und der Zeitschrift „Réforme", hinter der die republikanischen Demokraten Louis Blancs standen. Rosenberg zufolge ist dieser Streit von außerordentlicher Bedeutung, weil „damit (...) in Europa die Scheidung der jüngeren bürgerlich-liberalen Demokratie von der älteren Demokratie des armen Volkes (beginnt)".[524] Die Leute des „National" nahmen nämlich für sich in Anspruch, „die Vertreter der geordneten und verständigen Demokratie" zu sein, „während sich um die 'Réforme' nur die 'Demagogen' und 'Ultrademokraten' gruppierten".[525] Auf der Grundlage des allgemeinen Wahlrechts würden die besitzlosen Schichten keineswegs zur sozialen Revolution übergehen, sondern vielmehr die Grundlage der bürgerlichen Gesellschaft, das Privateigentum, verteidigen. In diesem Sinne polemisierte ein Artikel Ende 1847 gegen die Zeitschrift „Réforme": „Ihr sprecht von unbestimmten Bestrebungen, von Theorien und Systemen, die im Volke entstehen. Ihr tadelt uns, daß wir diese, geradeheraus gesagt, kommunistischen Bestrebungen offen angreifen. Nun wohl, erklärt Euch direkt, entweder für oder gegen den Kommunismus. Wir erklären es laut: Wir haben nichts mit den Kommunisten, mit diesen Leuten gemein, die das Eigentum, die Familie, das Vaterland leugnen. Wir werden am Tage des Kampfes nicht mit, sondern gegen diese abscheulichen Bestrebungen fechten (...). Und ihr glaubt, das Volk würde mit Euch sein? Das Volk würde das wenige Eigentum, das es sich im Schweiße seines Angesichts erworben, es würde die Familie, das Vaterland aufgeben? Ihr glaubt, das Volk würde sich jemals überreden lassen, es sei gleichgültig, ob Österreich uns unter seinem Despotismus unterjoche, ob die Mächte Frankreich zerstückeln?".[526]

Demgegenüber hielt die „Réforme" an dem Kernstück der alten Demokratie fest, dass diese ohne soziale Leistungen für die kleinen Leute nicht verwirklicht werden könne. Sie lehnte eine Demokratie ohne soziale Veränderung als ein formales Partizipationskonstrukt ab: „Wir sind nicht kommunistisch und zwar aus dem Grunde, weil der Kommunismus nicht die Gesetze der Produktion berücksichtigt, weil er sich nicht darum kümmert, daß auch hinreichend für die ganze Gesellschaft produziert wird. Aber die ökonomischen Vorschläge der Kommunisten stehen uns näher als die des 'National', der ohne weiteres die heutige Ökonomie akzeptiert. Wir werden die Kommunisten auch fernerhin gegen die Polizei und den 'National' verteidigen, weil wir ihnen mindestens das Recht der Diskussion zuerkennen, und weil die von den Arbeitern selbst ausgehenden

Kontroverse zwischen „National" und „Réforme"

---

[523] Rosenberg 1962, S. 35.
[524] A.a.O., S. 43.
[525] Ebd.
[526] Zit. n. a.a.O., S. 43f.

Doktrinen stets Berücksichtigung verdienen".[527] Wenn nicht alles täuscht, stoßen in dieser Kontroverse zwei Demokratiekonzeptionen aufeinander, die noch die Diskussion des 20. Jahrhunderts bestimmen sollten: Einerseits die Fortentwicklung der alten Demokratie, die jetzt das moderne Industrieproletariat mit umfasst und auf jeden Fall soziale Reformen mit einschließt. Andererseits Demokratie als Bestätigung des bestehenden Status quo der bürgerlichen Gesellschaft, die sich auf die Generierung staatlicher Normen beschränkt und eine mögliche soziale Dimension als peripher betrachtet.

§ 4 Liberal-konservative Demokratieinterpretationen bei Tocqueville und Guizot

Dass in der Tat um die Mitte des 19. Jahrhunderts der Begriff der Demokratie für die bürgerlichen und aristokratischen Schichten seine pejorative Bedeutung zu verlieren beginnt, wenn auch um den Preis einer wichtigen Neuinterpretation seines semantischen Gehalts, verdeutlichen die demokratietheoretischen Positionen Alexis de Tocquevilles (1805-1859) und François Guizots (1787-1874). Tocqueville veröffentlichte den ersten Teil seines demokratietheoretischen Klassikers „Über die Demokratie in Amerika" noch während der Herrschaft Louis Philippes im Jahr 1835. Der zweite Teil folgte 1840.[528] Er weiß sich mit Lamartine einig, dass das demokratische Prinzip, wie es die Entwicklung der Vereinigten Staaten erkennen lasse, eine unaufhaltsam sich ausbreitende, sozusagen im göttlichen Weltenplan verankerte Notwendigkeit ist. Im Vorwort zur 12. Auflage seines Buches im Jahr 1848 bekennt er, es sei „im beständigen Banne eines einzigen Gedankens geschrieben" worden: „des nahen, unaufhaltsamen, allgemeinen Aufstiegs der Demokratie in der Welt".[529] Tocqueville lieferte keine sozialwissenschaftliche, sondern eher eine metaphysische Erklärung für diesen Vorgang, wenn er schrieb: „Die allmähliche Entwicklung zur Gleichheit ist ein Werk der Vorsehung. Sie trägt dessen Hauptmerkmale: sie ist allgemein, sie ist von Dauer, sie entzieht sich täglich der Macht des Menschen, die Geschehnisse wie die Menschen haben alle diese Entwicklung begünstigt. Wäre es klug zu glauben, eine soziale Bewegung, die von so weither kommt, ließe sich durch die Bemühung einer Generation aufhalten? Denkt man, die Demokratie, die das Feudalwesen zerstört und die Könige besiegt hat, werde vor den Bürgern und vor den Reichen zurückschrecken? Wird sie stehenbleiben, jetzt, da sie so stark und ihre Gegner so schwach geworden?".[530]

---

[527] Zit. n. a.a.O., S. 44.

[528] Vgl. Tocqueville 1987. Die deutsche Übersetzung wurde verglichen mit Tocqueville 1992.

[529] Tocqueville 1987, S. 5.

[530] Ebd. „Le développement graduel de l'égalité des conditions est donc un fait providentiel, il en a les principaux caractères: il est universel, il est durable, il échappe chaque jour à la puissance humaine; tous les événements, comme tous les hommes, servent à son développement. Serait-il sage de croire qu'un mouvement social qui vient de si loin pourra être suspendu par les efforts d'une génération? Pense-t-on qu'après avoir détruit la féodalité et vaincu les rois, la démocratie reculera devant les bourgeois et les riches? S'arrêtera-t-elle maintenant qu'elle est devenue si forte et ses adversaires si faibles?" (Tocqueville 1992, S. 7).

Aber als konservativer Beobachter glaubte er, auch auf zwei gravierende Gefahren hinweisen zu müssen, die mit dem Siegeszug der Demokratie verbunden seien: die Zerstörung des Privateigentums und damit der Grundlage der bürgerlichen Gesellschaft sowie die Tyrannei der Mehrheit, welche die Gesellschaft nivellierte. Auf die erste Gefahr wies er leidenschaftlich als Abgeordneter in einer Parlamentsrede wenige Wochen vor Ausbruch der Februarrevolution von 1848 hin. „Die Französische Revolution", so führte er aus, „welche alle Privilegien beseitigte und alle Ausnahmerechte zerstörte, hat nur ein einziges Recht bestehen lassen: das Eigentumsrecht. Mögen die Besitzenden sich keine Illusionen über die Stärke ihrer Stellung machen und sich nicht einbilden, daß das Eigentumsrecht ein unüberwindlicher Schutzwall ist, weil er bisher noch nicht überschritten wurde, - denn unsere Zeit gleicht keiner vorhergehenden. Als das Eigentumsrecht Ursprung und Grund vieler anderer Rechte war, verteidigte es sich mühelos (...). Heute aber, wo das Eigentumsrecht nur als letzter Rest einer zerstörten aristokratischen Welt erscheint, allein aufrechtstehend, isoliertes Vorrecht inmitten einer nivellierten Gesellschaft (...) ist es anders geworden (...). Betrachten Sie die Vorgänge im Schoß der Arbeiterklasse (...). Sehen Sie denn nicht, daß sich in ihr allmählich Ansichten und Ideen verbreiten, die keineswegs darauf abzielen, irgendwelche Gesetze, irgendein Ministerium, selbst irgendeine Staatsform zu stützen, *sondern die Grundlagen der bürgerlichen Gesellschaft selbst zu erschüttern"*.[531]

Die andere Gefahr hat Tocqueville in seinem Klassiker „Über die Demokratie in Amerika" beschrieben: Das Kernstück der Demokratie, das Mehrheitsprinzip, laufe auf eine Tyrannis hinaus, die nicht auf die Beherrschung der Körper, sondern der Seelen abziele.[532] „Was ich der demokratischen Regierung, wie man sie in den Vereinigten Staaten gebildet hat, vor allem vorwerfe, ist nicht ihre Schwäche, wie sie viele Leute in Europa behaupten, sondern im Gegenteil ihre unwiderstehliche Stärke. Und was mich in Amerika am meisten abstößt, ist nicht die weitgehende Freiheit, die dort herrscht, es ist die geringe Gewähr, die man dort gegen die Tyrannei findet".[533] Der Konformitätsdruck, der vom Willen der Mehrheit ausgeht, ist Tocqueville zufolge zumindest virtuell total. An wen soll sich der einzelne in der Demokratie wenden, so fragte Tocqueville, wenn ihm ein Unrecht geschieht? „An die öffentliche Meinung? Sie ist es, die die Mehrheit bildet; an die gesetzgebende Versammlung? Sie stellt die Mehrheit dar und gehorcht ihr blind; an die ausübende Gewalt? Sie wird durch die Mehrheit ernannt und dient ihr als gefügiges Werkzeug; an das Heer? Das Heer ist nichts anderes als die Mehrheit in Waffen; an das Geschworenengericht? Das Geschworenengericht ist die mit dem Recht zum Urteilsprechen bekleidete Mehrheit: die Richter

---

[531] Zit. n. Mayer 1954, S. 66f.
[532] Vgl. zu Tocquevilles Analyse der amerikanischen Demokratie auch Mittermaier/Mair 1995, S. 130-142; Waschkuhn 1998, S. 229-233; Schmidt 2000, S. 127-147; Frevel 2004, S. 50-52.
[533] Tocqueville 1987, S. 378. „Ce que je reproche le plus au gouvernement démocratique, tel qu'on l'a organisé aux Etats-Unis, ce n'est pas, comme beaucoup de gens le prétendent en Europe, sa faiblesse, mais au contraire sa force irrésistible. Et ce qui me répugne le plus en Amérique, ce n'est pas l'extrême liberté qui y règne, c'est le peu de garantie qu'on y trouve contre la tyrannie" (Tocqueville 1992, S. 289f).

selbst werden in gewissen Staaten von der Mehrheit gewählt. Wie ungewollt und unsinnig die Maßnahme sei, die euch trifft, ihr habt ihr euch zu unterziehen".[534]

Gewaltenbalance

Das Resultat dieses demokratischen Konformitätsdrucks liege auf der Hand: Ohne Geistesfreiheit könne sich weder ein künstlerisches Genie[535] noch eine bedeutende Persönlichkeit auf der politischen Bühne entfalten.[536] Doch so sehr Tocqueville die Schwächen der amerikanischen Demokratie in Gestalt der Gefahren des Mehrheitsprinzips auch betont, so fest ist er davon überzeugt, dass es das System von Gewicht und Gegengewicht der amerikanischen Verfassung ist, welches die heiligen Rechte der Familie und des Eigentums schützt und dadurch der Demokratie Stabilität verleiht. Die tyrannische Wirkung des Mehrheitsprinzips wird im wesentlichen durch drei Dinge gebremst: „Das erste ist die bundesstaatliche Form, die die Amerikaner angenommen haben und die der Union erlaubt, sich der Macht einer großen und der Sicherheit einer kleinen Republik zu erfreuen. Das zweite finde ich in den Gemeindeeinrichtungen, die dadurch, daß sie den Despotismus der Mehrheit mäßigen, zugleich dem Volk den Sinn für Freiheit und die Kunst des Freiseins beibringen. Das dritte besteht in der Begründung der richterlichen Gewalt. Ich habe dargetan, wie sehr die Gerichtshöfe die Verirrungen der Demokratie berichtigen helfen und wie sie, ohne je den Gang der Mehrheit aufhalten zu können, dieses doch zu verlangsamen und zu lenken vermögen".[537]

François Guizot

Ähnlich ist die Position François Guizots, der bis zur 48er Revolution Erster Minister im Kabinett des Bürgerkönigs Louis Philippes war. 1849 schrieb er seine Abhandlung „De la Démocratie en France".[538] Auch er ist vom unaufhaltsamen Siegeszug der Demokratie überzeugt. So weist er darauf hin, dass der Demokratiebegriff seinen genauen Sinn, wie er ihn einst in der Staatsformenlehre besaß, verloren habe. Alle Parteien reklamierten aus opportunistischen Gründen diesen Begriff für sich. Die Königstreuen sagten, ihre Staatsform sei eine demokratische Monarchie, die Republikaner bezeichneten ihren Staat als eine sich selbst regulierende Demokratie, die Sozialisten und Kommunisten wollten, dass die Republik eine reine, absolute Demokratie sei. „Die Herrschaft des Wortes Demokratie ist bereits so groß, daß keine Regierung, keine Partei überleben

---

[534] Tocqueville 1987, S. 378f. „Lorsqu'un homme ou un parti souffre d'une injustice aux Etats-Unis, à qui voulez-vous qu'il s'adresse? A l'opinion publique? c'est elle qui forme la majorité; au corps législatif? il représente la majorité et lui obéit aveuglément; au pouvoir exécutif? il est nommé par la majorité et lui sert d'instrument passif; à la force publique? la force publique n'est autre chose que la majorité sous les armes; au jury?; le jury c'est la majorité revêtue du droit de prononcer des arrêts: les juges eux-mêmes, dans certains Etats, sont élus par la majorité. Quelque inique ou déraisonnable que soit la mesure qui vous frappe, il faut donc vous y soumettre" (Tocqueville 1992, S. 290).

[535] Tocqueville 1987, S. 384.

[536] A.a.O., S. 385f.

[537] A.a.O., S. 432. „Trois choses semblent concourir plus que toutes les autres au maintien de la république démocratique dans le Noveau Monde: La première est la forme fédérale que les Américains ont adoptée, et qui permet à L'Union de jouir de la puissance d'une grande république et de la sécurité d'une petite. Je trouve la deuxième dans les institutions communales qui, modérant le despotisme de la majorité, donnent en même temps au peuple le goût de la liberté et l'art d'être libre. La troisième se rencontre dans la constitution du pouvoir judiciaire. J'ai montré combien de tribunaux servent à corriger les écarts de la démocratie, et comment, sans jamais pouvoir arrêter les mouvements de la majorité,ils parviennent à les ralentir et à les diriger" (Toqueville 1992, S. 330f).

[538] Vgl. Guizot 1849.

zu können wagt, ohne dieses Wort auf ihre Fahnen zu schreiben".[539] Diese Tendenz sieht Guizot nicht weniger kritisch als Tocqueville: Die Durchsetzung einer demokratischen Republik führe zum Klassenkampf und zerstöre den sozialen Frieden, wie die Revolution von 1789 gezeigt habe.[540] „Es ist offensichtlich das Chaos des Bürgerkriegs, in das die demokratische Republik seit ihren ersten Anfängen, ihren ersten Aktionen sich selbst und uns versinken läßt".[541] Der Klassenkampf aber ende notwendig im revolutionären Despotismus, da ihn keine Gegengewalten aufhielten. In gleicher Weise laufe die soziale Republik auf die Anarchie hinaus; denn sie greife den Staat und die Familie, das Privateigentum, das Vererbungsrecht, das Vaterland sowie die Geschichte an und damit die Grundlage der bürgerlichen Gesellschaft selbst.[542] Die soziale Republik, so Guizot, unterdrücke alle. Sie sehe in den Menschen nur isolierte und kurzlebige Wesen. Diese existierten nicht in dieser Welt, dem Theater des Lebens, um hier zu arbeiten und sich zu vergnügen. Ohne Ziel lebe jeder auf seine Rechnung. Durch diesen Verstoß gegen die „natürliche Ordnung" stufe sie die Menschen auf das Niveau des Tierreichs herunter.[543]

Gefahr des Klassenkampfes und der Anarchie

Doch andererseits weiß sich Guizot mit der Zeitung der bürgerlichen Republikaner „National", aber auch mit Tocqueville einig, dass der Prozess der Demokratisierung nicht einfach zu negieren ist. „Man kann nicht mehr die Demokratie in der Gesellschaft unterdrücken, genau so wenig wie eine freiheitliche Regierung. Diese enorme Bewegung, die im Innern der Nationen alles durchdringt und durchtränkt, die unaufhörlich alle Klassen, alle Menschen dazu bringt, ihre Gedanken, Wünsche und Forderungen nach ihr zu richten, diese Bewegung wird unauslöschlich sein".[544] Wenn also die Demokratie nicht rückgängig zu machen ist, dann kommt es darauf an, ihre Dynamik institutionell zu kanalisieren: Ohne eine solche Regulierung werde sie die Zivilisation zerstören sowie die Schande und das Unglück der Menschheit bewirken. Es entspreche der natürlichen Ordnung, dass es in der Gesellschaft ebenso große und kleine Eigentümer gebe wie eine fruchtbare Hierarchie, in der die Arbeit nach ihrem geistigen Rang organisiert ist.[545] Wie in der englischen[546] und in der amerikanischen Verfas-

Institutionelle Kanalisierung

---

[539] A.a.O., S. 7: „Tel est l'empire du mot *démocratie* que nul gouvernement, nul parti n'ose vivre, et ne croit le pouvoir, sans inscrire ce mot sur son drapeau, et que ceux-là se croient les plus forts qui portent ce drapeau plus haut et plus loin".

[540] Vgl. a.a.O., S. 23.

[541] A.a.O., S. 29: „C'est évidemment dans le chaos de la guerre sociale que la République démocratique, dès ses premiers pas, par ses premiers actes, est près de se plonger et de nous plonger".

[542] Ebd.

[543] Vgl. a.a.O., S. 39 „La République sociale supprime tout cela. Elle ne voit dans les hommes que des êtres isolés et éphémères qui ne paraissent dans la vie et sur cette terre, théâtre de la vie, que pour y prendre leur subsistance et leur plaisir, chacun pour son compte seul, au même titre et sans autre fin. C'est précisément la condition des animaux".

[544] A.a.O., S. 85: „On ne supprimera pas plus la démocratie dans la société que la liberté dans le gouvernement. Ce mouvement immense qui pénètre et fermente partout au sein des nations, qui va provoquant sans cesse toutes les classes, tous les hommes à penser, à désirer, à prétendre, à agir, à se déployer en tous sens, ce mouvement ne sera point étouffé".

[545] A.a.O., S. 58: „Comme la famille, comme la propriété, comme toutes choses en ce monde, le travail a ses lois naturelles et générales. La diversité et l'inégalité entre les travaux, entre les travailleurs, entre les résultats du travail, sont au nombre de ces lois. Le travail intellectuel est supérieur au travail manuel. (...) Et, parmi ces ouvriers, ceux qui sont intelligents, moraux, laborieux, acquièrent

sung[547] muss ferner ein Gewaltenteilungsprinzip etabliert werden, das, wirkungsvoll von allen beharrenden Kräften der Gesellschaft unterstützt[548], der demokratischen Dynamik Einhalt gebietet und im Interesse des sozialen Friedens die revolutionären Impulse und Bestrebungen der Arbeiterklasse entschärft und integriert.

Diese Feststellung wirft die Frage nach dem Stand der Demokratisierung in dem Land auf, in dem der Industrialisierungsprozess am weitesten vorangeschritten war: Großbritannien.

§ 5   Die Vorgeschichte der Wahlrechtsreform von 1832 in England

„Doppelte Nation"

Die Demokratisierungsprozesse in England sind ohne einen kurzen Abriss der Zusammensetzung der britischen Gesellschaft um die Jahrhundertwende nur schwer rekonstruierbar. Charles Seignobos sah sie durch die Struktur einer doppelten Nation gekennzeichnet: einer „niederen Nation" „ohne politische Rechte, ohne gesicherte Subsistenzmittel und ohne Schutz der bürgerlichen Freiheit" sowie einer „Nation im Rechtssinne"[549]: Gemeint ist die eigentlich politisch und sozial herrschende Oberschicht.

Rivalisierende Aristokratien

Diese „höhere Nation" wurde von zwei rivalisierenden Aristokratien dominiert: „von den Großgrundbesitzern einerseits, die im Bunde mit den Clergymen das Land (...), und von den Kapitalisten und Großindustriellen auf der anderen Seite, welche die Städte beherrschten. Sie hatten die ganze wirtschaftliche Macht in Händen".[550] Aufgrund der bereits im 16. Jahrhundert einsetzenden Einhegungsbewegung, als deren erster prominenter Kritiker Thomas Morus hervorgetreten war, waren die selbständige Bauernschaft, der Kleingrundbesitz und die Zinsbauern fast aufgerieben. Zu großen Domänen zusammengeschmolzen, gehörten die Ländereien dem hohen Adel (Lords) oder dem kleinen Landadel (Gentry). Die Besitzer verpachteten das Land an Farmer, welche den Grund und Boden „durch Tagelöhner (labourers) ausbeuteten; ein Dorf war nur eine Gruppe von Arbeitshütten, wo der Lord oder der Squire als Herr gebot".[551] Da das Getreide das hauptsächliche landwirtschaftliche Produkt Englands war, gelang es den Großgrundbesitzern im Parlament, die sogenannten Korngesetze zu verabschieden. Um den hohen Kornpreis aufrechtzuerhalten, dekretierte es, dass Getreide aus dem Ausland nur dann importiert werden durfte, wenn während einer Teuerung der Getreidepreis eine bestimmte Höhe überschritt. Nach dem Ende der Napoleonischen Kriege wurde er weiter erhöht, so dass der Gewinn aus

---

légitimement, par leur travail, une situation supérieure à celle où languissent ceux qui sont peu intelligents, paresseux, licencieux".
[546] Vgl. a.a.O., S. 80.
[547] Vgl. a.a.O., S. 24f, 81.
[548] Vgl. a.a.O., S. 86f.
[549] Seignobos 1910, S. 19.
[550] Ebd.
[551] Ebd.

Grund und Boden um das Doppelte stieg, während die Löhne für die Landarbeiter konstant blieben.

Aber die britische Oberschicht war keineswegs von ihren Interessen her homogen, weil den Großgrundbesitzern eine zunehmend mächtiger werdende großindustrielle Bourgeoisie gegenübertrat, die aus dem Prozess der Industrialisierung hervorgegangen war. Sie basierte in England im wesentlichen auf zwei Faktoren: „1. Die neuen von Wasser oder Dampfkraft getriebenen Maschinen und die neuen mechanischen Webstühle schufen die Großindustrie, besonders in der Nähe von Wasserwerken, Kohlenminen oder Wäldern; 2. die kleinen Meister, welche unmittelbar für den Kunden arbeiteten, wurden durch Unternehmer verdrängt, welche mit Kapitalien zu arbeiten und im großen für den unbestimmten Ausfuhrmarkt zu produzieren begannen. So bildete sich die neue Klasse der Großindustriellen und der Großkaufleute, welche die Aristokratie der Kapitalisten verstärkte".[552] Diese Umwälzung der Produktionsmethoden hatte eine grundlegende demographische Umstrukturierung zur Folge. „England teilte sich in zwei Gebiete: Der Süden und der Osten blieben ländlich und wurden weiter von den Großgrundbesitzern beherrscht, sie wurden die konservativen Gebiete; der Norden und Westen dagegen wurden industrialisiert und (...) das Terrain der politischen Agitation".[553] Ihre zunehmende Radikalisierung, durch die Ereignisse der Französischen Revolution verstärkt, hatte im wesentlichen zwei Gründe: Einerseits sah sich die expandierende Großindustrie wegen der veralteten Wahlkreise, die noch auf vorindustrielle Interessen zugeschnitten waren, im Parlament gegenüber dem Großgrundbesitz nicht oder nicht hinreichend repräsentiert. Andererseits nahm der Druck von unten aufgrund des von der Industriellen Revolution mitbewirkten sozialen Elends zu.

Die „soziale Frage" verschärfte sich zudem durch die Koalitionsgesetze von 1799-1800. Mit drastischen Gefängnisstrafen wurden alle Versuche der Arbeiter, gemeinsam Lohnerhöhungen zu erreichen, sanktioniert. Dieses Assoziationsverbot bewirkte, dass „Matrosen, ländliche Tagelöhner, Arme und Arbeiter vom gemeinen Recht ausgenommen und der Willkür der Werber, der Kirchspielräte, der Industrieherren und der Friedensrichter preisgegeben (waren). (...) Aus dieser Klasse der Enterbten gingen zahlreiche Verbrecher, besonders Diebe hervor. Zu ihrer Abschreckung hatte das Parlament drakonische Gesetze erlassen, welche die Todesstrafe für über 200 zu Verbrechen erklärte Handlungen aussprachen; so war es z.B. ein Kapitalverbrechen, ein Karnickel zu erlegen oder einen Gegenstand von einer Ladenauslage zu entwenden".[554] Es besteht kein Zweifel, dass die Französische Revolution erheblich dazu beitrug, einerseits die Rivalität zwischen der landbesitzenden und der großindustriellen Aristokratie in der Frage der Repräsentation im Parlament und andererseits die Diskrepanz zwischen der Oberschicht und der Masse der arbeitenden Bevölkerung zu politisieren. Die Folgen dieses Vorganges waren - wie in der Französischen Revolution - unausweichlich: Er setzte - auch aufgrund eines expandierenden Pressewesens als Zentrum einer kritisch räsonierenden Öffentlichkeit - die Forderung nach Demokratisierung des parlamentarischen Systems auf die politische Tagesordnung, die sowohl vom

Großindustrielle Bourgeoisie

Unterdrückung der Arbeiterschaft

---

[552] A.a.O., S. 20.
[553] Ebd.
[554] A.a.O., S. 19.

republikanischen Bürgertum als auch von den radikalisierten Industriearbeitern erhoben wurde.

Radicals Die bürgerlichen Republikaner, die sogenannten „Radicals", standen über die „corresponding societies" während der Revolution von 1789 mit den französischen Republikanern in Verbindung. Aber auch unter den Arbeitern, die sich unter dem Damoklesschwert des Koalitionsverbots in „Friendly Societies" und „Trade Clubs" organisierten, hatte ein proletarischer Jakobinismus beachtlichen Zulauf. Beide Gruppierungen waren sich darin einig, dass das allgemeine Wahlrecht die Voraussetzung aller anderen Reformen sei. „Wie im Jahr 1816 veranstalteten die Radikalen eine Massenversammlung und bereiteten eine Bittschrift um die Wahlreform vor; sie umfaßt fünf Punkte: allgemeines Wahlrecht, geheime Stimmabgabe, jährliches Parlament, parlamentarische Diäten, Abschaffung des Zensus für die Wählbarkeit (um Abgeordneter werden zu können, mußte man ein Einkommen aus Grundbesitz nachweisen)".[555] Dass diese Forderungen die französische Revolutionsverfassung von 1793 zum Vorbild hatte, verdeutlicht die Kundgebung von Peterloo in der Nähe Manchesters, an der über 50 000 Personen teilnahmen. Man trug Fahnen mit phrygischer Mütze und den Aufschriften: „Keine Korngesetze - Freiheit oder Tod (Wahlspruch aus der französischen Revolution) - Gleiche Vertretung oder den Tod".[556] Neben dem großen Einfluss der Ideale der Französischen Revolution machte diese Wahlrechtsdemonstration noch etwas anderes deutlich: Die Regierung des Mutterlandes der parlamentarischen Demokratie und einer liberalen politischen Kultur war fähig, zu extremen repressiven Mitteln eines „Klassenkampfs von oben" zu greifen, wenn sie glaubte, die Grundlage der bürgerlichen Gesellschaft, das Privateigentum, sei durch die „Demokratie" bedroht: Ein Reiterregiment griff die Demonstranten an und richtete unter ihnen ein Massaker an, das unter dem Namen des „Blutbads von Peterloo" in die Geschichte eingegangen ist.

Eigentumsrecht Neben der Orientierung an den Idealen der Französischen Revolution begründeten die bürgerlichen Radikalen aus dem Spektrum der industriellen und freien Berufe ihre Forderung nach dem allgemeinen Wahlrecht vor allem mit Argumenten der utilitaristischen Sozialphilosophie Jeremy Benthams (1748-1832). Weit davon entfernt, sozialistische Vorstellungen zu entwickeln, übernahmen sie Benthams Prämisse, dass die Menschen primär ihrem Eigeninteresse folgen. In dessen Zentrum stehe das Eigentumsrecht, „das den natürlichen Widerwillen gegen die Arbeit besiegt und die Liebe zum Vaterland und zur Nachkommenschaft erzeugt hat. Es zügelt diejenigen, die nichts besitzen, gegen diejenigen, die etwas besitzen. Das Eigentumsrecht ist tatsächlich der glänzendste Sieg der Menschheit über sich selbst".[557] In dem Maße, wie sich dieser wohlverstandene Egoismus ohne Restriktionen entfalten könne, stellen sich auch das Allgemeine Wohl und die gesellschaftliche Harmonie her, die in dem größtmöglichen Glück für die größtmögliche Zahl der Nation bestehen. Dass ein solches Programm im Gegensatz zum oligarchischen Repräsentationssystem des britischen Parlamentarismus mit seinen „rotten boroughs" stand[558], muss nicht eigens

---

[555] A.a.O., S. 27.
[556] Ebd.
[557] Vester 1975, S. 183.
[558] Vgl. Loewenstein 1964, S. 82.

betont werden. Ebenso plausibel erscheint es aber auch, dass Anhänger Benthams wie James Mill (1773-1836) aufgrund ihrer Forderung nach Gleichheit und interventionsfreier Akkumulation zu Vorkämpfern des allgemeinen Männerwahlrechts wurden, für das sich die politisierten Industriearbeiter ebenfalls einsetzten. Auch Thomas Paine ging nicht von sozialistischen Vorstellungen aus, sondern berief sich in seiner von vielen Arbeitern gelesenen Schrift „Die Rechte des Menschen" auf das individualistische Naturrecht, das freilich mit den Gesetzen der Gesellschaft konvergiert. Ihm zufolge ist die Gesellschaft erst dann befreit, wenn die ursprünglich Gleichen und Freien nicht nur egalitär über Privateigentum verfügen, sondern es auch marktkonform im Rahmen eines „Minimalstaats" verwerten, der auf der Grundlage des allgemeinen Männerwahlrechts in Not geratenen Mitbürgern das soziale Existenzminimum garantiert.[559]

allgemeines Männerwahlrecht

Es verwundert nicht, dass es angesichts dieser großen gemeinsamen Schnittmenge individualistischer Grundüberzeugungen zu einem Zusammenspiel zwischen Teilen des industriellen Bürgertums und der Arbeiterschaft im Vorfeld der Wahlrechtsreform von 1832 kam. Auslöser der Bewegung waren die Whigs, die 1831 unter dem Slogan „Die Bill, die ganze Bill, nichts als die Bill" zum ersten Mal seit 1783 die Mehrheit im Unterhaus eroberten. Zur selben Zeit vereinigten sich zur Erringung des allgemeinen Wahlrechts zahlreiche Arbeitervereine zu überregionalen Organisationen. Sie verbündeten sich mit den Whigs, um deren Reform „zu fördern; sie hofften diese Teilreform zu nützen, um die radikale Reform einzuleiten. Sie waren es, die den Whigs die Massen lieferten zur Veranstaltung der Kundgebungen, Versammlungen und Massendemonstrationen in London und in Birmingham. Diese Volksbewegung verlieh den Whigs erst die Kraft, den Widerstand der Lords zu brechen, indem sie ihnen für den Fall, daß sie nicht nachgäben, mit einem allgemeinen Aufstand Angst machten; eine von der Birminghamer Political Union veranstaltete Versammlung beschloß sogar, die Steuern zu verweigern, wenn die Reform nicht durchgeführt würde".[560] Freilich war die Wahlreform von 1832 kein Beitrag zur Demokratisierung des englischen Parlamentarismus: Die Wählerschaft wurde in den Grafschaften von 247 000 auf 370 000 erhöht, in den Boroughs von 188 000 auf 286 000. Doch die Mehrzahl der Arbeiter blieb vom Wahlrecht ausgeschlossen.

Wahlrechtsreform von 1832

Gewinner dieser Wahlrechtsreform waren dagegen der industrielle Mittelstand, die lebenslangen Besitzer und Zeitpächter „und vor allem die Industriegebiete im Norden und Westen, wo die bisher unvertretenen Städte wahlberechtigt wurden". Dennoch sind die einschneidenden Folgen für die Struktur des britischen Parlamentarismus nicht zu übersehen. Ohne eine demokratische Reform zu sein, verwandelte sie das Unterhaus zu einer gewählten und repräsentativen Körperschaft und, „getragen und beaufsichtigt von der öffentlichen Meinung, sollte es zum alleinigen Souverän und zum Werkzeug der Reformen"[561] aufsteigen. Allerdings konnte dieses Resultat die Arbeiterschaft nicht auf Dauer befriedigen. Als sich herausstellte, dass die Whigs ihre Reformen des politischen Systems nur so weit vorantreiben wollten, wie dies zum Funktionieren des kapitalistischen Industriesystems notwendig war, wurde den politisierten Arbeitern

Wandel des Parlamentarismus

---

[559] Vgl. Kapitel IV, § 6.
[560] Seignobos 1910, S. 33.
[561] A.a.O., S. 34.

klar, dass sie das allgemeine Männerwahlrecht aus eigener Kraft erkämpfen mussten. Nachdem das Unterhaus mit 500 gegen 22 Stimmen das Ende der Wahlrechtsreform beschlossen hatte, schlug die Stunde der Chartistenbewegung. Trotz ihrer heterogenen Zusammensetzung aus vorindustriell produzierenden Handwerkern, Fabrikarbeitern im modernen Sinn und von Verlegern abhängigen Heimarbeitern[562] sollte sie eine prägende Rolle im Kampf um die Demokratisierung im 19. Jahrhundert spielen.

§ 6   Demokratie und Chartismus 1834-1848

Entwicklung des Chartismus

Es würde den Rahmen der vorliegenden Darstellung sprengen, die verschiedenen Entwicklungsstadien der Chartistenbewegung im Einzelnen nachzuzeichnen. Doch sollte wenigstens auf die Massenversammlungen der Jahre 1838-39, 1842 und 1848 hingewiesen werden, auf denen die an das Parlament gerichteten Petitionen mit bis zu 1 200 000 im Februar 1839 und 1 975 000 Unterschriften im April 1848 verabschiedet wurden. Auch kam es zu bürgerkriegsähnlichen Konfrontationen der Chartistenbewegung mit der englischen Staatsmacht. Als einer der Führer der Chartisten, der Ire O'Connor, eine Massenversammlung und Massendemonstration ankündigte, um dem Parlament eine Petition vorzulegen, erklärte das Ministerium diese Aktion für illegal. „Es übertrug Wellington Vollmachten zur Wahrung der Sicherheit Londons. Der alte General postierte Truppen in der Stadt wie zu einer Schlacht".[563] Die Isolierung der Chartisten in weiten Teilen der Bevölkerung geht aus dem Umstand hervor, dass Wellingtons Aufruf an die Bürger, sich als Hilfspolizisten zur Verfügung zu stellen, von 170 000 Männern befolgt wurde. Wenn dergestalt für die Aktivisten der Chartistenbewegung wegen der sozialen Heterogenität der Bewegung, der dezidierten Ablehnung in großen Teilen der Zwischenschichten sowie der entschlossenen Anwendung militärischer Mittel durch die Regierung das Risiko des Scheiterns außerordentlich hoch war, stellt sich die Frage, welche konkreten Ziele sie mit dem Kampf für das allgemeine Männerwahlrecht trotz aller restriktiven Bedingungen verbanden.

Naturrechtliche Begründung von Volkssouveränität

Es trifft zu, dass die Forderung der Chartisten, das allgemeine Männerwahlrecht einzuführen, von den Autonomiebestrebungen der Arbeiterschaft und vom Egalitarismus des modernen Naturrechts entscheidend bestimmt wurde. Am 28. Februar 1837 führte in einer Versammlung von 3000 Arbeitern Londons einer der Führer der Chartisten, Hartwell, in diesem Sinne aus: „Das Meeting zeugt (...) von großem Fortschritt der demokratischen Erziehung unter den Arbeitern. Die größte Gefahr für die Arbeiter ist das Nachlaufen nach sogenannten Führern von Bildung und Besitz. Wir brauchen die Demokratie: politische und soziale Rechte für die produktiv tätigen Arbeitermassen. Es ist eine unerträgliche Anomalie, daß in einer Nation, die durch den Gewerbefleiß, das Arbeitsgeschick und das Schaffen der Massen zu einer nie geahnten Höhe von Zivilisation emporgestiegen ist und wo der Satz: Arbeit ist die Quelle des Reichtums, allgemein aner-

---

562 Vgl. Vester 1975, S. 337.
563 Seignobos 1910, S. 47.

kannt ist, nur *ein* erwachsener Mann von *sieben* das Stimmrecht haben soll und die Arbeitermassen außerhalb des Kreises des politischen Lebens stehen sollen".[564] Entsprechend griffen die Chartisten auf das naturrechtliche Theorem der modernen Volkssouveränität zurück, wie es in der Französischen Revolution vertreten worden ist: „Die Regierungsgewalt entspringt aus dem ganzen Volke und hat den Zweck, die Freiheit des Volkes zu schützen, die Glückseligkeit aller zu fördern. Sie ist dem ganzen Volk verantwortlich (...). Das Haus der Gemeinen (...) vertritt nur Teile der Nation und dient nur den Interessen weniger und läßt die Leiden, Beschwerden und Petitionen der Massen unberücksichtigt. Das Haus (...) erzeugt Despotismus und Elend. Ist das ehrenwerte Haus der Ansicht, daß das britische Volk ohne Vertretung bleiben muß, (...) so sind die Petenten der Ansicht, daß, wo das Volk unvertreten ist, es auch keine Pflicht haben kann, Steuern zu zahlen".[565]

Entscheidend in unserem Zusammenhang ist aber, dass die Chartisten die Forderung nach dem allgemeinen Männerwahlrecht auch - wie in der alten Demokratie - als die unverzichtbare Voraussetzung für tiefgreifende soziale Reformen ansahen. Einer der wichtigsten Führer der Chartisten, O'Brien, brachte am Beispiel der Französischen Revolution deren Demokratisierungsprozesse mit der Unterscheidung zwischen der politischen und sozialen Revolution in Verbindung. „Was bedeutet eine soziale Revolution? Ich meine damit eine radikale Reform der gegenseitigen Beziehungen und Verhältnisse der verschiedenen Gesellschaftsklassen! Politische Revolutionen berühren selten mehr als die Oberfläche der Gesellschaft. Sie laufen meist bloß auf den Übergang von einer Gruppe politischer Machthaber auf eine andere hinaus".[566] Dies sei der Fall in der Englischen Revolution von 1688 und in der Amerikanischen Revolution von 1776 der Fall gewesen. Ganz anders stellt sich O'Connor zufolge die Situation in der großen Französischen Revolution von 1789 dar. „In Frankreich wurde die Revolution selbst von innen und außen her durch die französische und europäische Aristokratie angegriffen. Die Mittelschichten, auf deren Veranlassung sie unternommen war, konnten sie nicht verteidigen, und die Millionen wollten es nicht, ohne selbst einen Anteil an der Regierung zu erhalten (...). Daher (...) basierte die Verfassung von 1793 (...) auf dem allgemeinen Wahlrecht (...). Aber die demokratische Verfassung von 1793 gelangte (...) niemals zur Durchführung. Wäre das geschehen, (...) so würde die Revolution aller Wahrscheinlichkeit nach eine soziale gewesen sein (...). Der Tod Robespierres bedeutete das Ende der Republik, mit ihm schwanden alle Hoffnungen auf einen sozialen Umsturz".[567]

Was das sozial so heterogene Lager der Chartisten einigte, war der Strukturzusammenhang, den die Gegner der Demokratie seit der Antike herausstellten: die Korrelation von Demokratie und sozialer Reform. Die große Umverteilung des gesellschaftlichen Reichtums von oben nach unten tritt in dem Augenblick in Kraft, in dem infolge des allgemeinen Wahlrechts die kleinen Leute die Mehrheit im Parlament auf sich vereinigen. So gesehen bedeutete dieses für die Chartisten „Fleisch und Trank, Kleidung, gute Arbeitszeit, gute Betten und gute,

Allgemeines Wahlrecht als Voraussetzung sozialer Reformen

---

[564] Zit. n. Vester 1975, S. 341.
[565] Zit. n. a.a.O., S. 354.
[566] Zit. n. a.a.O., S. 367.
[567] Zit. n. a.a.O., S. 368.

gediegene Möbel für alle Männer, Frauen und Kinder, die eine angemessene Tagesarbeit verrichten. Das allgemeine Wahlrecht bedeutet eine vollkommene Herrschaft des Volkes über alle Gesetze und Einrichtungen des Landes; und mit dieser Herrschaft kommt die Macht, allen die angemessene Beschäftigung zu geben und ihnen auch den vollen Ertrag ihrer Arbeit zu sichern".[568]

§ 7   Die Reaktion auf den Chartismus im bürgerlichen Lager: Demokratietheorie bei John Stuart Mill und Walter Bagehot

Arthur Rosenberg hat völlig zu Recht die Chartistenbewegung der alten Demokratie zugeordnet: „Die große Mehrheit des Volkes besteht aus Besitzlosen. Das allgemeine Wahlrecht gibt der armen Masse die politische Macht. Wenn erst das arme Volk die politische Macht in der Hand hat, dann wird es diese auch dazu benutzen, um sich in sozialer Hinsicht alles Nötige zu besorgen. Aus dieser Erwägung heraus lehnte die erdrückende Mehrheit des englischen Bürgertums das allgemeine Wahlrecht unbedingt ab und blieb hartnäckig bei dem Wahlsystem von 1832 stehen. Die Chartisten waren demgegenüber im wesentlichen eine Interessenvertretung des industriellen Proletariats"[569], das sich in den nach 1848 folgenden Dekaden vorwiegend auf gewerkschaftliche Kämpfe konzentrierte und das Bündnis mit den liberalen Whigs erneuerte. Dennoch blieb ihre Agitation für das allgemeine Männerwahlrecht nicht ohne Auswirkung auf die Theoriebildung im bürgerlichen Lager, wie das Beispiel der einschlägigen Schriften John Stuart Mills und Walter Bagehots zeigt.

John Stuart Mill

Wie wir sahen, trieb James Mill in Übereinstimmung mit der Sozialphilosophie Benthams deren utilitaristische Prämissen bis zur Forderung nach dem allgemeinen Männerwahlrecht voran. Angesichts des Vorstoßes der Chartisten nahm demgegenüber sein Sohn John Stuart Mill (1806-1873) eine Verteidigungsposition ein: Ihm ging es in seiner 1861 erschienenen Schrift „Considerations on Representative Government"[570] darum, die durch die Reformen von 1832 zur politischen Macht gelangte Industriefraktion gegenüber den demokratischen Forderungen der Arbeiterschaft zu verteidigen.[571] Oder anders formuliert: Davon überzeugt, dass der Prozess der Demokratisierung im Prinzip nicht rückgängig zu machen sei, kam es ihm darauf an, Formen der Demokratie zu entwickeln, die

Gefahren der „alten Demokratie"

für das Bürgertum zwei Gefahren vermeiden: einen zu „tiefen Bildungsstandard der Wähler und eine Klassengesetzgebung".[572] Diesen Anforderungen genüge die alte Demokratie in keiner Weise. Mill nannte zwei Gründe: 1. Er übernahm die These Tocquevilles[573], dass die repräsentative Demokratie mit ihrem Mehr-

---

[568] Zit. n. ebd.
[569] Rosenberg 1962, S. 48.
[570] Vgl. Mill 1984.
[571] Vgl. hierzu grundlegend Euchner 1973, S. 37-41. Zu Mills Ansatz vgl. neuerdings auch Mittermaier/Mair 1995, S. 149-156; Waschkuhn 1998, S. 233-237; Pesch 1999, S. 59; Schmidt 2000, S. 148-165; Frevel 2004, S. 39-45.
[572] Mill 1984, S. 306.
[573] A.a.O., S. 100.

154

heitsprinzip zur Herrschaft der kollektiven Mittelmäßigkeit führen könne[574], weil sie einen zu tiefen Bildungsstand ihrer Wähler nicht ausschließt. Verbinde sich diese Tendenz mit einer Bürokratisierung der Regierung, so sei die Entstehung einer „Pedantokratie"[575] nicht mehr aufzuhalten, deren Korpsgeist die „individuelle Initiative des Geistes"[576] ihrer besten Mitglieder lähmt. 2. Aus der alten Demokratie resultiere die Gefahr, dass das arme Volk, die Mehrheit im Rücken, zum Angriff auf das Privateigentum der bürgerlichen Gesellschaft übergehe. „Eine der größten Gefahren der Demokratie, wie aller anderen Regierungsformen, liegt in den finsteren Interessen der Machthaber: es ist die Gefahr der Klassengesetzgebung, einer Regierung, die (...) den unmittelbaren Vorteil der herrschenden Klasse anstrebt zu Lasten des Gemeinwohls".[577]

- „Pedantokratie"

- Klassengesetzgebung

Die Alternative zu diesen beiden Tendenzen der alten Demokratie sah Mill in der repräsentativen Demokratie als legitimes Herrschaftsprinzip vor, das auch vom Bürgertum akzeptiert werden könne. Er strebte ein Repräsentativsystem an, in dem das gesamte Volk zur Darstellung gelangt; insofern sei es auch als „popular government" oder als „Demokratie" zu bezeichnen. Die besondere Bedeutung des Repräsentationsprinzips lag Mill zufolge darin, dass nicht das Volk unmittelbar, sondern die Repräsentanten in seinem Auftrag regieren. Besser als alle anderen Regierungssysteme könne eine demokratische Repräsentativregierung die wichtigste Kraftquelle eines Volkes, nämlich dessen Originalität, Intelligenz und Erfindungskraft fördern, weil sie allen Talenten optimale Entfaltungsmöglichkeiten biete.[578] Daher müsse die repräsentative Regierung bürokratische Restriktionen abbauen und Rahmenbedingungen schaffen, unter denen sich starke Talente auch tatsächlich aus eigener Kraft durchzusetzen vermögen. Freilich funktioniere das demokratische Repräsentationsprinzip nur dann, wenn es zu einer Garantie des privaten Eigentums an den Produktionsmitteln und einer komplementären Integration der Interessen des Industrieproletariats unter Vermeidung einer Klassengesetzgebung in das System der bürgerlichen Gesellschaft komme.

repräsentative Demokratie

Im Gegensatz zu seinem Vater James griff John Stuart Mill zur Lösung dieses Problems auf eine Modifikation des allgemeinen Wahlrechts zurück. Zwar dürfe niemandem prinzipiell die Vollbürgerschaft entzogen werden.[579] Dennoch komme man um gewisse Restriktionen nicht herum. So müsse darauf geachtet werden, dass nur Leute, die Steuern zahlen[580] und sich selbst durch ihre Arbeit ernähren können[581], das Wahlrecht erhalten. Ein weiteres Kriterium, auf dem bereits Schlözer bestand, ist der Nachweis eines Mindestmaßes an Bildung. „Es

Bedingungen des Wahlrechts

---

[574] A.a.O., S. 287.
[575] A.a.O., S. 266.
[576] Ebd.
[577] A.a.O., S. 275: „One of the greatest dangers, therefore, of democracy, as of all other forms of government, lies in the sinister interest of the holders of power: it is the danger of class legislation; of government intended for (whether really effecting it or not) the immediate benefit of the dominant class, to the lasting detriment of the whole. And one of the most important questions demanding consideration, in determining the best constitution of a representative government, is how to provide efficacious securities against this evil".
[578] Vgl. a.a.O., S. 209f.
[579] Vgl. a.a.O., S. 303.
[580] Vgl. a.a.O., S. 304.
[581] Vgl. a.a.O., S. 305f.

wäre außerordentlich wünschenswert, wenn auch andere Dinge außer Lesen, Schreiben und Rechnen für die Erteilung des Stimmrechts erforderlich wären: eine Kenntnis der Geographie in natürlicher und politischer Hinsicht, die Grundkenntnisse der Weltgeschichte, der Geschichte und Institutionen des eigenen Landes".[582] Mill schätzte den Stellenwert der Bildung so hoch ein, dass er sogar daran dachte, Leuten mit besonderer Bildung ein Mehrfach- oder Pluralwahlrecht einzuräumen. Zwar sah er durchaus die Gefahr, dass auch die Strategie der Bildungsqualifikation als Voraussetzung für die Vollbürgerschaft zu der von ihm kritisierten Klassengesetzgebung führen kann. Daher soll auch Armen die Möglichkeit gegeben werden, diese Bildungshürden zu überwinden.[583] Allerdings zeigt Mills Begründung des Pluralwahlrechts, dass auch ein aufgeklärter Geist wie er nicht frei ist von bourgeoisen Vorurteilen, wenn er am Ende doch einen Zusammenhang zwischen Bildung und sozialer Lage herstellt: „Ein Unternehmer ist im Durchschnitt intelligenter als ein Arbeiter; denn er muß mit seinem Kopf, nicht nur mit seinen Händen arbeiten. Ein Vorarbeiter ist in der Regel intelligenter als ein gewöhnlicher Arbeiter und ein gelernter klüger als ein ungelernter. Ein Bankier, ein Kaufmann oder Industrieller ist wahrscheinlich intelligenter als ein Ladenbesitzer, denn er hat es mit größeren und schwierigeren Geschäften zu tun".[584] Vor allem die liberalen Berufe (Rechtsanwälte, Mediziner), die Graduierten der Universitäten, müssen zwei oder mehr Stimmen erhalten. Nur auf diese Weise, so das Credo Mills, lasse sich die Gefahr der Klassengesetzgebung und die Herrschaft der Mittelmäßigkeit bannen, welche vom demokratischen Prinzip ausgehen.

Walter Bagehot Wenn Mill trotz dieser gravierenden Einschränkungen den Demokratiebegriff positiv besetzt, so konnte er mit dieser Position keineswegs als Sprecher der Mehrheit der englischen Oberschicht gelten. Demgegenüber hielt Walter Bagehot (1826-1877) in seinem Klassiker „The English Constitution"[585], 1867 erschienen, am pejorativen Gehalt der Demokratie fest und entsprach damit weitaus mehr dieser Majorität. Sollte Robespierre zufolge das Parlament unter der Aufsicht der Vollbürger tagen[586], so ist es Aufgabe des „House of Commons", das Volk zu „erziehen". Eine wichtige Funktion des Parlaments besteht nach Bagehot darin, der unmündigen Nation zu lehren, „was sie nicht weiß".[587] De-

---

[582] Vgl. a.a.O., S. 303f: „It would be eminently desirable that other things besides reading, writing, and arithmetic could be made necessary to the suffrage; that some knowledge of the conformation of the earth, its natural and political divisions, the elements of general history, and of the history and institutions of their own country, could be required from all electors".

[583] Vgl. a.a.O., S. 310.

[584] Vgl. a.a.O., S. 308f: „An employer of labour is on the average more intelligent than a labourer; for he must labour with his head, and not solely with his hands. A foreman is generally more intelligent than an ordinary labourer, and a labourer in the skilled trades than in the unskilled. A banker, merchant, or manufacturer is likely to be more intelligent than a tradesman, because he has larger and more complicated interests to manage. (...) The liberal professions, when really and not nominally practised, imply, of course, a still higher degree of instruction; and wherever a sufficient examination, or any serious conditions of education, are required before entering a profession, its members could be admitted at once to a plurality of votes".

[585] Vgl. Bagehot 1961.

[586] Vgl. Kapitel IV, § 4.

[587] Bagehot 1961, S.117f. „A great and open council of considerable men cannot be placed in the middle of a society without altering that society. It ought to alter it for the better. It ought ot teach the nation what it does not know".

mokratie ist für ihn höchstens denkbar in einem neu gegründeten Gemeinwesen, dessen Mitglieder sich mehr oder weniger zufällig zusammengefunden haben und bei denen aus diesem Grund Gleichheit eine Selbstverständlichkeit ist. Demgegenüber habe eine „deferential nation" wie die englische ihre eigene Struktur, in der Rangunterschiede legitim seien. „Einige Personen sind nach gemeinsamer Überzeugung klüger als andere, und ihre Meinung gilt, ebenfalls auf Grund von Konsens, mehr als ihr numerischer Wert. In solchen glücklichen Nationen gewichtet man die Stimmen mehr als daß man sie zählt".[588] Bagehot hält dann auch Bestrebungen wie die der Chartisten, das allgemeine Wahlrecht einzuführen, für „ultra-demokratisch" und töricht, denn in einem Parlament, das auf Grund des allgemeinen Wahlrechts zustande kommt, „haben die Reicheren und Klügeren nicht durch ausdrückliche gesetzliche Vorschrift mehr Stimmen als die Armen und Dummen (...). Ein solches Parlament kann nicht aus gemäßigten Männern zusammengesetzt sein".[589] Da die Industriearbeiterschaft nichts zur öffentlichen Meinung des Landes beitrage und deshalb das Fehlen ihrer Repräsentation die notwendige Verbindung von Öffentlichkeit und Parlament nicht beeinträchtige, bestehe auch kein Grund, ihr das Wahlrecht zu geben. Die Arbeiterklasse, so Bagehot, stehe „außerhalb der Repräsentation und daher auch außerhalb der repräsentierten Sachverhalte".[590]

Eindeutiger konnte die Absage an den Versuch der Chartisten, die Arbeiterschaft über das allgemeine Wahlrecht in das politische System des Parlamentarismus zu integrieren, nicht sein. Dass sich aber genau diese Tendenz durchsetzte, allerdings für den Preis einer folgenreichen „Reduktion" der alten Demokratie als der Selbstbestimmung des Volkes, soll im folgenden am deutschen Beispiel vom ausgehenden 18. Jahrhundert bis zum Ende des Ersten Weltkrieges gezeigt werden.

---

[588] A.a.O., S. 141: „Certain persons are by common consent agreed to be wiser than others, and their opinion, is by consent, to rank for much more than its numerical value. We may in these happy nations weigh votes as well as count them, though in less favoured countries we can count only. But in free nations, the votes so weighed or so counted must decide".
[589] A.a.O., S. 129f: „This theory demands that every man of twenty-one years of age (if not every woman, too) should have an equal vote in electing Parliament. Suppose that last year there were twelve millions adult males in England. Upon this theory each man is to have one twelve-millionth share in electing a Parliament: the rich and wise are not to have, by explicit law, more votes than the poor and stupid; nor are any latent contrivances to give them an influence equivalent to more votes".
[590] A.a.O., S. 147: „I do not consider the exclusion of the working classes from effectual representation a defect in *this* aspect of our parliamentary representation. The working classes contribute almost nothing to our corporate public opinion, and therefore, the fact of their want of influence in Parliament does not impair the coincidence of Parliament with public opinion. They are left out in the representation, and also in the thing represented".

Kapitel VI
Demokratie in Deutschland von der zweiten Hälfte des 18. Jahrhunderts bis zur Revolution von 1848

§ 1   Einleitung

Das Reich im 18. Jh.

Bisher haben wir die Entwicklung der Demokratietheorie am Beispiel von Ländern mit einer erfolgreichen demokratischen Tradition diskutiert: die Vereinigten Staaten von Amerika, England und Frankreich. Wie entwickelte sich die Demokratie auf einem Territorium, das sich politisch und wirtschaftlich so gravierend von den großen Nationalstaaten unterschied, wie dies im Deutschen Reich nach der Französischen Revolution der Fall gewesen ist? Wie wurde der demokratische Gedanke in einer in über 300 souveräne Einzelstaaten zerfallenden „Nation" rezipiert, deren obrigkeitsstaatliche Tradition selbst die napoleonischen

Hegels Analyse

Kriege überdauern sollte? 1802 legte Hegel eine illusionslose Analyse des Verfassungszustandes des Deutschen Reiches vor. „Deutschland ist kein Staat mehr", eröffnete er apodiktisch seine Schrift. „Sollte Deutschland ein Staat sein, so könnte man diesen Zustand der Auflösung des Staates nicht anders als (...) Anarchie nennen, wenn nicht die Teile sich wieder zu Staaten konstituiert hätten, denen weniger ein noch bestehendes als vielmehr die Erinnerung eines ehemaligen Bandes noch einen Schein von Vereinigung läßt".[591] Und zusammenfassend kam er zu dem Schluss: „Das deutsche Staatsgebäude ist nichts anderes als die Summe der Rechte, welche die einzelnen Teile dem Ganzen entzogen haben, und diese Gerechtigkeit, die sorgsam darüber wacht, daß dem Staat keine Gewalt übrig bleibt, ist das Wesen der Verfassung".[592]

Politische und wirtschaftliche Rahmenbedingungen

Von der Konstitution der führenden Nationalstaaten England und Frankreich meilenweit entfernt, kann niemand bestreiten, dass die politischen und wirtschaftlichen Rahmenbedingungen vom Ende des 18. bis zur ersten Hälfte des 19. Jahrhunderts für durchgreifende Demokratisierungsprozesse im Deutschen Reich äußerst ungünstig waren.[593] Politisch und wirtschaftlich fragmentiert, fehlten im Deutschen Reich die Schichten, welche die demokratisierenden Impulse der Französischen Revolution flächendeckend hätten umsetzen können. Die deutschen Jakobiner, die die revolutionären Demokratisierungsprozesse der Jahre 1793/94 zu ihrem Vorbild erhoben[594], blieben - sieht man einmal von der

---

[591]   Hegel 1999a, S. 461f.
[592]   A.a.O., S. 469.
[593]   Vgl. Schweinitz 1964, S. 158-186.
[594]   Vgl. Grab 1984.

158

Mainzer Republik ab - eine politisch marginale Größe, die mit polizeilichen Mitteln kontrolliert und unterdrückt werden konnte. Einerseits vermochte sich im 18. Jahrhundert eine selbstbewusste nationale Bourgeoisie, die gegen den Absolutismus und die Ständegesellschaft aufbegehrte, nicht zu entwickeln, weil die Kleinstaaterei dies ebenso verhinderte wie die nur langsam in Gang kommende Modernisierung der Wirtschaft, deren Motor - wie in Preußen - der Staat selber war: sei es, dass er vorwiegend militärischen Zwecken dienende Manufakturen gründete und betrieb, sei es, dass er bürgerliche Unternehmer förderte, indem er sie beriet und ihnen wirtschaftliche Rahmenbedingungen vorgab, die oft die staatliche Kontrolle der Produktionsabläufe mitumfasste.[595] Andererseits waren aber auch die Unterschichten, also Bauern und Handwerker, noch fest in das Gefüge der Ständegesellschaft integriert. Ein Industrieproletariat, das diesen Namen verdiente, war im Deutschen Reich um die Jahrhundertwende nicht einmal in Ansätzen existent.[596]

fehlende Bourgeoisie

Ein zweites Bollwerk gegen die Demokratisierungsprozesse im Ausgang des 18. Jahrhunderts waren die Reformbestrebungen des sogenannten Aufgeklärten Absolutismus. Dessen Revolutionsvermeidungsstrategie hatte im Allgemeinen Preußischen Landrecht (ALR) ihr klassisches Muster gefunden. So waren die Konstrukteure der preußischen Verfassung von 1791/94 von Carmer und Svarez, darauf bedacht, eine Reihe von Grundrechten, wie sie die Französische Verfassung von 1791 vorsah (Schutz der Person und des Eigentums, Gleichheit vor dem Gesetz, Unabhängigkeit der Gerichte, Gleichheit der Geschlechter, Freiheit der Religion und des Gewissens, Recht auf Bildung etc.), zu übernehmen. Doch gleichzeitig war es ihr Ziel, die naturrechtlich begründeten individuellen Grundrechte mit den bestehenden Strukturen der Ständegesellschaft zu „versöhnen": Diese Synthese sollte dadurch erreicht werden, dass der an individualistische Zwecke gebundene Staat den Bauern-, Bürger- und Adelsstand in der Hoffnung entpolitisierte, das absolutistische System nähme zumindest eine, wie Kant es formulierte, „dem Geiste eines repräsentativen Systems gemäße Regierungsart an (...), wie etwa Friedrich II. wenigstens *sagte*: er sei bloß der erste Diener des Staates".[597] Damit schien zumindest die Zukunftsperspektive

Aufgeklärter Absolutismus

---

[595] „Da Brandenburg-Preußen nach den Zerstörungen des Dreißigjährigen Krieges überhaupt kein exportfähiges Großgewerbe besaß, war die Industrialisierung noch mehr als in Frankreich eine Leistung des Staates. Es gab weder einen bedeutenden Großhandel noch ein Bankwesen, daher mußten die Behörden über das Anregen und Gründen hinaus stets in den Geschäftsbetrieb der neuen Manufakturen eingreifen. Staatsbeamte machten den gewerblichen Unternehmer auf Absatzmöglichkeiten aufmerksam, versandten Muster, wiesen auf Veränderungen der Mode hin, zeigten Verbesserungen in der Herstellung, gaben Vorschüsse, holten Arbeiter heran, regelten Löhne und Preise" (Haussherr 1960, S. 264).

[596] „Die altdeutsche Wirtschaft, nach den Ideen des gemeinsamen, des 'ganzen Hauses' organisiert, kann daher nur im Blick auf die Einheit von Staat und Gesellschaft begriffen werden. Die hausväterlichen Prinzipien der Versorgung, nicht die der Gewinnmaximierung, bestimmten die Tätigkeit der Wirtschaftssubjekte und bewahrten die hergebrachte, 'ehrwürdige' Ordnung. Das Individuum galt als Mitglied einer 'Familie', der staatlichen Organisation, mit dem Souverän als fürsorgendem Landesvater an der Spitze der 'res publica sive societas civilis'. Eine Konzentration der Arbeiter in einem Fabriksystem, ihre Herauslösung aus dem System der feudal-christlichen Welt, schien undenkbar. Zwar kannte man ein Verlagssystem, die Aufteilung verschiedener Arbeitsgänge auf verschiedene Arbeiter, aber die Arbeiter und der Arbeitsprozeß selbst verharrten im Rahmen der traditionellen Großfamilien" (Böhme 1968, S. 13).

[597] Kant 1968, Bd. 9, S. 207.

159

einer Liberalisierung von Staat und Gesellschaft auch ohne revolutionären Umsturz festgeschrieben zu sein. Doch die Durchführung des Landrechts wich in ernüchternder Weise von diesem aufgeklärten Grundkonzept ab. „Die 'bürgerliche Gesellschaft' taucht im gesamten Verfassungswerk, dem sie stillschweigend zugrunde gelegt war, nur in einem Zusammenhang auf: und zwar nur, um - geschichtliches Erbe legalisierend - in einer ständischen Verfassung aufzugehen. (...) Die Einbindung der Individuen in Lebens- und Berufsgemeinschaften der traditionalen Societas geht den 'Personenrechten' voran und ermöglicht sie erst".[598]

bleibender Funke
der Revolution

Auch wenn es auf diese Weise entscheidend dem Aufgeklärten Absolutismus zuzuschreiben ist, „daß in Deutschland der Funke von 1789 nicht zündete"[599], war es unmöglich, die sozio-politischen Verhältnisse in Deutschland von den insbesondere in Frankreich, England und den Vereinigten Staaten ablaufenden Demokratisierungsprozessen einfach abzukoppeln. „Die Revolution eines geistreichen Volkes", schrieb kein geringerer als Immanuel Kant, „die wir in unseren Tagen vor sich gehen sehen, mag gelingen oder scheitern; sie mag mit Elend und Greueltaten dermaßen angefüllt sein, daß ein wohldenkender Mensch sie, wenn er sie, zum zweitenmale unternehmend, (...)" selbst im Falle ihres Gelingens, „auf solche Kosten zu machen nie beschließen würde - diese Revolution" wecke in den Gemütern aller Zuschauer „eine *Teilnehmung* dem Wunsche nach, die nahe an Enthusiasmus grenzt".[600] Sie könne nur „eine moralische Anlage im Menschengeschlecht zur Ursache haben".[601] Der Kern eines „solchen Phänomens in der Menschengeschichte", so der Königsberger Philosoph, das sich, „*(nicht mehr) vergißt*"[602], ist aber die Demokratisierung von Staat und Gesellschaft im Namen der Bürger- und Menschenrechte. Damit ist zugleich die Frage aufgeworfen, wie sie sich im Denken führender Interpreten in Kants eigener Herkunftsgesellschaft brach.

Daher soll im folgenden auf die Demokratiekonzeptionen bei Immanuel Kant, August Ludwig Schlözer und Johann Gottlieb Fichte eingegangen werden, die - jeder auf seine Weise - als Zeitgenossen die Demokratisierungsimpulse der Französischen Revolution rezipierten und dadurch Perspektiven für die Modernisierung des politischen Systems im Deutschen Reich zu gewinnen suchten.

§ 2 Demokratiekonzeptionen im Deutschland des ausgehenden 18. Jahrhunderts: Kant, Schlözer, Fichte

Immanuel Kant

Immanuel Kant (1724-1804) gehört zweifellos zu den bedeutendsten Rechtstheoretikern in der deutschsprachigen Welt der zweiten Hälfte des 18. Jahrhunderts; seine Autorität als Philosoph des bürgerlichen Rechtsstaates ist bis auf den heutigen Tag ungebrochen.[603] Ohne Frage haben die Demokratisierungsprozesse der

---

[598] Koselleck 1966, S. 57.
[599] Böhme 1968, S. 23.
[600] Kant 1968, Bd. 9, S. 358.
[601] Ebd.
[602] A.a.O., S. 361.
[603] Zur welchselvollen Rezeptionsgeschichte von Kants Rechtsphilosophie vgl. Zotta 1994, S. 9-14.

Französischen Revolution sein Interesse an den Problemen politischer Teilhabe geweckt.[604] Wäre er einer der Aktivisten der Französischen Revolution gewesen, so hätte er im Abbé Sieyès einen idealen Partner gefunden. Beide waren bedeutende Schüler Jean-Jacques Rousseaus, die seine Lehren freilich nicht demokratisch weiterentwickelten, sondern liberal uminterpretierten. Ausgehend vom „ursprünglichen Vertrag", „auf den allein eine bürgerliche, mithin durchgängig rechtliche Verfassung unter Menschen gegründet und ein gemeines Wesen errichtet werden kann"[605], ist Kant zufolge jeder Gesetzgeber verpflichtet, „daß er seine Gesetze so gebe, als sie aus dem vereinigten Willen eines ganzen Volkes haben entspringen *können,* und jeden Untertan, so fern er Bürger sein will, so anzusehen, als ob er zu einem solchen Willen mit zusammen gestimmt habe".[606] Wenn Rousseau lehrte, die volonté générale könne sich nur in allgemeinen Normen artikulieren, die, Ausfluss des Willens eines jeden Bürgers, für alle verbindlich und vor denen alle gleich sind, dann stimmte Kant diesem Satz vorbehaltlos zu: Auch für ihn war die Republik eine Staatsform, in der das allgemeine Recht herrschte, das gegebenenfalls auch von Monarchien durch Reformen verwirklicht werden könnte. Die durch Friedrich II. veranlassten Rechtsreformen waren daher für ihn Indizien, dass Preußen auf dem Weg zu einer republikanischen Monarchie war.[607]

Doch Kant fundierte den Partizipationsgedanken anders als Rousseau. Zwar folgte er Rousseau in dessen Überzeugung, dass politische Teilhabe an die Verfügung über Privateigentum zu binden sei. Auch stimmte er mit ihm in der Prämisse überein, das Mein und Dein existiere bereits im Naturzustand als relativ konsistente Rechtsfigur (provisorisches Eigentum). Aber Rousseau ließ keinen Zweifel daran, dass im Contrat Social die einzelnen ihre gesamte Habe der volonté générale übergeben, um es von dieser unter dem Gesichtspunkt annähernder Gütergleichheit im konstituierten Staat gesetzlich abgesichert zurückzuerhalten. Demgegenüber akzentuiert Kant diesen Vorgang in umgekehrter Weise: Der Umfang des bereits im Naturzustand ungleichen, provisorisch rechtlich legitimierten Eigentums bleibt auch nach dem Vertragsschluss erhalten: die provisorisch rechtliche Qualität des Besitzes wird lediglich in einen peremtorischen

ursprünglicher Vertrag

Rechtsstaat

Partizipationsbegriff

Eigentum begründet Vollbürgerschaft

---

[604] Vgl. Fetscher 1972, S.70-95; Euchner 1973, S. 34-37; Fetscher 1986, S. 153-174; Maus 1992; Saage 1994a; Zotta 1994, S. 9-42; Mittermaier/Mair 1995, S. 109-113.

[605] Kant 1968, Bd. 9, S. 153.

[606] Ebd.

[607] „Die Idee einer mit dem natürlichen Rechte der Menschen zusammenstimmenden Konstitution: daß nämlich die dem Gesetz Gehorchenden auch zugleich, vereinigt, gesetzgebend sein sollen, liegt bei allen Staatsformen zum Grunde, und das gemeine Wesen, welches, ihr gemäß, durch reine Vernunftbegriffe gedacht, ein platonisches *Ideal* heißt (res publica noumenon), ist nicht ein leeres Hirgespinst, sondern die ewige Norm für alle bürgerliche Verfassung überhaupt, und entfernet allen Krieg. Eine dieser gemäß organisierte bürgerliche Gesellschaft ist die Darstellung derselben nach Freiheitsgesetzen durch ein Beispiel in der Erfahrung (res publica phaenomenon), und kann nur nach mannigfaltigen Befehdungen und Kriegen mühsam erworben werden; ihre Verfassung aber, wenn sie im großen einmal errungen worden, qualifiziert sich zur besten unter allen, um den Krieg, den Zerstörer alles Guten, entfernt zu halten; mithin ist es Pflicht, in eine solche einzutreten, vorläufig aber (weil jenes nicht so bald zu Stande kommt) Pflicht der Monarchen, ob sie gleich *autokratisch* herrschen, dennoch *republikanisch* (nicht demokratisch) zu regieren, d.i., das Volk nach Prinzipien zu behandeln, die dem Geist der Freiheitsgesetze (wie ein Volk mit reifer Vernunft sie sich selbst vorschreiben würde) gemäß sind, wenn gleich dem Buchstaben nach es um seine Einwilligung nicht befragt würde" (Kant 1958, Bd. 9, S. 364f).

Zustand überführt[608]; sie ist vereinbar „mit der größten Ungleichheit, der Menge und den Graden ihres Besitzes".[609] Freilich setzt - wie bei Sieyès[610] - die extreme materielle Ungleichheit die rechtliche Gleichheit aller vor dem Gesetz voraus wie umgekehrt diese mit jener vereinbar ist.[611] Diese liberale Akzentsetzung hat weitgehende Auswirkungen auf den Partizipationsbegriff Kants. Wenn diejenigen, die bereits im Naturzustand Eigentümer waren, in ihrem Status durch den „ursprünglichen Vertrag" nur bestätigt, nicht aber - wie bei Rousseau - an das Postulat sozialer Gerechtigkeit gebunden werden, dann ist nach dem kontraktualistischen Übergang zum Staat die Konsequenz unausweichlich, dass nur Eigentümer Vollbürger werden können.[612]

Definition des Staatsbürgers

Kant hat diese Folgerung mit aller Klarheit gezogen. „Derjenige nun, welcher das Stimmrecht in dieser Gesetzgebung hat, heißt ein *Bürger* (citoyen, d.i. *Staatsbürger*, nicht Stadtbürger, bourgeois). Die dazu erforderliche Qualität ist, außer der *natürlichen* (daß es kein Kind, kein Weib sei), die einzige: daß er *sein eigener Herr* (sui juris) sei, mithin irgend ein *Eigentum* habe (wozu auch jede Kunst, Handwerk, oder schöne Kunst, oder Wissenschaft gezählt werden kann), welches ihn ernährt; d.i. daß er, in denen Fällen, wo er von andern erwerben muß, um zu leben, nur durch *Veräußerung* dessen was *sein* ist erwerbe, nicht durch Bewilligung, die er anderen gibt, von seinen Kräften Gebrauch zu machen, folglich, daß er niemandem als dem gemeinen Wesen im eigentlichen Sinne *diene".*[613] Ist diese Bedingung der ökonomischen Selbständigkeit erfüllt, so sei jeder Vollbürger nur zu einer Stimme berechtigt. Die Passivbürger dagegen genießen zwar als bloße Schutzgenossen rechtsstaatliche Garantien, aber sie sind von der aktiven Mitwirkung an der Gesetzgebung ausgeschlossen.[614] Allerdings muss die Gesellschaft so konstruiert sein, dass jenseits der Statik ständischer Privilegien jeder die Möglichkeit hat, durch Fleiß, Können und Glück in die Schicht der ökonomisch Selbständigen aufzusteigen und so Vollbürger werden zu können.[615]

---

[608] Vgl. hierzu Saage 1994, S. 69-89.

[609] Kant 1968, Bd. 9, S. 147.

[610] Vgl. Kapitel IV, § 2.

[611] „Diese durchgängige Gleichheit der Menschen in einem Staat, als Untertanen desselben, besteht aber ganz wohl mit der größten Ungleichheit, der Menge, und den Graden ihres Besitztums, sei es an körperlicher oder Geistesüberlegenheit über andere, oder an Glücksgütern außer ihnen und an Rechten überhaupt (deren es viele geben kann) respektiv auf andere; so daß des einen Wohlfahrt sehr vom Willen des anderen abhängt (des Armen vom Reichen), daß der eine gehorsamen muß (wie das Kind den Eltern, oder das Weib dem Mann) und der andere ihm befiehlt, daß der eine dient (als Tagelöhner) der andere lohnt, u.s.w. Aber *dem Rechte* nach (welches als der Anspruch des allgemeinen Willens nur ein einziges sein kann, und welches die Form Rechtens, nicht die Materie oder das Objekt, worin ich ein Recht habe, betrifft) sind sie dennoch, als Untertanen, alle miteinander gleich" (Kant 1968, Bd. 9, S. 147).

[612] Angesichts dieses Sachverhaltes erscheint es wenig stimmig, wenn Ingeborg Maus behauptet: „Die wichtigsten Verwerfungen und Inkonsistenzen der Kant-Interpretation scheinen darin ihren Grund zu haben, daß eine genuin demokratische Theorie an vordemokratischen Kriterien gemessen wird" (Maus 1992, S. 32). Vielmehr wird man umgekehrt davon ausgehen müssen, dass Kants Partizipationstheorie mit ihrer systematisch in seiner Eigentumslehre verankerten Zensuswahlrecht theorieimmanent hinter bereits erreichte demokratische Standards zurückfiel.

[613] Kant 1968, Bd. 9, S. 151. Vgl. auch Kant 1968, Bd. 7, S. 432f.

[614] Vgl. a.a.O., S. 150. Vgl. auch Kant 1968, Bd. 7, S. 433f.

[615] Kant 1968, Bd.9, S. 148f: „Alles (...) mag er vererben, was Sache ist (nicht Persönlichkeit betrifft) und als Eigentum erworben und auch von ihm veräußert werden kann, und so in einer Reihe

162

Dass Kant im Unterschied zu Rousseau in der Tat unter Volkssouveränität die Souveränität der Besitzbürger und nicht des Demos im antiken Sinn meint, wird deutlich, wenn wir uns seiner Staatsformenlehre zuwenden. Setzte Robespierre, wie wir sahen, kurz vor seinem Tod die Republik mit der Demokratie gleich[616], so besteht Kant auf einer strikten Trennung zwischen beiden Kategorien. Er unterscheidet nämlich zwischen Regierungsart und Form der Beherrschung. Die Regierungsart kann, wie in der antiken Staatsformenlehre vorgesehen, die Form der Beherrschung (*forma imperii*) als Fürstengewalt (Monarchie oder Autokratie), als Adelsgewalt (Aristokratie) oder als Volksgewalt (Demokratie) annehmen. Dagegen entscheiden die *forma regiminis* darüber, wie ein Staat von seiner Machtvollkommenheit Gebrauch macht. Dies kann entweder auf republikanische oder despotische Weise geschehen. Für Kant ist nun das institutionelle Signum der Republik als Rechtsstaat das Gewaltenteilungsprinzip, das von Rousseau gerade abgelehnt wird. „Der *Republikanism* ist das Staatsprinzip der Absonderung der ausführenden Gewalt (der Regierung) von der gesetzgebenden; der *Despotism* ist das der eigenmächtigen Vollziehung des Staates von Gesetzen, die er selbst gegeben hat, mithin der öffentliche Wille, sofern er von dem Regenten als Privatwille gehandhabt wird".[617]

Staatsformen: Unterscheidung von forma imperii und forma regiminis

Auf diesem begrifflichen Hintergrund kann, wie bei Platon und Aristoteles, die Demokratie als die direkte Selbstbestimmung des Demos nur als die allerschlechteste Regierungsform erscheinen: Sie ist am weitesten von der Republik entfernt, weil sie den einzelnen sowohl als Herrscher wie auch als Untertan definiert und somit Gewaltenteilung und Repräsentation ausschließt. „Unter den drei Staatsformen ist die der *Demokratie*, im eigentlichen Verstande des Worts, notwendig ein *Despotism*, weil sie eine exekutive Gewalt gründet, da alle über und allenfalls auch wider Einen (der also nicht mit einstimmt), mithin alle, die doch nicht alle sind, beschließen; welches ein Widerspruch des allgemeinen Willens mit sich selbst und mit der Freiheit ist".[618] Kant betont den engen Zusammenhang von Gewaltenteilung und Repräsentation: diese ist die Voraussetzung jener. „Man kann daher sagen: je kleiner das Personale der Staatsgewalt (die Zahl der Herrscher), je größer dagegen die Repräsentation derselben, desto mehr stimmt die Staatsverfassung mit der Möglichkeit des Republikanism, und sie kann hoffen, durch allmähliche Reformen sich dazu endlich zu erheben".[619] Ausgehend von der volonté générale Rousseaus, in deren Licht dieser den klassischen Begriff der Demokratie als einer der ersten nach Spinoza nachhaltig aufwertete, macht sich Kant auf der Grundlage des Zensuswahlrechts stark für Repräsentation und Gewaltenteilung, die Rousseau gerade verwirft. Ausdrücklich betont Kant, daß keine der alten Republiken das Repräsentationsprinzip gekannt habe.

Demokratie vs. Republik

Repräsentation und Gewaltenteilung

---

von Nachkommen eine beträchtliche Ungleichheit in Vermögensumständen unter den Gliedern eines gemeinen Wesens (des Söldners und Mieters, des Gutseigentümers und der ackerbauenden Knechte u.s.w.) hervorbringen; nur nicht verhindern, daß eben, wenn ihr Talent, ihr Fleiß und ihr Glück es ihnen möglich macht, sich nicht zu gleichen Umständen zu erheben befugt wären. Denn sonst würde er zwingen dürfen, ohne durch anderer Gegenwirkung wiederum gezwungen werden zu können, und über die Stufe eines Mituntertans hinausgehen".

[616] Vgl. Kapitel IV, § 4.
[617] Kant 1968, Bd. 9, S. 206f.
[618] A.a.O., S. 207.
[619] A.a.O., S. 207f.

Daher hätten sie sich auch im Despotismus aufgelöst, „der unter der Obergewalt eines Einzigen noch der erträglichste unter allen ist".[620]

Kants Präferenz
für die Republik

Kants Vorstellungen einer bürgerlichen Gesellschaft orientierten sich zweifellos an den Prämissen politischer Teilhabe, wie sie unter dem Einfluss Sieyès in der Französischen Verfassung von 1791 federführend waren.[621] Gegen direktdemokratische Umwälzungsprozesse gerichtet, optierte Kant für eine besitzbürgerliche Republik mit Zensuswahlrecht, Repräsentation und Gewaltenteilung im Rahmen unverbrüchlicher rechtsstaatlicher Strukturen: eine Regierungsform, die seiner Meinung nach ohne die Kosten einer revolutionären Umwälzung ihren Ausgang auf reformistischem Wege vom Aufgeklärten Absolutismus nehmen konnte.[622] Ist der Historiker und Publizist, der berühmte Herausgeber des „Briefwechsels" und der „Staatsanzeigen", August Ludwig Schlözer (1735-1809), den Spuren Kants gefolgt? Auf den ersten Blick scheint dies der Fall zu sein. Unter den Protagonisten, die der Aufklärung in Deutschland den Weg gebahnt hätten, nannte er in seiner 1793 erschienenen Schrift „Allgemeines Staatsrecht und Staatsverfassungslehre"[623] ausdrücklich Friedrich II. und Josef II.: „*Friedrich* der Einzige erschien, Verf. des *Antimachiavells*, und erklärte vom Thron herab den Souverän für *le premier Serviteur* de L'Etat. Er ließ allen Schriften gegen Gott und Religion, in seinen Staaten freien Lauf: die Menschen zogen daraus die Folge, daß auch die Erdengötter der Kritik preis wären; doch, so hat es *Friedrich* nicht gemeint, wohl aber - *JOSEF II.*".[624] Auch bekannte er sich zu den Vertretern der Aufklärung, die die Revolution von 1789 vorbereitet hätten: Voltaire, Rousseau, die Economistes, Raynal und dem Marquis d'Argenson.

August Ludwig
Schlözer

Folgerungen aus der
Französischen
Revolution:

1793, als Schlözers „Staatslehre" in Göttingen erschien, war die frühe, im Zeichen der englischen Mischverfassung stehende gemäßigte Phase der Französischen Revolution beendet. Den nun folgenden, von Jakobinern und Sansculotten vorangetriebenen Prozess der revolutionären Fundamentaldemokratisierung[625] lehnte Schlözer vehement ab. Ihm grause „wirklich vor einer Million *Sansculottes*, die in dieser Welt nichts zu verlieren haben, und in jener nichts hoffen, nichts fürchten".[626] Ob ihnen mit dem Verlust der Religion der „einzige Zaum abgestreift" worden ist, „der sie noch von Bestialitäten zurückhalten konnte"[627], müsse die Zeit lehren. Dieser negativen Charakterisierung der Sansculotten entspricht Schlözers pejorativer Demokratiebegriff. Die Demokratie sei „die natürlichste, aber auch die künstlichste und daher die seltenste aller Regierungsformen. Viele der alten griechischen Republikken hatten sie; jetzo nur noch einige Glieder des Schweizer Bundes".[628] Ganz im Sinne der Antike versteht Schlözer unter der Volksregierung direkte Demokratie. Zwar komme sie dem

- Furcht vor
verarmten Massen

- pejorativer
Demokratiebegriff

---

[620] A.a.O., S. 208.
[621] Vgl. Kapitel IV, § 2.
[622] Vgl. Fetscher 1972, S. 70-95.
[623] Vgl. Schlözer 1793. Vgl. hierzu Mühlpfordt 1983, S. 29-74; Saage 1989a, S.93-141, hier S.132-139; Saage 1989b, S. 142-191.
[624] Schlözer 1793, S. 29. Im folgenden wurde die Orthografie vorsichtig modernisiert.
[625] Vgl. Kapitel IV, § 4.
[626] Schlözer 1793, S. 162.
[627] Ebd.
[628] A.a.O., S. 124.

natürlichen Freiheitsdrang der Menschen weit entgegen. So dürfe nichts im Gemeinwesen geschehen „ohne Vorwissen und Mitrat aller". Was einmal die Mehrheit beschlossen habe, „und wär's noch so ungerecht und albern (...), ist Herrscher-Schluß, den, wenn er einmal ausgesprochen ist, jeder gute Bürger für den seinigen anerkennen muß".[629] Auch bleibe die Regierung eng an das Volk gebunden: „Die Beamten werden gewählt, öffentlich oder heimlich; nicht auf immer, nicht einmal auf lange Zeit, sonst verliert sich die Gleichheit; sie haben nichts als vollziehende Gewalt, und können nur provisorische Gesetze machen".[630]

Doch zugleich sind für Schlözer die schweren Strukturdefizite der Demokratie nach attischem Vorbild evident: Sie sei nur praktikabel, „so lange die Gesellschaft klein ist".[631] Außerdem setzt sie ein „unverdorbenes unkultiviertes Volk" voraus, „das keine andre Gemeindegeschäfte betreibt als zu denen bloß schlichter Menschenverstand gehört".[632] Am gravierendsten aber erscheint, dass sie als die despotischste aller Regierungsformen gelten muss. „Wer kann der Mehrheit der Fäuste widerstehen? Und da der Pöbel ärgere Launen wie ein Sultan hat: wer zittert nicht, wenn Ehre, Gut und Leben des Bürgers dieser Pöbellaune Preis sind?".[633] Außerdem seien Demokratien in den meisten Fällen nicht mehr als verkappte Monarchien oder Aristokratien, weil sich die Menge von geschickten Demagogen verführen lasse. „Der große Haufe, durchdrungen vom Gefühl, daß er geleitet werden müsse, folgt (...) dem beredten Sprecher, der sich seiner zu bemächtigen weiß und oft ohne Einsicht, oft ein verschmitzter, leidenschaftlicher, verkaufter *Demosthenes* ist".[634] Aber auch Schlözers Theorie des Verfalls der Demokratie ist den einschlägigen Argumenten Platons und Aristoteles' nachempfunden: Die Demokratie neige zur Uneinigkeit sowie zur Gesetzlosigkeit und verkomme zur Willkürherrschaft der Menge in Gestalt der Ochlokratie. Diese löse sich in dem Augenblick auf, in dem die unterlegene Minorität der Reichen „in der Verzweiflung den Staat an Fremde verrät".[635]

Aber Schlözers Absage an die Demokratie als der direkten Selbstbestimmung des Volkes besagt noch keineswegs, er hätte jeder Form der politischen Teilhabe den Boden entzogen. Wie für Kant, so ist auch für ihn die Volkssouveränität als Ausfluss des ursprünglichen Vertrages eine Selbstverständlichkeit. So darf „das Volk widerstehen, zwingen, absetzen, strafen: alles nach dem Begriff eines Vertrags überhaupt".[636] Aber die Frage ist, in welcher Regierungsform diese Souveränität am adäquatesten zum Ausdruck kommt und nach welchen Kriterien die das Volk konstituierenden Vollbürger zu bestimmen sind. Schlözer lässt keinen Zweifel daran, dass die aristotelische Politie im Sinne des Polybios, welche die Monarchie, Aristokratie und Demokratie mischt[637], in Verbindung mit dem Repräsentationsprinzip und der Gewaltenteilung die ideale Form der

Strukturdefizite der direkten Demokratie

Mischverfassung als ideale Staatsform

---

[629] A.a.O., S. 125.
[630] A.a.O., S. 127.
[631] A.a.O., S. 128.
[632] Ebd.
[633] A.a.O., S. 129.
[634] Ebd.
[635] Ebd..
[636] A.a.O., S. 105f.
[637] Vgl. Kapitel I, § 7.

Darstellung einer aufgeklärten Volkssouveränität ist. Dieses Ideal habe England vollständig und Rom in der frühen Phase seiner Republik teilweise verwirklicht. Das Zusammenspiel von Monarchie, Unterhaus (Demokratie) und Oberhaus (Aristokratie) sei in England - über die aristotelische Politie hinausgehend - durch einen vierten Stand, der Publizität, wirkungsvoll ergänzt worden. Dieses auf Freiwilligkeit beruhende Publikum erfülle dadurch Bürgerpflichten und -rechte, dass es für das eigene und allgemeine Wohl sorge, patriotische Teilnahme an den öffentlichen Angelegenheiten ermögliche, Missbräuche aufdecke und Maßnahmen vorschlage, wie ihnen abzuhelfen sei.[638]

Partizipationsbegriff

Offensichtlich bewegt sich Schlözers Partizipationstheorie auf dem Niveau, das Kant vorgegeben hat. Und doch geht er an einer entscheidenden Stelle über Vorstellungen des Königsberger Philosophen hinaus. Kant erhob, wie wir sahen, die wirtschaftliche Selbständigkeit zum entscheidenden Kriterium der Vollbürgerschaft. Daher schieden von vornherein alle Lohnabhängigen und alle Frauen aus dem aktiven und passiven Wahlrecht aus. Dagegen hält Schlözer es für eine Inkonsequenz, wenn alle Mitglieder des Volks zwar in den Genuss der Menschenrechte gelangen, zugleich aber als politische Größe nur die Gesamtheit der *Citoyens actifs* den Souverän konstituiert. Das so definierte Volk sehe sich zu einer Residualgröße reduziert, wenn von ihm folgende Gruppen ausgeschlossen werden: „1. das ganze weibliche Geschlecht, 2. alle Mannspersonen unter 25 Jahren, 3. alle, die im *état de domisticité* sind, oder 4. nicht so viel an *contribution directe* bezahlen, als der Arbeitslohn von 3 Tagen beträgt. Also von einer Million Bürger sind höchstens 200 000 aktive Bürger: ein unerträglicher Aristokratismus! Hier sind offensichtlich *priviligiés*, Erbadel und Ordensritter".[639] Dieser Ausschluss war für Schlözer willkürlich, weil er im Sinne des individualistischen Naturrechts nicht begründbar sei. „Kann man einem Menschen ein Menschenrecht nehmen, weil er ein Weib, ein Bedienter, weil er blutarm, ist? - Gelten aber politische Gründe: so begreift niemand, warum man nicht von einer Million Menschen ebenso gut 999 000, als 800 000, auf immer von der Teilnahme an der Regierung ausschließen könne".[640]

Ausweitung der Vollbürgerschaft: Ablehnung besitz- und geschlechts-spezifischer Kriterien

Schlözer kein Radikaldemokrat

Schlözer unterschied sich also von Kant darin, dass er besitz- und geschlechtsspezifische Kriterien für die Vollbürgerschaft ablehnte. Reicht diese bemerkenswerte Annäherung an das allgemeine Wahlrecht aus, ihn als Radikaldemokraten[641] zu bezeichnen? Vor einer solchen Interpretation ist aus drei Grün-

---

[638] Vgl. Schlözer 1793, S. 153: „Freiwillige Stände, genannt das Publikum oder vollbürtige Glieder desselben, die ungewählt, ungerufen, unbesoldet und ohne Anspruch auf eine Entscheidungsstimme, allgemeine Bürgerpflicht erfüllen, allgemeines Bürgerrecht ausüben (...) für ihr eignes und ihrer Mitbürger Wohl zu sorgen und zu sprechen, patriotische Teilnahme an öffentlichen Geschäften zu bezeugen, Bedrückungen, Missbräuche und Gebrechen aufzuspüren und zu denunzieren, Vorschläge, denselben abzuhelfen, anzugeben etc. Dies tun sie entweder vereint in Communen, durch Glückwunsch, Dank-, Klage- etc. Adressen (in England); oder einzeln, durch die - *Presse* , dieses 'göttliche Geschenk, welches der Zufall erst in neueren Zeiten dem Genie (und der Freiheit) gemacht; diese Kunst, Copeien mit vorhin unmöglicher Geschwindigkeit zu verfertigen; dieses Geheimnis, Ideen zu verewigen, und die Eroberungen der Vernunft ins Unendliche fortzusetzen; dieses Zaubermittel, das dem in seinem Zimmer unbemerkt Meditierenden, in einem Augenblick hunderttausend Zuhörer und Schüler verschafft' (Linguet)" (Schlözer 1793, S. 153f).
[639] A.a.O., S. 158.
[640] A.a.O., S. 158f.
[641] Vgl. Mühlpfordt 1983, S. 29ff.

den zu warnen: 1. Es wurde gezeigt, dass Schlözer gerade die seit der Antike bestehende radikaldemokratische Tradition der direkten Volkssouveränität ablehnte und sie eindeutig durch die englische Mischverfassung mit ihrem Repräsentations- und Publizitätsprinzip ebenso ersetzte wie durch die Gewaltenteilung und eine der Mehrheit entzogene Sphäre kodifizierter Grund- und Menschenrechte. 2. Wenn Schlözer auch im Prinzip Frauen und Bedienstete das Wahlrecht gewähren wollte, so setzte er doch immer voraus, dass sie lesen und schreiben und somit in der räsonierenden Öffentlichkeit[642] sich eine unabhängige Meinung bilden können. Zwar trat er im Januar 1789 dafür ein, dass die Bauernschaft in der Französischen Nationalversammlung repräsentiert sein müsse. Doch aufgrund ihres Analphabetismus liege es in ihrem eigenen Interesse, „aus anderen Ständen ihre Deputierten zu wählen".[643] 3. Die alte Demokratie war eine Staats- und Regierungsform der kleinen Leute, die immer auch deren soziale Interessen mit vertrat. Schlözers Ausdehnung des Wahlrechts auf die Bediensteten hin schränkte aber zugleich deren politische Partizipation ein, weil nur wenige von ihnen das Kriterium der Bildung erfüllten. Deswegen änderte Schlözers mutiger Schritt wenig an dem großbürgerlichen Profil seiner repräsentativen Mischverfassung.

Kant und Schlözer, so kann zusammenfassend festgestellt werden, orientierten sich trotz unterschiedlicher Akzentuierung an der Französischen Revolutionsverfassung von 1791. Demgegenüber verarbeitete Johann Gottlieb Fichte (1762-1814) in seinem Partizipationskonzept bedeutende soziale Impulse der Jakobinerherrschaft der Jahre 1793/94, wie seine beiden frühen Schriften „Zurückforderung der Denkfreiheit von den Fürsten Europens, die sie bisher unterdrückten" (1793) und „Beitrag zur Berichtigung der Urteile des Publikums über die französische Revolution" (1793), aber auch die spätere Abhandlung über die „Grundlage des Naturrechts" (1796)[644] mit ihrer zentralen Forderung des Grundrechts auf Existenz durch Arbeit zeigen. Zu Recht stellt daher Iring Fetscher fest: „Wenn man Kant am angemessensten mit dem Abbé Sieyès vergleichen könnte, korrespondiert das frühe politische Denken Fichtes eher mit den Auffassungen Robespierres, ja sogar mit denjenigen einiger Sansculotten".[645] Doch die Frage ist, wie sich Fichtes Orientierung an der radikalen Phase der Französischen Revolution auf sein Partizipationsmodell auswirkte. Zunächst scheint er insbesondere in seiner ausgereiftesten politischen Schrift, nämlich in der „Grundlage des Naturrechts", eine eindeutig radikaldemokratische Position zu beziehen, die offenbar uneingeschränkt in der Tradition der alten Demokratie steht, weil sie jeder attische Demokrat hätte unterschreiben können: „Aber (...) das Volk ist nie Rebell, und der Ausdruck *Rebellion*, von ihm gebraucht, ist die höchste Ungereimtheit, die je gesagt worden; denn das Volk ist in der Tat, und nach dem Rechte, die höchste Gewalt, über welche keine geht, die die Quelle aller anderen Gewalt, und die Gott allein verantwortlich ist. Durch seine Versammlung verliert die exekutive Gewalt die ihrige, in der Tat, und nach dem Rechte. Nur gegen

Johann Gottlieb
Fichte

Partizipationsmodell

---

[642] Vgl. zum Begriff der Öffentlichkeit Habermas 1968.
[643] Zit. n. Saage 1989, S. 181.
[644] Vgl. Fichte 1979. Auf diese Schrift beziehe ich mich im folgenden. Vgl. hierzu Buhr 1965; Batscha 1970; Fetscher 1986, S. 174-199; Mittermaier/Mair 1995, S. 113-120; Maus 2001, 139-158.
[645] Fetscher 1986, S. 174.

einen Höheren findet Rebellion statt. Aber was auf Erden ist höher denn das Volk! Es könnte nur gegen sich selbst rebellieren, welches ungereimt ist".[646]

Ablehnung der direkten Demokratie

Doch wie soll sich das Volk als Souverän zu einer politisch handlungsfähigen Größe konstituieren? Die Antwort der attischen Demokratie war klar: Souverän ist die in der Ekklesia physisch präsente Gesamtheit aller Vollbürger: Sie entscheidet nicht nur - ohne Ausnahme - jede das Gemeinwesen betreffende Frage. Darüber hinaus exekutieren nach dem Losverfahren gewählte Mitglieder der Volksversammlung die von ihr erlassenen Gesetze. Aber genau diese Lösung der direkten Demokratie lehnte Fichte dezidiert ab. Er stimmte mit Kant und Schlözer überein, „daß das Volk die exekutive Gewalt nicht selbst ausüben, sondern sie übertragen müsse, daß sonach die Demokratie in der eigentlichen Bedeutung des Wortes eine völlig rechtswidrige Verfassung sei".[647] Im Verzicht auf Repräsentation liegt Fichte zufolge der entscheidende Strukturdefekt der Demokratie: Das Prinzip der Stellvertretung ist für ihn nicht nur „aus reiner Vernunft" und aus praktikablen Gründen unverzichtbar, sondern auch „eine durch das Rechtsgesetz absolut geforderte Einrichtung".[648] Bedeutet diese wichtige Übereinstimmung mit Kant, in der direkten Demokratie per se eine Despotie zu sehen, dass Fichte am Ende doch als Vordenker einer liberal-demokratischen Verfassung gelten muss? Diese Frage ist zu verneinen, wenn man sich seine Stellung zum Gesetzgebungsverfahren, zum Prinzip der Gewaltenteilung, zu den Kriterien der Vollbürgerschaft und zum Staatszweck vor Augen führt.

Notwendigkeit der Repräsentation

Für Kant war klar, dass die Gesetzgebungskompetenz unmittelbar Ausfluss der Volkssouveränität ist. Fichte dagegen lässt nach der aus dem ursprünglichen Bürgervertrag fließenden Verfassungskonstitution das Volk als politische Größe verschwinden. Es bleiben nur noch zwei machtpolitische Faktoren übrig: eine positive Variante, die in Gestalt der Exekutive die Gesetze anzuwenden und eine negative Spielart, welche in Form der Ephoren die ausführende Gewalt im Namen des Volkes zu kontrollieren hat. Da die grundlegenden rechtlichen Verhältnisse durch den Bürgervertrag bereits festgelegt sind, bedarf es im Zuge der Umsetzung dieses Grundgesetzes keiner eigenständigen Legislative. Vielmehr ist die Exekutive bei ihrer Aufgabe der Realisierung des Rechts auf keine neuen Gesetze, sondern nur auf „bestimmtere Anwendungen des einigen Grundgesetzes"[649] angewiesen: Die rechtliche Koexistenz der Menschen kann also durch Ausführungsbestimmungen der Exekutive selbst gesichert werden, ohne dass das Volk als Gesetzgeber in Erscheinung treten muss. Ähnliches trifft für die Trennung der Exekutive von der Judikative zu. „Muß die ausübende Gewalt, ohne Widerrede, den Anspruch der richterlichen ausführen, so ist die unumschränkte Gewalt in der Hand des Richters selbst".[650]

Konstitution des Staates:

- Verfassungs- konstitution durch Bürgervertrag

- Exekutive

- Ephorat

Stellen also Judikative, Legislative und Exekutive bei Fichte eine untrennbare Einheit dar, so setzt bei ihm die Trennung der Gewalten in aller Schärfe bei der Unterscheidung zwischen der Exekutive und den Ephoren ein. Mit diesem Schritt bekräftigt er den Bruch mit dem direktdemokratischen Modell der atti-

---

[646] Fichte 1979, S. 179.
[647] A.a.O., S. 13.
[648] A.a.O., S. 157.
[649] A.a.O., S. 158.
[650] A.a.O., S. 159.

schen Polis.[651] Aber Fichte betont auch, dass das aus reiner Vernunft deduzierte Ephorat nichts mit der gleichnamigen Institution der spartanischen Verfassung zu tun habe, sondern am meisten dem Volkstribunat der römischen Republik ähnle.[652] In diesem Sinne ist das Ephorat der Garant der Volksrechte gegenüber möglichen Übergriffen der Exekutive. Aller exekutiven Kompetenzen entkleidet, werden die Ephoren vom Volk gewählt. Ihr entscheidendes Recht besteht darin, es im Falle eines strukturellen Machtmissbrauchs der Exekutive zusammenzurufen und auf dieser Versammlung als Ankläger aufzutreten, damit der Souverän mit Ja oder Nein die gegen die Exekutive erhobenen Vorwürfe entscheidet. Es steht außer Frage, dass mit diesem Verfahren ein direktdemokratisches Element ins Spiel kommt. Denn das physisch präsente Volk selbst, nicht deren Stellvertreter, ist Herr des Verfassungskonflikts. Doch zugleich muss betont werden, dass ein solcher Fall nur für den Ausnahmezustand vorgesehen ist. In der Normallage des Fichteschen Staates ist das Volk nur eine virtuelle Realität, die in Gestalt der Ephoren als Korrektiv der großen Machtfülle der Exekutive wirken soll.

Die Probleme, die entstehen, wenn sich das Ephorat mit der Exekutive gegen das Volk verbündet oder die exekutive Gewalt die von den Ephoren veranlasste Zusammenkunft des Volkes verhindert, liegen auf der Hand. Im Grunde kann Fichtes Konstruktion nur dann funktionieren, wenn alle politischen Machtträger das Staatsziel, das Grundrecht auf Existenz durch Arbeit[653] und die Mittel zu dessen Realisierung, prinzipiell anerkannt haben. Die Wirksamkeit des aus der Volkssouveränität fließenden Ephorats beschränkt sich dann auf eine Art Ausnahmezustand, dessen Eintreten äußerst unwahrscheinlich ist. Dagegen ist Kants liberales Konzept der Volkssouveränität auf den Normalfall bezogen: Aufbauend auf dem Zensuswahlrecht, reguliert sich die Gesellschaft über den Markt tendenziell von selbst, freilich stabilisiert durch den aus der volonté générale des Volkes fließenden minimalistischen Rechtsstaat. Es kommt aber noch eine weitere Differenz hinzu. Wie wir sahen, sind nach Kant Aktivbürger nur diejenigen, die über Selbständigkeit verfügen: Sie müssen also wirtschaftlich unabhängig sein. Fichte dagegen führt ein anderes Kriterium ein: Er macht das Wahlrecht abhängig von der kulturellen Entwicklung eines Volkes.[654] Hat diese

Probleme in Fichtes Konstruktion

Partizipationsmodell

---

[651] „Es ist sonach ein Fundamentalgesetz jeder vernunft- und rechtmäßigen Staatsverfassung, daß die *exekutive Gewalt*, welche die nicht zu trennende richterliche, und ausübende im engeren Sinne, unter sich begreift, und *das Recht der Aufsicht und Beurteilung, wie dieselbe verwaltet werde*, welches ich das *Ephorat*, im weitesten Sinne des Worts, nennen will, getrennt seien; daß die letztere der gesamten Gemeine verbleibe, die erstere aber bestimmten Personen anvertraut werde. Kein Staat darf sonach *despotisch*, oder *demokratisch* regiert werden" (Fichte 1979, S. 158).

[652] „Darin ist das hier aus reiner Vernunft deduzierte *Ephorat* (im engeren Sinne des Wortes) gänzlich unterschieden von dem Ephorate in der spartanischen Verfassung, von der Staatsinquisition zu Venedig, und dergleichen. Die *Volkstribunen* in der römischen Verfassung hatten mit demselben noch die meiste Ähnlichkeit" (Fichte 1979, S. 169, FN).

[653] Vgl. a.a.O., S. 206: „Der höchste und allgemeinste Zweck aller freien Tätigkeit ist sonach der, leben zu können. Diesen Zweck hat ein jeder; und wie daher die Freiheit überhaupt garantiert wird, wird er garantiert. Ohne seine Erreichung würde die Freiheit, und die Fortdauer der Person, gar nicht möglich sein".

[654] „Ein Volk, das seine Regenten selbst wählen soll, muß schon sehr gebildet sein: denn die Wahl muß nach obigen Grundsätzen, *einstimmig* sein, um gemeingültig sein zu können; doch wird nur *relative* Einstimmigkeit erfordert; es ist also immer zu befürchten, daß ein *Teil* der Minorität entweder ausgeschlossen, oder einen Regenten gegen ihren Willen erhalten werde. Aber alle Veranlassun-

ein gewisses Niveau erreicht, so sieht er das allgemeine Wahlrecht vor. Freilich stimmt er mit Kant darin überein, dass allen Frauen die Aktivbürgerschaft vorzuenthalten ist. Zwar kann die Frau als Bürgerin von den öffentlichen Angelegenheiten nicht ausgeschlossen werden. Daher ist der Mann verpflichtet, seine Stimme nicht abzugeben, „ohne mit seiner Gattin sich darüber unterredet und durch das Gespräch mit ihr seine Meinung modifiziert zu haben".[655] Doch darf diese Einflussnahme nur indirekt über den Mann erfolgen, „weil sie dies nicht (wird) wollen können", ohne gegen ihre weibliche Würde zu verstoßen.[656]

Fichtes Partizipationsmodell ist in der Entwicklung der Demokratietheorie folgenlos geblieben: Indem er einen dritten Weg zwischen dem liberalen und dem radikaldemokratischen Paradigma zu gehen versuchte, lässt sein Ansatz eine genuine Anschlussfähigkeit an die Entwicklung des 19. Jahrhunderts nicht erkennen. Was freilich im demokratischen Lager weiterwirken sollte, waren seine tiefgreifenden Reformvorschläge zugunsten der kleinen Leute: die Sicherung der Existenz eines jeden einzelnen durch die von ihm geleistete Arbeit.

§ 3 Demokratische Impulse im Vorfeld der Revolution von 1848

Aber die Frage ist, wie sich nach dem Wiener Kongress von 1815 das Prinzip der Demokratie, von dem Tocqueville annahm, es sei ein unabwendbares Schicksal[657], in den komplizierten Strukturen des Deutschen Reiches Bahn brach. Wer waren ihre Träger? Wer kämpfte gegen sie? Was verstanden die verschiedenen politischen Gruppierungen unter dem Begriff der „Demokratie"? Wer wertete ihn positiv auf? Und wer verlieh ihm einen pejorativen Bedeutungsgehalt?

fragmentierte Nation Es wurde bereits betont, dass nichts den Prozess der Demokratisierung im Deutschen Reich mehr behinderte als die staatliche Fragmentierung. Wenn zumindest in politischer Hinsicht im Vergleich zu England und Frankreich von einer „deutschen Sonderentwicklung"[658] gesprochen werden kann, dann war es das Fehlen eines politischen Zentrums, von dem aus demokratische Umbrüche auf alle Regionen des geeinten Territoriums eines nationalen Großflächenstaates hätten transportiert werden und weiterwirken können. Zwar ging in den napoleonischen Kriegen die Vielzahl der Souveräne, Könige, Herzöge, Fürsten, Grafen, Bischöfe und Äbte, Ritter und städtische Körperschaften von 300 auf 38 zurück; diese Territorien wurden jetzt ausschließlich von weltlichen Herrschern regiert. Doch die Nachfolgeorganisation des Heiligen Römischen Reiches deutscher Nation, der 1815 auf Betreiben Preußens und Österreichs gegründete Deutsche

---

gen zu Entzweiungen und Parteien unter den Bürgern müssen durch die Konstitution abgeschnitten werden. So lange nun das Volk diesen hohen Grad der Kultur noch nicht hat, ist es besser, daß auf einmal für immer auch das Wahlrecht veräußert werde, welches freilich nur durch absolute Einstimmigkeit geschehen kann, und eine feste Form der Regentenfolge für immer eingeführt werde. In der Republik mögen die Regenten sich selbst durch Wahl ergänzen; ist das Ephorat wirksam genug, so liegt ihnen alles daran, diese Wahl mit der höchsten Sorgfalt vorzunehmen" (Fichte 1979, S. 282).

[655] A.a.O., S. 341.
[656] A.a.O., S. 342.
[657] Vgl. Kapitel V, § 4.
[658] Vgl. Lukács 1966, S. 11-26.

Bund, stellte keine wirkliche Alternative dar. Wohl zielte der Zweck dieser neuen Föderation auf die Erhaltung der äußeren und inneren Sicherheit Deutschlands und die Unverletzbarkeit der einzelnen deutschen Staaten ab. Doch es war kein Zufall, dass man eine Präzision der Kompetenzen der Bundesgewalt zur Erreichung dieses Ziels unterließ, weil jeder Einzelstaat auf die Erhaltung seiner Souveränität mit eigener Verfassung und Regierung, eigenem Heer und eigener Außenpolitik bedacht war. Im Grunde genommen war das einzige Organ des Bundes, die permanent in Frankfurt tagende Bundesversammlung, nichts weiter als der Kongress von weisungsgebundenen Gesandten der Einzelstaaten.

Deren Regierungen herrschten wie in Preußen und Österreich absolut. Oder sie gaben sich wie die norddeutschen Monarchien landständische Verfassungen. Die süddeutschen Staaten dagegen wählten die dritte Variante, die sich an der bourbonischen Verfassung in Frankreich orientierte.[659] Wurde also durch den Deutschen Bund der verfassungspolitische Flickenteppich der Partikularstaaten keineswegs überwunden, sondern eher noch vertieft, so sollte sich spätestens mit der von Metternich betriebenen antirevolutionären Ordnungspolitik zeigen, dass die gesamtdeutsche Perspektive des Bundes vor allem in der Vereinheitlichung der Repression gegen tatsächliche oder vermeintliche Bestrebungen der Opposition gegen das „monarchische Prinzip" bestand. Deutlich wurde diese Tendenz mit den von Metternich initiierten und vom Deutschen Bund exekutierten „Karlsbader Beschlüssen", deren Anlass das sogenannte Wartburgfest war. Am 18. Oktober 1817 veranstaltet, gedachten Studenten und mit ihnen sympathisierende Professoren auf dem Territorium des Großherzogs von Sachsen-Weimar öffentlich der Reformation und der Völkerschlacht bei Leipzig, des Höhepunkts der „Befreiungskriege". Unter anderem verbrannten sie „das Symbol des preußischen Militarismus, einen preußischen Gardeschnürleib, einen hessischen Zopf und einen österreichischen Korporalstock".[660] Die Konsequenzen ließen nicht auf sich warten. Zwar stellte sich der Großherzog Karl August von Weimar schützend vor die Aktivisten. Doch als es im Jahr 1819 zu zwei politischen Attentaten kam, schlug die Stunde Metternichs. Im Verein mit Preußen setzte er in der Bundesversammlung die sogenannten Karlsbader Beschlüsse durch. „Sie unterstellten die Universitäten einer generellen Polizeiaufsicht, untersagten den Professoren unter Androhung der Entlassung aus dem Amt jede Form politischer Kritik und verboten die Burschenschaften. Sie führten eine allgemeine Zensur für Zeitungen, Zeitschriften und Bücher mit weniger als 320 Seiten Umfang ein und errichteten eine Zentralbehörde zur Untersuchung der angeblich in mehreren Bundesstaaten entdeckten revolutionären Umtriebe. Die erste Bundesbehörde war eine Anstalt der politischen Polizei".[661]

Das „System Metternich", das mit den Mitteln eines autoritären Polizeistaates den gegebenen sozio-politischen Status quo in Deutschland und Österreich aufrechtzuerhalten suchte, hatte seine Stärke darin, dass es, pragmatisch und konsequent gehandhabt, dem Ruhebedürfnis insbesondere der Oberschichten entgegenkam, die angesichts der Dynamik der Französischen Revolution und der Napoleonischen Kriege die Ordnung über die Freiheit stellten. Aber diese Stärke

Verfassungspolitischer Flickenteppich

Autoritäre Bundespolitik im „System Metternich"

---

[659] Vgl. Seignobos 1910, S. 344.
[660] A.a.O., S. 350.
[661] Botzenhart 1985, S. 89f.

war zugleich auch seine Schwäche. Rein defensiv ausgerichtet, fehlte dem „System Metternich" die kreative Kraft, auf die Strukturprobleme des Deutschen Bundes innovativ zu reagieren. Antwortete das politische System Englands auf die an Fahrt gewinnende Industrialisierung mit der Wahlrechtsreform von 1832, welche der industriellen Bourgeoisie das Wahlrecht verlieh[662], so musste in Metternichs Herrschaftsbereich des Deutschen Bundes jede freiheitliche Bewegung mit Verfolgung rechnen. Das bekamen Rebellen wie Weidig und Büchner zu spüren, welche das soziale Elend der vom Adel ausgebeuteten Bauernschaft in Oberhessen und die Arroganz der großherzoglichen Regierung in ihrem „Hessischen Landboten" anprangerten. „Das Leben der *Vornehmen* ist ein langer Sonntag: sie wohnen in schönen Häusern, sie tragen zierliche Kleider, sie haben feiste Gesichter und reden eine eigene Sprache; das Volk aber liegt vor ihnen wie Dünger auf dem Acker. Der Bauer geht hinter dem Pflug, der Vornehme geht hinter ihm und dem Pflug und treibt ihn mit dem Ochsen am Pflug, er nimmt ihm das Korn und läßt ihm die Stoppeln".[663] Für diese Sätze schied Weidig unter elenden Bedingungen im Gefängnis nach zweijähriger Haft freiwillig aus dem Leben, und Büchner konnte sich nur mit Mühe ins Schweizer Exil retten.

Freiheitliche Bestrebungen

Dass das „System Metternich" Risse zeigte, geht auch aus einer Reihe weiterer Ereignisse hervor. Sie machten deutlich, dass trotz des anscheinend perfekten Polizeistaates mit seinem ausgeklügelten Spitzelsystem und seinem barbarischen Strafvollzug freiheitliche Bestrebungen nicht vollständig unter Kontrolle zu bringen waren. An erster Stelle ist das berühmte Hambacher Fest zu nennen, an dem vom 27. bis 30. Mai 1832 mehr als 20 000 Menschen teilnahmen. Dass die bis zu diesem Zeitpunkt größte Massendemonstration Deutschlands unter der Parole „Deutschlands Wiedergeburt" unter Duldung der bayerischen Regierung als Verfassungsfeier auf der Schlossruine Hambach in der Rheinpfalz stattfand, ist sicherlich kein Zufall: Relativ liberal regiert, galt hier der Code Napoleon weiter. Auf dieser Kundgebung sollen demokratisch-republikanische Reden gehalten worden sein, deren Zielsetzungen angesichts der realen Verhältnisse nur auf revolutionärem Wege zu verwirklichen gewesen wären.[664] 1833 kam es dann zum Sturm auf die Frankfurter Hauptwache. Das Ziel war die Initiierung eines Aufstandes, in dessen Rahmen die Gesandten der Frankfurter Bundesversammlung verhaftet werden sollten. Doch der Putsch scheiterte, weil die Bevölkerung passiv blieb und Teile der Truppen nicht zu den Rebellen überliefen. Diese wurden zu lebenslangen Haftstrafen verurteilt, konnten aber zum Teil fliehen oder wurden später begnadigt.[665] Und schließlich ist der Fall der Göttinger Sieben zu nennen. Auf dem offiziellen Dienstweg leiteten prominente Göttinger Professoren, darunter Jacob und Wilhelm Grimm sowie Friedrich Christoph Dahlmann, Gottfried Gervinus und Wilhelm Weber, eine Protestation an den Rektor der Universität gegen die Suspension der konstitutionellen Verfassung von 1833, die König Ernst August mit einem fragwürdigen Rechtsgutachten veranlasst hatte. Gegen den Willen ihrer Autoren gelangte dieses Manifest in die Presse und er-

---

[662] Vgl. Kapitel V, § 5.
[663] Büchner 1982, S. 333f.
[664] Mommsen 1998, S. 52.
[665] A.a.O., S. 55.

regte ein ungeheures Aufsehen. Entlassung und Maßregelung der unbotmäßigen Göttinger Hochschullehrer waren die Folge.[666]

Liberale Vertragstheorie

Vor allem aber konnte das „System Metternich" nicht verhindern, dass sich zwischen 1815 und 1847 allmählich die Fundamente des liberalen Lagers und die der radikalen Demokratie zu formieren begannen. Zweifellos gingen die theoretischen Orientierungslinien der Liberalen von jenen politischen Theoretikern aus, welche das moderne Naturrecht bereits in der zweiten Hälfte des 18. Jahrhunderts auf die deutschen Verhältnisse übertragen hatten: Kant und Schlözer. Beide konfrontierten, wie bereits gezeigt wurde, im Namen des ursprünglichen Vertrags Gleicher und Freier im Naturzustand das allgemeine Gesetz, vor dem alle gleich sind, mit der Privilegienstruktur der Ständegesellschaft. Beide sahen eine wichtige Ergänzung des Rechtsstaates in einer kritischen Öffentlichkeit. Ebenso optierten sie für das Gewaltenteilungs- und Repräsentationsprinzip, für das keineswegs sozialpflichtige Privateigentum sowie für das Zensuswahlrecht, das entweder auf Besitz (Kant) oder auf Bildung (Schlözer) zu gründen sei.[667] Und vor allem setzten sie in Deutschland nicht auf die Revolution, sondern auf eine evolutionäre Veränderung, was eine Reform nicht gegen, sondern im Einvernehmen mit den Fürsten voraussetzte. Ganz in diesem Sinne gründete ein Liberaler des Vormärz wie Karl von Rotteck (1775-1840) den Rechtsstaat Karl von Rotteck eines konstitutionellen Systems auf das Vertragsdenken. „Wenn ein Staat ein wirklich zu Recht bestehender, nicht bloß auf faktischer Gewalt beruhender, Zustand sein soll, so ist die Annahme eines (ursprünglichen oder später hinzugekommenen, ausdrücklich oder nur stillschweigend geschlossenen) Gesellschaftsvertrages die unbedingt notwendige Voraussetzung".[668] Und der Liberale Pfizer fügte hinzu: „Daß unter dem gleichen Rechte und der gleichen Freiheit aller, welcher der Liberalismus fordert, nicht die äußerliche Gleichheit von Besitz und Macht gemeint sein könne, indem Rechtsgleichheit himmelweit verschieden ist von materieller Gleichheit des Besitzes, und die bleibende Durchführung der letztern ohne einen die Freiheit des Verkehrs, des Eigentums und der Verträge vernichtenden Despotismus gar nicht denkbar wäre - das wird (...) allmählich von den Gegnern des Liberalismus ebensogut als von den Liberalen selbst eingesehen".[669]

Die demokratietheoretische Position der Liberalen unterschied sich deutlich von den Ansätzen des konservativen und des demokratischen Lagers. Georg konservative Gegenposition: Hegel Wilhelm Friedrich Hegel[670] muss als einer der prominentesten Befürworter der konservativen Sistierung der von der Französischen Revolution ausgelösten Demokratisierungsprozesse gelten. Ihm reichte – wie dem konservativen Lager insgesamt – insofern das Zensuswahlrecht nicht als hinreichende Barriere gegen die Dynamik der Demokratie als es selbst noch Ausfluss des „atomistischen" modernen Naturrechts sei. Die auf es gegründete Demokratie löse das Volk, wie es sich in Wahlversammlungen konstituiere, in „ungeordnete, unorganische

---

[666] Vgl. Huber 1960, S. 96-106.
[667] Vgl. § 2.
[668] Rotteck 1967, S. 144f.
[669] Pfizer 1960, S. 105.
[670] Zu Hegels demokratietheoretischer Position vgl. Mittermaier/Mair 1995, S. 120-130.

Aggregate", ja, „überhaupt in einen Haufen (auf)".[671] Daher laufe das Zensuswahlrecht, für sich genommen, auf einen Zustand hinaus, „der mehr mit dem demokratischen, ja selbst anarchischen Prinzip der *Vereinzelung* zusammenhängt als mit dem Prinzip einer organischen Ordnung".[672] Die Forderung, die Hegel aus diesem Befund ableitete, war klar: „Ein lebendiger Zusammenhang ist nur in einem gegliederten Ganzen, dessen Teile selbst besondere, untergeordnete Kreise bilden. Um aber ein solches zu erhalten, müssen endlich die *französischen* Abstraktionen von bloßer *Anzahl* und *Vermögensquantum* verlassen, wenigstens nicht mehr zur Hauptbestimmung gemacht und vornehin als die einzigen Bedingungen einer der wichtigsten politischen Funktionen gestellt werden. Solche atomistische Prinzipien sind wie in der Wissenschaft so im Politischen das Tötende für allen vernünftigen Begriff, Gliederung und Lebendigkeit".[673] Unter dieser Voraussetzung war es nur konsequent, wenn Hegel die englische Wahlrechtsreform von 1832,[674] welche der industriellen Bourgeoisie das Wahlrecht einräumte, vehement ablehnte. Die alte politische Klasse, durch „homines novi"[675] ergänzt, könnte, so sein Argument, im Namen von individueller Gleichheit, Freiheit und Volkssouveränität[676] den Demokratisierungsprozess vorantreiben. Die politische Teilhabe der Bürger und ihre Interessenvertretung sollte sich demgegenüber nicht über vom Volk, sondern von den Ständen und Korporationen gewählte Abgeordnete vollziehen, bis sie, auf diese Weise gefiltert, Eingang in den Staat der konstitutionellen Monarchie finden. Nur so glaubte Hegel die Gefahr bannen zu können, die von den „Vielen als Einzelne" drohe, „was man gerne als Volk versteht (...) – eine formlose Masse, deren Bewegung und Tun eben damit nur elementarisch, vernunftlos, wild und fürchterlich wäre".[677]

radikale Demokraten   Demgegenüber waren die Vertreter der radikalen Demokratie in ihrer gemeinsamen Opposition gegen die absolutistischen Obrigkeitsstaaten und die trotz der Stein-Hardenbergschen Reformen in Preußen noch immer nicht restlos beseitigten feudalen Strukturen von den Vertretern des Liberalismus nur schwer zu unterscheiden. Auch teilten sie mit ihnen ihre - wie auch immer modifizierte - gemeinsame Herkunft vom egalitären Naturrecht. Doch bereits im Vormärz wurde unter dem Einfluss der Juli-Revolution in Paris deutlich, dass die Liberalen ihr Vorbild eher in der französischen Verfassung von 1791[678], die Vertreter

---

[671] Hegel 1996, S. 482.
[672] Ebd.
[673] A.a.O., S. 483.
[674] Vgl. Kapitel V, § 5.
[675] „Der Gegensatz der *hommes d'état* und der *hommes à principes*, der in Frankreich zu Anfang der Revolution gleich ganz schroff eintrat und in England noch keinen Fuß gefaßt hat, mag wohl durch die Eröffnung eines breiteren Wegs für Parlamentssitze eingeleitet sein; die neue Klasse kann um so leichter Fuß fassen, da die Prinzipien selbst (wie Gleichheit, Freiheit, Volkssouveränität etc., R.S.) schnell aufgefaßt und mit einiger Leichtigkeit des Talents (...) sowie mit einiger Energie des Charakters und des Ehrgeizes für das erforderliche, alles angreifende Beredsamkeit ausreichen und auf die Vernunft der zugleich ebenso hierin unerfahrenen Menge eine blendende Wirkung ausüben (...). Durch ein solches neues Element würde aber nicht nur diejenige Klasse gestört, deren Zusammenhang die Staatsgeschäfte in Händen hat, sondern es ist die Regierungsgewalt, die aus ihrem Gleise gerückt werden könnte" (Hegel 2003, S. 122f).
[676] Hegel 1985b, S. 126f.
[677] Hegel 1955, S. 265.
[678] Vgl. Kapitel IV, § 2.

174

der radikalen Demokratie dagegen im jakobinischen Verfassungsentwurf von 1793[679] sahen. Zwar waren sich beide Strömungen von Anfang an in der Option für die nationale Idee in Gestalt eines konstitutionell verfassten Nationalstaats einig. Doch die Demokraten setzten sich - im Gegensatz zu den Liberalen - für das allgemeine Männerwahlrecht ein, und in Verbindung damit übernahmen sie die soziale Komponente der alten Demokratie. Zwar standen sie wie deren Repräsentanten in der griechischen Antike, in der Französischen Revolution und in der englischen Chartistenbewegung auf dem Boden des Privateigentums. Aber sie insistierten wie Fichte in der „Grundlage des Naturrechts" auf der Maxime, dass „Leben zu können (...) das absolute unveräußerliche Eigentum aller Menschen (ist). Es ist ihm eine gewisse Sphäre der Objekte zugestanden worden ausschließend zu einem gewissen Gebrauch (...). Aber der letzte Zweck des Gebrauchs ist der, leben zu können. Die Erreichung dieses Zwecks ist garantiert; dies ist der Geist des Eigentumsvertrags. Es ist der Grundsatz jeder vernünftigen Staatsverfassung: Jedermann soll von seiner Arbeit leben können".[680]

Es sind also nicht so sehr die Ideen der Repräsentanten der radikalen Demokratie, welche im Vormärz Originalität beanspruchen können. Neu war vielmehr, dass - gemessen an der intellektuellen Opposition im Exil und der literarischen Schule des „Jungen Deutschland" - mit Persönlichkeiten wie Gustav von Struve (1805-1870) und Friedrich Hecker (1811-1881) ein neuer Typ des Politikers die politische Bühne betrat. „Beide waren Mitglieder der zweiten badischen Kammer; sie waren nicht zuletzt durch die engstirnigen Unterdrückungsmaßnahmen der Behörden nach links gedrängt worden. Sie hofften unter den wirtschaftlich in Not geratenen Handwerkern und den kleinen Gewerbetreibenden, aber auch bei der Bauernschaft eine politische Basis zu gewinnen und die radikale Demokratie damit über das Niveau einer Intellektuellenbewegung hinauszuführen".[681] Genau diesem Ziel diente das unter dem Einfluss von Struves und Heckers 1847 zustande gekommene Offenburger Programm.[682] Zwar greift es im ersten Teil Forderungen des Liberalismus auf, die die Aufhebung der Karlsbader Beschlüsse (Art.1) sowie die Presse-, Gewissens- und Lehrfreiheit und die Freiheit der religiösen Bekenntnisse (Art. 2 und 3) ebenso umfassten wie die Repräsentation des deutschen Volkes beim Deutschen Bund und die staatliche Einheit des deutschen Vaterlandes (Art.6). Doch geht dieses Programm mit seiner Forderung nach allgemeiner Volksbewaffnung anstelle stehender Heere (Art.7), progressiver Einkommenssteuer (Art.8) und Selbstbestimmung des Volkes eindeutig über liberale Positionen hinaus. Die soziale Stoßrichtung des Programms und damit die Differenz zum Liberalismus kulminiert in der Forderung, „das Mißverhältnis zwischen Kapital und Arbeit" auszugleichen, „die Arbeit zu heben und zu schützen" (Art. 10) und dadurch die soziale Lage der unterbürgerlichen Schichten zu verbessern. Nehmen wir den Abbau aller Privilegien hinzu, so kann kaum ein Zweifel daran bestehen, daß der Adressat dieses Programms nicht das Besitz- und Bildungsbürgertum war, sondern die unterbürgerlichen Schichten. Selbst ein liberaler Historiker wie Wolfgang Mommsen kommt um die Feststel-

demokratische Politiker

soziales Programm

---

[679] A.a.O., § 4.
[680] Fichte 1979, S. 206.
[681] Mommsen 1998, S. 95.
[682] Vgl. Grab 1980, S. 28f.

lung nicht herum: „Die Chance, auf solche Weise breite Schichten der Bevölkerung zu mobilisieren, war nicht gering".[683]

Das Offenburger Programm wurde am 10. September 1847 auf einer 600 Personen umfassenden Volksversammlung verabschiedet - ein halbes Jahr später brach die Revolution von 1848 in Deutschland aus. Wir werden zu prüfen haben, ob und wie die radikale Demokratie unter den politischen und sozialen Verhältnissen des Deutschen Bundes ihre unerwartete Chance zu nutzen verstand.

§ 4   Die Demokratie in der deutschen Revolution von 1848

Ursachen der Revolution:

- wirtschaftliche und soziale Krisen

Der Ausbruch der 48er Revolution ist auf eine Vielzahl innergesellschaftlicher Faktoren zurückzuführen, die in ihrer Gesamtheit die wirtschaftliche und soziale Krise des Vormärz ausmachen. Die Forschung nennt das steigende Bevölkerungswachstum, das Missverhältnis zwischen erhöhter Agrarproduktion und sinkender Massenkaufkraft sowie die stagnierende Industrieproduktion. Das Resultat dieser krisenhaften Entwicklung seit den 20er Jahren bestand in einer allgemeinen Verelendung, die die soziale Frage auf die politische Tagesordnung setzte: „Tendenziell sinkende Reallöhne, Arbeitslosigkeit, überlange Arbeitszeit, ausbeuterische Formen der Frauen- und Kinderarbeit waren ihre Symptome".[684] Sie betrafen besonders hart den unteren Mittelstand, dessen Produktion im Verlagssystem infolge der seit den vierziger Jahren einsetzenden Industrialisierung in eine tödliche Krise geriet. Missernten sowie eine schwere Wirtschafts- und Finanzkrise verschärften die Situation. Weder die Regierungen der Partikularstaaten des Deutschen Bundes noch die sie tragenden konservativen Eliten wussten eine Antwort auf die sich abzeichnende soziale Frage: In sich zerstritten und unfähig zu einem effizienten Krisenmanagement, verharrten sie in Passivität.

- Februarrevolution in Frankreich

Hatte auch die gute Ernte von 1847 die Ernährungssituation verbessert, so hielt doch die Wirtschafts- und Finanzkrise ungebrochen an, als die Revolution 1848 in Deutschland begann. Deren unmittelbarer Auslöser war freilich ein politisches Ereignis: der unerwartete Sturz des sogenannten Bürgerkönigs Louis Philippe im Februar 1848. Dessen Ministerpräsident Guizot[685] hatte einst die Parole ausgegeben: „Enrichissez vous! Bereichert Euch!", so seine Botschaft, damit Ihr, wie dieses berühmtes Diktum zu interpretieren ist, so viel Steuern zahlt, dass Ihr trotz des hohen Zensus' das Wahlrecht innerhalb des relativ fortschrittlichen parlamentarischen Regierungssystems nach englischem Vorbild erreicht! Doch die Masse der Bevölkerung interpretierte diese Maxime Guizots als Selbstcharakterisierung eines plutokratischen Klassenstaates der Großbourgeoisie, gegen den eine Fülle republikanischer Geheimorganisationen, die das ganze Land überzogen, Sturm liefen. Im übrigen stellte ein wachsendes Industrieproletariat in Paris und Lyon den Resonanzboden für frühsozialistische Konzeptionen dar, wie die massenhafte Verbreitung von Cabets „Reise nach Ikarien"[686] oder Louis Blancs „Organisation der Arbeit"[687] zeigen. Den Ausbruch

---

[683] Mommsen 1998, S. 96.
[684] Botzenhart 1985, S. 145.
[685] Vgl. Kapitel V, § 4.
[686] Vgl.. Cabet 1979.

176

der Revolution bewirkte das Verbot eines Banketts der Opposition durch Ministerpräsident Guizot. In der Nacht vom 22. zum 23. Februar löste es „eine Massendemonstration gegen das Regime aus, an der vor allem das Kleinbürgertum und die Arbeiterschaft beteiligt waren. (...) Nach vergeblichen Versuchen, eine neue Regierung zu bilden, dankte Louis Philippe am Morgen des 24. Februar ab. Die Revolution hatte gesiegt".[688]

Die unmittelbare Auswirkung der Februarrevolution in Paris auf die Staaten des Deutschen Bundes kann nicht hoch genug eingeschätzt werden: Sie wirkte auf die rückständigen Verhältnisse in Deutschland wie ein Funke, der ein Pulverfass zur Explosion brachte. Wilhelm Zimmermann, der später Mitglied der deutschen Nationalversammlung in Frankfurt war, schilderte sehr anschaulich, wie die liberale Opposition einerseits und die konservativen Eliten andererseits auf den Sturz Louis Philippes reagierten. In Baden, Bayern, den beiden Hessen, Nassau, Sachsen, Hannover sowie in den Metropolen Preußens und Österreichs, in Berlin und Wien, kam es zu Massendemonstrationen und zum Teil zu bürgerkriegsähnlichen Auseinandersetzungen. Über dreihundert Tote war der Preis des Barrikadenkampfes in Berlin, und über vierzig Menschen mussten den Aufstand in Wien gegen das „System Metternich" mit dem Leben bezahlen. Doch was der Freiheitsbewegung „wie ein Traum, wie ein Märchen" erschien und „selbst die kühnsten Hoffnungen der Freunde des Volkes und der Freiheit"[689] überbot, stellte sich den Vertretern der alten Mächte als Alptraum dar. Das „System Metternich" brach über Nacht zusammen, und dem preußischen König Friedrich Wilhelm IV., von den Massen in Berlin angesichts der Totenfeier für die Märzgefallenen gedemütigt, wurde ein Verfassungsversprechen abgerungen. Überall beeilten sich die Fürsten und Monarchen, Pressefreiheit zu gewähren und bekannte Liberale in die Kabinette aufzunehmen, um der Krise Herr zu werden.

Wenn es einen gemeinsamen Nenner innerhalb der äußerst heterogenen Opposition gab, dann war es neben der Bildung konstitutioneller Regime die Forderung nach einem geeinten deutschen Nationalstaat. Um dieser übergreifenden Forderung eine einheitliche Stoßrichtung zu geben, versammelten sich am 5. März 1848 führende deutsche Liberale aus den Einzelländern des Deutschen Bundes in Heidelberg. Sie beriefen einen Siebener-Ausschuss, der die Wahl zu einer deutschen Nationalversammlung vorbereiten sollte. Dieser trat am 12. März erneut in Heidelberg zusammen und lud zum 30. März alle Mitglieder der Ständeversammlungen und Ministerien der Länder zu einem Vorparlament in Frankfurt ein.[690] Etwa zur gleichen Zeit am 19. März gab sich die Linke auf der zweiten Offenburger Versammlung ein Programm.[691] Zwar vermied sie es aus taktischen Gründen, offen die Republik zu fordern. Einer ihrer führenden Sprecher, Friedrich Hecker, verwies auf das Vorparlament als den geeigneteren Rahmen für eine solche Aktion. Im einzelnen setzten sich die Vertreter der radikalen Demokratie für ein deutsches Parlament ein, verbunden mit einer Reihe von Postulaten, wie „die Verschmelzung der Bürgerwehr und des stehenden

Entwicklung im
Deutschen Bund

Forderung nach
deutschem
Nationalstaat

---

[687] Vgl. Blanc 1899.
[688] Mommsen 1998, S. 107.
[689] Zimmermann 1848, S. 14.
[690] Vgl. Huber 1960, S. 47.
[691] Vgl. Grab 1980, S. 61-65.

Heeres zur Bildung einer waffenfähigen Volkswehr, eine progressive Vermögens- und Einkommenssteuer, Abschaffung aller Vorrechte, der Apanagen, der kleinen Bezüge der Geistlichen für Messen u. dgl., der unverdienten Pensionen; Trennung der Schule von der Kirche; Ausgleich des pekuniären Mißverhältnisses zwischen Lehrern und Geistlichen".[692] Vor allem aber begann das Lager der radikalen Demokratie sich förmlich zu organisieren. Es wurde ein Zentralausschuss gewählt, der die republikanischen Vereine in Baden zu koordinieren hatte.

Forderungen der radikalen Demokraten

Spätestens während der Tage des Vorparlaments ließen jedoch die Anhänger der Republik alle taktischen Rücksichten fallen. Insbesondere der Antrag von Struves[693] sollte endgültig die Fronten zwischen dem liberalen und dem demokratischen Lager klären. Zwar enthielt von Struves Forderungskatalog eine Reihe von Postulaten, welche die Liberalen auch erhoben, wie die Sicherheit des Privateigentums, die Aufhebung der Vorrechte des Adels, aller Klöster und klösterlicher Einrichtungen, die Glaubens- und Gewissensfreiheit, die Abschaffung der Zensur, der geheimen Inquisitionsgerichte sowie die Sicherung der persönlichen Freiheit in Gestalt einer Habeas-Corpus-Akte, die das Vereins- und Versammlungsrecht des Volkes sowie die Pressefreiheit garantiert. Doch von Struve forderte auch solche Änderungen der bestehenden sozio-politischen Verhältnisse, die definitiv mit den Vorstellungen der liberalen Mehrheit des Vorparlaments brachen. Zunächst ist die Einführung einer deutschen Republik zu nennen: „Aufhebung der erblichen Monarchie (Einherrschaft) und Ersetzung derselben durch frei gewählte Parlamente, an deren Spitze frei gewählte Präsidenten stehen, alle vereint in der föderativen Bundesverfassung, nach dem Muster der Nordamerikanischen Freistaaten" (Art.15). Sodann sollte das Privileg des Reichtums in Gestalt des Zensuswahlrechts (Art. 4) fallen, dem eine „Beseitigung des Notstandes der arbeitenden Klassen und des Mittelstandes, Hebung des Handels, des Gewerbestandes und der Landwirtschaft"[694] entsprach. Um diesen sozialen Forderungen Nachdruck zu verleihen, sollte ferner ein besonderes Arbeiter-Ministerium dafür sorgen, dass das Missverhältnis zwischen Arbeit und Kapital ausgeglichen werde. Ganz im Sinne der „moral economy" waren die Aufgaben dieses Ministeriums darauf festgelegt, dem Wucher entgegenzutreten, die Arbeit zu schützen „und derselben namentlich einen Teil an dem Arbeitsgewinn"[695] zu sichern.

Positionen der Liberalen

Wie Zimmermann berichtet, war die Reaktion des Vorparlaments auf diese Forderungen charakteristisch genug: „Der Antrag war verlesen - und ein Schauer rieselte dem größern Teil der Volksvertreter den Rücken hinauf. Das war ja die ungeschminkte Forderung einer provisorischen Regierung und der Republik, das war ja die aufgelegte Revolution!".[696] Demgegenüber machte sich die liberale Mehrheit, deren Sprecher prominente Politiker wie Heinrich von Gagern, aber auch Professoren wie Karl von Rotteck (1775-1840) und Karl Theodor Welcker (1790-1869) waren, stark für die Maxime, dass nicht die Revolution, sondern nur

---

[692] Zimmermann 1848, S. 376.
[693] Vgl. a.a.O., S. 384-387.
[694] A.a.O., S. 386.
[695] Ebd.
[696] A.a.O., S. 387.

178

die Reform in der Kontinuität der bestehenden monarchischen Regime zum vereinigten deutschen Nationalstaat führen könnte. „Ich habe kein Mandat", sollte Welcker später während einer Sitzung des Frankfurter Paulskirchenparlaments stellvertretend für die liberale Mehrheitsfraktion sagen, „von meinen Wählern empfangen, um die Regierungen vom Thron, oder von ihrer Würde und Ehre herunter zu reißen, um den Schlund der Revolution weiter zu reißen, sondern es lautet: Schließt einmal durch rechtliche Begründung eines Verfassungszustandes den unglücklichen Weg, den Abgrund der Revolution, begründet dadurch wieder Vertrauen, gegenseitige Rechtsachtung, Frieden und Ruhe, damit der Geschäftsmann wieder Wohlstand und Freiheit in seinen Unternehmungen genieße".[697] Ferner traten die Liberalen gegenüber der Linken dezidiert für das Zensuswahlrecht ein, um die unberechenbaren unterbürgerlichen Schichten im Sinne ihrer evolutionären Transformationsstrategie aus dem politischen Willensbildungsprozess herauszuhalten. Aus ihrer Sicht musste alles getan werden, um eine Volksbewegung wie die der Sansculotten in der Französischen Revolution von 1789 gar nicht erst zu einem politischen Faktor werden zu lassen.[698]

Sicherlich spielten bei diesem Bruch der liberalen Repräsentanten des deutschen Besitz- und Bildungsbürgertums mit dem sogenannten „Pöbel" als Basis der radikalen Demokraten auch Mentalitätsunterschiede eine bedeutende Rolle, die in ihren politischen Auswirkungen nicht unterschätzt werden dürfen. „Es war nicht Vornehmheit, es war nicht Knechtssinn", so berichtet Zimmermann, was die Liberalen zur Demokratie auf Distanz gehen ließ. „Der Verstand des Kopfes und der Verstand des Herzens zugleich in ihnen fand sich abgestoßen von gewissen Erscheinungen, unter welchen die neue Freiheit vielfach sich geltend machen wollte. Es war, was sie abstieß, nicht bloß 'der Pöbel mit den langen schrecklichen Bärten, den ungekämmten Haaren, den anstandslosen Sitten'; es war nicht bloß das Lächerliche, die Hanswursterei, die der Ferse der Demokratie sich ansetzte: es war hauptsächlich die Geltung, welche die unterste Schicht der Gesellschaft, und darunter manche sittlich und geistig nicht preiswürdige Persönlichkeit, in Anspruch nahm und hatte".[699] Zimmermann kritisierte die Liberalen, sie hätten zuungunsten der „Sache des Vaterlandes" auf diese Erscheinungen innerhalb des demokratischen Lagers überreagiert: Bei jeder sozialen Bewegung drängten sich zunächst gesellschaftlich deklassierte Elemente in den Vordergrund, bis die berechtigten politischen Anliegen diejenigen Schichten erreiche, „durch welche sie selbst ihre Entscheidung finde".[700]

Zimmermann lässt in seiner Darstellung der deutschen Revolution von 1848 durchblicken, dass - wohl auch bewirkt durch die Erfahrungen der Französischen Revolution der Jahre 1793/94 - die emotionale Ablehnung der politisierten unterbürgerlichen Schichten das entscheidende Dilemma der Liberalen bewirkt habe. Sie erteilten dem Druck von unten eine Absage, der erst die Konzessionsbereitschaft der Fürsten gegenüber den Forderungen der Liberalen bewirkt hatte. Vor die vermeintliche Wahl gestellt: Freiheit oder Ordnung, entschieden sie sich

Spaltung der Demokratiebewegung

---

[697] Zit. n. a.a.O., S. 697.
[698] Vgl. zur Revolutionsvermeidungsstrategie der Liberalen grundsätzlich Langewiesche 1988, S. 39-64.
[699] Zimmermann 1848, S. 562.
[700] A.a.O., S. 563.

für die letztere und taten alles, um die revolutionären Impulse von unten zu kanalisieren. Aber auch das demokratische Lager war in sich zerstritten und orientierungslos. Zwar setzte es - wie seine Gegner auch - Demokratie und Republik gleich. Aber was „Demokratie" und was „Republik" konkret bedeuteten, war höchst umstritten. Gewiss, generalisierend kann gesagt werden, dass in der deutschen Revolution von 1848 die „alte Demokratie", wie sie in der Französischen Revolution propagiert wurde, eine Renaissance erlebte: Ausgestattet mit direktdemokratischen Elementen, stellte sie mit ihren an vorindustriellen Inhalten orientierten sozialen Forderungen die Herrschaftsform der „kleinen Leute" dar. Doch stand den Akteuren dieser Traditionszusammenhang keineswegs so klar vor Augen wie dem rückblickenden Beobachter.

Begriffsverwirrung So berichtet Zimmermann über die Verwirrung, die der Begriff der Demokratie gerade in der Frühphase der 48er Revolution ausgelöst hatte. „'Wohin man blickte, sagt ein Augenzeuge, sah man Demokraten. Alles hatte die Parole 'Demokratie' angenommen. Der größte Teil taumelte mit fort; er wäre auch in eine andere Richtung gegangen, wenn die Macht dorthin getrieben hätte; es gab Demokraten aus Nachahmung, Demokraten aus Furcht, sogar ‚königliche Demokraten' (Sigmund)".[701] Aber auch der Begriff der Republik wurde nicht weniger diffus verwandt. „Die einen wollten die sozial-demokratische Republik, die andern erklärten diese für ein Scheinbild, für eine Abstraktion, die nicht praktisch werden könne, weil sie nicht zu den Menschen passe, wie sie einmal durch zwei Jahrtausende in Deutschland geworden seyen. Sie erklärten darum das Jagen darnach als gefährlich, weil die durchführbare einfache Republik Kräfte für sich, die ihr so notwendig und dienlich wären, dadurch verlöre, nämlich die Kräfte der Sozialrepublikaner einerseits, und andererseits die Kräfte der Vielen, die zwar für die *einfache* Republik wären, aber gegen die *soziale* Republik. Eine dritte, wiewohl kleine Schattierung spottete über die Anhänger der einfachen, wie der sozialen Republik"[702], weil beide Varianten einen Staat voraussetzten, der in jedem Fall „dem Volk verderblich"[703] sei. Dieser anarchistischen Option zufolge beseitigt weder die einfache noch die soziale Republik „die nationalökonomische Verderblichkeit des Staates".[704] Beide emanzipierten nicht das Proletariat, vielmehr trügen sie den „Keim zur Wiederherstellung der Reaktion"[705] in sich, „aus der sich nach kürzeren oder längeren Zeiträumen die Konterrevolution von selbst entwickle".[706]

§ 5 Das Paulskirchenparlament und die deutsche Verfassung von 1848

Die Vertreter der radikalen Demokratie traten nicht nur aufgrund ihrer ideologischen Heterogenität ihr Mandat im Paulskirchenparlament geschwächt an. Dar-

---

[701] A.a.O., S. 325.
[702] A.a.O., S. 563.
[703] Ebd.
[704] A.a.O., S. 564.
[705] Ebd.
[706] Ebd.

180

über hinaus mussten sie auf zwei ihrer profiliertesten Vertreter, nämlich auf Hecker und von Struve, verzichten. Hecker hatte im Vorparlament darauf bestanden, dass nach amerikanischem Vorbild ein permanenter Ausschuss bis zum Zusammentreten der Nationalversammlung konstituiert werde, damit die Reaktion nicht die Gelegenheit erhalte, sich zu konsolidieren und verlorene Positionen zurückzuerobern. Doch die Mehrheit unter Heinrich von Gagern überließ es den Einzelstaaten, also den Fürsten, die Wahlen auszuschreiben und über die Art, wie gewählt werden sollte, also direkt, indirekt oder nach dem Zensus, zu bestimmen. Frustriert verließen Hecker und von Struve mit ihrem Anhang das Vorparlament: Für sie war der Bruch mit den konstitutionellen Liberalen vollzogen, deren Setzen auf evolutionäre Kontinuität sie vehement ablehnten. Als Fickler, ein dezidierter badischer Republikaner, verhaftet wurde, entschieden sich Hecker und seine Anhänger zum bewaffneten Aufstand. Aber ihre Hoffnung, große Teile der unterbürgerlichen Schichten in Baden und der regulären Armee würden sich der Bewegung anschließen, erfüllte sich nicht: Der Aufstand wurde niedergeschlagen. Hecker und von Struve konnten sich zwar ins Exil retten. Aber diese Aktion schlug für den Verlauf der Revolution insofern negativ zu Buche, als sie die endgültige Trennung der konstitutionellen Liberalen von der radikalen Demokratie bedeutete und diese im Paulskirchenparlament zwei ihrer profiliertesten Sprecher verlor.[707]

Bruch zwischen Liberalismus und radikaler Demokratiebewegung

Die Modalitäten der Wahl zum Paulskirchenparlament wurden von der Bundesversammlung vorgegeben und durch das Vorparlament nur geringfügig modifiziert. Ein Abgeordneter repräsentierte 50 000 Wähler. Das aktive Wahlrecht erhielten alle volljährigen männlichen Bürger, sofern sie „selbständig" waren. Da das Vorparlament sich über die Qualifikation der Selbständigkeit nicht einigen konnte, überließ man deren Definition den Einzelstaaten. „Im Regelfall wurde (...) denjenigen, welche Armenunterstützung erhielten, sowie umgekehrt Bankrotteuren das Wahlrecht vorenthalten. In einigen Staaten wurde das Wahlrecht an einen ständigen Wohnsitz geknüpft, eine Maßregel, die besonders die unterbürgerlichen Schichten benachteiligte".[708] Wenn man freilich bedenkt, dass etwa 80 % der wahlberechtigten Bevölkerung des Deutschen Bundes das aktive Wahlrecht erhielt, so hat es, wie Wolfgang Mommsen zu Recht hervorhebt, unter den zeitgenössischen Verhältnissen in ganz Europa keine Parallele gegeben, „allenfalls während der Französischen Revolution nach 1793".[709] Zugleich führte diese Wahl zu einer Klärung der politischen Lager im Deutschen Bund. Zwar war die äußerste Linke in Gestalt des „Bunds der Kommunisten", in dessen Auftrag Marx und Engels das „Kommunistische Manifest" verfassten, im Paulskirchenparlament nicht repräsentiert. Dennoch lässt sich sagen, dass die in Frankfurt vertretenen „Fraktionen" die Grundlagen des späteren deutschen Parteiensystems legten.

Paulskirchenparlament

Die konservative Rechte hatte zu ihrem Tagungsort in Frankfurt das Café Milano gewählt. Als erste der im Paulskirchenparlament gegründeten Vereinigungen strebte sie zwar auch eine gesamtdeutsche Verfassung an; aber sie kämpfte gegen ein Nationalparlament mit eigener selbständiger Exekutive. „Sie

Die konservative Rechte

---

[707] Vgl. zum badischen Aufstand unter Hecker und seinen Folgen a.a.O., S. 421-471.
[708] Mommsen 1998, S. 173.
[709] A.a.O., S. 174.

181

war entschlossen, innerhalb der Nationaleinheit so viel wie möglich von den überlieferten Einrichtungen der partikularen Staatlichkeit zu bewahren".[710] Die bedeutendste politische Gruppierung waren freilich die Rechtsliberalen, das sogenannte „Rechte Zentrum" mit ihrem wichtigsten Sprecher Heinrich von Gagern. Sie trafen sich anfangs im Lokal „Großer Hirschgraben", später im „Casino". „Als Grundmodell sollte in den Einzelstaaten wie auf bundesstaatlicher Ebene die konstitutionelle Monarchie auf 'demokratischer Grundlage' dienen, allerdings unter restriktiver Auslegung der demokratischen Rechte des einzelnen Bürgers".[711] Die Hebung der Lage der Arbeiterschaft war für sie nachrangig im Vergleich zur Förderung der kapitalistischen Wirtschaft. Ideologisch versuchte sie, Prinzipien des modernen Naturrechts mit historisch gewachsenen Strukturen zu verbinden und revolutionäre Turbulenzen nach Möglichkeit zu vermeiden. Von den Casino-Liberalen spaltete sich das „Linke Zentrum" ab. Auch wenn es sich um eine heterogene Gruppierung handelte, ist in ihrer Orientierung „der Vorrang der Gesamtverfassung vor den Verfassungen der Einzelstaaten" ebenso zu erkennen wie das „Ziel einer demokratischen Monarchie mit parlamentarischer Ministerverantwortlichkeit".[712] Ihr Versammlungsort in Frankfurt war der „Württemberger Hof".

Allerdings verließen eine Reihe von liberalen Abgeordneten den „Württemberger Hof" und konstituierten die „gemäßigte Linke", die langfristig die Ausrufung der Republik nicht ausschloss. Diese „Linke im Frack" nannte sich die Westhall-Fraktion. Im Gegenzug spaltete sich eine rechte Fraktion ab, die sich im „Augsburger Hof" versammelte: Sie setzte sich für eine Niederschlagung aller populistischen Aufstände gegen das Paulskirchenparlament mit Hilfe der Zentralgewalt ein. Aber auch die demokratische Linke im engeren Sinn war in die Fraktionen des „Deutschen Hofes" und des „Donnersberges" gespalten. Zwar hatten sich beide Fraktionen auf das Prinzip der Volkssouveränität und der Etablierung einer demokratischen Republik festgelegt, dem die Option für eine konsequente Fortführung des revolutionären Prozesses entsprach. Doch sie unterschieden sich in ihrer Transformationsstrategie ebenso wie in der Festlegung ihrer Nahziele. Die Sprecher des „Deutschen Hofes" wie Robert Blum und Karl Voigt schlossen Koalitionen der Mitte nicht aus. Auch akzeptierten sie einen gewählten Präsidenten, der zwar persönlich unverantwortlich war, aber dessen Minister dem Parlament gegenüber Rechenschaft schuldeten. „Der 'Donnersberg' ließ sich hingegen ganz von seinen aufklärerischen Prinzipien leiten, die auf eine demokratische Republik mit föderativen Elementen hinausliefen, unter radikalem Bruch mit den historischen Traditionen der deutschen Staatenwelt".[713]

Der Ausdruck des Kompromisses zwischen diesen divergierenden Kräften der Reform und der Revolution war die sogenannte Frankfurter Reichsverfassung von 1848.[714] Inwiefern gelang es dem liberalen und dem demokratischen Lager, ihr ihren Stempel aufzudrücken? Als im Juli 1848 die Nationalversammlung mit ihrer eigentlichen Aufgabe der Erarbeitung einer Verfassung begann,

"Rechtes Zentrum"

"Linkes Zentrum"

"Gemäßigte Linke"

Verfassung von 1848

---

[710] Huber 1960, S. 614.
[711] Mommsen 1998, S. 194.
[712] A.a.O., S. 195.
[713] A.a.O., S. 198.
[714] Vgl. zum verfassungshistorischen Gesamtzusammenhang Huber 1960, S. 767-884.

konzentrierte sie sich zunächst auf den Katalog der Grundrechte. Die Ursache für diese Prioritätensetzung ist evident: Es ging der liberalen Mehrheit darum, die bestehenden Errungenschaften gegenüber den monarchischen Mächten ebenso wie gegenüber dem revolutionären Druck von unten abzusichern. Soweit es die grundrechtliche „Sicherstellung der persönlichen Freiheitsrechte des Bürgers und einer rechtsstaatlichen öffentlichen Ordnung"[715] betraf, herrschte Konsens zwischen der liberalen Mehrheit und der linken Minderheit. Doch es muss als Niederlage der Demokraten gewertet werden, dass ein Erbkaiser eingesetzt und nicht der Adel, sondern nur seine Vorrechte abgeschafft wurden, dass ein „Grundrecht auf Arbeit" keine Berücksichtigung fand und dass die Mehrheit das Recht auf Privateigentum ohne nennenswerte sozialstaatliche Beschränkung festschrieb. Ebenfalls konnte sich die Linke ebenso wenig mit ihrer Neuordnung des deutschen Staatensystems ohne Rücksicht auf das monarchische Prinzip und die historischen Gegebenheiten der Länder nach nordamerikanischem Vorbild durchsetzen wie mit ihrer Forderung nach Einrichtung der Republik.

Allerdings kam ihr entgegen, dass der gewählte, persönlich niemandem verantwortliche Erbkaiser mit einem Ministerium regieren musste, das vom Vertrauen des Parlaments abhängig war. Vor allem waren die Konzessionen an das monarchische Prinzip zugunsten der liberalen Mehrheit nur für einen Preis zu haben, der vielleicht als der größte Erfolg der Linken anzusehen ist. Mit schweren Bedenken der konstitutionellen Liberalen, die von der Furcht vor dem Ende der Zivilisation bis hin zum katastrophalen Niedergang der Wirtschaft reichte[716], erklärte sie sich schließlich gegenüber der Linken bereit, das allgemeine Männerwahlrecht zu akzeptieren. In Abschnitt IV, Art.3, § 93 und 94 heißt es: „Das Volkshaus besteht aus den Abgeordneten des deutschen Volkes" und „die Mitglieder des Volkshauses werden für das erstemal auf vier Jahre, demnächst auf drei Jahre gewählt". Die Qualifikationen für die Vollbürgerschaft ist in dem Gesetz über Wahlen zum Volkshaus vom 12. April 1849 festgelegt, das „das allgemeine, gleiche, direkte und öffentliche Wahlrecht" vorsieht.[717] Obwohl man durch die Festschreibung des monarchischen Prinzips, die politische Unverantwortlichkeit des Kaisers, den Verzicht auf den Rekurs auf die Volkssouveränität und die starke Stellung der Exekutive auf Reichsebene den Interessen des Königs von Preußen weit entgegenkam, lehnte Friedrich Wilhelm IV. die Reichsverfassung und die ihm angebotene Kaiserwürde ab.[718] Damit war der Versuch der Mehrheit des Paulskirchenparlaments, das monarchische Prinzip konstitutionell zu bändigen und ihm zumindest eine teilweise demokratische Legitimation zu verleihen, vorerst gescheitert.

Scheitern der
Verfassung

Die nach dem Scheitern der Revolution von 1848 in Deutschland einsetzende Restauration konnte die Demokratisierung zwar aufhalten, jedoch nicht aus der Welt schaffen. In dem Maße, wie in der zweiten Hälfte des 19. Jahrhunderts im Deutschen Reich die Industrialisierung allmählich an Eigendynamik gewann, entstand hier ebenfalls wie in England und Frankreich eine neue Klasse der Industriearbeiter, die nicht dauerhaft aus dem politischen Willensbildungsprozess

---

[715] Mommsen 1998, S. 262.
[716] Vgl. Mommsen 1998, S. 270f sowie Langewiesche 1988, passim.
[717] Franz 1964, S. 153.
[718] Vgl. hierzu Huber 1960, S. 842-856.

ausgeschlossen werden konnte. Wie sich diese neue sozio-politische Konstellation auf die Demokratiediskussion in Deutschland auswirkte, ist im Folgenden zu zeigen.

Kapitel VII
Demokratie in Deutschland von der zweiten Hälfte des 19. Jahrhunderts bis zum Ende des Ersten Weltkriegs

§ 1 Einleitung

Es ist eine entscheidende Prämisse der vorliegenden Darstellung, dass das Ausmaß demokratischer Partizipation am politischen Willensbildungsprozess nicht unerheblich davon abhängt, auf welcher Höhe sich der Stand der wissenschaftlich-technologischen Entwicklung einer Gesellschaft befindet.[719] Für die Entwicklung der deutschen Demokratie im 19. Jahrhundert darf also der Aspekt des Überganges von der handarbeitsorientierten zur maschinellen Produktion bzw. von der handwerklichen zur maschinengestützten Arbeit nicht außer Acht gelassen werden.[720] Zwar wurden wichtige Vorbedingungen für den „industriellen take-off" (Rostow) bereits vor der Revolution von 1848 geschaffen. So sind in einigen Staaten des Deutschen Bundes schon in der ersten Hälfte des 19. Jahrhunderts Ansätze eines Vierten Standes, also einer lohnabhängigen Arbeitnehmerschaft, ebenso zu beobachten wie die Zerschlagung feudaler Strukturen in Gestalt der Bauernbefreiung.[721] Auch sorgte die Etablierung des deutschen Zollvereins 1834 für die Schaffung eines einheitlichen Wirtschaftsgebietes.[722] Ferner mehrten sich bereits in den 30er Jahren die Indizien dafür, dass allmählich die Maschinenarbeit als wirtschaftlich relevanter Faktor gegenüber der Handarbeit an Bedeutung gewann. Dieser Trend lässt sich an der Zunahme der Nettoinvestitionen in der Produktionssphäre ablesen, welche die Arbeitsteilung vorantrieb und die Kommunikation im technischen Bereich verbesserte (1842 Patentschutz innerhalb des Zollvereins). Doch von einer Dynamik des industriellen Wirtschaftswachstums, die den Begriff der „Industriellen Revolution" erst plausibel erscheinen lässt, kann in Deutschland vor 1850 nicht die Rede sein.

Die eigentümliche Verbindung von einheitlichem Wirtschaftsgebiet, wachsender Bevölkerung, niedrigen Lohnkosten, reichen Bodenschätzen an Kohle

Industrialisierung nach 1850

---

[719] Vgl. Einleitung.

[720] Vgl. Henning 1973.

[721] Vgl. a.a.O., S. 37-50.

[722] „Im Zollverein holte Deutschland das nach, was England von Anfang an, Rußland unter Katharina II., Frankreich unter der Revolution erreicht hatten, das *einheitliche Wirtschaftsgebiet*, ohne das eine *Durchindustrialisierung* unmöglich war. Dem Ausland trat es nun als ein wirtschaftspolitisches Ganzes gegenüber. Auch Österreich erreichte nicht mehr als den Abschluß von Handelsverträgen mit dem Zollverein" (Haussherr 1966, S. 57).

und Eisenerz sowie der „Entfesselung des neuen Wirtschaftsgeistes"[723] in Teilen der Unternehmerschaft zwischen 1850 und 1875 machten in der Tat eine Industrialisierung in Deutschland möglich, die in Tempo und Umfang wahrhaft amerikanische Ausmaße annahm: „Gemessen an der Rückständigkeit, mit der das deutsche Gewerbe in das 19. Jahrhundert eintrat, war der Aufschwung zwischen 1850 und 1870 märchenhaft. Selbstbewusst stellte sich Deutschland nun neben die alten Industriestaaten und holte aus, sie zu überflügeln".[724] Diese Entwicklung wird von der Statistik eindrucksvoll bestätigt. „Um 1840 lag die Steinkohlenproduktion Deutschlands noch bei über 4 Millionen Tonnen, stieg 1857 auf 11 1/4 Millionen, erreichte 1866 21 2/3 Millionen und 1871 nahezu 30 Millionen Tonnen (...). Ganz ähnlich verlief die Entwicklung der *Eisenproduktion*. Sie war fast ganz auf Preußen beschränkt und belief sich zwischen 1837 und 1842 beinahe gleichbleibend auf knapp 100 000 t. Dann begann der Aufstieg mit über 1/2 Million Tonnen 1860, verdoppelte sich bis 1866 nahezu mit über 1 Million Tonnen und kam bis 1870 auf 1 3/4 Millionen t. 1860 erreichte die Produktion die belgische, 1870 die französische, aber erst 1903 die englische".[725] Diese ökonomische Aufwärtsentwicklung wurde kurz vor der Jahrhundertwende durch die auf Chemie und Elektrizität beruhenden „neuen Industrien" fortgesetzt, deren Pioniere vor allem die in Berlin ansässigen Konzerne AEG, Schering und Siemens waren, die bald auf dem Weltmarkt eine dominante Rolle spielten.

Wachstum der Städte und Industriezentren
Hand in Hand mit dieser enormen, dem Einsatz von Maschinen zu verdankenden Produktionssteigerung ging aufgrund der Umstellung der Verhüttung des Eisenerzes von Holzkohle auf Koks eine „*Standortverschiebung* von der Weite der Wälder auf den engen Raum der Kohlevorkommen".[726] Die damit verbundene Konzentration großer Bevölkerungsmassen verwandelte innerhalb kurzer Zeit kleine Ortschaften in expandierende Städte: „Allein zwischen 1816 und 1864 kam Dortmund von 4000 auf 28 000 Einwohner, Essen von 4800 auf 31 000, Bochum von 2000 auf 12 000, während in Oberschlesien Gleiwitz von 3500 auf 11 800, Beuthen von 2400 auf 12 800, Ratibor von 4800 auf 13 400 wuchs".[727] Dieser industriebedingte Verstädterungsprozess setzte sich im Einzugsbereich der „neuen Industrien" am Ende des 19. Jahrhunderts fort.[728] So stieg die Bevölkerungszahl Berlins von 1875 mit 966 858 auf 1 888 848 Einwohner im Jahr 1900 an.[729] Dieser Bevölkerungszuwachs war verbunden mit einer raschen Konzentration der Arbeiterschaft in den industriellen Großbetrieben. Innerhalb von knapp 50 Jahren erweiterte sich z.B. die Zahl der Arbeiter in der Firma Krupp

---

[723] Es waren die vom Geschäftsgeist erfüllten „Unternehmer, die jetzt eindeutig als aktive und aggressive Gestalter des Wirtschaftslebens führende Positionen der entstehenden industriellen Gesellschaft einnahmen. Nur dadurch, daß eine ständig wachsende Zahl von Männern den Erwerb um der Unternehmung, zum Teil auch allein um des Erwerbs willen betrieb, während das vordringlich von der Sorge um die Familie bestimmte bürgerliche Erwerbsmotiv zurücktrat, nur durch den diesem System des Wirtschaftens innewohnenden inneren Zwang, die Expansion des Kapitals, der Produktion und der Konsumtion immer weiter voranzutreiben, konnte ja ein derartiger industrieller Aufschwung ermöglicht werden" (Zunkel 1966, S. 44).
[724] Haussherr 1966, S. 62f.
[725] A.a.O., S. 60f.
[726] A.a.O., S. 61.
[727] A.a.O., S. 63.
[728] Vgl. hierzu grundlegend Thienel 1973.
[729] Vgl. a.a.O., S. 269, FN 2 u. 3.

von 4 im Jahr 1826 auf 16 000 zwei Jahre nach der Reichsgründung 1873.[730] Eine ähnliche Entwicklung riefen die Industrien in der Chemie- und Elektrobranche im Ausgang des 19. Jahrhunderts hervor. Sie lässt sich überzeugend in Berlin am Aufstieg der Konzerne AEG, Siemens und Schering dokumentieren.

Wenn diese statistischen Angaben den Schluss erlauben, dass sich ein geschlossenes Industrieproletariat in Deutschland erst nach 1850 herausbildete, ist es demokratietheoretisch von höchster Relevanz, wie es sich zu einer politischen Größe formierte und welche Rolle dabei der Prozess der Demokratisierung spielte, der, wie wir sahen, in den Vereinigten Staaten, England und Frankreich, seit der zweiten Hälfte des 18. Jahrhunderts zu unumkehrbaren Resultaten geführt hatte.[731]

Arbeiterschaft als politische Größe

§ 2 Die Trennung der Sozialdemokratie vom bürgerlichen Liberalismus in Deutschland (Lassalle)

„Nach dem Zusammenbruch der revolutionären Demokratie im Jahre 1849", schreibt Rosenberg, „hatten sich die demokratischen Trümmer unter die Fittiche des bürgerlichen Liberalismus geflüchtet. Es war nur der Ausdruck der Niederlage aller volkstümlichen Kräfte in Deutschland, wenn für eine gewisse Zeit die Arbeiter diese Rückzugsbewegung mitmachten. Es mußte jedoch der Moment kommen, in dem die deutsche Arbeiterschaft nach dem Untergang der älteren revolutionären Demokratie ihre eigene Demokratie begründete".[732] Dieser Augenblick trat ein, als in den 60er Jahren des 19. Jahrhunderts Ferdinand Lassalle (1825-1864) auf der politischen Bühne Deutschlands erschien. In genialer Weitsicht erkannte er, dass der bürgerliche Liberalismus nicht geeignet war, die spezifischen Interessen der deutschen Arbeiterschaft zu vertreten, die im Rahmen der nun voll einsetzenden Industrialisierung vor allem in Preußen zu einem politischen Faktor zu werden begann. Der Grund war sehr einfach: In dem Maße, wie der Liberalismus auf dem Zensuswahlrecht bestand, konnte von einer politischen Emanzipation der Industriearbeiterschaft nicht die Rede sein. Außerdem begriff Lassalle ganz ähnlich wie Marx, dass mit der 48er Revolution die Zeit der kleinbürgerlichen Demokratie vorbei war. Die Demokratie sei nur dann auf der Höhe der Zeit, wenn sie sich von ihrer bisherigen handwerklichen Basis löse und sich auf die Interessenlagen der proletarischen Industriearbeiterschaft einstelle.

Ferdinand Lasalle

Dieser Paradigmenwechsel war aber Lassalle zufolge nur dann zu erreichen, wenn das allgemeine Wahlrecht erkämpft würde, das die Liberalen seit der 48er Revolution zu verhindern suchten. Daher bestand des Problem Lassalles zunächst darin, die Arbeiterschaft dem Einfluss der Liberalen zu entfremden, welche umgekehrt - wie Hermann Schulze-Delitzsch und die Arbeiterbildungsvereine - Teile des Industrieproletariats mit der Gründung auf Eigeninitiative beruhender Produktivgenossenschaften an sich binden wollten. 1863 hielt Ferdinand

Bruch mit Liberalen

---

[730] Vgl. Hausherr 1966, S. 61.
[731] Vgl. Kapitel III-V.
[732] Rosenberg 1962, S. 133.

Lassalle eine Ansprache „An die Arbeiter Berlins", in der er sich gegen das Organ der Berliner Fortschrittspartei, die „Volkszeitung", wandte. „Erinnert Ihr Euch nicht, daß die *Volkszeitung* das Blatt war, welches zuerst im Jahre 1859 den (sic!) Namen *Demokratie* abschwor und erklärte, die *Demokratie* müsse in die (sic!) *konstitutionelle* Partei aufgehen? Erinnert Ihr Euch nicht, daß die *Volkszeitung* das erste Blatt war, welches 1859 die Losung ausgab: man müsse sich von der Forderung des *allgemeinen Wahlrechts* - Eurer notwendigen Fahne - lossagen und mindestens auf eine unbestimmte Zukunft hinaus an dem Euer gleiches Recht kränkenden und Euren Stand herabsetzenden Dreiklassen-Wahlgesetz festhalten? Erinnert Ihr Euch nicht, daß die *Volkszeitung* es war, welche 1858 das lügenhafte Geschrei von der *'neuen Ära'* erfand und durch diese feige Täuschung der alten Demokratie den Todesstoß gab?".[733] Seit der Gründung des Allgemeinen Deutschen Arbeitervereins, so Lassalle, „hatten wir mit den Fortschrittlern nichts mehr zu schaffen. Wir sind selbständige und feindliche Parteien gegen einander, die ihre selbständigen und besonderen Wege zu gehen haben. Der Allgemeine Deutsche Arbeiterverein hat sich nicht gebildet, um seine Zeit damit zu verlieren, mit den Fortschrittlern zu diskutieren und noch weniger, um sich mit ihnen in den gegenseitigen Versammlungen durch Tumulte zu stören".[734]

Allgemeines
Wahlrecht als
Voraussetzung
für Emanzipation

Für Lassalle war die Erreichung des allgemeinen Wahlrechts der Schlüssel für die politische und soziale Emanzipation der Industriearbeiterschaft. „Unsere Fahne", so forderte er die Berliner Arbeiter auf, in den Allgemeinen Deutschen Arbeiterverein einzutreten, „ist das *allgemeine und direkte Wahlrecht*, und *diese* Fahne, sie ist die notwendige und zugeborene Fahne eines jeden Mitgliedes Eures Standes! Sogar diejenigen von Euch, die so betört sein sollten, eine Verbesserung Eurer sozialen Lage *nicht* zu wollen, sie sind wie *Jeder*, welcher, *gleichviel welchem Stande* er angehört, das allgemeine und direkte Wahlrecht *aufrichtig will, genötigt*, in unsere Reihen zu treten. Denn ist das allgemeine und direkte Wahlrecht erlangt, so würden deshalb ja die sozialen Prinzipien des Allgemeinen Arbeitervereins noch nicht zur Geltung kommen können, sofern sie nicht die Majorität des aus den allgemeinen und direkten Wahlen hervorgegangenen gesetzgebenden Körpers für sich haben. Und umgekehrt: *haben* sie diese Majorität für sich, - nun, so muß sich Jeder, welcher das allgemeine und direkte Wahlrecht aufrichtig will, geduldig auch den *sozialen* Veränderungen unterwerfen, welche dasselbe durch die Beschlüsse der Volksvertreter im Lande hervorrufen kann!".[735] Worauf Lassalle also setzte, war die friedliche Veränderung der sozialen Verhältnisse zugunsten des Industrieproletariats durch in Wahlen ermittelte Mehrheiten.

Preußischer
Verfassungskonflikt
und die Schwäche
der Liberalen

Lassalle sah ferner voraus, dass der bürgerliche Liberalismus im entscheidenden Augenblick während der klassenkämpferischen Konfrontation mit der organisierten Arbeiterbewegung ins Lager der Monarchie wechseln würde. Außerdem prognostizierte er, dass eine deutsche Vereinigung nur über einen zentralisierten preußischen Machtstaat möglich sei und Bismarck in diesem Prozess das allgemeine Wahlrecht akzeptieren werde. Diese hellsichtigen Antizipationen

---

[733] Lassalle 1893, S. 717.
[734] A.a.O., S. 720.
[735] A.a.O., S. 729.

188

wurden in den 60er und 70er Jahren von der realen Entwicklung tatsächlich eingeholt. Die liberale Opposition des industriellen Bürgertums gegen Bismarck (1815-1898) gipfelte in dem bekannten preußischen Verfassungskonflikt von 1862 bis 1866. Die preußische Regierung beabsichtigte, den Wehrdienst von zwei auf drei Jahre heraufzusetzen und die Steuern für verstärkte Militärausgaben zu erhöhen. Nachdem das preußische Abgeordnetenhaus das Budget abgelehnt hatte, löste der König das Parlament auf. Die 1862 erfolgten Neuwahlen stärkten die liberale Fraktion im Parlament. Daraufhin berief Wilhelm I. den Exponenten der preußischen Junker, Bismarck, zum Ministerpräsidenten. Diese Ernennung hatte zur Folge, dass die Opposition der Regierung vorwarf, sie handle verfassungswidrig, wenn sie trotzdem Ausgaben tätige. Doch ganz im Sinne der Prognose Lassalles löste sich der Verfassungskonflikt in beiderseitigem Einvernehmen auf, nachdem Bismarck die Zwischenzeit genutzt hatte, durch spektakuläre Siege der preußischen Armee 1864 gegen Dänemark und 1866 bei Königgrätz gegen Österreich die Dominanz des preußischen Machtstaates zu demonstrieren. Die Mehrheit des preußischen Bürgertums schloss Frieden mit Bismarck, indem ihre liberalen Vertreter aufgrund der militärischen Erfolge dessen verfassungswidriges Vorgehen billigten.

Aber auch die zweite Prognose Lassalles sollte in Erfüllung gehen. Das semiabsolutistische Regime Louis Bonapartes mit seinen zahlreichen plebiszitären Referenden in Frankreich hatte gezeigt, dass die Furcht des Adels und der bürgerlichen Liberalen vor dem allgemeinen Wahlrecht nicht in jedem Fall begründet war. „Durch Irreführung unaufgeklärter Massen und durch geschickte Ausnutzung vorübergehender Volksstimmungen konnte sich eine großkapitalistische oder militärische Richtung auch unter dem allgemeinen Wahlrecht eine Mehrheit verschaffen. Die herrschende Klasse hatte dann die Armee, die Polizei und die Justiz zur Verfügung, und sie konnte sich außerdem noch auf den Spruch der 'Demokratie' bei den Wahlen berufen".[736] Diese Erfahrung vor Augen, hatte Bismarck das allgemeine Stimmrecht 1867 für den Reichstag des Norddeutschen Bundes und 1871 für den des Deutschen Reiches eingeführt.[737] Jedoch ist charakteristisch, dass er es gleichzeitig auch wieder erheblich einschränkte. Auf der einen Seite blieb in Preußen, der Hausmacht des deutschen Kaisers, das Dreiklassenwahlrecht erhalten. Auf der anderen Seite hatte das Parlament in der

Wahlrecht ohne demokratische Gesetzgebung

---

[736] Rosenberg 1962, S. 113.

[737] Selbstverständlich hatte Bismarck auch andere unmittelbar mit der Reichsgründung zusammenhängende Motive für die Einführung des allgemeinen Männerwahlrechts auf Reichsebene. Friedrich Naumann hat sie prägnant zusammengefasst: „Er wollte ein Wahlrecht vorschlagen, das Österreich keineswegs annehmen konnte, mit Hilfe der königstreuen Masse, das liberale Bürgertum dämpfen und etwa widerspenstigen Kleinfürsten den Volkswillen im Wahlplebiszit vorhalten. Er glaubte an die national-einende Kraft des allgemeinen Wahlrechts und ließ es sich gefallen, daß dieses von ihm als offenes Wahlrecht gedachte Verfahren zu einem geheimen gestaltet wurde. Es ist aus den damals gehaltenen Reden unzweifelhaft, daß es nicht demokratische Begeisterung war, die das Reichstagswahlrecht schuf, *daß aber der Hauptgrund seiner Annahme doch der war, daß die Regierung und insbesondere Bismarck sich auf den Geist der Masse stützen mußten, wenn sie nationale Fortschritte machen wollten.* In kritischen Zeiten der Staaten braucht man das 'Volk'. Wenn später sanfte Friedenstage kommen, glaubt man, daß man die Masse nicht brauche. Sachsen gab nach 1866 sein weitherziges Landtagswahlrecht (auf) und verkürzte es nach fast 30 Friedensjahren. Wenn die Kanonen schießen, dann werden auch älteste Staatshäupter sozial. Es war die Kriegszeit 1866-1870, die dem Reiche sein Wahlrecht gab, die *magna charta* der deutschen Demokratie" (Naumann 1904, S. 48f).

Bismarcks
Demokratie-
auffassung

Verfassung von 1871 keine wirklichen Machtkompetenzen, da die Minister und der Reichskanzler nicht ihm, sondern dem Kaiser verantwortlich waren.

Tatsächlich entschloss sich Bismarck zur Einführung des allgemeinen Männerwahlrechts nicht, weil er damit demokratische Absichten verbunden hätte. Im dritten Band seiner „Gedanken und Erinnerungen" bekräftigte er noch einmal seine antidemokratische Einstellung. Er sehe die festere Stütze der Monarchie nicht „in den Social- und anderen Demokraten", obwohl diese sicherlich für den nationalen Gedanken zu gewinnen seien. Vielmehr erachtete er das Königtum nur dann für stabil, wenn „dessen Träger entschlossen ist, nicht nur in ruhigen Zeiten *arbeitsam* mitzuwirken an den Regierungsgeschäften des Landes, sondern auch in kritischen lieber mit dem Degen in der Faust auf den Stufen des Thrones für sein Recht kämpfend zu fallen, als zu weichen. Einen solchen Herrn läßt kein deutscher Soldat im Stich, und wahr bleibt das Wort von 1848: 'Gegen Demokraten helfen nur Soldaten".[738] Ohne Zweifel teilte Bismarck den pejorativen Demokratiebegriff der Antike. Die Einsicht der kleinen Leute in politische Zusammenhänge sei stumpf und unentwickelt. Regelmäßig ließen sich die „urteilslosen Massen" „von der Rhetorik geschickter und ehrgeiziger Führer unter Beihilfe eigener Begehrlichkeit (...) einfangen" und von den „Händen der *novarum rerum cupidi* (d.h. der am Umsturz Interessierten, R.S.) und der Redner"[739] manipulieren. Gelange auf diese Weise die Masse der unteren Bevölkerungsschichten zur Macht, so führe ganz nach antikem Vorbild[740] „der geschichtliche Kreislauf immer in verhältnismäßig kurzer Zeit zur Dictatur, zur Gewaltherrschaft, zum Absolutismus" zurück, „weil auch die Massen schließlich dem Ordnungsbedürfnis unterliegen".[741] Am Ende erkauften sie „die Ordnung von Dictatur und Cäsarismus durch bereitwilliges Aufopfern des berechtigten und festzuhaltenden Maßes von Freiheit, das europäische staatliche Gesellschaften vertragen, ohne zu erkranken".[742]

Trotz dieses abwertenden Demokratieverständnisses setzte sich Bismarck für das allgemeine Männerwahlrecht auf Reichsebene neben den bereits genannten[743] aus zwei weiteren Gründen ein: 1. Die Erfahrung zeigt, dass die politische Herrschaft der „intelligenteren Classen" mit dem „materiellen Untergrund der Erhaltung des Besitzes"[744] durch das allgemeine Wahlrecht und seiner Konnexinstitution, das Parlament, eine zusätzliche Legitimation erfährt. 2. Die „einsichtigsten und wohlwollendsten Regenten unterliegen den menschlichen Schwächen und Unvollkommenheiten, wie der Überschätzung der eignen Einsicht, dem Einfluß und der Beredsamkeit von Günstlingen, ohne von weiblichen, legitimen und illegitimen Einflüssen zu reden".[745] Die notwendige Kritik aber könne nur von Parlamenten und einer freien Presse geübt werden. Freilich bestehe die Gefahr, dass beide Korrektive durch Missbrauch abstumpften. Deswegen habe der Monarch die Aufgabe, sowohl dem Parlament als auch der Presse ihren Hand-

---

[738] Bismarck 1921, S. 16.
[739] Bismarck 1898, S. 59.
[740] Vgl. Kapitel I, §§ 5 u. 6.
[741] Bismarck 1921, S. 60.
[742] Ebd.
[743] Vgl. FN 737.
[744] Bismarck 1921, S. 59.
[745] A.a.O., S. 60.

lungsspielraum vorzuschreiben, damit seine Unabhängigkeit gegenüber „gelegentlichen Majoritätsabstimmungen" ebenso gewahrt bleibt wie gegenüber Hof- und Camarilla-Einflüssen.[746]

Bismarcks im Kern antidemokratischem Politik- und Staatsverständnis entsprach die Verfassung des deutschen Reichs von 1871, die seinen Namen trägt. Wie schon hervorgehoben, konnte die Gewährung des allgemeinen Männerwahlrechts nicht darüber hinwegtäuschen, dass der Kanzler der Reichsregierung nicht vom Vertrauen des Reichstags, sondern von der Zustimmung des Kaisers abhing. Außerdem standen das Heer und die staatliche Bürokratie nicht unter parlamentarischer Kontrolle, sondern zur alleinigen Disposition der Monarchie. Und schließlich erwies sich das Dreiklassenwahlrecht, wie ebenfalls bereits angedeutet, im machtpolitischen Zentrum des Kaiserreichs, in Preußen, ebenso als mächtiges Bollwerk gegen eine weitergehende Demokratisierung wie die rückständigen Verfassungen in den anderen Einzelstaaten. Die Folgen dieser Konstellation für das politische System in Deutschland von 1871 bis 1918 sollten sich bald zeigen: In dem Maße, wie die Konfrontation von Regierung und Opposition im Kampf um die Regierungsmacht entfiel, schlug die gesellschaftliche Polarisierung und Fragmentierung unmittelbar auf die politischen Parteien zurück. Durch weltanschauliche Gräben getrennt, standen sich die „staatstreuen Parteien" des liberalen und konservativen Bürgertums und die von ihnen als „Staatsfeinde" stigmatisierten Außenseiter der Sozialdemokratie und des im Zentrum organisierten politischen Katholizismus gegenüber. Da die disziplinierenden Wirkungen der Regierungsverantwortung und des Koalitionskompromisses auf die innere Struktur der Parteien fehlten, verschärfte die Bismarck-Verfassung die konfessionellen, regionalen und sozialen Gegensätze im Deutschen Reich eher als dass sie diese neutralisierte.

Es war insbesondere die deutsche Sozialdemokratie, die neben dem Zentrum am meisten unter der Ausgrenzung der sogenannten „staatsfeindlichen" Kräfte zu leiden hatte. Deren Mechanismen wie „Sozialistengesetz" und „Kulturkampf" seien, so die sozialdemokratische Position, nur durch eine tiefgreifende Demokratisierung des politischen Systems als wichtiger Zwischenstufe auf dem Weg zum demokratischen Sozialismus zu überwinden.

§ 3 Die Demokratiediskussion in der deutschen Sozialdemokratie (Kautsky, Bernstein, Marx)

In den 70er Jahren des 19. Jahrhunderts war in der Tat die Trägerschaft der Demokratie in Deutschland auf die Sozialdemokratie übergegangen. Auf der Grundlage des allgemeinen Männerwahlrechts konnte sie immerhin ihre Wählerbasis fast nach jeder Reichstagswahl erweitern. Nach dem Sieg Preußens und seiner Verbündeten gegen Frankreich 1870/71 wurden demgegenüber im bürgerlichen Lager keine demokratischen Positionen mehr vertreten, wenn man einmal von den Linksliberalen mit ihrer schwachen Wählerklientel und den kleinbürgerlichen Demokraten in Südwestdeutschland absieht. Stagnierte die Demokratie

---

[746] A.a.O., S. 60f.

auf dem Kontinent, so machte sie freilich Fortschritte im Mutterland des Parlamentarismus, in England. Hier folgten der Wahlrechtsreform von 1832 zwei weitere Reformen 1867 und 1884/85. Die letzte Wahlrechtsreform verlieh allen männlichen Bürgern das Wahlrecht, die über einen festen Wohnsitz von einer gewissen Größe verfügten. Da in England jetzt auch Arbeiter in den Kreis der wahlberechtigten Bürger einbezogen wurden, die man nicht unbedingt zur „Arbeiteraristokratie" zählen konnte, avancierte in der Öffentlichkeit Großbritannien zum demokratischen Vorbild Europas.[747]

Karl Kautsky

Insbesondere sozialdemokratische Intellektuelle wie Karl Kautsky (1854-1938) und Eduard Bernstein (1850-1932), die die Auswirkungen der Wahlrechtsreformen in England aus eigener Erfahrung kannten, sahen in einem demokratisierten parlamentarischen Repräsentationssystem den „Königsweg" zur Erreichung sozialdemokratischer Ziele. So empfahl Karl Kautsky in seiner Schrift „Parlamentarismus und Demokratie" (1893)[748] seiner Klientel in der Industriearbeiterschaft die repräsentative Demokratie des allgemeinen Wahlrechts, deren Regierung nach englischem Muster aus dem Parlament hervorging, als genuine Alternative zur „alten Demokratie". Das seit der 48er Revolution in Frankreich eingeführte allgemeine Wahlrecht hatte bei vielen Arbeitern desillusionierend gewirkt, weil es den bestehenden sozio-politischen Status quo eher konsolidierte als zugunsten der kleinen Leute deren Verhältnisse veränderte. „Der bonapartistische Scheinparlamentarismus", konstatierte Kautsky, „war (...) nicht danach angetan, die Arbeiter besonders zu interessieren. Gegenüber dem gesetzgebenden Körper des französischen Kaiserreichs, namentlich seiner ersten Zeit, erscheinen sogar die Befugnisse des deutschen Reichstags respektabel. Die Erfahrungen, die das zweite französische Kaiserreich mit dem allgemeinen Stimmrecht machte, brauchten also 1867 (Verfassung des Norddeutschen Bundes nach der Schlacht von Königgrätz, R.S.) weder Bismarck noch Disraeli vor einer Ausdehnung des Wahlrechts abzuschrecken. Sie machten 1869 noch Liebknecht mißtrauisch gegen das 'Parlamenteln'".[749]

Plädoyer für parlamentarisches Repräsentativsystem und parlamentarische Regierungs- verantwortung

Ablehnung der direkten Demokratie

Angesichts dieser Erfahrung verwundert es nicht, dass sich im sozialdemokratischen Lager Tendenzen verstärkten, die eine Rückkehr zur alten Demokratie mit ihrer direkten Volksgesetzgebung nach dem Vorbild des antiken Athens, der radikalen Phase der Französischen Revolution 1793/94 oder der Schweizer Kantone forderten. Kautsky machte jedoch Front gegen diese Strömungen innerhalb der Sozialdemokratie.[750] Die attische Demokratie sei als Vorbild schon deswe-

---

[747] „Das Beispiel Englands wurde (...) maßgebend. Dort sah man das Fürstentum völlig machtlos dem Parlament gegenüber. Eine Repräsentativverfassung, ausgestattet mit den Befugnissen des englischen Parlamentes der Krone gegenüber, erschien als das wirksamste, ja als das einzig mögliche Mittel, um die ungeheure Macht, die der Regierung eines modernen, zentralisierten Staates zu Gebote steht, einer Kontrolle zu unterwerfen und sie der Masse dienstbar zu machen, der das Recht verliehen ist, die Abgeordneten in die Nationalversammlung zu wählen" (Kautsky 1922, S. 61).

[748] Vgl. Kautsky 1922. Zu dieser Schrift vgl. Euchner 1986, S. 127.

[749] Kautsky 1922, S. 120.

[750] Dieser Schritt bedeutete für Kautsky insofern einen Kurswechsel, als die Forderung nach direkter Volksgesetzgebung im Erfurter Programm, an dessen Formulierung er federführend beteiligt war, zweifellos auf eine Einschränkung des Parlamentarismus hinauslief, zumal Kautsky mit Schoenlank darin übereinstimmte, „das Parlament müsse vom politisch mündigen Bürger beaufsichtigt und berichtigt werden" (Euchner 1986, S. 126). Euchner weist zu Recht darauf hin, daß diese Forderung „einen volkstümlichen 'plebiszitären' Demokratismus widerspiegelt, dessen Wurzeln in die Zeit der

gen indiskutabel, weil ihr Kernstück, die von Perikles eingeführten Diäten, für die armen Mitglieder der Volksversammlung durch Sklavenarbeit und die Ausbeutung der attischen Bündnispartner finanziert worden seien.[751] Und die direkte Demokratie der Schweizer Kantone funktioniere nur, weil sie sich mit der Rolle des Korrektivs der zentralisierten Repräsentativorgane des politischen Systems begnüge.[752] Vor allem aber sei einer Rückkehr zur direkten Demokratie in der zweiten Hälfte des 19. Jahrhunderts aus strukturellen Gründen der Boden entzogen. „Ein Großstaat ist einfach unmöglich ohne die Delegierung der verschiedenen Funktionen, die ehedem der Volksversammlung zustanden, an einzelne Behörden oder Versammlungen. Nicht nur äußerliche Rücksichten - die große Ausdehnung des Staates, die Zahl seiner Bevölkerung - machen das notwendig, sondern vor allem der Umstand, daß diese Funktionen viel zu umfangreich geworden sind, als daß die gesamte Bevölkerung Zeit hätte, sie neben ihren sonstigen Arbeiten genügend zu besorgen".[753]

Aber die Zurückweisung der alten Demokratie als der „Selbstbestimmung des Volkes" widerlegt noch nicht die These, der Parlamentarismus sei per se ein Instrument in der Hand der herrschenden Schichten, weil nur deren Repräsentanten Zeit und Muße hätten, sich die zur parlamentarischen Durchsetzung ihrer Interessen notwendigen juristischen, ökonomischen und politischen Kenntnisse anzueignen. Zur Widerlegung dieser These führte Kautsky die historische Entwicklung des englischen Parlamentarismus an. Mit der Ausweitung des Wahlrechts auf die proletarischen Schichten habe sich der Parlamentarismus in England grundlegend gewandelt. „Im Beginn der achtziger Jahre legten die englischen Arbeiter noch das Hauptgewicht auf die *Bodenreform*. Henry George war der Held des Tages. Später wurde der *Achtstundentag* die Losung, heute ist es das *Recht auf Arbeit*, der Kampf gegen die *Arbeitslosigkeit*".[754] Immer schwerer

Verteidigung des
Parlamentarismus

---

französischen Revolution und der achtundvierziger Bewegung zurückreichen. Als typischer Vertreter dieses Denkens in der Sozialdemokratie kann Wilhelm Liebknecht gelten, der in den sechziger und siebziger Jahren beträchtliche antiparlamentarische Vorbehalte hegte" (ebd.).

[751] „Woher kamen aber die Mittel, diesen Sold zu zahlen? Einesteils aus den Steuern der Bemittelten, also aus der Arbeit ihrer Sklaven, die hier wieder als Ernährer des souveränen Volkes von Athen auftreten, andererseits aber aus den Tributen, welche die unterworfenen Gemeinden, die 'Bundesgenossen', zu entrichten hatten. Nicht genug damit. Seit Perikles wurde es ein beliebtes Mittel der athenischen Staatsmänner, um sich beim athenischen Volk populär zu machen, das Land der im Kriege Besiegten zu konfiszieren, um es den einzelnen Athenern zu schenken" (Kautsky 1922, S. 35). Kautsky verkennt in seiner Polemik gegen die attische Demokratie zweierlei. Einerseits war die Sklaverei in *allen* antiken Gesellschaften eine Selbstverständlichkeit und kein Charakteristikum der attischen Polis. Andererseits ignorierte er den Zusammenhang zwischen der demokratischen Partizipation und dem Stand der wissenschaftlich-technischen Entwicklung in einer Gesellschaft. Erst wenn die letztere eine so hohe Produktivität der Arbeit verwirklicht hat, dass auch die Unterschicht in den Genuss ausreichender Muße gelangt, ist die Etablierung der Volksherrschaft möglich.

[752] „Nirgends aber zeigen Referendum und Initiative die Tendenz, die Repräsentativverfassung überflüssig zu machen. Sie setzen diese vielmehr voraus. Das Machen der Gesetze bleibt fast überall diesen Versammlungen vorbehalten. Das Referendum erteilt dem Volke nur das Recht, über die Gesetze, die von Kantonalrat oder Bundesversammlungen herrühren, abzustimmen. Die Initiative aber gibt meist ausdrücklich, sonst in der Regel wenigstens tatsächlich der Bevölkerung nur das Recht, an die Versammlung seiner Abgeordneten die Anregung oder Forderung zum Erlaß bestimmter Gesetze zu stellen, die Herstellung des Gesetzestextes bleibt der Versammlung vorbehalten" (Kautsky 1922, S. 63).

[753] A.a.O., S. 89.

[754] A.a.O., S. 108f.

193

falle es den Liberalen, die Industriearbeiterschaft unter ihrem hegemonialen Einfluss zu halten. Deren Erfolge im Rahmen der parlamentarischen Arbeit, so Kautsky, machten es absehbar, dass sich die neu gegründete Arbeiterpartei vom liberalen Denken lösen werde.

Parlamentarismus als Weg zur klassenlosen Gesellschaft

Kautsky erneuerte im Grunde genommen die These Lassalles, dass die Erringung des allgemeinen Wahlrechts im Rahmen des parlamentarischen Repräsentativsystems die besten Voraussetzungen für die Emanzipation des „kämpfenden Proletariats" biete. Die in seinem Rahmen stattfindenden Wahlkämpfe stärkten die Organisationen der Sozialdemokratie, erweiterten permanent ihre Wählerklientel auf nationaler Ebene und vergrößerten ihren Einfluss auf die Gesetzgebung in den Parlamenten. Wenn Kautsky auch nicht im Parlamentarismus des allgemeinen Wahlrechts einen Wert an sich sieht, sondern ihn als günstigste Voraussetzung für den revolutionären Klassenkampf mit dem Endziel der klassenlosen Gesellschaft betrachtet, so ist doch ebenso klar, dass für ihn wie für die übergroße Mehrheit der Sozialdemokratie im Kaiserreich die direkte Demokratie in Gestalt von Referenden nur eine begleitende bzw. korrigierende Rolle innerhalb des parlamentarischen Repräsentationssystems selbst spielen konnte. Ausdrücklich band er darüber hinaus den Einsatz direktdemokratischer Instrumentarien an bestimmte Vorbedingungen. Er komme lediglich in einer über funktionale Notwendigkeiten stabil integrierten Gesellschaft mit überwiegend städtischer Bevölkerung in Frage, wie dies „bis vor kurzem nur in England erreicht war"[755], weil nur so der Rückfall in basisdemokratische Sektionen mit partikularistischen Tendenzen zu verhindern sei. Außerdem müsse ein hochentwickeltes, stabiles Parteiensystem vorausgesetzt werden, in dem die große Masse der Bevölkerung organisiert ist, weil nur dann die die Parteien und die Klassengegensätze auflösenden Wirkungen der direkten Volksgesetzgebung neutralisierbar seien. Und schließlich bestehe die wichtigste Vorbedingung „im Fehlen einer übermäßig zentralisierten, der Volksvertretung selbständig gegenüberstehenden Staatsgewalt"[756], weil erst auf diese Weise Elemente der direkten Demokratie das Parlament nicht schwächten.

Die alte Demokratie, so ist Kautsky zu interpretieren, lebte von der Fiktion eines homogenen Volkes, das zwar seine Herrschaft als die der kleinen Leute verstand, aber noch nicht in Klassen zerfallen war. In einer klassengespaltenen Gesellschaft, wie die des deutschen Kaiserreiches, konnte demgegenüber nach Kautsky nur das parlamentarische Repräsentativsystem des allgemeinen Wahlrechts die sozialen Gegensätze, vermittelt durch Klassenparteien, zur vollen öffentlichkeitswirksamen Entfaltung und damit dem revolutionären Ziel der klassenlosen Gesellschaft näher bringen. Kein Zweifel: Kautsky sympathisierte mit dem sich durch Wahlrechtsreformen demokratisierenden britischen Parlamentarismus. Aber ebenso sicher ist, dass er dieses Modell politischer Teilhabe in den Dienst der Emanzipation der Arbeiterschaft stellte, und zwar „als Mittel, die Arbeiterklasse zu heben und beizutragen zu ihrer politischen und sozialen Reife, zu ihrer Fähigkeit, das Werk der Befreiung, der sozialen Umgestaltung selbst in die Hand zu nehmen".[757] Stimmte sein Kontrahent im berühmten Revi-

---

[755] A.a.O., S. 138.
[756] Ebd.
[757] A.a.O., S. 133.

sionismusstreit, Eduard Bernstein, mit dieser Einschätzung überein? Auf den Eduard Bernstein
ersten Blick scheinen tiefgreifende Differenzen zu überwiegen. Wenn Kautsky
im Repräsentativsystem der parlamentarischen Demokratie den günstigsten
Kampfboden der Arbeiterklasse sieht, dann ist für Bernstein in seiner berühmten
Schrift „Die Voraussetzungen des Sozialismus und die Aufgaben der Sozialdemokratie" (1899)[758] die Erringung des allgemeinen Wahlrechts „Mittel und
Zweck zugleich. Sie ist das Mittel der Erkämpfung des Sozialismus, und sie ist
die Form der Verwirklichung des Sozialismus".[759] Wenn sich für Kautsky die Differenzen
parlamentarische Demokratie lediglich als Etappe auf dem Weg zur Diktatur des zu Kautsky
Proletariats[760] darstellt, dann betrachtet Bernstein die Klassendiktatur als Atavismus, der eine tiefere Stufe der zivilisatorischen Entwicklung darstellt, als er in
den fortgeschrittenen kapitalistischen Ländern erreicht worden war[761]: Er stehe
im übrigen in einem unerträglichen Gegensatz zur parlamentarischen Praxis der
Sozialdemokratie in den Parlamenten auf den verschiedenen Ebenen des politischen Systems.[762] Doch Bernsteins Distanz gegenüber der marxistischen Ortho-
doxie vermag nicht über eine Reihe von Gemeinsamkeiten hinwegzutäuschen,
die er mit Kautskys demokratietheoretischem Ansatz teilt.

So sind auch für ihn die Wahlrechtsreformen in England in der zweiten Wahlrecht
Hälfte des 19. Jahrhunderts Errungenschaften der demokratischen Entwicklung,
die er für unumkehrbar hielt. Er verweist auf die Erfolge, welche die englische
Arbeiterschaft bereits seit der Wahlrechtsreform von 1867 erzielt habe. Sie reichten von dem Aufbau öffentlicher Volksschulen über die Veränderung der Verwaltung in den Grafschaften zugunsten der Arbeiter, die Heraufsetzung der indirekten sowie die Erhöhung der direkten Steuern bis hin zu einer fortschrittlichen
Agrargesetzgebung und der Verbesserung der Fabrikgesetzgebung seit 1870.[763]
Zugleich verband Bernstein den sozialen Inhalt der parlamentarischen Demokra- Bürger- und
tie mit dem liberalen Schutz des Individuums und der Minoritäten. Die daraus Menschenrechte
folgende Einschränkung des Majoritätsprinzips sei allein schon deswegen geboten, weil in einer Demokratie immer auch die Möglichkeit bestehen müsse, dass
die Minorität zur Majorität werden könne und umgekehrt. Ferner korrelierte
Bernstein die Demokratie mit dem Rechtsstaat: eine für ihn eherne Trennlinie Rechtsstaat
gegenüber der Anarchie. „Nicht durch Abwesenheit aller Gesetze kann die Demokratie sich von anderen politischen Systemen unterscheiden, sondern durch
die Abwesenheit von Gesetzen, die auf Besitz, Abstammung und Bekenntnis

---

[758] Vgl. Bernstein 1973. Vgl. hierzu grundlegend Meyer 1977.

[759] A.a.O., S. 178.

[760] Kautsky 1922, S. 109.

[761] „Die Klassendiktatur aber gehört einer tieferen Kultur an, und abgesehen von der Zweckmäßigkeit und Durchführbarkeit der Sache, ist es nur als ein Rückfall, als politischer Atavismus zu betrachten, wenn der Gedanke erweckt wird, der Übergang von der kapitalistischen zur sozialistischen
Gesellschaft müsse sich notwendigerweise unter den Entwicklungsformen einer Zeit vollziehen,
welche die heutigen Methoden der Propagierung und Erzielung von Gesetzen noch gar nicht oder nur
in ganz unvollkommener Gestalt kannte und der geeigneten Organe dazu entbehrte" (Bernstein 1973,
S. 182).

[762] „Oder hat es zum Beispiel einen Sinn, die Phrase von der Diktatur des Proletariats zu einer Zeit
festzuhalten, wo an allen möglichen Orten Vertreter der Sozialdemokratie sich praktisch auf den
Boden der parlamentarischen Arbeit, der zahlengerechten Volksvertretung und der Volksgesetzgebung stellen, die alle der Diktatur widersprechen?" (Bernstein 1973, S. 182).

[763] A.a.O., S. 179.

gegründete Ausnahmen schaffen oder gutheißen, nicht durch totale Abwesenheit von Gesetzen, die die Rechte einzelner beschränken, sondern durch Aufhebung aller Gesetze, die die allgemeine Rechtsgleichheit, das gleiche Recht aller beschränken".[764]

direkte Demokratie

Ganz ähnlich wie Kautsky wandte sich Bernstein gleichfalls gegen Formen der direkten Demokratie, sofern sie nicht als Korrektive demokratischer Repräsentationsorgane wirken, sondern einen hegemonialen Anspruch erheben. Im Unterschied zu Kautsky, der sich in seiner Kritik auf das Konzept der direkten Volksgesetzgebung konzentrierte, wie sie der deutsche Demokrat Rittinghausen propagierte[765], setzte sich Eduard Bernstein mit dem Modell der Pariser Kommune auseinander, das Marx in seiner Schrift „Der Bürgerkrieg in Frankreich"[766] konzipiert hatte. Auch Marx und Engels schlossen nicht aus, dass die demokratische Republik in den fortgeschrittenen bürgerlichen Gesellschaften mit ihrer Gewährleistung des allgemeinen Stimmrechts, der Presse-, Versammlungs- und Vereinsfreiheit als eine Staatsform angesehen werden könne, die der Arbeiterklasse die Möglichkeit biete, zur politischen Macht zu gelangen.[767] Soweit stimmten sie mit Lassalle überein, dass politische Institutionen in Ländern mit demokratischer Tradition wie England und den Niederlanden für eine sozialistische Umwälzung instrumentalisierbar seien. Daneben hatte Karl Marx (1818-1883) allerdings in Auseinandersetzung mit der Pariser Kommune von 1871 ein Transformationsmodell entwickelt, das kategorisch die parlamentarische Demokratie und ihren Staat als Medium des Überganges vom Kapitalismus zum Sozialismus ablehnte.

Karl Marx

Pariser Kommune als Modell

Tatsächlich hat Marx den Aufstand der Pariser Kommune von März bis Ende Mai 1871 nicht nur als den planmäßigen Versuch einer sozialistischen Revolution, sondern auch, was noch wichtiger erscheint, als Vorwegnahme der politischen Partizipationsmechanismen in einer zukünftigen sozialistischen Gesellschaft interpretiert. Zwar habe die Kommune die nach dem allgemeinen Stimmrecht in den verschiedenen Pariser Bezirken gewählten Stadträte gebildet. Aber sie agierten nicht auf der Basis des freien, sondern des imperativen Mandats, „verantwortlich und jederzeit absetzbar".[768] Auch bestand ihre Basis - im Unterschied zur kleinbürgerlichen Demokratie - „selbstredend aus Arbeitern oder anerkannten Vertretern der Arbeiterklasse".[769] Die entscheidende Differenz zur parlamentarischen Demokratie aber war, dass die Kommune „eine arbeitende

---

[764] A.a.O., S. 177.

[765] Vgl. Kautsky 1922, S. 63-73.

[766] Vgl. Marx 1966. Vgl. zu dieser Schrift neuerdings auch Schmidt 2000, S. 165-174.

[767] „Marx hob im ersten Band des 'Kapital' hervor, daß die Verbesserung der Arbeitszeit- und Arbeitsschutzregelungen dem Druck der Arbeiterklasse auf das Parlament zu danken sei. Nach der Gründung sozialistischer Arbeiterparteien Ende der sechziger Jahre bezeichneten Marx und Engels das allgemeine Stimmrecht als wirksamstes Mittel der Emanzipation des Proletariats; auch hielten sie es nicht für ausgeschlossen, daß in Gesellschaften mit alten parlamentarischen Traditionen die Arbeiterklasse auf friedlichem Wege die politische Macht erlangen könne. Die auf allgemeinem Wahlrecht beruhende 'demokratische Republik' sei die Staatsform der bürgerlichen Gesellschaft, in welcher das Proletariat den Klassenkampf definitiv ausfechten werde, schließlich auch die spezifische Form des sozialistischen Übergangsstaates, der 'Diktatur des Proletariats'" (Euchner 1986, S.126).

[768] Marx 1966, S. 213.

[769] Ebd.

Körperschaft sein (sollte), vollziehend und gesetzgebend zu gleicher Zeit".[770]
Mit der Aufhebung des Prinzips der Gewaltenteilung ging die Exekutive ihrer
repressiven Funktionen verlustig. „Die Polizei, bisher das Werkzeug der Staats-
regierung, wurde sofort aller ihrer politischen Eigenschaften entkleidet und in
das verantwortliche und jederzeit absetzbare Werkzeug der Kommune verwandelt".[771] Analog, so Marx, wurde mit allen öffentlichen Ämtern verfahren: Der
Staat und seine Initiative wurden „in die Hände der Kommune gelegt".[772]

Auf den ersten Blick scheint sich der Realismus dieses Modells aus der Annahme zu ergeben, es handle sich lediglich um einen kommunal begrenzten
Partizipationsansatz, vergleichbar mit dem der attischen Demokratie[773] oder
Rousseaus Konzeption.[774] Doch Marx betonte, dass sich der Geltungsanspruch
dieser Variante radikaler Demokratie auf den Großflächenstaat Frankreich beziehen sollte: „Die Einheit der Nation sollte nicht gebrochen, sondern im Gegenteil organisiert werden durch die Kommunalverfassung; sie sollte eine Wirklichkeit werden durch die Vernichtung jener Staatsmacht, welche sich für die Ver-
körperung dieser Einheit ausgab, aber unabhängig und überlegen sein wollte
gegenüber der Nation, an deren Körper sie doch nur ein Schmarotzerauswuchs
war. (...) Statt einmal in drei oder sechs Jahren zu entscheiden, welches Mitglied
der herrschenden Klasse das Volk im Parlament ver- und zertreten soll, sollte das
allgemeine Stimmrecht dem in Kommunen konstituierten Volk dienen, wie das
individuelle Stimmrecht jedem anderen Arbeitgeber dazu dient, Arbeiter, Aufse-
her und Buchhalter in seinem Geschäft auszusuchen".[775] Angesichts dieses Szenarios wird der Unterschied zur Lassalleschen Konzeption deutlich: Lassalle war
überzeugt, soziale Reformen im Interesse des Proletariats auf der Grundlage des
allgemeinen Wahlrechts durchführen zu können. Die Demokratie bekomme
einen proletarischen Inhalt, sobald im Parlament proletarische Mehrheiten die
Regierungsgewalt übernehmen und die demokratischen Institutionen im Interesse der Arbeiterschaft instrumentalisieren.[776]

Universalisierung des Modells

Marx dagegen vertrat in der Kommuneschrift die These, dass der aus der
bürgerlichen Gesellschaft hervorgetriebene Staatsapparat, auch in seiner parla-
mentarisch-demokratischen Form, nicht einfach von der Arbeiterklasse übernommen werden kann.[777] Die bestehenden hierarchischen Strukturen des Ver-
waltungs- und Repressionsapparates staatlicher Zentralisation müssten zerschlagen und durch die Selbstbewaffnung des Volkes bzw. die Erledigung seiner
Verwaltungsangelegenheiten auf kommunaler Ebene durch jederzeit abberufbare
Delegierte ersetzt werden. Repräsentation und Gewaltenteilung seien zugunsten
einer radikaldemokratischen Identität von Herrschern und Beherrschten abzubauen, und zwar nicht nur im politischen Bereich, sondern vor allem auch in der
Produktionssphäre. Es ist für das Demokratieverständnis der großen Mehrheit in
der deutschen Sozialdemokratie im Kaiserreich charakteristisch, dass Bernstein

Ablehnung des Staates

radikale Demokratie

---

[770] Ebd.
[771] Ebd.
[772] Ebd.
[773] Vgl. Kapitel I, §§ 1-6.
[774] Vgl. Kapitel III, § 3.
[775] Marx 1966, S. 210.
[776] Vgl. § 2.
[777] Marx 1966, S. 210.

dieses Partizipationsmodell zwar nicht rundweg ablehnte: Er ordnete es in die Tradition munizipaler Freiheiten ein, denen er einen wichtigen Stellenwert in der sozialen Emanzipation der Arbeiterschaft einräumte.[778] Doch war für ihn die Bildung der Nationalversammlung aus Delegierten der Provinz- bzw. Bezirksversammlungen keine Alternative zur bisherigen Nationalversammlung im Rahmen der parlamentarischen Repräsentativverfassung.

Bernstein und das Kommune-Modell

Bernstein begründete seine Ablehnung des Marxschen Kommune-Modells mit dem hohen Grad gesellschaftlicher Differenzierung der fortgeschrittenen Industriegesellschaften. „Die moderne Entwicklung hat zu viele Einrichtungen gezeigt, deren Umfang der Kontrolle der Munizipalitäten und selbst der Bezirke und Provinzen entwachsen ist, als daß vor der Umwandlung ihrer Organisation die Kontrolle der Zentralverwaltungen entbehrt werden könnte".[779] Auch hielt er die Vorstellung einer totalen Souveränität der Gemeinden für problematisch. „Die Gemeinde ist ein integrierender Teil der Nation und hat so gut Pflichten gegen sie wie Rechte auf sie. So wenig wie das Individuum, kann zum Beispiel der Gemeinde ein unbedingtes und ausschließliches Recht auf den Boden eingeräumt werden. Wertvolle Regale, Forsten, Flußrechte usw. gehören in letzter Instanz nicht den Gemeinden oder den Bezirken, die auch nur Nutznießer sind, sondern der Nation".[780] Die Konsequenz, die Bernstein aus diesem Sachverhalt zog, ist eindeutig: Zwar sagte er den Selbstverwaltungskörperschaften im Zuge des Demokratisierungsprozesses eine große Zukunft voraus, von der insbesondere Sozialdemokraten durch die Schulung ihrer organisatorischen Fähigkeiten profitieren könnten. Doch eine Vertretung, „bei der das nationale und nicht das provinzielle oder lokale Interesse im Vordergrund steht"[781], erschien ihm unentbehrlich.

Bernstein ist im Übrigen nicht müde geworden, die Sozialdemokratie als den legitimen Erben des freiheitlichen Liberalismus hervorzuheben.[782] Diese gemeinsame Schnittmenge scheint darin zum Ausdruck zu kommen, dass sich neben ihm nicht nur ein Wortführer des sozialdemokratischen Lagers wie Kautsky, sondern auch Repräsentanten des linksliberalen Bürgertums wie Hugo Preuß, Friedrich Naumann und Max Weber vom Demokratisierungsprozess des englischen Parlamentarismus inspirieren ließen, wenn sie nach Alternativen zum stagnierenden politischen System des Kaiserreichs suchten. Doch während Kautsky und Bernstein in der Parlamentarisierung des politischen Systems des Kaiserreichs den optimalen Boden für die Emanzipation der Industriearbeiterschaft sahen, ging es den linksliberalen Protagonisten vor allem um die Herausbildung einer politischen Klasse nach englischem Vorbild, die der ökonomischen Potenz des Deutschen Reichs zu der ihr angemessenen weltpolitischen Geltung zu verhelfen vermochte.

---

[778] Vgl. Bernstein 1973, S. 193.
[779] Ebd.
[780] A.a.O., S. 193f.
[781] A.a.O., S. 194.
[782] Vgl. a.a.O., S. 184f.

§ 4 Die Synthese von bürgerlichem Machtstaat und parlamentarischer Demokratie (Naumann)

Im Jahr 1900 veröffentlichte Friedrich Naumann (1860-1919) seine programmatische Schrift „Demokratie und Kaisertum".[783] Diese Arbeit ist für unser Thema deswegen von höchster Relevanz, weil sie für eine Demokratisierungsstrategie warb, die auf einem Bündnis zwischen der sozialdemokratischen Basis im Industrieproletariat in Verbindung mit der großindustriellen Unternehmerschaft[784], den linksliberalen Kräften und der Hohenzollern-Monarchie beruhte. Naumanns Ziel war, dass sich eine Vereinigte Linke (Sozialdemokraten, Linksliberale) im Zeichen der bedingungslosen Bejahung des Industrialismus als demokratisches Lager konstituiert und, gegen den Konservatismus des agrarischen Junkertums und den politischen Katholizismus gerichtet, dem sozialen Kaisertum der Hohenzollern mit imperialistischer Stoßrichtung eine demokratische Massenbasis zur Verfügung stellt. *(Randnotiz: Friedrich Naumann)*

Ähnlich wie Kautsky und Bernstein berief sich auch Naumann auf den demokratisierten Parlamentarismus Großbritanniens der zweiten Hälfte des 19. Jahrhunderts. Gegen den angeblichen Utopismus führender Sozialdemokraten wie August Bebel, der bekanntlich ein prognostisches Zukunftsszenario in seinem berühmten Buch „Die Frau und der Sozialismus" entwarf, machte Naumann geltend, es komme realpolitisch vielmehr darauf an, nicht die bürgerliche Gesellschaft, sondern die konservativ-klerikale Majorität im Staat zu stürzen.[785] Das demokratische Lager müsse begreifen, dass die erste Etappe auf dem Weg zur Demokratisierung „die Erlangung der politischen Freiheit (ist), wie sie England hat. Das ist die Aufgabe des Zeitalters, das Heutige noch erleben können".[786] Auch stellte Naumann innerhalb des Prozesses der Demokratisierung das Zweiparteiensystem als Vorbild hin, dem England und Nordamerika am nächsten gekommen seien: „Wo es kein *Zweiparteiensystem* gibt", schrieb er, „stellt sich ein immerwährender Wechsel von Kompromißbildungen ein, der dem Fortschreiten einheitlicher Reformideen fast unübersteigliche Hindernisse entgegenstellt, wie man in Frankreich sehen kann".[787] Über den nach wenigen Wochen Regierungszeit 1888 gestorbenen Friedrich III. schrieb Naumann, zwar wäre auch er Militärkaiser geworden, doch würde er versucht haben, *„nach engli-* *(Randnotiz: englischer Parlamentarismus als Vorbild)*

---

[783] Vgl. Naumann 1904. Zu dieser Schrift vgl. auch Gilg 1965, S. 193-215.

[784] „Wir müssen das Ideal haben, das erste Industrievolk der Erde zu sein, wenn unser Volkszuwachs uns nicht zum Verhängnis werden soll. Diesem Ideale hat die ganze Politik zu dienen. Eine Industriepolitik großen Stiles ist undenkbar ohne die Arbeiter, aber ebenso undenkbar ohne die *Unternehmer*. Auf diesem Gebiet gibt es gemeinsame Interessen, die über den Streit beider Gruppen hinausgehen.(...) Auf dem Papier kann man sich einen Zustand denken, bei dem der Unternehmer ausgeschaltet ist, wie es im ersten Teil des sozialdemokratischen Programmes dargestellt ist. In Wirklichkeit aber gibt es die unternehmerlose Industrie nicht und wird sie voraussichtlich im nächsten Menschenzeitalter auch nicht geben. Der Arbeiter muß in dieser Industrie steigen wollen, die wir haben, nicht in einer, die er sich träumt. Daher ist er gar nicht in der Lage, den Unternehmer als Gegner in jeder Hinsicht anzusehen, und wenn wir von den Trägern der Demokratie reden, müssen wir *alle* diejenigen einrechnen, die führend im Produktionsprozeß der Zukunft stehen werden" (Naumann 1904, S. 24).

[785] Naumann 1904, S. 8.

[786] Vgl. ebd.

[787] A.a.O., S. 42.

schem Vorbild parlamentarisch zu regieren".[788] Wir können diesen Kommentar so interpretieren, dass Naumann ebenfalls die Parlamentarisierung der Reichsregierung unterstützt hätte. Allerdings warnte er vor einer einseitig zentralisierten Demokratie nach französischem Muster[789], welche nicht durch Selbstverwaltung in Reich, Staat, Provinz und Gemeinde korrigiert wird.

Bedeutung des allgemeinen Wahlrechts

Doch auf welche demokratischen Potentiale setzte Naumann, an die eine weitergehende Demokratisierungsstrategie anknüpfen konnte? Entgegen den Intentionen Bismarcks habe dessen Gewährung des allgemeinen Wahlrechts erstaunliche Auswirkungen auf das Bewusstsein insbesondere der Industriearbeiter. Es bewirkte, dass die große Masse der lohnabhängigen Bevölkerung in den industriellen Großbetrieben, vermittelt über die sozialdemokratischen Organisationen, zu einer politischen Größe mutierte: Das Wahlrecht habe aus Untertanen Staatsbürger geschaffen.[790] „Es gibt noch viele Hunderttausende von Arbeitern, die kein Klassenbewußtsein haben, es gibt auch solche, die aus bestimmten und klaren Gründen nicht Sozialdemokraten sind, aus Gründen religiöser oder patriotischer Natur. Das alles aber ändert nichts daran, daß die Sozialdemokratie die große Arbeiterpartei geworden ist, die mit der Zahl der Lohnarbeiter weiter wächst und der alles Industriewachstum und alles Steigen der Volksziffer am meisten zu gute kommt. Und damit sind wir bei dem Punkt angelangt, der für alle weitere Zukunft von der durchschlagendsten Wichtigkeit ist. *Unser Volk wächst und dieses Wachstum vermehrt die Träger der Demokratie*".[791]

Ebenso wichtig waren Naumann zufolge die institutionellen Konsequenzen des allgemeinen Männerwahlrechts für das politische System. „Die Einwirkungen dieses Wahlrechts auf das ganze Volksleben sind ungeheuere. *Erst durch dieses Recht haben wir einen politisch atmenden Gesamtkörper.* (...) Jede Wahl bedeutet Aufrüttelung der politischen Instinkte. Oft geschieht diese Aufrüttelung etwas herb, grob, drastisch, leidenschaftlich, aber mit Einrechnung aller Schattenseiten ist es doch etwas Großes, daß an einem Tage zwölf Millionen Männer sich um die Regierung ihres Volkes kümmern. Das bringt in das ganze Volk einen anderen Zug hinein, eine Staatsbürgergesinnung, mag sie sich nun konservativ oder oppositionell äußern. Das allgemeine Wahlrecht an sich ist das Tor für die Gedanken der Masse. Durch dieses Tor strömt der Hauch der Menge in die Regierungssäle hinein".[792] Zugleich erzwinge das allgemeine Wahlrecht die Entstehung großer Massenparteien. Es werde zunehmend evident, „*daß das*

---

[788] A.a.O., S. 183.

[789] „Eine zentralisierte Demokratie ist, um es offen zu sagen, eine große Täuschung. Da der demokratische Apparat der Majoritätsbildung nur langsam und schwer dazu kommt, große regierungsfähige Parlamentsparteien herzustellen, und da er, wenn sie einmal geschaffen sind, zähe an diesen mühsam erworbenen Körpern festhält, so hat der einzelne Mann im Volke von einer durchgeführten demokratischen Staatsverwaltung ungeheuer wenig, so lange alles von oben her gemacht wird. Er kann dann mit seinem Stimmzettel helfen, daß das bisherige Ministerium durch das Gegenministerium abgelöst wird. Er entscheidet zwischen zwei Cliquen. Das ist seine ganze Demokratie" (Naumann 1904, S. 61).

[790] Freilich übersieht Naumann, dass für ihn im Kaiserreich der Ausschluss von ca. 50 Prozent der Bevölkerung, d.h. aller Frauen, kein Problem war, während die Sozialdemokratie nach der Revolution von 1918/19 immerhin dafür sorgte, dass auch der weibliche Teil der Bevölkerung in den Genuss der Vollbürgerschaft kam.

[791] Naumann 1904, S. 20.

[792] A.a.O., S. 51f.

Parteileben an sich nicht eine Krankheitserscheinung ist, sondern ein demokrati-scher Naturprozess".[793] Wenn die Bildung der Majorität das Ziel der Demokratie ist, dann fungierten jetzt die Parteien „als notwendige Zwischenkörper" zwi-schen der Wählermasse und der angestrebten regierungsfähigen Mehrheit. Die-ses Ziel könnten die modernen Parteien „ohne dauernden Apparat nicht errei-chen".[794] Mit der Notwendigkeit auf Dauer gestellter Parteiapparate betrete der Berufspolitiker die politische Agenda.[795] Er habe mit einer Realität umzugehen, auf die schon Tocqueville nachdrücklich hinwies: „Alles, was noch nicht breite Massenwahrheit wurde, ist im demokratischen System wirkungslos"[796]: eine Erfahrung, die, so Naumann, insbesondere der politische Linksliberalismus in Deutschland machen musste.

Allerdings war sich Naumann darüber im Klaren, „daß in der gegenwär-tigen Epoche die reine demokratische Formel für Deutschland eine geschichtliche Unmöglichkeit ist. Wir sind erst mitten darin im demokratischen Werden, wir weben mit am Kleid der Zukunftsdemokratie, wir sehen den Demokratismus als Prinzip steigen, *aber freilich in der Gegenwart kann die Aufgabe der Demokratie keine andere sein, als parlamentarische Majoritätsbildung der deutschen Linken.* Von Übernahme der gesamten Souveränität kann nicht die Rede sein".[797] Nau-mann verschwieg nicht die „militärische Monarchie" und die „aristokratische Verfassung der Einzelstaaten"[798], die er „rückständig, steif, zottig"[799] nannte, je mehr sich Deutschland industrialisiere.[800] Die aus seiner Sicht entscheidenden Bollwerke gegen eine weitergehende Demokratisierung im Kaiserreich sah er jedoch im preußischen Junkertum einerseits und im politischen Katholizismus andererseits. Den ostelbischen Großgrundbesitzern warf er vor, sie lebten mental noch „im geschlossenen Agrarstaat"[801] und schotteten sich gegenüber dem In-dustrialismus ab. „Die alte Herrenschicht von etwa 24 000 Köpfen ist in Vertei-digungszustand geraten und benutzt nun alle möglichen Mittel, um sich in einem demokratisch werdenden Zeitalter über Wasser zu halten. In dem Bestreben, sich

Chancen und
Hindernisse der
Demokratisierung

---

[793] A.a.O., S. 53.
[794] A.a.O., S. 51.
[795] A.a.O., S. 53.
[796] Ebd.
[797] A.a.O., S. 43.
[798] A.a.O., S. 44.
[799] A.a.O., S. 58.
[800] „Es lagern in Gemeinde, Provinz, Bundesstaat und Reich älteste, alte und neue Wahlformen, bunt übereinander und nebeneinander. Wir können nicht daran denken, hier eine Darstellung aller in Deutschland geltenden Vertretungssysteme zu geben. Nur einiges sei erwähnt. Die älteste vorhande-ne Form der Landesvertretung sind die für Mecklenburg-Schwerin und Mecklenburg-Strelitz ge-meinsamen 'Stände'. Hier sind überhaupt nur vertreten der größere Grundbesitz und die Obrigkeiten von 48 Städten. An diesem landwirtschaftlich fruchtbaren, politisch ruhenden Teil unseres Vaterlan-des ist die demokratische Strömung vorübergerauscht, ohne in der Landesvertretung Spuren zu hinterlassen. In allen übrigen Bundesstaaten ist ein Kompromiß mit dem System der Majorität zu erkennen. (...) Als Deutschland auf Grund des allgemeinen Reichstagswahlrechts aufgebaut wurde, war es seinen Verfassungen nach im wesentlichen ein Gebiet von Agrarstaaten. (...) Man denke nur an das preußische Herrenhaus, die sächsische erste Kammer, die bayerische Kammer der Reichsräte, die württembergische Gruppe des ritterschaftlichen Adels u.s.w. Was an Rückständigkeiten im Reichstag nicht möglich ist, wird in den Landtagen versucht. Ja, kühne konservative Umsturzpläne denken daran, den Reichstag aus Delegierten dieser Landtage zusammenzusetzen!" (Naumann 1904, S. 58f).
[801] A.a.O., S. 25.

Hilfskräfte heranzuziehen, wird sie bauernfreundlich und handwerkerfreundlich, ja zu Zeiten sogar arbeiterfreundlich. Aus demselben Grunde macht sie Bündnisse mit dem industriellen Kapitalismus und mit dem Zentrum".[802] Der politische Katholizismus aber sei im Kern deswegen undemokratisch, weil er sich an „geistliche monarchische Autoritäten gebunden (fühle), an ein System, in dem die Majoritäten nichts sind".[803]

Naumanns Ziele:

- Bündnis von Sozialdemokratie und Linksliberalismus

Wie sind nun aber in der Sicht Naumanns diese Hindernisse zu überwinden? Dass Sozialdemokratie und Linksliberalismus einfach warten sollten, bis sie mehrheitsfähig geworden sind, um selbst die politische Macht zu übernehmen, ist für Naumann offensichtlich aufgrund der auf kaiserlichem Vertrauen beruhenden Reichsregierung kein Thema. Gelänge aber das angestrebte Bündnis zwischen den Demokraten, d.h. zwischen Sozialdemokraten und Linksliberalen,

- soziales Kaisertum

als Grundlage eines zugleich sozialen und industriellen Kaisertums, so hätte eine solche Konstellation die parlamentarische Entmachtung der gegendemokratischen Kräfte von Zentrum und agrarischem Konservatismus zur notwendigen Folge. Doch die gegenseitige Abhängigkeit von Monarchie und Demokratie hatte Naumann zufolge eine eherne Voraussetzung: das gemeinsame Bekenntnis zum deutschen Machtstaat[804] und zum Imperialismus englischer Prägung. Der

- Machtstaat und Imperialismus

Gedanke deutscher Machtstaatsentfaltung tritt so stark in den Vordergrund seiner Argumentation, dass er die Demokratie zu einem Mittel imperialistischer Expansion reduziert. Immer wieder ist von einer „großen weltgeschichtlichen Entfaltung des Deutschtums"[805] die Rede. Er fordert den „kritischen Ernst" ein, „der den Kampf ums wirtschaftliche Dasein in seiner Kampfnatur begreift".[806] Deutschland habe sich „zur neuesten europäischen Großmacht aufgeworfen. Gut! Weil wir es getan haben, brauchen wir Diplomatie und Heer, und weil wir beide brauchen, brauchen wir den Kaiser!".[807]

Demokratie und Imperialismus

Tatsächlich besteht zwischen Demokratie und wirtschaftlichem Imperialismus bei Naumann ein struktureller Zusammenhang: Sie sind nur zwei Seiten derselben Medaille. „Wir sind seit 1871 als Volk nicht stehen geblieben, sondern mit immer größeren Ansprüchen innerhalb der Menschheit aufgetreten. Orient und Occident füllen sich mit deutscher Arbeit. Die Ursache dieser wirtschaftlichen Machtentwicklung ist dieselbe, die wir von Anfang an als Ursache der wachsenden Demokratie erkennen mußten, *die überaus starke Bevölkerungsvermehrung.* Je mehr Millionen deutsche Männer Waffen tragen können, je mehr Millionen Hände Ware schaffen können, je mehr Millionen Bürger Schiffe zah-

---

[802] A.a.O., S. 91.

[803] A.a.O., S. 126.

[804] *„Der Weg zum ewigen Frieden führt über die Entstehung von größeren Machtzentren.* Deutschland ist so glücklich, zu den wenigen Staaten zu gehören, die überhaupt noch in dem Sinne souverän sind, daß sie nach eigenem Interesse über Krieg und Frieden entscheiden können. Wer nicht sehr stark ist, kommt zu den Mächten dritter und vierter Klasse, denen man erlaubt, daß sie von den Großen bekämpft werden, wenn die Großen ihre Interessensphäre verändern wollen. *Nichts, nichts hilft in der Weltgeschichte Bildung, Kultur, Sitte, wenn sie nicht von der Macht geschützt und getragen werden!* Das lehrt die ganze Geschichte, und je gebildeter die Leute werden, desto mehr werden sie dieses wissen" (Naumann 1904, S. 206f).

[805] Naumann 1904, S.123.

[806] A.a.O., S. 129.

[807] A.a.O., S. 179.

len können, desto höher steigt die Kaisermacht".[808] Immer wieder betonte Naumann, Kaisertum, industrielle Aristokratie (Großindustrielle) und Demokratie seien drei Erscheinungsformen ein und derselben Sache.[809] Die Neuzeit habe eben ein „imperialistisch-proletarisches"[810] Profil. Oder anders formuliert: Wie nach Marx und Engels eine Diktatur des Proletariats den Übergang von der kapitalistischen zur sozialistischen Gesellschaft zu bewerkstelligen hat, so führt Naumann zufolge der Kaiser die Nation als Diktator ins industrielle Zeitalter. *„Indem er aber dieses tut, braucht er die Masse, die Demokratie".*[811]

Solche Formulierungen machen deutlich, dass Naumann und der Linksliberalismus im Kaiserreich die alte Demokratie als der Selbstbestimmung des Volkes längst der Expansion eines deutschen Machtstaats geopfert hatten. Dass Festlegungen dieser Art[812] nicht dazu beitrugen, im Zeichen des „Sozialen Kaisertums" zwischen Linksliberalismus und Sozialdemokratie im Kaiserreich eine dauerhafte Kooperation entstehen zu lassen, spricht für die Verwurzelung des demokratischen Gedankens in der organisierten Arbeiterbewegung. Doch auch innerhalb des Linksliberalismus selbst setzte sich am Ende des Kaiserreichs eine punktuelle Umorientierung durch. Es wurde immer klarer, dass der im Wilhelminismus herrschende obrigkeitsstaatliche Protektionismus nur politische Minderbegabungen mit mehr oder weniger Servilität gegenüber dem Kaiser in die politischen Machtzentren aufsteigen ließ. In diesem Dilettantismus einer schlecht ausgebildeten und nicht selten unfähigen politischen Elite sahen sie den entscheidenden Grund, warum das Deutsche Reich trotz einer hochprofessionalisierten Beamtenschaft in einen Weltkrieg hineinschlitterte, den es nicht gewinnen konnte.

§ 5   Die Antwort des linksliberalen Bürgertums auf das Erbe Bismarcks im Ersten Weltkrieg (Preuß, Weber)

Während des Ersten Weltkrieges entlud sich die Frustration des linksliberalen Lagers über die Ineffizienz der Politik des Wilhelminischen Kaiserreichs[813] vor allem in Schriften von Hugo Preuß und Max Weber. Hugo Preuß (1860-1925) veröffentlichte 1915 „Das deutsche Volk und die Politik".[814] Mitten im Ersten Weltkrieg wies er darauf hin, dass das Erbe Bismarcks die Entstehung einer fähigen politischen Elite in Deutschland verhindert habe. Selbst noch zur Zeit des Paulskirchenparlamentes 1848 und ihrer Vorgeschichte habe es mit Rotteck, Welcker, von Gagern u.a. Ansätze zur Bildung einer handlungsfähigen „politischen Klasse" gegeben. Doch mit der Reichsgründung sei diese Tradition ab-

(Randbemerkungen rechts:) Hugo Preuß

Kritik an der politischen Elite des Kaiserreichs

---

[808] A.a.O., S. 180.
[809] Ebd.
[810] A.a.O., S. 181.
[811] Ebd.
[812] Sieht man von Ausnahmen wie den sozialdemokratischen Spitzenpolitikern David, Scheidemann und Südekum ab. Vgl. hierzu Bermbach 1967, S. 49ff.
[813] Zur Situation des Linksliberalismus am Ende der Bismarckzeit vgl. grundlegend Gilg 1965, S. 88-137.
[814] Vgl. Preuß 1915. Vgl. zu dieser Schrift auch Gillessen 2000, S. 83-85.

gebrochen. „Versunken und vergessen; samt und sonders erdrückt von dem einen Namen: Bismarck! Von ihm hat ja das Wort der 'Kammerzelebrität' jene Prägung erhalten, die es zu einem Hohn- und Spottwort gemacht hat, etwa gleichbedeutend mit politischer Hohlkopf und Schwätzer. Und freilich; da das Gewicht des wirklichen Staatsmannes nach Taten politisch realer Gestaltung zu messen ist, sind sie alle gewogen und zu leicht gefunden; denn der Nachwelt haben sie gleich anderen Dichtern und Denkern nur Druckerschwärze auf Papier hinterlassen können, dank der Parlamentsstenographie".[815] Preuß führte das Fehlen einer effizienten politischen Führungsschicht im Kaiserreich nicht auf persönliches Versagen, sondern auf defizitäre Strukturen des deutschen Konstitutionalismus zurück: In dem Maße, so seine These, wie die Abgeordneten des Reichstages mangels realer Machtbefugnisse nur negativ Politik durch verbalisierte Kritik betreiben könnten[816], fehle das Umfeld, aus dem sich ein geschultes und im Kampf um die Macht bewährtes politisches Personal rekrutieren könne.[817]

Kritik am Parteienwesen

Der mangelnden Effizienz der Elitenrekrutierung[818] entspreche die anachronistische Struktur des Parteienwesens. „Die hochgesteigerte Bedeutung des Wirtschaftslebens, die gewaltige industrielle Entwicklung bekundete sich auf politischem Gebiet vornehmlich dadurch, daß das alte deutsche Erbübel der Parteienzersplitterung durch wirtschaftliche und soziale, die politischen durchkreuzende Interessengegensätze bis zu vollendeter politischer Handlungsunfähigkeit gesteigert wurde".[819] Eben diese mangelnde Konsensfähigkeit der konfligierenden Parteien habe zwei verhängnisvolle Wirkungen hervorgebracht: Einerseits nutzte Bismarck sie zur Befestigung seiner autoritären Macht. Zwar schloss der beziehungslose Antagonismus Parlament-Regierung keineswegs „allerlei Hintertreppeneinflüsse der parlamentarischen Fraktionen neben höfischen und gesellschaftlichen"[820] aus. Aber eine politische Kultur staatsmännischer Verantwortung von

strukturelle Verantwortungslosigkeit der Parteipolitiker

---

[815] Preuß 1915, S. 55.

[816] „Und politischer Schein war dies Parlamentsspielen nicht bloß wegen seines rein prekären Daseins, das alle wirkliche Macht ungeschmälert in den Händen der Obrigkeitsregierungen ließ, sondern auch wegen des völligen Mangels eines großen politischen Inhalts. Wohl fehlte es gelegentlich nicht an geistig bedeutenden Reden über politische Prinzipienfragen; aber sie waren eben bestenfalls gesprochene Literatur und konnten nach Lage der Dinge nichts anderes sein. Denn zum wahren Wesen praktischer parlamentarischer Politik fehlte einmal diesen Kammern mit der Macht auch die Verantwortlichkeit der Macht; es fehlte aber auch ihren Staaten selbst der Beruf und die Verantwortlichkeit der großen Politik. Praktisch konnte sich dieser Parlamentarismus allenfalls negativ betätigen durch Abstriche an Einzelheiten des Budgets (...)" (Preuß 1915, S. 125f).

[817] Vgl.Preuß 1915, S. 125f, 178, 184f.

[818] „Die Anfangszeiten der konstitutionellen Formen haben fast überall in Deutschland eine überraschend große Zahl politisch beachtenswerter parlamentarischer Talente ans Licht gebracht. Die Kämmerlein der kleinsten Zwergstaaten boten freilich keinen Raum und ihr Domänengezänk keinen Gegenstand Mirabeauscher Beredsamkeit. (...) Der auf englischem und auf französischem Boden erwachsene Parlamentarismus und Konstitutionalismus stellt wohl die Formen her, innerhalb deren ein politisches Talent zur politischen Macht des Handelns gelangen kann - *wenn* jene Voraussetzungen gegeben sind; sind sie es jedoch nicht, so bleiben die Formen jedenfalls nach dieser Richtung hin leer und unfruchtbar. Und gerade weil unser Konstitutionalismus nach der Erfahrung so vieler Jahrzehnte nur die Möglichkeit politischen Redens, nicht aber schöpferischen politischen Handelns gibt, mußte er je länger desto mehr auf wirklich politische Naturen eher abstoßend als anziehend wirken; daher das sinkende Niveau" (Preuß 1915, S. 54ff).

[819] Preuß 1915, S. 8f.

[820] A.a.O., S. 9.

Seiten der Parteipolitiker zerstörte sie im Ansatz. Andererseits koppelten sich die Parteiprogramme, von staatspolitischer Verantwortung entlastet, weitgehend von der praktischen Politik ab. „Je gleichgültiger diese für den wirklichen Gang der praktischen Politik waren und blieben, desto doktrinärer wurde der Parteikampf um die Lehrsätze der Programme, der an blutleerer Unfruchtbarkeit den alten theologischen und philosophischen Klopffechtereien nicht mehr nachstand".[821]

Ganz anders, so Preuß, die Situation in den großen Demokratien des Westens: in England, Frankreich und den Vereinigten Staaten. „In schweren Kämpfen einer Jahrhunderte langen Entwicklung haben sich in England, auf der Grundlage ihrer Unabhängigkeit und selbständigen Entfaltung haben sich in der Neuen Welt, und in wiederholten großen und kleinen Revolutionen haben sich in Frankreich die Institutionen des Staatslebens gebildet, kraft deren politische Volksführer emporsteigen und auch im normalen Laufe der Dinge das Werkzeug des schaffenden Staatmannes, die organisierte politische Macht erlangen können".[822] Demgegenüber kranke der deutsche Obrigkeitsstaat Bismarckscher Prägung daran, dass er permanent ganze Klassen wie die der Arbeiterschaft in Gestalt der Sozialdemokratie als „Reichsfeinde" ausgrenzen müsse, anstatt sie in einen pluralistisch aufgefächerten „Volksstaat" zum Wohle aller zu integrieren. Am Beispiel des Sozialistengesetzes versuchte Preuß zu zeigen, wie fatal die Ausgrenzungsstrategie des Obrigkeitsstaates auf bestehende Demokratisierungstendenzen wirkte. Die polizeiliche Unterdrückung ihrer Organisationen in der Zeit des Sozialistengesetzes habe die SPD in die Rolle einer „ausgeschlossenen Sekte" gedrängt. Dieser Zustand versetzte ihre „politische Führung (...) nach unpolitischer deutscher Art ganz behaglich" in die Lage, „als unbeugsame Bewahrerin der reinen Lehre sich von allen Kompromissen mit anderen Richtungen freizuhalten und jede Verantwortung für die politische Wirklichkeit abzuwehren".[823] Dadurch aber, dass gerade sie durch das Sozialistengesetz in den Reichstagswahlen zur stärksten Partei aufstieg, ging „ein immer wichtigeres Machtelement der realen verfassungspolitischen Entwicklung verloren, indem es zugleich andere Elemente dieser Entwicklung fast vollständig paralysierte".[824]

Die Alternative, die Preuß den anachronistischen Strukturen des aus der Bismarck-Verfassung resultierenden politischen Systems gegenüberstellte, war der sogenannte Volksstaat. Sein charakteristisches Merkmal bestehe darin, dass er die beziehungslose Konfrontation von Staat und Volk auflöse. Die im Volk sich organisierenden kollektiven Interessen in Form von Parteien und Verbänden stünden gleichberechtigt nebeneinander. Nicht mehr in „staatsfeindliche" und „staatstragende" politische Organisationen gewichtet, setzten sie ihre Interessen nach Maßgabe der Organisationsfähigkeit und dem Sanktionspotential ihrer Klientel durch: Am Ende käme eine solche Form unreglementierter Interessenvertretung, welche auf Wohlverhalten gegenüber von der „monarchischen Regierung" ausgesetzte Prämien verzichtet, dem ganzen Volk zugute. Dieses Resultat stehe und falle freilich mit der Prämisse, „daß sich alle Gruppen und Klassen,

Kritik an der Ausgrenzungspolitik im Bismarckreich ...

... und deren Folgen

Volksstaat

---

[821] Ebd.
[822] A.a.O., S. 56.
[823] A.a.O., S. 69.
[824] Ebd.

alle Richtungen und Strömungen des Volkes als gleichberechtigte und gleichverpflichtete organische Teile des Staates empfinden, wie sie organische Teile des Volkes sind; daß sie ihr Verhältnis zum Staate nicht als einen Reflex ihres Verhältnisses zur Obrigkeit empfinden".[825] Umgekehrt müsse gesichert sein, dass „man das Volk nicht je nach seinem Verhältnis zur Obrigkeit in den 'Staat' einbegreift oder von ihm ausschließt".[826]

Demokratie und Weltmachtpolitik

Zwar modifizierte Hugo Preuß den Ansatz einer Demokratisierung des politischen Systems des Kaiserreichs, wie Friedrich Naumann ihn 15 Jahre früher um die Jahrhundertwende konzipiert hatte, nicht unerheblich. So fällt seine eindeutige Distanzierung vom Obrigkeitsstaat wilhelminischer Prägung ebenso auf wie seine Kritik Bismarcks, den er für schwerwiegende politische Fehlentwicklungen verantwortlich macht. Auch scheint er Naumanns Optimismus nicht zu teilen, daß im Rahmen der gegebenen Verfassung des Kaiserreichs ein Neuanfang nach westlichem Vorbild möglich erscheint. Doch stimmt er in einem entscheidenden Punkt mit Naumann überein: Die Demokratisierung ist kein Selbstzweck, sondern steht im Dienst des Aufstiegs Deutschlands zur politischen Weltmacht, nachdem es eine entsprechende ökonomische und wissenschaftlich-kulturelle Potenz bereits besitzt.[827] „Daß zur Weltmachtpolitik Deutschland keineswegs die Macht, wohl aber die Politik bisher gefehlt hat, das zeigt sich beides mit gleicher Klarheit in der gegenwärtigen Weltkrisis. Das Entscheidende aber sind nicht etwa diese oder jene Fehler der auswärtigen Politik, auch nicht einzelne diplomatische Blößen an sich; daran hat es auch im anderen Lager durchaus nicht gefehlt. Das, worauf es wesentlich ankommt, steht vielmehr in unlöslichem Zusammenhange mit der ganzen politischen Struktur von Staat und Volk".[828] Immer wieder betont er, Deutschland habe zur Weltmachtpolitik „keineswegs die Macht, wohl aber die Politik bisher gefehlt".[829] Wieder wird der englische Imperialismus als Vorbild beschworen. Das englische Weltreich habe es verstanden, kraft seines demokratisierten Parlamentarismus seine wirtschaftlichen und militärischen Siege in Weltpolitik umzumünzen.

Max Weber

In ähnlichem Sinne wie Hugo Preuß rechnete auch Max Weber (1864-1920) im Sommer 1917 in der liberalen „Frankfurter Zeitung" in einer Reihe von Artikeln mit den Strukturdefiziten des Bismarckschen Erbes[830] ab.[831] Seine Aufsätze

---

[825] A.a.O., S. 178.

[826] Ebd.

[827] „Wenn nicht alle Zeichen trügen, läßt uns die Zukunft nicht die Wahl frei, ob wir uns auch ferner auf weltwirtschaftliche Entfaltung beschränken und auf weltpolitische verzichten wollen; vielmehr werden wir unsere weltwirtschaftliche Zukunft nur mit Hilfe weltpolitischer Geltung behaupten können. Andernfalls würden wir uns in jeder Hinsicht mit dem Platze des Größten unter den Kleineren bescheiden müssen. Das wäre nicht nur für den nationalen Ehrgeiz schmerzlich, sondern würde auch materiell höchst schmerzhafte Erscheinungen wirtschaftlicher Rückbildung zur Folge haben" (Preuß 1915, S. 174).

[828] Preuß 1915, S. 168.

[829] Ebd.

[830] „Was war (...) Bismarcks *politisches Erbe*? Er hinterließ eine Nation *ohne alle und jede politische Erziehung,* tief unter dem Niveau, welches sie in dieser Hinsicht zwanzig Jahre vorher bereits erreicht hatte. Und vor allem eine Nation *ohne allen und jeden politischen Willen,* gewohnt, daß der große Staatsmann an ihrer Spitze für sie die Politik schon besorgen werde. Und ferner, als Folge der mißbräuchlichen Benutzung des monarchischen Gefühls als Deckschild eigener Machtinteressen im politischen Parteikampf, eine Nation, daran gewöhnt, unter der Firma der 'monarchischen Regierung' fatalistisch *über sich ergehen zu lassen,* was man über sie beschloß, ohne Kritik an der politischen

sind später unter dem Titel „Parlament und Regierung im neugeordneten Deutschland"[832] zusammengefasst worden. Über Preuß geht Weber erst dadurch hinaus, dass er den Befund des Fehlens einer kompetenten politischen Führungsschicht im Deutschen Reich in eine Theorie der Unterscheidung zwischen Bürokratie und politischer Führung einbettete. Weber korrelierte nämlich das Entstehen der Bürokratie mit dem des Kapitalismus. Wie der Einzelkapitalist immer zweckrationaler sein Kapital einsetze, so exekutiere im Gemeinwesen die Regierung ihre Politik immer zweckrationaler mit Hilfe der Bürokratie. Kapitalismus und Bürokratie seien auf unabsehbare Zeit das Schicksal der westlichen Welt. Sie bildeten das „stählerne Gehäuse der modernen gewerblichen Arbeit".[833] So sah Weber hellsichtig voraus, dass auch der Sozialismus diesem fatalen Sachzwang unterworfen sei, sobald er zur Macht gelange. Die bürokratische Organisation ist, so lautet sein berühmtes Credo in der genannten Schrift, „im Verein mit der toten Maschine (...) an der Arbeit, das Gehäuse der Hörigkeit der Zukunft herzustellen, in welche vielleicht dereinst die Menschen sich, wie die Fellachen im altägyptischen Staat, ohnmächtig zu fügen gezwungen sein werden, *wenn ihnen eine rein technisch gute und das heißt: eine rationale Beamtenverwaltung und -versorgung der letzte und einzige Wert ist, der über die Art der Leitung ihrer Angelegenheit entscheiden soll".*[834]

> **Politik und Bürokratie**

Doch Weber wäre kein Liberaler, wenn er nicht - wie Alexis de Tocqueville[835] und John Stuart Mill[836] vor ihm - nach Gegenmitteln gegen die Herrschaft der Bürokratie Ausschau hielte. Das Problem, um dessen Lösung es geht, formuliert er wie folgt: „Wie ist es angesichts dieser Übermacht der Tendenz zur Bürokratisierung *überhaupt noch möglich, irgendwelche* Reste in irgendeinem Sinn 'individualistischen' Bewegungsfreiheit zu retten?".[837] Dabei geht es Weber um den Schutz eines lebendigen, freiheitlichen Elements in der bürokratisierten Politik. In diesem Sinne bekennt er sich ausdrücklich zu den liberalen Grundrechten des 18. Jahrhunderts: „Denn schließlich ist es eine gröbliche Selbsttäuschung, zu glauben, ohne diese Errungenschaften aus der Zeit der 'Menschenrechte' vermöchten wir heute (auch der konservativste unter uns) überhaupt zu leben".[838] Das Korrektiv der Bürokratisierung des Lebens sieht Weber in der

> **Politische Führerschaft**

Qualifikation derjenigen, welche sich nunmehr auf Bismarcks leergelassenen Sessel niederließen und mit erstaunlicher Unbefangenheit die Zügel der Regierung in die Hand nahmen. An diesem Punkt lag der bei weitem schwerste Schaden. Eine politische Tradition dagegen hinterließ der große Staatsmann *überhaupt nicht"* (Weber 1988a, S. 319).

[831] Zu Webers Demokratiekonzeption vgl. neuerdings auch Waschkuhn 1998, S. 237-247 und Schmidt 2000, S. 178-197.

[832] Vgl. Weber 1988, S. 306-443.

[833] Weber 1988a, S. 332: „Eine leblose Maschine ist *geronnener Geist. Nur* daß sie dies ist, gibt ihr die Macht, die Menschen in ihren Dienst zu zwingen und den Alltag ihres Arbeitslebens so beherrschend zu bestimmen, wie es tatsächlich in der Fabrik der Fall ist. *Geronnener Geist* ist auch jene *lebende Maschine,* welche die bürokratische Organisation mit ihrer Spezialisierung der geschulten Facharbeit, ihrer Abgrenzung der Kompetenzen, ihren Reglements und hierarchisch abgestuften Gehorsamsverhältnissen darstellt".

[834] Ebd.

[835] Vgl. Kapitel V, § 4.

[836] Vgl. a.a.O., § 7.

[837] Weber 1988a, S. 333.

[838] Ebd.

Parlamentarischen Demokratie des allgemeinen Wahlrechts und dem Phänomen der politischen Führerschaft, die sich im politischen Kampf bewährt hat.

allgemeines
Wahlrecht

In seinem 1917 erschienenen Aufsatz „Wahlrecht und Demokratie in Deutschland"[839] setzte er sich in diesem Sinn für die Abschaffung des Dreiklassenwahlrechts in Preußen ein, noch bevor die Soldaten heimkehrten. Alle Argumente, die gegen das gleiche Stimmrecht vorgebracht wurden und für das Pluralwahlrecht oder ein berufsständisches Wahlrecht eintraten, weil sonst die „Herrschaft der Straße" bevorstünde, tat er als vordergründige Demagogie ab. Nur das allgemeine Wahlrecht entspreche der Notwendigkeit einer ungeheuren Intensivierung und Rationalisierung der wirtschaftlichen Arbeit nach dem Krieg, deren Träger trotz aller Konflikte zwischen ihnen Arbeiterschaft und Unternehmer seien. Es sei unumgänglich, auch dem Industrieproletariat über das allgemeine Wahlrecht ein „Mindestmaß politischen Einflusses"[840] zu gewähren. Wer aber in einer Monarchie die Demokratie gegen den Parlamentarismus ausspiele, optiere in Wirklichkeit für die auf einer unkontrollierten Beamtenherrschaft gestützte Monarchie. Denn weder die direkte, auf kleine Territorien begrenzte Demokratie wie die Kantone in der Schweiz[841] noch der moderne Monarch seien imstande, die längst existierenden bürokratisch-technischen Superstrukturen zu kontrollieren. Auch nicht Referenden[842], sondern nur der demokratisierte Parlamentarismus[843] könnte einen Rest individueller Freiheit gegen die Bürokratisierungstendenzen der Moderne durch Kontrolle der Beamtenschaft sichern, weil „1. ein Parlamentarier im *Kampf* der Parteien zu lernen vermag, die *Tragweite des Wortes* zu wägen (...); und daß 2. das Parlament, wenn man ihm das Recht auf *Enquete* gibt, in der Lage ist, sich das Sachverständnis (durch eidliches

Plädoyer für
parlamentarische
Demokratie

---

[839] Vgl. Weber 1988b.

[840] A.a.O., S. 251: „Denn in jenem einen wichtigen Punkt: dem Interesse an der Wirtschafts*rationalisierung*, ist, trotz aller sozialen Gegensätze, das Interesse der Arbeiterschaft mit dem der organisatorisch *höchst*stehenden Unternehmer und sind beide mit dem politischen Interesse an der Erhaltung der Weltstellung der Nation, nicht immer in den Einzelheiten, wohl aber *im Prinzip*, identisch und schnurstracks entgegengesetzt dem Interesse aller Pfründerschichten und aller ihnen kongenialen Vertreter ökonomischer Stagnation".

[841] „Das System der sogenannten unmittelbaren Demokratie ist technisch nur in einem Kleinstaat (Kanton) möglich. In jedem Massenstaat führt Demokratie zur bürokratischen Verwaltung, und, ohne Parlamentarisierung, zur reinen Beamten*herrschaft*" (Weber 1988b, S. 289).

[842] „In keinem Lande der Welt ist das Referendum für die wichtigste Leistung der laufenden Parlamentsarbeit, das *Budget*, eingeführt. Es leuchtet auch ein, daß das gar nicht möglich wäre. Das Schicksal fast aller *Steuervorlagen* bei Entscheidung durch Volksabstimmung ist leicht vorauszusehen. Für alle einigermaßen verwickelten *Gesetze* und Ordnungen der inhaltlichen Kultur aber bedeutete das Referendum im Massenstaat eine starke mechanische Hemmung jedes Fortschrittes. Zum mindesten in einem geographisch großen Staat (anders: in einem Kanton). Aus dem einfachen rein technischen Grunde: *weil es den Parteikompromiß ausschließt*. Mit dem Referendum kann man politisch und technisch nur Fragen lösen, auf die glatt mit 'Ja' und 'Nein' zu antworten ist. Wenn nicht, so würden die *verschiedenen* und entgegengesetzten Gründe, die gegen einen konkreten Vorschlag geltend gemacht werden können - und deren sind in einem Massenstaat mit weitgehender sozialer und geographischer Differenzierung stets ungleich mehr als in einem amerikanischen Einzelstaat oder Schweizer Kanton - es hindern, daß *überhaupt* etwas zustande kommt" (Weber 1988b, S. 290).

[843] „*Das* ist die spezifische Leistung des Parlaments: daß es ermöglicht, durch Verhandlung und Vergleich das 'relativ' Beste zustande zu bringen, und diese Leistung wird mit dem gleichen Opfer erkauft, welches der Wähler bei der Parlamentswahl in der Form zu bringen hat, daß er nur für die ihm *relativ* genehmste Partei optieren kann" (Weber 1988b, S. 290f).

Kreuzverhör von Fachmännern und Zeugen) zu verschaffen und das Tun der Beamten zu kontrollieren".[844]

Hand in Hand mit der Demokratisierung des Parlaments müsse aber auch die Entstehung einer fähigen politischen Elite gehen, die in der Lage ist, bürokratischen Verkrustungen entgegenzuwirken, weil die Bürokratie selbst nicht kreativ zu sein vermag, sondern lediglich Weisungen und Vorgaben exekutieren kann. Ausgehend von diesen Prämissen entwickelte Weber eine Parlamentarismustheorie, die unter demokratietheoretischen Gesichtspunkten außerordentlich bedeutsam ist. So unterscheidet er am englischen Beispiel zwischen Rede- und Arbeitsparlament. Das Redeparlament ist Weber zufolge lediglich eine Vorstufe zum eigentlichen parlamentarischen System: In ihm wird - wie im Reichstag der Bismarck-Verfassung von 1871 - vorwiegend debattiert und negativ Politik betrieben. Demgegenüber ist das „House of Commons" ein Arbeitsparlament, weil hier in den Ausschüssen an Gesetzen, am Budget und an der Kontrolle der Verwaltung gearbeitet wird. Diese Ausschussarbeit stellt zugleich eine harte Schule für die englischen Politiker dar, da sie durch den parlamentarischen Arbeitsprozess hindurch müssen, um zur politischen Elite gehören zu können. „Jeder parlamentarische Kampf ist selbstverständlich ein Kampf nicht nur um sachliche Gegensätze, sondern ebenso: um persönliche Macht. Wo die Machtstellung des Parlaments es mit sich bringt, daß der Monarch in aller Regel den Vertrauensmann der entschiedenen Mehrheit mit der Leitung der Politik beauftragt, richtet sich dieser Machtkampf der Parteien auf die Erlangung dieser höchsten *politischen* Stellung. Es sind dann die Leute mit großem politischem Machtinstinkt und mit den ausgeprägtesten politischen Führungsqualitäten, welche ihn durchfechten und welche also die Chance haben, in die leitenden Stellungen zu kommen. Denn die Existenz der Partei im Lande und alle die zahllosen ideellen und zum Teil sehr materiellen Interessen, welche damit verknüpft sind, erheischen dann gebieterisch, daß eine mit *Führer*eigenschaften ausgestattete Persönlichkeit an die Spitze kommt. Es besteht dann, und nur dann, der Anreiz für die politischen Temperamente und politischen Begabungen, sich der Auslese dieses Konkurrenzkampfes zu unterziehen".[845]

Eben diese Bedingungen für eine effiziente Elitenrekrutierung sind Weber zufolge im britischen Parlament gegeben. Sie stellen die Grundlage für den erfolgreichen britischen Imperialismus dar, während im Deutschen Reich dilettantische Höflinge im Verein mit einer Bürokratie herrschen, die zwar korrekt funktioniert, selbst aber keine Politik gestalten kann. Daher konnte Deutschland, so Weber, auch nicht die machtpolitische Kompetenz in der imperialistischen Verteilung der Welt erwerben: Im Gegensatz zum britischen Parlamentarismus fehle ihm die geeignete Elite, die dem Wesen der Politik als Kampf, Werbung um Bundesgenossen und freiwilliger Gefolgschaft gewachsen wäre. „Denn nicht die vielköpfige Versammlung des Parlaments als solche kann 'regieren' und die Politik 'machen'. Davon ist nirgends in der Welt die Rede, auch nicht in England. Die ganze breite Masse der Deputierten fungiert *nur* als Gefolgschaft für den oder die wenigen 'leader', welche das Kabinett bilden und gehorcht ihnen blind,

Webers
Parlamentarismustheorie

Kampf um
Führungspositionen

effiziente
Elitenrekrutierung

---

[844] Weber 1988b, S. 289.
[845] Weber 1988a, S. 340f.

solange sie Erfolg haben. *Das soll so sein.* Stets beherrscht das 'Prinzip der kleinen Zahl', d.h. die überlegene politische Manövrierfähigkeit kleiner führender Gruppen das politische Handeln. Dieser cäsaristische Einschlag ist unausrottbar".[846]

Vorteile des britischen Parlamentarismus

Weber ließ keinen Zweifel daran, dass die Überlegenheit des britischen Parlamentarismus in der Kombination zweier Elemente bestehe. Einerseits könnte er als Vorbild für die Deutschen dienen und sie zu einem „Herrenvolk" reifen lassen. Denn *„nur Herrenvölker haben den Beruf, in die Speichen der Weltentwicklung einzugreifen".*[847] Ein Volk, das sich allein von seiner Bürokratie regieren ließe, könnte ein solches Herrenvolk nicht sein. Ein Herrenvolk ist jenes, „welches die Kontrolle der Verwaltung seiner Angelegenheiten in eigener Hand hält und durch seine gewählten Vertreter die Auslese seiner Führer entscheidend mitbestimmt".[848] Andererseits bedarf die cäsaristische Dynamik nach innen und außen aber eines Gegengewichts, damit der naturwüchsige Hang der Demokratie zum plebiszitären Cäsarismus in kontrollierte Bahnen gelenkt wird. Hier wird der von plebiszitärer Zustimmung getragene Parteiführer gebremst durch freiheitliche Grundrechte und parlamentarische Institutionen, die gegenüber dem Vertrauensmann der Massen „1. die *Stetigkeit*; 2. die *Kontrolliertheit* seiner Machtstellung; 3. die Erhaltung der bürgerlichen *Rechtsgarantien* gegen ihn; 4. eine geordnete Form der politischen *Bewährung* der um das Vertrauen der Massen werbenden Politiker innerhalb der Parlamentsarbeit und 5. eine friedliche Form der *Ausschaltung* eines cäsaristischen Diktators" garantieren, „wenn er das Massenvertrauen *verloren* hat".[849]

Demokratie als Machttechnik

Es muss nicht betont werden, dass Max Webers machtstaatliche Demokratiekonzeption mit der Demokratie im alten Sinn als Selbstbestimmung des Volkes nur noch sehr wenig zu tun hat. Die Präferierung des Prinzips der direkten Volkssouveränität gegenüber dem Parlamentarismus ist für ihn nichts weiter als eine Option dafür, „daß aus Ressentiment oder Blindheit die Geschäfte der reinen Bürokratenherrschaft und insbesondere ihres Interesses an Kontrollfreiheit besorgt werden".[850] Direkte Demokratie und Bürokratenherrschaft sind nach Weber ungeeignet, die Masse der Menschen „als *Mitherren* des Staates in diesen einzugliedern. Ein Herrenvolk aber - und nur ein solches kann und darf überhaupt 'Weltpolitik' treiben - hat in dieser Hinsicht *keine* Wahl".[851] Inwiefern diese Variante einer bürgerlichen Demokratie, nämlich Demokratie als besonders effektive Machttechnik, in den ersten Republiken in Deutschland und Österreich nach dem Ersten Weltkrieg Schule machte, wird im folgenden zu untersuchen sein.

---

[846] A.a.O., S. 448.
[847] A.a.O., S. 442.
[848] A.a.O., S. 441.
[849] A.a.O., S. 395.
[850] Weber 1988a, S. 291.
[851] Ebd.

Kapitel VIII
Demokratietheoretische Paradigmen in den ersten Republiken in Deutschland und Österreich

§ 1 Einleitung

Die Agitation Ferdinand Lassalles Anfang der 60er Jahre des 19. Jahrhunderts[852] war für die Entwicklung der Demokratietheorie in Deutschland von entscheidender Bedeutung, weil ihre Stoßrichtung nicht nur auf die Autonomie des „Allgemeinen Deutschen Arbeitervereins" zielte. Noch wichtiger ist, dass Lassalle den Begriff der repräsentativen Demokratie für die organisierte Arbeiterbewegung im Zusammenhang mit der Forderung nach dem allgemeinen, gleichen und geheimen Wahlrecht positiv aufwertete.[853] Für unser Erkenntnisinteresse ist von zentraler Bedeutung, dass unmittelbar nach dem Ersten Weltkrieg eine soziale Bewegung entstand, die innerhalb des Kontextes der modernen Industriearbeiterschaft eine scheinbar realpolitische Alternative zum Lassalleschen Begriff der Demokratie hervorbrachte: die Rätebewegung. Doch bevor auf die demokratietheoretische Differenz zwischen dem Ansatz Lassalles und den führenden Theoretikern des „reinen" Rätesystems eingegangen wird, ist es notwendig, die Rolle der Rätebewegung in der deutschen Revolution von 1918/19 zu charakterisieren.

Repräsentative und Rätedemokratie

Für die politischen Verhältnisse im Deutschen Reich nach dem Zusammenbruch der Hohenzollern-Dynastie am 9. November 1918 war es charakteristisch, dass die traditionellen Eliten des Kaiserreichs, nämlich Heer, staatliche Bürokratie sowie Großindustrie und Großgrundbesitz zunächst wie paralysiert auf den Umbruch reagierten: Ohne auf Gegengewalt zu stoßen, fiel die gesamte politische Macht in die Hände der Bewegung der sogenannten Arbeiter- und Soldatenräte, die, von einer Meuterei Kieler Matrosen ausgehend, sich wie ein Lauffeuer über das gesamte Deutsche Reich verbreiteten. An den Strukturen der traditionellen organisierten Arbeiterbewegung von SPD und Gewerkschaften vorbei, bildeten sie eigene Organisationen aus, um ihrer Ablehnung der Kooperation der Mehrheitssozialdemokratie mit den alten Eliten im Ersten Weltkrieg und der seit 1917 existierenden Spaltung der Sozialdemokratie in MSPD und USPD Ausdruck zu verleihen. Doch aufgrund ihrer Konzeptionslosigkeit und gravierenden Führungsschwächen gelang es der frühen Rätebewegung nicht, dem Rat der Volksbeauftragten ihre vorwiegend radikaldemokratischen Forderungen aufzuzwingen: „In der Regel blieben die Räte politischer Juniorpartner der (sozialdemokratischen, R.S.) Revolutionsregierungen. Sie schufen keine revolutionäre

Poltik nach dem Ersten Weltkrieg

Rätebewegung

---

[852] Zu Lassalle und dem Lassalleanismus vgl. grundlegend Euchner 2000, S. 141-145.
[853] Vgl. Kapitel VII, § 2.

Administration und 'rote' Armee, sondern eine politisch konforme Exekutive, ohne das allgemein verbindliche Ziel, parlamentarische Verhältnisse als 'wichtigste Errungenschaft' (Kolb) aus den Augen zu verlieren".[854] Die Forschung ist sich einig, dass die Räte erst Ende Dezember 1918 begannen, sich im antiparlamentarischen Sinne zu radikalisieren.

Antiparlamentarische Radikalisierung der Rätebewegung

Was war geschehen? Nach dem Ausscheiden der USPD aus dem revolutionär legitimierten Rat der Volksbeauftragten hatte die MSPD ihr Bündnis mit den alten Eliten des Heeres (Ebert-Gröner-Pakt), der staatlichen Bürokratie und der Großindustrie (Stinnes-Legien-Pakt), das bereits im Ersten Weltkrieg in Gestalt des „Burgfriedens"[855] existierte, ebenso erneuert wie die Zusammenarbeit mit dem Zentrum und den Linksliberalen (Weimarer Koalition). Es schien, als ob sich die Geschichte der 48er Revolution, wenn auch in einem anderen Kontext, wiederholte: Wie damals die Mehrheitsliberalen glaubten, nur im Konsens mit den monarchischen Kräften die notwendigen Reformen durchsetzen zu können[856], waren die Führer der Mehrheitssozialdemokratie davon überzeugt, dass eine Neuordnung der sozialen und politischen Verhältnisse in Deutschland nach dem verlorenen Weltkrieg ohne die Mithilfe der alten Eliten nicht möglich sei, obgleich diese ihrer Herkunft und ihrer Ideologie nach fest im monarchischen Prinzip des Kaiserreichs verwurzelt waren. Auf der anderen Seite ist nicht zu übersehen, dass die MSPD mit der Verabschiedung der „Verfassung des Deutschen Reiches" (Weimarer Verfassung) vom 11. August 1919 wesentliche Ziele verwirklichte, für die sie im Kaiserreich eingetreten war. An erster Stelle ist die Durchsetzung der uneingeschränkten Volkssouveränität in Gestalt der Republik (Art. 1)[857] und die Demokratisierung des politischen Systems zu nennen, die das allgemeine, freie und geheime Wahlrecht für Männer und Frauen vom 20. Lebensjahr an festschrieb (Art. 22).[858] Ihm entsprach die Abschaffung der reaktionären Verfassungen der Einzelstaaten unter Einbeziehung des preußischen Herrenhauses mit seinem Dreiklassenwahlrecht. Vor allem aber wurde auf allen Ebenen des politischen Systems die Regierung parlamentarisiert (Art. 54)[859] und damit das semi-absolutistische Herrschaftssystem des Kaiserreichs abgeschafft (Art. 178)[860]: Das von Max Weber kritisierte Redeparlament avancierte zum Arbeitsparlament nach britischem Vorbild. Dieser Demokratisierungsprozess wurde flankiert durch die Tarifautonomie der Gewerkschaften und eine umfassende Sozialgesetzgebung, die den Acht-Stundentag ebenso durchsetzte wie den Arbeitschutz und die Sozialversicherung - um nur einige Beispiele zu nennen.[861]

Allerdings blieb die Demokratisierungswelle, welche die Revolution von 1918/19 auslöste, auf halbem Wege stehen. Die Repräsentanten der alten Elite in der Reichswehr, der Staatsbürokratie, der Großindustrie und dem ostelbischen Großgrundbesitz konnten im Lauf der Zeit große Anteile ihres früheren Einflusses zurückgewinnen. Diese Konstellation verhalf dem Klassenkampfgedanken

---

[854] Kluge 1985, S. 65.
[855] Vgl. grundlegend Miller 1974.
[856] Vgl. Kapitel VI, § 5.
[857] Verfassung des deutschen Reiches (WRV), in: Kakies 1965, S. 77.
[858] A.a.O., S. 81.
[859] A.a.O., S. 87.
[860] A.a.O., S. 108.
[861] Vgl. Preller 1978.

innerhalb der Rätebewegung zu neuer Attraktivität. Mit der Reichsexekution gegen Thüringen und Sachsen, dem Scheitern der Sozialisierungsbewegung im Ruhrgebiet und in Mitteldeutschland sowie der militärischen Niederschlagung des Spartakusaufstandes in Berlin und der Räterepubliken in München und Bremen veränderte die Rätebewegung sowohl ihre Zielsetzung als auch ihr soziales Profil: Erst im Verlauf dieses Prozesses ist es in der ersten Jahreshälfte 1919 zur Entwicklung demokratietheoretisch relevanter Rätekonzeptionen gekommen.

§ 2   Zur Konzeption des „reinen" Rätemodells (Däumig, Müller)

Wie für Marx in der Kommuneschrift[862], so war für die Vertreter der reinen Rätedemokratie wie Ernst Däumig (geb.1866)[863] und Richard Müller (geb.1890)[864] die Selbstbestimmung des Volkes innerhalb der parlamentarischen Repräsentation nicht möglich.[865] Sie lehnten die parlamentarische Demokratie des allgemeinen Wahlrechts ab, weil sie nicht geeignet sei, die kapitalistische Produktionsweise und die von der Masse der Bevölkerung verselbständigte Staatsbürokratie abzuschaffen.

Rätekonzept

Aber auch im organisatorischen Aufbau des „reinen Rätesystems" sind die Spuren der Marxschen Interpretation der Pariser Kommune nicht zu übersehen.[866] Wichtig ist, dass es seine Basis in der Produktionssphäre, d.h. in den Betrieben, hat. Es soll sowohl die politische als auch die wirtschaftliche Sphäre der Gesellschaft mit dem Ziel durchdringen, die für den Kapitalismus charakteristische Trennung von Ökonomie und Politik aufzuheben. In scharfem Kontrast zum Prinzip der Gewaltenteilung vereinigt das politische System der Räte Gesetzgebung und Verwaltung: Entsprechend üben auf der Grundlage des imperativen Mandats die in den Betrieben gewählten Arbeiterräte auf der unteren Ebene der Gemeinden sowohl die Funktionen der Stadtverordnetenversammlung als

Aufbau des Rätesystems

---

[862] Vgl. Kapitel VII, § 3. „Nicht zufällig zählt Marxens Arbeit über den 'Bürgerkrieg in Frankreich', auf der alle weitere Rätetheorie in ihren unterschiedlichen Varianten fußt, zu seinen späten Schriften; daß der Aufstand in Paris im Frühjahr 1871 eine Kommune-Organisation herausdestillierte, hat jenseits seiner unmittelbar geschichtlichen Bedingungen (....) seinen Grund auch im Entwicklungsstand des theoretischen Bewußtseins seiner maßgeblichen Initiatoren und Führer, die, wenn schon nicht 'Marxisten', so doch überwiegend bewußte Sozialisten und also radikale Kritiker der bürgerlichen Gesellschaft waren" (Bermbach 1973a, S. 14).

[863] Im folgenden beziehe ich mich auf Däumig 1919, Däumig 1919a, Däumig 1920 und Däumig 1973, S.79-87.

[864] Im folgenden beziehe ich mich auf Müller 1919 und Müller 1973, S. 88-90.

[865] „Die Verfechter der formalen Demokratie und des heutigen Parlamentarismus haben von ihrem Standpunkte aus ganz recht: der Rätegedanke und die auf ihm aufgebaute Organisation lassen sich mit der Demokratie, die im Rahmen der kapitalistischen Welt nur formale politische Gleichberechtigung bedeuten kann, nicht vereinbaren. (...) Die 'Verankerung' in der Verfassung ist für den Rätegedanken ein *Danaergeschenk.* Die *Festlegung* der Räteorgane auf eine der kapitalistischen Struktur des Staates Rechnung tragende Verfassung bedeutet die Erdrosselung, zum mindesten aber die *Lähmung* des konsequenten Rätegedankens. Eine Räteorganisation von Regierungs- und Parlamentsgnaden muß sich gefallen lassen, an den Karren des Kapitalismus gespannt zu werden. Die sich auf die Verankerung in der Verfassung aufbauende Rätegesetzgebung, vor allem das Betriebsrätegesetz der Regierung, bestätigen diese Tatsache" (Däumig 1973, S. 82f).

[866] Zu den Prinzipien des reinen Rätesystems vgl. grundlegend Bermbach 1973, S. 19-22; ferner Oertzen 1976, S. 89-107 sowie Arnold 1978, S. 148-186.

auch die des Magistrats und der kommunalen Behörden aus. Die Kompetenzen der politischen Arbeiterräte gehen also weit über das bloße Kontrollrecht hinaus. Die weiteren Stufen der politischen Räteorganisation orientieren sich an den bestehenden Verwaltungseinheiten der Bezirke, Provinzen etc., die wiederum Arbeiterräte wählen. Legislative und exekutive Funktionen zusammenfassend, haben sie die Aufgaben der jeweiligen Ebene auszuführen, für die sie gewählt sind. An der Spitze der politischen Räteorganisation soll der Rätekongress stehen, der sich aus Vertretern des ganzen Reiches zusammensetzt. Im wesentlichen eine Kontrollinstanz, wählt er einen in Permanenz tagenden Exekutivausschuss, der gleichfalls, legislative und exekutive Funktionen auf sich konzentrierend, zwei Mal im Jahr dem Rätekongress Rechenschaft über seine Tätigkeit zu geben hat.

Rätesystem in der Wirtschaft
Kern des wirtschaftlichen Rätesystems ist gleichfalls die Produktionssphäre, in der die in den Fabriken gewählten, aber jederzeit absetzbaren Betriebsräte alle Funktionen von der Lohngestaltung bis zur Wahrung der ökonomischen Leistungsfähigkeit in der Übergangszeit ausüben. Darüber hinaus sollten sie gleichberechtigt neben dem privatkapitalistischen Management in der Betriebsführung tätig sein und zugleich die Sozialisierung einleiten. Der weitere Aufbau der Organisation des wirtschaftlichen Rätesystems sah ähnlich wie die Gliederung der politischen Räte aus: Er gipfelte in einem Volkswirtschaftsrat, der nicht nur Arbeiter, sondern auch Nationalökonomen und andere Experten als Mitglieder vorsah, um sicherzustellen, dass den wirtschaftlichen Notwendigkeiten des Reiches Rechnung getragen wurde. Zwischen dem politischen und dem wirtschaftlichen Rätesystem war eine enge Kooperation und gegenseitige Kontrolle auf allen Ebenen geplant, um abgehobene bürokratische Strukturen oder, wie Däumig es ausdrückte, „einen sozialistisch angepinselten" Obrigkeitsstaat zu vermeiden.

Kritik am Rätemodell
Auf die strukturellen Schwächen dieses direktdemokratischen Ansatzes ist oft hingewiesen worden: Sie reichen vom ungelösten Problem der Machtkontrolle in einer hochindustrialisierten Gesellschaft bis hin zu der aus der komplexen Delegationshierarchie resultierenden Gefahr der Bürokratisierung, die dieses Modell doch gerade verhindern wollte.[867]

Zugleich wirkte die Propagierung des „reinen Rätemodells" aufgrund seiner unterstellten Nähe zur russischen Räterepublik nicht nur auf das bürgerliche Lager, sondern auch auf die Sozialdemokratie in Deutschland und Österreich provokativ. Wie ihre verschiedenen Strömungen demokratietheoretisch auf sie reagierten, wird im folgenden zu zeigen sein.

§ 3 Sozialdemokratische Alternativen zur Herausforderung des „reinen" Rätemodells (Sinzheimer, Heller)[868]

Rätekonzeption von Hugo Sinzheimer
Während sich der radikale Flügel der Rätebewegung in der deutschen Revolution von 1918/19 in der radikaldemokratischen Tradition der Pariser Kommune, wie Marx sie identifizieren zu können glaubte, befand, stellte ihr Hugo Sinzheimer

---

[867] Vgl. Bermbach 1973a, S. 25-27.
[868] Vgl. hierzu grundlegend auch Euchner 2000, S. 272-279.

auf dem Parteitag der SPD in Weimar im Juni 1919 eine Rätekonzeption gegenüber, für die die überwältigende Mehrheit der sozialdemokratischen Delegierten auf dem Parteitag von Weimar 1919 optierte. Ausgehend vom Lassalleschen Demokratieverständnis setzte für die Mehrheitssozialdemokratie die Sozialisierung der Schlüsselindustrien eine demokratische Mehrheit voraus, die in der Lage war, die geänderten Produktionsverhältnisse gesetzlich im Parlament zu kodifizieren. Zwar hatte auch für die Sozialdemokratie das parlamentarische Regierungssystem seine volle historische Reife erst dann erreicht, wenn in ihm auf der Grundlage des allgemeinen Wahlrechts die gesellschaftlichen Interessen der Arbeiterklasse durchgesetzt waren. Doch diese Transformation konnte dem Anspruch nach nur mit den Mitteln und im Medium der demokratischen Legalität vollzogen werden.

In idealtypischer Reinheit hat sich diese Tendenz in der Rätekonzeption Hugo Sinzheimers (1875-1945) verdichtet[869], für die sich, wie erwähnt, die MSPD auf ihrem Parteitag gegen die alternativen Vorstellungen Max Cohens[870] entschied, der für ein Zweikammersystem plädierte, bestehend aus Volksparlament und berufsständischer Kammer.[871] Wie Lassalle, so ging auch Sinzheimer bei der Konzipierung seines Modells von dem Gegensatz zwischen Kapital und Arbeit als zentralem Strukturprinzip des kapitalistischen Wirtschaftssystems aus. Diesem durchgehenden Konflikt müsse die Wirtschaftsverfassung Rechnung tragen, indem sie Institutionen dieses Gegensatzes ausbildet. „Für die Arbeiterseite heißt dies, daß für die Arbeiterinteressen als solche besondere Organe zu errichten sind, in denen die Interessen der Arbeiterklasse gegenüber den Interessen des Kapitals zu einem selbständigen Ausdruck und zu einer selbständigen Wirksamkeit gelangen sollen. Diesen Interessen der Arbeiterklasse im weitesten Sinne dienen die *Arbeiterräte*".[872] Nun geht aber, so Sinzheimer, das kapitalistische Wirtschaftssystem nicht im antagonistischen Verhältnis von Kapital und Arbeit auf. Vielmehr bringe es auch gemeinsame Produktionsinteressen der Arbeitnehmer und Arbeitgeber hervor. „Die Zeit ist gekommen, in der wir auch das Gemeinschaftsinteresse in der Wirtschaft, das Produktionsinteresse anerkennen und zur Geltung bringen. Diesen gemeinschaftlichen Produktionsinteressen dienen die *Wirtschaftsräte*".[873] Sie sollen die Interessen der Produktion fördern und alle an ihr beteiligten Gruppen heranziehen, um die Güterherstellung zu

Arbeiterräte und
Wirtschaftsräte

---

[869] Zu Sinzheimers Ansatz vgl. Kremendahl 1977, S. 147-186.

[870] Vgl. hierzu Cohen 1919, S. 421-431 sowie Arnold 1978, S. 243-268.

[871] „Wenn wir die berufsständische Kammer schaffen, so schaffen wir damit für das Volksparlament etwas Gutes insofern, als wir die Vertretungen der Berufsinteressen, die im Volksparlament ja auch vorhanden sind, dort herausbringen, und als wir die politischen Fragen von den Berufsfragen säubern. Es ist ja nicht so, daß wenn wir die berufsständische Kammer nicht schaffen, die berufsständischen Interessen nicht zur Geltung kämen; nur verfälschen sie uns die große politische Linie. Die politischen Interessen werden - das wissen wir alle aus dem parlamentarischen Leben - dadurch verfälscht, daß man Berufsinteressen hineinträgt und die großen politischen Fragen, insbesondere die kulturpolitischen Inhalts, werden in der Regel verkürzt, kommen nicht voll zur Geltung, weil die Berufsinteressen meist sehr viel mächtiger sind und sich durchsetzen. (...) Auf diese Weise halten wir das Volksparlament vollkommen frei von allen verfälschenden Einflüssen der Berufe, die an der anderen Stelle zur Geltung kommen, und wir können mit viel größerer Klarheit, Offenheit und Stärke die allgemeinpolitisch kulturellen Fragen vertreten" (Cohen 1919, S. 428f).

[872] Sinzheimer 1919, S. 410.

[873] A.a.O., S. 411.

steigern, deren Kosten zu verringern und sie möglichst unter sozialen Gesichtspunkten zu gestalten.

Mitbestimmung

Dieses gemeinsame Interesse von Kapital und Arbeit stellt nach Sinzheimer die Voraussetzung für die Option nach erweiterter Mitbestimmung dar, wie sie in Art. 165 in die Weimarer Reichsverfassung eingegangen ist. Er fordert, dass „die Arbeiter und Angestellten (...) dazu berufen (sind), gleichberechtigt in Gemeinschaft mit den Unternehmern an der Regelung der Lohn- und Arbeitsbedingungen sowie an der gesamten wirtschaftlichen Entwicklung der produktiven Kräfte mitzuwirken. Die beiderseitigen Organisationen und ihre Vereinbarungen werden anerkannt. Die Arbeiter und Angestellten erhalten zur Wahrnehmung ihrer sozialen und wirtschaftlichen Interessen gesetzliche Vertretungen in Betriebsarbeiterräten sowie in nach Wirtschaftsgebieten gegliederten Bezirksarbeiterräten und in einem Reichsarbeiterrate".[874] Der integrative Charakter der Sinzheimerschen Rätekonzeption ist evident. Er resultierte aus dem Bewusstsein der Mehrheitssozialdemokratie, durch die Revolution von 1918/19 genau die Forderungen realisiert zu haben, die im Kaiserreich einen vorderen Platz auf ihrer programmatischen Agenda eingenommen hatten. Zwar trägt Sinzheimer durch die verfassungsrechtliche Fixierung der Arbeiterräte dem Konflikt zwischen Kapital und Arbeit institutionell Rechnung. Gleichzeitig sind die Arbeiterräte aber nicht als fundamentaldemokratisches Prinzip dualistisch auf den Staat bezogen. Vielmehr verdanken sie - genau wie die Wirtschaftsräte - ihren Handlungsspielraum dem Staat selbst, der an sie Kompetenzen im Interesse der Organisierung und Regulierung des Wirtschaftslebens delegiert.[875]

Soziale Demokratie
nach Hermann Heller

Tatsächlich können die im Reichswirtschaftsrat zusammengefassten Arbeiter- und Wirtschaftsräte nur im Rahmen staatlicher Ermächtigungsgesetze agieren. Diese Teilautonomie als Derivat staatlicher Souveränität ist gewiss ambivalent. Wer sie aus der Sicht des Scheiterns der Weimarer Republik beleuchtet, könnte geneigt sein, die Staatsfixiertheit dieses Ansatzes als verhängnisvoll zu betrachten, weil sie die SPD angesichts des erstarkenden Nationalsozialismus seit 1929 mit daran hinderte, außerparlamentarische und außerinstitutionelle Kräfte zu mobilisieren. Doch aus der Sicht der Situation der Stabilisierung der Republik in den Jahren 1924 bis 1928 erschien dem zeitgenössischen Beobachter das Eindringen sozialer Elemente in den Staat als Indiz für die Realisierung der angestrebten sozialen Demokratie. Niemand hat in der ersten deutschen Republik diese These brillianter und konsequenter entwickelt und vertreten als Hermann Heller in seiner 1926 erschienenen Schrift „Politische Ideenkreise der Gegenwart".[876] Er glaubte, in der Weimarer Republik nicht nur auf dem Gebiet der

---

[874] Verfassung des Deutschen Reiches, in: Kakies 1965, S. 105.

[875] „Die reine politische Demokratie kann auf die sozialen Verhältnisse nur durch Gesetz und staatliche Verwaltung einwirken. (...) *Daraus ergibt sich, daß die politische Demokratie notwendig einer Ergänzung bedarf.* Die gesellschaftlichen, namentlich die wirtschaftlichen Interessen bedürfen besonderer Formen, in denen sie sich unmittelbar und selbständig auswirken können. Die politische Demokratie selbst muß diese Formen schaffen. (...) Das Parlament ist und bleibt das Organ der politischen Demokratie, in der die höchste Herrschaft und die letzte Entscheidung im Staat getroffen wird. *Die Räte sind die Organe der wirtschaftlichen Demokratie.* Der Staat zerlegt sich in solcher Auffassung in besondere Funktionen, die ein eigenes Leben führen. Es tritt eine Arbeitsteilung zwischen politischer und wirtschaftlicher Demokratie ein" (Sinzheimer 1919, S. 407f).

[876] Vgl. Heller 1971. Zu Hellers Ansatz vgl. auch Schluchter 1988 und Lenk 1991, S. 973-975.

Arbeitsordnung eine „tiefgehende Umwälzung"[877] zugunsten eines neuen, den bürgerlichen Individualismus überwindenden Sozialrechts ausmachen zu können. Noch deutlicher zeige sich die Entwicklung der sozialistischen Idee auf dem Gebiet der Güterordnung, von dem nicht einmal das Kernstück der bürgerlichen Gesellschaft, die Auslegung des Eigentumsrechts, ausgenommen sei.

Zwar garantierten die Art. 151-165 der Weimarer Reichsverfassung aus- *Demokratie als* drücklich die drei Grundsäulen der kapitalistischen Wirtschaftsordnung, nämlich *Voraussetzung des* Vertragsfreiheit, Privateigentum und Erbrecht. Doch fügte Heller hinzu, dass *Sozialismus* deren reale Bedeutung gering sei: „Denn die Artikel lassen dem Gesetzgeber völlig freie Hand, jene Rechte 'nach Maßgabe der Gesetze' so zu beschränken, daß sie selbst in einem rein sozialistischen Gemeinwesen möglich wären".[878] Tatsächlich habe sich „eine umfassende antikapitalistische Umwälzung der Gü- terordnung (...) vollzogen durch Verstaatlichung und Verstadtlichung von Pro- duktionsmitteln, d.h. jener Sachen, die mit oder ohne menschliche Arbeit neue Sachen hervorzubringen oder die Sachgüterverteilung zu bewirken bestimmt sind (landwirtschaftliche und industrielle Betriebsstätten, Verkehrsmittel, Roh- stoffe)".[879] Alles in allem habe sich der Staats- und Munizipalsozialismus so gut bewährt, „daß niemand mehr seine Abschaffung fordert. Mit unter dem Einfluß des englischen Gildensozialismus hat sich durch die Arbeiten von Rathenau, Möllendorf, Wissell und Otto Bauer neben der Idee des Staatsbetriebs der Ge- danke wirtschaftlicher Selbstverwaltungskörper herausgebildet, die staatlich zusammengefaßt, aber nicht staatlich geleitet sind und dem Produzenten- wie dem Konsumenteninteresse dienen".[880] Wenn die Verfügungsmacht über große Segmente des Produktionsprozesses im demokratisierten Staat bereits von den Volksvertretern wahrgenommen werde, so komme man um die Einsicht nicht herum, dass sich in der kapitalistischen Gesellschaft mit großem Tempo sozialis- tische Einrichtungen entwickelten. Diese Dynamik sei so stark, dass sich eine genaue Grenze, „wo der kapitalistische Staat aufhört und der sozialistische be- ginnt"[881], nicht mehr ziehen lasse.

Wir wissen heute, dass Sinzheimers und Hellers Konzepte einer integrati- *Alternativen* ven, weil kaum mit tiefgreifenden sozio-ökonomischen Krisen rechnenden De- mokratie als Medium der Verwirklichung des Sozialismus ebenso gescheitert sind wie das reine Rätemodell. Dieser Befund wirft die Frage auf, ob innerhalb der demokratischen Arbeiterbewegung in Deutschland und Österreich ein Weg beschritten worden ist, der zwar am sozialen Inhalt der alten Demokratie als der Selbstbestimmung des Volkes festhielt, aber gleichzeitig die Schwächen des reinen Rätesystems ebenso vermied wie die der sozialdemokratischen Staatsfi- xiertheit. Wurde also, anders gefragt, in der sozialdemokratischen Arbeiterbewe- gung der Zwischenkriegszeit ein „dritter Weg" angeboten, der sowohl Elemente des radikaldemokratischen Ansatzes der Marxschen Kommuneschrift als auch Komponenten des Lassalleschen Ansatzes enthielt? Soweit ich sehen kann, sind

---

[877] Heller 1971, S. 404.
[878] A.a.O., S. 405.
[879] Ebd.
[880] A.a.O., S. 406.
[881] A.a.O., S. 407.

solche Positionen tatsächlich im sogenannten Austromarxismus vertreten worden, und zwar am konsequentesten von Otto Bauer und Max Adler.

§ 4 Demokratietheoretische Konzeptionen im Austromarxismus (Bauer, Adler)

Rahmenbedingungen   Die Debatte über die Demokratie im austromarxistischen Lager nach dem Zusammenbruch der Habsburger Monarchie hatte innovatorischen Charakter, weil sie die Fixiertheit auf den Staat der parlamentarischen Demokratie zumindest punktuell durchbrach. Der Grund für diese Entwicklung hängt auch mit den Rahmenbedingungen zusammen, unter denen die österreichische Sozialdemokratie nach dem Ersten Weltkrieg Politik gestalten musste. Im Gegensatz zur deutschen Sozialdemokratie gelang es dem Austromarxismus, die alten Eliten des Kaiserreichs durch die Aufstellung eines Volksheeres nachhaltiger zu schwächen als dies im Deutschen Reich der Fall war: Unter dem Einfluss der Soldatenräte stehend, konnte es nicht gegen die Republik eingesetzt werden. Die Soldaten- und Arbeiterräte ihrerseits sprengten - im Gegensatz zur Entwicklung in Deutschland - zu keinem Zeitpunkt die gemeinsame ideologische und politische Schnittmenge, die sie mit der österreichischen Sozialdemokratie teilten. Fest in das sozialdemokratische Organisationsnetz eingebunden, verliehen sie von Anfang an den Versuchen, eine soziale Republik in Österreich zu gründen, zusätzliche Stoßkraft. Vor allem aber gelang es der austromarxistischen Massenpartei, ihre Einheit zu bewahren. Während in der deutschen Sozialdemokratie für Rosa Luxemburg auf der einen und Gustav Noske auf der anderen Seite kein Platz war, erwies sich die SDAPÖ integrationsfähig genug, den linksradikalen Ansatz Friedrich Adlers mit der an der deutschen MSPD orientierten Politik Karl Renners in ihren Reihen zusammenzuführen.

Ermöglicht wurde eine solche Synthese dadurch, dass der Austromarxismus der Zwischenkriegszeit am äußersten linken Spektrum der europäischen Sozialdemokratie angesiedelt war. Dieser Befund spiegelte sich idealtypisch rein in der austromarxistischen Demokratietheorie wider, die maßgeblich in der Zeit unmittelbar nach dem Zusammenbruch der österreichischen Monarchie von Otto Bauer (1881-1938), später aber auch von Max Adler (1873-1937) geprägt worden

Otto Bauer   ist. Die entscheidende Differenz zum Demokratieverständnis der deutschen Mehrheitssozialdemokratie bestand darin, dass Bauer nicht nur auf die institutionellen, parlamentarischen Machtfaktoren, sondern auch auf die außerparlamentarischen und außerinstitutionellen Potentiale setzte.[882] In seiner Analyse der Demokratisierungsprozesse in der Österreichischen Revolution von 1918/19 traten

---

[882] „In der amerikanischen Unabhängigkeitserklärung von 1776 ist die Demokratie definiert worden als das System des Regierens im Einvernehmen mit den Regierten. Nie und nirgends ist die Demokratie in diesem Sinne vollkommener verwirklicht worden als in dieser ersten Phase der deutschösterreichischen Revolution. Denn ihre Regierung, alle Gewaltmittel gegen die Regierten entbehrend, konnte gar nicht anders reagieren, als indem sie sich täglich und stündlich das Einvernehmen mit den Regierten mühevoll erarbeitete. (...) Der Versuch konnte nur um den Preis manches schweren Opfers, auch manches Opfers des Intellekts, gelingen. Aber er ist gelungen. Daß er gelungen ist, ist das menschlich Größte an der Geschichte der deutschösterreichischen Revolution" (Bauer 1923, S. 186).

sie sogar in den Vordergrund, wenn er analog der von Marx in seiner Schrift „Der achtzehnte Brumaire des Louis Bonaparte"[883] vorgenommenen Periodisierung der 48er Revolution in Frankreich den Ablauf der Entwicklung der ersten österreichischen Republik in die „Vorherrschaft der Arbeiterklasse", das „Gleichgewicht der Klassenkräfte" und die „Restauration der Bourgeoisie" einteilte. Jede dieser Perioden sei entscheidend von außerparlamentarischen Machtmitteln bestimmt, die ihrerseits verschiedene Varianten der parlamentarischen Demokratie des allgemeinen Wahlrechts aus sich hervortreiben. Die frühe Periode der „Vorherrschaft der Arbeiterklasse" nannte Bauer eine parlamentarische Volksrepublik: Ihr Kennzeichen sei, dass das demokratisch, nach dem allgemeinen Wahlrecht zustande gekommene Parlament und die aus ihm hervorgegangene Regierung durch die außerparlamentarische „funktionelle Demokratie" permanent korrigiert wurden, d.h. „durch die nach Beruf und Arbeitsstätte, also nach ihrer gesellschaftlichen und volkswirtschaftlichen Funktionen zusammengefaßten und gegliederten Staatsbürger. Fordert die politische Demokratie, daß die Regierung im Einvernehmen mit dem Parlament, das alle paar Jahre einmal von der Volksgesamtheit gewählt wird, regiere, so fordert die funktionelle Demokratie, daß die Regierung in jedem Zweige ihrer Wirksamkeit im ständigen Einvernehmen mit der organisierten Gesamtheit der nach ihrem Beruf oder ihrer Betriebsstätte, nach ihrer gesellschaftlichen und wirtschaftlichen Funktion von diesem Zweige des Regierens unmittelbar betroffenen Staatsbürger bleibe".[884]

Nach Otto Bauer war diese „Kombination der politischen und der funktionellen Demokratie (...) das Wesen der Regierungspraxis, die der Regierung der Republik durch die aus der Revolution hervorgegangenen Machtverhältnisse aufgezwungen wurde".[885] Man wird schon auf den jakobinischen Staat der Französischen Revolution zurückgreifen müssen, um eine historische Analogie zu den von Bauer beschriebenen Modalitäten der politischen Willensbildung in der „Volksrepublik" nennen zu können. Ganz im Sinne der „funktionellen Demokratie", so konnte in Kapitel IV gezeigt werden, sah Robespierre in der Regierung nichts anderes als die Zusammenfassung der Ausschüsse der Nationalversammlung, deren Delegierte, durch Rückrufrecht an die Wählerschaft gebunden, der strikten Überwachung durch das Volk genauso unterworfen werden sollten wie die Exekutive selber.[886] Analog zur Konzeption Robespierres schloss auch Bauers „funktionelle Demokratie" das Repräsentationsprinzip mit ein, obwohl sie im Sinne Rousseaus die Minimierung von Herrschaft anstrebte. Bauers „Volksrepublik" als die durch „funktionelle Demokratie" korrigierte Version des parlamentarischen Systems setzte zwar die verwirklichte Volkssouveränität im Sinne der alten Demokratie mit der radikaldemokratischen Identität von Herrscher und Beherrschten gleich.[887] Aber zu verwirklichen war sie nur durch einen perma-

Marginalien:
- Parlamentarische und außerparlamentarische Demokratie
- Varianten der Demokratie
- „funktionelle Demokratie"
- politische und funktionelle Demokratie

---

[883] Vgl. Marx 1966a.

[884] Bauer 1923, S. 187.

[885] A.a.O., S. 187f.

[886] Vgl. Kapitel IV, § 4.

[887] „Die Bourgeoisie sah in dem starken Einschlag funktioneller Demokratie in der Praxis des Regierens nichts als das Walten illegaler 'Nebenregierungen', nichts als 'schleichenden Bolschewismus'. In Wirklichkeit war es nicht nur eine Vertiefung des demokratischen Gedankens der Regierung im Einvernehmen mit den Regierten, war es nicht nur die legale Form der Machtausübung und Machterweiterung der Arbeiterklasse, war es nicht nur die Rettung des Landes vor der Gefahr blutiger

nenten Prozess politischer Beteiligung auf den verschiedenen Ebenen des Gemeinwesens im Medium und mit den Mitteln der Repräsentation.

Klassengleichgewicht   Die durch funktionelle Demokratie korrigierte parlamentarische Demokratie hat im marxistischen Paradigma Bauers zur Voraussetzung, dass sich das Lager der Arbeiterschaft und des Bürgertums machtpolitisch die Waage halten. Bereits 1923 konstatierte Bauer aber die Restauration der Bourgeoisie in Österreich. In dem Maße, wie es den Parteien des bürgerlichen Lagers gelang, unter der Führung ihres Kanzlers Ignaz Seipel ihre mittelständische und bäuerliche Massenbasis gegen das Industrieproletariat zu mobilisieren, den ursprünglich starken sozialdemokratischen Einfluss auf das Heer zu schwächen und mit Hilfe der faschistischen Heimwehren zunehmend die Straße zu beherrschen, gerieten die sozialdemokratischen Organisationen in die Defensive: Das Resultat dieses Prozesses, das zugleich das Ende des „Klassengleichgewichts" bedeutete, war die Transformation der „Volksrepublik" in die „Bourgeois-Republik". Ihr Kennzeichen besteht darin, dass sie die „funktionelle Demokratie" durch die „funktionelle Oligarchie" ersetzt: Banken, Großindustrie und deren Verbände kontrollieren zunehmend die politische Exekutive, während die Parteien und Organisationen der Arbeiterbewegung nur defensiv zu operieren vermögen. Der sich nun durchsetzende Pluralismus der organisierten Interessen hat trotz aller möglichen Zugeständnisse an die sozialdemokratische Arbeiterbewegung prinzipiell den Primat der Interessen der Unternehmerverbände zur entscheidenden Rahmenbedingung: Diese können ihn gegen die Arbeiterschaft um so eher behaupten, als sie im Mittelstand sowie in den kleinbürgerlichen und bäuerlichen Massenorganisationen eine Basis besitzen, flankiert vom Einfluss organisierter großindustrieller Interessen, welche ebenfalls gegen die Sozialdemokratie gerichtet sind.

Max Adler   Max Adler hat dieser Analyse der „politischen Demokratie" in einer unter Normalbedingungen funktionierenden bürgerlichen Gesellschaft in seiner Schrift „Politische oder soziale Demokratie"[888] vorbehaltlos zugestimmt.[889] Aber er ging über Bauer insofern hinaus, als seine Demokratietheorie auf ein empirisches Korrektiv im realhistorischen Ablauf der Umwälzungsprozesse in Österreich nach dem Ersten Weltkrieg verzichtete. Vielmehr wagte er es, im Vorgriff auf die Zukunft der vollendeten sozialistischen Gesellschaft ein Demokratieparadigma zu imaginieren, welches er als fiktive „soziale Demokratie" der in der bürgerlichen Gesellschaft real existierenden „politischen Demokratie" konfrontierte. Ausgangspunkt der Überlegungen Max Adlers war die „funktionelle Demokratie" Otto Bauers. Im Gegensatz zu dem in der deutschen Sozialdemokratie propagierten „staatsfixierten Parlamentarismus", der, wie wir sahen, selbst noch die Rätedemokratie durch Verrechtlichung zu assimilieren suchte, machte Adler die außerparlamentarischen Machtressourcen der „funktionellen Demokratie"
funktionelle
Demokratie stark. „Die Bezeichnung 'funktional' bedeutet hier (...) nichts anderes als den Gegensatz zu 'formal' und will sagen, daß gegenüber der parlamentarischen Demokratie, in der die Bedeutung sowie die Macht großer Schichten der Gesell-

---

Katastrophe. Es war mehr. Es war das gewaltigste Mittel der Selbsterziehung der Massen. Es war das Mittel zu völliger Umwälzung des Verhältnisses der Massen zum Staat. Es war das Mittel zur Weckung der Initiative, der fruchtbarsten Selbstbetätigung der Massen" (Bauer 1923, S. 188).
[888] Vgl. Adler 1926.
[889] Vgl. hierzu Saage 2003, S. 15-22.

schaft nicht entsprechend zum Ausdruck kommen kann, dieser Mangel *durch die außerparlamentarische Funktion* dieser Machtgruppen ersetzt werden muß".[890]

Funktionelle Demokratie, so Max Adler, bedeute nicht Suspension, sondern Verschärfung des Klassenkampfes. Die stärksten Argumente der Volksmassen seien die „Argumente der Straße". Auf die soziale Revolution abzielend, treten „die Massen des werktätigen Volkes in direkte *staatliche Funktionen* (...), um die Demokratie zu retten".[891] Dass diese „Rettung" in ihrer vollendeten Weiterentwicklung als „soziale Demokratie" auf eine Variante der Identität von Herrschern und Beherrschten hinausläuft, die mit der „bloß formalen" bürgerlichen Demokratie nur noch wenig gemeinsam hat, weil ihr Vorbild die „alte Demokratie" im Sinne der Antike[892] und Rousseaus[893] ist, steht außer Frage. Statt das Allgemeinwohl als die Resultante der konfligierenden organisierten Partikularinteressen zu definieren, ist das Gemeinwohl der sozialen Demokratie auf Integration festgelegt, „das heißt eine Ineinssetzung und Verschmelzung zahlloser gleichgerichteter Interessen und Kräfte in eine gewaltige Kollektivkraft, in der jeder einzelne sich vertreten, gefördert und gestärkt sieht. Das ist die große Idee der volonté générale, auf welcher Rousseau (...) allein die Demokratie zu gründen vermochte. Sie allein schafft erst den Begriff eines einheitlichen Volkes, den Begriff einer Staats- und Volksgesamtheit, - sie ist aber auch nichts anderes als ein idealer Ausdruck für eine in ihren Lebensinteressen solidarische, das heißt klassenlose Gesellschaft".[894]

Max Adler scheute nicht davor zurück, deren politische Mechanismen zu antizipieren. Nach Überwindung des ökonomischen Antagonismus zwischen Kapital und Arbeit gehöre der repressive Staat der bürgerlichen Gesellschaft, auch in seiner parlamentarischen Form, der Vergangenheit an. Herrschaft reduziere sich lediglich auf „Verwaltungsverfügungen innerhalb der für alle gleich sichergestellten Lebensinteressen und Entwicklungsmöglichkeiten".[895] Diese Prämisse vorausgesetzt, entfalle der die Minderheit unterdrückende Mehrheitswille ebenso wie die Notwendigkeit der Gewaltenteilung und einer autoritär handelnden Verwaltung. Letztere wurde in der sozialen Demokratie, in der die „kleinen Leute", vorwiegend in Gestalt des Industrieproletariats, zu ihrem Recht gekommen sind, ersetzt durch eine selbstbestimmte kommunale Verwaltung in den Gemeinden und Bezirken. Ohne hier Adlers Szenario der sozialen Demokratie in allen Nuancen nachzeichnen zu können, ist evident, dass er ähnlich wie Otto Bauer auf eine Wiederbelebung der alten Demokratie setzte: freilich auf der Basis der modernen Industriegesellschaft und nicht der agrarisch-handwerklichen Produktion. Welches Konzept der Demokratie das bürgerliche Lager in den ersten Republiken in Deutschland und Österreich diesem Versuch gegenüberstellte, ist im folgenden zu zeigen.

(Marginalien) Integration

(Marginalien) Wiederbelebung der alten Demokratie

---

[890] Adler 1926, S. 145.
[891] A.a.O., S. 156.
[892] Vgl. Kapitel I, §§ 2-4.
[893] Vgl. Kapitel III, § 3.
[894] Adler 1926, S. 127.
[895] A.a.O., S. 58.

§ 5 Das Demokratieverständnis im bürgerlichen Lager (Kelsen, Schmitt)

verschiedene
Positionen

Die Reaktion der intellektuellen Vertreter des deutschen und österreichischen Bürgertums auf die Herausforderung der militärischen Niederlage des deutschen Kaiserreichs sowie der Habsburger Donaumonarchie und des von der radikaldemokratischen Rätebewegung getragenen innenpolitischen Umsturzes vom November 1918 war nicht einheitlich. Zwar forderten linksliberale Vertreter des deutschen Bürgertums wie Max Weber, Hugo Preuß und Friedrich Naumann die Übernahme des Modells des britischen Parlamentarismus.

Doch die meisten Staatsrechtslehrer in beiden Ländern waren monarchisch oder aber konservativ-ständestaatlich sowie völkisch-faschistisch orientiert. Allerdings gab es innerhalb der rechtspositivistischen Schule, die ihre Wurzeln im Kaiserreich hatte, eine Reihe von verfassungskonformen Vertretern. Da für den Rechtspositivismus nur eine legale Rechtsquelle existierte, nämlich der Wille des Gesetzgebers, musste er sich aus systemimmanenten Gründen zur Republik bekennen. Auffällig ist freilich, dass die fortgeschrittensten Wortführer des aufgeklärten Bürgertums wie Hans Kelsen oder Exponenten der völkisch-etatistischen Richtung wie Carl Schmitt ebenso wie die Repräsentanten der Arbeiterbewegung den Begriff Demokratie für sich reklamierten und ihn damit positiv besetzten. Freilich interpretierte das bürgerliche Lager die Demokratie so, dass sie von einer Ablehnung der republikanischen Verfassungen in Deutschland und Österreich wie im Falle Carl Schmitts bis hin zu ihrer Akzeptanz reichte, wie das Beispiel des österreichischen Rechtstheoretikers Hans Kelsen zeigt.

Demokratie als
Methode

Gemeinsam ist aber allen Vertretern der bürgerlichen Demokratietheorie, dass sie die Vorstellung der alten Demokratie als Selbstbestimmung des Volkes fallen lassen: Auch bei Kelsen liegt, wie noch zu zeigen sein wird, im Ansatz ein reduzierter Begriff der Demokratie vor, der diese auf eine bloße Methode herunterstuft.[896]

Hans Kelsen

Auf den ersten Blick ist diese These keineswegs plausibel. Denn dass Hans Kelsen (1881-1973) innerhalb seines an Kants Transzendentalphilosophie angelehnten Interpretationsrahmens auf der normativen Ebene seines Demokratiebegriffs an das emanzipatorische Erbe des frühen Bürgertums anknüpft, geht schon aus den ersten Sätzen seiner grundlegenden Schrift „Vom Wesen und Wert der Demokratie"[897] hervor: „In der *Idee* der Demokratie - und von ihr, nicht von der ihr mehr oder weniger angenäherten politischen *Wirklichkeit* soll zunächst die Rede sein - vereinigen sich zwei Postulate unserer praktischen Vernunft, drängen zwei Urinstinkte des gesellschaftlichen Lebens nach Befriedigung. Fürs erste die Reaktion gegen den aus dem gesellschaftlichen Zustand fließenden Zwang, der Protest gegen den fremden Willen, dem sich der eigene beugen muß, gegen die Qual der Heteronomie. Es ist die Natur selbst, die sich in der Forderung der *Freiheit* gegen die Gesellschaft aufbäumt".[898] Dieses Ideal der alten Demokratie,

Idee und Erscheinung
von Demokratie

---

[896] Vgl. hierzu Saage 2003, S. 10-22.
[897] Vgl. Kelsen 1981. Zu Kelsens Ansatz vgl. auch Luthardt 1986, S.149-160; Lenk 1992, S. 114-125 und Saage 2003.
[898] Kelsen 1981, S. 3.

die radikaldemokratische Identität von Herrschern und Beherrschten, ist zwar in der Sphäre des Sollens als vernünftiges Postulat erkennbar. Aber in der empirisch-historischen Welt, der „Welt der Erscheinung" (Kant), wirkt es lediglich als ein Postulat der praktischen Vernunft: In der Sphäre der gesellschaftlichen Zwänge gewiss wahrnehmbar, ist als sittlicher Imperativ eine Eins-zu-Eins-Umsetzung unmöglich. Die Welt der Politik kann sich diesem Postulat nur annähern, es aber niemals vollständig verwirklichen.

Dennoch ist die Identität von Herrschern und Beherrschten als Vernunftpostulat für die parlamentarische Demokratie praktisch wirksam, weil es deren reale Gestalt mit tiefgreifenden und doch realisierbaren Forderungen konfrontiert. So legitimiert es das in ihr geltende Mehrheitsprinzip als die maximale Annäherung an die ideale *volonté générale* Rousseaus. Diese Konvergenz aber sei nur über die Institution der politischen Parteien zu organisieren und zu verwirklichen: Ohne die Bündelung der diffusen gesellschaftlichen Interessen könne von einem Volk als der Basis der Demokratie heute nicht mehr die Rede sein: „Und so kann man ernstlich nicht bezweifeln, daß die von der politischen Theorie und der Staatsrechtslehre der konstitutionellen Monarchie beliebte Diskreditierung der politischen Partei ein ideologisch maskierter Stoß gegen die Realisierung der Demokratie war. Nur Selbsttäuschung und Heuchelei konnten vermeinen, daß die Demokratie ohne politische Parteien möglich sei. Die Demokratie ist notwendig und unvermeidlich ein *Parteienstaat*".[899] Der Parteienstaat ist aber seinerseits strukturell auf das nach dem allgemeinen Wahlrecht konstituierte Parlament angewiesen, weil es das entscheidende Forum darstellt, auf dem die organisierten Interessen durch Mehrheitsbeschluss zusammengeführt werden und die Form allgemein verbindlicher Gesetze annehmen. Auch wenn Demokratie und Parlamentarismus keineswegs ineinszusetzen seien, gebe es zum Parlamentarismus keine demokratische Alternative, nachdem sich erwiesen habe, dass unter den Bedingungen der modernen Industriegesellschaft „die unmittelbare Demokratie praktisch unmöglich ist. (...) Darum ist die Entscheidung über den Parlamentarismus zugleich die Entscheidung über die Demokratie".[900]

Wenn auch „die Idee der Demokratie (verstanden als direkte Demokratie, R.S.) innerhalb der sozialen Wirklichkeit von heute"[901] nicht anders als im Parlamentarismus realisierbar erscheint, so wirkt doch das praktische Postulat der Identität von Herrschern und Beherrschten im Sinne einer maximalen Annäherung auf diesen ein. Kelsen zufolge hat dieser normative Zwang eine tiefgreifende Parlamentarismusreform zur notwendigen Konsequenz. Die postulierte Minimierung von Herrschaft ist nur zu erreichen, wenn das Institut des Referendums dafür sorgt, dass „das Volk über den Parlamentsbeschluß und nicht schon über das bereits kundgemachte und in Geltung stehende Gesetz"[902] abstimmt. Ferner müsse das Privileg der Immunität der Abgeordneten fallen, das zur „Zeit des heftigsten Gegensatzes zwischen Parlament und königlicher Regierung"[903] entstand und nunmehr historisch obsolet sei. Vor allem aber verlange die Bin-

Mehrheitsprinzip

politische Parteien

Parlament

Korrektur der Parlamentsherrschaft

---

[899] A.a.O., S. 20.
[900] A.a.O., S. 27.
[901] Ebd.
[902] A.a.O., S. 39.
[903] A.a.O., S. 41.

dung des Parlaments an die *volonté générale* des Volkes, daß die aus ihm hervorgegangene Regierung „nichts als (deren) Ausschuß ist und unter der schärfsten Kontrolle der Opposition, ja der ganzen Öffentlichkeit steht".[904] Wenn Kelsen auch nicht den Vorschlag Robespierres aufgreift, für die Nationalversammlung ein Gebäude zu errichten, auf dessen Tribünen zur Verhinderung volksfeindlicher Beschlüsse 12 000 Bürger Platz finden, so erinnert seine Konstruktion eines durch den Allgemeinen Willen des Volkes korrigierten Parlamentarismus dennoch stark an die französische Revolutionsverfassung von 1793.[905]

reale Demokratie

Konfrontiert mit den Realitäten der bürgerlichen Gesellschaft, schränkte Kelsen diesen Ansatz einer emanzipatorischen parlamentarischen Demokratie jedoch erheblich wieder ein, wenn er den Parlamentarismus in der soziopolitischen Realität gleichzeitig funktional interpretierte. Für ihn war das Wesen des Parlamentarismus auch ohne die adäquate Repräsentation des Volkes zu bestimmen „und sein Wert als spezifisches, sozialtechnisches Mittel zur Erzeugung der staatlichen Ordnung zu rechtfertigen".[906] Unter diesem Gesichtspunkt nahm er das Prinzip der Homogenität von Herrschern und Beherrschten wieder

Gewaltenteilung

zurück, wenn er für die Gewaltentrennung optierte, „sofern sie eine *Aufteilung* der Macht bedeutet und eine auf die Expansion und willkürliche Ausübung der Staatsgewalt fördernde Konzentration der Gewalt verhindert".[907] Auch erhob er

Elitenauswahl

wie Max Weber „die Kreation" politischer Eliten *„zum Kernproblem der realen Demokratie,* die - in Widerspruch zu ihrer Ideologie - nicht eine führerlose Gemeinschaft ist, die sich nicht durch den *Mangel,* sondern eher durch die Fülle der Führer von der realen Autokratie unterscheidet. Und sohin ergibt sich als ein Wesenselement der realen Demokratie eine *besondere Methode der Auslese der Führer aus der Gemeinschaft der Geführten".*[908] Außerdem müsse der Notwendigkeit einer effizienten zentralisierten Verwaltung mit autokratischen Elementen Rechnung getragen werden.[909]

Demokratie als Methode sozialer Ordnung

Dass Kelsens Ansatz in der Tat nur wenig von Max Webers Demokratiekonzeption trennt, wird vollends deutlich, wenn er sich mit Max Adlers Gegenüberstellung von „formaler, bürgerlicher Demokratie" und „sozialer, proletarischer Demokratie" auseinandersetzt. Er warf Adler vor, „eben unter dem Namen der 'Demokratie' an Stelle der Freiheitsideologie die *Gerechtigkeitsideologie* (zu) schieben"[910]: Letztere könne auch in einem diktatorischen Regime wie dem der Sowjetunion verwirklicht werden. Es sei, so die These Kelsens, „ein offenbarer Mißbrauch der Terminologie, das Wort Demokratie, das - ob nun ideologisch oder realistisch betrachtet - eine bestimmte *Methode der Erzeugung der sozialen Ordnung* darstellt, für einen *Inhalt* dieser sozialen Ordnung zu gebrauchen, der mit ihrer Erzeugungsmethode in keinem Wesenszusammenhange steht".[911] Da-

---

[904] Ebd.
[905] Kapitel IV, § 4.
[906] Kelsen 1981, S. 32.
[907] A.a.O., S. 83.
[908] A.a.O., S. 84.
[909] A.a.O., S. 71.
[910] A.a.O., S. 94.
[911] Ebd. „Eine solche terminologische Manipulation hat, wenn schon nicht die Absicht, so doch die bedenkliche Wirkung, daß die große Kraft der Rechtfertigung und der ganze Gefühlswert, den das Schlagwort der Demokratie dank deren *Freiheits*ideologie mit sich führt, einem politischen Zustand

mit löst Kelsen, wie schon Max Weber vor ihm, in der historisch-politischen Welt den semantischen Gehalt der Demokratie von seinen sozialen Wurzeln und seiner auf Selbstbestimmung und Autonomie des Volkes festgelegten Bedeutung: Er reduziert sie zu einer Methode der Hervorbringung staatlicher Normen, die eine effiziente Elitenrekrutierung zur Voraussetzung hat.

Freilich fehlte bei Kelsen das Moment der imperialistischen Machtentfaltung, die Max Weber mit seiner Demokratiekonzeption verband: In dieser Hinsicht fand er in Carl Schmitt (1888-1985) einen kongenialeren Schüler, der sogar über Webers demokratische Machtstaatskonzeption in entscheidenden Punkten hinausging. Carl Schmitts Auseinandersetzung mit der Demokratietheorie setzte 1923 mit seiner berühmten Schrift „Die geistesgeschichtliche Lage des heutigen Parlamentarismus"[912] ein. Schmitt entwickelte hier den Idealtypus des Parlamentarismus, den er in Gegenüberstellung zur Demokratie gewann.[913] Das demokratische Prinzip beruhe auf einer Reihe von Identitäten: „Identität von Regierenden und Regierten, Herrscher und Beherrschten, Identität von Subjekt und Objekt staatlicher Autorität, Identität des Volkes mit seiner Repräsentation im Parlament, Identität von Staat und jeweilig abstimmendem Volk, Identität von Staat und Gesetz, letztlich Identität des Quantitativen (ziffernmäßige Mehrheit oder Einstimmigkeit) mit dem Qualitativen (Richtigkeit des Gesetzes)".[914] Ganz anders, so Schmitt, die Strukturmerkmale des Parlamentarismus, die sich qualitativ von denen der Demokratie unterscheiden: „Es kann eine Demokratie geben ohne das, was man modernen Parlamentarismus nennt und einen Parlamentarismus ohne Demokratie; und Diktatur ist ebensowenig der entscheidende Gegensatz zur Demokratie wie Demokratie zur Diktatur".[915]

Worin bestehen nun aber nach Schmitt die wichtigsten Strukturmerkmale, die das unverwechselbare Profil des Parlamentarismus ausmachen? 1. Das Prinzip der Diskussion. „Das Wesentliche des Parlaments ist (...) öffentliches Verhandeln von Argument und Gegenargument, öffentliche Debatte und öffentliche Diskussion, Parlamentieren, wobei zunächst noch nicht an Demokratie gedacht zu werden braucht".[916] Das Parlament gilt mithin als Forum, auf dem in der Debatte die einzelnen Abgeordneten die Vernunftpartikel sammeln und zur öffentlichen Geltung bringen. Der Garantie, dass dies auch tatsächlich die größtmögliche Annäherung an die Vernunft bewirkt, liegt der Glaube zugrunde, die freie Konkurrenz werde vermittels einer „invisible hand" eine prästabilierte Harmonie in Gestalt der „Wahrheit" hervorbringen.[917] 2. Das Postulat der Öffentlichkeit. Es hat seine Wurzeln im Kampf der Aufklärung gegen das Prinzip absolutistischer

Randglossen: Carl Schmitt — Identitätsprinzip — Strukturmerkmale des Parlamentarismus

---

ausgesprochener *Diktatur* zugute gebracht wird. Man leugnet einfach - in Konsequenz dieses dem *formalen* entgegengesetzten, *sozialen* Demokratiebegriffes - den Unterschied von Demokratie und Diktatur und erklärt die *Diktatur*, die angeblich die soziale Gerechtigkeit verwirklicht, als die 'wahre' Demokratie. Und dies mit der Nebenwirkung, die Demokratie von heute und damit das Verdienst der Gruppe, die sie zum Teil sehr gegen ihre materiellen Interessen herbeigeführt hat, in ungerechter Weise herabzusetzen" (Kelsen 1981, S. 94f).

[912] Vgl. Schmitt 1991.
[913] Vgl. hierzu Kremendahl 1977, S. 107-112; Saage 1983, S. 156-180 sowie Lenk 1991, S. 970-973.
[914] Schmitt 1991, S. 35.
[915] A.a.O., S. 41.
[916] A.a.O., S. 43.
[917] A.a.O., S. 45.

Arkanpolitik. „Öffentlichkeit der Meinung, geschützt durch Redefreiheit, Preßfreiheit, Versammlungsfreiheit und parlamentarische Immunitäten, bedeutet im liberalen System Freiheit der Meinung, in der ganzen folgenreichen Bedeutung, die das Wort Freiheit in diesem System hat. Wo die Öffentlichkeit Zwang werden kann, wie bei der Ausübung des Wahlrechts durch den Einzelnen, an dem Punkt des Übergangs vom Privaten zum Öffentlichen, tritt daher die entgegengesetzte Forderung des Wahlgeheimnisses auf. Die Freiheit der Meinung ist eine Freiheit von Privatleuten; sie ist notwendig für die Konkurrenz der Meinungen, in der die beste Meinung siegt".[918] 3. Die Unverzichtbarkeit der Teilung bzw. Balancierung der Gewalten. Sie erst verhindert Machtkonzentration, Korruption und Machtmissbrauch, welche den spezifisch parlamentarischen Gesetzesbegriff ermöglichen: Nach der Maxime *veritas non autoritas facit legem* schafft sie die Voraussetzungen dafür, dass die Dezision des politischen Befehls in die Rationalität des Gesetzes überführt wird.[919]

Kritik der realen parlamentarischen Demokratie

Nachdem Schmitt dergestalt das „Wesen" des Parlamentarismus in Absetzung von der Demokratie hinreichend charakterisiert zu haben glaubt, konfrontiert er dessen Strukturmerkmale mit der Realität der parlamentarischen Praxis. Das Resultat ist eine vernichtende Kritik der parlamentarischen Demokratie, wie sie die Weimarer Republik darstellte. Das Prinzip der Diskussion sei außer Kraft gesetzt. „Große politische und wirtschaftliche Entscheidungen, in denen heute das Schicksal des Menschen liegt, sind nicht mehr (wenn sie es jemals gewesen sein sollten) das Ergebnis einer Balancierung der Meinungen in öffentlicher Rede und Gegenrede und nicht mehr das Resultat parlamentarischer Debatten".[920] Die wichtigsten Entscheidungen treffen Abgeordnete und Verbandsvertreter hinter verschlossenen Türen; insofern sei auch das Prinzip der Öffentlichkeit gegenstandslos.[921] Und dadurch schließlich, dass nicht mehr das Parlament als ganzes die Regierung, sondern nur noch die Opposition den Block von Exekutive und Mehrheitsfraktion kontrolliere, gehöre auch das Prinzip der Gewaltenteilung der Vergangenheit an.[922] Schmitt ließ 1923 keinen Zweifel daran, dass die Epoche liberaler Deliberation an ein Ende gekommen und das Zeitalter des nationalen Mythos als geschichtsmächtige Kraft längst begonnen habe, wie insbesondere der italienische Faschismus zeige.[923] Einige Jahre später ging er dazu über, ihn auch demokratietheoretisch zu legitimieren.

plebiszitär legitimierte Führerschaft

Tatsächlich unternahm Carl Schmitt in seiner „Verfassungslehre"[924] von 1928 den radikalsten Versuch, den Begriff der Demokratie zu entsubstantialisieren und ihn in ein autoritäres Führer-Gefolgschaftsverhältnis umzuinterpretieren. In Kapitel VII ist gezeigt worden, dass bereits Max Weber die politische Partizipation der Bürger darauf beschränkte, einem plebiszitären Parteiführer zu akklamieren. Aber Weber, in der Tradition des imperialistischen Machtstaates stehend, folgte dem englischen Beispiel auch in dem Sinne, dass er Augenmaß in

---

[918] A.a.O., S. 49f.
[919] A.a.O., S. 54f.
[920] A.a.O., S. 62.
[921] A.a.O., S. 62f.
[922] A.a.O., S. 62.
[923] A.a.O., S. 89.
[924] Vgl. Schmitt 1983.

der Politik forderte, das er gerade bei der wilhelminischen politischen Klasse vermisste. Darüber hinaus setzte er sich für die Stärkung der individuellen Grund- und Menschenrechte und vor allem für institutionelle Kontrollen des an die Macht gelangten plebiszitären Parteiführers ein, damit sich der politische Kampf in zivilen Formen abspiele.[925] Bei Carl Schmitt jedoch schlägt das Konzept der machtstaatlich ausgerichteten Demokratie in die offene Apologie des faschistischen Führerstaates um. Dieser Umschlag hat die bereits hervorgehobene Unterscheidung zwischen Parlamentarismus und Demokratie zur Voraussetzung. Ihr zufolge ist das entscheidende Merkmal der Demokratie die Identität. Aus diesem Grund könne „die politische Demokratie (...) nicht auf der Unterschiedslosigkeit aller Menschen beruhen, sondern nur auf der Zugehörigkeit zu einem *bestimmten Volk*, wobei diese Zugehörigkeit zu einem Volk durch sehr verschiedene Momente (Vorstellungen gemeinsamer Rasse, Glaube, gemeinsames Schicksal und Tradition) bestimmt sein kann".[926]

Demokratie als Akklamation des Führers

Zwar entlehnte Schmitt den Begriff der Identität von Herrschern und Beherrschten dem Demokratiebegriff Rousseaus. Doch ebenso evident ist, dass Rousseau sich von dem völkisch und rassisch aufgeladenen Identitätskonzept Schmitts distanziert hätte, weil er die *soziale Homogenität* des kleinen Eigentums und die Tugend bzw. die sittliche Integrität der Bürger zu Funktionsbedingungen demokratischer Partizipation erhob.[927] Ferner bedeutete für Rousseau die Identität von Herrschern und Beherrschten die Partizipation des Volkes am politischen Entscheidungsprozeß, was Schmitt durch seinen Demokratiebegriff gerade verhindern will. Der politische Führer soll vielmehr im Namen einer imaginären *volonté générale* die Politik als Dezision artikulieren und durchsetzen, legitimiert vom plebiszitären Vertrauen der Massen: „Erst das wirklich versammelte Volk ist Volk und nur das wirklich versammelte Volk kann das tun, was spezifisch zur Tätigkeit dieses Volkes gehört: es kann *akklamieren*, d.h. durch einfachen Zuruf seine Zustimmung oder seine Ablehnung ausdrücken, Hoch oder Nieder rufen, einem Führer oder einem Vorschlag zujubeln, den König oder irgendeinen anderen hochleben lassen, oder durch Schweigen oder Murren die Akklamation verweigern".[928] Akklamieren kann das Volk aber auch einer Einzelperson: eben einem faschistischen Führer, der in einer Krisensituation dem Volk zu seiner rassisch-völkischen Homogenität verhilft.

Schmitts Versuch, dem italienischen Faschismus zu einer demokratischen Legitimation zu verhelfen, wirft nicht nur ein scharfes Licht auf den inflationären Gebrauch des Begriffs Demokratie im 20. Jahrhundert. Er deutet auch auf die Möglichkeit hin, dass der faktische Siegeszug des demokratischen Gedankens von links und rechts durch Alternativen unterbrochen werden kann, in denen selbst letzte Residuen demokratischer Teilhabe der Bürger getilgt sind.

---

[925] Vgl. Kapitel VII, § 5.
[926] Schmitt 1983, S. 227.
[927] Vgl. Kapitel III, § 3.
[928] Schmitt 1983, S. 243f.

§ 6 Theorien über die Krise und Zerstörung der parlamentarischen Demokratie (Schmitt, Fraenkel, Kirchheimer)

Zerstörung von Demokratie

Demokratietheorien greifen in der Tat zu kurz, wenn sie nur Fragen der Entstehung, Funktionalität und Konsolidierung politischer Partizipation erörtern; ihr Erkenntnisinteresse hat sich auch auf jene Faktoren zu konzentrieren, welche die Zerstörung bestehender demokratischer Regimes ermöglicht oder sogar vorangetrieben haben. Gerade in der Endphase der Weimarer Republik seit Beginn der Weltwirtschaftskrise 1929/30 sind zahlreiche Schriften erschienen, die sich genau diesem Thema widmeten.

Carl Schmitt

Im rechtskonservativen Spektrum der Weimarer Republik ist vor allem Carl Schmitt zu nennen, der mit seiner 1931 publizierten Schrift „Der Hüter der Verfassung"[929] eine einflussreiche Analyse der Verfassungskrise der WRV vorgelegt hat. Ausgangspunkt seiner Untersuchung war die Tatsache, dass nach den Reichstagswahlen vom September 1930 das deutsche Parlament keiner Regierung mehr zu einer Mehrheit verhelfen konnte. Infolgedessen wurde der Reichskanzler fortan auf der Grundlage des Art. 48 der WRV vom Reichspräsidenten Hindenburg eingesetzt, von dessen Vertrauen er in seiner Regierungstätigkeit so lange abhängig war, bis sich eine parlamentarische Mehrheit zu seinem Sturz fand. In seiner Analyse des „Ist-Zustands" der sozio-politischen Verhältnisse der Endphase der Weimarer Republik führte Schmitt das Versagen des Parlaments, aus seinen eigenen Reihen eine mehrheits- und handlungsfähige Regierung hervorzubringen, auf „die konkrete Verfassungslage der Gegenwart"[930] zurück. Diese sei durch drei Strukturelemente gekennzeichnet: den Pluralismus der kollektiv organisierten Partikularinteressen, die Polykratie der Institutionen der öffentlichen Wirtschaft und den Föderalismus der bundesstaatlichen Ordnung.[931] Zwar ist Schmitt zufolge das Zusammenspiel dieser drei gegen die staatliche Homogenität gerichteten Machtkomplexe der entscheidende Ursachenzusammenhang der Krise der parlamentarischen Demokratie. Doch für ihn steht auch außer Frage, dass dem Pluralismus, der „oligarchisch und nicht demokratisch"[932] sei, in seiner angeblich zerstörenden Wirkung die größte Bedeutung für das Versagen des liberalen Parlamentarismus zukomme.

Pluralismuskritik

Schmitt fundierte seine Pluralismuskritik historisch. In dem Maße, wie der für das 19. Jahrhundert konstitutive Dualismus zwischen (monarchischem) Staat und bürgerlicher Gesellschaft auf dem Kontinent durch wachsende staatliche Intervention in die Gesellschaft hineingenommen wurde und umgekehrt deren organisierte Interessen Teile der staatlichen potestas okkupiert hätten, ohne aufzuhören, nicht-staatliche, d.h. soziale Gebilde zu sein, habe das Parlament seine ursprüngliche Funktion verloren, die Gesellschaft in den Staat und diesen in die Gesellschaft zu integrieren. Die Folgen seien von jedermann im deutschen Reichstag zu besichtigen: Die Fraktionen der großen Massenparteien stünden

---

Weimarer Verfassungskrise

[929] Vgl. Schmitt 1983.
[930] Vgl. a.a.O., S. 71-131.
[931] A.a.O., S. 71.
[932] A.a.O., S. 145.

sich wie erratische Blöcke gegenüber, ohne in der Lage zu sein, einen staatlich homogenen Willen, der über das enge Parteiinteresse hinausgeht, hervorzubringen. Am Ende resultiere aus dieser Konstellation bestenfalls ein labiler Koalitionsstaat, der im Kern paralysiert und zu einer staatspolitischen Entscheidung unfähig sei.[933] Für Schmitt bot dieses Phänomen des labilen, durch jederzeit kündbare Verträge zusammengehaltenen Koalitionsstaats eine fatale außen- und innenpolitische Perspektive. Bei Zerstörung der staatlichen Einheit drohe außenpolitisch die Intervention der Siegermächte des Ersten Weltkrieges[934] und innenpolitisch der Bürgerkrieg.[935]

Tatsächlich gehörte die Konfrontation bewaffneter paramilitärischer Verbände aus dem rechten wie aus dem linken Lager zum täglichen Erscheinungsbild in der Endphase der Weimarer Republik. Was ist, so fragte Schmitt, „in einer solchen Lage der 'Staat' und das 'Ganze' der politischen Einheit eines Volkes?".[936] Er beantwortete diese Frage, indem er das liberale und sozialistische Gleichgewichtsmodell zur Einschätzung der gesamtgesellschaftlichen Kräfteverhältnisse zum Ausgangspunkt seiner staatstheoretischen Überlegungen machte. In der Tat gingen Liberale wie John St. Mill und Sozialisten wie Friedrich Engels, Otto Bauer, Ernst Fraenkel oder Otto Kirchheimer von der Annahme aus, dass es in einer polarisierten, weil klassengespaltenen Gesellschaft zu einer machtpolitischen Konstellation kommen kann, in der sich beide Lager paritätisch gegenüberstehen. „Die Parteiverhältnisse in Deutschland und die Zahlenverhältnisse der verschiedenen Interessengruppierungen scheinen das Bild eines Gleichgewichts, sei es von Arbeitgebern und Arbeitnehmern, sei es von Bürgerlichen und Sozialisten, sowohl im Reich wie in den Ländern im Großen und Ganzen zu bestätigen. Dadurch können Streitigkeiten zwischen Arbeitgebern und Arbeitnehmern zu einem typischen Abbild der staatlichen Struktur überhaupt werden. Denn die 'Gesellschaft', die sich im 19. Jahrhundert gegenüber dem Staat entwickelt und siegreich zur Geltung gebracht hat, war, wie schon *Saint-Simon* und *Lorenz von Stein* wußten, vor allem 'industrielle Gesellschaft'. Infolgedessen erhalten auch die unparteiischen Richter und Schlichter in Arbeitsstreitigkeiten gegenüber den Beisitzern, die Arbeitgeber- und Arbeitneh-

Pluralismus und Einheit des Staates

---

[933] A.a.O., S. 88. „Dieser parlamentarisch-demokratische Parteienstaat ist, mit einem Wort, ein *labiler Koalitions-Parteien-Staat*. Die Mängel und Mißstände eines solchen Zustandes sind oft genug dargestellt und kritisiert worden: unberechenbare Mehrheiten; regierungsunfähige und infolge ihrer Kompromißbindungen unverantwortliche Regierungen; ununterbrochene, auf Kosten eines Dritten oder des staatlichen Ganzen zustandekommende Partei- und Fraktionskompromisse, bei denen jede beteiligte Partei sich für ihre Mitwirkung bezahlen läßt; Verteilung der staatlichen, der kommunalen und anderer öffentlicher Stellen und Pfründen unter die Parteigänger nach irgendeinem Schlüssel der Fraktionsstärke oder der taktischen Situation" (Schmitt 1985, S. 88).

[934] „Es bliebe dann dem Druck von Außen, dem Interesse der Gläubigerstaaten an der Einheit des Reparationsschuldners, überlassen, ob die staatliche Einheit Deutschlands weitergeführt werden soll oder nicht, und es wäre eine Frage des Ermessens fremder Regierungen, ob ein ausländischer Kommissar oder Podestà die Richtlinien der deutschen Innenpolitik bestimmt, nachdem der politische Sinn des deutschen Volkes zu einer eigenen Willensbildung nicht mehr ausgereicht hat" (Schmitt 1985, S. 110).

[935] A.a.O., S. 142.

[936] Ebd.

mervertreter sind, eine fast symbolische Stellung, durch welche die Lage des ganzen Staates (und des staatlichen Ganzen) sichtbar wird".[937]

Welche Rolle kann der Staat in einer solchen Konstellation einnehmen? Schmitt spielte in seiner Schrift vier Stadien durch: 1. Er kann die Rolle des neutralen und vermittelnden Maklers spielen. Dadurch werde freilich noch keine staatliche Superiorität bzw. Autorität wirksam. „Die Schlichtungsverhandlungen hätten dann im heutigen Industriestaat eine analoge Bedeutung, wie sie im bürgerlichen Verfassungsstaat des 19. Jahrhunderts dem Parlament zugedacht war, nämlich der Boden einer durch Verhandlung und gegenseitige Überredung bewirkten Willensbildung zu sein, in deren Kern ein *Konsens*, nicht eine *Entschei-*

dung liegt".[938] 2. Der Staat kann aber auch den Ausschlag geben, wenn sich die beiden gleich starken Lager nicht einigen können. In diesem Falle entäußert er sich aber als ausschlaggebender Dritter seiner Aura, „neutral im Sinne der Objektivität und Vernunft"[939] zu sein, weil er jetzt ein Machtkomplex neben ande-

ren Machtkomplexen innerhalb des pluralistischen Systems wird. 3. Der Staat wird zum Spielball organisierter pluralistischer Interessen selbst, die sich seiner - je nach der Lage der machtpolitischen Konstellation - bedienten oder ihn als Eindringling hinstellten, der die Eigengesetzlichkeit des Wirtschafts- und Arbeitskampfes störe.[940] Im ersten Falle begeben sich die organisierten Partikularinteressen unter den Einfluss der staatlichen Willensbildung, um diese um so wirksamer für das Parteieninteresse auszunutzen. 4. Die vierte Stufe ist dann

erreicht, wenn sowohl die Schlichtungsinstanz als auch die Verbindlichkeitserklärung das Werk des Staates sind. Dann fallen staatliche Dezision, Neutralität sowie Einheit und Ganzheit zusammen. Allerdings sei dieser Fall nur dann realistisch, wenn noch nicht alle staatlichen Ressourcen pluralistisch verteilt und sich eine Vielzahl der Parteien sowie weltanschauliche und ökonomische u.a. Heterogenitäten gegenseitig hemmten. Vor allem dürften nicht alle Kräfte des Volkes parteipolitisch bereits gebunden sein.

Diese vierte Stufe eröffnete nach Schmitt eine Perspektive, in der zwar nicht die Krise, wohl aber die Existenz der gescheiterten parlamentarischen Demokratie als Ganze überwunden werden könne. Immer wieder wies er darauf hin, dass es neben der in der WRV verankerten parlamentarischen Demokratie auch die Möglichkeit einer plebiszitären Demokratie gebe, welche von der Einheit des Volkes und dem von ihm gewählten Reichspräsidenten, gestützt von einer auf parteipolitische Neutralität festgelegten Beamtenschaft, getragen sei.[941]

---

[937] A.a.O., S. 142f.

[938] A.a.O., S. 144.

[939] A.a.O., S. 145.

[940] A.a.O., S. 147.

[941] „Der Reichspräsident steht im Mittelpunkt eines ganzen, auf plebiszitärer Grundlage aufgebauten Systems von parteipolitischer Neutralität und Unabhängigkeit. Auf ihn ist die Staatsordnung des heutigen deutschen Reiches in demselben Maße angewiesen, in welchem die Tendenzen des pluralistischen Systems ein normales Funktionieren des Gesetzgebungsstaates erschweren oder sogar unmöglich machen. (...) Sowohl das relativ Statische und Permanente (Wahl auf 7 Jahre, erschwerte Abberufungsmöglichkeit, Unabhängigkeit von den wechselnden Parlamentsmehrheiten) wie auch die Art seiner Befugnisse (die Zuständigkeiten nach Art. 45f. RV., Reichstagsauflösung nach Art. 73 RV., Gesetzes-Ausfertigung und -Verkündigung nach Art. 70, Reichsexekution und Schutz der Verfassung nach Art. 48) haben den Sinn, eine wegen ihres unmittelbaren Zusammenhanges mit dem staatlichen Ganzen parteipolitisch neutrale Stelle zu schaffen, die als solcher der berufene Wahrer

Für Schmitt war also die bonapartistische Lösung in Gestalt der Diktatur des Reichspräsidenten, die aus dem „Klassengleichgewicht" der Weimarer Republik resultiert, eine Konsequenz ohne Alternative. Doch demgegenüber hatte insbesondere Otto Bauer dargelegt, dass sozio-politische Gleichgewichtszustände durchaus auch eine parlamentarische Lösung in Form einer Koalitionsregierung hervorbringen können, wie dies bei der ersten Regierung Renner nach dem Zusammenbruch der Habsburger Monarchie in Österreich der Fall war.[942] Indem Schmitt diese Möglichkeit gar nicht erst in Erwägung zog, trat sein Erkenntnisinteresse offen zu Tage. Für ihn war die parlamentarische Demokratie des allgemeinen Wahlrechts a priori obsolet, weil der ihr zugrundeliegende Pluralismus aus angeblich strukturellen Gründen die staatliche Homogenität und damit die Grundlagen des Deutschen Reiches zerstöre.

Mit dieser Reduktion griff aber seine Theorie des Scheiterns der liberalen Demokratie in der ersten deutschen Republik zu kurz, wie ein zeitgenössischer der Sozialdemokratie nahe stehender Autor schon sehr früh erkannte. So kritisierte Ernst Fraenkel in seinen Aufsätzen zur Verfassungskrise 1931/32[943] Schmitt, er setze das klasseneinheitliche, auf dem Zensuswahlrecht des 19. Jahrhunderts beruhende Honoratiorenparlament mit dem Parlament schlechthin gleich. Dessen Prinzipien könnten aber nach der Gewährung des Wahlrechts für die proletarischen Schichten nicht angewandt werden, weil nun gesellschaftlich divergierende Interessen aufeinander prallten. Für deren Ausgleich im Parlament komme jetzt nicht mehr die *Diskussion*, sondern nur der *Interessenausgleich* im Rahmen eines vertraglich abgesicherten Kompromisses in Frage.[944] Die Ineinssetzung der Institution des Reichspräsidenten mit dem authentischen Willen des Volkes nannte Fraenkel eine Fiktion ohne empirische Grundlage. „Dem durch Volksabstimmung erwählten Reichspräsidenten und seiner Regierung wird die mystische Fähigkeit zugesprochen, Verkünder einer einheitlichen nationalen Auffassung auch für solche Fragen zu sein, über die das Volk selbst in gegensätzliche Lager geteilt ist".[945] Und Schmitts Behauptung, die Demokratie sei per se homogen, erweise sich „nicht nur geschichtlich (als) unrichtig, sondern vor allem politisch (als) irreführend"[946]: In einer klassengespaltenen Industriegesellschaft sei die Demokratie vielmehr gezwungen, der Verschiedenheit der Klassenlage ihrer Angehörigen hinreichend Rechnung zu tragen. „Im ausgesprochenen Widerspruch zu Carl Schmitt muß daher betont werden, daß die Weimarer Republik nicht von einem homogenen, sondern von einem in sich gespaltenen Volk ausgeht".[947]

Ernst Fraenkel

Kritik an Schmitt

---

und Hüter des verfassungsmäßigen Zustandes und des verfassungsmäßigen Funktionierens der obersten Reichsinstanzen und für den Notfall mit wirksamen Befugnissen zu einem aktiven Schutz der Verfassung ausgerüstet ist" (Schmitt 1985, S. 158).

[942] „Es war keine Regierung möglich ohne und gegen die Vertreter der Arbeiter. Es war keine Regierung möglich ohne und gegen die Vertreter der Bauern. Eine gemeinsame Regierung der Arbeiter und der Bauern war die einzige mögliche Lösung. Arbeiter und Bauern mußten sich in der Regierung zu verständigen, sie mußten gemeinsam zu regieren versuchen, wenn sie nicht binnen kurzem im offenen Bürgerkrieg einander gegenüberstehen sollten" (Bauer 1923, S. 129).

[943] Vgl. Fraenkel 1968. Vgl. zum Frühwerk Fraenkels Kremendahl 1977, S. 187-201.

[944] A.a.O., S. 65.

[945] A.a.O., S. 85.

[946] A.a.O., S. 76.

[947] A.a.O., S. 79.

„dialektische Demokratie"

notwendiger Minimalkonsens in der Demokratie

Ursachen des Scheiterns von Weimar

- Verlust der bürgerlichen Mitte

- Rolle der Agrar- und Wirtschaftseliten

Diese Form der parlamentarischen Demokratie, die als Parteienstaat den Klassenkonflikt nicht verdeckt, sondern von ihm ausgeht, nannte Fraenkel die *dialektische Demokratie*. Ihre Funktion bestehe nicht darin, die sozialen Gegensätze zu vertuschen, sondern sie in zivilen Formen mit dem Ziel auszutragen, sie durch Kompromisse zu mildern. Aus diesem Grunde hätten die Väter der WRV im ersten Teil der Verfassung den Rahmen für den Austrag sozialer Gegensätzlichkeiten geschaffen, während sie im zweiten Teil den Sektor sahen, der dem politischen Kampf weitgehend entrückt sei: Er stelle gleichsam den sozialen Kitt dar, „der die widerstrebenden politischen Kräfte zusammenhält. (...) Es muß daher als irrig angesehen werden, wenn Carl Schmitt den ersten und zweiten Teil als zwei verschiedene Verfassungen gegenüberstellt. Im Gegenteil: eine dialektische Demokratie, wie sie der erste Teil der Verfassung vorsieht, ist nur solange möglich, wie eine Garantie dafür gegeben ist, daß ein Minimum an Gemeinsamkeiten im sozialen Leben des Volkes, das zu einem Staat zusammengefaßt ist, vorhanden bleibt. Sind auch die letzten Gemeinsamkeiten der kämpfenden Gruppen in einem Staat fortgefallen, so löst sich der Staat in sich auf".[948]

Freilich musste auch Fraenkel zugeben, dass seit den Septemberwahlen von 1930 die dialektische Demokratie mit ihrer für sie konstitutiven Kompromissbildung, die insbesondere in den ersten Jahren der Republik auf der Grundlage der „Weimarer Koalition" hinreichend funktioniert habe, in eine schwere Krise geraten sei. Stellte das Zusammengehen von Zentrum und Sozialdemokratie zunächst die Grundlage für kompromissfähige Koalitionsregierungen dar, so sah er in der Unfähigkeit des Reichstages, seit den Septemberwahlen 1930 mehrheitsfähige Regierungen zu bilden, das Fanal für die protestantisch-preußischen Gutsherrn und die großindustrielle Kaste, die Parität mit dem Proletariat zu beenden und ihre in der Revolution von 1918/19 verlorene Hegemonie wieder zu gewinnen.[949]

Das Ende der dialektischen Demokratie sah Fraenkel in der Endphase der Weimarer Republik darin begründet, dass sich die bürgerlichen Mittelschichten in Scharen von den kapitalistischen Parteien abwandten und dem Nationalsozialismus zu einer Massenbasis verhalfen. „Seitdem die losgelösten Zwischenschichten als Treibholz umherirren, ist die Möglichkeit, die staatliche Willensbildung mit Hilfe der dialektischen Demokratie zu Wege zu bringen, gestört, wenn nicht gar für dauernd vernichtet".[950] Ohne eine eigene Massenbasis, so Fraenkel, setzten die agrarischen und industriellen Eliten nun auf die Diktatur des Reichspräsidenten, der mit der zunehmenden Schwächung der parlamentarischen Demokratie auf eine gestärkte staatliche Bürokratie zurückgreifen konnte, welche nun in steigendem Maße parlamentarische Funktionen wie z.B. die legislative Tätigkeit an sich zog.

---

[948] A.a.O., S. 84.
[949] A.a.O., S. 57f.
[950] A.a.O., S. 81f.

Diese Herausbildung einer „verselbständigten Exekutive"[951] wurde von ih- - Sieg der
„autoritären
Demokratie"
ren Protagonisten als der Sieg der „autoritären Demokratie" gefeiert, weil ihr
Träger, der Reichspräsident, unmittelbar vom Volk gewählt wurde. Doch deren
plebiszitäre Legitimation, so Fraenkel, könne nicht darüber hinwegtäuschen,
dass sie nun den umgekehrten Fehler radikaler Anhänger der dialektischen Demokratie begehe: „über dem unstreitigen Sektor des politischen Lebens den
streitigen Sektor zu übersehen. Im Rahmen einer klassengespaltenen Gesell- Ausblendung der
Klassengegensätze ...
schaft muß eine Staatsführung, die ihren Willen mit dem nationalen Willen iden-
tifiziert, den Charakter einer ausgesprochenen Klassenherrschaft tragen, ohne
daß die Möglichkeit des Ausgleichs der Klassenkräfte vorhanden ist, den die
dialektische Demokratie herbeizuführen beabsichtigt".[952] Die Konsequenz dieses
eingeschlagenen Weges, so prognostizierte Fraenkel, sei eindeutig: Sie laufe ... und Notwendigkeit
von Gewalt
darauf hinaus, die Anwendung von Gewaltmethoden zu einem regulären Mittel
der Politik zu erheben. Gehe die direkte Demokratie Rousseaus von einer Gesellschaft ohne Klassen aus, biete die Honoratiorendemokratie die Möglichkeit ihrer
Aufdeckung und sei die dialektische Demokratie bereit, ihnen weitgehend Rechnung zu tragen, so schicke die autoritäre Demokratie sich an, sie abzuschaffen.
Aber in dem Maße, wie sie die Eigentumsverhältnisse unangetastet lasse, könne
sie sich nicht der Erkenntnis entziehen, dass auch abweichende Meinungen und
Interessen möglich seien: „Sie organisiert sich daher, wie der Faschismus be-
weist, in einer Partei zwecks Unterdrückung aller anderen Organisationen".[953]

Zu ähnlichen Resultaten gelangte Otto Kirchheimer in seiner Interpretation Otto Kirchheimer
der sogenannten Präsidialkabinette. Er entwickelte sein Theorie-Raster in der
1930 erschienenen Schrift „Weimar und was dann?"[954]. Machte Fraenkel einen
Unterschied zwischen einem nichtkontroversen und einem kontroversen Sektor Zwei Sphären:
Direktions- und
Distributionssphäre
der Weimarer Reichsverfassung, die freilich dialektisch aufeinander bezogen
seien, so interpretierte Kirchheimer sie als Ausfluss eines charakteristischen
Dualismus zwischen einer *Direktions- und einer Distributionssphäre*. Die Direk-
tionssphäre umfasste Kirchheimer zufolge alle institutionellen Garantien, welche Direktionssphäre:
Garantie des kapita-
listischen Systems
den ehernen Bestand der Reproduktionsbedingungen des kapitalistischen Sys-
tems garantieren. Im einzelnen nannte er folgende Politikfelder, in denen sich
der Primat kapitalistischer Interessendurchsetzung im zunehmenden Maße
„durch Zurückdrängung der wirtschaftlichen Betätigung der öffentlichen Körperschaften"[955] durchgesetzt und seine Einflusssphäre erheblich vergrößert habe:
1. Die Konzentrationstendenzen in der Großindustrie hätten eine „Vereinigung
der gesamten Produktion und ihrer Direktion in den Händen weniger Wirtschaftsführer"[956] bewirkt. Sie kontrollierten unterdessen die Außen-, Handels-

---

[951] „Das Parlament, das sich mehr und mehr in Mißtrauensvoten, Personalfragen usw. verliert,
derelinquiert die gesetzgebende Gewalt in grundlegenden Fragen. Justiz und Verwaltung übernehmen die Macht, die das Parlament freiwillig aufgegeben hat. (...) Daß im zunehmenden Maße auch
die Verwaltung die gesetzgebende Funktion usurpiert, die das Parlament derelinquiert hat, braucht in
den Tagen der kommissarischen Diktatur des Artikels 48 Reichsverfassung nicht eingehend erörtert
zu werden" (Fraenkel 1968, S. 45).
[952] A.a.O., S. 85f.
[953] A.a.O., S. 86.
[954] Vgl. Kirchheimer 1981. Zum Frühwerk Kirchheimers vgl. Luthardt 1976, S. 7-31.
[955] A.a.O., S. 41.
[956] Ebd.

und Wirtschaftspolitik in einem Umfang, dass dem Ausland die Entscheidung immer schwerer falle, ob sie es mit bloßen Partikularinteressen zu tun hätten oder ob Staaten Vertragspartner seien. 2. Im Lauf der Entwicklung der Weimarer Republik habe es sich herausgestellt, „daß die Trägerin des Monopols der physischen Gewalt, die Reichswehr, einen nicht zu unterschätzenden Faktor im Sinne der Aufrechterhaltung des kapitalistischen Wirtschaftssystems bildet".[957] Sie habe sich kompromisslos in den Dienst ihrer Aufrechterhaltung gestellt.

Distributionssphäre: Austragungsort der sozialen und poltischen Kämpfe

Nun stehe freilich, so Kirchheimer, diesem festgelegten Rahmen der kapitalistischen Reproduktionsbedingungen, deren Garant in der Ausnahmesituation der Art. 48 WRV sei[958], eine Sphäre gegenüber, welche „dem freien Spiel der politischen Kräfte vorbehalten ist".[959] Dieser sogenannte Distributions- oder Verteilungsbereich „umfaßt den Anteil der vom kapitalistischen Wirtschaftssystem in irgendeiner Form abhängigen Bevölkerung am Sozialprodukt, der sich ausdrückt in Tarifverträgen, Bestimmungen über Sozialversicherung, Arbeitslosigkeit, Wohnungswesen, um nur die wichtigsten zu nennen".[960] Im Kern findet in diesem Bereich der Kampf zwischen der Arbeiterschaft und dem Kapital um die Verteilung des disponiblen Teils des Bruttosozialprodukts statt, der entschieden wird von den jeweiligen, oft durchaus kontingenten politischen Kräfteverhältnissen. Während die vom Vertrauen des Parlaments abhängige Regierung im großen und ganzen die von der Direktionssphäre ausgehenden Imperative exekutiert, sind sie und - wie hinzuzufügen wäre - der Reichstag innerhalb der Verteilungssphäre zu einem „Clearing-House" geworden. „Ihre Aufgabe ist es, die widersprechenden Wünsche der durch ihre Spitzenverbände vertretenen wirtschaftlichen Organisationen unter steter Berücksichtigung des gerade vorhandenen Stärkeverhältnisses der einzelnen Gruppen so auszugleichen, daß eine Gefährdung der vorgezeichneten gesamtpolitischen Linie vermieden wird".[961]

Regierung und Parlament als Clearingstelle

Widerstreit der Sphären

Doch was geschieht, wenn kapitalistische Direktions- und pluralistische Distributionssphäre auseinanderdriften? Dieser Fall kann eintreten, wenn 1. die Vertreter der Distributionssphäre aus der Arbeiterschaft im Reichstag eine solche Fraktionsstärke erreichen, dass der Primat des Direktionsbereichs in Frage gestellt erscheint, oder wenn 2. aufgrund einer schwerwiegenden Wirtschaftskrise der disponible Teil des Bruttosozialprodukts so schmilzt, dass die Kapitalseite

---

[957] A.a.O., S. 42.

[958] „Da die Demokratie bis zum Tage immer nur eine politische Demokratie gewesen ist, so hat in ihr die verfassungsmäßige Institution des Ausnahmezustandes (kommissarische Diktatur) meist nur den einen Zweck erfüllt, das Proletariat, sofern es mit den geschäftsordnungsmäßigen Mitteln des Parlamentarismus nicht zum Schweigen zu bringen war, auf gewaltsame Weise wieder in den bestehenden Staat einzugliedern. (...) Der Punkt, an dem die politische Demokratie des Bürgertums in die bürgerliche Diktatur umschlägt, ist nicht absolut bestimmbar. Da jede bürgerliche Demokratie ein Element Diktatur zwangsmäßig in sich trägt, ist es oft nur eine Frage der konkreten Zweckmäßigkeit, ob ein Regime sich äußerlich als ein demokratisches oder als ein diktatorisches maskiert. (...) Ob politische Demokratie, zeitweilige (kommissarische) Diktatur gemäß Art. 48 der Verfassung oder Dauerdiktatur unter Suspendierung der Verfassung, gilt weitesten Kreisen des Bürgertums von seinem Standpunkt aus mit Recht als Zweckmäßigkeitsfrage, die nur unter dem einen Gesichtspunkt zu entscheiden ist: was dient am besten der Aufrechterhaltung des ökonomischen status quo?" (Kirchheimer 1981, S. 19f).

[959] A.a.O., S. 42.

[960] Ebd.

[961] A.a.O., S. 43.

glaubt, die „sozialen Lasten" nicht mehr tragen zu können. Der erste Fall trat ein nach den Reichstagswahlen von 1928, die bekanntlich zur Großen Koalition unter Hermann Müller führten. Vertreter der Arbeiterschaft zogen in einer Größe ins Parlament ein, „die ihnen zwar nach den Gesetzen der politischen Mechanik einen maßgeblichen Einfluß auf die Regierungsbildung verhieß, die aber nicht der ökonomischen Machtverteilung zwischen Arbeiterschaft und Kapital, die sich immer mehr zugunsten des Kapitals verschoben hat, entsprach".[962] Die Reaktion großer Teile des bürgerlichen Lagers ließ nicht auf sich warten: Die Forderung, das „verderbliche Parlament" mit seinem starren Pluralismus der Parteien und Verbände auszuschalten, diente nach Kirchheimer keinem anderen Zweck, als das Missverhältnis zwischen ökonomischer und politischer Macht zu beseitigen.[963]

Der zweite Fall stand Kirchheimer zufolge mit dem Scheitern der großen Koalition 1930 auf der Tagesordnung. Um sich dem Druck sozialpolitischer Forderungen der Arbeiterschaft im Parlament angesichts des schrumpfenden Bruttosozialprodukts im Rahmen der Weltwirtschaftskrise zu entziehen, schlossen die bürgerlichen Parteien die SPD als einzigem Garanten der dialektischen Demokratie aus dem Kreis der koalitionsfähigen Parteien aus. Gleichzeitig avancierte die Diktatur des Reichspräsidenten gemäß Art. 48 unter weitgehender Ausschaltung des Parlaments zum Garanten des Primats der Direktions- über die Distributionssphäre. 1930 brachte Kirchheimer diese Entwicklung auf den Punkt: „Das grundlegend Andersartige besteht nun seit einem halben Jahr darin, daß die Methode des gegenseitigen Nachgebens endgültig aufgegeben wird. Das Bürgertum konstituiert sich auch im Parlament als einheitliche Klasse. Damit entfällt gleichzeitig eine der wichtigsten Funktionen des Parlaments: die unendlich schwierige und mühselige Herbeiführung dieser Kompromisse; von nun ab wird die Funktion der Regierung eine andere. Bisher waren Regierung und Parlament eng verbunden, beide in der gemeinschaftlichen, auf dem Boden des Parlaments sich vollziehenden Arbeit am Kompromiß. Nun aber wird die Regierung zu einer selbständigen Vertretung des Bürgertums neben dessen Parlamentsfraktionen. (...) Das Bürgertum geht dazu über, sich und seine Interessen mit dem Staat zu identifizieren, wozu es des Parlaments nicht mehr bedarf".[964]

Die marxistisch inspirierten Analysen der Krise des liberalen parlamentarischen Systems der Weimarer Republik, wie Ernst Fraenkel und Otto Kirchheimer sie in den Jahren 1930 bis 1932 vorlegten, verdienen aufgrund ihres analytischen Potentials nach wie vor Beachtung. Was die Untersuchung des ökonomisch-interessengeleiteten Aspekts der Auflösung der Weimarer Republik betrifft, sind sie heute noch unübertroffen. Doch ihre Grenzen bestehen darin, dass

Krise von 1930 ...

... und die Ausschaltung des Parlaments

---

[962] Ebd.

[963] „Diesen Versuchen ist praktisch-politisch ein weitgehender Erfolg schon zuteil geworden. Durch die Machtstellung des deutschen Reichsbankpräsidenten auf dem Gebiet der Währungs- und Kreditpolitik ist der Bereich, der dem Spiel der innenpolitischen Kräfte bisher freigegeben war, weitgehend eingeengt worden. Es waren vor allem die auf dem Gebiet der Sozialpolitik besonders beteiligten Städte, die in der letzten Zeit die funktionelle Abhängigkeit der Verteilungssphäre von der Direktionssphäre zu spüren bekamen. Dazu kommt, daß jede angebliche Neutralisierung eines bestimmten Sachgebietes (Reichsbahn, Reichsbank) dessen Ausschluß von Zugriffsmöglichkeiten der Arbeiterschaft innerhalb des Rahmens der Verteilungssphäre bedeutet" (Kirchheimer 1981, S. 43f).

[964] Kirchheimer 1976, S. 93f.

sie das fatale Erbe des Kaiserreichs nicht hinreichend berücksichtigen, auf das bereits Hugo Preuß und Max Weber nachdrücklich hingewiesen hatten: Ursache der Verfassungskrise von Weimar war nicht nur der Primat bürgerlicher Kapitalverwertung, der unter vergleichbaren Bedingungen in England, Frankreich und den Vereinigten Staaten eine liberal-demokratische Lösung der Probleme der Weltwirtschaftskrise keineswegs ausschloss. Auslöser des „Abschieds von Weimar" (Fraenkel) war auch die aufgrund zweier gescheiterter Revolutionen nicht erfolgte Assimilierung pluralistischer und demokratischer Normen in eine widerstandsfähige, von freiheitlichem Geist getragene politische Kultur, der mangelnde politische Pragmatismus der verantwortlichen Politiker in Verbindung mit einer defizitären Elitenrekrutierung, eine sich nach außen hin abschottende Lagermentalität der großen politischen Parteien und die daraus folgende Unfähigkeit zum politischen Kompromiss.

Andererseits konnte Carl Schmitts Versuch, die autoritären Präsidialkabinette ebenso wie den faschistischen Machtstaat mit einer demokratischen Legitimation zu rechtfertigen, nicht überzeugender kritisiert werden als durch Ernst Fraenkels und Otto Kirchheimers alternative Ansätze. Sie trugen erheblich dazu bei, dass Schmitts Demokratietheorie das „Dritte Reich" nicht überlebte. Anders verhielt es sich mit Hans Kelsens Konzeption, Demokratie als Methode der Generierung einer staatlichen Ordnung auf der Grundlage des Parteienstaates der repräsentativen Demokratie und des ihm korrespondierenden Verbandspluralismus zu interpretieren. Wie dieser Ansatz in der Zwischenkriegszeit ab 1933 sowie während des Zweiten Weltkrieges und in der unmittelbaren Nachkriegszeit im anglo-amerikanischen Kontext weiterentwickelt wurde, wird im nächsten Kapitel zu zeigen sein.

Verwerfungen der politischen Kultur

236

Kapitel IX
Reduzierte Demokratietheorien im Schatten des Zweiten Weltkriegs

§ 1 Einleitung

Was sich in der zweiten Hälfte des 19. Jahrhunderts bereits andeutete, kam in der Zeit zwischen der Entstehung des „Dritten Reiches" 1933 und der unmittelbaren Nachkriegszeit Ende der 50er Jahre des 20. Jahrhunderts zur vollen Entfaltung: die weitgehende Verdrängung der alten Demokratie als der Selbstbestimmung des Volkes zugunsten jener reduzierten Konzeptionen der politischen Beteiligung, die unter Demokratie im Sinne Max Webers[965] nichts anderes verstanden als eine Sozialtechnik. Deren erste Aufgabe habe darin zu bestehen, den westlichen politischen Systemen eine möglichst effiziente Führung und ein fähiges Krisenmanagement zu sichern. Diese Entwicklung ist ohne die Erfahrung der sich überlagernden Krisen der Wirtschaft, der Kultur und der politischen Systeme in Europa nicht zu erklären.

Verdrängung der alten Demokratie

Die erste große Wirtschaftskrise nach dem Ersten Weltkrieg kulminierte zweifellos in der großen Inflation 1922-1923. „Welchen traumatischen Effekt dies auf die regionalen bürgerlichen und kleinbürgerlichen Schichten haben mußte, ist leicht vorstellbar. Die Inflation machte Mitteleuropa für den Faschismus reif".[966] Die wirtschaftliche Krise sollte aber noch katastrophalere Ausmaße annehmen. Zwar kam es zwischen 1924 und 1928 zu einer relativen Konsolidierung der Weltwirtschaft. Aber selbst diese Periode war geprägt von Massenstreiks und hohen Arbeitslosenquoten. Vor allem aber brachte die Weltwirtschaftskrise von 1929 die Grundlagen der sozialen Systeme der europäischen Demokratien ins Wanken. „Das Bild, das jene Jahre prägte, waren Suppenküchen und arbeitslose 'Hungermarschierer' aus Siedlungen, in denen die Schornsteine nicht mehr rauchten, und aus Industriezentren, wo weder Stahl noch Schiffe produziert wurden: Demonstranten, die in die Hauptstädte zogen, um jene anzuklagen, die sie für ihre Lage verantwortlich machten".[967]

Wirtschaftskrise

Die wirtschaftliche Katastrophe hatte eine tiefgreifende Krise des politischen Denkens zur Folge. Mit der Auflösung der Grundlagen des wirtschaftlichen Liberalismus schien die Zerstörung des freiheitlichen Individualismus einherzugehen, den einst der politische Liberalismus auf seine Fahnen geschrieben hatte. Sowohl die äußerste Rechte als auch die äußerste Linke waren sich darüber einig, dass dem „Bürger" als „Bourgeois" und „degenerierten, feigen, wei-

Krise des politischen Denkens: Mythos des Kollektivs

---

[965] Vgl. Kapitel VII, § 5.
[966] Hobsbawm 1995, S. 121.
[967] A.a.O., S. 125.

nerlichen" Egoisten, der verweichlicht, unlebendig und berechnend sei, nur mit Verachtung begegnet werden könne.[968] Seine Errungenschaften - wie Grundrechte, Gewaltenteilungs- und Zweikammersystem sowie der Rechtsstaat - wurden zunehmend im Bewusstsein vieler Menschen quer über die politischen Lager hinweg missachtet und durch die Hegemonie einer politischen Metaphysik ausgehebelt, in deren Zentrum nicht das rationale Individuum stand, sondern das zu einem Mythos erhobene Kollektiv der Klasse oder des Volkes.[969] Bereits 1923 glaubte Carl Schmitt konstatieren zu können: „Die Theorie vom Mythus ist der stärkste Ausdruck dafür, daß der relative Rationalismus des parlamentarischen Denkens seine Evidenz verloren hat".[970] Allerdings ließ er schon damals keinen Zweifel daran, „daß der stärkere Mythus im Nationalen liegt".[971]

Krise der liberalen Demokratie

Einer der wenigen republikkonformen Staatsrechtler der Weimarer Republik wie Gerhard Leibholz bestätigte 1933 diese These. Er hatte den italienischen Faschismus und den Nationalsozialismus vor Augen, als er schrieb: „Diese neue politische Metaphysik, die die Quelle aller politischen Urteile oder, wie man rationalistisch sagen würde, aller politischen Vorurteile ist, schließt die Diskussion über die Grundlagen dieser säkularisiert-religiösen Bewegungen aus. (...) Deshalb haben die politischen Kämpfe auch ein vielfach so blutiges, geradezu an die konfessionellen Zeitalter und die Religionskriege erinnerndes Gepräge erhalten und sind die glaubensmäßig unterbauten Bewegungen grundsätzlich radikal und koalitionsfeindlich, weil jede Koalition Kompromiß und jeder Kompromiß die glaubensmäßig begründete Absolutheit und Unbedingtheit einer solchen Bewegung gefährdet".[972] In der Tat schien die liberale Demokratie diesem Primat der Irrationalität in der Zwischenkriegszeit wenig entgegenzusetzen zu haben. „Der politische Liberalismus befand sich (...) während des gesamten Zeitalters der Katastrophe auf dem Rückzug, was durch Hitlers Machtübernahme als Reichskanzler Deutschlands im Jahr 1933 nur noch beschleunigt wurde".[973]

Totalitarismus

Für diejenigen, die unbeirrt an den Grundlagen der liberalen Demokratie festhielten, war diese Entwicklung eine ungeheure Herausforderung. Sie mussten von dem ernüchternden Befund ausgehen, dass die traditionelle liberale Demokratie ihre entscheidende Bewährungsprobe in vielen Ländern der Welt, vor allem in Europa, nicht bestanden hatte: Sie schien tatsächlich ihre Kraft verloren

---

[968] Vgl. Leibholz 1933, S. 58.

[969] „Vor allem hat das Bewußtsein von dem Verlust der stets stillschweigend vorausgesetzten, metaphysischen Grundlagen der parlamentarisch-liberalen Demokratie in den verschiedenen Ländern zu einer Wiederbelebung der politischen Metaphysik und einer Erneuerung der Politik aus dem Glauben geführt. Und zwar findet dieses Streben nach einem Eingebettetsein in einem neuen Absoluten und Objektiven nicht nur in politischen Parteien und Bewegungen, sondern auch in den die Parteien überschneidenden Querverbindungen seinen Niederschlag wie etwa in der positiven Bewertung des bündischen Prinzips als einer neuen Form schicksalhaften, bodenständigen Gemeinschaftslebens, der freiwilligen Arbeitsdienst- und Siedlungsbewegung. Diese neue politische Glaubensbewegung, in deren Zeichen man nicht nur bei uns die Welt heute neu formen will, orientiert sich in erster Linie, wenn man in diesem Zusammenhang von dem proletarischen Mythus und dem revolutionären Glauben an Klassenkampf und Generalstreik in dem etwa von Proudhon, Bakunin und Sorel entwickelten Sinne absieht, an den Gemeinschaftsphänomenen Staat und Nation" (Leibholz 1933, S. 55f).

[970] Schmitt 1991, S. 89.

[971] A.a.O., S. 88.

[972] Leibholz 1933, S. 58.

[973] Hobsbawm 1995, S. 146.

zu haben, die gesellschaftlichen Antagonismen integrieren zu können. Erst unter dieser Voraussetzung war der Vormarsch der linken und rechten Totalitarismen in Europa zu erklären. So schreibt der Historiker Gerhard A. Ritter: „Die Zeit zwischen der russischen Märzrevolution und dem Ausbruch des zweiten Weltkrieges ist verfassungsgeschichtlich eine Periode der allgemeinen Krise der Demokratie und besonders des parlamentarischen Regierungssystems. Mit Russland, den baltischen Staaten, Polen, Ungarn, den Balkanstaaten, Italien, Deutschland, Österreich, Spanien und Portugal setzten sich in Europa mit Ausnahme der Tschechoslowakei und Finnlands in allen der 1917-1919 oder später zu demokratisch-parlamentarischen Verfassungen übergegangenen Staaten wieder totalitäre oder autoritäre Regierungsformen durch".[974] Wie musste unter diesen Voraussetzungen eine Demokratie mit einer liberalen Mindestausstattung aussehen, die sich gegenüber einer solchen Gefahr behaupten wollte? Einer der ersten Autoren, der sich dieser Frage stellte, war der Sozialwissenschaftler Karl Mannheim.

§ 2 Karl Mannheims Konzept der sozialtechnologisch „formierten" Demokratie

Bereits 1935 legte Karl Mannheim (1893-1947), der Begründer der sogenannten „Wissenssoziologie", eine deutsche Erstfassung seiner zeitdiagnostischen Bilanz der liberalen Demokratie vor, aus der 1940 dann die erweiterte englische Ausgabe „Mensch und Gesellschaft im Zeitalter des Umbaus"[975] resultierte, die der folgenden Interpretation zugrunde liegt. 1940 sah Mannheim seine Aufgabe vor allem darin, das anglo-amerikanische Publikum davon zu überzeugen, dass der Zusammenbruch der liberalen Demokratie auf dem europäischen Kontinent keine vorübergehende, auf kontingente Umstände zurückzuführende Krise, sondern tief in den fortgeschrittenen Industriegesellschaften des Westens selbst verankert sei. Sein Erkenntnisinteresse zielte also auf die Korrektur des Irrtums der anglo-amerikanischen Welt ab, in der Zerstörung des westlichen Verfassungstyps in großen Teilen Europas und der Errichtung einer totalitären Herrschaftsform in den betroffenen Ländern nur die Symptome einer zeitlich begrenzten Krise zu sehen. Demgegenüber hob Mannheim hervor, dass die Menschen, „die mitten in dieser Gefahrenzone leben, (...) diesen Wandel als eine grundlegende Veränderung der modernen Gesellschaftsstruktur"[976] erfahren.

    Mannheim schloss sich dieser kontinentalen Sicht dezidiert an. In seiner Zeitdiagnose nannte er drei Gründe, warum der Aufstieg des Faschismus und die Konsolidierung des totalitären Kommunismus in der Sowjetunion Ausfluss eines tiefgreifenden Strukturwandels der fortgeschrittenen Industrieländer seien. Konnte die intakte liberale Gesellschaft des 19. Jahrhunderts von der Annahme ausgehen, dass sich kraft des „laissez-faire" - Prinzips die konfligierenden Einzelinteressen vermittels einer „invisible hand" hinter dem Rücken der nutzenma-

(Randnotiz: Mannheims Zeitdiagnose)

(Randnotiz: Fundamentaldemokratisierung: Stimmungsdemokratie und Elitenherrschaft)

---

[974] Ritter 1962, S. 3.
[975] Vgl. Mannheim 1958. Die deutsche Übersetzung wurde verglichen mit Mannheim 1951.
[976] Mannheim 1958, S. 3.

ximierenden Individuen zu einem Allgemeinwohl integrieren, so bestehe die Krise der liberalen Gesellschaft darin, dass dieser Mechanismus nicht mehr funktioniere. An erster Stelle nannte er das *Prinzip der Fundamentaldemokratisierung*, das das liberale Integrationsmuster suspendiert habe. Im 19. Jahrhundert, so Mannheim, sei die Demokratie aufgrund des Zensuswahlrechts nichts anderes als eine „Pseudodemokratie"[977] gewesen. Angesichts eines sich erst allmählich zu einer politischen Größe konstituierenden Industrieproletariats war die politische Teilhabe auf eine kleine Schicht des Besitz- und Bildungsbürgertums beschränkt, welche die Demokratie „in Richtung auf eine Steigerung des rationalen Denkens" drängte, „auch wenn es sich dabei lediglich um eine rationale Vertretung der eigenen Interessen handelte".[978] Diese Situation habe sich aber seit der zweiten Hälfte des 19. Jahrhunderts grundlegend verändert, als unter dem Druck der organisierten Arbeiterbewegung die Ausweitung der Demokratie auf die Massen erfolgte und somit das Zeitalter der Fundamentaldemokratisierung erzwang.

Ähnlich wie die Elitentheoretiker Vilfredo Pareto und Gaetano Mosca sah Mannheim offenbar in der Ausweitung des Wahlrechts eine tödliche Bedrohung der „herrschenden Klasse": „Immer mehr soziale Schichten streben heute nach einem Anteil an der gesellschaftlichen und politischen Führung und nach einer eigenen Interessenvertretung. Die Tatsache, dass sie aus geistig rückständigen Massen kommen, bedeutet eine Bedrohung jener Führungsschichten, die früher an der geistigen Niederhaltung der Massen interessiert waren".[979] Diese Reprimierung „hatte für die betreffenden Führungsschichten solange einen Sinn, als sie damit rechnen konnten, daß die Massen durch ihre Stumpfheit gänzlich von der Politik fernblieben".[980] Davon könne aber unter den Bedingungen der Industrialisierung nicht mehr die Rede sein: Jetzt schlage der „Mangel an geistiger Bildung"[981] der Massen unmittelbar auf die Demokratie durch, und zwar in Gestalt ihrer Emotionalisierung. Eine „Stimmungsdemokratie" (Max Scheler) entziehe der liberalen Demokratie aber letztendlich den Boden, weil diese ohne ein Mindestmaß an verbindlicher Rationalität nicht überlebensfähig sei. Ebenso gefährlich für die liberale Demokratie aber sei, dass der Prozess der Fundamentaldemokratisierung aufgrund der Unmündigkeit der zur Herrschaft gelangten Massen notwendig Formen der Monopolisierung gesellschaftlicher Machtpositionen ohne demokratische Legitimation begünstige. Mannheim nannte den zunehmenden Einfluss technokratischer Eliten (Politiker, Wirtschaftsführer, Verwaltungstechniker und Rechtsspezialisten), „die Konzentration des verwaltungsmäßigen Handelns einer sich von den übrigen sozialen Schichten immer mehr abhebenden Bürokratie"[982] sowie die Konzentration militärischer Machtmittel in den Händen einer Minorität.

Zunehmende Interdependenz: Störungsanfälligkeit

Die zweite Gefahr, mit der die liberalen Gesellschaften konfrontiert seien, finde ihren Ausdruck im *Prinzip der zunehmenden Interdependenz*. In den Ge-

---

[977] A.a.O., S. 52.
[978] Ebd.
[979] Ebd.
[980] Ebd.
[981] Ebd.
[982] A.a.O., S. 55.

sellschaften des 19. Jahrhunderts seien politische und soziale Krisen in der Regel lokal begrenzt gewesen. Zwar müsse modernen Gesellschaften aufgrund ihrer größeren materiellen Ressourcen eine höhere Flexibilität in der Krisenbewältigung als den früheren Gesellschaftsordnungen attestiert werden. So hätten sich aufgrund des technischen Fortschritts Ressourcen in den kapitalistischen Ländern gebildet, die es ihnen ermöglichten, die Massenarbeitslosigkeit ohne den Zusammenbruch des Gesamtsystems zu verkraften. „Andererseits macht jedoch die Interdependenz aller einzelnen Teile die moderne Ordnung viel empfindlicher als eine einfache Wirtschaftsform. Je genauer nämlich einzelne Teile eines Großmechanismus einander angepaßt und je enger die einzelnen Bauelemente miteinander verklammert sind, um so folgenschwerer ist die kleinste Störung".[983] In diesem interdependenten Geflecht wirke die Emotionalisierung der Massen infolge der Fundamentaldemokratisierungsprozesse wie eine Zeitbombe. „Primitive Instinkt- und Stimmungsausbrüche der aktivierten Massen bedeuten eine Katastrophe für die gesamte Gesellschaft und sogar für die ganze übrige Welt, da die Verflochtenheit des modernen Gesellschaftsgefüges jede Störung mit gesteigerter Intensität weitergibt".[984]

Das dritte Krisensymptom ist nach Mannheim die *Ersetzung der substantiellen Rationalität durch funktionelle Rationalität*. Worin besteht der Unterschied zwischen beiden? „Das Wesentliche an der 'substantiellen' Rationalität sichtbar zu machen, ist nicht allzu schwer. Wir verstehen darunter den Denkakt, der in einer gegebenen Situation Einsicht in den Zusammenhang der Ereignisse vermittelt. Alle falschen Denkakte oder alles, was überhaupt kein Denkakt ist (wie z.B. unbewußte oder bewußte Triebe, Impulse, Wünsche und Gefühle), bezeichnen wir dagegen als 'substantiell irrational'".[985] Demgegenüber meint „funktionelle Rationalität" die Organisation einer Reihe von Handlungen, die auf ein vorgegebenes Ziel festgelegt sind, ohne dass die Betroffenen überhaupt Denkakte zu vollziehen haben.[986] Die Hegemonie dieser Zweck-Mittel-Rationalität im Bewusstsein der Massen gegenüber der rationalen Urteilskraft mündiger Bürger hat in der Sicht Mannheims fatale Folgen für die Grundlagen der liberalen Demokratie. In dem Maße, wie die Massen in den voneinander abhängenden Teilsystemen der Industriegesellschaft nur noch funktionieren und dem Durchblick weniger Technokraten ausgeliefert sind, werden sie im Fall einer sozialen Krise aufgrund ihrer fehlenden autonomen Urteilskraft hilflos: Der „Ruf nach dem Führer" lasse nicht auf sich warten.[987]

funktionale Rationalität: Abhängigkeit von Technokraten

Freilich ist Mannheims Diagnose der Krise der modernen liberalen Demokratie in der Zwischenkriegszeit nicht unproblematisch, wie insbesondere seine zentrale Kategorie der *Fundamentaldemokratisierung* zeigt. Er ordnete nämlich dem Partizipationswillen der Massen die entscheidende Ursache für die Krise der liberalen Demokratie zu.[988] Die Fundamentaldemokratisierung wirkte ihm zufol-

Kritik an einseitiger Diagnose

---

[983] A.a.O., S. 58.
[984] A.a.O., S. 58f.
[985] A.a.O., S. 62.
[986] A.a.O., S. 63.
[987] A.a.O., S. 69.
[988] „Democratic control must guard against another danger: mass psychology. (...) The danger of mass democracy only arises when unorganized masses are exposed to incalculable waves of emotion, especially in times of crises. The more the rhythm of the trade cycle threatens the security of the

ge wie „ein sozialer Fahrstuhl. Von Fall zu Fall brachte sie die Irrationalitäten und unbeherrschten Triebe, die sich in den zusammengeballten Massen anhäuften, nach oben zu den an und für sich viel individualisierteren, zurückhaltenderen und rationaleren Eliten der Gesellschaft und riß diese so z.B. in Kriegssituationen mit. Im Rahmen der Spannungen zwischen der Anständigkeit im Alltagsleben und der doppelten Moral der 'Staatsräson' brachte die Demokratisierung den Zynismus, mit dem die oberen Schichten im Extremfall die Immoralität des Krieges verteidigten, wiederum wie ein stockwerkverbindender Aufzug auch in die unteren Schichten".[989] Dieses Fahrstuhlbeispiel zeigt, dass Mannheim klar von der Annahme ausging, erst die Massen hätten die Eliten emotionalisiert und nicht umgekehrt. Diese These wird durch Mannheims Rückgriff auf einschlägige Topoi bei Tocqueville[990] und John Stuart Mill[991] bestätigt, wenn er die These vertritt, die Massen setzten die Elite der Gefahr der Nivellierung aus[992], was „zur allgemeinen Führungslosigkeit der spätliberalen Massengesellschaft"[993] führen könne. Dass es umgekehrt die intellektuellen Eliten gewesen sein könnten, die von Nietzsche über Lagarde und Gobineau bis hin zu Houston Stuart Chamberlain und anderen den Emotionalisierungsprozess der Massen ausgelöst haben, ist für Mannheim offenbar kein Thema. Es bleibt sein Geheimnis, warum er unbesehen ihrer rechtslastigen Stoßrichtung zentrale Elemente der Massenpsychologie eines Gustave Le Bon, Vilfredo Pareto und Robert Michels übernommen hat.

Lösung: In unserem Zusammenhang ist jedoch wichtiger, welche Therapie Mannheim seiner ernüchternden Diagnose der Krise der liberalen Demokratie gegenüberstellt. Gleich zu Beginn seines Buches verdeutlichte er, worin er die Lösung der aufgezeigten Problemlagen der liberalen Demokratie angesichts der beschriebenen Strukturveränderungen der modernen Industriegesellschaften sah: Mit dem Ende des „laissez-faire"-Prinzips komme man in der industriellen Gesellschaft „auf der inzwischen erreichten Stufe nicht mehr ohne Planung" aus.[994]

- Planung Aber diese Regulierungen, so Mannheim, müssen sich mit den normativen Grundlagen der liberalen Demokratie, nämlich einem Höchstmaß an Freiheit und Selbstbestimmung, vereinbaren lassen: „Wir hoffen natürlich, daß diese Planung anders aussehen wird als in einer Diktatur. Die Planung des gesellschaftlichen

---

masses in times of depression the more suggestible they become, and under certain conditions they will even surrender their highest privileges, particularly their right to democracy, in a passion of excitement. The fathers of democracy had this danger constantly in mind, and usually made it difficult to change the constitution itself, providing acid tests to prevent the alteration of the system under stress of an emotional mood or of momentary propaganda" (Mannheim 1951, S. 335).

[989] Mannheim 1958, S. 85. „The principle of democracy, which is that all social classes shall be politically active, thus acquires a pecular dual function. In the conflict between functionally rational behaviour and mass psychosis - to which we alluded before - the democratizing process acted as a kind of social elevator. Every now and again it raised the pent-up irrationalities and uncontrolled impulses of the crowd to the level of the more individualized, reserved, and rational élites of society, e.g. in its attitude to war. Now, in the tensions between honesty in everyday life and the dual morality of 'reason of state' - the democratizing process is like a lift which brings down from the upper to the lower social layers the cynism with which, in extreme cases, the former defended the immorality of war" (Mannheim 1951, S. 72f).

[990] Vgl. Kapitel V, § 4.

[991] Vgl. a.a.O., § 7.

[992] Vgl. Mannheim 1958, S. 120f.

[993] A.a.O., S. 102f.

[994] A.a.O., S. 5.

242

Lebens erfordert nämlich weder in der Theorie noch in der Praxis den Verzicht auf unsere wahren Freiheiten oder auf das Prinzip der demokratischen Selbstbestimmung".[995] Aber ebenso klar ist, dass letztere sich auf die Wahl konkurrierender Eliten beschränken muss, freilich durch sozialtechnische Planung ergänzt. Doch wie hat diese im Detail auszusehen, wenn sie liberaldemokratischen Postulaten Rechnung tragen soll?

Dadurch, dass Mannheim der drohenden Gefahr des Totalitarismus mit dessen eigenen Waffen begegnen wollte, schlug er Maßnahmen vor, die man nur mit Mühe als demokratisch bezeichnen kann. So forderte er dezidiert die sozialtechnische Mediatisierung des durch Wahlen artikulierten Volkswillens[996]: „Es hängt viel davon ab, ob es unserer neuen Sozialtechnik gelingen wird, diese ursprünglichen Impulse der Gemeinschaft zu sublimieren und in die soziale Ordnung einzufügen. Die verheerende Wirkung von pöbelhaften Gefühlsaufwallungen auf die Regierungsarbeit bildet auch für die diktatorisch regierten Gesellschaften ein Problem".[997] Die Mittel, mit denen es zu lösen ist, sind kaum von der totalitären Handhabung der Medien zu unterscheiden: „Propaganda, Rundfunk und Freizeitgestaltung werden zur öffentlichen Angelegenheit, mit der sich der Staat, ob er will oder nicht, befassen muss. Die Rundfunkeinrichtungen sind ein typisches Beispiel für die Möglichkeit einer zentral gelenkten Propaganda. So demokratisch ein Programm etwa des britischen Rundfunks auch geplant sein mag, es beeinflusst die Freizeitgestaltung der Massen. Die bloße Auswahl dessen, was gesendet und was nicht gesendet wird, wirkt sich schon auf den Geschmack und die Lebensweise des Volkes aus. Wegen der hohen Kosten der Rundfunkprogramme, Filmherstellung und Einrichtungen für Freizeit und Erholung gerät die Organisation der Freizeitgestaltung immer mehr in die Hände von geschäftlichen Großunternehmen. Wir scheinen nur mehr die Wahl zwischen kommerzialisierter oder staatlich organisierter Erholung zu haben".[998]

- Propaganda

Tatsächlich lässt Mannheim keinen Zweifel an dem hohen Stellenwert staatlicher Kontrolle und sozialtechnischer Formierung der Gesellschaft als Gegengift der Fundamentaldemokratisierung[999], welche in den Totalitarismus abgleitet. Im Vergleich zu seinem liberalen Vorläufer habe sich der moderne Staat längst die Gesellschaft einverleibt.[1000] Auch in seiner demokratischen Version dürfe er nicht vor „der Umerziehung von Männern und Frauen, der Regulierung des sozi-

- Formierung der Gesellschaft

---

[995] A.a.O., S. 7.

[996] „Fortunately, modern society has (...) mechanisms at its disposal if only it will use them. For elections may well be regarded as a guide only, as an ultimate indication to the consulting bodies who have to carry out the public's wishes. In this way only the ultimate direction of public affairs is to be treated as a political matter and would remain an emotional issue, whereas as a general rule the translation of this policy into practice would gradually become a purely technical matter" (Mannheim 1951, S. 360).

[997] Mannheim 1958, S. 418f.

[998] A.a.O., S. 292f.

[999] „Vital as it is for a democracy that people should make their own contribution to the direction of public affairs, it is equally important that these contributions should merely serve as an indication to the Government, but should not in their crude state be immediately put into practice. Much depends on whether our new social techniques are capable of sublimation and incorporating these genuine impulses of the community in the social order" (Mannheim 1951, S. 360).

[1000] Mannheim 1958, S. 393.

alen Aufstiegs und der Koordinierung der einzelnen sozialen Einrichtungen"[1001] zurückschrecken. Und seine Intervention macht auch vor der Wirtschaft nicht halt. Im Gegensatz zum liberalen System des 19. Jahrhunderts ist das Ziel der wirtschaftlichen Planung die Errichtung eines Sozialstaates, der über Investitionskontrollen aktiv Einfluss auf die Produktion und Distribution nimmt, um durch Umverteilung soziale Antagonismen im Ansatz zu entschärfen. „Die Koordinierung in der Gesellschaft gleicht der Harmonie in einem Orchester. Diese soziale Koordinierung bedeutet lediglich, daß wir nicht zulassen, daß sich die Instrumente, die sich in unserer Hand befinden - d.h. in diesem Fall die sozialen Einrichtungen und Methoden wie Familie, Schulerziehung, Arbeit, Freizeit usw. - gegenseitig ausschalten, sondern dafür sorgen, daß sie ihre schöpferischen Kräfte miteinander verbinden. Ob diese Instrumente zur Erzeugung von einförmigen Typen oder von vielseitigen und eigenständigen Menschen eingesetzt werden, hängt ganz von den Planenden ab".[1002]

- Leistungs-
gesellschaft

Will die liberale Demokratie überleben, so muss ferner vor allem dem Leistungsprinzip ein höherer Stellenwert eingeräumt werden als dies bisher der Fall war. „Ich verzichte darauf, auszumalen, wie eine Massengesellschaft nach dem Fallenlassen des Leistungsprinzips aussehen wird und erinnere nur daran, daß sie bei ihrem Aufkommen sich geradezu durch diese neue Norm der Selektion legitimierte und nur aus ihr den Mut schöpfte, das vorhergehende Gesellschaftsprinzip der Tradition anzugreifen. Es läßt sich hier schon sehen, daß die Massengesellschaft zum Faschismus entarten muß, wenn das Prinzip der gleichen Chancen für alle nicht mit objektiven Leistungskriterien und gerechten sozialen Auswahlprinzipien verbunden wird".[1003] Mannheim plädierte in diesem Zusammenhang

- Regieren durch
Experten

für die Entstehung einer politischen Elite, die im Sinne seines wissenssoziologischen Ansatzes als „freischwebende Intelligenz" das ideologische Wesen der Politik durchschaut und eben dadurch, verbunden mit ihrer Sachkompetenz, für die Gestaltung der sozio-politischen Prozesse kompetent sei. Als „Orden" und „Geheimgesellschaften" organisiert, sei ihr Einfluss auf das Regierungshandeln außerhalb der Kontrolle der Öffentlichkeit sicherzustellen. Auch der radikalste Demokrat müsse zugeben, „daß in einer Welt, in der das Regieren immer mehr Fachwissen erfordert und die wichtigsten Dinge in den Ausschüssen und nicht in den Vollversammlungen entschieden werden, die richtige Kontrolle nicht in der allgemeinen Mitbestimmung und in der unbeschränkten Öffentlichkeit liegen kann".[1004] Nur in geschlossenen Gremien nach dem Vorbild der englischen Klubs, in die sich kompetente Politikberater zurückziehen, könnten „die Meinungsäußerungen (...) völlig frei vor sich gehen".[1005]

- Rolle der
Parlamente

Ob diese „brain-trusts", welche auf die Regierung Einfluss nehmen, bei Mannheim überhaupt eine demokratische Legitimation haben, erscheint zumindest fraglich: ein Tatbestand, der insofern in demokratietheoretischer Hinsicht bedenklich ist, als diese Eliten offenbar über die Regierung direkt Politik gestalten und es nicht nur bei ihren beratenden Funktionen belassen. Entsprechend

---

[1001] A.a.O., S. 400f.
[1002] A.a.O., S. 306.
[1003] A.a.O., S. 108.
[1004] A.a.O., S. 132.
[1005] Ebd.

244

nimmt Mannheim dann auch die Rolle des Parlaments und ihres politischen Instrumentariums im Prozeß der geplanten Gesellschaftspolitik zurück. Zwar soll an der „große(n) Leistung des liberalen Zeitalters"[1006] festgehalten werden, nämlich an der „Einsetzung einer parlamentarischen Kontrolle über den gesetzlichen Rahmen der Gesellschaft".[1007] Auch kommen dem Parlament nach wie vor zwei wichtige Aufgaben neben der Kontrolle der Exekutive und der Integration extremistischer Strömungen an den Rändern der Gesellschaft zu. Einerseits sorge es durch das Diskussionsprinzip dafür, daß die Konfliktregelung in zivilisierten Formen verläuft. Die parlamentarische Methode sei „ein Weg, geistige und seelische Spannungen zu beheben, denn die Diskussion wirkt als Katharsis. (...) Machtstreitigkeiten werden nicht mehr der tatsächlichen Machtprobe unterworfen, sondern haben jetzt - in den Abstimmungen - sozusagen die Form von Rechenaufgaben".[1008] Andererseits garantiere es aber auch „die Auswahl und den Kreislauf der führenden Schichten, wenigstens im politischen Bereich"[1009]: eine zentrale Aufgabe, auf deren Bedeutung bereits Max Weber hingewiesen hatte.[1010]

Doch festzuhalten bleibt, dass die parlamentarische Demokratie kein Korrektiv in der alten, auf der Selbstbestimmung des Volkes beruhenden Demokratie finden soll: Vielmehr fungiert das liberale Repräsentationssystem als Bollwerk zur Abwehr der „Fundamentaldemokratisierung". So sind Plebiszite unbedingt zu vermeiden. „Wenn wir das plebiszitäre Element der Demokratie ansehen, können wir nach den Erfahrungen der letzten Epoche mit Recht sagen, daß es von allen demokratischen Einrichtungen den größten Beitrag zur Zerstörung des demokratischen Systems geleistet hat".[1011] Zwar sei die Teilhabe der Massen am politischen Prozess durch den Akt der Wahl nicht zu vermeiden. Aber darüber hinausgehende politische Partizipation bedeute das Ende der Demokratie: „So lebenswichtig es für eine Demokratie ist, daß die einzelnen Menschen und das Volk sich an der Lenkung der öffentlichen Angelegenheiten beteiligen, so wichtig ist es auch, daß diese Mitwirkung der Regierung lediglich als Hinweis dient und nicht in ihrer unfertigen Form unmittelbar in die Praxis umgesetzt wird".[1012] Außerdem ist eine Restriktion der politischen Beteiligung auch deswegen geboten, weil ihre Ausweitung wie eine Blockade bei der Formierung der gesellschaftlichen Prozesse wirkte. Denn wenn die Planungsdaten feststehen, ist der demokratische Interessenkampf zu sistieren. „Man kann so die Wahlen als eine bloße allgemeine Anleitung und einen Hinweis in letzter Instanz betrachten, der sich an die beratenden Körperschaften richtet, welche die Wünsche der Öffentlichkeit durchzuführen hatten".[1013] Über den Wahlakt hinausgehende Aktivitäten des Demos sind jedoch zu unterbinden, weil sie den Planungsablauf nur stören würden.

- keine Plebiszite

[1006] A.a.O., S. 385.
[1007] A.a.O., S. 355.
[1008] A.a.O., S. 388.
[1009] A.a.O., S. 390.
[1010] Vgl. Kapitel VII, § 5.
[1011] Mannheim 1958, S. 414.
[1012] A.a.O., S. 418.
[1013] A.a.O., S. 419.

Man mag zu Recht Mannheim kritisieren, er habe unter dem Eindruck der faschistischen Bedrohung der liberalen Demokratie deren Unterminierung betrieben. Doch andererseits hat er uns den Blick für die Organisationsprobleme geschärft, mit denen die liberale Demokratie unter den Bedingungen der Massengesellschaften des 20. Jahrhunderts konfrontiert war. Ein ähnliches Verdienst kann der Ökonom Joseph A. Schumpeter für sich beanspruchen. Seiner schulemachenden Konzeption der modernen Konkurrenz-Demokratie haben wir uns im folgenden zuzuwenden.

§ 3 Joseph A. Schumpeters Modell der Konkurrenzdemokratie

funktionalistische
Demokratietheorie

Joseph A. Schumpeter (1883-1950), einer der bedeutendsten Wirtschaftswissenschaftler des 20. Jahrhunderts, ging es in seinem 1942 in den USA erschienenen Buch „Kapitalismus, Sozialismus und Demokratie"[1014] um die zentrale Frage, inwiefern Sozialismus und Demokratie vereinbar seien: Die Unmöglichkeit einer solchen Synthese war in seiner Zeit, vor allem in den Vereinigten Staaten von Amerika, gewissermaßen herrschende Lehre. Ihr stellte Schumpeter zwei provo-

Thesen:

zierende Thesen gegenüber: 1. Der Sozialismus erscheint nicht nur möglich, sondern sogar wahrscheinlich, weil der Kapitalismus im Niedergang begriffen ist. 2. Sozialismus und Demokratie schließen sich nicht aus, sondern sind unter bestimmten Bedingungen vereinbar.

- Sieg des
Sozialismus

Den möglichen Sieg des Sozialismus über den Kapitalismus begründete Schumpeter mit einer Reihe von Marx-Revisionen. Marx irre sich, wenn er annehme, die Krise des Kapitalismus gehe aus dessen materiellen Reproduktionsbedingungen wie der Konzentration und Zentralisation des Kapitals in der Produktions- und Distributionssphäre hervor. Mit den Monopol- und Oligopolbildungen sei das kapitalistische Wirtschaftssystem sehr wohl vereinbar, nicht aber mit bestimmten „Überbauphänomenen", die sein Fundament unterminierten. Unter dem Einfluss der Elitentheorie Paretos nannte er drei Krisenherde: a. Der klassische Unternehmer, der einst kreativ und kühn die kapitalistische Gewinnmaximierung vorantrieb, habe seine Zukunft bereits hinter sich. In dem Maße, wie Privateigentum an den Produktionsmitteln und Unternehmerfunktionen auseinandergetreten seien, kämen die Energien des Einzelunternehmers ohne die Stimulanz individueller Gewinnerwartungen nicht mehr zur Geltung. Die fatalen Folgen für die Innovationsfähigkeit der kapitalistischen Wirtschaft lägen auf der Hand. b. Die kapitalistische Unternehmerschaft habe während ihrer Blütezeit im 18. und 19. Jahrhundert nie allein politisch geherrscht, sondern sich zur Aktualisierung ihres politischen Einflusses stets sogenannter Stützmächte bedient, die nicht unmittelbar in bürgerlichen Geschäften involviert waren. In der Epoche der parlamentarischen Demokratie sähen sich die Industriellen gezwungen, selbst politische Herrschaft auszuüben. Dazu erwiesen sie sich jedoch als unfähig. c. Zu ihrer gesellschaftlichen Legitimation benötige das Bürgertum die Hegemonie des intellektuellen Sektors. Der Versuch, sie zuverlässig zu kontrollieren, müsse aber scheitern, weil viele kritische Intellektuelle, die oft selbst der bürgerlichen

---

[1014] Vgl. Schumpeter 1975. Die deutsche Übersetzung wurde verglichen mit Schumpeter 1944.

Schicht entstammten, sich deren Einfluss entzögen und statt dessen die normative Basis der bürgerlich-kapitalistischen Gesellschaft durch sozialkritische Reflexion zunehmend zerstörten.

In unserem Zusammenhang interessiert uns freilich mehr die zweite These Schumpeters, welche die Vereinbarkeit von Demokratie und Sozialismus behauptet. „Dieses Buch", so schrieb er in seinem Vorwort, „ist die Frucht meiner Bemühung, die Summe einer beinahe vierzigjährigen Gedankenarbeit, Beobachtung und Forschung über das Thema Sozialismus in eine lesbare Form zu gießen. Das Problem der Demokratie hat sich den Platz, den es nun in diesem Buch einnimmt, dadurch erzwungen, daß es sich als unmöglich erwiesen hat, meine Ansichten über die Beziehung zwischen sozialistischer Gesellschaftsordnung und demokratischer Regierungsform ohne eine ausführlichere Analyse der letzteren darzulegen".[1015] Das Resultat ist die Ausformulierung einer funktionalistischen Demokratietheorie, die zumindest in den Sozialwissenschaften folgenreicher als seine unmittelbar ökonomischen Theorien geworden ist. Ihre Wirkung blieb bis auf den heutigen Tag ungebrochen.[1016] Schumpeter entfaltete im Kern sein Lehrstück im 21. Kapitel „Die Klassische Lehre der Demokratie"[1017] sowie im 22. Kapitel „Die andere Theorie der Demokratie".[1018]

Thema des 21. Kapitels ist die kritische Auseinandersetzung mit der „klassischen" Demokratie, wie sie insbesondere von Rousseau[1019] in Anlehnung an das antike Vorbild als direkte Demokratie oder als Selbstbestimmung des Volkes[1020] konzipiert worden ist. „Die Philosophie der Demokratie im achtzehnten Jahrhundert", so Schumpeter, „ist jene institutionelle Ordnung zur Erzielung politischer Entscheide, die das Gemeinwohl dadurch verwirklicht, daß sie das Volk selbst die Streitfragen entscheiden läßt und zwar durch die Wahl von Personen, die zusammenzutreten haben, um seinen Willen auszuführen".[1021] Dieser Ansatz impliziert Schumpeter zufolge, „daß es ein Gemeinwohl als sichtbaren Leitstern der Politik gibt, das stets einfach zu definieren ist und jedem normalen Menschen mittels rationaler Argumente sichtbar gemacht werden kann".[1022] Ferner setzte ein solches Gemeinwohl voraus, dass es ganz bestimmte Antworten auf alle Fragen gibt, „so daß jeder soziale Sachverhalt und jede ergriffene oder noch zu ergreifende Maßnahme unzweideutig als 'gut' oder 'schlecht' kassiert werden können. Da deshalb das ganze Volk, wenigstens im Prinzip, gleicher Meinung sein muß, gibt es auch einen 'allgemeinen Willen' des Volkes (= Willen aller vernünftigen Individuen), der mit dem Gemeinwohl oder dem Gemeininteresse oder der allgemeinen Wohlfahrt oder der Glückseligkeit gleichbedeutend ist".[1023]

- Vereinbarkeit von Demokratie und Sozialismus

Kritik der klassischen Demokratie

[1015] Schumpeter 1975, S. 11.
[1016] Zu Schumpeters Ansatz vgl. neuerdings auch Lenk 1991, S. 947-949; Waschkuhn 1998, S. 29-36; Pohl/Buchstein 1999, S. 72-73 sowie Schmidt 2000, S. 197-212.
[1017] A.a.O., S. 397-426.
[1018] A.a.O., S. 427-450.
[1019] Vgl. Kapitel III, § 3.
[1020] Vgl. Kapitel I, §§ 2-4.
[1021] Schumpeter 1975, S. 397.
[1022] Ebd.
[1023] A.a.O., S. 397.

Gegen diese Konzeption Rousseaus, nach der aus einem „Gesellschaftsvertrag" ein allgemeiner homogener Wille des Volkes in Gestalt der berühmten *volonté générale* resultiert, setzte Schumpeter zu einer vernichtenden Kritik an. Zunächst bestritt er, dass es ein „solches Ding wie ein eindeutig bestimmtes Gemeinwohl, über das sich das ganze Volk kraft rationaler Argumente einig wäre oder zur Einigkeit gebracht werden könnte"[1024], überhaupt gibt. Selbst wenn „ein hinreichend bestimmtes Gemeinwohl"[1025] existiere, folge daraus keineswegs, dass aus ihm bestimmte Antworten auf einzelne Probleme ableitbar seien. Mit dem Wegfall beider Voraussetzungen löse sich aber die *volonté générale* als haltlose rationalistische Konstruktion selbst auf.[1026] Dies sei nicht zuletzt auch deswegen der Fall, weil die klassische Demokratie das rationale Potential der Menschen maßlos überschätze. In Anlehnung an Pareto[1027] und Le Bon[1028] vertrat Schumpeter die These, dass in Wirklichkeit die Masse der Bevölkerung durch „ein vermindertes Verantwortungsgefühl, ein tieferes Niveau der Denkenergie und eine größere Empfänglichkeit für nicht-logische Einflüsse"[1029] gekennzeichnet sei als die klassische Lehre annehme. Besonders in der Öffentlichkeit falle auf, dass „der typische Bürger auf eine tiefere Stufe der gedanklichen Leistung" fällt, „sobald er das politische Gebiet betritt. Er argumentiert und analysiert auf eine Art und Weise, die er innerhalb der Sphäre seiner wirklichen Interessen bereitwillig als infantil anerkennen würde. Er wird wieder zum Primitiven. Sein Denken wird assoziativ und affektmäßig".[1030]

Durch diese Feststellung ist Schumpeter zufolge der Vorstellung eines rationalen Allgemeinwillens der Boden entzogen. In Wirklichkeit sähen wir uns „bei der Analyse politischer Prozesse weithin nicht einem ursprünglichen, sondern einem fabrizierten Willen gegenüber"[1031], der nach Art der kommerziellen Reklametechnik „produziert" werde. Der Unterschied zur rein ökonomischen Werbung bestehe allerdings darin, dass ihr in der Sphäre der Politik ein viel weiterer Wirkungsbereich zufalle als im Bereich des privaten oder beruflichen Lebens. „Das Bild des hübschesten Mädchens, das je gelebt hat, wird sich auf die Dauer als machtlos erweisen, um den Absatz einer schlechten Zigarette aufrecht zu erhalten. Eine entsprechend wirksame Sicherung im Fall politischer

---

[1024] A.a.O., S. 399.

[1025] A.a.O., S. 400.

[1026] Ebd.

[1027] „During the second half of the last century, the idea of the human personality that is a homogeneous unit and the idea of a definite will that is the prime mover of action have been steadily fading - even before the times of Théodule Ribot and of Sigmund Freud. In particular, these ideas have been increasingly discounted in the field of social sciences where the importance of the extra-rational and irrational element in our behavior has been receiving more and more attention, witness Pareto's *Mind and Society*" (Schumpeter 1944, S. 256).

[1028] Schumpeter bezieht sich explizit auf Gustav Le Bons *Psychology des foules*. „By showing up, though overstressing, the realities of human behavior when under influence of agglomeration - in particular the sudden disappearance, in a state of excitement, of moral restraints and civilized modes of thinking and feeling, the sudden eruption of primitive impulses, infantilisms and criminal propensities - he made us face gruesome facts that everybody knew but nobody wished to see and he thereby dealt a serious blow to the picture of man's nature which underlies the classical doctrine of democracy and democratic folklore about revolutions" (Schumpeter 1944, S. 257).

[1029] Schumpeter 1975, S. 408.

[1030] A.a.O., S. 416f.

[1031] A.a.O., S. 418.

Entscheidungen gibt es nicht. Viele Entscheidungen von verhängnisvoller Bedeutung sind so beschaffen, daß es dem Publikum unmöglich ist, in Muße und zu mäßigen Kosten mit ihnen zu experimentieren. Selbst wenn dies jedoch möglich ist, ist das Urteil in der Regel nicht so leicht zu fällen wie im Fall der Zigarette, weil die Wirkungen weniger leicht zu interpretieren sind".[1032] Unter diesen Bedingungen muss nach Schumpeter das Konzept der emanzipatorischen Demokratie als der Selbstbestimmung des Volkes gestrichen und durch eine andere Definition ersetzt werden, die den Realitäten des reduzierten Rationalitätspotentials der Masse der Bevölkerung besser entspricht.

Auch wenn Schumpeter nicht explizit auf Max Webers Demokratiekonzeption zurückgriff, knüpfte er an diese an, obgleich er sie in ähnlicher Weise wie Hans Kelsen von ihrer imperialistischen und machtstaatlichen Stoßrichtung löste. Denn auch für Schumpeter war die Demokratie nur noch dann zu retten, wenn man sie auf eine politische Methode reduzierte. Sie ist ihm zufolge nichts anderes als eine bestimmte Art institutioneller Ordnung, deren Zweck darin besteht, „zu politischen - legislativen und administrativen - Entscheidungen zu gelangen".[1033] Unabhängig davon, welche Entscheidungen sie unter bestimmten historischen Bedingungen hervorbringt, ist sie unfähig - im Gegensatz zur klassischen Demokratie - selbst ein Ziel zu sein: Als Methode hat sie lediglich den Status eines Mittels. Zwar inkompatibel mit der Formel, die Demokratie sei die „Regierung durch das Volk", erklärte Schumpeter sie vereinbar mit der These Lockes, die parlamentarisierte Exekutive sei „die vom Volk gebilligte Regierung".[1034] Unter dieser Bedingung herrscht das Volk nicht, wie die klassische Konzeption unterstellt. „Demokratie bedeutet nur, daß das Volk die Möglichkeit hat, die Männer, die es beherrschen sollen, zu akzeptieren oder abzulehnen".[1035] Freilich gehört zur demokratischen Methode, dass der „freie Wettbewerb zwischen den Führungsanwärtern um die Stimmen der Wählerschaft"[1036] garantiert ist. Schumpeter „reduzierte" also die Demokratie auf eine Methode zur Generierung der staatlichen Ordnung in den Händen konkurrierender Eliten (Parteien), welche das Volk durch einen Wahlakt einsetzt oder ablöst.

Die Vorteile dieses Konzepts der Konkurrenzdemokratie gegenüber der klassischen Lehre der alten Demokratie sah Schumpeter in folgenden Gründen: 1. Diese Begriffsbestimmung ermögliche eine klare Abgrenzung der einzelnen Staatsformen. So ist z.B. eine parlamentarische Demokratie von einer konstitutionellen Monarchie dadurch unterscheidbar, dass nur in der ersteren konkurrie-

Demokratie als Methode der Elitenrekrutierung

Vorteile des Konzepts der Konkurrenzdemokratie

[1032] A.a.O., S. 418f.

[1033] A.a.O., S. 384. „Democracy is a political *method,* that is to say, a certain typ of institutional arrangement for arriving at political - legislative and administrative - decisions and hence incaple of being an end in itself, irrespective of what decisions it will produce under given historical conditions. And this must be the starting point of any attempt at defining it" (Schumpeter 1944, S. 242).

[1034] Schumpeter 1975, S. 390.

[1035] A.a.O., S. 452. „First of all, according to the view we have taken, democracy does not mean and cannot mean that people actually rule in any obvious sense of the terms 'people' and 'rule'. Democracy means only that the people have the opportunity of accepting or refusing the men who are to rule them. But since they might decide this also in entirely undemocratic ways, we have had to narrow our definition by adding a further criterion identifying the democratic method, viz., free competition among would-be leaders for the vote of the electorate" (Schumpeter 1944, S. 284f).

[1036] Schumpeter 1975, S. 390.

rende Eliten um die politische Macht kämpfen.[1037] 2. Die Konkurrenzdemokratie trage „der lebenswichtigen Tatsache der Führung"[1038] voll Rechnung. Gerade in dieser Hinsicht versage die klassische Demokratie, weil sie der Wählerschaft ein wirklichkeitsfremdes Maß an Initiative zuordne. Kollektive könnten aber ohne Führung nicht handeln.[1039] 3. Die Durchsetzung von Gruppeninteressen könne man im Konkurrenzmodell besser klären als in der klassischen Demokratiekonzeption. Aufgrund der Perhorreszierung organisierter Partikularinteressen sei die letztere gezwungen, deren Durchsetzung zu leugnen, während die Konkurrenzdemokratie von ihr ausgehe. Umgekehrt nähmen sich politische Führer auch der Interessen von Randgruppen an, um deren Stimmen zu gewinnen.[1040] 4. Die Möglichkeit betrügerischer oder unfairer Konkurrenz lasse sich im reduzierten Modell besser fokussieren, weil das klassische Modell einen solchen Fall aus normativen Gründen leugnen müsse.[1041] 5. Die neue Demokratietheorie erkläre das Verhältnis zwischen Demokratie und Freiheit besser als der identitäre Ansatz, weil sie ohne „ein beträchtliches Quantum an Diskussionsfreiheit für alle"[1042] nicht funktioniere. 6. Die neue Theorie impliziere eine realistische Definition demokratischer Kontrolle durch das Volk, da dieses die herrschende Elite abwählen oder bestätigen könne.[1043] 7. Aus Schumpeters Theorie resultiert die Überlegenheit eines Mehrheitswahlsystems gegenüber dem Verhältniswahlrecht, zumal das erstere besser geeignet sei, eine handlungsfähige Regierung zu kreieren.[1044]

Politiker als Unternehmer

Vor allem aber ist Schumpeter zufolge das Konkurrenz-Modell in der Lage, empirisch haltbare Einblicke in das Wesen der Politik und die Motive der Politiker zu ermöglichen. Er zitiert einen erfolgreichen Politiker, der gesagt haben soll: „Was die Geschäftsleute nicht verstehen, ist, daß ich genau so mit Stimmen handle, wie sie mit Öl handeln".[1045] Wer diesen Satz ablehne, so Schumpeter, „steckt politisch gesprochen noch in den Kinderschuhen".[1046] Mit anderen Worten: Schumpeter analogisierte den Politiker mit dem Geschäftsmann und Unternehmer: Wie dieser Güter zum Verkauf anbietet, so handelt jener mit der Ware „Politik". Ist das letzte Motiv des Unternehmers die Gewinnmaximierung, so treibt den Politiker die Akkumulation von Wählerstimmen in die politische Arena, um seine persönliche Macht zu steigern. „Eine derartige Ansicht wird manchmal als frivol oder zynisch mißbilligt. Ich finde es im Gegenteil frivol oder zynisch, Schlagwörtern Lippendienste zu leisten, für die man privat nur ein Augurenlächeln übrig hat. Man kann aber ebenso gut darauf hinweisen, daß die fragliche Auffassung für den Politiker nicht so diskreditierend ist, wie es den Anschein hat. Sie schließt keinesfalls Pflichtgefühl oder Ideale aus. Wiederum mag die Analogie zum Geschäftsmann dies klar machen. Wie ich an anderer

---

[1037] A.a.O., S. 428f.
[1038] A.a.O., S. 429.
[1039] Ebd.
[1040] A.a.O., S. 429f.
[1041] A.a.O., S. 430f.
[1042] A.a.O., S. 431.
[1043] A.a.O., S. 432.
[1044] A.a.O., S. 432f.
[1045] A.a.O., S. 453.
[1046] A.a.O., S. 454.

Stelle gesagt habe, wird kein Ökonom, der irgend etwas von den Realitäten des Wirtschaftslebens weiß, auch nur für einen Augenblick behaupten, daß Pflichtgefühl und Ideale von Dienst am Kunden und Leistungsfähigkeit keine Rolle bei der Formung des Verhaltens der Geschäftsleute spielen. Und doch hat der gleiche Ökonom durchaus recht, wenn er seine Erklärung dieses Verhaltens auf ein System gründet, das auf dem Gewinnmotiv beruht".[1047]

Andererseits war sich Schumpeter darüber im Klaren, dass seine realistisch konzipierte Konkurrenzdemokratie nur dann funktioniert, wenn eine Reihe von Voraussetzungen gegeben sind, welche außerhalb ihres eigenen Musters liegen: An erster Stelle nannte er die Existenz einer sozialen Schicht, welche sich der Politik als einer Selbstverständlichkeit zuwendet.[1048] „Es ist kaum ein bloßer Zufall, daß England, das einzige Land, das unsere Bedingung völlig erfüllt, zugleich auch das einzige Land ist, das eine politische Gesellschaft in diesem Sinne besitzt".[1049] Neben der Existenz einer „Politischen Klasse" im Sinne Paretos ist für den Erfolg der neuen Demokratie entscheidend, „daß der wirksame Bereich politischer Entscheidung nicht allzu weit ausgedehnt wird".[1050] Als Beispiel für Bereiche, die nicht der demokratischen Methode unterstehen, führte Schumpeter die richterliche Unabhängigkeit, die Landeszentralbanken und vor allem die Wirtschaft an: „Kein Mensch mit Verantwortungsgefühl kann die Folgen einer Ausdehnung der demokratischen Methode, das heißt der Sphäre der 'Politik' auf alle wirtschaftlichen Fragen gleichmütig ins Auge fassen. (...) Mangel an leistungsfähiger Leitung wird Mangel an Brot bedeuten".[1051] Zusätzlich bedarf die Konkurrenzdemokratie einer ausgebildeten Bürokratie von hohem Rang, guter Tradition, starkem Pflichtgefühl und ausgeprägtem Standesbewusstsein.[1052] Notwendig ist auch die Selbstbeschränkung der Wähler außerhalb des Parlaments. Ein Zurückrufen einmal gewählter Mandatsträger ist nicht möglich. „Die Wähler außerhalb des Parlaments müssen die Arbeitsteilung zwischen ihnen selbst und den von ihnen gewählten Politikern respektieren. Sie dürfen diesen zwischen den Wahlen nicht allzu leicht das Vertrauen entziehen und müssen einsehen, daß wenn sie einmal jemanden gewählt haben, die politische Tätigkeit seine Sache ist und nicht die ihre".[1053]

Voraussetzungen

- politische Führungsschicht

- Bürokratie

- Selbstbeschränkung der Wähler

[1047] A.a.O., S. 453f.
[1048] Vgl. a.a.O., S. 461.
[1049] A.a.O., S. 462.
[1050] A.a.O., S. 463.
[1051] A.a.O., S. 474f. „Industrial or Economic Democracy is a phrase that figures in so many quasi-utopias that it has retained very little precise meaning. Mainly, I think, it means two things: first, the trade-union rule over industrial relations; second, democratization of the monarchic factory by workermen's representation on boards or other devices calculated to secure them influence on the introduction of technological improvements, business policy in general and, of course, discipline in the plant in particular, including methods of 'hiring and firing'. Profit-sharing is a nostrum of a subgroup of schemes. It is safe to say that much of this economic democracy will vanish into thin air in a socialist regime. Nor is this so offensive as it may sound. For many of the interests this kind of democracy is intended to safeguard will then cease to exist" (Schumpeter 1944, S. 300, FN). Schumpeter lehnte also mit dieser Argumentation das auf Rudolf Hilferdings Konzept des „organisierten Kapitalismus" beruhende Modell der Wirtschaftsdemokratie ab, das weitgehende Mitbestimmungsrechte der Arbeitnehmer und Sozialisierungen vorsah. Vgl. zur Wirtschaftsdemokratie in den ersten Republiken in Deutschland und Österreich grundlegend Euchner 2000, S. 304-308.
[1052] Vgl. a.a.O., S. 465.
[1053] A.a.O., S. 468.

Die Analysen von Mannheim und Schumpeter haben bereits im zeitgenössischen Kontext der amerikanischen Demokratieforschung wichtige Impulse vermittelt. Auf diesen Zusammenhang ist im folgenden einzugehen.

§ 4 Zur amerikanischen Rezeption der Konkurrenzdemokratie im zeitgenössischen Kontext (Berelson, Lipset, Kornhauser, Downs)

Henry Mayo:
Demokratie als
Methode

Schumpeters Werk „Kapitalismus, Sozialismus und Demokratie" avancierte zu einem der bedeutendsten Klassiker der Demokratietheorie im 20. Jahrhundert. Die Grundlage dieses Erfolges wurde in den Vereinigten Staaten gelegt. „Schumpeters Beispiel folgend", so Peter Bachrach, „stimmen die zeitgenössischen Theoretiker allgemein überein, daß 'die Demokratie keine bestimmten Ziele verfolgt' und, befreit von den vagen Zielen, Werten und Zwecken (der klassischen Lehre, R.S.), als 'Methode der Auswahl von Führern oder Herrschern' (Mayo) gefaßt, zum Gegenstand verheißungsvollerer wissenschaftlicher Definition, ökonomischen Begriffen entsprechend, werde. So legt Henry Mayo dar: 'Wirtschaftssysteme lassen sich nicht darin unterscheiden, welche Güter und Dienstleistungen sie produzieren, und die ökonomische Analyse wendet sich ihnen niemals von dieser Seite zu (...). Sie beginnt nicht mit philosophischen Erörterungen über den Inhalt besonderer Entscheidungen oder die ideale Lebensnorm'".[1054] Aber auch die Theoretiker, die, wie Daniel Bell in den 50er Jahren „Das Ende der Ideologie"[1055] verkündeten, rezipierten begierig Schumpeters realistisches Demokratiemodell. „Wenn die amerikanische Gesellschaft eine offene Gesellschaft bleiben soll, so hätten wir, mit Daniel Boorstins Worten, von der 'amerikanischen Forderung nach einer Philosophie der Demokratie' frei zu bleiben und im Gegensatz zu anderen Nationen, die 'ihre Heiligtümer mit ideologischen Götzenbildern gefüllt haben', unser Allerheiligstes leerzuhalten. Die Demokratie muß deshalb über allen Ideologien stehen und sich darauf beschränken, in konkreten Sachfragen Entscheidungen zu fällen, um zugleich die Zukunft offenzuhalten".[1056]

Berelson u.a.:
uninformierte und
passive Wähler

Neben der Reduktion der Demokratie zu einer bloßen Methode ist das Lehrstück der politischen Apathie der Bürger einflussreich geworden. Wie wir gesehen haben, lehnte Schumpeter eine Dauerpolitisierung der Wähler außerhalb des Wahlakts als dysfunktional und systembedrohend ab. Diese These glaubten Bernard R. Berelson, Paul F. Lazarsfeld und William N. McPhee in ihrer 1954 veröffentlichten Studie „Voting. A Study of Opinion Formation in a Presidential Campaign"[1057] empirisch bestätigen zu können. Nicht nur Schumpeters These, dass Informationen und Argumente in politischen Angelegenheiten nur in dem Maße von den Wählern rezipiert würden, wie sie an deren bestehende Vorurteile anknüpften, entspreche dem tatsächlichen Verhalten der durchschnittlichen Bür-

---

[1054] Bachrach 1967, S. 34f.
[1055] Vgl. Bell 1965.
[1056] Bachrach 1967, S. 35.
[1057] Vgl. Berelson u.a. 1962.

ger.[1058] Auch die von ihm konstatierte Diskrepanz zwischen den Idealen der klassischen Demokratie wie Partizipationsbereitschaft, hohe politische Motivation, rationale Diskussionsfähigkeit[1059], Orientierung am Gemeinwohl und dem tatsächlichen Verhalten der Bürger sahen sie in ihrer Untersuchung bestätigt: Ganz im Sinne Schumpeters konstatierten sie gerade im Bereich der Politik ein eher niedriges Rationalitäts- und Motivationspotential in der Masse der Wähler.[1060] Doch was aus der Sicht der klassischen Lehre als Katastrophe erscheinen muss, werteten Berelson und seine Mitarbeiter eindeutig positiv auf.

Wenn nämlich die liberale Demokratie Amerikas, so lautete ihr Argument, trotz der Nichtexistenz mündiger Bürger dennoch stabil sei, liege dies gerade an der politischen Abstinenz vieler Wähler. Einerseits sei letztere daraus zu erklären, dass „für die Masse des amerikanischen Volkes (...) aus der Wahlentscheidung keine direkten, unverzüglich sichtbaren Konsequenzen folgen. Die meisten organisierten oder unorganisierten Wähler haben keine Möglichkeit, die entfernten und indirekten Folgen für sich selbst zu überblicken, von den Folgen für die Gesellschaft ganz zu schweigen. Die Stimme ist abgegeben, und für die meisten Leute ist die Angelegenheit damit beendet. Wird ihre Partei geschlagen, so macht dies im Grunde nichts aus".[1061] Andererseits stünden die positiven Implikationen politischer Apathie für die Stabilität der liberalen Demokratie außer Frage: „Wie könnte eine Massendemokratie funktionieren, wenn sich alle Leute nachdrücklich mit Politik beschäftigen? Zudem ist Mangel an Interesse bei einigen Leuten nicht ohne Nutzen. (...) Außerordentliche Anteilnahme schließt außerordentliche Parteilichkeit ein und kann in einem rigiden Fanatismus gipfeln, der demokratische Prozesse zerstören könnte, wenn er überall in der Gemeinschaft aufträte. Schwache Emotionen hinsichtlich von Wahlen (...) ist die Voraussetzung für die Lösung vieler politischer Probleme (...). Geringes Interesse schafft Maneuvrierraum für politische Veränderungen, die für eine komplexe Gesellschaft notwendig sind, welche sich in einer raschen Phase der Veränderung befindet".[1062] Tatsächlich, so Berelson, habe der apathische Teil Amerikas

politische Apathie als Stabilitätsbedingung

[1058] Vgl. a.a.O., S. 220: „Overlaying the base of objective observation is the distortion effect-distortion in harmony with political predispositions. As Schumpeter says, 'Information and arguments in political matters will 'register' only if they link up with the citizen's preconceived ideas',".

[1059] „If there is one characteristic for a democratic system (besides the ballot itself) that is theoretically required, it is the capacity for and the practice of discussion. (...) In this instance there was little true discussion between the candidates, little in the newspaper commentary, little between the voters and the offical representatives, some within the electorate. On the grass-roots level there was more talk than debate, and, at least inferentially, the talk had important effects upon voting, in reinforcing or activating the partisans if not inconverting the opposition" (Berelson u.a. 1962, S. 307f).

[1060] Vgl. a.a.O., S. 306-331.

[1061] A.a.O., S. 308: „Now when a person buys something or makes other decisions of daily life, there are direct and immediate consequences for him. But for the bulk of the American people the voting decision is not followed by any direct, immediate, visible personal consequences. Most voters, organized or unorganized, are not in a position to foresee the distant and indirect consequences for themselves, let alone the society. The ballot is cast, and for most people that is the end of it. If their side is defeated, 'it doesn't really matter',".

[1062] A.a.O., S. 314: „Lack of interest by some people is not without its benefits, too. (...) Extreme interest goes with extreme partisanship and might culminate in rigid fanaticism that could destroy democratic processes if generalized throughout the community. Low affect toward the election - not caring much - underlies the resolution of many political problems; votes can be resolved into a two-party split instead of fragmented into many parties (the splinter parties of the left, for example,

„vermutlich dazu beigetragen, das System intakt zu halten und den Schock von Meinungsverschiedenheiten, Unangepaßtheit und sozialer Veränderung aufzufangen".[1063] Dies vorausgesetzt, schließen sich Berelson und seine Mitarbeiter Schumpeter an, wenn sie mehr Realismus in der Konzipierung von Demokratietheorien fordern.

S. M. Lipset:
Elitenkonkurrenz

Auf große Resonanz stieß auch Schumpeters Aufwertung der Eliten in massendemokratischen Gesellschaften. Unter ausdrücklicher Berufung auf Schumpeter und Max Weber übernahm Seymour Martin Lipset in seinem 1960 publizierten Standardwerk „Political Man. The Social Basis of Politics"[1064] das Paradigma der Konkurrenzdemokratie. „In einer komplexen Gesellschaft kann Demokratie als ein politisches System definiert werden, das über reguläre konstitutionelle Möglichkeiten zum Austausch regierender Eliten sowie über einen sozialen Mechanismus verfügt, der es der größtmöglichen Mehrheit der Bevölkerung erlaubt, die wichtigsten Entscheidungen dadurch zu beeinflussen, daß sie eine Auswahl unter den konkurrierenden Bewerbern um ein Amt trifft".[1065] Diese Definition impliziere eine Reihe von Bedingungen, die bereits von Schumpeter und Weber formuliert worden seien: „1. Eine „politische Formel" oder ein Credo, das in Institutionen geronnen ist wie politische Parteien, eine freie Presse usw. 2. Ein Kreis führender Politiker im Amt. 3. Eine oder mehrere Gruppen anerkannter Politiker, die um ein Amt konkurrieren".[1066] Er wiederholte die Warnung Schumpeters, dass ohne ein verbindliches, durch Institutionen stabilisiertes Wertesystem die Demokratie im Chaos ende. Das gleiche sei der Fall, wenn es nicht zu einer klaren Regelung komme, welche Elite die Macht auszuüben habe (Option für Mehrheitswahlrecht).[1067] Wenn diese Voraussetzungen für eine stabile Opposition fehlten, führe die Demokratie zur Diktatur einer Einparteienherrschaft.[1068]

W. Kornhauser:
Elitendemokratie
in der Massen-
gesellschaft

Auf die Notwendigkeit systemerhaltender Eliten hat auch William Kornhauser in seinem 1959 erschienenen Buch „The Politics of Mass Society"[1069] hingewiesen. Ausgehend von dem Befund Schumpeters, dass der Masse der Wähler nur ein niedriges Rationalitätsniveau zu attestieren sei, griff auch er auf dessen funktionalistisches Demokratiekonzept zurück: „Demokratie ist wesentlich ein institutionelles Verfahren zum Austausch der Führungsgruppen durch

---

splinter because their advocates are *too* interested in politics). Low interest provides maneuvering room for political shifts necessary for a complex society in a period of rapid change".

[1063] A.a.O., S. 322.

[1064] Vgl. Lipset 1963.

[1065] A.a.O., S. 27: „Democracy in a complex society may be defined as a political system which supplies regular constitutional opportunities for changing the governing officials, and a social mechanism which permits the largest possible part of the population to influence major decisions by choosing among contenders for political office. This definition, abstracted largely from the work of Joseph Schumpeter and Max Weber, implies a number of specific conditions: (1) a 'political formula' or body of beliefs specifying which institutions - political parties, a free press, and so forth - are legitimate (accepted as proper by all); (2) one set of political leaders in office; and (3) one or more sets of recognized leaders attempting to gain office".

[1066] Ebd.

[1067] Ebd.

[1068] A.a.O., S. 28.

[1069] Vgl. Kornhauser 1965.

freie Konkurrenz um die Stimmen des Volkes".[1070] Während die Unverzichtbarkeit von Eliten angesichts möglicher „Fundamentaldemokratisierungen" (Mannheim) für Kornhauser außer Frage stand, sah er deren Handlungsspielraum nur durch zwei Faktoren eingeengt: „Erstens schränken sich Eliten dadurch gegenseitig ein, daß sie um die Regierungsverantwortung konkurrieren. Und zweitens werden die Eliten durch den Zwang beschränkt, um die Wähler der Nicht-Eliten, d.h. des Volkes, rivalisieren zu müssen. Eine Implikation dieses Demokratieparadigmas läuft freilich auch auf eine Beschränkung der Nicht-Eliten hinaus: Die Wähler haben die regierende Elite, der sie durch ihre Stimme zur Macht verhalfen, so lange zu akzeptieren, bis sie im Rahmen der vorgegebenen verfassungsmäßigen Verfahren wieder abgewählt werden kann".[1071] Ausdrücklich setzte sich Kornhauser ganz im Sinne Schumpeters dafür ein, dass der Zugang zu den Eliten durch institutionell in der Verfassung festgelegte Regelungen kontrolliert werden müsse, damit der Druck von unten auf sie reduziert werde.[1072]

Das einflussreichste Element der Schumpeterschen Konzeption ist allerdings sein Lehrstück von der *Konkurrenz* der Eliten um die politische Macht: Es ist in den 50er Jahren zur herrschenden Lehre in den Demokratietheorien der westlichen Welt geworden. Der konsequenteste Versuch einer Analogisierung von ökonomischer und politischer Konkurrenz im Zeichen des individuellen Nutzenmaximierungsprinzips hat Anthony Downs in seinem 1957 publizierten Buch „Ökonomische Theorie der Demokratie"[1073] vorgelegt.[1074] Der Herausgeber der deutschen Übersetzung Rudolf Wildenmann schreibt zu Recht: „Es ist unübersehbar, dass Anthony Downs von Joseph Schumpeter wesentliche Anregungen bei seinem Versuch, ein Demokratiemodell der Beziehungen zwischen Regierten und Regierenden zu schaffen, erhalten hat. Auch die intellektuelle Orientierung, das soziale Verhalten in Wirtschaft und Politik *im Zusammenhang* zu erklären und die wissenschaftsgeschichtliche Trennung beider Bereiche zu überwinden, hat er mit Schumpeter gemeinsam, wiewohl er über diesen weit hinausgeht. So hat Downs einen bedeutenden Baustein zur Schaffung einer instrumentalen politischen Theorie beigetragen".[1075] Und Downs bekennt selbst in seinem Buch: „Schumpeters tiefschürfende Analyse der Demokratie war für unsere gesamte Abhandlung Anregung und Grundlage. Wir stehen sehr in seiner

A. Downs:
Ökonomische
Theorie der
Demokratie

[1070] A.a.O., S. 130: „Democratic critics (...) stress the opposition between liberty and authority, and consequently the need to restrain and limit authority. Furthermore, they assert that liberty without democracy means merely the protection of the privileges of the few. *Democracy is essentially an institutional procedure for changing leadership by free competition for the popular vote.* The existence of free competition for leadership does not necessarily guarantee liberty, but in its absence there is less chance for liberty - especially freedom of expression and association".

[1071] A.a.O., S. 230: „However, democracy entails a fundamental restriction on the autonomy of elites, especially in politics. This restriction is twofold: first, elites will be restricted by one another in that they will be constrained to compete with one another for leadership; and secondly, elites will be restricted by non-elites in that they will be constrained to compete for the people's votes. An implication of this conception of democracy also involves a restriction on non-elites: the electorate will accept the leadership that they have selected, until the time when it may be rejected according to duly constituted procedure".

[1072] A.a.O., S. 425f.

[1073] Vgl. Downs 1968. Die deutsche Übersetzung wurde verglichen mit Downs 1957.

[1074] Vgl. zu Downs` Ansatz Bachrach 1967, S. 22-39 sowie Fetscher 1973, S.48f und neuerdings auch Pohl/Buchstein 1999, S. 78-80 sowie Schmidt 2000, S. 212-226.

[1075] Wildenmann 1968, S. X.

Schuld und empfinden ihm gegenüber große Dankbarkeit".[1076] Tatsächlich ragt Downs Ansatz aus der Anzahl vieler Versuche heraus, in der Nachfolge Schumpeters das Marktprinzip und den auf es bezogenen, seinen Eigennutzen maximierenden *homo oeconomicus-politicus* ins analytische Zentrum der liberalen Demokratie und ihrer Mechanismen zu stellen.[1077]

eigennützige Politiker

Downs' Ansatz einer ökonomischen Erklärung der liberalen Demokratie geht von drei Annahmen aus: Er übernimmt erstens Schumpeters Nutzenmaximierungsaxiom. Auch ihm zufolge ist „die Erfüllung sozialer Funktionen gewöhnlich ein Nebenprodukt des menschlichen Handelns, dessen Ziel private Ambitionen sind. Dies folgt unmittelbar aus dem Eigennutz-Axiom".[1078] Daher beruht das Modell von Donws auf der Annahme, „daß jede Regierung das Ausmaß an Ansehen und Unterstützung, das sie beim Volk genießt, zu maximieren sucht. Wir nehmen ferner an, daß wir es mit einer Regierung in einer demokratischen Gesellschaft zu tun haben, in der periodische Wahlen abgehalten werden, daß das Hauptziel der Regierenden die Wiederwahl ist und daß ferner ein Wahlsieg das Ziel auch jener Parteien ist, die im Augenblick nicht regieren".[1079] Wollen sie dieses Ziel erreichen, so müssen sie wie bei jedem Geschäftsunternehmen Zeit und Geld investieren. Zugleich verwandelt sich die politische Arena in einen Markt, sobald mindestens ein zweiter Bewerber mit dem gleichen Ziel zur selben Zeit um den Wahlsieg konkurriert. Dieses Axiom schließt zweitens aber auch ein, „daß jeder Bürger seine Stimme der Partei gibt, die ihm seiner Überzeugung nach mehr Vorteile bringen wird als jede andere. (...) Die *Vorteile*, die die Bürger bei ihrer Wahlentscheidung in Betracht ziehen, sind Ströme von Nutzen, die aus der staatlichen Tätigkeit entspringen".[1080]

Politik als Markt

Politische Informationsagenturen

Die Wähler gehen also nicht anders als die um Stimmen werbenden Parteien und deren Politiker von ihren unmittelbaren und zukünftigen materiellen und ideellen Interessen aus. Sie erwarten sich von den Parteien A oder B oder C einen bestimmten Vorteil. Wenn dies ihrer individuellen Nutzenmaximierung dient, sind sie bereit, zum Wahllokal zu gehen und sich Informationen über das Programm und die Ziele der Parteien zu verschaffen. Das dritte Axiom schließlich unterstellt die Notwendigkeit, „die Aufmerksamkeit der Bürger von vorn-

---

[1076] Downs 1968, S. 29, FN 11.

[1077] In Deutschland wurde dieses Modell sehr früh rezipiert von Philipp Herder-Dorneich. Vgl. Herder-Dorneich 1959.

[1078] Downs 1968, S. 28. „We assume that every individual, though rational, is also selfish. (...) Throughout our model, we assume that every agent acts in accordance with this view of human nature. Thus, whenever we speak of rational behavior, we always mean rational behavior directed primarily towards selfish ends" (Downs 1957, S. 27).

[1079] Downs 1968, S. 11. „Our model is based on the assumption that every government seeks to maximize political support. We further assume that the government exists in a democratic society where periodic elections are held, that its primary goal is reëlection, and that election is the goal of those parties now out of power. At each election, the party which receives the most votes (though not necessarily a majority) controls the entire government until the next election, with no intermediate votes either by the people as a whole or by a parliament. The governing party thus has unlimited freedom of action, within the bounds of the constitution" (Downs 1957, S. 11f).

[1080] Downs 1968, S. 35. „The *benefits* voters consider in making their decisions are streams of utility derived from government activity. Actually, this definition is circular, because we define *utility* as a measure of benefits in a citizen's mind which he uses to decide among alternatives courses of action. Given several mutually exclusive alternatives, a rational man always takes the one which yields him the highest utility, *ceteribus paribus:* i.e., he acts to his own greatest benefit" (Downs 1957, S. 36f).

herein auf differentielle Entscheidungsbereiche" zu bündeln. „Dies besorgen politische Informanten, die aus verschiedenen eigennützigen Motiven handeln".[1081] Da von einem niedrigen Rationalitätsniveau der Wähler auszugehen sei, wird „fast die gesamte Datenbeschaffung und ein beträchtlicher Teil der Tatsachen-Analyse (...) nicht von den Entscheidungsträgern selber, sondern von spezialisierten Agenturen besorgt".[1082] Die geringe Aufnahmebereitschaft der meisten Wähler vorausgesetzt, reiche es, wenn ihnen - meist in verkürzter und symbolischer Form - Werbeagenturen die notwendigen Informationen zur Verfügung stellen, die vielfach nebenbei auch die Wahlreklame der Parteien übernehmen.

Schumpeters Modell der Konkurrenzdemokratie wurde aber nicht nur positiv rezipiert. Frühzeitig meldeten sich kritische Stimmen zu Wort.[1083] Drei dieser Einwände sollen im folgenden vorgestellt werden.

§ 5 Aspekte der Kritik an Schumpeters Modell der Konkurrenzdemokratie

Ein von Peter Bachrach in seinem Buch „Die Theorie demokratischer Elitenherrschaft"[1084] vorgetragenes Kritikmuster geht von der Wertneutralität der „demokratischen Methode" aus, wie Schumpeter sie in Anlehnung an die Ökonomie unterstellte: Dieser sah ihren Realismus gerade darin, dass sie nicht an normative Postulate wie Emanzipation, Selbstbestimmung oder Identität von Herrschern und Beherrschten gebunden ist. Statt wie in der klassischen Lehre, in der Demokratie ein Ziel zu sehen, ist Schumpeter zufolge die „demokratische Methode" nichts weiter als ein Mittel zur Exekution beliebiger Zwecke, welche sich die von der Mehrheit gewählten Eliten setzen: Sie könne sogar die Verfolgung missliebiger Minoritäten beinhalten.[1085] Gegen eine solche Reduktion der „demokratischen Methode" wandte Bachrach zweierlei ein: Einerseits „würde jede einzelne dieser Aktionen eine Verletzung der Demokratie darstellen, selbst wenn sie nur als Methode begriffen wird. Jede Verfolgung aufgrund von Religions- und Rassenzugehörigkeit oder der Zugehörigkeit zu einer Gruppe steht im Widerspruch zu den Grundsätzen freier Diskussion und Assoziation, die dem wirksa-

[Marginalie: Fehlender Minderheitenschutz]

[1081] Downs 1968, S. 231. „A necessary prerequisite to rational political action is the prefocussing of attention upon the differential areas of decision. This end is accomplished by the providers of political information acting for various reasons of self-interest. (...) In complex cultures, an essential part of political decision-making is delegation to others of several steps in the process. Nearly all data procurement and much factual analysis are done by specialized agencies rather than decision-makers themselves. By utilizing such agencies, citizens can cut their own costs enormously" (Downs 1957, S. 237).

[1082] Downs 1968, S. 231.

[1083] Vgl. hierzu Waschkuhn 1998, S. 36-44 sowie Schmidt 2000, S. 209-212.

[1084] Vgl. Bachrach 1970. Die deutsche Übersetzung wurde verglichen mit Bachrach 1969.

[1085] „Let us transport ourselves into a hypothetical country that, in a democratic way, practices the persecution of Christians, the burning of witches, and the slaughtering of Jews. We should certainly not approve of these practices on the ground that they have been decided on according to the rules of democratic procedure. But the crucial question is: would we approve of the democratic constitution itself that produced such results in preference to a non-democratic one that would avoid them?" (Schumpeter 1944, S. 242).

men Prinzip der Mehrheitsregierung wesentlich zugehören. Denn wenn eine Minderheit mit Gewalt daran gehindert wird, eine Mehrheit zu werden, läßt sich ein solches Handeln mit den Grundsätzen demokratischen Verfahrens nicht in Einklang bringen".[1086]

Abwertung der Partizipation des Volkes

Andererseits habe sich Schumpeters Konzept der empirisch orientierten Konkurrenzdemokratie in seiner Wirkung keineswegs an das selbst gewählte Neutralitätsgebot gehalten. Vielmehr resultierten aus seinem hegemonialen Einfluß unübersehbar selbst Normen, die unter der Maske des empirischen Realismus eines reduzierten Demokratieverständnisses das Ziel verfolgten, die Partizipation des Volkes am politischen Willensbildungsprozess abzuwerten und die Elitenherrschaft zu legitimieren. „Indem Schumpeter (...) unter Berufung auf, wie er meinte, simple Logik und gesunden Menschenverstand Demokratie auf eine politische Methode reduzierte, wurde es möglich, Demokratie ohne unnötige Verlegenheit und Ausflüchte zu modifizieren und einzuschränken, etwa auf den Schutz der Freiheit. (...) Denn ohne seine Version demokratischer Theorie wären die bestehenden demokratischen Systeme, die ja von der großen Mehrheit des Volkes kaum mehr erwarten als die periodische Wahl zwischen konkurrierenden Führern, ständig dem Vorwurf ausgesetzt, daß sie darin versagten, politische Mittel und allgemeine politische Bedingungen zu schaffen, die die Weiterentwicklung eines freien Volkes fördern. Solche Kritik aber wird unangemessen und versagt gegenüber einer politischen Methode, die sich gar nicht zur Erreichung ausschlaggebender Ziele und Ideale verpflichtet hat".[1087]

scheinbare Konsistenz des Marktmodells der Demokratie ...

Mit dem Vorwurf, die demokratische Substanz der liberalen Demokratie zu unterminieren, geht die Kritik Hand in Hand, dass die rein auf individueller Nutzenmaximierung basierende Konkurrenzdemokratie aufgrund ihrer Ablehnung der Normen der klassischen Lehre scheitern müsse. Idealtypisch rein lässt sich dieses Argument an der Widersprüchlichkeit der ökonomischen Theorie der Demokratie bei Anthony Downs zeigen.[1088] Auf den ersten Blick scheint in der Tat dem Downschen Modell eine innere Kohärenz bestätigt werden zu müssen. Die Markt-Demokratie oder der Demokratie-Markt tritt nämlich mit dem Anspruch auf, die Wähler optimal mit der von ihnen gewünschten Ware Politik zu versorgen. Deren Nachfrage hinreichend zu befriedigen, ist das Ziel des Angebots, auf das sich nicht nur die Werbung, sondern auch die Politik der jeweils regierenden Partei bezieht. Offenbar sind die Mechanismen des ökonomischen

---

[1086] Bachrach 1970, S. 32.

[1087] A.a.O., S. 31f. „Thus by the reduction of democracy to a political method on the strength of what Schumpeter considered simple logic and common sense, the way became open to modifying and qualifying democracy in the interest, for example, of protecting liberty, without undue embarrassment and equivocation. It is quite different, in other words, to profess uncompromising loyalty to a political philosophy based upon the dignity and worth of man than give allegiance to a political method that is *expected* to protect and strengthen individual liberty, justice, and the like. Without this masterful stroke on Schumpeter's part, it is doubtful that elitism and democracy could have developed as they have into a congenial and close relationship. For in the absence of his version of democratic theory, on-going democratic systems, which require little more of the great majority of people than to choose periodically between competing leaders, would be continually vulnerable to attack for failing to provide the political means and climate which stimulate and heighten the development of a free people. But such criticism is inappropriate, and misfires when applied to a political method that is committed to the achievement of no overriding objectives or ideals" (Bachrach 1969, S. 19).

[1088] Im folgenden beziehe ich mich auf Saage 1998, S. 24-26.

und des politischen Marktes kompatibel. Wie das Damoklesschwert der Konkurrenz zu einer optimalen Versorgung der Verbraucher mit Konsumgütern führt, zwingt das Risiko der Abwahl die regierende Partei, so weit wie möglich den Wählerwünschen zu entsprechen. Doch bei näherem Hinsehen zeigt sich, dass der Versuch, aus der Prämisse eines ausschließlich seinen privaten Nutzen anstrebenden *homo oeconomicus-politicus* ein in sich stabiles politisches System zu konstruieren, scheitern muss.

Wie wir sahen, unterstellt nämlich Downs dem Wähler trotz dessen politischer Ignoranz durchgehend die Fähigkeit einer Zweck-Mittel-Rationalität nach dem Kriterium der individuellen Nutzenmaximierung. Was bedeutet aber diese Prämisse, wenn sich herausstellt, dass nur die ökonomisch potenten Bürger durch die Wahl ihren Einfluss und damit ihren privaten Nutzen zu optimieren vermögen, während für den Normalwähler die Einwirkung auf die Politik vermittels der Stimmabgabe fast unendlich klein ist? Folgen wir der Downschen Logik, so ist die Antwort eindeutig: Wenn die Kosten für die Informationsbeschaffung und den Gang zum Wahllokal womöglich größer sind als der zu erwartende Nutzen, wird sich die große Masse der Normalbürger nicht an der Wahl beteiligen und das System der liberalen Demokratie bricht zusammen. Diese Konsequenz vor Augen, sah sich Downs zu einer Konzession gezwungen, die seinem Basisaxiom des eigensüchtigen *homo oeconomicus-politicus* diametral zuwiderläuft. Er musste nämlich zugeben, dass es in einer Demokratie „rationale Menschen" gibt, die „bis zu einem gewissen Grade durch ein soziales Verantwortungsbewußtsein motiviert (sind), das von ihren eigenen kurzfristigen Gewinnen und Verlusten relativ unabhängig ist".[1089] Spätestens an dieser Stelle wird klar, dass Downs mit einem tautologischen Begriff des Nutzens arbeitet, weil dieser auch eine ideelle, also nicht messbare Dimension hat.

Die neueren Diagnosen der liberalen Demokratie nach dem Zusammenbruch der Gesellschaftsordnungen des sowjetischen Typs in Europa haben aus diesem Versagen, das Modell des reinen Marktes als Erklärungsmuster für das Verhalten von Wählern, Abgeordneten, Parteien sowie Regierungen zu nutzen, einschlägige Folgerungen gezogen. So gegensätzlich ihre Befunde auch sein mögen, so stimmen sie doch in der Annahme überein, dass sich die liberale Demokratie nicht selbst trägt. Das Gemeinschaftsleben der Bürger, so lautet ein breit gefächerter Konsens, von dem sie letztlich abhängt, ist auf normative Ressourcen angewiesen, die sich aus anderen, jedenfalls nichtliberalen Quellen speisen. Die Gründungsväter der Vereinigten Staaten, so wird immer wieder betont, waren keine isolierten, nutzenmaximierenden Egoisten, denen es ausschließlich um eine vernünftige Durchsetzung ihres Eigeninteresses ging. Fest verwurzelt in

... aber paradoxe Schlussfolgerungen

normative Ressourcen als Basis der liberalen Demokratie

[1089] Downs 1968, S. 262. „When no one votes, democracy collapses. Yet if everyone who is not indifferent votes, in the next election each will abstain, since his ballot had so little effect previously (i.e., when everyone voted). Thus if we assume all men think alike, democracy seems unable to function rationally. What rule can we posit within the framework of our model to show how rational men can arrive at different conclusions though viewing the same situation? The answer consist of two parts: 1. Rational men in a democracy are motivated to some extent by a sense of social responsibility independent of their own short-run gains and losses. 2. If we view such responsibility as one part of the return from voting, it is possible that the cost of voting is outweighed by its returns for some but not all rational men" (Downs 1957, S. 267f). Zur Kritik an Downs vgl. auch Fetscher 1973, S. 49-62.

religiösen Gemeinschaften, „deren Zusammenhalt auf einem gemeinsamen Moralkodex und dem Glauben an Gott beruhte"[1090], sei der aufgeklärte Liberalismus, zu dem sie sich schließlich bekannten, nicht Ausfluss einer bereits vorhandenen Kultur. Vielmehr habe sich der Wert des „wohlverstandenen Eigennutzes" in einer gewissen Spannung zu der älteren vorliberalen Lebenswelt befunden, in welche die frühen Protagonisten der liberalen Demokratie eingebunden waren.

Grundlagen im antidemokratischen Denken

Ein dritter Einwand gegen das Modell der Konkurrenzdemokratie darf nicht verschwiegen werden. Er wirft die grundsätzliche Frage auf, ob sich eine im Kern affirmative Demokratietheorie wie die Schumpeters auf Muster gründen darf, deren Stoßrichtung eindeutig gegen die demokratische Partizipation gerichtet ist. Schumpeters soziologisches Lehrstück rivalisierender Eliten, die sich aufgrund der Möglichkeit ihrer Abwahl permanent erneuern müssen und so eine Oligarchisierung vermeiden, ist ein Derivat antidemokratischer Soziologen wie Vilfredo Pareto (1848-1923) und Gaetano Mosca (1858-1941). Beide taten die Demokratie als einen verächtlichen Mythos ab. Während Pareto sich „nicht bei der Fiktion der 'Vertretung des Volkes'" aufhielt, weil „das alles in den Wind geredet"[1091] sei, revitalisierte Mosca die pejorative Bedeutung der Demokratie, die Platon und Aristoteles ihr beigelegt hatten: Sie bringe „den übelsten Typ politischer Organisation, die im Namen des Volkes sprechende unverantwortliche und anonyme Tyrannei derer (hervor), die die Wahl gewinnen".[1092] Ausgehend von diesem gegendemokratischen Impetus mit seiner antisozialistischen Stoßrichtung hatte Pareto keine Probleme, sich dem Faschismus anzuschließen. Mosca hielt zwar an einer äußerst konservativ interpretierten repräsentativen Demokratie fest. Doch ebenso sicher ist, dass es ihm nicht um die Lage des kleinen Mannes ging, sondern um das Überleben der „herrschenden Klasse" als Bollwerk gegen den Sozialismus.[1093]

Dennoch können diese Kritiken an Schumpeters Modell der Konkurrenzdemokratie nicht verdecken, dass es auch im Deutschland der Nachkriegszeit äußerst einflussreich geworden ist. Wie es hier verarbeitet wurde und welche Reaktionen es Ende der 60er Jahre in der sogenannten Außerparlamentarischen Opposition und der Studentenbewegung hervorrief, wird im folgenden Kapitel zu untersuchen sein.

[1090] Fukuyama 1992, S. 430.
[1091] Meisel 1958, S. 286f.
[1092] Mosca 1950, S. 22f.
[1093] Bachrach 1970, S. 29.

260

Kapitel X
„Nachholende" Demokratisierung in der Bundesrepublik Deutschland

§ 1 Einleitung

Mit der Machtübergabe an Hitler im Januar 1933 war das Scheitern der ersten Demokratie auf deutschem Boden besiegelt. Erst das Ende des Zweiten Weltkrieges mit der bedingungslosen Kapitulation des Deutschen Reiches machte den Weg frei für einen demokratischen Neuanfang. Diese „nachholende" Demokratisierung verlief in der Bundesrepublik Deutschland in zwei Phasen: In der Ära Adenauer von 1949 bis Mitte der 60er Jahre und in der Zeit der Großen Koalition und der Sozialliberalen Koalition (1967-1982) im Zeichen der Studentenbewegung und der Außerparlamentarischen Opposition.

Phasen der Demokratisierung

In keinem anderen Land außerhalb des anglo-amerikanischen Sprachraums wurde in der unmittelbaren Nachkriegszeit das Modell der Konkurrenzdemokratie Schumpeters[1094] so nachhaltig diskutiert wie in der Bundesrepublik. Nach den Ursachen dieses intensiven Rezeptionsvorganges ist nicht lange zu suchen. Auch in der Bundesrepublik schien nach den Erfahrungen des „Dritten Reiches" das Ende des ideologischen Zeitalters mit seinen geschichtsphilosophisch legitimierten Zielsetzungen angebrochen zu sein. Während der Nationalsozialismus durch die von ihm zu verantwortende „deutsche Katastrophe" als politische Größe von der historischen Bühne abtrat, war im konservativen Lager völkisches und antisemitisches Denken im Zuge der Akzeptanz der „westlichen Wertegemeinschaft" weitgehend diskreditiert. Umgekehrt löste sich die deutsche Sozialdemokratie auf dem Godesberger Parteitag vom Marxismus und damit vom geschichtsphilosophisch fundierten Fernziel einer klassenlosen Gesellschaft. Innenpolitisch gewann eine funktionalistische Betrachtung der parlamentarischen Demokratie an Boden, deren Prüfstein - analog zum Modell Schumpeters - die praktische Fähigkeit war, soziopolitische Antagonismen zu entschärfen und dadurch eine Dauerpolitisierung der Wählermassen, wie man sie in den Wahlschlachten in der Endphase der Weimarer Republik erlebt hatte, zu vermeiden. Außenpolitisch trug der ab 1947 einsetzende Kalte Krieg erheblich zur Akzeptanz der Konkurrenzdemokratie in ihrer Gestalt als Neopluralismus bei: Sie avancierte zum identitätsstiftenden Gegenmuster des „Totalitarismus" der stalinistischen Sowjetunion und ihrer osteuropäischen Satelliten.

Akzeptanz der Konkurrenzdemokratie

Ohnehin war das im Grundgesetz angelegte System der politischen Institutionen im großen und ganzen kongruent mit zentralen Annahmen der Konkur-

Konkurrenzdemokratisches Regierungssystem

[1094] Vgl. Kapitel IX, § 3.

renzdemokratie: Die Erfahrungen der Weimarer Republik hatten es den Müttern und Vätern des Grundgesetzes nahegelegt, auf plebiszitäre Elemente weitgehend zu verzichten. Nicht einmal der Bundespräsident, ohnehin nur mit repräsentativen Aufgaben betraut, hatte eine eigene Legitimation kraft direkter Wahl durch das Volk. Hinzu kam, dass in der Bundesrepublik ein parlamentarisches System etabliert wurde, welches Schumpeters Imperativ der angeblich lebenswichtigen Tatsache der Führung voll Rechnung trug. Reihte sich in der Weimarer Republik eine Regierungskrise an die andere, so wurde nun das personalisierte Verhältniswahlrecht, verbunden mit einer 5%-Klausel, eingeführt, die für weitaus stabilere Regierungen sorgte als dies in der ersten deutschen Republik der Fall war. Die Position des Kanzlers sah sich darüber hinaus durch die Einführung des konstruktiven Misstrauensvotums gestärkt. Vor allem aber war es Adenauer gelungen, das konservative Lager in einer Partei zu vereinigen, während die SPD die linken Ränder des politischen Spektrums erfolgreich integrierte, so dass kommunistische Gruppierungen keine ernst zu nehmende politische Rolle mehr spielten.

ideengeschichtlicher Kontext

Doch wenn dergestalt die geschriebene wie auch die ungeschriebene Verfassung der Bundesrepublik Deutschland mit Schumpeters Modell große gemeinsame Schnittmengen aufwies, so darf doch nicht übersehen werden, dass dieses Phänomen auch das Resultat eines langen Prozesses der Implantation Schumpeterscher Theorieelemente ist, die sich erst mühsam gegen die überlieferten obrigkeitsstaatlichen Denkstrukturen der Weimarer Republik und des Dritten Reiches durchsetzen mussten. Tatsächlich fand die Übernahme des Modells der Konkurrenzdemokratie im Nachkriegsdeutschland in einem ganz anderen soziopolitischen Kontext statt als in Amerika. In der anglo-amerikanischen Welt ließ sich unter dem hegemonialen Einfluss der Prämissen der politischen Philosophie Lockes[1095] und der prinzipiellen Vereinbarkeit von Repräsentation und organisierten partikularen Interessen[1096] das Schumpetersche Modell der Konkurrenzdemokratie mit der Struktur der geschriebenen und ungeschriebenen Verfassung zwanglos verbinden. In Deutschland dagegen wurde die Rezeption des pluralistischen Modells demokratisch gewählter Eliten durch jene Denktraditionen im Zeichen des „starken" Staates behindert, die in ihm, wie dies bei Carl Schmitt[1097] der Fall war, eine Kolonisierung der öffentlichen Gewalt durch grundsätzlich privat organisierte Interessen ausmachen zu können glaubten. Es waren insbesondere Soziologen, Politologen und Staatsrechtler wie Otto Stammer, Gerhard Leibholz und Ernst Fraenkel, die zunächst im akademischen Bereich dem Konkurrenz-Modell in Deutschland zum Durchbruch verhalfen.

[1095] Vgl. Kapitel II, § 5.
[1096] Vgl. Kapitel III, §§ 4-6.
[1097] Vgl. Kapitel VIII, §§ 5-6.

§ 2 Demokratische Elitenherrschaft, Parteienstaat und Neo-Pluralismus (Stammer, Leibholz, Fraenkel)

Der Soziologe Otto Stammer hat sehr präzise das Spannungsfeld gekennzeich- net, innerhalb dessen in der frühen Bundesrepublik das Schumpetersche Konkur- renz-Modell rezipiert worden ist. Auf der einen Seite distanzierte er sich klar von der konservativen Kritik am Parteien- und Verbandspluralismus der 1949 wieder errichteten liberalen Demokratie. Ihren führenden Protagonisten wie Werner Weber und Ernst Forsthoff warf er vor, deren Klage über das Fehlen der „autori-tären Staatlichkeit" sei angesichts der Realitäten der industriellen Massengesell-schaft anachronistisch. Wenn Forsthoff z.B. meine, der Staat habe aufgehört, „objektiver Geist" zu sein und in der Konsequenz dieses Tatbestandes finde dessen „pluralistische Auflösung" statt, dann sitze er einer Fiktion auf, die aus der Zeit des alten Obrigkeitsstaates stamme.[1098] Ebenso klar ist aber auch, dass Stammer zufolge die klassische Demokratie Rousseauscher Provenienz den sozio-politischen Realitäten der hochdifferenzierten Industriegesellschaft der Bundesrepublik nicht standzuhalten vermag. Unter Demokratie verstehe man vielfach immer noch „schlechtweg Volksherrschaft im Sinne Rousseaus, politi-sche Willensbildung durch die breiten Massen, also gleichsam von unten nach oben".[1099] Mit der Wiederbelebung dieses der Philosophie des 18. Jahrhunderts entlehnten Demokratiebegriffs sei nichts gewonnen.[1100] Daher müsse die Demo-kratie heute effizienten Eliten einen weiten Handlungsspielraum einräumen.[1101]

Otto Stammer

Folgende Elemente des Schumpeterschen Ansatzes sind in Stammers Kon-zeption der modernen Demokratie eingegangen: 1. Die Demokratie ist eine Me-thode und kein Ziel. Ausdrücklich zitierte er Schumpeters Definition: „Die de-mokratische Methode ist diejenige Ordnung der Institutionen zur Erreichung politischer Entscheidungen, bei welcher einzelne die Entscheidungsbefugnis vermittels eines Konkurrenzkampfes um die Stimmen des Volkes erwerben".[1102] 2. Die Demokratie kann Herrschaft nicht minimieren, wie es der klassische An-satz anstrebt, sondern muss diese als einen ihrer Kernbereiche akzeptieren. Man solle daher „das Volk in einer Massendemokratie nicht im unklaren darüber lassen, daß auch in der Demokratie ein ausgesprochenes Herrschaftssystem vor-liegt".[1103] 3. Die Unverzichtbarkeit effizienter Eliten[1104], die nicht als seinsmäßig höher gestellte Schicht, wie etwa die Philosophen Platons, sondern rein funktio-

Demokratie als Methode

Demokratie als Herrschaftssystem

Elitenherrschaft

[1098] Vgl. Stammer 1965, S. 148.

[1099] A.a.O., S. 65.

[1100] Vgl. a.a.O., S. 66f.

[1101] Vgl. a.a.O., S. 54.

[1102] A.a.O., S. 77.

[1103] Ebd.

[1104] „Eine Herrschaftsordnung der Massendemokratie setzt in hohem Maße die Bildung von Minder-heitsgruppen voraus, um funktionieren zu können. Diese Eliten fungieren dabei als Konzeptoren des politischen Willens. Sie stellen Medien des Herrschaftssystems dar, welche durch ihr politisches Verhalten für das Funktionieren der Kontrolle durch die breiten Massen wie für die Herstellung der nötigen Resonanz der politischen Entscheidungen in diesen Massen verantwortlich sind. Diese Eliten sind also für das Funktionieren des politischen Systems schlechthin entscheidend, und dies um so mehr, als die Auswahl der Spitzenführung des Staates in jedem Falle ausschließlich in ihrer Hand liegt" (Stammer 1965, S. 77).

Konkurrenz der
Eliten
nal nach ihren Aufgaben im Integrationsprozess der Gesellschaft definiert werden.[1105] 4. Die Notwendigkeit der Konkurrenz und Austauschbarkeit dieser Eliten, weil nur so ihre Offenheit nach unten garantiert und ihre Oligarchisierung vermieden werden kann.[1106] Allerdings modifizierte Stammer das Schumpetersche Konzept erheblich, weil er in weitaus stärkerem Maße als sein Vorbild die demokratischen Elemente betonte.

Stammer hob insbesondere zwei Aspekte hervor, die er in Schumpeters Modell der Konkurrenzdemokratie nicht hinreichend berücksichtigt sah: „Einmal
Parteien und
Verbände
der Umstand, dass sich in der organisierten Großgesellschaft in Gestalt vor allem der Parteien und Verbände ein System differenzierter Gruppenfilter herausbildet, mit dessen Hilfe politische Interessen und Meinungen von 'unten', beeinflusst durch politische Zielsetzungen von 'oben', zu politischen Willensbildungsströmungen verdichtet werden. Zum andern das für den egalitären Grundzug unserer Demokratieform bedeutsame Moment, daß die zu alternierender Führung und Regierung tendierende Konkurrenz politischer Gruppen im Auftrag und unter
Leitbild des
mündigen Bürgers
der Kontrolle des Volkes wirksam wird. Solange es allgemeine, freie und gleiche Wahlen gibt, in denen Entscheidungen über konkurrierende Persönlichkeiten, Gruppen und politische Zielsetzungen getroffen werden, behält das Volk die Funktion des höchsten Auftraggebers und Kontrolleurs der Demokratie".[1107] Unter dieser Voraussetzung ist nur konsequent, dass Stammer am Leitbild des mündigen Bürgers, der über politische Bildung die demokratischen Werte zu internalisieren hat, ebenso festhält wie an einer stärkeren Rückkoppelung der Eliten an ihren Auftraggeber: das Volk.[1108]
Gerhard Leibholz:
Parteiendemokratie
Ein Schlüsselbegriff Stammers bei seinen Versuchen, das spezifische Profil der Demokratie in der modernen Massengesellschaft herauszuarbeiten, ist der Terminus „Strukturwandel der Demokratie", der von dem Staatsrechtslehrer und Bundesverfassungsrichter Gerhard Leibholz (1901-1982) stammt.[1109] Leibholz hob immer wieder hervor, dass mit der Ausweitung des Wahlrechts im 19. und 20. Jahrhundert die Epoche des repräsentativen Parlamentarismus vorbei sei. Denn die erfolgte „politische Emanzipation der nachdrängenden sozialen Unterschichten"[1110] habe der homogenen sozialen Basis des liberalen Honoratiorenparlaments sowie dessen Konnexinstitutionen des nur seinem Gewissen unterworfenen Abgeordneten in Gestalt des freien Mandats, einer der Rationalität verpflich-

---

[1105] „Die Elite, das ist zur Begriffsklarheit wichtig, ist soziologisch jedenfalls nicht bestimmt aus der mehr oder weniger vorhandenen Qualifikation ihrer Glieder, sondern aus der Funktion, die sie im politischen System einnimmt" (Stammer 1965, S. 81).

[1106] „Die Eliten sind in einer demokratischen Ordnung niemals funktionsfähig, wenn sich unter ihnen privilegierte Gruppen herausbilden, wenn sie sich, etwa im Sinne der Theorie Moscas und Michels', zu Oligarchien entwickeln. Es soll nicht verkannt werden, daß mit jeder Elitebildung eine gewisse Gefahr gesellschaftlicher Abkapselung und der Monopolisierung bestimmter Funktionen gegeben ist. Gerade das letzte Stadium der Weimarer Demokratie hat uns gezeigt, daß solche Monopolbildungen unter den Eliten, die sehr oft den Verlust der gesellschaftlichen und politischen Verbindung nach unten und nach oben zur Folge haben und die zu systemerschütternden Konkurrenzkämpfen unter verschiedenen Elitenringen entarten können, für das demokratische System tödlich wirken" (Stammer 1965, S. 81).

[1107] A.a.O., S. 55.

[1108] A.a.O., S. 147 u. 174.

[1109] Vgl. Saage 1983, S. 160-173 sowie Lenk 1991, S. 943f.

[1110] Leibholz 1967, S. 89.

teten Parlamentsöffentlichkeit und des die Nation zum Ausdruck bringenden Repräsentationsprinzips ein für alle Mal den Boden entzogen. Ganz im Sinne Schumpeters und Kelsens[1111] ging er von der Annahme aus, dass es ein apriori gegebenes Gemeinwohl als Wille des Volkes nicht gebe. Vielmehr seien politische Parteien unverzichtbar, um dessen diffuse Interessen überhaupt erst zu einer politisch handlungsfähigen Größe zu bündeln.[1112] Wenn man so will, ist die Parteiendemokratie nach Leibholz die Methode, um überhaupt so etwas wie einen Willen des Volkes zu generieren. Aber diese Methode funktioniert im demokratischen Sinne nur dann, wenn mehrere Parteien um die Macht konkurrieren und die Wähler erkennen, dass Demokratie immer auch Herrschaft ist, die von durch Wahlen legitimierten Eliten exekutiert wird.

Aber Leibholz modifizierte das Modell der Konkurrenzdemokratie im Vergleich zu Schumpeters Ansatz in zweierlei Hinsicht. Einerseits ist er sich mit Stammer einig, dass das Konzept der parteienstaatlich verfassten Demokratie in der frühen Bundesrepublik nicht wie in den anglo-amerikanischen Ländern auf eine lange Tradition zurückblicken kann.[1113] Vielmehr habe man es in Deutschland nach wie vor mit einem Antiparteieneffekt zu tun, der „aufs engste mit dem preußisch-deutschen Staatsdenken der letzten 150 Jahre (zusammenhängt). Politiker, die glaubten, die Tradition Hegels und der Romantiker fortzusetzen, nahmen für sich das Recht in Anspruch, das, was das Allgemeininteresse erforderte, allein maßgeblich interpretieren zu können. Diese Auffassung hat der Ideologie des Obrigkeitsstaates des 19. Jahrhunderts ihr entscheidendes Gepräge gegeben".[1114] Die aus dieser Ideologie auch in der unmittelbaren Nachkriegszeit in der Bundesrepublik nachwirkende Gegenüberstellung zwischen dem angeblich über allen Interessen schwebenden Volk auf der einen und den Parteien als den organisierten Partikularinteressen auf der anderen Seite sei aber historisch obsolet.[1115] „Denn diese Gegenüberstellung und These übersieht, daß in der heutigen Form der Demokratie (...) es gerade die Parteien sind, die das Volk erst politisch organisieren und aktionsfähig machen. Die Mediatisierung (oder 'Vermittelbarung') des Volkes durch die Parteien gehört (...) geradezu zum Wesen des modernen demokratischen Parteienstaates. In der modernen Form der Demokratie identifizieren sich die Parteien mit dem Volke, oder anders ausgedrückt, sie erheben den Anspruch, 'das' Volk zu sein".[1116]

> Parteien repräsentieren das Volk

Eine andere wichtige Differenz zu Schumpeter kommt hinzu. Dessen Konzept der Konkurrenzdemokratie hatte eine zentrale Funktionsvoraussetzung

> plebiszitäre Elemente

[1111] Vgl. zu Schumpeter Kapitel IX, § 3 und zu Kelsen Kapitel VIII, § 5.

[1112] Leibholz 1967, S. 89f.

[1113] Vgl. Kapitel II-V.

[1114] Leibholz 1967, S. 120.

[1115] „Wenn man (...) noch heute von einer Entmachtung des Volkes durch die Parteien spricht und in diesen nichts anderes sieht wie oligarchische Herrschaftsgruppen, die infolge ihrer gesellschaftlichen Verflechtung die politische Einheit von Volk und Staat und damit die 'wahre Demokratie' gefährden, so ist diese politische Neuromantik deshalb heute so gefährlich (...), weil es gegenüber dem zur politischen Wirklichkeit gewordenen und heute legalisierten massen-demokratischen Parteienstaat kein Zurück zum repräsentativen Parlamentarismus liberaler Prägung oder zum konservativ-autoritären Obrigkeitsstaat mehr gibt, und weil die einzige Alternative gegenüber der heutigen liberal-parteienstaatlichen Form der Demokratie der diktaturförmige Einparteienstaat nationalsozialistisch-faschistischer oder kommunistischer Prägung ist" (Leibholz 1967, S. 121f).

[1116] A.a.O., S. 121.

darin, dass es von allen plebiszitären, direktdemokratischen Einflüssen frei bleiben müsse. Demgegenüber verdanken nach Leibholz die modernen politischen Parteien ihre Existenz gerade dem Bruch mit dem liberalen Repräsentationsprinzip[1117]: „Der grundsätzliche verfassungstheoretische Unterschied zwischen dem modernen demokratischen Parteienstaat und der traditionellen, liberal-repräsentativen, parlamentarischen Demokratie geht entscheidend darauf zurück, daß der moderne Parteienstaat seinem Wesen wie seiner Form nach nichts anderes wie eine rationalisierte Erscheinungsform der plebiszitären Demokratie oder - wenn man will - ein Surrogat der direkten Demokratie im modernen Flächenstaat ist".[1118] Diese These belegten eine Fülle von Strukturelementen des modernen Parteienstaats. So sei der Abgeordnete „parteimäßigen Bindungen unterworfen (...), die entscheidend seine Rede und Abstimmung bei der Beratung und Beschlußfassung im Parlament bestimmen".[1119] Dem Fraktionszwang im Parlament entspreche, dass im Wahlkampf die ideelle und materielle Abhängigkeit der Abgeordneten von ihrer Partei auf ein imperatives Mandat hinauslaufe.[1120] Und auch die Wahlen selbst ähnelten immer mehr plebiszitären Akten, „in dem die durch die Parteien zusammengefaßte Aktivbürgerschaft, die sog. Wählerschaft, ihren politischen Willen zugunsten der von den Parteien benannten Mandatsbewerber und der von dem Wahlkandidaten unterstützten Parteiprogramme kundgibt".[1121]

Innerparteiliche Demokratie

Nicht anders als Schumpeter sah auch Leibholz die Gefahr der Oligarchisierung der Parteien. Während sich dieser aber mit der Möglichkeit der Abwahl als Gegengift zufrieden gab, betonte Leibholz in weitaus größerem Maße die Notwendigkeit der innerparteilichen Demokratie.[1122] In gewisser Weise ersetzte er die von Schumpeter so betonte nutzenmaximierende Motivation von Wählern und Mandatsträgern durch die Wiederbelebung der demokratischen Leitfigur des mündigen Bürgers. Dieser agiert nun freilich nicht mehr als autonomer Citoyen auf der parlamentarischen Bühne des liberalen Honoratiorenparlaments, sondern bestimmt in der innerparteilichen Demokratie die politische Willensbildung mit. Es war zweifellos ein großes Verdienst Gerhard Leibholz', in der frühen Bundes-

---

[1117] „Das Parlament kann eben auch die Stätte sein, wo nicht im Sinne des repräsentativen Parlamentarismus, sondern des massendemokratischen Parteienstaates - nicht auf Grund der Repräsentation, sondern der Identität - die volonté générale der Gemeinschaft gebildet wird. Damit ist zugleich die Korrekturbedürftigkeit des üblichen Einteilungsschemas unmittelbare-mittelbare Demokratie dargetan. Der Parteienstaat ist im Sinne dieses Schemas mittelbare Demokratie und doch in Wahrheit eine Demokratie, die strukturell der unmittelbaren Demokratie verwandt und daher systematisch wie verfassungstheoretisch bei dieser zu behandeln ist" (Leibholz 1967, S. 21).

[1118] A.a.O., S. 93f.

[1119] A.a.O., S. 97.

[1120] „Der veränderten Funktion, die heute grundsätzlich die Wahl in der parteienstaatlichen Demokratie erfüllt, entspricht es, daß der einzelne Abgeordnete in zunehmendem Maße nicht mehr wie in der liberalen repräsentativen Demokratie auf Grund seiner Persönlichkeit und seiner besonderen Qualifikationen, sondern als Zugehöriger zu einer bestimmten politischen Partei in das Parlament gewählt wird. Die politische Persönlichkeit ist heute nicht mehr die sich den Wählern präsentierende, freie repräsentative Persönlichkeit, die im Sinne des 19. Jahrhunderts einen Teil der geistigen Aristokratie der Nation darstellt, sondern im Grunde genommen (...) der 'Exponent der politischen Partei' (Grimme), der den Wählern als der Garant bestimmter Sachscheidungen erscheint" (Leibholz 1967, S. 108).

[1121] A.a.O., S. 104.

[1122] Vgl. a.a.O., S. 124.

republik als Bundesverfassungsrichter erheblich dazu beigetragen zu haben, daß die politischen Parteien „zu integrierenden Bestandteilen des Verfassungsaufbaus und des verfassungsrechtlich geordneten politischen Lebens geworden"[1123] sind. Aber es blieb Ernst Fraenkel vorbehalten, die Realität des Parteienstaates mit einer parlamentarischen Transformations- oder Konversionstheorie analytisch verbunden und gleichzeitig legitimiert zu haben, die als „Neopluralismus"[1124] bis zum Ende der 60er Jahre in der Bundesrepublik schulemachend war.

Ausdrücklich kritisierte Fraenkel Leibholz' These, innerhalb der Parteien existiere ein einheitlicher Wille der Parteimitgliedschaften. Es sei ein Fehlschluss, man könne dadurch „zur Herrschaft der volonté générale gelangen, daß man den Willen der Mehrheitspartei mit dem Volkswillen identifiziert".[1125] Im Grunde genommen operiere Leibholz mit der dem Hegelschen „Volksgeist" korrespondierenden Fiktion eines „Parteiengeists", um das einheitliche Agieren der Parteimitglieder zu erklären. In Wahrheit könne das für das Funktionieren des Parteienstaates „unentbehrliche Handeln einer Partei nur erzielt werden, wenn es dort verbürgt ist, wo es in Erscheinung zu treten hat: im Parlament".[1126] Doch Fraenkel wandte sich nicht nur gegen Leibholz' Formel, der Parteienstaat sei das plebiszitäre Surrogat der „direkten Demokratie".[1127] Auch Schumpeters „Konkurrenzdemokratie" scheint er auf den ersten Blick eine Absage zu erteilen. „Ich glaube, daß eine Demokratie an einem Strukturfehler leidet, der gar nicht ernst genug genommen werden kann, wenn diese Wahlen sich zu einer Art 'beauty contest' entwickeln, bei denen es maßgeblich darauf ankommt, welcher der Kandidaten photogener ist, wer die einschmeichelndere Radiostimme besitzt, von welchem der Bewerber um das höchste Staatsamt am Fernsehschirm der stärkere 'sex appeal' ausgeht, weil er entweder dank seines Alters dem Sekuritätsbedürfnis oder dank seiner Jugend dem Betätigungsdrang eines Großteils der Wählerschaft besser entspricht".[1128] Doch diese Kritik kann nicht verdecken, dass Fraenkel andere zentrale Aspekte des Schumpeterschen Ansatzes in seine Pluralismustheorie integrierte. So lehnte er den mit dessen Ansatz verbundenen Terminus nicht ab, sondern modifizierte ihn lediglich als die „richtig verstandene Konkurrenztheorie der Demokratie".[1129]

Ernst Fraenkel: Kritik an der Parteienstaatstheorie

Folgende Elemente übernahm er von Schumpeter: 1. Das Konkurrenzprinzip. „Damit es zu echten politischen Entscheidungen anläßlich der politischen Wahlen kommen kann, ist es unerläßlich, daß die Lösung und Alternativlösungen akuter ökonomischer, sozialer und politischer Probleme von tunlichst vielen Gruppen konzipiert, diskutiert und propagiert, von den Parteien zu einheitlichen Programmen kombiniert und von den Fraktionen so zugespitzt formuliert worden sind, daß sie bei der Wahl maßgeblich mit berücksichtigt werden können".[1130] 2. Die Anerkennung des Eigennutzes als eine legitime Motivation von

Konkurrenz von Gruppen

legitimer Eigennutz

[1123] A.a.O., S. 92.
[1124] Vgl. zu diesem Konzept neuerdings auch Kremendahl 1977, S. 186-236; Waschkuhn 1998, S. 76-89; Pohl/Buchstein 1999, S.73-74 und Schmidt 2000, S. 226-240.
[1125] Fraenkel 1968, S. 63.
[1126] A.a.O., S. 64.
[1127] A.a.O., S. 9.
[1128] A.a.O., S. 65.
[1129] Ebd.
[1130] A.a.O., S. 66.

Wählern und Gewählten: Sie ist nach Fraenkel eine der wichtigsten Prämissen des Pluralismus. „Wer sich zu dem Grundsatz der Inkompatibilität von Gemeinnutz und Eigennutz bekennt, darf auch heute noch auf den Beifall seiner Zuhörer (in Deutschland, R.S.) rechnen (...). Nach wie vor sind wir einer politischen Mentalität hörig, die im offenkundigen Widerspruch zu unserer politischen praktischen Betätigung steht".[1131] 3. Die Option für einen „fabrizierten Gemeinwillen" (Schumpeter) anstelle einer apriorischen Konstruktion. „Der Pluralismus beruht (...) auf der Hypothese, in einer differenzierten Gesellschaft könne im Bereich der Politik das Gemeinwohl lediglich als das Ergebnis der divergierenden Ideen und Interessen der Gruppen und Parteien erreicht werden".[1132] Er „hält es weder für wünschenswert noch für möglich, daß in einem freiheitlichen Staatswesen ein einheitlicher Gemeinwille besteht, der die divergierenden Gruppenwillen restlos in sich aufsaugt".[1133] 4. Auch Fraenkel entwickelte sein Pluralismusmodell in Konfrontation mit der klassischen Lehre Rousseauscher Provenienz. Zwar halte der Pluralismus „ein Minimum von Homogenität für erforderlich, jedoch ein Maximum von Homogenität nicht für erstrebenswert. Der Anti-Pluralismus hält ein Minimum von Heterogenität zwar für unvermeidlich, glaubt jedoch, daß eine Heterogenität, die dieses Minimum übersteigt, unerträglich ist".[1134]

Gemeinwohl als Ergebnis von Politik

Pluralismus

kontroverser und nichtkontroverser Sektor

Wie lässt sich nun Fraenkels Ansatz als ein Strukturmodell pluralistischer Integration charakterisieren und ideengeschichtlich verorten? Fraenkel hat seit seiner Auseinandersetzung mit der Verfassungskrise der Weimarer Republik 1931-32[1135] nie einen Zweifel daran gelassen, dass der „kontroverse Sektor"[1136], innerhalb dessen die kollektiv organisierten Interessen in Gestalt der Parteien und Verbände um die Verteilung des disponiblen Teils des Bruttosozialprodukts ringen, das Signum einer pluralistischen Demokratie darstellt. Aber er hob auch hervor, dass das Fehlen eines „nichtkontroversen Sektor" im politischen System eine tendenzielle Bürgerkriegssituation hervorrufen müsste, wie man sie im Deutschland der ersten Republik exemplarisch erlebt habe. Mit diesem nichtkontroversen Sektor meinte Fraenkel einen gesellschaftlichen Konsens darüber, dass bei allem Zusammen- und Widerspiel der organisierten Partikularinteressen „die generell akzeptierten und die rechtlich normierten Verfahrensvorschriften und die gesellschaftlich sanktionierten Regeln eines fair play ausreichend beachtet werden"[1137] müssen. Eine weitere Prämisse dieses Modells besteht darin, dass die Bürger nicht mehr wie im altliberalen Staat diesem unter Umgehung aller intermediären Gewalten unmittelbar gegenüberstehen. Vielmehr treten sie als

---

[1131] A.a.O., S. 169.

[1132] A.a.O., S. 168.

[1133] Ebd.

[1134] A.a.O., S. 177.

[1135] Vgl. Kapitel VIII, § 6.

[1136] „Die Existenz eines Gemeinwillens wird unglaubhaft, die Vorstellung des Gemeinwillens verblaßt zu einer Ideologie, wenn nicht ausreichend in Rechnung gestellt wird, daß es weite Gebiete der Sozialordnung gibt, über die man abstimmen *muß*, weil sich die Bürger über ihre Ausgestaltung *nicht* einig sind. Das kennzeichnende Merkmal einer jeden pluralistischen Demokratie ist in der offenen Anerkennung der Tatsache zu finden, daß es neben dem nicht-kontroversen Sektor einen weiteren Sektor des Gemeinschaftslebens gibt, einen Sozialbereich, in dem ein consensus omnium nicht besteht, ja nicht einmal bestehen soll: der Bereich der Politik" (Fraenkel 1968, S. 64).

[1137] A.a.O., S. 168.

politische Größe nur noch in Gruppen auf, in Gewerkschaften, Unternehmerverbänden etc.[1138] Und schließlich kommt in dieser Konzeption ein parlamentarismustheoretisches Element zum Tragen. In dem Maße, wie die im Parlament herrschenden Mehrheitsverhältnisse vom Gewicht der sozialen Interessen abhängen, die hinter den Parteien stehen, wird kein Einzelinteresse stark genug sein, sich absolut durchzusetzen. Vielmehr entsteht im Parlament nach Maßgabe eines „Parallelogramms der Kräfte" ein Kompromiss auf mittlerer Linie, das den Kern der in Gesetzesform gegossenen politischen Entscheidungen als das „Gemeinwohl aposterori" darstellt.[1139]

Kritik am „Neopluralismuskonzept" Fraenkels

Fraenkel charakterisierte sein Modell als „Neopluralismus", um es von der anarchistischen Variante des Pluralismus, wie der britische Politikwissenschaftler und demokratische Sozialist Harold Laski sie in den zwanziger Jahren des 20. Jahrhunderts entwickelt hatte, absetzen zu können. Laski hatte in seiner Konzeption den Staat zu einer Interessengruppe unter anderen heruntergestuft[1140]: eine Nivellierung, die Fraenkel ablehnte, weil er an dem juristischen Monopol des Staates als entscheidender Ordnungsfaktor gegenüber der Gefahr des Totalitarismus unter allen Umständen festhalten wollte. Andererseits kann man Fraenkels Konzeption mit dem Argument kritisieren, dass sie dem Parlament als der „Clearing-Stelle" konfligierender Interessen eine zu große Bedeutung beimisst: Es ist bekannt, dass die wichtigsten Entscheidungen nicht im Parlament selbst, sondern in der Ministerialbürokratie und in den Ausschüssen vorbereitet werden, allerdings nicht losgelöst von der parlamentarischen Kräftekonstellation. Ein anderes Argument warf der Fraenkelschen Konzeption ein Gerechtigkeitsdefizit vor.[1141] Die Annahme, die sozialen Interessen seien im Parlament gleichgewichtig repräsentiert und führten daher in der Regel zu gerechten Kompromissen, erweise sich als irrig. Ein akzeptabler Ausgleich könne nur unter der Bedingung erwartet werden, dass die verschiedenen sozialen Interessen in gleicher Weise organisations- und durchsetzungsfähig seien. Aber genau diesem Kriterium trage das Fraenkelsche Modell nicht Rechnung, weil die Organisations- und Konfliktfähigkeit aufgrund eines wachsenden Sanktionspotentials steige, je mehr die jeweilige Interessenlage konstitutiv für die Reproduktion der kapitalistischen Gesellschaft sei. Daher könnten zum Beispiel Arbeitgeberverbände und Gewerkschaften mit einer strukturell besseren Interessendurchsetzung rechnen als Randgruppen wie Arbeitslose, Jugendliche, Studenten, Kranke etc.

Verdienst Fraenkels

Dennoch bleibt unbestritten, dass Fraenkels Ansatz erheblich zur Akzeptanz pluralistischer Interessendurchsetzung in der repräsentativen parlamentarischen Demokratie der frühen Bundesrepublik und damit zu deren Öffnung gegenüber

---

[1138] Vgl. a.a.O., S. 166f.

[1139] Vgl. a.a.O., S. 21: „Der innere Widerstand gegen das Parlament als eines der höchsten Staatsorgane wird solange nicht überwunden werden, als an dem Dogma festgehalten wird, das Gemeinwohl sei eine vorgegebene Größe und die Ansicht dogmatisch verworfen wird, das Gemeinwohl stelle die Resultante dar, die sich jeweils aus dem Parallelogramm der ökonomischen, sozialen, politischen und ideologischen Kräfte einer Nation dann ergibt, wenn ein Ausgleich angestrebt und erreicht wird, der objektiv den Mindestanforderungen einer gerechten Sozialordnung entspricht und subjektiv von keiner maßgeblichen Gruppe als Vergewaltigung empfunden wird".

[1140] Vgl. Laski 1973, S. 63-76.

[1141] Vgl. Offe 1971, S. 155-189. Zur linken Pluralismuskritik vgl. auch Kremendahl 1977, S. 237-266.

der westlichen Wertegemeinschaft beigetragen hat. Ein solches Verdienst kann jene Schule nicht für sich in Anspruch nehmen, die Schumpeters Elitenkonzept mit einem technokratischen Integrationsmuster zu verbinden suchte: Gemeint sind die demokratietheoretischen Überlegungen der Vertreter des sogenannten „technischen Staates", wie Hans Freyer, Arnold Gehlen, Helmut Schelsky und Ernst Forsthoff.

§ 3 Die Demokratie der frühen Bundesrepublik und der „Technische Staat" (Schelsky, Forsthoff, Gehlen)

These des manipulierbaren Bürgers

Es gibt eine zentrale Schnittmenge zwischen Schumpeters Modell der Konkurrenzdemokratie und den Vertretern des „Technischen Staates" in der Frühphase der Bundesrepublik Deutschland: die Destruktion des Leitbilds des „mündigen Bürgers"[1142] oder des „Citoyen"[1143], die ein Signum der alten Demokratie waren. So stimmte Helmut Schelsky (1912-1984) ausdrücklich Schumpeters These zu, „die heute wirksamen Humantechniken der Meinungsforschung, Information, Propaganda und Publizistik machen die politische Willensbildung weitgehend zu einem wissenschaftlich deduzierbaren und manipulierbaren Produktionsvorgang".[1144] Auch der Grund, den Schelsky für diesen Tatbestand nannte, ist Schumpeters Szenario einer angeblich realistischen Demokratie entlehnt: Der Bürger sei den modernen Manipulationsmitteln hilflos ausgeliefert.[1145] Außerdem überfordere die Komplexität der zu treffenden Optionen seine intellektuelle Kapazität.[1146] Ähnlich argumentierte Ernst Forsthoff, der in Anlehnung an Schumpeter beklagte, daß die Erkenntnisenergie der Wähler bei der Entscheidung für eine bestimmte Partei „bedauerlich gering"[1147] sei. Generell spiele sich das, was der Wähler mit seiner Entscheidung an- und ausrichtet, „jenseits seines Begreifens"[1148] ab.

technokratischer Konservatismus

Doch der entscheidende Unterschied zwischen Schumpeter und seinen deutschen Schülern wie Stammer, Leibholz und Fraenkel auf der einen und den Ver-

---

[1142] Vgl. Kapitel I, § 4.

[1143] Vgl. Kapitel III, § 3.

[1144] Schelsky 1961, S. 30.

[1145] Ebd.

[1146] „Die modernen technischen Mittel der psychischen Beeinflussung, der Stimmungs- und Meinungspression, des Ansprechens der unbewußten Seelenkräfte und der damit verbundenen, technisch erzeugten Daueremotionalisierung und Exaltierung des politischen Lebens berauben ja den Bürger grundsätzlich seiner ruhigen Überlegung und seiner vernünftig abwägenden Urteilsbildung. Dazu kommt, daß die Sachverhalte, die es zu entscheiden gilt, ja gar nicht mehr von einer vernünftigen Urteilsbildung des normalen Menschenverstandes oder einer normalen Lebenserfahrung her angemessen intellektuell zu bewältigen sind, so daß immer mehr 'Informationen' erforderlich sind, jede sachlich tiefer gehende Information aber die politische Urteilsbildung eher suspendiert als erleichtert" (Schelsky 1961, S. 30f).

[1147] Forsthoff 1971, S. 83.

[1148] A.a.O., S. 82f: „Auch die Ausübung des Wahlrechts fordert vom Wähler eine Entscheidung. Was aber der Wähler mit seiner Entscheidung aus- oder anrichtet, ist jenseits seines Begreifens. Und dies nicht nur deshalb, weil die modernen Staatsgeschäfte in ihrer Kompliziertheit von dem normalen Bürger überhaupt nicht, von den Fachleuten nur im Bereich ihres Fachwissens übersehen und sachlich beurteilt werden können. Hinzu kommt vielmehr, daß die Erkenntnisenergie, die in die Entscheidung für eine Partei investiert wird, bedauerlich gering ist".

270

tretern des sogenannten „technokratischen Konservatismus" auf der anderen Seite besteht darin, dass die ersteren der Demokratie nicht grundsätzlich den Boden entzogen. Sie strebten vielmehr eine Reduktion ihres ursprünglichen semantischen Gehalts als Selbstbestimmung des Volkes auf eine Methode zum Austausch von Eliten an, die im Namen des Volkes und teilweise auch unter dessen Mitwirkung für die Generierung der staatlichen Normen zu sorgen haben. Demgegenüber gingen die Vertreter des „technokratischen Konservatismus" in Deutschland einen entscheidenden Schritt weiter: Sie waren geneigt, eine technokratische Elitenherrschaft auf Dauer zu stellen, ohne den demokratischen Aspekt der Einsetzung und Abwahl der Eliten, der bei Schumpeter eine entscheidende Rolle spielte, auch nur zu erwähnen. Diese Argumentation gewann ihre Plausibilität dadurch, dass man sie in zeitdiagnostische Großparadigmen integrierte, mit denen versucht wurde, den Kapitalismus der westlichen Welt nach dem Zweiten Weltkrieg auf griffige Formeln wie „sekundäres System"[1149], „Kristallisation"[1150] oder „Industriegesellschaft"[1151] zu bringen. Im Kern dieser Zeitdiagnosen stand die dialektische Argumentationsfigur, dass der Mensch mittels der Technik industrielle Superstrukturen produziere, die ihm als entfremdete Sachzwänge gegenübertreten. Es gebe nur wenige Experten, die das Gefüge der technischen Interdependenzen zu durchschauen und weiterzuentwickeln vermögen: eine technokratische Elite, deren Herrschaftswissen für die große Masse der Bevölkerung unangreifbar, weil ihrem eigenen Verstehen vollständig entrückt sei.

Helmut Schelsky hat die herrschaftssoziologischen und die demokratietheoretischen Implikationen dieser zeitdiagnostischen Vision einer überraschungslos gewordenen technischen Welt dem wissenschaftlichen Publikum in seiner Schrift „Der Mensch in der wissenschaftlichen Zivilisation"[1152] illusionslos vor Augen geführt. Die demokratietheoretische Bedeutung dieser Abhandlung besteht darin, daß sie - ohne offen antidemokratisch zu sein - einen Abgesang auf die liberale Demokratie anstimmte, wie man ihn nach dem Untergang des deutschen Faschismus nicht mehr gehört hatte.[1153] Das Herrschaftsphänomen, so Schelsky, ist im Zustand einer Gesellschaft, die das Stadium der wissenschaftlich-technischen „Kristallisation"[1154] in einem nachhistorischen Zeitalter erreicht hat, nicht mehr - wie in der bisherigen Geschichte - als Herrschaft des Menschen

---

[1149] Freyer 1956, S. 79-93.

[1150] Gehlen 1965, S. 207-220.

[1151] Forsthoff 1971.

[1152] Vgl. Schelsky 1961.

[1153] Vgl. hierzu auch Lenk 1991, S. 981-996.

[1154] Vgl. Gehlen 1961, S. 11: „Wenn Sie diese bisher gegebene Zustandsanalyse für annähernd richtig halten, so haben Sie bereits den Beleg für das, was ich 'kulturelle Kristallisation' nenne. (...) Ich (...) würde vorschlagen, mit dem Wort Kristallisation denjenigen Zustand auf irgendeinem kulturellen Gebiet zu bezeichnen, der eintritt, wenn die darin angelegten Möglichkeiten in ihren grundsätzlichen Beständen alle entwickelt sind. Man hat auch die Gegenmöglichkeiten und Antithesen entdeckt und hineingenommen oder ausgeschieden, so daß nunmehr Veränderungen in den Prämissen, in den Grundanschauungen zunehmend unwahrscheinlich werden. Dabei kann das kristallierte System noch das Bild einer erheblichen Beweglichkeit und Geschäftigkeit zeigen (...). Es sind Neuigkeiten, es sind Überraschungen, es sind echte Produktivitäten möglich, aber doch nur in dem abgesteckten Feld und auf der Basis der schon eingelebten Grundsätze, diese werden nicht mehr verlassen".

über den Menschen zu begreifen: Herrschaft verflüssige sich nunmehr in die „Verwaltung von Sachen" (Saint-Simon) oder besser noch in das Auffinden technisch perfekter Antworten auf technische Probleme. Jenseits aller Ideologien gehe es jetzt nur noch um die wissenschaftlich-technische Weiterentwicklung der Gesellschaft im Detail, vorangetrieben von einer technokratischen Intelligenz, welche den Problemlagen der wissenschaftlichen Zivilisation gewachsen ist. Diese Prämisse wälze die Politik grundlegend um. „Indem die Politik auf allen Rängen zur Anwendung komplizierter wissenschaftlicher Techniken wird, gibt es ebenso hochkomplizierte Sachgesetzlichkeiten, die der Lösung der politischen Aufgaben ihren Weg vorschreiben. Die Politiker sind schon heute in vielen Angelegenheiten an die entscheidenden Sachgutachten gebunden, die häufig genug kaum noch politische Entscheidungen und Entscheidungsmöglichkeiten enthalten. In der heutigen Praxis widersprechen sich die Gutachten wissenschaftlich-technischer Art sehr oft, und die Entscheidung des Politikers besteht darin, zwischen zwei Gutachten wählen zu können".[1155]

Volk als Objekt der Technokratie Die scheinbare Entpolitisierung zugunsten der Vollstreckung anonymer sozio-technischer Sachzwänge innerhalb der wissenschaftlichen Zivilisation hat fatale Folgen für die Demokratie. „Gegenüber dem Staat als einem universalen technischen Körper wird die klassische Auffassung der *Demokratie* als eines Gemeinwesens, dessen Politik vom Willen des Volkes abhängt, immer mehr zu einer Illusion. Der 'technische Staat' entzieht, ohne antidemokratisch zu sein, der Demokratie ihre Substanz. Technisch-wissenschaftliche Entscheidungen können keiner demokratischen Willensbildung unterliegen, sie werden auf diese Weise nur ineffektiv. Wenn die politischen Entscheidungen der Staatsführungen nach wissenschaftlich kontrollierten Sachgesetzlichkeiten fallen, dann ist die Regierung ein Organ der Verwaltung von Sachnotwendigkeiten, das Parlament ein Kontrollorgan für sachliche Richtigkeit geworden. Das Volk im Sinne des Ursprungs der politischen Herrschaftsgewalt wird dann zu einem Objekt der Staatstechniken selbst".[1156] Dieser Vorgang der Destruktion der liberalen Demokratie vollziehe sich ohne ideologische Kämpfe; es handelt sich vielmehr um einen subkutanen, graduellen und schleichenden Prozess.[1157] „Das alles kann man zusammenfassen in der These, daß sich in dieser Entwicklung die Erscheinung der direkten Herrschaft von Menschen über Menschen im sozialen und politischen Sinn sozusagen von innen her auflöst; deshalb können auch alte Herrschaftsformen wie leere Hülsen stehenbleiben. Die Verwandlung der Demokratie in den 'technischen Staat' bedarf keiner Revolution im sozialen und politischen Sinn, keiner Verfassungsänderung, keiner ideologischen Bekehrung. Es bedarf nur der steigenden Anwendung wissenschaftlicher Techniken aller Art, und der 'technische Staat' entsteht im alten Gehäuse".[1158]

Es kann nicht verwundern, dass Formeln wie „Kristallisation" und „technischer Staat" gerade in ihren demokratietheoretischen Implikationen provokativ

---

[1155] Schelsky 1961, S. 28.
[1156] A.a.O., S. 29f.
[1157] „Das technische Argument setzt sich unideologisch durch, wirkt daher unterhalb jeder Ideologie und eliminiert damit die Entscheidungsebene, die früher von den Ideologien getragen wurde" (Schelsky 1961, S. 31f).
[1158] A.a.O., S. 32.

auf die Teile der bundesrepublikanischen Bevölkerung wirken mussten, welche die Adenauer-Ära als Restauration, als „motorisiertes Biedermeier" und als Epoche der kulturellen und vor allem der politischen Stagnation erlebten, der sie den Stempel einer autoritären Kanzler-Demokratie aufdrückten. Doch welche demokratietheoretischen Alternativen hatten die oppositionellen Strömungen sowohl gegenüber der Schumpeterschen Konkurrenzdemokratie als auch gegenüber der technokratischen Verabschiedung der Demokratie überhaupt anzubieten?

§ 4 Das „neue" Demokratieverständnis im Zeichen der Außerparlamentarischen Opposition und der Studentenbewegung (Abendroth, Habermas, Agnoli, Scharpf)

Der demokratische Aufbruch oppositioneller Strömungen Ende der 60er Jahre des vergangenen Jahrhunderts in der Bundesrepublik Deutschland ist ohne den politischen Paradigmenwechsel in den Vereinigten Staaten von Amerika nicht zu erklären. Der Beginn der sogenannten Kennedy-Ära Anfang der 60er Jahre stand im Zeichen der Forderung, die Impulse des New Deal der Zwischenkriegszeit in Richtung auf die Schaffung eines Sozialstaates zu aktivieren und vor allem endlich der schwarzen Bevölkerung in den USA die vollen Bürgerrechte zu gewähren. Begleitet von einer Aufbruchstimmung in großen Teilen der Bevölkerung, prägte sie die amerikanische Politik unter John F. Kennedy und Lyndon B. Johnson ebenso wie diese sie zugleich verstärkte. Allerdings verwickelte sich die reformfreudige Innenpolitik der Vereinigten Staaten im Zeichen der „New Frontiers" und der „Grand Society" in einen Widerspruch mit der gleichzeitigen außenpolitischen Militärintervention in Vietnam. Sie entzog den Reformvorhaben wichtige Ressourcen und rief eine große innergesellschaftliche Polarisierung hervor. Dieser Kontrast zwischen weitgehenden Reformversprechen einerseits und einer imperialistischen Machtpolitik nach außen andererseits entlud sich in einer Reihe von Aufständen, in deren Verlauf ganze Teile amerikanischer Metropolen in Schutt und Asche gelegt wurden.

 Für unseren Zusammenhang ist von entscheidender Bedeutung, dass diese Umbruchsituation das politische Klima der Bundesrepublik entscheidend prägte und auch hier angesichts der Ambivalenzen der „offiziellen" Politik den Ruf nach mehr partizipatorischer Demokratie laut werden ließ. Das Signal für den demokratischen Aufbruch waren zweifellos die sogenannten Notstandsgesetze, die unter Bundeskanzler Kiesinger während der Großen Koalition zwischen CDU und SPD verabschiedet wurden und die erheblich zur Entstehung der sogenannten Außerparlamentarischen Opposition in den Jahren 1966/67 beitrugen. Diese Protestbewegung, die sich aus rebellierenden Studenten, linken Intellektuellen und progressiven Gewerkschaftsmitgliedern zusammensetzte, bewirkte einen Stimmungsumschwung in großen Teilen der bundesrepublikanischen Bevölkerung, die sich gegen die Hegemonie eines minimierten Demokratieverständnisses wandten, wie Schumpeter es entwickelt hatte. Bereits 1964 warnte Wolfgang Abendroth (1906-1985) in seinem Aufsatz „Das Problem der inner-

demokratischer Aufbruch der 60er Jahre

Außerparlamentarische Opposition

273

parteilichen und innerverbandlichen Demokratie in der Bundesrepublik"[1159] vor den Konsequenzen einer naiven Übernahme dieses Paradigmas. „Joseph Schumpeter", so faßte er zutreffend dessen Position zusammen, „hat 1942 in den Vereinigten Staaten die demokratische Methode als 'diejenige Ordnung der Institutionen zur Erreichung politischer Entscheidungen' definiert, 'bei welcher einzelne die Entscheidungsbefugnis vermittels eines Konkurrenzkampfes um die Stimmen des Volkes erwerben'. Er hat dabei (wahrscheinlich in weitgehend zutreffender Beschreibung der empirisch erfassbaren *damaligen* amerikanischen und auch der *gegenwärtigen* bundesrepublikanischen Realität) hinzugefügt: 'Wähler entscheiden keine (politisch-programmatischen, R.S.) Streitfragen, und er hat die programmatischen Differenzen, mit denen Parteien (als bloße Spitzengruppierungen machthungriger Politiker) im Wahlkampf antreten, auf einen Wettstreit von inhaltsleeren 'Warenzeichen' reduziert".[1160]

Wolfgang Abendroth Abendroth ließ also keinen Zweifel daran, dass Schumpeter die Wirklichkeit der damaligen USA und vielleicht auch der Bundesrepublik zutreffend „photographiert" habe. Doch er stellte zugleich auch die Frage, ob dieser Bewusstseinsstand der Wähler notwendig und unaufhebbar sei. In Anlehnung an Renate Mayntz gab er zu bedenken, ob nicht gerade die empirische Sozialforschung einen Beitrag zur Verschleierung bestehender Machtverhältnisse leiste, wenn sie Schumpeters Befund zu einem Sachverhalt hypostasiere, an dessen Faktizität nicht zu rütteln sei. Die demokratietheoretische Problematik einer solchen unkritischen Empirie bestehe darin, dass sie bewusst oder unbewusst antidemokratischem Denken Vorschub leiste. „Würde - wenn sich diese Inhaltsentleerung des Begriffs der Demokratie, die die Selbstbestimmung des Volkes in bloße Auswahlmöglichkeit beliebig entscheidender Führer auflöst, voll durchsetzen könnte - der Bürger nicht dieser Auswahl, die seine Ohnmacht, auf die politischen Entscheidungen Einfluß zu nehmen, verdeckt, müde werden und in der erstbesten (jederzeit möglichen) Krise die bloße Führerauslese abermals (wie 1933) 'endgültig' unter Verzicht auf Wiederholung von Wahlen treffen wollen und dadurch sogar das Ende der Neuwahlmöglichkeiten akklamieren?".[1161] Dagegen setzte sich Abendroth für „progressive Eliten"[1162] ein, welche vor allem die innerparteiliche Demokratie voranzutreiben hätten.

Jürgen Habermas Den entscheidenden Schlüsseltext in der Auseinandersetzung mit Schumpeters Konkurrenzdemokratie legte freilich 1961 Jürgen Habermas mit seiner theoretischen Grundlegung der von ihm, von Friedeburg, Oehler und Weltz vorgelegten empirischen Studie „Student und Politik" vor. Sein Aufsatz „Reflexionen

---

[1159] Vgl. Abendroth 1972.

[1160] Abendroth 1972, S. 274.

[1161] A.a.O., S. 274f.

[1162] „Sie sind 'Progressive Eliten' im Sinne von Leo Kofler (...), weil sie jedermann durch eigene Aktivierung zugänglich sind und ihre Tätigkeit darauf abstellen, sich ständig durch Werbung zu erweitern, aber nicht abzuschließen, um am Ende sich selbst überflüssig zu machen. In diesem Sinne ist es sicher Utopie, eine unmittelbare Identität von Herrschern und Beherrschten, von Führern und Geführten, vorauszusetzen oder auch nur für (vorläufig) voll erreichbar zu halten. Aber als Richtziel, dem man sich progressiv anzunähern hat, bleibt diese Utopie conditio sine qua non demokratischen Denkens. Wer diese Zielsetzung leugnet, unterwandert den Begriff der Demokratie, wenn er ihn für sich in Anspruch nimmt. Er sollte ehrlich genug sein, ihn aufzugeben" (Abendroth 1972, FN 153, S. 317).

über den Begriff der politischen Beteiligung"[1163] kann programmatischen Charakter für die sich später konstituierende Außerparlamentarische Opposition und die Studentenbewegung reklamieren. Habermas ging es im Sinne der älteren Kritischen Theorie der „Frankfurter Schule" nicht nur um eine Modifikation des Schumpeterschen Ansatzes einer Konkurrenzdemokratie, sondern um eine unzweideutige Revitalisierung des emanzipatorischen Gehalts der „alten Demokratie" als der Selbstbestimmung des Volkes[1164] unter den Bedingungen der modernen Industriegesellschaft. Nach Schumpeter, so Habermas, sei die Demokratie eine „'Ordnung der Institutionen zur Erreichung politischer Entscheidungen, bei welcher einzelne die Entscheidungsbefugnis vermittels eines Konkurrenzkampfes um die Stimmen des Volkes erwerben'".[1165] Zwar sei es fraglos ein Fortschritt, den Staat nunmehr unter dem Aspekt einer Einrichtung politischer Herrschaft zu sehen. „Aber die neuere Demokratieforschung bezahlt ihn mit dem Preis einer folgenreichen Beschränkung: Demokratie gilt fortan als eine bestimmte politische *Methode*; ihre Einrichtungen erscheinen formal als ein System möglichen Gleichgewichts; und am Ende brauchen nur die Gleichgewichtsbedingungen hinreichend erkannt zu werden, um den Apparat sachgemäß zu steuern. Diese sozialtechnische Auffassung unterstellt die Demokratie als ein Modell, das sich vom realen Prozeß ihres gesellschaftlichen Ursprungs ablösen, und, Anpassungen eingerechnet, auf beliebige Situationen übertragen läßt".[1166] Die Folgen lägen auf der Hand: Wie einerseits die Kategorie der politischen Beteiligung als ein Faktor neben vielen anderen zu einer nur sozialtechnischen Funktionsbedingung des Gesamtsystems heruntergestuft werde, verblasse das demokratische Postulat der Herrschaft des Volkes und ihr Korrelat der Identität von Herrschern und Beherrschten „in Gestalt eines modernen Flächenstaates"[1167] zu einer bloßen Utopie.

Demgegenüber insistierte Habermas in Anlehnung an Franz Leopold Neumann[1168] auf den ursprünglichen semantischen Gehalt der „Demokratie": Da sie

Politische Beteiligung als Selbstbestimmung des Menschen

[1163] Vgl. Habermas 1961.

[1164] „Demokratie verwirklichte sich erst in einer Gesellschaft mündiger Menschen (...). Es hängt mit der geschichtlichen Ausgangslage des bürgerlichen Rechtsstaates zusammen, daß die gegenwärtige Demokratie, in welcher faktischen Gestalt sie immer auftreten mag, jene Idee der Demokratie zur einzigen Legitimationsgrundlage hat: sie ist auf das Bewußtsein, daß die Staatsgewalt vom freien und ausdrücklichen Consensus aller Bürger getragen ist, angewiesen. Die parlamentarischen Demokratien des Westens (...) leben vom Bewußtsein der Staatsbürger, Herrschaft sei durch vernünftige Selbstbestimmung mündiger Menschen vermittelt; allesamt müssen sie darauf bedacht sein, auch mit den Mitteln der Meinungslenkung, dies Bewußtsein herzustellen und zu erhalten" (Habermas 1961, S. 16f).

[1165] A.a.O., S. 14.

[1166] Ebd.

[1167] A.a.O., S. 15.

[1168] „Das demokratische politische System ist das einzige, das das aktivistische Element der politischen Freiheit institutionalisiert. Es institutionalisiert die Möglichkeit des Menschen, seine Freiheit zu verwirklichen und die Entfremdung von der politischen Macht zu überwinden. Alle drei Elemente des Begriffs der politischen Freiheit haben im demokratischen System ihre Chance. Die *rule of law*, ausgedrückt in den Grundrechten, verhütet die Zerschlagung von Minderheiten und die Unterdrückung abweichender Meinungen; der Veränderungsmechanismus, der dem demokratischen System innewohnt, gestattet es dem politischen System, mit der historischen Entwicklung Schritt zu halten; das notwendige Selbstvertrauen des Bürgers ist die beste Garantie dagegen, daß er von Angst beherrscht wird." (Neumann 1967, S. 102).

sich von anderen Staatsformen grundsätzlich unterscheide, bestehe ihr Wesen darin, „daß sie die weitreichenden gesellschaftlichen Wandlungen vollstreckt, die die Freiheit der Menschen steigern und am Ende vielleicht ganz herstellen können. Demokratie arbeitet an der Selbstbestimmung der Menschheit, und erst wenn diese verwirklicht ist, ist jene wahr. Politische Beteiligung wird dann mit Selbstbestimmung identisch sein. Wieweit sie sich heute diesem Begriff anpaßt; wieweit sich in ihr ein Stück Selbstbestimmung schon verwirklicht; ob sie demokratische oder autoritäre Tendenzen fördert - daran sollte sich das Maß ihres Potentials bestimmen. Zu sehen, daß politische Beteiligung Produkt ist und doch auch selber ein Bedingendes sein kann; daß sie nicht ein Faktor ist, der, mit anderen Faktoren multipliziert, ein Gleichgewicht garantiert, sondern Funktion im schwierigen und ungewissen Prozeß der Selbstbefreiung der Menschheit - das allein bewahrt davor, die Demokratie auf Spielregeln und auf deren Anwendung

Bedingungen der Demokratie die politische Teilnahme zu reduzieren".[1169] Habermas hob aber nicht nur den Bedeutungsgehalt der alten Demokratie wieder ins Licht der Öffentlichkeit; er operationalisierte zugleich auch ihren Sinn, indem er deren Zielsetzung als handlungsorientierende Perspektive unter den Bedingungen der modernen Industriegesellschaft benannte: 1. Die Entwicklung der liberalen zur sozialen Demokratie. 2. Die egalitäre Verteilung des produzierten gesellschaftlichen Reichtums in einer freien Gesellschaft. 3. Die Überwindung der „Trennung von politischer Herrschaft und scheinbar privater Reproduktion des Lebens".[1170]

Johannes Agnoli   Abendroths und Habermas' Kritik an der zu einer bloßen Methode reduzierten Demokratie fiel im Umkreis der Außerparlamentarischen Opposition und der Studentenbewegung in der Bundesrepublik auf fruchtbaren Boden. Am radikalsten hat Johannes Agnoli sie in seiner berühmten Abhandlung „Die Transformation der Demokratie" weiterentwickelt. Zwar stimmt Agnoli auf der phänomenologischen Ebene der Beschreibung westlicher Demokratien, insbesondere die der Bundesrepublik, mit Schumpeters Analyse in zweierlei Hinsicht überein: Einerseits sei dem Wähler „die gesellschaftliche Qualität und die Parteilichkeit der als 'eignen' empfundenen Staatsorgane aus dem Blick"[1171] entschwunden, was seine eigene politische Unmündigkeit ausmache. Andererseits akzeptierte er Schumpeters These, die „eine Beharrlichkeit der Herrschaftspositionen und der Herrschaftsträger" konstatierte. „Sie liegt institutionell wie personell dem 'Kreislauf der Eliten' oder dem Konkurrenzsystem elementar zugrunde: der Wechsel von Personen und Gruppen bedeutet lediglich eine 'Wachablösung'".[1172] Doch sei der von Schumpeter unterstellte Konkurrenzmechanismus der um die Macht kämpfenden Parteien in dem Maße obsolet geworden, wie auf der makroökonomischen Ebene des oligopolkapitalistischen Systems der Wettbewerb nicht mehr stattfinde. Dieser Tatbestand hat Agnoli zufolge weitgehende Konsequenzen für die Struktur des Pluralismus, der Parteien und des Parlaments. Ihnen könne in ihrem aktuellen Entwicklungsstadium nur gerecht werden, wer sie im analytischen Fokus der *Involution*, d.h. im Stadium ihrer Transformation in Richtung auf einen autoritären Staat analysiere.

[1169] Habermas 1961, S. 15f.
[1170] A.a.O., S. 55.
[1171] Agnoli 1968, S. 47.
[1172] A.a.O., S. 70.

Zwar interpretiere Fraenkel den Pluralismus auf einer deskriptiven Ebene durchaus überzeugend. Aber er blende in seiner Darstellung den für kapitalistische Gesellschaften fundamentalen Sachverhalt aus, dass sich der pluralistische Prozess der Interessenvermittlung lediglich auf der Distributions- und Konsumtionsebene abspiele, während der grundlegende Antagonismus zwischen Kapital und Arbeit vom Pluralismusmodell ignoriert und dadurch zugleich verschleiert werde.[1173] Auch könne von einer wirklichen Konkurrenz der Parteien nicht mehr die Rede sein, wie Schumpeters Modell unterstelle.[1174] Von ursprünglichen Klassen- zu Volksparteien gewandelt, glichen sich deren Programme immer mehr an. Ihre Unfähigkeit, Alternativen hervorzubringen, habe seinen Grund darin, dass sie im Kern ein identisches Ziel anstrebten: die Konsolidierung der bestehenden Machtverhältnisse durch die systematische Ausschaltung des „Demos".[1175] Diese Tendenz zur Involution mache auch vor dem Parlament nicht halt: „Dem demos gegenüber ist das Parlament ein *Transmissionsriemen der Entscheidungen politischer Oligarchien*".[1176] Zusammen mit der Regierung habe sich die Funktion des Parlaments auf eine Aufgabe reduziert: dem Volk klar zu machen, dass die Entscheidungen der politischen Oligarchien mit dem Gemeinwohl identisch seien.

Worin besteht die Alternative zu dieser Bestandsaufnahme einer „Demokratie ohne demos"[1177] Ende der 60er Jahre in der Bundesrepublik Deutschland? „Gegen die heute möglich gewordenen Integrations- und Bestechungsversuche großen Stils, gegen die Versuchung, um der Stabilität und des 'erreichten Besitzstandes' willen auf die Demokratisierung zu verzichten und oligarchische Steuerung passiv hinzunehmen, helfen nur die Integrität und die politische Bewußtheit der gesellschaftlich oppositionellen Klasse, die Ungebrochenheit der sie vertretenden Parteien und die Wirksamkeit einer öffentlich-publizistischen Gegenmanipulation"[1178]: Zweifellos bezog sich Agnoli auf die Außerparlamentarische Opposition und die Studentenbewegung als das soziale Substrat dieser Protestbewegung. Welches Demokratieverständnis er ihr unterstellte, tritt in seinem Text nur indirekt in Erscheinung. Etwa dreißig Jahre später hat er es explizit benannt: Es ist die Utopie der *Gesellschaft der Gleichen und Freien*, deren Energien als pouvoir constituant von den Institutionen der liberalen Demokratie und des kapitalistischen Systems absorbiert worden seien. „Unser ganzes Verhalten, vom Alltag bis zu den höchsten Äußerungen des Intellekts, sähe anders, freund-

---

[1173] A.a.O., S. 47f. Auf die analytische Unterscheidung zwischen der (statischen) kapitalistischen Produktionssphäre und dem von ihr abhängigen Bereich der pluralistischen Distributionssphäre hat bereits Otto Kirchheimer in seiner Schrift „Weimar - und was dann?" (1930) hingewiesen. Vgl. hierzu Kapitel VIII, § 6.

[1174] „Die Leerformelhaftigkeit der Konkurrenz und die pragmatische Ausrichtung der konkurrierenden Parteien erinnert freilich an den Schein der Konkurrenz im Konsumsektor und an deren Janusgesicht. (...) Die formale Freiheit der Wahl zwischen einem Ford Taunus und einem Opel Rekord; zwischen einem Ferienaufenthalt in Rimini und Ancona entscheidet über den Marktanteil der Firmen oder Hotels. *Material* liegt ihr Stellenwert für konkrete Freiheitsausübung genau so niedrig wie die Freiheit der Wahl zwischen den Parteien A, B und C. Aus der Ähnlichkeit der Parteiprogramme und aus der Gemeinsamkeit des Ziels (Markt- und Machtanteil) ergibt sich die Notwendigkeit, sich den 'Methoden der Absatzwerbung' zuzuwenden" (Agnoli 1968, S. 37).

[1175] Vgl. a.a.O., S. 32f, 36, 40.

[1176] A.a.O., S. 68.

[1177] A.a.O., S. 48.

[1178] A.a.O., S. 18.

licher und humaner aus, ließen wir uns nicht von der bestehenden Realität des Profits, der Herrschaft, des Machterwerbs und der Machterhaltung leiten, sondern von dieser Utopie".[1179]

Kritik der
Theorie Agnolis

Man kann gegen Agnolis Bilanz der liberalen Demokratie einwenden, sie sei unterkomplex und unterscheide zu wenig zwischen der politischen und ökonomischen Sphäre. Während die kapitalistische Ökonomie im Prinzip trotz aller punktuellen Krisenanfälligkeit stabil ist, sind dynamische Elemente im politischen System der liberalen Demokratie durchaus erkennbar: Verbrauchte Oligarchien werden durch neue ersetzt. Sie erhalten ihre Legitimation durch Wahlen; insofern ist durchaus ein demokratisches Element gegenwärtig, das darüber entscheidet, ob zum Beispiel in Italien Prodi oder Berlusconi und in den Vereinigten Staaten Al Gore oder George W. Bush die Richtlinien der Politik bestimmen: Niemand kann behaupten, dass solche Regierungswechsel keine Auswirkungen auf das Leben der Bürger haben.[1180] Dennoch ist Agnolis These, der Pluralismus der „transformierten Demokratie" verschleiere den Basiskonflikt der bürgerlichen Gesellschaft zwischen Kapital und Arbeit, gerade von einer Reihe empirischer Studien in den Vereinigten Staaten im Kern bestätigt worden. Auf sie bezog sich Fritz W. Scharpf in seiner richtungsweisenden Studie aus dem Jahr 1972 „Demokratietheorie zwischen Utopie und Anpassung".[1181] Abstrahiere man von Agnolis „nicht sonderlich überzeugender Verschwörungstheorie"[1182], so treffe es durchaus zu, dass es zwar in pluralistischen Systemen „eine Anzahl von Arenen für die Austragung partieller und begrenzter Konflikte" gebe, „die darum auch die vorhandenen politischen Energien absorbieren. Es fehlen jedoch die Arena und der Adressat für fundamentale Konflikte. Die pluralistische Fragmentierung der Politik hat zur Folge, daß grundlegende Alternativen an keiner einzelnen Stelle im Zusammenhang sichtbar, diskutierbar und entscheidbar werden. Zwar summiert sich auch hier die Vielzahl begrenzter Einzelentscheidungen schließlich zu einer Gesamtverteilung politischer Leistungen und Lasten, aber die Verantwortung für die Summe ist an keiner einzelnen Stelle zu lokalisieren und erscheint auf keiner politischen Tagesordnung".[1183]

Fritz W. Scharpf

Scharpf listete die Folgen dieses Sachverhalts in Detail auf: Sie reichen von einem strukturellen Konservatismus der sozialen Machtverhältnisse, verbunden mit einem entsprechenden Mangel an Innovationsfähigkeit, über die Privilegierung der Oberschichteninteressen gegenüber den Nicht-Eliten bis hin zu der Gefahr einer kollektiven Frustration nichtberücksichtigter Interessen[1184], die sich in den 70er Jahren vielfach in den großen amerikanischen Städten gewaltsam entluden. Scharpfs Studie gab sich freilich nicht mit der Konstatierung dieses Tatbestandes zufrieden, sondern warf die systematische Frage auf, welchen Bei-

---

[1179] Agnoli 1998, S. 38.
[1180] Vgl. Euchner 1998, S. 51f.
[1181] Vgl. Scharpf 1972.
[1182] A.a.O., S. 52.
[1183] Ebd.
[1184] „Der Standpunkt dieser neueren Pluralismuskritik wird zumeist durch radikaldemokratische und neo-marxistische Prämissen definiert. Sie geht aus von einem fundamentalen menschlichen Interesse an politischer Selbstbestimmung und von der prinzipiellen Aufhebbarkeit der Herrschaft von Menschen über Menschen, und sie greift zurück auf die Prämissen und Intentionen der älteren, *input*-orientierten Demokratietheorie" (Scharpf 1975, S.55).

trag die klassische Demokratievorstellung als Selbstbestimmung des Volkes zur Lösung dieser Krise des Pluralismus beitragen kann.[1185] Deren Geltungsanspruch interpretierte er als den nichthintergehbaren Anspruch des Individuums nach Selbstbestimmung. Aus ihm resultiere der normative Impetus partizipatorischer Demokratie in seinen verschiedenen Formen. Zunächst könne er als „Kritische Theorie" auf die politische Realität einwirken, die als regulatives Prinzip gar nicht für sich beanspruche, Eins-zu-Eins verwirklicht zu werden. Vielmehr führe sie kritische Maßstäbe ein, „die das wissenschaftliche und politische Interesse auf die Aufdeckung unnötiger Herrschaft und unausgeschöpfter Partizipationschancen hinlenken sollen. Insofern erscheine es auch folgerichtig, wenn Autoren dieser Richtung sich weigerten, die Frage nach der Realisierbarkeit der eigenen Ziele als Kriterium für ihre Relevanz als Maßstab bestehender Verhältnisse anzuerkennen".[1186]

Wer jedoch auf der konkreten Umsetzung von Elementen direkter Demokratie in komplexen Industriegesellschaften insistiere, komme um den Tatbestand politischer Apathie nicht herum, auch wenn dieser in den Nicht-Eliten stärker ausgeprägt sei als in den Oberschichten. Dies vorausgesetzt, formulierte Scharpf die Hypothese eines Drei-Stufen-Modells[1187], welches die empirische Relevanz „des Partizipationspostulats für die normative Demokratietheorie" operationalisieren könnte, indem es bestimmte Aktionsfelder aufzeigt: „Wenn es zutrifft, daß die politische Beteiligung der großen Mehrheit in aller Regel nur wenig über die Beteiligung an allgemeinen Wahlen hinausgehen wird, dann kommt es unter Partizipationsaspekten zunächst darauf an, das Gewicht der Wahlentscheidung im politischen Prozeß zu erhöhen. Wenn weiter im politischen System über die Wahlbeteiligung hinaus Möglichkeiten der aktiven Partizipation an Entscheidungsprozessen eröffnet werden, dann kommt es zum zweiten darauf an, daß diese Chancen prinzipiell allen, die fähig und bereit sind, sich aktiv zu engagieren, in der gleichen Weise zugänglich gemacht werden. Und wenn schließlich in der Gesellschaft Bereiche vorhanden sind, in denen das Postulat universeller Partizipation näherungsweise realisierbar erscheint, dann kommt es zum dritten darauf an, daß solche Chancen soweit wie irgend möglich ausgeschöpft werden".[1188]

Scharpfs Studie ist prägend für die Entwicklung der Demokratietheorie in der alten Bundesrepublik geworden, weil sie in vorbildlicher Weise den Hiatus zwischen einem weitgehend entdemokratisierten Pluralismus auf dem Niveau

Drei Stufen der Partizipation

Bewertung

[1185] „Für die Politikwissenschaft ist (...) kein Anlaß, die kritische Diskussion normativer Theorien von vornherein dem Bereich voluntaristischer Beliebigkeit oder einer als unwissenschaftlich disqualifizierten 'Philosophie der Politik' zuzuweisen. (...) man wird jedenfalls innerhalb der westlichen politischen Kultur nicht über Demokratie reden können, ohne den in ihrer Tradition begründeten Komplex normativer Anforderungen an eine legitime politische Ordnung als kritischen Bezug anzuerkennen. Auch innerhalb dieses Bezugsrahmens mögen normative Theorien gewisse Wertungen neu setzen oder neu akzentuieren, aber man wird sie als Entscheidungsempfehlung für ein bestimmtes historisches Gemeinwesen gleichwohl daran messen können, ob und in welchem Maße sie auch geeignet erscheinen, dem weiteren normativen Kontext dieses Gemeinwesens Rechnung zu tragen" (Scharpf 1975, S. 18-20).

[1186] A.a.O., S. 55.

[1187] Zu dessen Weiterentwicklung als komplexe Demokratietheorie vgl. Schmidt 2000, S. 294-306.

[1188] Scharpf 1975, S. 66.

der traditionellen Balance-Theorien[1189] und der reinen Fiktion einer auf absolute Selbstbestimmung des Volkes als der Identität von Herrschern und Beherrschten[1190] zu überwinden sucht. Sein Modell erkennt zwar im Sinne Schumpeters Herrschaft und das Phänomen politischer Apathie an. Aber sie haben sich im Sinne der „alten" Demokratie mit ihrem historisch-gesellschaftlich notwendigen Umfang zu begnügen. Der von Scharpf geforderte Realismus der Demokratietheorie „kann darum nicht in der Anpassung an eine jeweilige Realität liegen, sondern nur in der Formulierung von Zielen, die unter den gegebenen Verhältnissen verfolgt werden können, und in der Hervorhebung der notwendigen Pluralität und Interdependenz dieser Ziele".[1191] Doch während Scharpf die radikaldemokratischen Impulse der Außerparlamentarischen Opposition und der Studentenbewegung in der „doppelten Herausforderung des Wirklichkeitsbezugs und der normativen Komplexität"[1192] für Forschung und Politik fruchtbar zu machen suchte, gab es vor allem im konservativen Lager der Bundesrepublik einflussreiche Strömungen, welche entweder in der Renaissance der alten Demokratie als der Selbstbestimmung des Volkes eine erste Etappe auf dem Marsch in das gesellschaftliche Chaos sahen. Oder sie stigmatisierten diese als Einstieg in einen neuen Totalitarismus.[1193]

§ 5 Das status-quo-orientierte Veto gegen die „Demokratisierung" (Luhmann, Schelsky, Hennis)

Niklas Luhmann: Demokratie als Erhaltung von Systemkomplexität

Aus systemtheoretischer Sicht führte 1969 Niklas Luhmann einen „Enthauptungsschlag" gegen alle Wiederbelebungsversuche der „alten" Demokratie als der Selbstbestimmung des Volkes. Im Grunde genommen, übersetzte er die Einwände Schumpeters gegen die „klassische Lehre" in die szientifische Terminologie seiner soziologischen Systemtheorie.[1194] Bekanntlich liegt Luhmanns Modell die Annahme zugrunde, dass Verfassung und Gesellschaft ein nach Selbsterhaltung strebendes Regelsystem sind. Es bildet seinerseits Funktionen und Strukturen (Subsysteme) aus, die dessen Reproduktion gewährleisten. Diese Zielsetzung hat sich daran zu bewähren, wie sie die Komplexität der Umwelt des Systems so reduziert, dass sein Zusammenbruch vermieden wird. Reduktion von Komplexität heißt unter dieser Voraussetzung immer auch Selektivität des unendlichen Informationsflusses, welcher auf das System einströmt. Funktionale Machtzusammenballungen führen dann zu einer Krise des Gesamtsystems, wenn sich durch sie die Selektion selbstnegatorisch verengt. Demgegenüber heißt Demokratie „Erhaltung der Komplexität trotz laufender Entscheidungsarbeit, Erhaltung eines möglichst weiten Selektionsbereichs für immer wieder neue und

---

[1189] Vgl. Kapitel II, § 2; Kapitel III, §§ 2 u. 6.
[1190] Vgl. Kapitel III, § 3.
[1191] Scharpf 1973, S. 93.
[1192] Ebd.
[1193] Vgl. die bisher umfassendste Analyse bei Grebing 1971.
[1194] Vgl. zu Luhmanns Ansatz neuerdings auch Pohl/Buchstein 1999, S. 81-82.

andere Entscheidungen. Darin hat Demokratie ihre Rationalität und ihre Menschlichkeit: ihre Vernunft".[1195]

Bereits an diesem Punkt wird die Unverzichtbarkeit einer technokratischen Elite im Sinne Schumpeters deutlich: „Entscheidungsprozesse sind Prozesse der Selektion, des Ausscheidens anderer Möglichkeiten. Sie erzeugen mehr Neins als Jas, und je rationaler sie verfahren, je umfassender sie andere Möglichkeiten prüfen, desto größer wird ihre Negationsrate. Eine intensive, engagierende Beteiligung aller daran zu fördern, hieße Frustrierung zum Prinzip machen".[1196] Gleichzeitig müsse die Demokratie prinzipiell status-quo-orientiert ihre Entscheidungen treffen: „In der praktischen Politik führt dieses Verständnis von Politik dazu, daß sich Entscheidungen, an denen die Betroffenen zu beteiligen sind, auf eine bloße Fortschreibung des *status quo* beschränken müssen und daß Änderungen die Form der Begünstigung spezifischer Interessen und der diffusen, indirekten, nicht abwägbaren und nicht sofort spürbaren Belastung der Allgemeinheit annehmen".[1197] Ähnlich wie Schumpeter forderte auch Luhmann eine Entideologisierung des Wahlkampfes: „Da der Wahlerfolg als solcher legitimiert, kann auf eine einheitliche Ideologie verzichtet werden. Die Politik wird entmoralisiert und dadurch komplex bis an Grenzen, die durch politische Neutralisierung geschützt und der Instrumentalisierung im politischen Kampf entzogen werden: das Wahlverfahren selbst, die Grundrechte, die Justiz, die Zentralbank usw.".[1198] Auch die Austauschbarkeit der Parteiprogramme trage dieser funktionalen Notwendigkeit Rechnung. Und schließlich liege auf der Hand, „daß Komplexität dieses Ausmaßes nicht durch vorbehaltlose öffentliche Diskussion, Entscheidungsbeteiligung oder Transparenz der Motive und Einflußnahmen zugänglich werden kann. (...) Eine Jugend, die Demokratisierung in diesem Sinne fordert, überträgt die Erfahrung und das Modell der Familie auf die Gesellschaft".[1199]

Es ist klar, dass ein solches systemtheoretisches Verständnis der Demokratie, das diese zu einer bloßen Vorrichtung zur Abwehr struktureller Verhärtungen des Gesamtsystems reduziert, vollständig mit den Postulaten der alten Demokratie als der Selbstbestimmung des Volkes selbst in ihrer repräsentativen Mediatisierung[1200] brechen muss. Diese Konsequenz wird noch dadurch unterstrichen, dass die Systemtheorie „den Menschen als Ganzheit eigener Identität ausschließen"[1201] und damit das Leitbild des „mündigen Staatsbürgers", des

Randnotizen:
- Fortschreibung des Status-quo
- Entideologisierung
- Demokratie gegen Freiheit?

[1195] Luhmann 1969, S. 320.

[1196] A.a.O., S. 319.

[1197] Ebd.

[1198] A.a.O., S. 323.

[1199] A.a.O., S. 324: „(...) und in der Tat zeigt, wie *Arnold Gehlen* einmal bemerkte, unser Humanismus Züge eines elargierten Familienethos. Man kann sicher sein, daß in dieser Richtung keine oder nur stark regressive Problemlösungen gefunden werden können".

[1200] „Die Kategorie der Repräsentation kann nicht aus einer Theorie der bürgerlichen Gesellschaft heraus entwickelt werden; sie hat nach Denkvoraussetzungen und Sinngebung ältere Wurzeln. (...) Damit ist die Kategorie der Repräsentation unbegründbar geworden. Eine Kritik der Kategorie darf nicht als Kritik des modernen Parlamentarismus mißverstanden werden. Sie zielt auf die Entwicklung von anlytisch besser brauchbaren Nachfolgebegriffen, die unter anderem auch den Parlamentarismus besser begründen können - zum Beispiel als Institution des 'Offenhaltens' von Möglichkeiten" (Luhmann 1973, S. 173).

[1201] Luhmann 1968, S. 316.

Citoyen der klassischen Demokratie, ersatzlos streichen muss. Luhmann folgte mit diesem Szenario seinem Lehrer Helmut Schelsky[1202], der sich ebenfalls in der großen Demokratiedebatte mit der Schrift „Systemüberwindung, Demokratisierung und Gewaltenteilung. Grundsatzkonflikte der Bundesrepublik"[1203] zu Wort meldete. Spätestens nach der Bundestagswahl von 1972, so seine These, stehe die Bundesrepublik Deutschland wie 1948 vor einer Richtungsentscheidung: Das Mischmodell der „freiheitlich-demokratischen Grundordnung", damals beschlossen, stehe nun zur Disposition, nachdem klar geworden sei, dass die Reihenfolge erst „Freiheit" und dann „Demokratie" im Begriff sei, sich zu verkehren. Wie aber sieht, so fragte Schelsky, die Bundesrepublik aus, wenn die Demokratisierung hegemonial und das die Freiheit garantierende Gewaltenteilungsprinzip zum bloßen Anhängsel heruntergestuft werde, das im übrigen auch der Differenzierung und den Sachzwängen der hochkomplexen Gesellschaft Rechnung trage?

Schelskys Kritik an der „Fundamental-demokratisierung"
Die Bilanz, die Schelsky damals zog, entsprach in allen Punkten dem Schumpeterschen Modell der Konkurrenzdemokratie. „Das Kennzeichen der westlichen Demokratie besteht - wie Schumpeter klar erkannt hat - im Konkurrenzkampf auf dem offenen politischen Markt um die Mehrheit der Stimmen der Bevölkerung, die einer bestimmten Gruppe von Vermittlern die politische Entscheidungsbefugnis, also die Regierungsgewalt, majoritätsweise zuspricht".[1204] Aber dieses Modell, an dem sich die Demokratie der Adenauer-Ära orientierte, funktioniere nur dann, wenn die Wählerschaft weitgehend entideologisiert und politische Apathie „in einem hochzivilisierten demokratischen Lande eher als Anzeichen politischer Stabilität"[1205] zu werten sei. Doch das Gegenteil bewirke eine Demokratisierung, die im Sinne des klassischen, auf Rousseau zurückgehenden Musters durch zwei Stoßrichtungen gekennzeichnet sei. Einerseits ziele sie auf „die Herstellung der Identität von Herrschern und Beherrschten" ab und betrachte das Volk als Souverän und damit als Quelle der „Willensbildung der politischen Herrschaft".[1206] Andererseits behindere sie systematisch das Muster der Gewaltenbalancierung, der Aufteilung der Herrschaftsgewalt auf verhältnismäßig selbständige Institutionen, die sich gegenseitig zum Schutz der Bürger kontrollierten. Als Willy Brandt in seiner Regierungserklärung von 1969 das Diktum „Mehr Demokratie wagen" prägte, schien in der Sicht Schelskys den radikaldemokratischen „Systemveränderern" der unmittelbare Zugriff auf die Regierungsagenturen gelungen zu sein.[1207] Die Konsequenzen dieses vermeintli-

---

[1202] Vgl. hierzu auch Waschkuhn 1998, S. 114-119.

[1203] Vgl. Schelsky 1974.

[1204] A.a.O., S. 51.

[1205] A.a.O., S. 61.

[1206] A.a.O., S. 50.

[1207] „Die grundsätzlichen politischen Frontenstellungen, die geistig die Politik der zwei Jahrzehnte von 1949 bis 1969, der 'Ära Adenauer', bestimmt haben, sind heute unwirksam geworden und zu Ende gegangen. In der Regierungserklärung des Kanzlers Willy Brandt von 1969 steht daher auch die Formel, mit der bewußt eine neue Epoche in der Politik der Bundesrepublik eingeleitet werden sollte: die Forderung, 'mehr Demokratie zu wagen'. 'Mehr Demokratie', das ist das Startwort und das Programm der 'Polarisierung' gewesen, die man geschichtlich von diesem in der Euphorie der 'Machtübernahme' vom neuen Regierungschef geäußerten Grundsatz datieren wird; der überraschend zur Opposition verurteilten anderen Seite, von langer Regierungspragmatik ausgelaugt, ist weder damals noch bis heute die Gegenformel 'Mehr Freiheit' eingefallen" (Schelsky 1974, S. 48).

chen Tatbestandes verdichtete er zu einer semantischen Bürgerkriegssituation, die an Drastik nichts zu wünschen übrig ließ.

So habe der Bundestagswahlkampf von 1972 mit einer Wahlbeteiligung von 90% ein Anwachsen politischer und sozialer Konflikte bewirkt, wie Deutschland sie seit der Reichspräsidentenwahl von 1932 nicht mehr erlebte. Hand in Hand mit der Politisierung der Wähler ging, so Schelsky, eine Primitivierung des Rationalitätsniveaus der Wähler. „Diese Methode der Senkung der politischen Rationalität oder Entsachlichung hat der Soziologe Karl Mannheim - wie Schumpeter ein sozialistisch gesinnter Demokrat - als den Vorgang der 'Fundamentaldemokratisierung'[1208] beschrieben. Er wusste, dass diese Art der Demokratisierung die Rationalität der politischen Willensbildung herabsetzt, da unvermeidbare massenpsychologische Vorgänge und Praktiken in den Vordergrund drängen".[1209] Mit der Mobilisierung des politischen Konflikts gerieten aber auch andere Institutionen in den Sog des Herrschaftsbereichs der Demokratisierung, die bisher als „apolitisch" galten: Kirchen, Schulen, Universitäten, die Justiz und sogar das Militär. Die notwendige Folge sei eine Entsachlichung der Institutionen, die bei ihren Entscheidungen immer mehr dem parteilichen Kriterium der „Zugehörigkeit zu einem der beiden 'großen Lager'"[1210] unterworfen seien. Zwar schlage die Demokratie in einer komplexen Industriegesellschaft nicht, wie Aristoteles unter den Bedingungen der griechischen Polis annahm[1211], einfach in eine Diktatur um. Doch sei ein „totalitärer Zug in der Steigerung der 'Demokratie' und der 'Polarisierung' unverkennbar".[1212] So glaubte Schelsky 1972, die Bundesrepublik befinde sich in einer Retardierungsphase, die dann beendet sein würde, wenn es aufgrund einer eindeutigen Übermachtsituation der politischen Kräfteverhältnisse zum offenen Bürgerkrieg und zur „völligen Unterdrückung des 'anderen Lagers'"[1213] komme.

Nicht weniger dramatisch als Schelsky interpretierte Wilhelm Hennis in seiner Schrift „Demokratisierung. Zur Problematik eines Begriffs"[1214] die Demokratisierungswelle, die seit der zweiten Hälfte der 60er Jahre die politische Kultur der Adenauer-Ära veränderte. Er sah eine „Kulturrevolution"[1215] am Werk, welche im Namen der Demokratie[1216] mit der Aufhebung der zentralen Unterscheidung zwischen „Politik" und „Nichtpolitik" eine entscheidende Säule abendländischer Identität unterminiere. Ausgehend von der aristotelischen Trennung zweier qualitativ unterschiedener Herrschaftsmuster in der Polis auf der einen und im Oikos auf der anderen Seite, habe sich im abendländischen Selbstverständnis die demokratische Sphäre der Politik unter Gleichen und Freien klar

[1208] Vgl. Kapitel IX, § 2.
[1209] Schelsky 1973, S. 53.
[1210] A.a.O., S. 54.
[1211] Vgl. Kapitel I, § 6.
[1212] Schelsky 1973, S. 54.
[1213] Ebd.
[1214] Vgl. auch Waschkuhn 1998, S. 108-114.
[1215] Hennis 1970, S. 9.
[1216] „Der Begriff der Demokratisierung steht gewissermaßen bereits unter demokratischem Denkmalschutz. Wer gegen diesen Begriff Zweifel ins Feld führt, läuft Gefahr, 'faschistoider' Gesinnung bezichtigt zu werden, zumindest kann man gewiß sein, als in altliberal-konservativen Gedankengängen befangen etikettiert zu werden" (Hennis 1970, S. 21).

Demokratisierung als Bürgerkriegsgefahr

Wilhelm Hennis: Demokratisierung als Totalisierungsgefahr

abgesetzt von den hierarchischen Herrschaftsverhältnissen der grundlegenden Sozialtatbestände in der Familie, der Wirtschaft, den Schulen, den Zeitungsredaktionen etc. „Wenn dem Begriff der Demokratie", so Hennis, „unverzichtbar Freiheit und Gleichheit zugeordnet sind, diese außerhalb des Bereichs der Liebe und Freundschaft nur im politischen Raum erfüllbar sind, so stehen - ich wiederhole es - seiner Übertragung auf vor- und nichtpolitische Bereiche unüberbrückbare Hemmungen entgegen"[1217], weil sie sich gegen die Grundlagen der menschlichen Natur selber richteten.[1218] Genau aber diese Hybris komme in dem Postulat der Demokratisierung zum Ausdruck, weil sie die Tendenz zur Totalisierung, zur Unterwerfung aller Lebensbereiche unter das demokratische Prinzip erkennen lasse. Setze sie sich durch, so bewirke sie eine „Agonie der Freiheit"[1219], eine totalitäre Gleichschaltung der in der menschlichen Natur verwurzelten apolitischen Dimensionen der Gesellschaft im Namen der Demokratie.

§ 6 Das demokratietheoretische Szenario der 80er Jahre des 20. Jahrhunderts in der Bundesrepublik

konservative Gefahrendiagnose empirisch nicht bestätigt:

Wir wissen heute, dass sich die von Luhmann, Schelsky und Hennis benannten Gefahrenpotentiale, die sie unter dem Demokratisierungsdruck der Außerparlamentarischen Opposition und der Studentenbewegung feststellen zu können glaubten, nicht bewahrheiteten: Sowohl die Wirtschaft als auch das politische System der freiheitlich-demokratischen Grundordnung der Bundesrepublik Deutschland hielten dieser Herausforderung stand: Die letztere profitierte sogar von ihr in dem Sinne, dass verkrustete Strukturen aufgebrochen und dadurch eine zusätzliche Fundierung westlicher Werte der Selbstbestimmung durch die Zerstörung obrigkeitsstaatlicher Relikte der Adenauer-Zeit ermöglicht wurde.

- das Beispiel der GRÜNEN

Vor allem aber hat die ökologische Bewegung der „Grünen" eine Entwicklung durchlaufen, die eher den genannten Wertewandel stabilisierte, als dass sie konservativen Befürchtungen eines Marsches in einen „neuen Totalitarismus" Vorschub geleistet hätte. Im ursprünglichen „Bundesprogramm der Grünen" heißt es noch: „Basisdemokratische Politik bedeutet verstärkte Verwirklichung dezentraler, direkter Demokratie. Wir gehen davon aus, daß der Entscheidung der Basis prinzipiell Vorrang eingeräumt werden muß. Überschaubare, dezentra-

---

[1217] A.a.O., S. 34.

[1218] „Kein Zweifel, die Grundlage der modernen Welt ist die Wissenschaft, die Grundlage dieser Wissenschaft ein Haß auf die natürlichen Bedingungen unseres Lebens - Adamsneid. Die Irritation des Forschers durch die Verblendungen, Verstellungen, die Folge unseres langsamen Aufwachens sind, hat im Laufe der letzten 200 Jahre eine Fülle von Variationen durchlaufen: Die Idolatrie des Kindes in der Pädagogik *Rousseaus*, die Zurückführung aller Verkrüppelungen unserer Psyche in der Lehre Freuds auf die Kindheit, Mitleid mit dem Kind, Haß auf die Kindheit, es sind alles verschiedene Seiten einer Sache, des Umstandes, daß die Menschen zunehmend weniger geneigt sind, die Umstände ihrer Kreatürlichkeit anzunehmen. Dieses ist der eigentlich tiefste Zusammenhang, in dem ich die emanzipatorische Forderung nach Demokratisierung von auf Grund der *Natur* durch Ungleichheit bestimmten Sozialtatbeständen glaube sehen zu müssen. Diese Forderung ist mithin keine Ideologie, bloß falsches gesellschaftliches Bewußtsein, sondern eine Revolte gegen die Natur" (Hennis 1970, S. 38f).

[1219] A.a.O., S. 38.

le Basiseinheiten (Ortsebene, Kreisebene) erhalten weitgehende Autonomie und Selbstverwaltungsrechte zugestanden. Basisdemokratie bedarf jedoch einer zusammenfassenden Organisation und Koordination, wenn ökologische Politik in der öffentlichen Willensbildung gegen starke Widerstände durchgesetzt werden soll. Wir setzen uns in allen politischen Bereichen dafür ein, daß durch verstärkte Mitbestimmung der betroffenen Bevölkerung in regionalen, landesweiten und bundesweiten Volksabstimmungen Elemente direkter Demokratie zur Lösung lebenswichtiger Planungen eingeführt werden".[1220] Doch schon in der Gründungszeit der Grünen war klar, dass direkte Demokratie bzw. Basisdemokratie nicht das Repräsentationsprinzip des Parlamentarismus ersetzen, sondern nur als dessen - wenn auch möglichst wirksames - Korrektiv fungieren kann. Noch wichtiger ist, dass es den Grünen bei ihrer Parteibildung nur partiell gelang, das genaue Gegenbild zu den etablierten Parteien zu werden[1221], wenngleich kaum geleugnet werden kann, dass sie den Gedanken der demokratischen Kontrolle ihrer Mandatsträger stärker betonen als die anderen Parteien. Im übrigen ist es ein Verdienst der Grünen, dezidiert die Frauenfrage mit dem Demokratisierungspostulat verbunden[1222] und damit wichtige Voraussetzungen für eine feministische Demokratietheorie[1223] gelegt zu haben.

In der Perspektive der Geschichte der Politikwissenschaft in der Bundesrepublik Deutschland ist zudem relevant, dass aus der Verbindung des Musters der repräsentativen Demokratie mit Traditionen der alten Demokratie jene Schulen des demokratietheoretischen Diskurses hervorgegangen sind, die bis heute ihre Relevanz behaupten konnten. In diesem Zusammenhang wäre es verkürzt, den

Weiterentwicklung der Demokratietheorie

[1220] DIE GRÜNEN o.J., S. 5.

[1221] „Unser inneres organisatorisches Leben und unser Verhältnis zu den Menschen, die uns unterstützen und wählen, ist das genaue Gegenbild zu den in Bonn etablierten Parteien. Diese sind unfähig und nicht willens, neue Ansätze und Gedanken und die Interessen der demokratischen Bewegung aufzunehmen. Wir sind deshalb entschlossen, uns eine Parteiorganisation neuen Typs zu schaffen, deren Grundstrukturen in basisdemokratischer und dezentraler Art verfaßt sind, was nicht voneinander zu trennen ist. Denn eine Partei, die diese Struktur nicht besitzt, wäre niemals in der Lage, eine ökologische Politik im Rahmen der parlamentarischen Demokratie überzeugend zu betreiben. Kerngedanke ist dabei die ständige Kontrolle aller Amts- und Mandatsinhaber und Institutionen durch die Basis (Öffentlichkeit, zeitliche Begrenzung) und die jederzeitige Ablösbarkeit, um Organisation und Politik für alle durchschaubar zu machen und um der Lösung einzelner von ihrer Basis entgegen zu wirken"(DIE GRÜNEN o.J., S. 5).

[1222] „Ziel der GRÜNEN ist eine humane Gesellschaft, aufgebaut auf der vollen Gleichberechtigung der Geschlechter im Rahmen einer ökologischen Gesamtpolitik. Um diese Überlebenspolitik durchführen zu können, bedarf es des höchsten Einsatzes der Frauen, um gemeinsam mit den Männern im politischen Raum das Leben der nächsten Generation zu sichern. Der beispielhafte Einsatz von Frauen in den Bürgerinitiativen ist ein Signal! Auch bei den GRÜNEN ist die politische Willensbildung bereits heute wesentlich von Frauen mitbestimmt, erheblich mehr als in allen anderen Parteien. Diese Tendenz wird noch zunehmen in dem Maße, in dem Frauen bereit sein werden, mehr politische Verantwortung zu übernehmen und ihnen diese Verantwortungs- und Handlungskompetenz nicht länger abgesprochen wird" (DIE GRÜNEN o.J, S. 32).

[1223] „Feministische Theorien beruhen nicht auf einer gemeinsamen normativen Position (...). Die meisten feministischen Demokratietheoretikerinnen lassen sich auch einem der anderen (...) normativen Ansätze zuordnen, da ihre Theorien liberale, pluralistische und/oder deliberative Elemente enthalten. Die Gemeinsamkeit der feministischen demokratietheoretischen Konzeptionen liegen in ihrem gemeinsamen Ziel: Sie alle fragen nach Möglichkeiten zur Verbesserung der Repräsentation von Frauen in der Politik. Dieser Frage geht die empirische Beobachtung einer weltweit und auf allen Ebenen gegebenen Unterrepräsentation von Frauen in den politischen Institutionen voraus" (Pohl/Buchstein 1999, S. 76).

Fokus der demokratietheoretischen Untersuchung einseitig auf die Weiterentwicklung der Schumpeterschen Konkurrenzdemokratie zur Verhandlungsdemokratie einzuengen.[1224] Denn es darf nicht übersehen werden, dass die alte Demokratie auch in den 80er Jahren ihre Bedeutung zu behaupten vermochte. Aus ihrer Tendenz zur sozialpolitischen Teilhabe gingen die Theorien der sozialen Demokratie[1225] hervor, aus ihrer Forderung nach unmittelbarer Bürgerteilhabe die partizipatorischen Demokratietheorien[1226] und schließlich aus der Konfrontation der Verfassungswirklichkeit mit ihren normativen Idealen der Bürgersolidarität die Kritische Theorie der Demokratie.[1227] Statt im einzelnen auf diese oft beschriebenen Ansätze einzugehen, sollen im folgenden kurz das liberale und das republikanische Modell der Demokratie prägnant skizziert werden, die in der Kontroverse zwischen den Kommunitariern und den Liberalen in den USA eine wichtige Rolle spielten.[1228] Anfang der 90er Jahre des vergangenen Jahrhunderts stellte Jürgen Habermas in Anlehnung an F. Michelman in seinem Aufsatz „Drei normative Modelle der Demokratie: Zum Begriff der deliberativen Politik"[1229] deren Positionen als die äußersten Pole einer Skala dar, zwischen denen sich wichtige Segmente der demokratietheoretischen Diskussion nicht nur in den Vereinigten Staaten, sondern auch in der Bundesrepublik der 80er Jahre zwanglos abbilden lassen.[1230] Über Habermas' Darstellung hinausgehend, möchte ich gleichzeitig eine historische Verortung dieser Positionen zumindest andeuten.

J. Habermas: drei Modelle der Demokratie

In der Konzeptualisierung des demokratischen Prozesses folgt die liberale Position weitgehend dem Schumpeterschen Muster und seinen demokratietheoretischen Vorläufern wie Max Weber und teilweise Hans Kelsen. Sie fasst die Gesellschaft als ein System marktförmiger Interaktion von Privatpersonen auf, die ihren individuellen Nutzen zu maximieren suchen. Parteien und Verbände haben die Interessen der einzelnen Privatleute zu bündeln und in staatlich-administratives Handeln umzusetzen, wodurch der Staat den Willen der Gesellschaft exekutiert. Strukturiert wird der demokratische Prozess im liberalen Paradigma also durch die dezentralisierte Macht des Marktes im Sinne der individuellen Nutzenmaximierung einerseits sowie der hierarchischen Regelinstanz der administrativen Macht des Staats als verlängerter Arm der Gesellschaft andererseits. Dem demokratischen Prozess entspricht ein Konzept des Bürgers, der als Träger subjektiver Rechte staatlichen Schutz so lange beanspruchen kann, wie er im Rahmen der Gesetze seinen individuellen Nutzen maximiert. Seine politischen Rechte sind analog zugeschnitten. Der einzelne bringt seine privaten Interessen so zur Geltung, dass sie über Wahl, Parlament und staatliche Administration zum Allgemeinwohl aggregiert werden können. Gelingt diese Transformation der aggregierten Privatinteressen, so ist die liberale Demokratie legitimiert. In dieses Muster passt, dass die Natur des politischen Prozesses Konkurrenz und

1. liberales Paradigma

[1224] Vgl. Herder-Dorneich 1979.

[1225] Vgl. Schmidt 2000, S. 240-260.

[1226] A.a.O., S. 251-268.

[1227] A.a.O., S. 268-294.

[1228] Vgl. hierzu grundlegend Honneth 1993 und Reese-Schäfer 1997.

[1229] Vgl. Habermas 1992.

[1230] Vgl. zur folgenden Darstellung a.a.O., S. 12-17.

Kampf um administrative Machtpositionen ist. Wie schon Schumpeter hervorhob, hat die Wahlentscheidung dieselbe Struktur wie das Marktgeschehen.

Gegenüber der liberalen Position ist der republikanische Ansatz deutlich durch Elemente der antiken Polis-Demokratie charakterisiert. In seiner Perspektive geht der demokratische Prozess nicht in der Funktion auf, den nutzenmaximierenden Egoismus der einzelnen in staatliches Handeln zu transferieren. Wie in der attischen Demokratie, wird vielmehr Politik „als Reflexionsform eines sittlichen Lebenszusammenhangs begriffen".[1231] Aus der Erfahrung gegenseitiger Abhängigkeit erwächst die gegenseitige Anerkennung als Grundlage einer naturwüchsigen Assoziation Gleicher und Freier. Neben den Markt und den Staat tritt also eine dritte Größe: die Solidarität. Sie behauptet ihren Vorrang dadurch, dass sie in einer politischen Öffentlichkeit und Zivilgesellschaft über eine eigene Basis verfügt, die sie von den Zwängen des Marktes und der staatlichen Autorität entlastet. In einem solchen Rahmen reicht es nicht aus, dass die Bürger lediglich ihre negativen Freiheiten wahrnehmen. Erst in ihrer aktiven Beteiligung am politischen Prozess und der Selbstbestimmungspraxis ihrer Mitbürger mutieren sie zu verantwortlichen Subjekten. Sie unterscheiden sich vom liberalen Bürgerstatus dadurch, dass ihnen mehr zugemutet wird als das egoistische Eigeninteresse. Damit verändert sich aber auch der politische Prozess grundlegend: Seine Grundlage sind nicht die konkurrierenden Einzelnen auf dem Markt, sondern das Konsens suchende Gespräch. Dem diskutant aufzuhellenden politischen Willensbildungsprozess ist selbst die administrative Macht untergeordnet.

2. republikanisches Paradigma

Habermas kritisiert beide Modelle, entlehnt ihnen aber für seine eigene Konzeption der deliberativen Demokratie[1232] gleichzeitig wichtige Elemente. „Das republikanische Modell hat Vorzüge und Nachteile. Den Vorzug sehe ich darin, daß es am radikaldemokratischen Sinn einer Selbstorganisation der Gesellschaft durch die kommunikativ vereinigten Bürger festhält und kollektive Ziele nicht nur auf einen 'deal' zwischen entgegengesetzten Privatinteressen zurückführt. Den Nachteil sehe ich darin, daß es zu idealistisch ist und den demokratischen Prozeß von den Tugenden gemeinwohlorientierter Staatsbürger abhängig macht. Denn die Politik besteht nicht nur, und nicht einmal in erster Linie, aus Fragen der ethischen Selbstverständigung. Der Fehler besteht in einer *ethischen Engführung politischer Diskurse*".[1233] Zwar betont das Konzept der deliberativen Demokratie stärker die normative Dimension als das liberale. Jedoch nimmt es diese weniger in Anspruch als das republikanische Muster. Auch rückt es mit dem republikanischen Ansatz den Meinungs- und Willensbildungsprozeß in den Vordergrund. Aber es macht seine Verwirklichung nicht abhängig „von einer kollektiv handlungsfähigen Bürgerschaft (...), sondern der Institutionalisierung entsprechender Verfahren".[1234]

3. deliberative Demokratie

Vom liberalen Modell unterscheidet sich der deliberative Ansatz dadurch, dass er die Vorstellung verabschiedet, der „Macht- und Interessenausgleich" sei

---

[1231] A.a.O., S. 12.
[1232] Zur Ausdifferenzierung dieses Modells vgl. Schmalz-Bruns 1995.
[1233] Habermas 1992, S. 18.
[1234] A.a.O., S. 22.

„nach dem Modell des Marktverkehrs bewußtlos"[1235] regelbar. Gleichfalls kritisiert er, dass im liberalen Paradigma die einzelnen lediglich als abhängige Variablen in Machtprozessen fungieren, „die sich blind vollziehen, weil es jenseits individueller Wahlakte keine bewußt vollzogenen kollektiven Entscheidungen (es sei denn in einem bloß metaphysischen Sinne) geben kann".[1236] Aber Habermas übernimmt die liberale Option, Grundrechte und Rechtsstaat als unverzichtbare Voraussetzung des demokratischen Verfahrens anzusehen. „Aus diesem Demokratieverständnis", schreibt er, „ergibt sich normativ die Forderung nach einer Gewichtverschiebung im Verhältnis jener drei Ressourcen Geld, administrative Macht und Solidarität, aus denen moderne Gesellschaften ihren Integrations- und Steuerungsbedarf befriedigen. Die normativen Implikationen liegen auf der Hand: Die sozialintegrative Gewalt der Solidarität, die nicht mehr allein aus Quellen des kommunikativen Handelns geschöpft werden kann, soll sich über weit ausgefächerte autonome Öffentlichkeiten und rechtsstaatlich institutionalisierte Verfahren der demokratischen Meinungs- und Willensbildung entfalten und gegen die beiden anderen Gewalten, Geld und administrative Macht, behaupten können".[1237]

Das Habermassche Modell der deliberativen Demokratie mag wegen seines hohen Abstraktionsgrades, seiner möglichen Überschätzung der konsensbildenden Kraft der Kommunikation und der Vernachlässigung der sozio-politischen Rahmenbedingungen gelungener demokratischer Verständigung anfechtbar sein.[1238] Dennoch stellt es in gewisser Weise den Höhepunkt der „nachholenden Demokratisierung" der alten Bundesrepublik dar, weil es sich um einen der wenigen wirklich originären deutschen Beiträge zur internationalen Demokratiediskussion handelt. So gesehen, hat dieses Konzept der alten Bundesrepublik ein unverwechselbares demokratietheoretisches Profil verliehen. Doch die Geschichte „kristallisiert" nicht, wie Arnold Gehlen meinte. Schon Ende der 80er Jahre zerrte sie die Demokratie erneut auf den Prüfstand. Doch dieses Mal im globalen Kontext: Grund genug für eine historische Bilanz, um auf ihrer Folie die Perspektiven politischer Beteiligung zu Beginn des 21. Jahrhunderts zu vermessen.

[1235] Ebd.
[1236] Ebd.
[1237] A.a.O., S. 23.
[1238] Vgl. Schmidt 2000, S. 261-265.

Epilog

§ 1   Die historische Dimension der Demokratietheorien

Der vorliegende Versuch, wichtige in Europa und in den Vereinigten Staaten von Amerika entwickelte Demokratietheorien in ihrem historischen Kontext darzustellen, so kann zusammenfassend festgestellt werden, war immer auch eine Auseinandersetzung mit ihren Ursprüngen in der attischen Demokratie. Demokratie als Selbstbestimmung des in der „Ekklesia" physisch präsenten Volkes wurde, wie gezeigt, oft als Skandal hybrider Selbstüberschätzung gegeißelt, aber auch als das nichthintergehbare normative Maß menschlicher Entfaltung gefeiert. Ausgangspunkt: attische Demokratie ...

Zugleich konnte verdeutlicht werden, dass der Begriff der Demokratie in seinen Anfängen ein „Arme-Leute-Begriff" war. Die freien Athener Bürger praktizierten unabhängig von ihrem sozialen Status und ihren Vermögensverhältnissen direkte Demokratie: Bis auf wenige Ausnahmen stand ihnen, ermöglicht auch durch die Einführung von Diäten, per Losentscheid beinahe jedes Amt offen. Dieser unverwechselbare soziale Inhalt der alten Demokratie hat ihre Rezeptionsgeschichte nachhaltig geprägt. Zwar überlieferte uns Thukydides durch die Aufzeichnung der Totenrede des Perikles ein seltenes Dokument des positiven Selbstverständnisses der attischen Demokratie. Doch nicht zufällig wurde die Demokratietheorie der Antike von elitären, dem Adel verpflichteten Denkern wie Platon und Aristoteles formuliert. Für sie war die Demokratie die Herrschaftsform der minderwertigen Massen, die leicht zu einer plebiszitären Tyrannis entarten konnte. Zweifellos passte dieses pejorative Demokratieverständnis gut zu einer Sozialstruktur, welche durch die Vorherrschaft des adligen Grundbesitzes charakterisiert war. Aber im Licht der Resultate der neueren althistorischen Forschung ist die interessengeleitete Ablehnung der attischen Volksversammlung durch die beiden antiken „Meisterdenker" unübersehbar. ... und ihre pejorative Deutung

Auch wenn sie weit von der Wirklichkeit der erstaunlich gut funktionierenden attischen Demokratie entfernt war, wirkte die pejorative Demokratiedeutung von Platon und Aristoteles bis zum Vorabend der Französischen Revolution nach. So wurden am Beispiel der Partizipationsmodelle des 16. Jahrhunderts bei Machiavelli und Morus auf der einen sowie bei Bodin und den calvinistischen Monarchomachen (Hotman, Brutus, Beza) auf der anderen Seite zwei Hypothesen getestet. Erstens gebrauchten frühbürgerliche Autoren den Begriff „Demokratie" im pejorativen, d.h. abwertenden Sinne, wie dies in der antiken Staatsformenlehre üblich war. Eine weitere Übereinstimmung mit der antiken Staatsformenlehre kam zweitens durch die Übernahme der Kategorie „Republik" hinzu. Wenn nämlich frühbürgerliche Autoren Mitbestimmungsrechte des Volkes einklagten, dann blieben die nichtbesitzenden Schichten unberücksichtigt. frühbürgerliche Demokratietheorien

Gleichheit bedeutete für sie immer nur Gleichheit mit dem Adel. Ihre Forderung nach Ausweitung politischer Teilhabe subsumierten sie unter ein Muster, das den politischen Verhältnissen der römischen Republik entlehnt war. „Republik" als Gegenbegriff zur Monarchie verstanden sie wie ihr römisches Vorbild als Mischverfassung, die sie scharf von der „Demokratie" absetzten. Im Gegensatz zu dem mit ihr assoziierten Umschlag in die Tyrannis lieferte die Mischverfassung nach dem Vorbild der aristotelischen Politie die ideale Garantie bürgerlicher Freiheit, sich ungehindert der Verwertung des Privateigentums zu widmen.

Individualismus und repräsentative Regierung

Allerdings kam es mit der Leveller-Bewegung um die Mitte des 17. Jahrhunderts in der Großen Englischen Revolution zu Forderungen nach politischer Partizipation, die in zweierlei Hinsicht über die Modelle des 16. und frühen 17. Jahrhunderts hinausgingen. Einerseits verbanden sie den Partizipationsgedanken mit dem Individualismus des egalitären (modernen) Naturrechts. Dadurch, dass die ursprünglich Gleichen und Freien über einen Vertrag die Spielregeln überhaupt erst hervorbringen, unter denen sie in einem Staat koexistieren wollen, erteilten sie der Privilegienstruktur der Ständegesellschaft eine radikale Absage: Politische Partizipation ist den Levellern zufolge nicht mehr in einer auf Geburt beruhenden „natürlichen" Hierarchie möglich. Andererseits wollten sie jetzt auch die kleineren Eigentümer in die demokratische Teilhabe einbeziehen (Putney Debates) und das Parlament durch kurze Legislaturperioden einer demokratischen Kontrolle von unten unterwerfen. Die Digger forderten sogar das allgemeine Männerwahlrecht. Interessant ist aber, dass die Leveller am pejorativen Begriff der Demokratie als direkte Volkssouveränität festhielten und es daher vermieden, sich als „Demokraten" zu bezeichnen. Locke nahm dann Impulse der Leveller auf. Ausgehend vom egalitären Naturrecht ursprünglich Gleicher und Freier, erteilte er wie jene allen Formen der Ständegesellschaft zugunsten eines „representative government" eine Absage, erneuerte aber innerhalb der „gemischten Verfassung" das Zensuswahlrecht zu Lasten der lohnabhängigen und eigentumslosen Schichten. Diese Linie setzte sich in der „Glorious Revolution" von 1688 durch. Ihr demokratietheoretischer Beitrag bestand nicht in der Ausweitung des Wahlrechts über frühbürgerliche Standards hinaus, sondern in der endgültigen Bindung der Monarchie an das Parlament im Namen einer kontraktualistischen Staatsbegründung.

Abkehr vom pejorativen Demokratiebegriff

Erste Anzeichen einer Abkehr vom pejorativen Demokratiebegriff der Antike finden sich in der zweiten Hälfte des 17. und der Mitte des 18. Jahrhunderts bei Spinoza, Rousseau und Montesquieu. Spinoza war einer der ersten, der aus dem Schatten der pejorativen Bedeutung der Demokratie heraustrat. Er wertete die Demokratie in ihrer antiken Bedeutung auf, weil sie am ehesten dem aus dem natürlichen Egoismus folgenden Freiheitsstreben der Menschen Rechnung trage. Das Problem freilich, wie die naturalistische Selbstbehauptung der natürlichen Menschen mit der Minimierung von Herrschaft zu vereinbaren sei, ließ er offen. Demgegenüber betonten Montesquieu und Rousseau die Tugend der Bürger als entscheidendes Kriterium direktdemokratischer Teilhabe am politischen Willensbildungsprozess. Doch während Montesquieu einer gewaltengeteilten Balancierung der politischen Kräfte des Gemeinwesens den Vorzug vor einer identitären Demokratie gab, erhob Rousseau diese zur idealen Staatsform schlechthin, indem er sie mit der Fiktion eines „neuen veredelten Menschen" untermauerte.

Doch zugleich war er sich darüber im Klaren, dass die „reine Demokratie" nicht zu verwirklichen sei. Realisierbar erschien ihm lediglich eine „Republik", die unabhängig von ihrer jeweiligen Regierungsform ihrem Begriff entsprach, wenn in dieser der „Allgemeinwille", also das allgemeine Gesetz, herrschte.

Zwischen dem Delegationsprinzip Rousseaus und dem Repräsentationskonzept Lockes spielte sich, wie in der Darstellung gezeigt wurde, der für die Entstehung der modernen repräsentativen Demokratie konstitutive Streit im Vorfeld der Verabschiedung der amerikanischen Verfassung ab. Die Antifederalists orientierten sich an dem Staatenbund der ehemaligen Kolonien vor 1776. Sie neigten mehr zu der von Rousseau aufgewerteten „pure democracy": Sie sah kleinere überschaubare Einheiten in Gestalt einer lockeren Staatenföderation als politische Aktionsfelder, größere direkte politische Partizipation der Bürger, Aufwertung republikanischer Tugenden und Repräsentation nur in dem Maße vor, wie es nötig war, um in ihr den Allgemeinwillen darzustellen. Die Federalists (Madison, Jay, Hamilton) gingen dagegen von der Furcht vor der Tyrannei eines Mehrheitswillens aus. Zugleich strebten sie ein politisches System an, das den partikularen Interessenartikulationen der bürgerlich-kapitalistischen Tauschgesellschaft Rechnung trug. Daher optierten sie für die Repräsentation organisierter Einzelinteressen, für einen starken Bundesstaat mit präsidentieller Spitze, ein System von „checks and balances", Wertepluralismus und „representative government".

Es blieb freilich der Französischen Revolution vorbehalten, zum ersten Mal in der Geschichte seit Perikles in der politischen Arena, gleichsam im Medium eines historischen Experiments, die Demokratie nicht nur auf terminologischer Ebene, sondern als praktisches Handlungskonzept positiv aufzuwerten. Ausgehend von Rousseau, aber zugleich auch in Übereinstimmung mit den Antifederalists wurde versucht, Repräsentations- und Delegationsprinzip, repräsentative und direkte Demokratie, zusammenzudenken. Am Beispiel Sieyès' und Robespierres wurde gezeigt, dass die Revolutionäre so viel repräsentative Demokratie wie nötig und so viel identitäre Teilhabe der Bürger am politischen Willensbildungsprozess wie möglich anstrebten. Diese normative Vorgabe bestimmte die französischen Revolutionsverfassungen ebenso wie die Heiligkeit des Privateigentums, das grundsätzlich unangetastet blieb. Allerdings gingen die Meinungen über den Umfang seiner Sozialpflichtigkeit weit auseinander. Am Ende durchbrach Babeuf mit seiner „kommunistischen Demokratie" auf der äußersten Linken auch diese Grenze. Bereits 1791 warnte Edmund Burke vom konservativen Standpunkt aus vor dem angeblichen Konstruktivismus des egalitären Naturrechts, mit dem die Revolutionäre die Demokratisierung rechtfertigten: Werde er nicht durch Geschichte und Tradition korrigiert, drohe der Terror. Demgegenüber feierte Thomas Paine die „Positivierung des Naturrechts" als die Grundlage einer freien, sich selbst regulierenden Gesellschaft.

Verbindung repräsentativer und direkter Demokratie in der französischen Revolution

Die Demokratisierungsprozesse der Französischen Revolution von 1789 wirkten wie ein Fanal auf das ausgehende 18. und frühe 19. Jahrhundert. Wie nie zuvor in der Neuzeit wurde der Öffentlichkeit bewusst, was Demokratie von Anfang an bedeutet hatte: die Herrschaftsform der kleinen Leute, der Armen und der Kleinbürger, und zwar in ähnlicher Weise, wie sie in der Antike verstanden wurde. Allerdings brach sich dieses Verständnis in Deutschland, Frankreich und

Demokratisierungsprozess ...

... in Deutschland

England in unterschiedlicher Weise Bahn. In den noch weitgehend ständisch strukturierten Staaten des Deutschen Reiches blieb die Demokratiediskussion auf die akademische Ebene begrenzt, nachdem klar war, dass der radikaldemokratische Jakobinismus aufgrund der zurückgebliebenen Verhältnisse kaum auf massenhafte Resonanz hoffen konnte, während ein wirtschaftlich selbstbewusstes und gegenüber dem Staat selbständiges Bürgertum nicht existierte: Gleichwohl blieb die Angst vor dem „Pöbel" präsent, wenn Kant und Schlözer politische Partizipation vom Zensus bzw. von Bildungsqualifikationen abhängig machten. Fichte ließ noch die größte Nähe zu jakobinischen Vorstellungen einer staatlich garantierten materiellen Existenzsicherung erkennen, lehnte aber gleichfalls das attische Vorbild direkter Demokratie ab. Die durch ihn mitbeeinflusste Politik der Demokraten in der 48er Revolution, die das allgemeine Männerwahlrecht in der Paulskichenverfassung durchsetzte, scheiterte an ihren eigenen Widersprüchen und am Widerstand der Liberalen, welche im Festhalten am monarchischen Prinzip eine wichtige Garantie des Schutzes gegenüber dem sich abzeichnenden „Vierten Stand" sahen.

... in England und Frankreich
Einen anderen Verlauf nahmen die Demokratisierungsprozesse in England und Frankreich. In beiden Ländern, vor allem in Großbritannien, machte der Industrialisierungsprozess in der ersten Hälfte des 19. Jahrhunderts rasche Fortschritte, welcher zugleich die Konstituierung der Arbeiterschaft als Klasse vorantrieb. So sahen die Arbeiter in der Umbruchphase zwischen 1830 und 1848 in Frankreich keinen Widerspruch zwischen Demokratie, Sozialismus und Kommunismus. Als Kompromissformel setzte sich in dieser Zeit der Begriff der Sozialdemokratie oder der „sozialen Demokratie" durch. In England stellte die

soziale Demokratie
Chartistenbewegung die entscheidende Kraft dar, welche im Bündnis mit den liberalen Whigs in mehreren Schüben die Ausweitung des Wahlrechts erzwang. Erst nachdem klar war, dass die Whigs den Demokratisierungsprozess in dem Augenblick bremsten, in dem ihre großindustrielle Klientel in den Genuss der Vollbürgerschaft gekommen war, radikalisierten sich die Chartisten, ohne freilich das Ziel des allgemeinen Männerwahlrechts zunächst erreichen zu können. Schulemachend für die frühe Arbeiterbewegung war jedoch ihr Demokratieverständnis: Es sah in der Erringung des allgemeinen Wahlrechts den Schlüssel für

allgemeines Wahlrecht
die Lösung der sozialen Frage im Interesse der lohnabhängigen Unterschichten.

Ein so strukturierter, auf Arbeiterbedürfnisse bezogener Begriff der Demokratie wurde von den sogenannten „besseren Ständen" als Prolog der sozialen Revolution zunächst vehement bekämpft. Bagehot lehnte grundsätzlich die Ausweitung des Wahlrechts auf die Arbeiterschaft ab, weil diese angeblich keinen erkennbaren Beitrag zum politischen Willensbildungsprozess leiste. Und selbst ein aufgeklärter Liberaler wie John Stuart Mill glaubte, der „Gefahr von unten" nur durch die Option für das Pluralwahlrecht begegnen zu können. Allerdings übernahm im Verlauf der 48er Revolution in Frankreich auch das Bürgertum den demokratischen Anspruch, indem es begann, sich zur Demokratie zu bekennen. Wie am Beispiel der Kontroverse zwischen den Zeitschriften „Réforme" und „National" verdeutlicht wurde, war dieser Vorgang freilich mit einer folgenschweren Reduktion des historisch gewachsenen semantischen Gehalts der Demokratie verbunden: An die Stelle der Selbstbestimmung des Volkes trat die Legitimation der bestehenden Eigentumsverhältnisse durch demokratische Wahlen. Guizot und Tocqueville verstanden in diesem Sinne Demokratie als Methode zur Entschärfung des Klassenkampfes bei gleichzeitiger Integration der Unterschichten in das System des bestehenden sozio-politischen status quo, nicht aber als Mittel sozialrevolutionärer Emanzipation.

Tatsächlich führten Bismarck (Verfassung von 1871) und Napoleon III. der Welt vor Augen, dass die Gewährung des allgemeinen Wahlrechts eine autoritäre bzw. semi-absolutistische Herrschaft außerordentlich stabilisieren konnte, ohne dass es zur Demokratie im alten Sinne, also zur Selbstbestimmung des Volkes, kommen musste. Diese These konnte am Beispiel der Schriften Friedrich Naumanns, Hugo Preuß' und Max Webers belegt werden. Besondere Bedeutung kam der machtstaatlichen Demokratiekonzeption Max Webers zu, der Demokratie - ähnlich wie Naumann und Preuß - nach englischem Vorbild zu einer besonders effektiven Methode imperialistischer Machtstaatsentfaltung transformierte. Weber kann für sich beanspruchen, dass er im Kern die erste schulemachende Konzeption „reduzierter" Demokratie im Sinne einer effizienten Herrschaftstechnik vorgelegt hat. Umgekehrt ist am Beispiel Kautskys und Bernsteins verdeutlicht worden, dass sich die deutsche Sozialdemokratie in zunehmendem Maße von Konzepten direkter Volksgesetzgebung distanzierte und sich auf das Modell des englischen Parlamentarismus zubewegte, ohne freilich dessen imperialistische Stoßrichtung zu übernehmen.

> Demokratie als Herrschaftstechnik

Als Gegenpol zu den Varianten einer bürgerlichen Demokratie erwiesen sich auch die Demokratiebegriffe von Lassalle und Marx, die das politische Denken der Arbeiterbewegung in Deutschland entscheidend prägten. Beide hielten am Postulat der alten Demokratie als der Selbstbestimmung des Volkes fest. Auch waren sie der Meinung, dass nicht das Kleinbürgertum (Handwerker, Ladenbesitzer etc.), sondern nur das Industrieproletariat Träger der sozialen Demokratie sein konnte. Doch beide unterscheiden sich in der Beantwortung der Frage, wie die demokratischen Formen aussehen sollten, in denen die Souveränität des Volkes unter der Vorherrschaft der Arbeiterklasse zu verwirklichen sei. Lassalle setzte auf tiefgreifende soziale Reformen mit Hilfe der Ausweitung des Wahlrechts. Die Demokratie bekomme einen sozialen Inhalt, sobald im Parlament proletarische Mehrheiten die Regierungsgewalt übernehmen. Diese Überzeugung teilte anfangs auch Marx. Aber konfrontiert mit der Instrumentalisierung des allgemeinen Wahlrechts durch Napoleon III., vertrat er unter dem Eindruck der Pariser Kommune die These, dass der bürgerliche Staatsapparat auch in seiner demokratischen Form nicht einfach von Repräsentanten des Proletariats übernommen werden könne. Vielmehr müsse er zerschlagen und durch Selbstbewaffnung des Volkes sowie durch Erledigung der Verwaltungsangelegenheiten mittels jederzeit abberufbarer Delegierter ersetzt werden.

> Demokratiebegriff der Arbeiterbewegung

Zwischen den Polen der von Lassalle favorisierten Instrumentalisierung des Staates durch proletarische Mehrheiten und dessen Zerschlagung im Sinne der Marxschen Kommune-Schrift zugunsten einer basisdemokratischen Räteorganisation oszillierte das Demokratieverständnis der Arbeiterbewegung auch in den ersten Republiken in Deutschland und Österreich. Auf der einen Seite wurden die wichtigsten, von der Marxschen Interpretation der Pariser Kommune inspirierten Rätekonzeptionen nach dem Ende des Ersten Weltkrieges ebenso dargestellt wie die reale Rätebewegung und ihre Zerschlagung bzw. Integration in das

> Demokratiediskussion zwischen den beiden Weltkriegen

System der parlamentarischen Demokratie. Auf der anderen Seite konnten die Konzeptionen der Mehrheitssozialdemokratie insbesondere in der Sinzheimerschen Ausführung nicht übergangen werden, die als Räteersatz den Sozialstaat in das Gefüge der liberalen parlamentarischen Demokratie einzubauen suchten. Hermann Heller entwickelte diese Synthese zu einer einflussreichen Konzeption des sozialen Rechtsstaats weiter. Interessante zentristische Positionen legten Otto Bauer und Max Adler in Österreich vor, die ganz im Sinne der Antifederalists und des Repräsentationsbegriffs Sieyès' das liberale Parlamentarismusmodell mit radikaldemokratischen Imperativen institutionell zu vereinen suchten.

Auch die Reaktion der intellektuellen Vertreter des deutschen und österreichischen Bürgertums auf die Herausforderungen des Umsturzes vom November 1918 war nicht einheitlich. Auffällig ist jedoch, dass ihre fortgeschrittensten Wortführer von Hans Kelsen bis Carl Schmitt die Demokratie für sich reklamierten und damit positiv definierten. Freilich legten sie diese in so kontroverser Weise aus, dass Carl Schmitt die Weimarer Republik ablehnte und dem faschistischen Staat zu demokratischer Legitimation zu verhelfen suchte. Aber selbst ein Theoretiker wie Hans Kelsen, der federführend an der Ausarbeitung der Verfassung der Ersten Österreichischen Republik beteiligt und dem linksliberalen Bürgertum zuzurechnen war, ging zwar nicht auf der normativen, wohl aber auf der historisch-empirischen Ebene seines Ansatzes zu der Vorstellung der Demokratie als Selbst- und Mitbestimmung des Volkes auf Distanz und bekannte sich zu einem Konzept der „reduzierten" Demokratie. Dass diese der nationalsozialistischen Massenbewegung in der Endphase der Weimarer Republik aufgrund ihres einseitigen Institutionalismus und ihrer mangelnden Verankerung in den alten Eliten nicht standzuhalten vermochte, ist ein Tatbestand, der im Zentrum von Theorien über den Zusammenbruch der liberalen Demokratie von Weimar stand. Im rechten Lager machte Carl Schmitt für deren Krise den Parteien- und Verbandspluralismus verantwortlich. Er propagierte die Diktatur des Reichspräsidenten als Ausweg aus der Krise. Im linken Spektrum sahen sozialdemokratische Juristen wie Ernst Fraenkel und Otto Kirchheimer im „Klassengleichgewicht der Schwäche" zwischen den bürgerlichen und proletarischen Parteien das Fanal für die alten Eliten, im Verein mit der vom Parlament „verselbständigten" Exekutive ihre seit der Revolution von 1918/19 beeinträchtigten Privilegien zurückzuerobern und dadurch der NSDAP den Weg zu bahnen.

Reduzierung der Demokratie auf eine Methode

Der bereits um die Mitte des 19. Jahrhunderts einsetzende Prozess der „Reduzierung" der alten Demokratie als der Selbstbestimmung des Volkes zu einer demokratisch legitimierten Herrschaftstechnik erlebte in der Zeit von 1933 bis zum Ende der 50er Jahre des 20. Jahrhunderts eine starke Renaissance. Dieser Trend erklärt sich aus der Tatsache, dass in Europa bis auf Großbritannien, Irland, Schweden, die Schweiz und Island alle liberalen Demokratien unter dem Druck des Totalitarismus von rechts und links zusammenbrachen. Unter dem Eindruck dieser Entwicklung glaubten Theoretiker wie Karl Mannheim und Joseph A. Schumpeter die liberale Demokratie nur noch dadurch retten zu können, dass sie ihre partizipatorischen Dimensionen zugunsten starker Führungselemente noch weiter zurücknahmen. In gewisser Weise vollendeten sie, was Alexis de Tocqueville, John Stuart Mill und Max Weber unter dem Druck der organisierten Arbeiterbewegung bereits vorbereitet hatten: Die Reduktion der

Demokratie zu einer Methode der Generierung staatlicher Ordnung. Für diesen Trend sind insbesondere Mannheims Konzept einer sozialtechnisch formierten Gesellschaft und Schumpeters berühmtes Modell der Konkurrenzdemokratie charakteristisch. Beiden kam es darauf an, durch Eliminierung aller direktdemokratischen Elemente aus der repräsentativen Demokratie effiziente, durch Wahlen legitimierte Leitungsgremien ins Leben zu rufen, die der Herausforderung des Totalitarismus gewachsen waren.

Die Nachkriegszeit stand zunächst ganz im Zeichen der Konkurrenzdemokratie Schumpeters, wie die von Downs, Kornhauser, Berelson, aber auch die von Niklas Luhmann und den Vertretern des sogenannten technokratischen Konservatismus wie Helmut Schelsky und Ernst Forsthoff vorgelegten Lehrstücke zeigen. Für deren Charakterisierung ist die Nützlichkeit der Nichtteilnahme der Bürger an politischen Prozessen für die Stabilität der Demokratie zu nennen. Einzige Ausnahme soll der Wahlakt am Ende einer Legislaturperiode sein. Einige Autoren wie Bernard R. Berelson sind so weit gegangen, dass sie in der politischen Apathie der Wähler ein besonderes Indiz für die Stabilität der Demokratie erkennen zu können glaubten. Außerdem ist die These der Unentbehrlichkeit von Eliten zur Stabilisierung der Demokratie zu erwähnen: In dem Maße, so William Kornhauser, wie Eliten und Nicht-Eliten sich ausbalancieren, ist die direktdemokratische Gefahr des Abgleitens in den Totalitarismus gebannt. Dieser Konsens wurde auf die Formel der „demokratischen Elitenherrschaft" gebracht. Das einflussreichste Theorieelement ist freilich das Prinzip rivalisierender Eliten geworden, die an die Macht kommen wollen und innerhalb legaler Spielregeln um sie kämpfen. Anthony Downs verdichtete ein solches Szenario zu einer einflussreichen Konzeption, welche die pluralistische Demokratie in Analogie zum Marktgeschehen interpretierte.

Alle drei Elemente spielten in der frühen Bundesrepublik, wenn auch charakteristisch durch das Festhalten an der Fiktion des „mündigen Bürgers" modifiziert, in den Demokratiekonzeptionen Otto Stammers und Gerhard Leibholz' eine bedeutende Rolle. Ernst Fraenkel hat sie in den 50er und 60er Jahren auf die Formel des „Neopluralismus" gebracht, die als gewissermaßen „herrschende Lehre" ausführlich dargestellt wurde. Der Parlamentarismus- und Pluralismuskritik von rechts, die an wesentlichen Elementen des deutschen Obrigkeitsstaates festhielt, stellte er ein Modell gegenüber, das in seinem kontroversen Sektor gerade den Konflikt organisierter Interessen als Signum der Bürgerfreiheit auszuweisen suchte. Doch gegen die Abstinenz radikaldemokratischer Aspirationen, von dem dieser Ansatz lebte, machten im Zeichen der Studentenbewegung und der Außerparlamentarischen Opposition Ende der 60er Jahre des 20. Jahrhunderts Demokratietheoretiker wie Wolfgang Abendroth, Jürgen Habermas, Johannes Agnoli und Fritz W. Scharpf geltend, dass der neopluralistische Ansatz noch zu sehr der Schumpeterschen Elitenzirkulation und zu wenig dem Leitbild des „Citoyen" verpflichtet sei. Wer die Demokratie zu einer Regierungsform unter anderen reduziere, verkenne ihr Wesen als einziger authentischer Gradmesser menschlicher Emanzipation. Als „Kritische Theorie" nicht auf eine durchgängige Umsetzung festgelegt, komme es darauf an, historisch überflüssig gewordene Herrschaft rigoros abzubauen. Fritz W. Scharpf entwickelte Hypothesen zur empirischen Fundierung dieser Thesen. Konservative Kritiker wie Luhmann,

Schelsky und Hennis sahen in einer solchen „Demokratisierung" dagegen die Vorstufe eines „neuen" Totalitarismus.

Jüngste Entwicklungen Doch mit dem Abflauen der Außerparlamentarischen Opposition und der Studentenbewegung Mitte der 70er Jahre des vergangenen Jahrhunderts zeigte sich, dass die liberale Demokratie der Bundesrepublik Deutschland robust genug war, wichtige Impulse dieser in der deutschen Geschichte einmaligen Demokratiebewegung zu absorbieren und für ihre Weiterentwicklung zu nutzen. Jürgen Habermas hat in seiner Konzeption der „deliberativen Demokratie" diese bestandene Bewährungsprobe auf einen prägnanten Begriff gebracht: Der realistisch gewordene Ansatz einer Selbstbestimmung mündiger Bürger hat darauf zu dringen, dass die normativen Ressourcen der Solidarität zumindest eine solche Geltung erlangen, wie die anderen beiden Steuerungsmechanismen der bürgerlichen Gesellschaft: nämlich der Markt und die administrative Macht des Staates. Doch diese Option einer Zivilgesellschaft auf postindustrieller Grundlage sah sich mit dem Ende der alten Bundesrepublik Anfang der 90er Jahre einer neuen Herausforderung gegenübergestellt. Zwar war die Spannung zwischen „reduzierten" bzw. realistischen Partizipationsansätzen und „normativen" bzw. radikaldemokratischen Konzepten politischer Teilhabe, welche die Demokratiediskussion seit der Französischen Revolution in immer wieder neuen Varianten und Konstellationen beschäftigt hat, nicht von der politischen Tagesordnung gestrichen. Aber sie wurde durch eine Fülle neuer Fragestellungen überlagert, welche erheblich zur Unübersichtlichkeit des gegenwärtigen Standes der Diskussion über Demokratietheorien beitrugen.[1239]

§ 2 Herausforderungen des 21. Jahrhunderts

Gefährdungen der „westlichen" Demokratie Nach dem Zusammenbruch der Gesellschaftsordnungen des sowjetischen Typs hat Francis Fukuyama angesichts des Versagens der kommunistischen Legitimationsmuster in seinem Buch „Das Ende der Geschichte"[1240] die These vertreten, dass die liberale Demokratie, die seit den bürgerlichen Revolutionen zahlreiche Metamorphosen durchlief, nun endlich zu *der* politischen Form der Integration der sozialen Verhältnisse in kapitalistischen Gesellschaften gefunden habe, zu der es keine historischen Alternativen mehr gebe. Der dieser Feststellung zugrundeliegende Triumphalismus schlug sich in den bekannten Formeln vom „Ende der Geschichte" oder vom „Ende der Utopie"[1241] nieder. Tatsächlich scheint es so zu sein, dass die liberale Demokratie (parlamentarische und präsidentielle Demokratie) auf der weltpolitischen Agenda keine andere Demokratievariante als Konkurrenz zu fürchten hat, ganz zu schweigen von möglichen diktatorischen Alternativen, seien sie nun autoritärer oder totalitärer Provenienz. Doch demgegenüber bleibt zu fragen, ob tatsächlich der Niedergang des Realsozialismus in Europa automatisch zu einem Legitimationsgewinn des westlichen

---

[1239] Vgl. hierzu die Beiträge in: Saage/Berg 1998.
[1240] Vgl. Fukuyama 1992.
[1241] Vgl. Fest 1991, dazu kritisch Saage 1992.

Verfassungstyps führte, der ihn gleichsam gegenüber allen Gefährdungen immunisiert.

Wer sich einen Überblick über die Zeitdiagnosen der westlichen Demokratie nach der großen Zäsur von 1989 und 1991 verschafft, könnte zu dem Schluss kommen, das Gegenteil sei der Fall. Mit dem Verschwinden des Feindbildes „Kommunismus", so scheint es, treten die Schwächen des Verfassungstyps „westliche Demokratie" um so schärfer hervor. Gewiss ist die Rede von der Krise der Demokratie so alt wie diese selbst, weil, wie die vorliegende Studie zeigen konnte, die Ausweitung politischer Teilhabe das Resultat erbitterter politischer Kämpfe schon lange vor der Französischen Revolution war. Auch sind die Gefahren, die der Demokratie von den Bürokratisierungstendenzen etatistischer Verwaltungen und den Oligarchisierungstrends in den großen massendemokratischen Organisationen der modernen Industriestaaten drohen, seit dem 19. und verstärkt im 20. Jahrhundert immer wieder analysiert worden.[1242] Aber die Herausforderungen der liberalen Demokratie seit dem Zusammenbruch der Herrschaftsordnungen sowjetischen Typs sind offensichtlich neuartig. Genannt werden vor allem die folgenden Problemlagen, mit denen der westliche Verfassungstyp konfrontiert ist, ohne bisher überzeugende Lösungen anbieten zu können:

1. Seit der Frühen Neuzeit hätten sich in den westlichen Ländern Marktgesellschaften in einem langwierigen und komplexen Prozess durchgesetzt. Aber der individualistische Nutzenkalkül und das egoistische Konkurrenzverhalten als notwendige Voraussetzung und Folge der Marktökonomie seien, wie Tocqueville in seiner Analyse der amerikanischen Demokratie in der Mitte des 19. Jahrhunderts bemerkte, durch „Gewohnheiten des Herzens" korrigiert worden. Er habe damit einen Tatbestand gemeint, der eigentlich bis zur Mitte des 20. Jahrhunderts in den westlichen Demokratien außer Frage stand: dass nämlich das Prinzip egoistischen Utilitätsdenkens auf die Sphäre der Ökonomie im engeren Sinne weitgehend beschränkt blieb und die anderen Lebensbereiche der ständisch-handwerklichen sowie bäuerlichen Traditionen, des Familienlebens und der generellen sozialen Orientierung der einzelnen unberührt ließ. Der Triumph der Marktwirtschaft im weltweiten Kontext nach dem Zusammenbruch der Planwirtschaften des Ostens könnte nach dieser Diagnose für die innere Verfassung der westlichen Staaten einen hohen Preis haben[1243]: Marktkonformes Verhalten, durch solidarische Werte nicht mehr korrigiert, treibe eine gesellschaftliche Praxis aus sich hervor, die der ehemalige Bundesverfassungsrichter Ernst-Wolfgang Böckenförde auf die Formel brachte: Es komme darauf an, „möglichst viel (für sich) herauszuholen, sich teuer zu verkaufen".[1244] Doch setze sich diese Maxime durch, so sei der liberalen Demokratie ihre wichtigste normative Ressource entzogen: die Bereitschaft der Bürger, sich für sie zu engagieren. Habermas hat diesen Zustand der Konsumtion der Solidarität durch die Ökonomie auf die Formel der „Kolonisierung der Lebenswelt" gebracht.

Erosion der Bereitschaft zum Engagement

[1242] Vgl. hierzu Lenk 1991, S. 957-965. Zum Verhältnis von Demokratie und Bürokratisierung vgl. auch Fetscher 1973, S. 50-62.
[1243] Vgl. Dubiel 1995, S. 727-733.
[1244] Böckenförde 1995, S. 723.

2. Mit dem drohenden Zerfall der normativen Ressourcen des Bürgersinns gehe in den westlichen Staaten ein Modernisierungsschub einher, der ausschließlich seiner eigenen Logik folge, ohne auf die Logiken der anderen Teilbereiche der Gesellschaft Rücksicht zu nehmen. Eine konjunkturunabhängige, auf Dauer gestellte Massenarbeitslosigkeit, aber auch der Verlust humaner sinnstiftender Leitbilder sei die notwendige Folge: Sie produziere dadurch massenhaft anomische Bewusstseinslagen, die sich in Gewalt- und Ideologiebereitschaft sowie in der Sehnsucht nach einfachen Lösungen und „starken" Männern äußere.[1245] Die immer wiederkehrenden Wellen des Fremdenhasses und rechtsextremistischer Gewalttaten seien zwar nicht mit den Entstehungsbedingungen des Faschismus in der Weimarer Republik zu vergleichen. Doch stellten sie dann eine ernsthafte Herausforderung für die liberale Demokratie dar[1246], wenn sie begleitet würden von massiven sozio-kulturellen Fragmentierungen, in deren Gefolge sich innerhalb fundamentalistischer Gruppierungen totalitäre Ideologien durchsetzen können. Der ehemalige Ost-West-Gegensatz sei längst durch einen „Zusammenprall der Zivilisationen" (Huntington) ersetzt worden, der nicht nur an den Grenzen des Geltungsbereichs der westlichen Demokratien, sondern in ihren Metropolen selbst stattfinde.[1247]

3. Technologische Entscheidungen mit irreversiblen Konsequenzen drohten das Mehrheitsprinzip außer Kraft zu setzen. Die westliche Demokratie sei aber nur dann wirklich funktionsfähig, wenn die Minderheit zur Mehrheit werden kann und einmal getroffene Entscheidungen wieder zu revidieren sind.[1248] Noch schwerer aber wiege, dass die liberale Demokratie in ihrer jetzigen Form den Nachweis schuldig bleibe, die Lebensbedingungen der Menschheit im 21. Jahrhundert nachhaltig sichern zu können. Dem Druck der nächsten Wahlen ausgesetzt, konzentrierten sich jedoch die Politiker auf unmittelbar anstehende Problemlagen; die längst fälligen ökologischen Strukturentscheidungen blieben aus, weil sie langfristigen Menschheitsinteressen dienten, die im System der Konkurrenzdemokratie nicht mehrheitsfähig und damit auch nicht durchsetzbar seien. Nicht im Parlament, sondern im Radio und im Fernsehen fänden im allgemeinen die sachkundigen Diskussionen über die wichtigsten ökologischen, sozialen, politischen und wirtschaftlichen Probleme statt. Das Interesse der Parteien an ihrem Machterhalt entwickle zudem eine solche Eigendynamik, dass der Abstand zwischen der öffentlichen Meinung und den gewählten Volksvertretern ständig wachse. Wir müssten uns bewusst sein, so die Diagnose des Berichts an den Club of Rome von 1992, „Die globale Revolution", „daß die Demokratie heute ausgehöhlt und gefährdet ist und daß sie Grenzen" habe. Die Antwort auf die Frage, ob die Welt, in der wir uns vorfinden, überhaupt regierbar sei, laute: „Wahrscheinlich nicht mit den derzeitig vorhandenen Strukturen und Einstellungen".[1249]

[1245] Vgl. Fijalkowski 1994, S. 285.
[1246] Vgl. Gess 1994, S. 340.
[1247] Vgl. Tibi 1994, S. 306ff.
[1248] Vgl. Bermbach 1994, S. 302.
[1249] King/Schneider 1991, S. 69.

4. In dem Maße, wie sich die Individualisierungstendenzen in den westlichen Ländern verstärkten, werde immer unklarer, worin der unverzichtbare gesellschaftliche Basiskonsens als Voraussetzung eines pluralistisch verfassten Regierungssystems zu sehen sei: Alle normativen Ressourcen traditionaler Art, aus denen sich jenseits marktkonformen Verhaltens so etwas wie eine kollektive Identität ergeben könnte, schienen erschöpft zu sein.[1250] Aus dieser Entwicklung resultierten zwei Konsequenzen, die sich für die liberale Demokratie gleichermaßen fatal auswirkten. Einerseits komme es bei vielen Bürgern zur Herausbildung einer Doppelmoral: Im Namen individueller Grundrechte würden staatliche Maßnahmen zur Schaffung von Infrastrukturen, die solidarischen Zwecken dienten, blockiert, um den politischen Akteuren gleichzeitig Versagen angesichts dringend zu lösender Strukturprobleme vorzuwerfen.[1251] Andererseits habe die zunehmende Individualisierung des Lebens schon längst die Frage nach der Integrationsfähigkeit der westlichen Demokratien aufgrund des Wegfalls des kommunistischen Feindbildes auf die politische Tagesordnung gesetzt: Es sei keineswegs ausgemacht, so lauten düstere Prognosen, ob nicht die Bürgerkriegsszenarien im ehemaligen Herrschaftsbereich des Realsozialismus die Zukunft der westlichen Demokratie vorwegnehmen.[1252]

Individualisierung und Zerfall des Basiskonsenses

5. Als zwischen 1989 und 1991 die realsozialistischen Staaten in Europa zusammenbrachen, beherrschte eine optimistische, wenn nicht sogar euphorische Europa-Vision die öffentliche Auseinandersetzung. Man sprach vom „Modell Europa", in dem es vielfältige und richtungsweisende Sozialexperimente geben werde, denen nicht länger mehr dogmatisierte Utopien und Ideologien, sondern empiriegesättigte und erprobungsfähige Handlungsentwürfe zugrundeliegen. Europa, so schien es, avancierte zum Hoffnungsträger überhaupt, der auf der Basis einer florierenden Marktwirtschaft wachsenden Wohlstand mit Demokratie, Rechtsstaat, sozialer Sicherheit sowie einer zivilen politischen Kultur verbinde und so zu einer Erneuerung bzw. Revitalisierung des westlichen Verfassungstyps führe.[1253] Heute, so scheint es, ist nicht mehr viel von dieser Aufbruchstimmung übrig geblieben. Vor allem werden Zweifel an der ökonomischen Leistungsfähigkeit Europas laut. Diese Prognose geht von der Annahme aus, dass die Wachstumsraten der vergangenen Jahre nicht mehr erreichbar sind, die die Voraussetzung für das Funktionieren unserer Sozialsysteme waren und die zugleich die Löhne in Europa unbezahlbar gemacht hätten. Einerseits seien die Löhne *brutto* zu hoch; sie raubten den Produzenten die internationale Wettbewerbsfähigkeit. Andererseits seien sie jedoch *netto* zu niedrig, weil sich ein alleinverdienender Angestellter mit zwei Kindern zunehmend der Armutsgrenze nähere.[1254] Aus diesem Szenario werden einige beunruhigende Fragen abgeleitet: Stehen wir vor dem Ende unserer bisherigen Lebensweise? Wenn Europa tatsächlich verarmt, verliert dann der Verfassungstyp „westliche Demokratie" nicht eine entscheidende Sinnquelle? Kann es sein, dass der Zusammenbruch des

Krise des europäischen Wohlfahrtsstaats

[1250] Vgl. Bermbach 1994, S. 233.
[1251] Vgl. Fijalkowski 1994, S. 286f.
[1252] Vgl. Eisfeld 1994, S. 352.
[1253] Vgl. Senghaas 1990, S. 148f.
[1254] Vgl. Afheldt 1995.

Ostens nicht den Sieg des Westens bedeutet, sondern umgekehrt: das Vorbeben zu einem noch viel größeren Zusammenbruch? Befinden wir uns heute in Europa in einer Situation wie die DDR des Jahres 1985, ohne zu ahnen, wie wenig Zeit uns noch bleibt?

Globalisierung 6. Zwar bietet der Trend der Globalisierung der Märkte[1255], der sich mit dem Zusammenbruch der realsozialistischen Diktaturen in Europa und dem Siegeszug der neuen Informationstechnologien ungehemmt durchgesetzt hat, die Perspektive einer „Übereinstimmung des Rechts mit einer Gemeinschaft des Nutzens im globalen Maßstab".[1256] Doch dieser Chance stehen auch Gefahren für die liberale Demokratie gegenüber. Indem sich das Kapital internationalisiert und mittels der Neuen Medien weltweit vernetzt, könnte es sich zunehmend seiner sozialstaatlichen Korrektive entziehen, die durch die allgemeine Kapitalflucht und die Verlagerung ganzer Industrien in sogenannte Billiglohnländer noch weiter geschwächt werden. Da die Globalisierung die Gegenmacht der Gewerkschaften aushebelt und die Verringerung der Arbeitskosten einer der wichtigsten Aspekte der Konkurrenzfähigkeit innerhalb der globalisierten Weltwirtschaft ist, wäre nicht auszuschließen, dass dem wachsenden Heer der Arbeitslosen eine kleine Schicht von Superreichen gegenübersteht. Auf diese Weise könnte die Globalisierung jenes Mindestmaß an sozialer Gerechtigkeit zerstören, ohne das die liberale Demokratie ihre Integrationsfähigkeit verlöre. Der Rest-Staat müsste zunehmend zu autoritären, d.h. antidemokratischen Mitteln greifen, um die Stabilität der Gesellschaft zu sichern. Andererseits könnten sich die wirklich relevanten gesamtgesellschaftlichen Entscheidungen in den Chefetagen der weltweit agierenden „global players" abspielen, die der demokratischen Kontrolle der Bürger weitgehend entzogen sind.

islamischer Fundamentalismus 7. Spätestens seit dem 11. September 2001 ist die liberale Demokratie des Westens mit der Gefahr des weltweiten, gegen sie gerichteten Terrors konfrontiert, der bis dahin unterschätzt worden ist. Ausgehend vom islamischen Fundamentalismus, sind die bisherigen Reaktionsmuster wenig erfolgversprechend. Das kulturalistische Paradigma[1257] sieht das Problem nicht im islamischen Fundamentalismus, sondern im Islam insgesamt. Der westlichen Demokratie wird empfohlen, ihre Reihen zu schließen und sich auf ihre eigenen Werte zu besinnen. Unter dieser Voraussetzung könnten dann in der Außenpolitik realistische Bündnisse mit anderen Kulturen geschlossen werden, die auf gegenseitigem Nutzen beruhen. Was aber geschieht mit den kulturellen Minoritäten in den westlichen Metropolen? Und wie soll dieser Ansatz funktionieren, wenn der fundamentalistische Islam in seinen eigenen Ursprungsländern mehrheitsfähig wird? Das modernisierungstheoretische Muster[1258] geht davon aus, dass der islamische Fundamentalismus eine Ideologie darstellt, die streng vom Islam als Religion zu trennen ist. Die westliche Demokratie habe den islamischen Fundamentalismus zu bekämpfen, aber den Dialog mit dem Islam zu suchen. Als Fern-

---

[1255] Vgl. hierzu kritisch Ziegler 2003.
[1256] Vgl. Merle/Gosepath 2002, S. 8.
[1257] Vgl. Huntington 1996.
[1258] Vgl. Tibi 1995.

300

ziel gilt die Entstehung einer Weltzivilisation, in der unter dem Zeichen der Demokratie die aufklärerischen Potentiale der islamischen und der westlichen Kultur verschmelzen. Auch diese Konzeption erscheint in einem problematischen Licht, wenn sich - gerade unter dem Eindruck westlicher Militärinterventionen - die Kooperationsbereitschaft der islamischen Staaten auf die ihrer korrumpierten Eliten beschränken sollte.

§ 3 Hat die liberale Demokratie eine Zukunft?

Viele dieser prognostischen Elemente hat Jean-Marie Guéhenno in seinem Essay „Das Ende der Demokratie"[1259] zu einem Szenario gebündelt. Die Stoßrichtung seiner Zeitdiagnose zielt darauf ab, nicht nur den Untergang der liberalen Demokratie, sondern auch ihre mögliche Alternative zu antizipieren. Ohne Saint-Simon explizit zu erwähnen, gründete er seine Zeitdiagnose auf dessen Muster der „Industriegesellschaft".[1260] Nach Guéhenno war der Fall der Berliner Mauer am 9. November 1989 der Auftakt des Überganges zu einer „neuen Epoche der Vernetzung", weil das Ende der Ost-West-Konfrontation zugleich den weltweiten Siegeszug der neuen Informationstechnologien vollendet habe. Dieser bedeute jedoch die Verabschiedung der Demokratie, wie sie sich - in diesem Buch dokumentiert - von der Antike über die Aufklärung des 18. Jahrhunderts bis zur Gegenwart entwickelt habe. Vereinfacht ausgedrückt, gelangt Guéhenno zu folgenden Aussagen:

1. Mit der durch die neuen Informationstechnologien erzwungenen „Entgrenzung" der nationalen Räume ist der klassischen Demokratie der Boden entzogen. Deren Leitwort der Freiheit - verstanden als das Recht eines „Kollektivs von Menschen, ihr Schicksal selbst in die Hand zu nehmen und sich eine Regierung zu geben, die ihrem kollektiven Willen Ausdruck verleihen sollte"[1261] - sei obsolet geworden. Politik als Austragung von Konflikten in demokratischen Institutionen gehöre der Vergangenheit an. Zum Ausnahmefall geworden, werde er in einer vernetzten, auf transparenten Regeln beruhenden Gesellschaft durch die Zerlegung „großer" Entscheidungen in kleinste Teile permanent unterlaufen.[1262] Erzwungen durch die „Sachgesetzlichkeit" der Informations- und Wissensgesellschaft, erfolge das mit dem Verschwinden der Politik besiegelte Ende der Demokratie subkutan, graduell und unspektakulär. 2. Das politische System der Zukunft orientiere sich am Muster transnationaler Konzerne und Unternehmen: Sie avancieren in der Sicht Guéhennos zum Symbol unserer „neuen Welt". Zu ihren wichtigsten Funktionsbedingungen gehörten Transparenz, Informationsfluss und eindeutige Aufgabenbeschreibung. Sollen optimale Ergebnisse erzielt werden, müsse ein ständig neu zu bestimmendes Gleichgewicht zwischen „Unternehmensidentität" und Eigeninitiative der Mitarbeiter angestrebt werden. In der Konsequenz bedeute dieses Postulat die Enthierarchisierung der klassischen Befehlspyramide. An der Spitze werde der Chef ersetzt durch den Koordi-

J.-M. Guéhenno

Ende der Demokratie?:

[1259] Vgl. Guéhenno 1994.
[1260] Vgl. hierzu neuerdings Saage 2002a, S. 9-33.
[1261] Guéhenno 1994, S. 99.
[1262] Vgl. a.a.O., S. 192f.

nator oder Vermittler, „der die Struktur der Beziehungen zwischen den verschiedenen Unternehmensteilen unaufhörlich justiert".[1263] 3. Wie James Burnham in seinem Buch „The Managerial Revolution" (1941), so sieht Guéhenno die neue politische Klasse in den Managern der Wissensgesellschaft: den Unternehmerberatern, den Börsenmaklern, den Rechtsanwälten und den Finanzexperten. Ihre Funktion bestehe darin, das Netzwerk der Informationsströme immer enger zu knüpfen, um die Kosten zu reduzieren. Jenseits institutioneller Bürokratisierung agierend, stellten sie kleinen Einheiten technisches Wissen zur Verfügung, das sie eigenständig nicht erwerben können. Macht resultiere nicht länger mehr aus dem Wissen an sich, sondern aus der Vermittlerrolle zwischen den verschiedenen Wissensträgern.[1264]

Kritik der Thesen Guéhennos

Was ist auf Guéhennos Aktualisierungsversuch von Saint-Simons Fiktion einer Industriegesellschaft zu erwidern, welche dem Prinzip der Volkssouveränität bereits zu Beginn des 19. Jahrhunderts entraten zu können glaubte? Es wäre in der Tat naiv, wollte die Demokratie heute als Selbstbestimmung der Bürger in einer durch Informationstechnologien vernetzten Welt den alten Totalitätsanspruch der attischen Polisdemokratie oder des Rousseauschen Citoyen erneuern, das „Ganze" zu bestimmen und zu gestalten. Die moderne Gesellschaft mit ihrer Tendenz zu entgrenzten Räumen kommt weder ohne das dezentralisierende Steuerungsmittel „Markt" noch ohne ein Mindestmaß an hierarchischer administrativer Gewalt als Ordnungsfaktor aus.[1265] Doch solange die Bürgerinnen und Bürger den Anspruch auf Selbstbestimmung in jenen Bereichen erheben, die sie als ihre unmittelbare Lebenswelt betrachten, wird die Demokratie mit ihrer autonomen Basis in einer Zivilgesellschaft eine Zukunft haben: Selbst die mögliche Auflösung des nationalstaatlichen Rahmens kann diese Tendenz zwar modifizieren, aber nicht aus der Welt schaffen. Historisch gesehen, hat die Demokratie ihren Wirkungskreis ständig vergrößert: Von ihrer urbanen Basis in der Antike erweiterte sie ihr Territorium auf einen Großflächenstaat wie den USA. Auch hat sie sich im Laufe ihrer Entwicklung zu einem Mehrstufensystem von oben nach unten ausdifferenziert, wie insbesondere die föderalen und kommunalen Ausformungen politischer Partizipation zeigen.

anthropologisches Veto der Selbstbestimmung

Wir sollten ferner nicht vergessen, dass in der bisherigen Geschichte alle diktatorischen und technokratischen Versuche, gegen das anthropologische Veto der Selbstbestimmung stabile Herrschaftsordnungen zu formieren, wenig erfolgreich waren. Der neueste Beleg sind die Ereignisse von 1989 und ihre Folgen: Wie schon vor ihnen die faschistischen Diktaturen, so scheiterten auch die politischen Systeme des sowjetischen Typs in letzter Instanz an dem „Protest gegen den fremden Willen, dem sich der eigene beugen muss, gegen die Qual der Heteronomie".[1266] Diese Aussage Hans Kelsens ist im Prozess der deutschen Vereinigung der Jahre 1989/90 eindrucksvoll bestätigt worden. So heißt es in der gemeinsamen Erklärung der Bürgerbewegungen der DDR vom 4. Oktober 1989: „Uns verbindet der Wille, Staat und Gesellschaft demokratisch umzugestalten. Es kommt darauf an, einen Zustand zu beenden, in dem Bürgerinnen und Bürger

---

[1263] A.a.O., S. 91.
[1264] Vgl. a.a.O., S. 94.
[1265] Vgl. Kapitel X, § 6.
[1266] Kelsen 1981, S. 3.

302

dieser Gesellschaft nicht die Möglichkeit haben, ihre politischen Rechte so auszuüben, wie es die Menschenrechtskonventionen der Vereinten Nationen und die
KSZE-Dokumente verlangen. Wir erklären uns solidarisch mit allen, die wegen
ihres Einsatzes für diese Ziele verfolgt werden. Wir setzen uns ein für die Frei-
lassung der Inhaftierten, die Aufhebung ergangener Urteile und die Einstellung
laufender Ermittlungsverfahren. Wir halten es für vorrangig, in unserem Lande
eine Diskussion darüber zu eröffnen, welche Mindestbedingungen für eine demokratische Wahl eingehalten werden müssen".[1267] Aber sicher ist auch, dass die
Demokratie in ihrer heutigen Form nicht in traditionalistischer Statik verharren
darf. Sie muss sich den Herausforderungen des 21. Jahrhunderts stellen. Doch
die Frage ist, wie das geschehen soll. Niemand wird an dieser Stelle detaillierte
Reformvorschläge der Institutionen unseres politischen Systems erwarten können; dazu mögen sich Experten äußern, die auf diesem Gebiet kompetenter sind
als der Verfasser. Doch möchte er wenigstens zwei Bedingungen nennen, die für
die Zukunft der westlichen Demokratie entscheidend sein können.

Zunächst wird ihre zukünftige Entwicklung davon abhängen, ob es gelingt,
dem Denken in Kategorien der individuellen Nutzenmaximierung neue Formen
der Bürgersolidarität gegenüberzustellen. Offen kontraproduktiv wäre der Versuch, sie im Zeichen eines „Krieges gegen den weltweiten Terrorismus" durch
innen- und außenpolitische Feindbestimmungen zu erzwingen: Eine solche aus-
grenzende Homogenisierung würde die Demokratie unter sich begraben. Bedenkliche Erosionserscheinungen des normativen Fundaments der liberalen
Demokratien sind bereits heute allenthalben sichtbar, wenn in der Öffentlichkeit
Versuche unternommen werden, die Folter als legitimes Mittel der Verbrechens-
und Terrorismusbekämpfung zu akzeptieren und sich die einzige Supermacht der
Welt mit dem Problem auseinander zusetzen hat, für systematische Misshand-
lungen von Kriegsgefangenen unterhalb des Niveaus der Genfer Konvention
verantwortlich zu sein. Aber auch der neokonservative Ansatz, Solidarität durch
den Rekurs auf traditionale Werte im Bereich der Familien-, Sozial- und Kultur-
politik notfalls administrativ zu verordnen, ist ein Irrweg. Längst sind „die traditionalen Polster, auf die sich - bis vor wenigen Jahrzehnten - der Respekt vor der
Autorität des Staates, der Gehorsam gegenüber den Gesetzen und eine Ethik der
Arbeit stützen konnten"[1268], in dem Maße verschlissen, wie in den westlichen
Ländern die zweckrationale, am Markt orientierte Nutzenmaximierung nicht
mehr an einer bestimmten Schicht festmachbar, sondern tendenziell zur Hand-
lungsmaxime aller Individuen geworden ist. Die von der Moderne ausgelösten
Individualisierungstendenzen sind nur von ihr selbst durch neue Formen der
Solidarität in ihrer Dynamik zu bremsen und auf ihr humanes Maß zurückzuführen. Sie kann dabei auf keine andere Quelle zurückgreifen als auf die aufgeklärten Eigeninteressen der Bürger selbst: Erst in der zivilgesellschaftlichen Assoziation können die einzelnen wieder lernen, freiwillig solidarische Bindungen einzugehen.

Herausforderungen
und Irrwege

[1267] Gemeinsame Erklärung der Bürgerbewegung vom 4. Oktober 1989, in: Gransow/Jarausch 1991,
S. 61. Zu den aus den Bürgerbewegungen der DDR in der Umbruchphase entstandenen „Runde
Tische" vgl. auch Berg 2000 sowie Thaysen 2000.
[1268] Dubiel 1995, S. 729.

Sodann scheint mir klar zu sein, dass die aufgezeigten Strukturprobleme nur zu bewältigen sind, wenn der westliche Verfassungstyp entschlossen an den - freilich zu reformierenden - Strukturen des Parteiensystems festhält: Sie sind keine Fremdkörper, sondern müssen zu einem Zentrum der anzustrebenden Zivilgesellschaft erhoben werden. Für alle Versuche, das tatsächliche oder vermeintliche Versagen der politischen Parteien dadurch zu kompensieren, dass man die Richtlinienkompetenz bei der Antwort auf die Herausforderungen des 21. Jahrhunderts neu zu schaffenden Institutionen zuordnet, die in einem, angeblich vom pluralistischen Interessenkampf entlasteten Raum agieren, trifft noch immer zu, was Hans Kelsen über die Parteienfeindschaft in den konstitutionellen Monarchien in Deutschland und Österreich sagte: Sie sei - bewusst oder unbewusst - „ein ideologisch maskierter Stoß gegen die Realisierung der Demokratie".[1269] Tatsächlich benötigen wir nicht weniger, sondern mehr Pluralismus. „In der gegenwärtig entstehenden Welt", so heißt es im Bericht des Club of Rome von 1992, „kann die Entscheidungsgewalt nicht länger das Monopol von Regierungen und ihren Ministerien sein, die obendrein in einem Vakuum arbeiten". Viele Partner müssten in diesen Prozess einbezogen werden: „Handel und Industrie, Forschungsinstitute, Wissenschaftler, nichtstaatliche Einrichtungen und private Organisationen".[1270]

Allerdings wird der pluralistische Parteienstaat der Problemlage des 21. Jahrhunderts nur unter der Voraussetzung gewachsen sein, dass er sich in zweierlei Hinsicht reformiert. Auf der einen Seite muss er durch ein fundamentaldemokratisches Korrektiv wirkungsvoll ergänzt werden. Von einer solchen Konstellation könnten das Parlament, die Parteien und die Abgeordneten nur gewinnen, weil sie in einer im Umbruch begriffenen Welt auf einen sensiblen Seismographen an der Basis angewiesen sind: nicht nur um eine Politik zu vermeiden, die sich von den Interessen, Hoffnungen und Ängsten der Bürger löst. Ebenso wichtig ist, dass nur so deren Identifikation mit dem politischen System der parlamentarischen Demokratie möglich erscheint. Auf der anderen Seite wird der pluralistische Parteienstaat des 21. Jahrhunderts um die Erarbeitung der Vision einer zukünftigen Welt, die wir für anstrebenswert halten, nicht herumkommen.

Wer ein solches sinnlich konkretes fiktives Szenario, das über den bestehenden Status quo hinausweist, von vornherein als Totalitarismus abtut, hat nicht begriffen, dass die Institutionen des westlichen Verfassungstyps zu leeren Hülsen werden, wenn sie sich auf ihre Funktion der Elitenrekrutierung und der Erzeugung der staatlichen Ordnung beschränken. Das Politische verschwindet dann aus der Politik: Sie droht zu einer öffentlichkeitswirksamen Inszenierung von Scheinlösungen zu verkommen, ohne auf die Strukturprobleme des vor uns liegenden Jahrhunderts wirkliche Antworten zu finden.

Die westliche Demokratie, so kann abschließend festgestellt werden, hat den Herausforderungen linker und rechter Diktaturen im 20. Jahrhundert standgehalten. Ob sie die Probleme lösen wird, für die sie selbst mitverantwortlich ist, muss die Zukunft zeigen.

[1269] Kelsen 1981, S. 20, vgl. auch Kapitel VIII, § 5.
[1270] King/Schneider 1991, S. 105.

Quellen und Literatur

Abendroth 1972
Wolfgang Abendroth: Antagonistische Gesellschaft und politische Demokratie. Aufsätze zur politischen Soziologie. 2. Auflage, Neuwied/Berlin 1972.

Adams 1994
Angela und Willi Paul Adams: Einleitung. Die *Federalist*-Artikel und die Verfassung der amerikanischen Nation, in: Federalist 1994, S. XXVII-XCIII.

Adler 1926
Max Adler: Politische oder soziale Demokratie. Ein Beitrag zur sozialistischen Erziehung, Berlin 1926.

Afheldt 1995
Horst Afheldt: Wohlstand für niemand? Die Marktwirtschaft entläßt ihre Kinder, Frankfurt am Main 1995.

Agnoli 1968
Johannes Agnoli: Die Transformation der Demokratie, in: Ders. u. Peter Brückner: Die Transformation der Demokratie, Frankfurt am Main 1968.

Agnoli 1998
Johannes Agnoli: Der Markt, der Staat und das Ende der Geschichte, in: Saage/Berg (Hg.) 1998, S. 33-38.

Allen 1960
John William Allen: A history of political thought in the sixteenth century, London 1960.

Aristoteles 1968
Aristoteles: Politik. Nach der Übersetzung von Franz Susemihl bearbeitet mit Numerierung, Gliederungen und Anmerkungen hg. v. Nelly Tsouyopoulos u. Ernesto Grassi, Reinbek bei Hamburg 1968.

Aristoteles 1993
Aristoteles: Der Staat der Athener. Übersetzt und hg. v. Martin Dreher, Stuttgart 1993.

Arnold 1978
Volker Arnold: Rätetheorien in der Novemberrevolution. Eine systematische ideengeschichtliche Darstellung und Analyse der unterschiedlichen Rätekonzeptionen, Hannover 1978.

Aylmer 1975
G.A. Aylmer (Hg.): The Levellers in the English Revolution, New York 1975.

Aylmer 1975 a
G.A. Aylmer: Introduction, in: Aylmer 1975, S. 9-55.

Babeuf 1973
Gracchus Babeuf: Manifest der Plebejer, in: Grab 1973, S. 278-284.

Babeuf 1975
Philipp Buonarroti: Babeuf und die Verschwörung für die Gleichheit mit dem durch sie veranlaßten Prozeß und den Belegstücken. Übersetzt und eingeleitet von Anna und Wilhelm Blos. Zweite Auflage, Stuttgart 1975.

Bachrach 1969
Peter Bachrach: The Theory of Democratic Elitism. A Critique, London 1969.

Bachrach 1970
Peter Bachrach: Die Theorie demokratischer Elitenherrschaft. Aus dem Amerikanischen von Hanne Irle und Gert Schäfer, Frankfurt am Main 1970.

Bagehot 1961
Walter Bagehot: The English Constitution. With an Introduction by the First Earl of Balfour, London 1961.

Balibar 1985
Etienne Balibar: Spinoza et la Politique, Paris 1985.

Bauer 1923
Otto Bauer: Die österreichische Revolution, Wien 1923.

Beard 1965
Charles A. Beard: An Economic Interpretation of the Constitution of the United States, New York/London 1965.

Becker o.J.
Carl L. Becker: The Declaration of Independence. A Study in the History of Political Ideas, New York o.J.

Bell 1965
Daniel Bell: The End of Ideology. On the Exhaustion of Political Ideas in the Fifties, New York/London 1965.

Berelson u.a. 1954
Bernard R. Berelson/Paul F. Lazarsfield/William N. McPhee: Voting. A Study of Opinion Formation in a Presidential Campaign. Dritte Auflage, Chicago /Toronto 1962.

Berg 2000
Gunnar Berg (Hg.): Runder Tisch und direkte Demokratie. Eine Disputation, Opladen 2000.

Bermbach 1967
Udo Bermbach: Vorformen parlamentarischer Kabinettsbildung in Deutschland. Der Interfraktionelle Ausschuß 1917/18 und die Parlamentarisierung der Reichsregierung, Köln/Opladen 1967.

Bermbach 1973
Udo Bermbach (Hg.): Theorie und Praxis der direkten Demokratie, Opladen 1973.

Bermbach 1973a
Udo Bermbach: Einleitung zu Bermbach 1973, S. 13-32.

Bermbach 1985
Udo Bermbach: Widerstandsrecht, Souveränität, Kirche und Staat: Frankreich und Spanien im 16. Jahrhundert, in: Fetscher/Münkler 1985, S. 101-162.

Bernstein 1973
Eduard Bernstein: Die Voraussetzungen des Sozialismus und die Aufgaben der Sozialdemokratie. Neudruck der 1921 erschienenen zweiten Auflage. Eingeleitet von Dieter Schuster. 5. Auflage, Berlin/Bonn-Bad Godesberg 1973.

Beza 1968
Theodor Beza: Das Recht der Obrigkeiten gegenüber den Untertanen und die Pflicht der Untertanen gegenüber den Obrigkeiten, in: Dennert 1968, S. 1-202.

Bismarck 1898
Otto Fürst von Bismarck: Gedanken und Erinnerungen. Zweiter Band, Stuttgart 1898.

306

Bismarck 1921
Otto Fürst von Bismarck: Gedanken und Erinnerungen. Dritter Band, Stuttgart/Berlin 1921.

Bleicken 1986
Jochen Bleicken: Die athenische Demokratie, Paderborn, München, Wien, Zürich 1986.

Bodin 1977
Jean Bodin: Les Six Livres de la République (1583) avec L'Apologie de René Herpin, Aalen 1977.

Bodin 1981
Jean Bodin: Sechs Bücher über den Staat. Buch I-III. Übersetzt und mit Anmerkungen versehen von Bernd Wimmer. Eingeleitet und hg. v. Peter Cornelius Mayer-Tasch, München 1981.

Böckenförde 1995
Ernst-Wolfgang Böckenförde: Erfolge und Grenzen der Aufklärung. Acht Thesen, in: Universitas, 50.Jg. (1995), S. 720-726.

Böhme 1968
Helmut Böhme: Prolegommena zu einer Sozial- und Wirtschaftsgeschichte im 19. und 20. Jahrhundert, Frankfurt am Main 1968.

Botzenhart 1985
Manfred Botzenhart: Reform, Restauration, Krise. Deutschland 1789-1847, Frankfurt am Main 1985.

Brunner/Conze/Koselleck 1972
Otto Brunner/Werner Conze/Reinhart Koselleck (Hg.): Geschichtliche Grundbegriffe, Bd. I, Stuttgart 1972, S. 821-899.

Brutus 1968
Stephanus Junius Brutus: Strafgericht gegen die Tyrannen oder die legitime Macht des Fürsten über das Volk und des Volkes über den Fürsten, in: Dennert 1968, S. 61-202.

Büchner 1982
Georg Büchner: Der Hessische Landbote. Erste Botschaft, in: Ders.: Werke und Briefe. Erster Band, Frankfurt am Main 1982, S. 333-345.

Buhr 1965
Manfred Buhr: Revolution und Philosophie. Die ursprüngliche Philosophie Johann Gottlieb Fichtes und die Französische Revolution, Berlin 1965.

Buonarroti 1957
Philippe Buonarroti: Conspiration pour l'Egalité dite de Babeuf suivie du procès auquel elle donna lieu, et des pièces justificatives, etc. Préface par George Lefebvre. Tome seconde, Paris 1957.

Buonarroti 1975
Philipp Buonarroti: Babeuf und die Verschwörung für die Gleichheit mit dem durch sie veranlaßten Prozeß und den Belegstücken. Übersetzt und eingeleitet von Anna und Wilhelm Blos. Zweite Auflage, Berlin/Bonn-Bad Godesberg 1975.

Burke 1969
Edmund Burke: Reflections on the Revolution in France and the Proceedings in certain societies in London relative to that event. Edited with an introduction by Conor Cruise O'Brien, Harmondsworth/Baltimore/Victoria 1969.

Burke 1980
Edmund Burke: Betrachtungen über die Französische Revolution. Aus dem Englischen übertragen von Friedrich Gentz. Hg. v. Ulrich Frank-Planitz, Zürich 1980.

Cabet 1979
Etienne Cabet: Reise nach Ikarien. Aus dem Französischen übersetzt von Dr. Wendel-Hipper, Berlin 1979.

Cohen 1919
Max Cohen: Rätesystem und Reichsverfassung, in: Protokoll über die Verhandlungen des Parteitages der Sozialdemokratischen Partei Deutschlands abgehalten in Weimar vom 10. bis 15. Juni 1919, Berlin 1919, S. 421-431.

Chwaszcza 2001
Christina Chwaszcza: Thomas Hobbes (1588-1679), in: Maier/Denzer 2001, S. 209-259.

Conze 1972
Werner Conze: 'Demokratie in der modernen Bewegung', in: Brunner/Conze/Koselleck 1972, S. 873-899.

Däumig 1919
Ernst Däumig: Das Rätesystem, Berlin o.J. (1919).

Däumig 1919a
Ernst Däumig: Der erste Akt der deutschen Revolution! Vortrag, gehalten in der Arbeiterratsversammlung der U.S.P.S.-Arbeiterräte am 27. Dezember 1918, Berlin o.J. (1919).

Däumig 1920
Ernst Däumig: Der Rätegedanke und seine Verwirklichung, in: Die Revolution. Unabhängiges sozialdemokratisches Jahrbuch für Politik und proletarische Kultur, Berlin 1920, S. 84-97.

Däumig 1973
Ernst Däumig: Der Rätegedanke und seine Verwirklichung, in: Bermbach 1973, S. 79-87.

Dennert 1968
Jürgen Dennert (Hg.): Beza, Brutus, Hotman. Calvinistische Monarchomachen. Übersetzt v. Hans Klingelhöfer. Eingel. v. Jürgen Dennert, Köln/Opladen 1968.

Dennert 1968a
Jürgen Dennert: Einleitung zu Dennert 1968, S. IX-LXXIII.

Denzer 2001
Horst Denzer: Jean Bodin (1529/39-1596), in: Maier/Denzer 2001, S. 179-191.

DIE GRÜNEN o.J.
DIE GRÜNEN. Das Bundesprogramm, Köln o.J.

Downs 1957
Anthony Downs: An Economic Theory of Democracy, New York 1957.

Downs 1968
Anthony Downs: Ökonomische Theorie der Demokratie. Hg. v. Rudolf Wildenmann. Übersetzung von Leonhard Walentik, Tübingen 1968.

Draht 1993
Martin Draht: Einleitung zu Aristoteles 1993, S. 5-29.

Dubiel 1995
Helmut Dubiel: Die Krise der liberalen Gesellschaft, in: Universitas, 50. Jg. (1995), S. 727-733.

Eder 1995

Walter Eder: Die athenische Demokratie im 4. Jahrhundert v. Chr. Krise oder Vollendung?, in: ders.(Hg.): Die athenische Demokratie im 4. Jahrhundert v. Chr. Vollendung oder Verfall einer Verfassungsform. Akten eines Symposiums 3.-7. August 1992 in Bellagio, Stuttgart 1995, S. 11-28.

Eisfeld 1994

Rainer Eisfeld: Ein „dritter" Weg in Europa - Illusionen oder fortdauernde Perspektive?, in: Saage 1994, S. 319-329.

Euchner 1973

Walter Euchner: Egoismus und Gemeinwohl. Studien zur Geschichte der bürgerlichen Philosophie, Frankfurt am Main 1973.

Euchner 1977

Walter Euchner: Einleitung des Herausgebers, in: Locke 1977, S. 9-59.

Euchner 1977a

Walter Euchner: Einleitung zu Macpherson 1977, S. 7-20.

Euchner 1979

Walter Euchner: Naturrecht und Politik bei John Locke, Frankfurt am Main 1979.

Euchner 1985

Walter Euchner: Thomas Hobbes, in: Fetscher/Münkler 1985, S. 353-368.

Euchner 1986

Walter Euchner: Sozialdemokratie und Demokratie in der Weimarer Republik, in: Archiv für Sozialgeschichte. Hg. von der Friedrich-Ebert-Stiftung in Verbindung mit dem Institut für Sozialgeschichte Braunschweig-Bonn, Bd. XXVI (1986), S. 125-178.

Euchner 1993

Walter Euchner: Individuelle und politische Macht: Der Beitrag John Lockes im Vergleich zu Hobbes und Spinoza, in: Jürgen Gebhardt/Herfried Münkler (Hg.): Bürgerschaft und Herrschaft. Zum Verhältnis von Macht und Demokratie im antiken und neuzeitlichen politischen Denken, Baden-Baden 1993, S. 117-138.

Euchner 1996

Walter Euchner: John Locke zur Einführung, Hamburg 1996.

Euchner 1998

Walter Euchner: Kommentar zu den Referaten von Wolfgang Engler und Johannes Agnoli, in: Saage/Berg 1998, S. 49-55.

Euchner 2000

Walter Euchner: Ideengeschichte des Sozialismus in Deutschland, in: Helga Grebing (Hg.): Geschichte der sozialen Ideen in Deutschland. Sozialismus-Katholische Soziallehre-Protestantische Sozialethik. Ein Handbuch, Essen 2000, S. 15-359.

Falk 2001

Berthold Falk: Montesquieu (1689-1755), in: Maier/Denzer 2001a, S. 41-55.

Federalists o.J.

Alexander Hamilton/John Jay/James Madison: The Federalists. A Commentary on the Constitution of the United States. Being a Collection of Essays written in Support of the Constitution agreed upon September 17, 1787, by the Federal Convention. With an Intoduction by Edward Mead Earle, New York o.J.

Federalist 1994
Alexander Hamilton/James Madison/John Jay: Die Federalist-Artikel. Politische Theorie und Verfassungskommentar der amerikanischen Gründungsväter. Mit dem englischen und deutschen Text der Verfassung der USA. Herausgegeben, übersetzt, eingeleitet und kommentiert von Angela Adams und Willi-Paul Adams, Paderborn/München/Wien/Zürich 1994.

Fest 1991
Joachim Fest: Der zerstörte Traum. Vom Ende des utopischen Zeitalters, Berlin 1991.

Fetscher 1968
Iring Fetscher: Rousseaus politische Philosophie. Zur Geschichte des demokratischen Freiheitsbegriffs. 2. erweiterte Auflage, Frankfurt am Main 1968.

Fetscher 1970
Iring Fetscher: Die Demokratie. Grundfragen und Erscheinungsformen, Stuttgart, Berlin, Köln, Mainz 1970.

Fetscher 1972
Iring Fetscher: Immanuel Kants bürgerlicher Reformismus, in: Theory and Politics. Theorie und Politik. Festschrift zum 70. Geburtstag für Carl Joachim Friedrich. Hg. v. Klaus v. Beyme, Haag 1972, S. 70-95.

Fetscher 1973
Iring Fetscher: Demokratie zwischen Sozialdemokratie und Sozialismus, Stuttgart, Berlin, Köln, Mainz 1973.

Fetscher 1985
Iring Fetscher: Politisches Denken im Frankreich des 18. Jahrhunderts vor der Revolution, in: Fetscher/Münkler 1985, S. 423-528.

Fetscher 1986
Iring Fetscher: Johann Gottlieb Fichte, in: Fetscher/Münkler 1986, S. 174-199.

Fetscher/Münkler 1985
Iring Fetscher/Herfried Münkler (Hg.): Pipers Handbuch der politischen Ideen. Band 3: Neuzeit: Von den Konfessionskriegen bis zur Aufklärung, München 1985.

Fetscher/Münkler 1986
Iring Fetscher/Herfried Münkler (Hg.): Pipers Handbuch der politischen Ideen. Band 4: Neuzeit: Von der Französischen Revolution bis zum europäischen Nationalismus, München 1986.

Fichte 1979
Johann Gottlieb Fichte: Grundlage des Naturrechts nach Prinzipien der Wissenschaftslehre. Mit einer Einleitung und Registern von Manfred Zahn. 3. überarbeitete Auflage, Hamburg 1979.

Fijalkowski 1994
Jürgen Fijalkowski: Die Zukunftsgewißheit rechtsstaatlicher Demokratien, in: Saage 1994, S. 273-288.

Finley 1980
Moses I. Finley: Antike und moderne Demokratie. Mit einem Essay von Arnaldo Momigliano. Aus dem Englischen übersetzt u. hg. v. Edgar Pack, Stuttgart 1980.

Finley 1990
Moses I. Finley: Die Griechen. Eine Einführung in ihre Geschichte und Zivilisation, Frankfurt am Main 1990.

Fischer 1974
Peter Fischer (Hg.): Reden der Französischen Revolution. Übersetzt von Peter Fischer, München 1974.

Forsthoff 1965
Ernst Forsthoff: Staat und Bürger in der modernen Industriegesellschaft, Göttingen 1965.

Forsthoff 1971
Ernst Forsthoff: Der Staat der Industriegesellschaft. Dargestellt am Beispiel der Bundesrepublik Deutschland. 2. unveränderte Auflage, München 1971.

Fraenkel 1968
Ernst Fraenkel: Zur Soziologie der Klassenjustiz und Aufsätze zur Verfassungskrise 1931-32. Mit einem Vorwort zum Neudruck, Darmstadt 1968.

Fraenkel 1968a
Ernst Fraenkel: Deutschland und die westlichen Demokratien. Vierte, unveränderte Auflage, Stuttgart/Berlin/Köln/Mainz 1968.

Franz 1975
Günther Franz (Hg.): Staatsverfassungen. Eine Sammlung wichtiger Verfassungen der Vergangenheit und Gegenwart in Urtext und Übersetzung. 3. durchgesehene Auflage, München/Wien 1975.

Frevel 2004
Bernhard Frevel: Demokratie. Entwicklung-Gestaltung-Problematisierung, Wiesbaden 2004.

Freyer 1956
Hans Freyer: Theorie des gegenwärtigen Zeitalters, Stuttgart 1956.

Fukuyama 1992
Francis Fukuyama: Das Ende der Geschichte. Wo stehen wir? Aus dem Amerikanischen von Helmut Dierlamm, Ute Mihr und Karlheinz Dürr, München 1992.

Furet/Ozouf 1996
François Furet/Mona Ozouf: Kritisches Wörterbuch der Französischen Revolution. Zwei Bände, Frankfurt am Main 1996.

Gehlen 1961
Arnold Gehlen: Über kulturelle Kristallisation, Bremen 1961.

Gehlen 1964
Arnold Gehlen: Über kulturelle Evolutionen, in: Helmut Kuhn/Franz Wiemann (Hg.): Die Philosophie und die Frage nach dem Fortschritt, München 1964, S. 207-220.

Gess 1994
Brigitte Gess: Zu Hannah Arendts Totalitarismustheorie nach dem Zusammenbruch des Realsozialismus, in: Saage 1994, S. 331-343.

Gierke 1958
Otto von Gierke: Johannes Althusius und die Entwicklung der naturrechtlichen Staatstheorien, Aalen 1958.

Gilg 1965
Peter Gilg: Die Erneuerung des demokratischen Denkens im Wilhelminischen Deutschland. Eine ideengeschichtliche Studie vom 19. bis 20. Jahrhundert, Wiesbaden 1965.

Gillessen 2000
Günther Gillessen: Hugo Preuß. Studien zur Ideen- und Verfassungsgeschichte der Weimarer Republik. Mit einem Nachwort von Manfred Friedrich, Berlin 2000.

Grab 1973
Walter Grab (Hg.): Die Französische Revolution. Eine Dokumentation. 68 Quellentexte und eine Zeittafel, München 1973.

Grab 1980
Walter Grab (Hg.): Die Revolution von 1848. Eine Dokumentation. 131 Dokumente und eine Zeittafel, München 1980.

Grab 1984
Walter Grab: Ein Volk muß seine Freiheit selbst erobern. Zur Geschichte der deutschen Jakobiner, Frankfurt am Main/Olten/Wien 1984.

Gransow/Jarausch 1991
Volker Gransow/Konrad H. Jarausch (Hg.): Die deutsche Vereinigung. Dokumente zu Bürgerbewegung, Annäherung und Beitritt, Köln 1991.

Grebing 1971
Helga Grebing: Konservative gegen die Demokratie. Konservative Kritik an der Demokratie in der Bundesrepublik, Frankfurt am Main 1971.

Griewank 1972
Karl Griewank: Die Französische Revolution 1789-1799, Köln/Wien 1972.

Grube/Richter 1975
Frank Grube/Gerhard Richter (Hg.): Demokratietheorien. Konzeptionen und Kontroversen, Hamburg 1975.

Guéhenno 1994
Jean-Marie Guéhenno: Das Ende der Demokratie. Aus dem Französischen von Rainer von Savigny, München und Zürich 1994.

Guizot 1849
François Guizot: De la Démocratie en France, Stockholm 1849.

Habermas 1961
Jürgen Habermas: Reflexionen über den Begriff der politischen Beteiligung, in: Jürgen Habermas/Ludwig von Friedeburg/Christoph Oehler/Friedrich Weltz: Student und Politik, Neuwied/Berlin 1961, S. 13-55.

Habermas 1967
Jürgen Habermas: Naturrecht und Revolution, in: Ders.: Theorie und Praxis. Sozialphilosophische Studien. Zweite Auflage, Neuwied am Rhein 1967, S. 52-88.

Habermas 1968
Jürgen Habermas: Strukturwandel der Öffentlichkeit. Untersuchungen zu einer Kategorie der bürgerlichen Gesellschaft. 3. Auflage, Neuwied am Rhein und Berlin 1968.

Habermas 1992
Jürgen Habermas: Drei normative Modelle der Demokratie: Zum Begriff deliberativer Politik, in: Herfried Münkler (Hg.): Die Chancen der Freiheit. Grundprobleme der Demokratie, München/Zürich 1992, S.11-24.

Haussherr 1960
Hans Haussherr: Wirtschaftsgeschichte der Neuzeit vom Ende des 14. bis zur Höhe des 19. Jahrhunderts, Köln/Graz 1960.

Haussherr 1966
Hans Haussherr: Der Zollverein und die Industrialisierung, in: Karl Erich Born (Hg.): Moderne deutsche Wirtschaftsgeschichte, Köln/Berlin 1966, S. 55-66.

Hegel 1955
Georg Wilhelm Friedrich Hegel: Grundlinien der Philosophie des Rechts. Hg. v. Johannes Hoffmeister. Vierte Auflage, Hamburg 1955.

Hegel 1986
Georg Wilhelm Friedrich Hegel: Vorlesungen über die Philosophie der Geschichte. Werke 12, Frankfurt am Main 1986.

Hegel 1996
Georg Wilhelm Friedrich Hegel: Verhandlungen der Versammlung der Landstände des Königreichs Württemberg im Jahr 1815 und 1816, in: Ders.: Nürnberger und Heidelberger Schriften 1808-1817. Werke 4, 3. Auflage, Frankfurt am Main 1996, S. 462-597.

Hegel 1999
Georg Wilhelm Friedrich Hegel: Die Positivität der christlichen Religion (1795/96), in: Ders.: Frühe Schriften. Werke 1, 4. Auflage, Frankfurt am Main 1999, S. 104-190.

Hegel 1999a
Georg Wilhelm Friedrich Hegel: Die Verfassung Deutschlands, in: Hegel 1999, S. 461-581.

Hegel 2003
Georg Wilhelm Friedrich Hegel: Über die englische Reformbill (1831), in: Ders.: Berliner Schriften 1818-1832. Werke 11, 3. Auflage, Frankfurt am Main 2003, S. 83-123.

Heinrich 1991
Hans Peter Heinrich: Thomas Morus mit Selbstzeugnissen und Bilddokumenten dargestellt von Hans Peter Heinrich, Reinbek bei Hamburg 1991.

Heller 1971
Hermann Heller: Die politischen Ideenkreise der Gegenwart, in: Ders.: Gesammelte Schriften. Erster Band. Orientierung und Entscheidung. Mit einer Einleitung in die Schriften Hermann Hellers von Martin Draht und Christoph Müller, Leiden 1971, S. 267-412.

Henning 1973
Friedrich-Wilhelm Henning: Die Industrialisierung in Deutschland 1800 bis 1914, Paderborn 1973.

Hennis 1970
Wilhelm Hennis: Demokratisierung. Zur Problematik eines Begriffs, Köln/Opladen 1970.

Herder-Dorneich 1959
Philipp Herder-Dorneich: Politisches Modell zur Wirtschaftstheorie, Freiburg/Br. 1959.

Herder-Dorneich 1980
Philipp Herder-Dorneich: Konkurrenzdemokratie-Verhandlungsdemokratie. Politische Strategien der Gegenwart. Zweite Auflage, Stuttgart/Köln/Mainz 1980.

Herz 1999
Dietmar Herz: Thomas Morus zur Einführung unter Mitarbeit von Veronika Weinberger, Hamburg 1999.

Heuss 1964
Alfred Heuss: Römische Geschichte. Zweite, verbesserte Auflage, Braunschweig 1964.

Hill 1966
Chistopher Hill: The Century of Revolution 1603-1714, New York 1966.

Hobbes 1965
Thomas Hobbes: Leviathan. Introduction by A.D. Lindsay, London/New York 1965.

Hobbes 1984

Thomas Hobbes: Leviathan oder Stoff, Form und Gewalt eines bürgerlichen und kirchlichen Staates. Hg. u. eingel. v. Iring Fetscher. Übersetzung: Walter Euchner, Frankfurt am Main 1984.

Hobsbawm 1995

Eric Hobsbawm: Das Zeitalter der Extreme. Weltgeschichte des 20. Jahrhunderts. Aus dem Englischen von Yvonne Badal, München/ Wien 1995.

Honneth 1993

Axel Honneth (Hg.): Kommunitarismus. Eine Debatte über die moralischen Grundlagen moderner Gesellschaften, Frankfurt am Main/New York 1993.

Hotman 1968

Franz Hotman: Franco Gallia, in: Dennert 1968, S.203-337.

Huber 1960

Ernst Rudolf Huber: Deutsche Verfassungsgeschichte seit 1789. Band II. Der Kampf um Einheit und Freiheit 1830 bis 1850. Dritte wesentlich überarbeitete Auflage, Stuttgart/Berlin/Köln/Mainz 1960.

Huntington 1996

Samuel P. Huntington: Der Kampf der Kulturen. The Clash of Civilizations. Die Neugestaltung der Politik im 21. Jahrhundert. Aus dem Amerikanischen von Holger Fliessbach, München/Wien 1996.

Jefferson 1964

Thomas Jefferson: Notes on the State of Virginia, New York 1964.

Kagan 1992

Donald Kagan: Die Geburt der Demokratie. Aus dem Amerikanischen von Ulrich Enderwitz, Stuttgart 1992.

Kant 1968 , Bd. 7

Immanuel Kant: Schriften zur Ethik und Religionsphilosophie. Zweiter Teil, in: Ders.: Werke in zehn Bänden. Hg. v. Wilhelm Weischedel. Bd. 7, Darmstadt 1968.

Kant 1968, Bd. 9

Immanuel Kant: Schriften zur Anthropologie, Geschichtsphilosophie und Pädagogik. Erster Teil, in: Ders.: Werke in zehn Bänden. Hg. v. Wilhelm Weischedel. Bd. 9, Darmstadt 1968.

Kakis 1965

Dieter Kakis (Hg.): Deutsche Verfassungen. Die grundlegenden Dokumente deutscher Demokratie von der Paulskirche bis zum Grundgesetz. Eingeleitet v. Hermann Proebst, München 1965.

Kautsky 1922

Karl Kautsky: Parlamentarismus und Demokratie. Vierte Auflage, Stuttgart 1922.

Kelsen 1981

Hans Kelsen: Vom Wesen und Wert der Demokratie (2. Neudruck der 2. Auflage, Tübingen 1929), Aalen 1981.

King/Schneider 1991

Alexander King/Bertrand Schneider: Die Globale Revolution. Ein Bericht des Rates des Club of Rome, in: Spiegel Spezial 2/1991.

Kirchheimer 1976
Otto Kirchheimer: Artikel 48 und die Wandlungen des Verfassungssystems. Auch ein Beitrag zum Verfassungstag, in: Ders.: Von der Weimarer Republik zum Faschismus: Die Auflösung der demokratischen Rechtsordnung. Hg. v. Wolfgang Luthardt, Frankfurt am Main 1976, S.91-95.

Kirchheimer 1981
Otto Kirchheimer: Weimar - und was dann? Analyse einer Verfassung, in: Ders.: Politik und Verfassung. Zweite Auflage, Frankfurt am Main 1981.

Kluge 1985
Ulrich Kluge: Die deutsche Revolution 1918/1919. Staat, Politik und Gesellschaft zwischen Weltkrieg und Kapp-Putsch, Frankfurt am Main 1985.

Koch 1971
Adrienne Koch (Hg.): Jefferson, Englewood Cliffs, New Jersey 1971.

Kornhauser 1965
William Kornhauser: The Politics of Mass Society, London 1965.

Koselleck 1972
Reinhart Koselleck 1972: Öffnung des geschichtsphilosophischen Horizonts: Wieland, Kant, in: Brunner/Conze/Koselleck 1972, S. 848-853.

Kremendahl 1977
Hans Kremendahl: Pluralismustheorie in Deutschland. Entstehung, Kritik, Perspektiven, Leverkusen 1977.

Langewiesche 1988
Dieter Langewiesche: Liberalismus in Deutschland, Frankfurt am Main 1988.

Laski 1973
Harold Laski: Die Souveränität des Staates, in: Franz Nuscheler/Winfried Steffani (Hg.): Pluralismus. Konzeptionen und Kontroversen. Zweite Auflage, München 1973, S. 62-76.

Lassalle 1893
Ferdinand Lassalle: Reden und Schriften. Neue Gesammt-Ausgabe. Mit einer biographischen Einleitung hg. v. Eduard Bernstein. Zweiter Band, Berlin 1893.

Leibholz 1933
Gerhard Leibholz: Die Auflösung der liberalen Demokratie in Deutschland und das autoritäre Staatsbild, München 1933.

Leibholz 1967
Gerhard Leibholz: Strukturprobleme der modernen Demokratie. 3., erweiterte Auflage, Karlsruhe 1967.

Lenk 1991
Kurt Lenk: Probleme der Demokratie, in: Lieber 1991, S. 933-989.

Lenk 1992
Kurt Lenk: Freiheit und Kompromißbildung: Zum Demokratiekonzept Hans Kelsens, in: Herfried Münkler (Hg.): Die Chancen der Freiheit. Grundprobleme der Demokratie, München 1992, S. 114-125.

Lieber 1991
Hans-Joachim Lieber (Hg.): Politische Theorien von der Antike bis zur Gegenwart, Bonn 1991.

Lilburne 1975
Johne Lilburne: Englands Birth-Right Justified, in: Aylmer 1975, S.56-62.

Lipset 1963
Seymour Martin Lipset: Political Man. The Social Basis of Politics, Garden City/New York 1963.

Locke 1966
John Locke: Two Treatises of Civil Government. Introduction by W. S. Carpenter, London/New York 1966.

Locke 1977
John Locke: Zwei Abhandlungen über die Regierung. Übersetzt von Hans Jörn Hoffmann. Hg. u. eingel. v. Walter Euchner, Frankfurt am Main 1977.

Loewenstein 1964
Karl Loewenstein: Der britische Parlamentarismus. Entstehung und Gestalt, Reinbek bei Hamburg 1964.

Luhmann 1969
Niklas Luhmann: Komplexität und Demokratie, in: PVS 10. Jg. (1969), S. 314-325.

Luhmann 1973
Niklas Luhmann: Politische Verfassungen im Kontext des Gesellschaftssystems (2.Teil), in: Der Staat, 12. Band (1973), S. 165-182.

Lukács 1966
Georg Lukács: Von Nietzsche zu Hitler oder Der Irrationalismus und die deutsche Politik, Frankfurt am Main 1966.

Luthardt 1976
Wolfgang Luthardt: Bemerkungen zu Otto Kirchheimers Arbeiten bis 1933, in: Kirchheimer 1976, S. 7-31.

Luthardt 1986
Wolfgang Luthardt: Politiktheoretische Aspekte im „Werk" von Hans Kelsen, in: Richard Saage (Hg.): Solidargemeinschaft und Klassenkampf. Politische Konzeptionen der Sozialdemokratie zwischen den Weltkriegen, Frankfurt am Main 1986, S.149-166.

Machiavelli 1931
Niccolò Machiavelli: Il Principe. I Discorsi sopra la Prima Deca di Tito Livio e gli Opuscoli in Prosa, Florenz 1931.

Machiavelli 1954
Niccolò Machiavelli: Istorie Fiorentine, in: Ders.: Opere. A cura di Mario Bonfantini, Milano/Napoli 1954, S. 563-980.

Machiavelli 1956
Machiavelli. Auswahl und Einleitung von Carlo Schmid, Frankfurt am Main/Hamburg 1956.

Machiavelli 1965
Niccolò Machiavelli: Politische Betrachtungen über die alte und die italienische Geschichte. Übersetzt und eingel. v. Friedrich von Oppeln-Bronikowski. Zweite durchgesehene Auflage hg. v. Erwin Faul, Köln/Opladen 1965.

Machiavelli 1996
Niccolò Machiavelli: Der Fürst (Il Principe), in: Ders.: Politische Schriften. Hg. v. Herfried Münkler. Aus dem Italienischen von Johannes Ziegler und Franz Nikolaus Baur. Revision dieser Übersetzung von Herfried Münkler, Frankfurt am Main 1996.

Macpherson 1973
C.B. Macpherson: Die politische Theorie des Besitzindividualismus. Von Hobbes zu Locke. Aus dem Englischen von Arno Wittekind, Frankfurt 1973.

Macpherson 1977
C.B. Macpherson: Demokratietheorie. Beiträge zu ihrer Erneuerung. Mit einer Einleitung von Walter Euchner, München 1977.

Maier 1972
Hans Maier: Auflösung der Tradition in der frühen Neuzeit, in: Brunner/Conze/Koselleck 1972, S. 839-848 und S. 854-973.

Maier/Denzer 2001
Hans Maier/Horst Denzer (Hg.): Klassiker des politischen Denkens, Bd. 1: Von Plato bis Hobbes, München 2001.

Maier/Denzer 2001a
Hans Maier/Horst Denzer (Hg.): Klassiker des politischen Denkens, Bd. 2: Von Locke bis Max Weber, München 2001.

Mannheim 1951
Karl Mannheim: Man and Society in an Age of Reconstruction. Studies in Modern Social Structure, New York/London 1951.

Mannheim 1958
Karl Mannheim: Menschen und Gesellschaft im Zeitalter des Umbaus. Ins Deutsche übertragen von Ruprecht Paqué, Darmstadt 1958.

Marx 1966
Karl Marx: Der Bürgerkrieg in Frankreich (Adresse des Generalrats vom 30.5.1871), in: Ders./Friedrich Engels: Studienausgabe in 4 Bänden, Bd. IV: Geschiche und Politik 2. Abhandlungen und Zeitungsaufsätze zur Zeitgeschichte, Frankfurt am Main 1966, S. 194-235.

Massing 1999
Peter Massing (Hg.): Ideengeschichtliche Grundlagen der Demokratie, Schwalbach/Ts. 1999.

Maus 1992
Ingeborg Maus: Zur Aufklärung der Demokratietheorie. Rechts- und demokratietheoretische Überlegungen im Anschluß an Kant, Frankfurt am Main 1992.

Maus 2001
Ingeborg Maus: Die Verfassung und ihre Garantie (§§ 16,17 und 21), in: Johann Gottlieb Fichte: Grundlage des Naturrechts. Hg. v. Jean Christophe Merle, Berlin 2001, S. 139-158.

Mayer 1954
P. Cornelius Mayer: Alexis de Tocqueville. Prophet des Massenzeitalters, Stuttgart 1954.

Mayer 1969
Gustav Mayer: Radikalismus, Sozialismus und bürgerliche Demokratie, Frankfurt am Main 1969.

Mayer-Tasch 1981
Cornelius Mayer-Tasch: Einführung in Jean Bodins Leben und Werk, in: Bodin 1981, S. 11-51.

Mehl 2005
Andreas Mehl: Das demokratische Athen (5.-4. Jh. v. Chr.): ein Gemeinwesen entgegen dem Prinzip der Hierarchie (erscheint in: Hierarchien. Hg. v. Hartmut Heller voraussichtlich 2005).

Meier 1970
Christian Meier: Entstehung des Begriffs „Demokratie". Vier Prolegomena zu einer historischen Theorie, Frankfurt am Main 1970.

Meier 1972
Christian Meier: Antike Grundlagen, in: Brunner/Conze/Koselleck 1972, S. 821-835.

Merle/Gosepath 2002
Jean-Christophe Merle/Stefan Gosepath: Einführung zu: Stefan Gosepath/Jean-Christophe Merle (Hg.): Weltrepublik. Globalisierung und Demokratie, München 2002.

Meyer 1977
Thomas Meyer: Bernsteins konstruktiver Sozialismus. Eduard Bernsteins Beitrag zur Theorie des Sozialismus, Berlin/Bonn-Bad Godesberg 1977.

Mill 1984
John Stuart Mill: Representative Government, in: Ders.: Utilitarism, On Liberty and Considerations of Representative Government. Hg. v. H. B. Acton, London/Melbourne 1984, S. 187-428.

Miller 1974
Susanne Miller: Burgfrieden und Klassenkampf. Die deutsche Sozialdemokratie im Ersten Weltkrieg. Hg. von der Kommission für Geschichte des Parlamentarismus und der politischen Parteien, Düsseldorf 1974.

Mommsen 1998
Wolfgang Mommsen: 1848. Die ungewollte Revolution. Die revolutionären Bewegungen in Europa 1830-1849, Frankfurt am Main 1998.

Montesquieu 1969
Montesquieu: De L'Esprit des Lois. Introduction et Notes par J. Ehrhard, Paris 1969.

Montesquieu 2001
Charles-Louis de Secondat, Baron de la Brède et de Montesquieu: Vom Geist der Gesetze. Auswahl, Übersetzung und Einleitung von Kurt Weigand, Stuttgart 2001.

Moore 1969
Barrington Moore: Soziale Ursprünge von Diktatur und Demokratie. Die Rolle der Grundbesitzer und Bauern bei der Entstehung der modernen Welt. Aus dem Amerikanischen von Gert H. Müller, Frankfurt 1969.

Morus 1965
Thomas Morus: The Best State of a Commonwealth and the New Island of Utopia etc., in: The Complete Works of St. Thomas More, Vol. 4. Edited by Edward Surtz, S.J. and J.H.Hexter, New Haven/London 1965.

Morus 1996
Thomas Morus: Utopia, in: Der utopische Staat. Übersetzt und mit einem Essay „Zum Verständnis der Werke", Bibliographie und Kommentar hg. v. Klaus J. Heinisch, Reinbek bei Hamburg 1996, S. 7-110.

Mühlpfordt 1983
Günther Mühlpfordt: August Ludwig Schlözer und die „wahre Demokratie". Geschichts- und Obrigkeitskritik eines Anwalts der Unterdrückten unter dem Absolutismus, in: Jahrbuch des Instituts für deutsche Geschichte, hg. v. W. Grab, 1983, Tel Aviv, S. 29-74.

Müller 1919
Richard Müller: Was die Arbeiterräte wollen und sollen!, Berlin o.J. (1919).

Müller 1973
Richard Müller: Das Rätesystem im künftigen Wirtschaftsleben, in: Bermbach 1973, S. 88-90.

Münkler 1993
Herfried Münkler: Thomas Hobbes, Frankfurt am Main 1993.

Münkler 2001
Herfried Münkler: Niccolò Machiavelli (1469-1527), in: Hans Maier/Horst Denzer 2001, S. 119-134.

Narr/Naschold 1973
Wolf-Dieter Narr/Frieder Naschold: Theorie der Demokratie. Zweite Auflage, Berlin, Stuttgart, Köln, Mainz 1973.

Naumann 1904
Friedrich Naumann: Demokratie und Kaisertum. Ein Handbuch für innere Politik, Berlin-Schöneberg 1904.

Neumann 1967
Franz Neumann: Demokratischer und autoritärer Staat. Beiträge zur Soziologie der Politik, Frankfurt am Main 1967.

Oertzen 1976
Peter von Oertzen: Betriebsräte in der Novemberrevolution. Eine politikwissenschaftliche Untersuchung über Ideengehalt und Struktur der betrieblichen und wirtschaftlichen Arbeiterräte in der deutschen Revolution 1819/19. 2. Auflage, Berlin/Bad Godesberg 1976.

Offe 1971
Claus Offe: Politische Herrschaft und Klassenstrukturen. Zur Analyse spätkapitalistischer Gesellschaftssysteme, in: Gisela Kress/Dieter Senghaas (Hg.): Politikwissenschaft. Eine Einführung in ihre Probleme. 3. Auflage, Frankfurt am Main 1971, S. 155-189.

Oppen-Rundstedt 1970
Catharina von Oppen-Rundstedt: Die Interpretation der amerikanischen Verfassung im Federalist, Bonn 1970.

Overton 1975
Richard Overton: An Arrow against all Tyrants, in: Aylmer 1975, S.68-74.

Owen 1968
Robert Owen: Bericht an die Grafschaft Lanark, in: Thilo Ramm (Hg.): Der Frühsozialismus. Quellentexte. Zweite erweiterte Auflage, Stuttgart 1968, S. 359-381.

Pabst 2002
Angela Pabst: Zur Aktualität der antiken Demokratie, in: Elisabeth Erdmann/Hans Kloft (Hg.): Mensch-Natur-Technik. Perspektiven aus der Antike für das dritte Jahrtausend, Münster 2002, S. 149-186.

Pabst 2003
Angela Pabst: Die athenische Demokratie, München 2003.

Paine 1960
Thomas Paine: Common Sense and The Crisis, Garden City/New York 1960.

Paine 1973
Thomas Paine: Die Rechte des Menschen. In der zeitgenössischen Übertragung von D. M. Forkel. Bearbeitet und eingeleitet v. Theo Stemmler, Frankfurt am Main 1973.

Paine 1995
Thomas Paine: Rights of Man, in: Ders.: Rights of Man, Common Sense and Other Writings. Edited with an Introduction and Notes by Mark Philip, Oxford/New York 1995, S 83-331.

Pesch 1999
Volker Pesch: Demokratievorstellungen nach der Französischen Revolution: Konservatismus, Liberalismus und Sozialismus, in: Massing 1999, S. 46-69.

Pfizer 1960
P.A. Pfizer: Der Liberalismus, in: Wilhelm Mommsen: Deutsche Parteiprogramme, München 1960, S. 105ff.

Platon 1984
Platon: Phaidon. Politeia, in: Ders.: Sämtliche Werke, Bd. 3. In der Übersetzung von Friedrich Schleiermacher mit der Stephanus-Numerierung hg. v. Walter F. Otto, Ernesto Grassi, Gert Plombök, Reinbek bei Hamburg 1984.

Platon 1994
Platon: Politikos, in: Platon: Sämtliche Werke. Übersetzt von Friedrich Schleiermacher und Hieronymus und Friedrich Müller, Reinbek bei Hamburg 1994, S. 337-418.

Pohl/Buchstein 1999
Kerstin Pohl/Hubertus Buchstein: Moderne Demokratietheorien, in: Massing 1999, S. 70-92.

Polybios 1961
Polybios: Geschichte. Gesamtausgabe in zwei Bänden. Erster Band. Eingeleitet u. übertragen v. Hans Drexler, Zürich/Stuttgart 1961.

Preller 1978
Ludwig Preller: Sozialpolitik in der Weimarer Republik, Kronberg Ts./Düsseldorf 1978.

Preuß 1915
Hugo Preuß: Das deutsche Volk und die Politik. 2. Auflage, Jena 1915.

Reese-Schäfer 1997
Walter Reese-Schäfer: Grenzgötter der Moral. Der neuere europäisch-amerikanische Diskurs zur politischen Ethik, Frankfurt am Main 1997.

Reimann 1972
Hans Leo Reimann: Überlieferung und Rezeption im Mittelalter, in: Brunner/Conze/Koselleck 1972, S. 835-839.

Ritter 1948
Gerhard Ritter: Wesen und Wandel der Freiheitsidee im politischen Denken der Neuzeit, in: Ders.: Vom sittlichen Problem der Macht, Bern 1948.

Ritter 1962
Gerhard A. Ritter: Deutscher und britischer Parlamentarismus. Ein verfassungsgeschichtlicher Vergleich, Tübingen 1962.

Robespierre 1973, Bd. II
Maximilien Robespierre: Textes Choisis. Tome deuxième (1792-1793). Préface Jean Poperen, Paris 1973, S. 141-156.

Robespierre 1974, Bd. III
Maximilien Robespierre: Textes Choisis. Tome Troisième (1793-1794). Introduction et notes explicatives par Jean Poperen, Paris 1974.

Robespierre 1974
Maximilien Robespierre: Über den Prozeß gegen den König (3.12.1792), in: Fischer 1974, S. 250-260.

Robespierre 1974a
Maximilien Robespierre: Über die Prinzipien der politischen Moral (5.2.1794), in: Fischer 1974, S. 341-362.

Rosenberg 1962
Arthur Rosenberg: Demokratie und Sozialismus. Zur politischen Geschichte der letzten 150 Jahre, Frankfurt am Main 1962.

Roth 1999
Klaus Roth: Demokratie in der Antike, in: Massing 1999, S. 11-30.

Rotteck 1967
Carl von Rotteck: Das demokratische Prinzip, in: Otto Heinrich von der Gablentz: Die politischen Theorien seit der amerikanischen Unabhängigkeitserklärung. 3. Auflage, Köln 1967, S. 144-145.

Rousseau 1964
Jean-Jacques Rousseau: Du Contrat social précédé de Discours sur l'économie politique et de Du Contrat social. Première Version et suvi de Fragments politiques, Paris 1964.

Rousseau o.J.
Jean-Jacques Rousseau: Staat und Gesellschaft. „Contrat Social". Grundlegende Gedanken zur Gesellschaftsordnung. Übersetzt und kommentiert von Kurt Weigand, München o.J.

Saage 1981
Richard Saage: Herrschaft, Toleranz, Widerstand. Studien zur politischen Theorie der Niederländischen und der Englischen Revolution. Mit einem Vorwort von Walter Euchner, Frankfurt am Main 1981.

Saage 1983
Richard Saage: Rückkehr zum starken Staat? Studien über Konservatismus, Faschismus und Demokratie, Frankfurt am Main 1983.

Saage 1989
Richard Saage: Vertragsdenken und Utopie. Studien zur politischen Theorie und zur Sozialphilosophie der Frühen Neuzeit, Frankfurt am Main 1989.

Saage 1989a
Richard Saage: Absolutismus und Aufklärung in Deutschland, in: Saage 1989, S. 93-141.

Saage 1989b
Richard Saage: August Ludwig Schlözer als politischer Theoretiker, in: Saage 1989, S. 142-191.

Saage 1992
Richard Saage (Hg.): Hat die politische Utopie eine Zukunft?, Darmstadt 1992.

Saage 1994
Richard Saage (Hg.): Das Scheitern diktatorischer Legitimationsmuster und die Zukunftsfähigkeit der Demokratie. Festschrift für Walter Euchner, Berlin 1994.

Saage 1994a
Richard Saage: Eigentum, Staat und Gesellschaft bei Immanuel Kant. Mit einem Vorwort „Kant und der Besitzindividualismus" von Franco Zotta, Baden-Baden 1994.

Saage 1998
Richard Saage: Liberale Demokratie. Zur aktuellen Bedeutung eines politischen Begriffs, in: Saage/Berg 1998, S. 21 - 30.

Saage 2001
Richard Saage: Thomas Morus (1477/78-1535), in: Maier/Denzer 2001, S. 135-148.

Saage 2002
Richard Saage: Utopische Profile, Bd. II: Aufklärung und Absolutismus, Münster 2002.

Saage 2002a
Richard Saage: Utopische Profile, Bd. III: Industrielle Revolution und Technischer Staat im 19. Jahrhundert, Münster 2002.

Saage 2003
Richard Saage: Politische Ideengeschichte in demokratietheoretischer Absicht. Das Beispiel Hans Kelsens und Max Adlers in der Zwischenkriegszeit, in: Sitzungsberichte der Sächsischen Akademie der Wissenschaften zu Leipzig. Philologisch-historische Klasse, Bd. 138 (2003), Heft 3, S. 3-22.

Saage/Berg 1998
Richard Saage/Gunnar Berg (Hg.): Zwischen Triumph und Krise. Zum Zustand der liberalen Demokratie nach dem Zusammenbruch der Diktatur in Osteuropa, Opladen 1998.

Saner 1985
Hans Saner: Baruch de Spinoza, in: Fetscher/ Münkler 1985, S. 369-380.

Sartori 1992
Giovanni Sartori: Demokratietheorie. Aus dem Englischen übersetzt von Hermann Vetter. Hg. v. Rudolf Wildenmann, Darmstadt 1992.

Scharpf 1975
Fritz W. Scharpf: Demokratietheorie zwischen Utopie und Anpassung, Kronberg/Ts. 1975.

Schelsky 1961
Helmut Schelsky: Der Mensch in der wissenschaftlichen Zivilisation, Köln/Opladen 1961.

Schelsky 1973
Helmut Schelsky: Systemüberwindung, Demokratisierung, Gewaltenteilung. 4., unveränderte Auflage, München 1973.

Schlözer 1793
August Ludwig Schlözer: Allgemeines StatsRecht und StatsverfassungsLehre, Göttingen 1793.

Schluchter 1983
Wolfgang Schluchter: Entscheidung für den sozialen Rechtsstaat. Zweite Auflage, Baden-Baden 1983.

Schmalz-Bruns 1995
Rainer Schmalz-Bruns: Reflexive Demokratie. Die demokratische Transformation moderner Politik, Baden-Baden 1995.

Schmidt 1998
Manfred G. Schmidt: Die politische Produktivität liberaler Demokratien, in: Saage/Berg 1998, S. 243-268.

Schmidt 2000
Manfred G. Schmidt: Demokratietheorien. Eine Einführung. 3., überarbeitete und erweiterte Auflage, Opladen 2000.

Schmitt 1983
Carl Schmitt: Verfassungslehre. Sechste, unveränderte Auflage, Berlin 1983.

Schmitt 1985
Carl Schmitt: Der Hüter der Verfassung. Zweite Auflage, Berlin 1985.

Schmitt 1991
Carl Schmitt: Die geistesgeschichtliche Lage des heutigen Parlamentarismus. Siebente Auflage, Berlin 1991.

Schumpeter 1944
Joseph A. Schumpeter: Capitalism, Socialism, and Democracy, London 1944.

Schumpeter 1975
Joseph A. Schumpeter: Kapitalismus, Sozialismus und Demokratie. Einleitung von Edgar Salin. Übersetzung aus dem Englischen von Dr. Susanne Preiswerk, München 1975.

Schwan 1991
Alexander Schwan: Politische Theorien des Rationalismus und der Aufklärung, in: Lieber 1991, S. 157-257.

Schweinitz 1964
Karl de Schweinitz, Jr.: Industrialization and Democracy. Economic Necessities and Political Possibilities, Glencoe/London 1964.

Seignobos 1910
Charles Seignobos: Politische Geschichte des modernen Europa. Entwicklung der Parteien und Staatsformen 1814-1896, Leipzig 1910.

Seliger 1985
Martin Seliger: John Locke, in: Fetscher/Münkler 1985, S. 381-400.

Senghaas 1990
Dieter Senghaas: Jenseits des Nebels der Zukunft: Eine geschichtsmächtige Kontroverse neigt sich zum Ende, in: Leviathan, 18. Jg. (1990), S. 184ff.

Sieyès 1970
Emmanuel Sieyès: Qu'est-ce que le Tiers état? Edition critique avec une introduction et des notes par Roberto Zapperi, Genève 1970.

Sieyès 1981
Emmanuel Joseph Sieyès: Was ist der Dritte Stand?, in: Ders.: Politische Schriften 1788-1790 mit Glossar und kritischer Sieyès-Bibliographie. Übersetzt und herausgegeben v. Eberhard Schmitt und Rolf Reichardt. 2. überarbeitete und erweiterte Auflage, München/Wien 1981, S. 120-195.

Sinzheimer 1919
Hugo Sinzheimer: Rätesystem und Reichsverfassung, in: Protokoll über die Verhandlungen des Parteitags der Sozialdemokratischen Partei Deutschlands abgehalten in Weimar am 15. und 16. Juni 1919, Berlin 1919, S. 406-420.

Speth 1999
Rudolf Speth: Vertragstheorie und Demokratie, in: Massing 1999, S. 31-45.

Spinoza 1955
Baruch de Spinoza: Die Ethik. Schriften und Briefe. Hg.v. Friedrich Bülow. Übertragen von Carl Vogl und vom Hg. revidiert, Stuttgart 1955.

Spinoza 1984
Baruch de Spinoza: Theologisch-Politischer Traktat. Auf der Grundlage der Übersetzung von Carl Gebhardt neu bearbeitet, eingeleitet und hg. v. Günter Gawlick, Hamburg 1984.

Spinoza 1994
Baruch de Spinoza: Politischer Traktat. Neu übersetzt, hg., mit Einleitung und Anmerkungen versehen von Wolfgang Bartuschat, Hamburg 1994.

Stammer 1965
Otto Stammer: Politische Soziologie und Demokratieforschung. Ausgewählte Reden und Aufsätze zur Soziologie und Politik, Berlin 1965.

Stemmler 1973
Theo Stemmler: Einleitung, in: Paine 1973, S. 7-28.

Sterling 1965
Elenore Sterling: Der unvollkommene Staat. Studien über Diktatur und Demokratie, Frankfurt am Main 1965.

Talmon 1961
J. L. Talmon: Die Ursprünge der totalitären Demokratie, Köln und Opladen 1961.

Tarkiainen 1972
Tuttu Tarkiainen: Die athenische Demokratie, München 1972.

Thaysen 2000
Uwe Thaysen: Der Zentrale Runde Tisch der DDR 1989/90 - einleitender Essay zum Wortprotokoll und zu den Dokumenten, in: Ders. (Hg.): Der Zentrale Runde Tisch der DDR. Wortprotokoll und Dokumente. Band I: Aufbruch. Bearbeitet, mit einem einleitenden Essay versehen und hg. v. Uwe Thaysen, Wiesbaden 2000, S. VII-XLIV.

Thienel 1973
Ingrid Thienel: Städtewachstum im Industrialisierungsprozess des 19. Jahrhunderts. Das Berliner Beispiel. Mit einem Vorwort von Otto Büsch, Berlin/New York 1973.

Tibi 1994
Bassam Tibi: Fundamentalismus und Totalitarismus in der Welt des Islam. Legitimationsideologien im Zivilisationskonflikt: Die Hakimiyyat Allah/Gottesherrschaft, in: Saage 1994, S. 305-318.

Tibi 1995
Bassam Tibi: Krieg der Zivilisationen. Politik und Religion zwischen Vernunft und Fundamentalismus, Hamburg 1995.

Tocqueville 1987
Alexis de Tocqueville: Über die Demokratie in Amerika. Erster Teil von 1835. Aus dem Französischen neu übertragen von Hans Zbinden, Zürich 1987.

Toqueville 1992
Alexis de Tocqueville: De la Démocratie en Amérique I u. II, in: Ders.: Œuvres, Bd. II. Edition publiée sous la direction d'André Jardin avec, pour ce volume, la collaboration de Jean-Claude Lamberti et James T. Schleifer, Paris 1992.

Thukydides 1981
Thukydides: Geschichte des Peloponnesischen Krieges. Hg. u. übertragen v. Georg Peter Landmann, München 1981.

Vester 1975
Michael Vester: Die Entstehung des Proletariats als Lernprozeß. Die Entstehung antikapitalistischer Theorie und Praxis in England 1792-1848, Frankfurt am Main 1975.

Vorländer 2003
Hans Vorländer: Demokratie. Geschichte, Formen, Theorien, München 2003.

Vossler 1964
Otto Vossler: Geist und Geschichte, München 1964.

Waschkuhn 1998
Arno Waschkuhn: Demokratietheorien. Politiktheoretische und ideengeschichtliche Grundzüge, München/Wien 1998.

Weber 1988
Max Weber: Gesammelte Politische Schriften. Hg. v. Johannes Winckelmann. 5. Auflage, Tübingen 1988.

Weber 1988a
Max Weber: Parlament und Regierung im neugeordneten Deutschland, in: Weber 1988, S. 306-443.

Weber 1988b
Max Weber: Wahlrecht und Demokratie in Deutschland, in: Weber 1988, S. 245-291.

Welwei 1992
Karl-Wilhelm Welwei: Athen. Vom neolithischen Siedlungsplatz zur archaischen Großpolis, Darmstadt 1992.

Welwei 1999
Karl-Wilhelm Weilwei: Das klassische Athen. Demokratie und Machtpolitik im 5. und 4. Jahrhundert, Darmstadt 1999.

Wildenmann 1968
Rudolf Wildenmann: Vorwort zur deutschen Ausgabe, in: Downs 1968, S. Xf.

Winstanley 1988
Gerrard Winstanley: Gleichheit im Reiche der Freiheit. Sozialphilosophische Pamphlete und Traktate. Auswahl. Hg. u. mit einem Anhang versehen von Hermann Klenner. Aus dem Englischen übertragen von Klaus Udo Szudra, Frankfurt 1988.

Woodhouse 1992
A.S.P. Woodhouse (Hg.): Puritanism and Liberty. Being the Army Debates (1647-9), London/Rutland 1992.

Young 1985
James P. Young: Amerikanisches politisches Denken: Von der Revolution bis zum Bürgerkrieg, in: Fetscher/Münkler 1985, S. 617-653.

Ziegler 2002
Jean Ziegler: Die neuen Herrscher der Welt und ihre globalen Widersacher. Aus dem Französischen übertragen v. Holger Fliessbach. 9. Auflage, München 2002.

Zimmermann 1848
Wilhelm Zimmermann: Die deutsche Revolution, Karlsruhe 1848.

Zotta 1994
Franco Zotta: Kant und der Besitzindividualismus, in: Saage 1994a, S. 9-42.

Zunkel 1966
Friedrich Zunkel: Die Entfesselung des neuen Wirtschaftsgeistes 1850-1875, in: Karl Erich Born (Hg.): Moderne deutsche Wirtschaftsgeschichte, Köln/Berlin 1966, S. 42-54.

Neu im Programm Politikwissenschaft

Josef Berghold
Feindbilder und Verständigung
Grundfragen der politischen Psychologie
2. Aufl. 2005. 334 S. Br. EUR 29,90
ISBN 3-531-14648-3

Thymian Bussemer
Propaganda
Konzepte und Theorien
2005. 443 S. Br. EUR 36,90
ISBN 3-8100-4201-3

Roland Friedrich
Die deutsche Außenpolitik im Kosovo-Konflikt
2005. 156 S. Berliner Schriften zur
Internationalen Politik. Br. EUR 22,90
ISBN 3-531-14317-4

Cilja Harders / Heike Kahlert /
Delia Schindler (Hrsg.)
Forschungsfeld Politik
Geschlechtskategoriale Einführung
in die Sozialwissenschaften
2005. 320 S. mit 1 Abb. und 1 Tab. Politik
und Geschlecht. Br. EUR 39,90
ISBN 3-8100-4074-6

Gisela Müller-Brandeck-Bocquet
Frankreichs Europapolitik
2005. 295 S. mit 1 Abb. und 14 Tab.
Frankreich - Studien. Br. EUR 29,90
ISBN 3-8100-4094-0

Erhältlich im Buchhandel oder beim Verlag.
Änderungen vorbehalten. Stand: Juli 2005.

Peter Schmitt-Egner
Handbuch zur Europäischen Regionalismusforschung
Theoretisch-methodische Grundlagen,
empirische Erscheinungsformen und
strategische Optionen des Transnationa-
len Regionalismus im 21. Jahrhundert
2005. 328 S. Regionalisierung in Europa.
Br. EUR 59,90
ISBN 3-8100-3911-X

Wolfgang Slesina (Hrsg.)
Reformierung des Gesundheitssystems – oder: In welchem Gesundheitssystem wollen wir leben?
Eine Disputation
2005. 118 S. Br. EUR 17,90
ISBN 3-531-14542-8

Karel Vodicka
Das politische System Tschechiens
2005. 292 S. Br. EUR 29,90
ISBN 3-8100-4083-5

Wichard Woyke
Stichwort: Wahlen
Ein Ratgeber für Wähler, Wahlhelfer
und Kandidaten
11., akt. Aufl. 2005. 274 S. Br. EUR 14,90
ISBN 3-8100-3228-X

www.vs-verlag.de

VS VERLAG FÜR SOZIALWISSENSCHAFTEN

Abraham-Lincoln-Straße 46
65189 Wiesbaden
Tel. 0611.7878 - 722
Fax 0611.7878 - 400

Neu im Programm
Politikwissenschaft

Ulrich von Alemann /
Claudia Münch (Hrsg.)
Landespolitik im europäischen Haus
NRW und das dynamische
Mehrebenensystem
2005. 358 S. Br. EUR 39,90
ISBN 3-531-14524-X

Karl Birkhölzer / Ansgar Klein /
Eckhard Priller / Annette Zimmer (Hrsg.)
Dritter Sektor/Drittes System
Theorie, Funktionswandel und
zivilgesellschaftliche Perspektiven
2005. 315 S. Bürgergesellschaft und
Demokratie. Br. EUR 34,90
ISBN 3-8100-3994-2

Bernhard Blanke / Stephan von
Bandemer / Frank Nullmeier /
Göttrik Wewer (Hrsg.)
Handbuch zur Verwaltungsreform
3., völlig überarb. und erw. Aufl. 2005.
XIX, 526 S. Br. EUR 42,90
ISBN 3-8100-4082-7

Volker Kronenberg
Patriotismus in Deutschland
Perspektiven für eine weltoffene Nation
2005. 418 S. Geb. EUR 44,90
ISBN 3-531-14491-X

Achim Brunnengräber / Ansgar Klein /
Heike Walk (Hrsg.)
NGOs im Prozess der Globalisierung
Mächtige Zwerge – umstrittene Riesen
2005. 448 S. Bürgergesellschaft und
Demokratie. Br. EUR 29,90
ISBN 3-8100-4092-4

Anna Geis
Regieren mit Mediation
Das Beteiligungsverfahren zur
zukünftigen Entwicklung des
Frankfurter Flughafens
2005. 347 S. mit 1 Abb. und 8 Tab.
Studien zur politischen Gesellschaft.
Br. EUR 34,90
ISBN 3-8100-3988-8

Adolf Kimmel / Henrik Uterwedde (Hrsg.)
Länderbericht Frankreich
Geschichte, Politik, Wirtschaft,
Gesellschaft
2., überarb. Aufl. 2005. 480 S.
Br. EUR 29,90
ISBN 3-531-14631-9

Niedersächsische Landeszentrale
für politische Bildung, (Hrsg.)
Niedersachsen-Lexikon
2005. ca. 320 S. Br. EUR 24,90
ISBN 3-531-14403-0

Erhältlich im Buchhandel oder beim Verlag.
Änderungen vorbehalten. Stand: Juli 2005.

www.vs-verlag.de

VS VERLAG FÜR SOZIALWISSENSCHAFTEN

Abraham-Lincoln-Straße 46
65189 Wiesbaden
Tel. 0611.7878 - 722
Fax 0611.7878 - 400

MIX
Papier aus verantwortungsvollen Quellen
Paper from responsible sources
FSC® C105338

If you have any concerns about our products,
you can contact us on
ProductSafety@springernature.com

In case Publisher is established outside the EU,
the EU authorized representative is:
**Springer Nature Customer Service Center GmbH
Europaplatz 3, 69115 Heidelberg, Germany**

Printed by Libri Plureos GmbH
in Hamburg, Germany